U0888096

China's Logic of Poverty Reduction

人类减贫的中国理路

叶敬忠　黄承伟　陈世栋　主编

上　册

社会科学文献出版社
SOCIAL SCIENCES ACADEMIC PRESS (CHINA)

前　言

消除贫困是人类社会的共同追求，减贫也因此成为人类社会的共同事业。中华人民共和国成立以来，特别是改革开放以来，中国持续开展以农村扶贫开发为中心的国家减贫行动。党的十八大以来，以习近平同志为核心的党中央团结带领全党全国各族人民，把脱贫攻坚摆在治国理政的突出位置。党的十九大之后，党中央又把打好脱贫攻坚战作为全面建成小康社会的三大攻坚战之一，脱贫攻坚力度之大、规模之广、影响之深，前所未有。“2020年我国现行标准下农村贫困人口实现脱贫，贫困县全部摘帽，解决区域性整体贫困”的目标任务明确而坚定。

中国减贫成就举世瞩目。绝对贫困的消除不仅提高了贫困人口收入水平，改善了贫困地区基本生产生活条件，加快了贫困地区经济社会发展进程，提升了贫困地区社会治理能力；而且为全面推进乡村振兴提供了保障，为实现全面小康、走向共同富裕奠定了坚实的基础。从全球减贫来看，中国的脱贫攻坚为全球减贫做出了重大贡献和榜样引领，为人类减贫事业提供了中国方案和中国经验。

中国减贫过程生动具体。对中国减贫的理解必须从具体的实践中展开，在具体的研究中进行。中国减贫的学术成果，立足于生动的扶贫实践。一方面对话贫困研究的理论和思想，一方面记录中国乡村的转型和变迁，是我们认识、理解、讲述中国减贫的重要路径。

在此背景下，我们出版此文集，旨在推进从学术角度理解中国减贫道路。文章来源于《中国农业大学学报》（社会科学版）自 2013 年以来刊发的扶贫研究主题论文，以及中国农业大学人文与发展学院师生自 2013 年以来署名发表的扶贫研究主题论文。《中国农业大学学报》（社会科学版）以乡村与发展研究为主题领域，始终关注农村扶贫研究。尤其是 2016 年以来，学报积极响应党的十八大以来中国脱贫攻坚理论与实践的战略布局，连续以“精准扶贫”“贫困治理”“中国扶贫的治理体系、理论体系和话语体系”等为主题出版扶贫专刊，总结和展示中国扶贫开发的伟大成就和前沿成果，搭建反贫困与乡村发展研究的学术讨论和交流平台，取得良好的社会效应。中国农业大学人文与发展学院是中国“三农”问题和发展主题研究的学术中心和重要智库，学院师生长期从事“三农”问题和发展主题研究，在扶贫领域有着丰硕的研究与实践成果。学院研究团队在扎实的行动研究基础上提出的“政府与公益结合式扶贫”“巢状市场小农扶贫”等减贫模式有力地推动了中国减贫事业的前进。在党的十八大以来的脱贫攻坚行动中，学院师生积极投身其中，承担课题研究、开展实地调研、撰写咨政报告、发表学术论文，为中国减贫的经验总结和理论建设做出了的卓越贡献。

尽管论文此前已经发表，但结集成书过程依然繁复，幸有多方支持和帮助，得以顺利完成。我们感谢作者应允并协调原发期刊授权收录论文，感谢王为径博士和唐成玲、刘京雨、卜斯源在编排过程中的细致工作，感谢责任编辑韩莹莹、范迎在出版过程中的出色工作。

叶敬忠　黄承伟　陈世栋

2021 年 2 月

目录

第一部分　中国减贫的整体叙事

第二部分　中国减贫的治理视角

第三部分 中国减贫的精准机制

第四部分 发展生产脱贫

第五部分 易地搬迁脱贫

第六部分 生态补偿脱贫

第七部分 发展教育脱贫

第八部分　社会保障兜底

第九部分　中国减贫的后 2020 展望

第一部分

中国减贫的整体叙事

1

党的十八大以来脱贫攻坚理论创新和实践创新总结*

黄承伟**

改革开放以来，中国扶贫开发取得举世瞩目的成就。但是，作为全球最大的发展中国家，贫困问题一直是中国经济社会发展进程中必须有效应对的重要挑战。特别是在全面建成小康社会的背景下，中国扶贫开发进入新的历史时期。以习近平总书记 2013 年首次提出精准扶贫为起点，以党的十八届五中全会和中央扶贫开发工作会议决策部署为标志，扶贫开发进入脱贫攻坚新阶段。2013—2016 年，中国扶贫开发取得历史上最好的成就，为决胜脱贫攻坚战、如期实现第一个百年目标打下了坚实基础。取得显著成就的根本原因在于习近平扶贫开发战略思想为脱贫攻坚提供了根本遵循，把中国扶贫开发理论创新提到新的历史高度。同时，在这一重要战略思想指引下，各地各部门不断深入推进脱贫攻坚的实践创新，确保了精准扶贫精准脱贫方略的贯彻落实。回顾总结党的十八大以来脱贫攻坚的理论创新和实践创新，对于丰富发展中国特色扶贫开发理论、助力打赢脱贫攻坚战、凝练减贫治理的中国经验具有重要意义。

一　习近平扶贫开发战略思想的形成发展，为脱贫攻坚提供了根本遵循，把中国扶贫开发理论创新提到新的历史高度

党的十八大以来，习近平总书记高度重视扶贫开发工作。在“2015 减贫与发展高层论坛”上，习近平总书记深情地说：“40 多年来，我先后在中国县、市、省、中央工作，扶贫始终是我工作的一个重要内容，我花的精力

---

* 原文刊发于《中国农业大学学报》（社会科学版）2017 年第 5 期。

** 黄承伟，国务院扶贫办全国扶贫宣传教育中心主任、研究员。

最多。”（习近平，2015）20 世纪 60 年代末 70 年代初，习近平同志到陕西延川县梁家河村插队 7 年，品尝贫穷之苦，对中国“三农”和贫困问题有着深刻理解。80 年代，他在河北正定工作，走遍全县 200 多个村子，大刀阔斧改革经济发展模式，大力推行家庭联产承包责任制，带领全县人民一举甩掉“高产穷县”的帽子。80 年代末 90 年代初，在福建宁德担任地委书记期间，他探索创新扶贫开发，提出经济大合唱、弱鸟先飞、滴水穿石和脱贫首先要摆脱意识贫困、思路贫困等重要思想，形成《摆脱贫困》一书。90 年代，在福建省委工作期间，他组织开展造福工程、山海协作、向贫困村派驻第一书记等工作，帮助贫困群众脱贫致富。他积极贯彻邓小平同志“两个大局”战略思想，开创了东西部扶贫协作的“闽宁模式”。进入 21 世纪，在担任浙江省委书记期间，他组织开展“百乡扶贫攻坚计划”和“欠发达乡镇奔小康工程”，强调要把握贫困的动态变化，讲求针对性，使投入的钱真正让贫困户受益。

党的十八大以来，习近平总书记把脱贫攻坚作为工作的重要内容，亲自挂帅、亲自出征、亲自督战。他 30 多次国内考察都涉及扶贫，连续 5 年新年国内首次考察都看扶贫，连续 3 年新年贺词都讲扶贫，基本走遍了集中连片特困地区。他在阜平听取扶贫开发工作汇报，在延安主持召开陕甘宁革命老区脱贫致富座谈会，在贵阳主持召开涉及武陵山、乌蒙山、滇桂黔集中连片特困地区脱贫攻坚座谈会，在银川主持召开东西部扶贫协作座谈会，在太原召开深度贫困地区脱贫攻坚座谈会。在每年中央经济工作会议和全国“两会”期间，他都对做好脱贫攻坚做出重要指示，多次主持召开中央政治局会议、政治局常委会议、中央全面深化改革领导小组会议、中央财经领导小组会议等重要会议，研究部署脱贫攻坚工作。他在重要会议、重要场合系统阐述扶贫开发的重大意义、精准扶贫精准脱贫的基本方略，分析存在问题和困难，总结成功经验，指明前进方向。党的十八大以来，习近平总书记关于扶贫开发的重要讲话、重要论述、重要指示批示，形成了一个思想深邃、内涵丰富、逻辑严密的思想体系，这就是习近平扶贫开发战略思想。

习近平扶贫开发战略思想的丰富内涵集中体现在以下九个方面。一是本质要求。消除贫困、改善民生、实现共同富裕，是社会主义的本质要求，是中国共产党的重要使命。中国共产党人从党成立之日起就确立了为天下劳苦人民谋幸福的目标，这就是中国共产党的初心。二是艰巨任务。脱贫攻坚已经到了啃硬骨头、攻坚拔寨的冲刺阶段，面对的都是贫中之贫、困中之困，采用常规思路和办法、按部就班推进难以完成任务。打赢脱贫攻坚战绝非朝夕之功，不是轻轻松松冲一冲就能解决的。脱贫攻坚本来就是一场硬仗，而深度贫困地区脱贫攻坚是这场硬仗中的硬仗。三是政治优势。脱贫攻坚任务重的地区党委和政府要把脱贫攻坚作为“十三五”期间头等大事和第一民生工程来抓，坚持以脱贫攻坚统揽经济社会发展全局。要层层签订脱贫攻坚责任书、立下军令状，形成五级书记抓扶贫、全党动员促攻坚的局面。四是精准扶贫。扶贫开发推进到今天这样的程度，贵在精准，重在精准，成败之举在于精准。扶持谁、谁来扶、怎么扶、如何退，全过程都要精准，有的需要下一番“绣花”功夫。五是改革创新。脱贫攻坚必须坚持问题导向，以改革为动力，以构建科学的体制机制为突破口，充分调动各方面积极因素，用心、用情、用力开展工作。六是内生动力。扶贫不是慈善救济，而是要引导和支持所有有劳动能力的人，依靠自己的双手开创美好明天。要注重调动贫困群众的积极性、主动性、创造性，注重培育贫困群众发展生产和务工经商的基本技能，注重激发贫困地区和贫困群众脱贫致富的内在活力，注重提高贫困地区和贫困群众自我发展能力。七是合力攻坚。脱贫致富不仅是贫困地区的事，也是全社会的事。坚持专项扶贫、行业扶贫、社会扶贫等多方力量有机结合的“三位一体”大扶贫格局，发挥各方面的积极性。八是阳光扶贫。要加强扶贫资金阳光化管理，加强审计监管，集中整治和查处扶贫领域的职务犯罪，对挤占挪用、层层截留、虚报冒领、挥霍浪费扶贫资金的，要从严惩处。九是共建没有贫困的人类命运共同体。消除贫困是人类的共同使命。消除贫困依然是当今世界面临的最大全球性挑战。我们要凝聚共识、同舟共济、攻坚克难，致力于合作共赢，推动建设人类命运共同体，为各国人民带来更多福祉①。

习近平扶贫开发战略思想把中国扶贫开发理论创新提到新的历史高度。首先，习近平扶贫开发战略思想将扶贫开发作为关乎党和国家政治方向、根本制度和发展道路的大事，作为“五位一体”总体布局和“四个全面”战略布局以及实现第一个百年奋斗目标的底线任务，将其上升为国家战略，进

① 同时可参见习近平关于扶贫开发论述摘编（《中国扶贫（特刊）》2015 年第 24 期）、刘永富（2016）、黄承伟（2017）。

一步明确和强化了扶贫开发的战略定位，把中国共产党所领导的反贫困实践推进一个新的境界。其次，精准扶贫精准脱贫思想是习近平总书记基于长期实践经验及对扶贫开发问题深入思考的重大理论成果。这一思想是基于对中国扶贫开发实践不断进行科学总结和理论提升而逐步形成并不断完善的理论体系，是中国乃至全球减贫理论的重大创新，为中国脱贫攻坚及今后的扶贫开发事业提供了理论指导和发展方向，为扶贫思想的丰富发展做出重大贡献。再次，习近平扶贫开发战略思想包括对内源扶贫、科学扶贫、精神脱贫、教育脱贫、社保政策兜底脱贫等扶贫脱贫机制模式的深刻论述，丰富了党的十八大以来中国扶贫开发的时代内涵。这些扶贫内涵客观反映了贫困演进的时代特征，反映了扶贫开发特定历史阶段的客观要求，不仅为推动脱贫攻坚的伟大实践提供了行动纲领，也为推动贫困与反贫困规律研究理论提炼指明了方向。最后，习近平扶贫开发战略思想中关于"共建一个没有贫困、共同发展的人类命运共同体"的重要思想，体现了总书记对于中国特色扶贫理论的进一步升华，是其对中国扶贫思想发展的另一个重大贡献，显示了中国对于世界减贫发展的责任意识和大国担当，受到国际社会的广泛赞誉。

总的来看，习近平扶贫开发战略思想精辟阐述了扶贫开发工作在国家经济社会发展全局中的地位和作用，深刻揭示了中国扶贫开发的基本特征和演进规律，系统阐述了扶贫开发的重大理论和实践问题，重点强调了全党、全社会扶贫济困的重大责任，也为推动国际减贫事业指明了方向。这些重要思想充分体现了中国特色扶贫开发道路的理论创新和实践创新，深入贯彻了创新、协调、绿色、开放、共享的五大发展理念，深刻体现了马克思主义世界观和方法论，是习近平总书记治国理政新理念新思想新战略的重要组成部分，是中国特色社会主义理论体系的新发展，是做好脱贫攻坚工作的科学指南和根本遵循。

二　以习近平扶贫开发战略思想为指引，脱贫攻坚顶层设计基本完成，脱贫攻坚的实践创新不断深入推进

明确目标，为脱贫攻坚指明方向。党的十八届五中全会确定了到2020年脱贫攻坚的总体目标。这是一个多元化的目标体系，体现了贫困成因和脱贫的综合性。总的目标是农村贫困人口全部脱贫，贫困村全部出列，贫困县

全部摘帽，解决区域性整体贫困。具体包括：现行扶贫标准（2300 元农民年人均纯收入，2010 年不变价）以下农村贫困人口稳定实现“两不愁三保障”，即不愁吃、不愁穿，保障义务教育、基本医疗和住房安全。832 个国家扶贫开发工作重点县和连片特困地区县，实现农民人均可支配收入增长幅度高于全国平均水平，基本公共服务主要领域指标接近全国平均水平。如期实现脱贫攻坚目标，是全面建成小康社会、实现第一个百年奋斗目标最艰巨的挑战，也是必须确保完成的底线任务和标志性指标。到 2020 年，完成脱贫攻坚目标任务，意味着贫困人口和贫困地区同全国一道全面进入小康社会，具有标志性意义；意味着中国绝对贫困问题得到历史性解决，具有里程碑意义；意味着中国提前 10 年实现联合国 2030 年可持续发展议程确定的减贫目标，具有国际意义。

创新机制，为脱贫攻坚提供制度支撑。按照党中央、国务院决策部署，以习近平扶贫开发战略思想为根本遵循，为落实《中共中央、国务院关于打赢脱贫攻坚战的决定》（以下简称《决定》），国务院扶贫开发领导小组和有关部门逐步建立了脱贫攻坚责任、政策、投入、动员、监督、考核六大体系，为打赢脱贫攻坚战提供了制度保障①。一是创新脱贫攻坚责任落实机制，这是打赢脱贫攻坚战的基础和前提。按照“中央统筹、省负总责、市县抓落实”的体制机制，出台脱贫攻坚责任制实施办法，构建各负其责、合力攻坚的责任体系。明确中央国家机关 76 个有关部门任务分工。中西部 22 个省（区、市）党政主要负责同志向中央签署脱贫攻坚责任书，立下军令状。贫困县党政正职攻坚期内保持稳定。二是创新脱贫攻坚政策供给机制，这是打赢脱贫攻坚战的基本保障。截至 2017 年 8 月，中共中央办公厅、国务院办公厅出台 12 个《决定》配套文件，各部门出台 173 个政策文件或实施方案，各地也相继出台和完善“1 + N”的脱贫攻坚系列文件（刘永富，2017），涉及产业扶贫、易地扶贫搬迁、劳务输出扶贫、交通扶贫、水利扶贫、教育扶贫、健康扶贫、金融扶贫、农村危房改造、土地增减挂钩指标、资产收益扶贫等，很多“老大难”问题有了针对性措施。三是创新脱贫攻坚投入及使用管理机制，这是打赢脱贫攻坚战的核心保障。坚持政府投入的主体和主导作

① 参见 2017 年 8 月 29 日在第十二届全国人民代表大会常务委员会第二十九次会议上刘永富所做的国务院关于脱贫攻坚工作情况的报告。

用，增加金融资金投放，确保扶贫投入力度与打赢脱贫攻坚战要求相适应。2013—2017年，中央财政安排专项扶贫资金从394亿元增加到861亿元，累计投入2822亿元；省级及以下财政扶贫资金投入也大幅度增长；安排地方政府债务1200亿元，用于改善贫困地区生产生活条件；安排地方政府债务994亿元和专项建设基金500亿元用于易地扶贫搬迁。金融扶贫力度明显加大，“十三五”期间，将发放易地扶贫搬迁专项贷款超过3500亿元。截至2017年6月底，扶贫小额信贷累计发放3381亿元，共支持了855万贫困户，贫困户获贷率由2014年底的2%提高到2016年底的29%①。国家还出台了扶贫再贷款政策，证券业、保险业、土地政策等助力脱贫攻坚的力度都在明显加大。四是创新脱贫攻坚动员机制，这是打赢脱贫攻坚战的动力保障。发挥社会主义制度集中力量办大事的优势，动员各方面力量合力攻坚。加大东西部扶贫协作力度，调整完善结对关系，实现对全国30个民族自治州帮扶全覆盖，明确京津冀协同发展中京津两市与河北省张家口、承德和保定三市的扶贫协作任务，实施东部267个经济较发达县（市、区）结对帮扶西部434个贫困县的“携手奔小康”行动。加强定点扶贫工作，320个中央单位定点帮扶592个贫困县，军队和武警部队定点帮扶3500多个贫困村。动员中央企业设立贫困地区产业投资基金，开展“百县万村”扶贫行动。动员2.6万家民营企业开展“万企帮万村”行动。设立全国脱贫攻坚奋进奖、贡献奖、奉献奖、创新奖，表彰脱贫攻坚模范，加大宣传动员力度，营造良好舆论氛围。五是创新脱贫攻坚监督机制，这是打赢脱贫攻坚战的效率保障。把全面从严治党要求贯穿脱贫攻坚全过程各环节。中央出台脱贫攻坚督查巡查工作办法，对各地落实中央决策部署开展督查巡查。中央巡视把脱贫攻坚作为重要内容。8个民主党派中央分别对应8个贫困人口多、贫困发生率高的省（区），在攻坚期内开展脱贫攻坚民主监督。加强与纪检监察、财政、审计等部门和媒体、社会等监督力量的合作，把各方面的监督结果运用到考核评估和督查巡查中。六是创新脱贫攻坚考核机制，这是打赢脱贫攻坚战的质量保障。中央出台省级党委和政府扶贫开发工作成效考核办法，实行最严格的考核评估制度。中央对综合评价好的，通报表扬并在中央财政专项扶贫

① 参见2017年8月29日在第十二届全国人民代表大会常务委员会第二十九次会议上刘永富所做的国务院关于脱贫攻坚工作情况的报告。

资金分配上给予奖励；对综合评价较差且发现突出问题的，约谈党政主要负责同志；对综合评价一般或发现某些方面问题突出的，约谈分管负责同志。考核结果送中央组织部，作为对省级党委、政府主要负责人和领导班子综合考核评价的重要依据。对被约谈的省（区、市）开展巡查，对其他中西部省（区、市）开展督查。

坚持精准扶贫精准脱贫基本方略，着力创新完善解决“四个问题”的制度体系。一是完善贫困识别制度，切实解决好“扶持谁”的问题。2014 年，全国组织 80 多万人进村入户，共识别 12.8 万个贫困村 2948 万贫困户 8962 万贫困人口，基本摸清了全国贫困人口分布、致贫原因、脱贫需求等信息，建立起全国统一的扶贫开发信息系统。经过 2015—2016 年的建档立卡“回头看”后，2017 年中国组织各地完善动态管理。建档立卡使中国贫困数据第一次实现了到村到户到人，为中央制定精准扶贫政策措施、实行最严格考核制度和保证脱贫质量打下了基础。二是增强基层力量，强化驻村帮扶，切实解决好“谁来扶”的“最后一公里”问题。中央要求，每个贫困村都要派驻村工作队，每个贫困户都要有帮扶责任人，实现全覆盖。全国共选派 77.5 万名干部驻村帮扶，中央组织部组织开展抓党建促脱贫攻坚工作，选派 19.5 万名优秀干部到贫困村和基层党组织薄弱涣散村担任第一书记（刘永富，2017）。第一书记和驻村干部履行教育发动、引导指导群众、激发群众内生动力、推动各项精准扶贫政策措施落地落实等职责。三是强化分类施策、对症施策，切实解决好“怎么扶”的问题。发展生产和转移就业脱贫一批，支持有劳动能力的贫困人口通过自身劳动开创美好生活。易地搬迁脱贫一批，支持生存环境恶劣地区的贫困人口通过有组织、有计划的搬迁，建设新家园。生态补偿脱贫一批，结合重点生态区建设为贫困人口提供护林员等生态岗位就业机会。发展教育脱贫一批，加大贫困地区教育投入力度，防止因学致贫和因贫辍学。社会保障兜底一批，对贫困人口中完全或部分丧失劳动能力的人进行兜底保障。加强医疗保险和医疗救助，防止因病致贫、返贫。四是建立脱贫认定机制，切实解决好“怎么退”的问题。建立贫困退出机制，明确规定贫困县、贫困人口退出的标准、程序和后续政策。指导各地制定脱贫滚动规划和年度计划，实施贫困县和贫困村有序退出。各省（区、市）签订年度减贫责任书，层层分解任务，落实到县、到村、到户、到人。对贫困退出开展考核评估检查，建立第三方评估机制，开展扶贫成效和群众满意度调查，防止数字脱贫、虚假脱贫，确保脱贫质量。脱贫退出后，贫困人口在攻坚期内继续享受原有扶贫政策。

创新重点区域聚焦机制，着力破除革命老区、民族地区、边疆地区、集中连片特困地区等贫困地区发展瓶颈。一是加强基础设施建设。全面推进贫困村村级道路建设，提高贫困村村级道路建设补助标准。优先实施建档立卡贫困村通村道路硬化，推动一定规模的自然村（贫困村）通公路，重点实施较大规模人口的撤并建制村村级道路硬化。加快实施具有支撑特色产业发展能力的资源路、旅游路、产业路建设。实施百万公里农村公路建设工程。实施贫困村通客车线路生命安全防护工程建设。改造危桥，拓宽不能满足安全通客车要求的窄路基路面。继续支持贫困地区县城公路客运站、乡镇客运站、建制村招呼站建设。全面实施农村饮水安全巩固提升工程，建设一批集中供水工程，对分散性供水和水质不达标的，因地制宜实施提升改造工程。推进贫困村农田水利、土地整治、中低产田改造和高标准农田建设，在贫困地区大力实施小型农田水利、“五小水利”工程等建设。加快实施农网改造升级工程和电网建设改造行动计划，重点推进国家扶贫开发工作重点县、集中连片特困地区以及革命老区的农村电网改造升级，解决电压不达标、架构不合理、不通动力电等问题。加强贫困村网络通信设施建设，实施“宽带乡村”试点工程，推进贫困地区公路沿线、集镇、行政村、旅游景区4G网络覆盖建设。二是加大农村危房改造和人居环境整治力度。重点解决建档立卡贫困户、低保户、分散供养特困人员、贫困残疾人四类家庭的基本住房安全问题。提高危房补助标准。推进贫困村饮用水源保护、生活污水和垃圾处理、畜禽养殖污染治理、农村面源污染治理等人居环境工作。全面推进农村生活垃圾治理，启动农村生活垃圾专项治理，建立村庄保洁制度。开展村庄卫生厕所改造，解决贫困村人畜混居问题等。三是推进实施区域发展与脱贫攻坚规划。建立和完善片区联系工作机制，全面落实片区联系单位牵头责任。启动实施赣闽粤原中央苏区、左右江、大别山、陕甘宁、川陕等重点贫困革命老区振兴发展规划，支持沂蒙、湘鄂赣、太行、海陆丰等欠发达革命老区加快发展。启动实施革命老区振兴发展行动、民族地区奔小康行动、《兴边富民行动“十三五”规划》。推进贫困地区深度融入“一带一路”建设，以及京津冀协同发展、长江经济带发展等国家战略。

创新特殊贫困群体帮扶机制，促进妇女、儿童、老年人、残疾人等特殊群体中的贫困人口稳定脱贫。一是制定实施《国家贫困地区儿童发展规划(2014—2020年)》，建立健全农村留守儿童关爱服务体系、儿童救助和帮扶机制。制定实施《国务院关于加强农村留守儿童关爱保护工作的意见》《国务院办公厅关于加强和改进流浪未成年人救助保护工作的意见》。二是根据贫困妇女发展需求，开展有针对性的种植养殖、乡村旅游、家政服务、手工编织、农村电商等妇女培训项目，着力提高贫困妇女脱贫能力。制定实施《全国妇联关于在脱贫攻坚战中开展“巾帼脱贫行动”的意见》。推进小额贷款，促进贫困家庭妇女脱贫。支持贫困村、贫困户因地制宜发展传统手工业，引导贫困妇女打造妇女特色手工品牌。实施妇女健康扶贫。三是健全养老保险制度，建立健全农村贫困老人关爱服务体系。支持各地农村幸福院等社区养老服务设施建设和运营，开展留守老年人关爱行动。完善农村贫困老人救助供养制度。四是制定实施《贫困残疾人脱贫攻坚行动计划（2016-2020年)》《残疾预防和残疾人康复条例》，建立健全残疾人社会救助制度，促进残疾人就业增收，解决贫困残疾人基本住房问题。

创新精准扶贫模式，不断拓展精准脱贫有效路径。党的十八大以来，各地在摸清贫困底数的基础上，从致贫原因出发，因地制宜、因人施策，实施发展产业脱贫、转移就业脱贫、易地搬迁脱贫、生态保护扶贫、资产收益扶贫、教育扶贫、健康扶贫、兜底保障等领域政策与工程，不断探索和拓展脱贫攻坚的有效途径。

在发展产业脱贫方面，编制《农业行业扶贫开发规划（2011—2020年)》《全国林业扶贫攻坚规划（2013—2020年)》《全国优势特色经济林发展布局规划（2013-2020年)》，出台《贫困地区发展特色产业促进精准脱贫指导意见》，支持贫困县建成一批对贫困户脱贫带动能力强的特色产品加工、服务基地，促使贫困乡镇、贫困村特色产业增加值显著提升，贫困户自我发展能力明显增强。实施乡村旅游扶贫工程，开展乡村环境综合整治专项行动、旅游规划扶贫公益专项行动、乡村旅游后备厢和旅游电商推进专项行动、旅游行业万企万村帮扶专项行动、百万乡村旅游创客专项行动、金融支持旅游扶贫专项行动、旅游扶贫模式创新推广专项行动、旅游扶贫人才素质提升专项行动等八大行动。大力发展电商扶贫，引导苏宁、京东等大型电商企业和电商平台针对贫困地区开辟“原产地直采+自营”等农产品上行绿色通道，扶持注册地为贫困县的网上商店。采取以奖代补、政府购买服务等方式，扶持贫困村电商服务站点建设、电商扶贫示范网店建设、电商扶贫人才培养、县乡村物流配送体系建设、仓储配送中心建设。支持贫困村青年、妇女、残疾人依托电子商务就业创业。实施农村青年电商培育工程。截至2016年底，428个贫困县启动了电商扶贫试点，261个贫困县被列为电子商务进农村综合示范县。

在转移就业脱贫方面，各级政府通过不断完善就业服务制度，加强就业平台和信息化建设，为贫困地区农村富余劳动力免费提供职业指导、职业介绍、岗位信息等基本公共就业服务。贫困地区各级政府将劳务协作作为就业扶贫的重点内容，建立健全劳务协作和对接机制，积极推动经济发达地区与劳动力资源丰富的地区建立劳务协作，带动农村劳动力转移就业。东西部扶贫协作省（区、市）建立定期联系制度，促进贫困劳动力与企业精准对接，帮助贫困劳动力实现就业和稳定就业。采取措施强化技能培训，扶持返乡创业，维护就业权益。

在易地搬迁脱贫方面，制定专项规划，大幅度加大资金投入，确保建档立卡搬迁人口住房建设。按照"规模适宜、功能合理、经济安全、环境整洁、宜居宜业"的原则，建设安置区（点）配套基础设施。按照"缺什么补什么"和"适当留有余地"的原则，建设和发展搬迁人口基本公共服务设施。各地立足安置区（点）资源禀赋，根据不同搬迁安置方式，统筹整合财政专项扶贫资金和相关涉农资金，发展扶贫产业就业，多种方式实现搬迁群众稳定脱贫。

在生态保护扶贫方面，国家重大生态工程政策向贫困地区倾斜，制定实施《新一轮草原生态保护补助奖励政策实施指导意见（2016—2020年）》，在内蒙古等8省（区）实施草原生态保护补助奖励，在河北等5省份实施草畜平衡奖励。按照"谁受益、谁补偿"原则，在贫困地区开展生态综合补偿试点。健全各级财政森林生态效益补偿标准动态调整机制。提高国有、集体和个人的国家级公益林补偿标准。鼓励获益地区与保护地区建立横向补偿机制，探索碳汇交易等市场化补偿机制。实施生态公益岗位脱贫行动，通过购买服务、专项补助等方式，利用生态补偿和生态保护工程资金使当地有劳动能力的部分建档立卡贫困人口转变为护林员、草管员、护渔员、护堤员等生态保护人员。

在资产收益扶贫方面，一是支持贫困地区在不改变用途的情况下，将财政专项扶贫资金和其他涉农资金投入设施农业、养殖、乡村旅游等项目形成的资产折股量化给贫困村和贫困户，尤其是丧失劳动能力的贫困户，帮助其增加财产性收入。二是鼓励和引导贫困户将已确权登记的土地承包经营权入股企业、合作社、家庭农（林）场，分享经营收益。积极推进农村集体资产、集体所有的土地等资产资源使用权作价入股，形成集体股权并按比例量化到农村集体经济组织，分红收益主要用于村内公益项目建设和扶贫开发。三是实施光伏扶贫工程。采取村级光伏电站或集中式光伏电站方式，保障每位扶贫对象（重点是无劳动能力贫困户）户均年收益达到3000元以上。促进“光伏＋农业”“光伏＋旅游业”等产业发展和清洁能源使用，实现扶贫、产业结构调整、生态环境保护综合效益。四是开展水电矿产资源开发扶贫试点。创新贫困地区水电、矿产资源开发占用农村集体土地补偿方式，将入股分红作为征地补偿的新方式。合理确定以土地补偿费量化入股的农村集体土地数量、类型和范围，将核定的土地补偿费作为资产入股试点项目，形成集体股权。农村集体经济组织为股权持有者，其成员为集体股权受益主体，建档立卡贫困户为优先受益对象。

在教育扶贫方面，实施学前教育三年行动计划和资助政策，改善农村义务教育薄弱学校基本办学条件，推进乡村教师队伍建设，实施面向贫困地区定向招生专项计划。继续实施农村义务教育学生营养改善计划，建立起覆盖学前教育到研究生教育各个学段的学生资助政策体系，促进教育公平和社会公平。加快民族教育发展。

在健康扶贫方面，国家卫生和计划生育委员会会同国务院扶贫办等部委联合发布《关于实施健康扶贫工程的指导意见》，建立农村贫困人口医疗兜底保障机制，提高基本医疗保险补助标准和报销比例，进一步增强大病保险和医疗救助制度防大病、兜底线作用。推动医疗资源向贫困地区流动，协调安排全国889家三级医院对口帮扶所有贫困县的1149家县级医院，城市三级医院近万名医生在贫困县县级医院进行蹲点帮扶。启动实施助理全科医生培训，支持中西部地区和东部贫困地区招收助理全科医生，进一步解决贫困地区人才短缺、技术薄弱等问题。加强村级卫生服务体系建设。组织对建档立卡农村贫困人口进行全面摸底调查，逐户、逐人、逐病核实核准农村贫困人口患病情况，建立健康扶贫管理数据库。组织对大病和慢性病贫困患者进行“三个一批”（实施大病集中救治一批、慢病签约服务管理一批、重病兜底保障一批）分类救治。

在兜底保障方面，在低保对象认定中将建档立卡贫困人口作为重点，及时将符合条件的纳入农村低保，实施政策性兜底保障。进一步推进农村最低生活保障制度与扶贫开发政策有效衔接，从政策、对象、标准、管理等方面加强制度衔接，强化兜底脱贫。推进农村低保规范化管理，进一步加强和改进最低生活保障工作，对低保家庭中的残疾人、老人、未成年人等重点救助对象增发低保金，提高救助水平。加强残疾人社会救助工作，将生活困难、靠家庭供养且无法单独立户的成年无业重度残疾人按照单人户纳入农村低保范围。确保特困人员救助供养，完善临时救助制度。

三　党的十八大以来脱贫攻坚取得显著成就，奠定了决胜脱贫攻坚战的坚实基础，为全球减贫治理贡献了中国方案

党的十八大以来，在以习近平同志为核心的党中央坚强领导下，脱贫攻坚的顶层设计基本形成，精准扶贫精准脱贫思想深入人心，五级书记抓扶贫、全党动员促攻坚的良好态势已经形成，各项决策部署得到较好落实，取得脱贫攻坚的显著的阶段性成就。

农村贫困人口大幅减少。按现行国家农村贫困标准测算，全国农村贫困人口由2012年的9899万人减少到2016年的4335万人，累计减少5564万人，年均减少贫困人口1391万人；全国农村贫困发生率由2012年的10.2%下降到2016年的4.5%，下降5.7个百分点，平均每年下降1.4个百分点（国家统计局，2017）（见图1）。

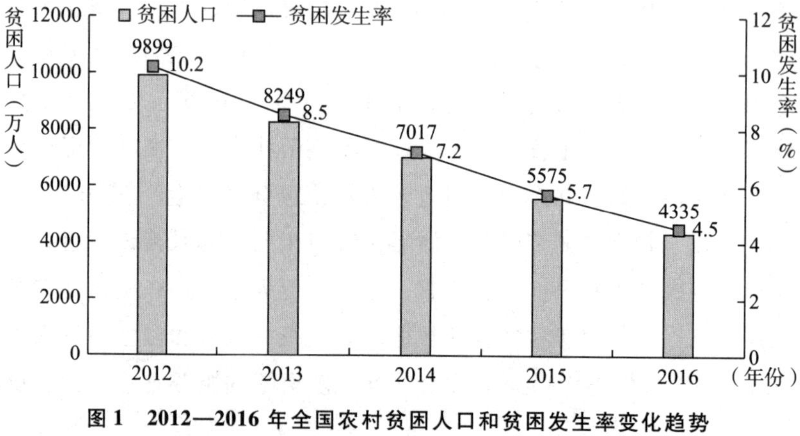

图1　2012—2016年全国农村贫困人口和贫困发生率变化趋势

贫困地区农村居民收入稳步增长。2013—2016年，贫困地区农村居民人均可支配收入连续保持两位数增长，年均名义增长率为12.8%，扣除价格因

素，年均实际增长10.7%，比全国农村平均水平高2.7个百分点（国家统计局，2017）。其中，2016年，贫困地区农村居民人均可支配收入为8452元（见图2），名义水平是2012年的1.6倍；扣除价格因素，实际水平是2012年的1.5倍。横向考察，贫困地区农村居民人均可支配收入与全国农村平均水平的差距在不断缩小，2016年贫困地区农村居民人均可支配收入是全国农村平均水平12363元的68.4%，比2012年提高了6.2个百分点。

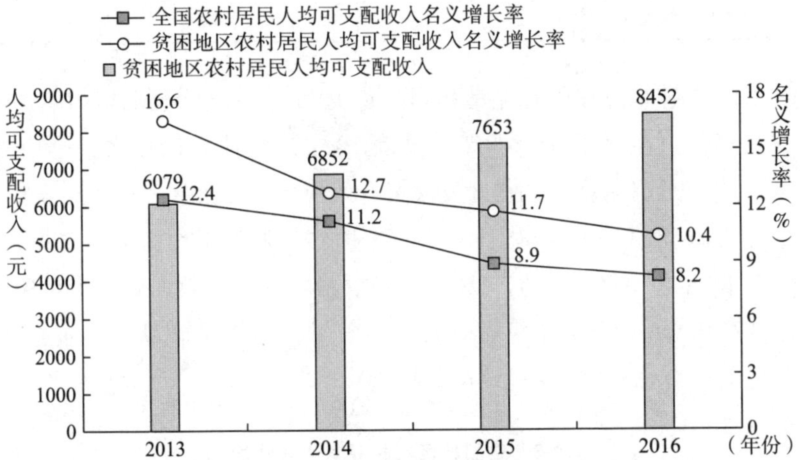

图2　2013—2016年贫困地区农村居民收入增长情况

贫困人口生产生活条件切实改善。一是基础设施水平明显提升（见表1）。二是人居条件切实改善。2016年，贫困地区农村居民户均住房面积为137.2平方米，比2012年增加19.1平方米。居住在竹草土坯房的农户比重为4.5%，比2012年下降3.3个百分点；居住在钢筋混凝土房或砖混材料房的农户比重为57.1%，比2012年上升17.9个百分点。三是饮水安全不断提高。2016年，贫困地区农村饮水有困难的农户比重为12.1%（比2013年下降6.9个百分点），使用管道供水的农户比重为67.4%（比2013年提高13.8个百分点），使用经过净化处理的自来水的农户比重为40.8%（比2013年提高10.2个百分点）。四是居住设施不断改善。2016年，贫困地区农村独用厕所的农户比重为94.2%（比2012年提高3.2个百分点），使用卫生厕所的农户比重为31.0%（比2012年提高5.3个百分点），使用清洁能源的农户比重为32.3%（比2012年提高14.6个百分点）（国家统计局，2017）。

表 1　2012—2016 年贫困地区基础设施条件

单位：%

指标	2012 年	2013 年	2014 年	2015 年	2016 年
通电话的自然村比重	93.3	93.3	95.2	97.6	98.2
通有线电视信号的自然村比重	69.0	70.7	75.0	79.3	81.3
通宽带的自然村比重	38.3	41.5	48.0	56.3	63.4
主干道路面经过硬化处理的自然村比重	—	59.9	64.7	73.0	77.9
通客运班车的自然村比重	—	38.8	42.7	47.8	49.9

贫困地区基本公共服务显著提升。一是教育文化状况明显改善（见表 2）。二是医疗卫生水平显著提高（见表 3）。三是社会保障水平全面提升。2016 年，农村低保制度与扶贫开发政策有效衔接工作进一步推进，全国有农村低保对象 2635.3 万户 4586.5 万人；全国农村低保平均标准为 3744.0 元/（人 · 年），比 2015 年增长 17.8%；全国农村特困人员救助供养 496.9 万人，比上年减少 3.9%；全年各级财政共支出农村特困人员救助供养资金 228.9 亿元，比上年增长 9.0%（民政部，2017）。

表 2　贫困地区农村教育文化情况

单位：%，百分点

指标	2012 年	2016 年	2016 年比 2012 年
16 岁以上成员均未完成初中教育的农户比重	18.2	16.0	-2.2
所在自然村上幼儿园便利的农户比重	—	79.7	12.1 *
所在自然村上小学便利的农户比重	—	84.9	6.9 *
有文化活动室的行政村比重	74.5	86.5	12.0

注：带 * 的是与 2013 年相比提高的百分点。

表 3　2012—2016 年贫困地区农村医疗卫生条件

单位：%

指标	2012 年	2013 年	2014 年	2015 年	2016 年
拥有合法行医证医生/卫生员的行政村比重	83.4	88.9	90.9	91.2	90.4
所在自然村有卫生站的农户比重	—	84.4	86.8	90.3	91.4
拥有畜禽集中饲养区的行政村比重	16.0	23.9	26.7	26.9	28.0
饮用水经过集中净化处理的自然村比重	—	27.7	34.4	39.2	44.7
所在自然村垃圾能集中处理的农户比重	—	29.9	35.2	43.2	50.9

脱贫攻坚的综合社会效应开始显现。精准扶贫精准脱贫方略实施以来，各级干部深入贫困地区帮助贫困群众，促进了干群关系融洽，坚实了党的群众基础和执政基础；社会各界互帮互助，改善了社会风气，促进了社会和谐，巩固了社会稳定；贫困群众高度认可扶贫政策，对扶贫成效满意度高，对党和政府满含感恩之心。在政府主导发挥制度优势，东西部扶贫协作、定点扶贫力度不断加大的同时，民营企业、社会组织和广大公众积极主动参与脱贫攻坚，促进了中华民族扶贫济困传统美德的弘扬，汇聚了脱贫攻坚更大的合力。截至 2017 年 6 月底，进入“万企帮万村”精准扶贫行动台账管理的民营企业有 3.43 万家，精准帮扶 3.57 万个村（其中建档立卡贫困村 2.56 万个）的 538.72 万建档立卡贫困人口；产业投入 433.48 亿元，公益投入 91.2 亿元，安置就业 41.7 万人，技能培训 44.2 万人（全国工商联，2017）。大量公益组织积极开展有关扶贫开发的活动或项目，在生存扶贫、技术扶贫、教育扶贫、幸福工程、人口扶贫、合作扶贫、文化扶贫、实物扶贫以及环境扶贫方面卓有成效。广大公众积极参与慈善事业，实现扶贫济困。2016 年，全国共接收社会捐赠款 827.0 亿元，比上年增长 26.4%，全年有 1165.8 万人次困难群众受益，其中 2014—2016 年每年 10 月 17 日国家扶贫日前后，募集的扶贫资金都达到 250 多亿元（民政部，2017）。

中国减贫成效为全球减贫做出重大贡献。按照现行农村贫困标准测算，从 1978 年到 2016 年，全国农村贫困人口减少 7.3 亿，贫困发生率从 1978 年的 97.5% 下降至 2016 年的 4.5%。按照每人每天 1.9 美元的国际极端贫困标准，根据世界银行发布的最新数据，1981—2013 年中国贫困人口减少了 8.5 亿，占全球减贫总规模的 69.3%（国家统计局，2017）。联合国开发计划署（2015：15）发布的《联合国千年发展目标报告（2015）》明确指出中国“在全球减贫中发挥了重要的作用”，“由于中国的进步，东亚的极端贫困率从 1990 年的 61% 下降到了 2015 年的仅有 4%”。

中国精准扶贫为全球减贫治理提供了可资借鉴的经验。习近平总书记把中国脱贫攻坚的成功经验精辟地概括为：加强领导是根本，把握精准是要义，增加投入是保障，各方参与是合力，群众参与是基础。这些经验实质上就是一整套经过实践检验的减贫治理体系，这将为全球更有效地进行减贫治理提供“中国方案”。

加强领导，就是发挥政治优势，落实责任。坚持党对脱贫攻坚的领导，严格执行脱贫攻坚一把手负责制，省市县乡村五级书记一起抓，发挥好基层党组织在脱贫攻坚中的战斗堡垒作用。强化“中央统筹、省负总责、市县抓落实”的工作机制，层层落实脱贫攻坚责任。

把握精准，就是不断完善精准扶贫政策工作体系，切实提高脱贫成效。做到“六个精准”，实施“五个一批”，完善建档立卡，强化驻村帮扶，因村因户因人分类施策，扶到点上、扶到根上。完善政策体系，打好组合拳，发挥政策叠加效应。对贫困群众格外关注、格外关爱、格外关心，出台特惠扶持政策，丰富完善中央和地方“1＋N”政策体系。加大督促检查和考核评估力度，确保各项政策有效落实落地，确保脱贫人口实现“两不愁三保障”，坚决防止虚假脱贫。

增加投入，就是坚持政府投入的主体和主导作用，不断增加金融资金、社会资金投入脱贫攻坚。2013—2017 年，中央财政累计安排专项资金 2787 亿元，年均增长 22.7%。统筹整合使用财政涉农资金，撬动金融资本和社会帮助资金投入扶贫开发。创新扶贫小额信贷产品，支持贫困农户发展产业和投资创业。设立扶贫再贷款，实行比支农再贷款更优惠的利率。鼓励和引导商业性、政策性、开发性、合作性等各类金融机构加大对扶贫开发的金融支持。

各方参与，就是坚持专项扶贫、行业扶贫、社会扶贫等多方力量有机结合的“三位一体”的大扶贫格局，发挥各方面的积极性。建设国家扶贫开发大数据平台、省级扶贫开发融资平台、县级扶贫开发资金项目管理平台、贫困村扶贫脱贫工作落实平台和社会扶贫对接平台。开展健康扶贫、教育扶贫、金融扶贫等十大精准扶贫行动，实施贫困村提升、扶贫小额信贷工程等十项精准扶贫工程。提高东西部扶贫协作水平，加强党政机关定点扶贫，推进军队和武警部队帮扶，开展多党合作脱贫攻坚行动，动员民营企业、社会组织、个人参与脱贫攻坚，形成社会合力。

群众参与，就是尊重贫困群众扶贫脱贫的主体地位，不断激发贫困村贫困群众内生动力。充分发挥贫困村党员干部的引领作用，抓好以村党组织为核心的村级组织配套建设。培育具有较强经营创业能力、适应扶贫开发和新农村建设的致富带头人，充分发挥其示范作用。弘扬自力更生、艰苦奋斗精神，激发贫困群众脱贫奔小康的积极性、主动性、创造性，提升其自我组织能力、自我发展能力和参与市场竞争的能力。

四　挑战与展望

精准扶贫精准脱贫依然面临诸多挑战。挑战之一：难度越来越大，脱贫攻坚任务依然艰巨。截至2016年底，全国农村贫困人口还有4335万人，到2020年平均每年需减少贫困人口近1100万人，越往后脱贫成本越高、难度越大。而且深度贫困地区攻坚任务重。西藏、南疆四地州、四川凉山、云南怒江、甘肃临夏等深度贫困地区，生存环境恶劣，致贫原因复杂，交通等基础设施和教育、医疗等公共服务缺口大。此外，因病致贫占比高，贫困人口中因病致贫比例2016年为44%，解决这些人的贫困问题，成本更高，难度更大。挑战之二：一些地方精准扶贫还没有真正落地。贫困识别不够精准，简单算收入、“搞摆平”，仍有一些符合条件的贫困人口未纳入建档立卡体系。帮扶措施不够精准，存在缩小版的“大水漫灌”。贫困退出不够精准，有的地方算账脱贫、突击脱贫。有的脱贫基础脆弱，存在返贫风险。挑战之三：部分贫困群众内生动力不足。有的地方为图省事、赶进度，大包大揽、送钱送物，“干部干、群众看”，不注重提高贫困人口的自我发展能力。不少贫困群众安于现状，单纯依靠外界帮扶被动脱贫，或习惯“等靠要”，依赖政策不愿脱贫。挑战之四：扶贫资金使用管理有待加强。贪污、挤占、挪用等老问题仍时有发生，资金闲置滞留等新问题逐步显现，资金使用效率提高仍有较大空间。挑战之五：扶贫政策实施存在盲区。对贫困县与非贫困县、贫困村与非贫困村的贫困人口在扶持政策上不一致，造成部分非贫困县非贫困村的群众不满意。建档立卡贫困户得到的政策支持比较多，而接近扶贫标准的边缘户得到的政策支持很少，造成部分农户心理不平衡。部分脱贫户自我发展能力较弱，脱贫质量不高、稳定性不强，脱贫后扶持政策减弱，极易返贫。

应对上述挑战，需要以习近平扶贫开发战略思想为指导，继续推进脱贫攻坚理论创新和实践创新，不断深化精准扶贫精准脱贫。第一，坚持目标标准不动摇。按照“2020年我国现行标准下农村贫困人口实现脱贫，贫困县全部摘帽，解决区域性整体贫困”的总目标，始终坚持“两不愁三保障”脱贫标准，实事求是，确保贫困人口科学合理有序退出。第二，不断夯实精准扶贫基础。实现建档立卡动态管理，把符合标准的贫困人口和返贫人口全部纳入。充分发挥第一书记和驻村工作队作用。选好用好脱贫致富带头人，培养“不走的工作队”。加强扶贫资金项目监管，提高资金使用效益。第三，聚焦深度贫困，精准发力。精确瞄准，倒排工期，拿出超常举措，加大对深度贫困地区深度贫困村和因病致贫贫困户的支持力度。第四，求真务实，严格考核。纠正形式主义，严防弄虚作假，不断提高贫困识别、帮扶、退出精准度。建立脱贫攻坚大数据平台，推进信息共享。严格实施扶贫开发工作成效考核，认真开展第三方评估和省际交叉考核。通过组织年度脱贫攻坚督查巡查，推动政策措施落地，督促问题整改落实，确保脱贫成果经得起历史和实践检验。第五，加强宣传教育。认真总结党的十八大以来脱贫攻坚的实践和成就，广泛宣传脱贫攻坚先进典型，及时推广精准扶贫精准脱贫经验，激励社会各界更加关注、支持和参与脱贫攻坚。

参考文献

国家统计局，2017，《精准脱贫成效卓著 小康短板加速补齐——党的十八大以来经济社会发展成就系列之六》，7 月 28 日，http://www.stats.gov.cn/ztjc/ztfx/18fzcj/201802/t20180212_1583217.html。

黄承伟，2017，《打赢脱贫攻坚战的行动指南——学习领会习近平扶贫开发战略思想》，《红旗文稿》第 16 期。

联合国开发计划署，2015，《联合国千年发展目标报告（2015）》，5 月 24 日，http://www.nwccw.gov.cn/site22/20170524/b8aeed3566891a8f8d3202.pdf。

刘永富，2016，《坚决打赢脱贫攻坚战》，《人民日报》10 月 20 日，第 16 版。

刘永富，2017，《中国特色扶贫开发道路的新拓展新成就》，《人民日报》9 月 4 日，第 7 版。

民政部，2017，《2016 年社会服务发展统计公报》，8 月 3 日，http://www.mca.gov.cn/article/sj/tjgb/201708/20170815005382.shtml。

全国工商联，2017，《鼓励民营企业到贫困地区产业扶贫》，8 月 4 日，http://www.scfpym.gov.cn/show.aspx?id=59141。

习近平，2015，《习近平自述：“我”的扶贫情怀》，5 月 20 日，http://www.xinhuanet.com/2020-05/20/c_1126009250.htm。

2

党的十八大以来精准扶贫研究进展与未来展望*

聂　伟　龚紫钰**

自2014年1月精准扶贫思想正式落地以来，中国农村扶贫开发工作中大水漫灌的粗放式扶贫方式逐步向精细化安排转变，脱贫攻坚战取得决定性进展。在这4年多时间里，已经有超过5000万贫困人口稳定脱贫，贫困发生率下降到3.1%①。但是在充分肯定所获成绩的同时，也必须正视当前农村扶贫开发工作任务的艰巨性。根据国家统计局发布的2017年《国民经济和社会发展统计公报》，按照现行贫困标准，中国仍有3046万农村贫困人口。使这些人口脱贫，不仅是实现2020年全面建成小康社会目标的现实需求，也是满足人民美好生活需要、实现全体人民共同富裕的内在要求。距离贫困人口全部脱贫的目标实现期已不足3年，可谓时间紧、任务重。因此迫切需要对党的十八大以来学术界有关精准扶贫的研究成果进行梳理与总结，以此为基础寻求在理念创新、制度完善、政策建构、理论发展等方面实现突破的可能性。本文的目的是对数量不断增加的精准扶贫研究文献展开综述，总结其在概念与内涵界定、理论与方法拓展、经验与教训总结等环节的知识积累，进而为后续研究锚定方向。

一　精准扶贫战略的现实背景与理论依据

精准扶贫战略的提出有其深刻的现实背景和理论依据，是在综合考量中国扶贫工作发展历史脉络、农村贫困的新问题和新形势、国内外贫困理论和

---

* 原文刊发于《中国农业大学学报》（社会科学版）2018年第5期。

** 聂伟，深圳大学城市治理研究院特聘研究员。龚紫钰，深圳大学城市治理研究院讲师。

① 数据来源于国家统计局网站2013年、2017年《国民经济和社会发展统计公报》。

社会发展理论最新进展的基础上做出的战略安排。

（一）贫困问题的新变化和新形势是催生精准扶贫战略的现实背景

首先，经济增长的减贫效应不断下降，开发式扶贫效果受到结构性因素制约。改革开放以来，经济的快速发展带来了巨大而直接的减贫效应，加上政府自20世纪80年代起在农村推行的大规模开发式扶贫，中国成为世界上减贫人口最多并率先完成联合国千年发展目标的国家（凌文豪、刘欣，2016）。然而自2000年以后，经济增长的减贫效应显著下降（易棉阳，2016），开发式扶贫也未能获得理想效果，本该由贫困人口获得的扶贫开发资源却被精英群体占据，农村收入不平等程度持续加深，需要推行新的扶贫战略以破解此类结构性限制。

其次，贫困人口分布出现变化，客观上需要缩小扶贫瞄准单元，精准到户。中国农村扶贫的瞄准单元经历了从贫困县到贫困村的变化，2011年又确定了14个集中连片特困地区（李小云等，2015）。虽经历多次动态变化，但是始终以区域为瞄准目标的扶贫方式难以充分满足贫困人口的真实需求。从空间特征来看，贫困人口分布已出现显著的分化趋势，但在部分老少边穷区域又有所聚集，这要求新的扶贫战略对导致贫困的区域共性问题进行统一解决，对具体贫困户的特殊致贫原因进行精准分析，实现共性与个性的统一。

最后，中国农村贫困已发生转型，表现为贫困人口构成主体的相对贫困性、贫困生成原因的结构性、贫困内涵的消费性，以及贫困治理的复杂化（邢成举、赵晓峰，2016）。农村贫困转型给扶贫工作带来极大挑战，正是由于敏锐地捕捉到这一转型及相应变化，精准扶贫战略才得以适时提出并大力推广。

（二）国内外相关理论成果是精准扶贫战略的理论渊源和依据

精准扶贫战略的提出及其理论体系的进一步发展，是建基于国内外贫困研究及社会发展研究的丰硕成果之上的。学者主要从马克思主义政治经济学、减贫理论、精细社会理论等视角出发，讨论了精准扶贫战略的学术渊源和理论依据。

马克思主义政治经济学视角。相关观点认为，精准扶贫理论是对马克思主义制度贫困理论的运用和发展，是马克思主义中国化的新的理论发展成果之一。马克思主义制度贫困理论的核心观点是制度造成贫困，而精准扶贫战略强调通过破除机制体制障碍来增强扶贫效果，是对制度贫困理论的继承和发展；精准扶贫理论相较于其他扶贫理论的最大特色是强调“精准”，体现了马克思主义的公平正义观，凸显了扶贫工作的公平性和正义性（胡联等，2017）。

减贫理论视角。减贫理论为精准扶贫理论的形成和完善提供了最直接的养分，其中几个代表性理论是权利贫困理论与包容性增长减贫理念、参与式扶贫理念与合作型反贫困理论，以及涓滴理论与利贫式减贫理念。这些减贫理论强调的参与、赋权、合作、机会均等、公平共享、将穷人作为关注对象等观念，为精准扶贫战略的提出和发展带来了有益启发（李鹍、叶兴建，2015）。当然，精准扶贫理论并非对已有减贫理论完全照搬的产物，而是根据本土环境进行扬弃并加以有效创新的成果。

精细社会理论视角。所谓精细社会，指的是以科学技术和知识为基础，以精简、合理、高效为原则，借助职业化和劳动分工，实现生产、管理、社会服务各部门、各领域有效链接，促进人和社会健康全面发展的社会状态，其核心理念是“精”“准”“细”“严”。从精细社会理论导向出发，精准扶贫战略的制度基础应该是制度的细化与合理化，行动基础应当是政策运行逻辑的规范化与可行性，思想基础应当是扶贫实践的人性化，运行基础则应该是扶贫治理的协同化（王宇等，2016）。

还有学者从中央与地方关系、社会控制、社会成本等角度解读精准扶贫战略。在中央与地方关系视角下，精准扶贫具有较强的制度性特征，具体表现为事权下移、扶贫资源传递层级减少；监管权上提，中央二次监管可能性增加；国家入村直接面对村民，代理人角色弱化；等等。社会控制视角认为精准扶贫以贫困户为直接目标并对其行为进行干预，因此可以视为社会控制的一种形式。社会成本视角则将扶贫行为视为公共服务产品，精准扶贫在可能带来脱贫图景的同时，还会产生各类社会成本（左停等，2015），这较好地解释了部分精准扶贫政策为何未能得到真正落实。

二　精准扶贫的概念内涵与实践模式

何谓精准扶贫？对此，政界和学界并无较大分歧。所谓精准扶贫，就是遵循科学的标准和程序对贫困区域、贫困村和贫困户进行精确识别，按照当地实际开展联动帮扶和分类管理，并引入动态的准入和退出机制开展精准考核的过程（李鹍、叶兴建，2015）。简言之，就是运用合规有效的程序对扶贫对象实施精准识别、精准帮扶、精准管理和精准考核的治贫方式（王宇等，2016）。国务院扶贫开发领导小组办公室等部门2014年联合发布的《建立精准扶贫工作机制实施方案》已就精准扶贫做了明确界定，学者们也从学理层面展开了细致阐释。

（一）精准扶贫的内涵解析

精准扶贫战略的核心内涵体现在精准识别、精准帮扶、精准管理和精准考核这四大目标任务之中。精准识别，回答精准扶贫“扶持谁”的问题，是精准扶贫战略的基础，包括对贫困户的精准识别和对致贫原因的精准识别（易棉阳，2016），前者是指要把贫困者平等且无遗漏地纳入扶贫体系，精确到村到户到人（赵武、王姣玥，2015），后者则是指要找准贫困的“病根”并对症下药。精准帮扶和精准管理，解决“谁来扶”和“怎么扶”的问题。在完成精准识别任务后，要对致贫根源展开深入分析，进而落实帮扶责任人和其他扶贫主体，逐村逐户制订帮扶计划，并集中力量予以扶持，这就是精准帮扶。精准管理是精准识别和精准帮扶的制度保障，体现在宏观和微观两个层面（易棉阳，2016）。宏观层面是指建立自上而下的精准扶贫机制，中央、省级和市县级要各司其职并相互配合；微观层面则是指对贫困户进行全方位、全过程的监测，做到有进有出，动态管理。精准考核，对应精准扶贫的落实问题，指的是对贫困户和贫困村识别、帮扶、管理的成效，以及对贫困县开展扶贫工作情况的量化考核，并依据考核结果奖优罚劣，具体包括精准扶贫政策实施评价、扶贫开发效果评价、群众满意度评价等内容（郑瑞强、王英，2016）。

（二）精准扶贫的实践模式与典型经验

在“精准帮扶”的要求之下，各地纷纷结合扶贫目标与自身禀赋条件，探索精准扶贫的实践模式。学者们就此提炼出几种典型的扶贫模式。

金融精准扶贫模式。金融精准扶贫指的是依靠政府引导、充分发挥金融机构和金融市场的力量，按照“六个精准”要求，利用保险、信贷等金融手段和工具为贫困人口提供有针对性的金融产品和服务，并为旅游扶贫、产业扶贫等其他扶贫模式提供资源支持和配置，以激发贫困地区的内生发展能力和贫困人口自力更生能力的扶贫方式（徐云松，2016）。全国所有的贫困地区几乎都选择了此类扶贫模式。在实践中，金融扶贫又可进一步细分为政府主导的金融扶贫、金融机构主导的金融扶贫、产业金融扶贫、互联网金融扶贫、社会组织金融扶贫等不同类型（王浩，2016），其中以前两类最为常见。

旅游精准扶贫模式。旅游精准扶贫是指在具有发展旅游业潜质的贫困地区，通过识别旅游项目资源，营造有利于旅游精准扶贫的政策环境，完善旅游精准扶贫管理体制，充分发挥旅游业在减除贫困方面的优势，改善贫困地区的生产生活环境，增加贫困居民收入的扶贫方式（张玉强、李祥，2017）。这也是一种应用范围较广的扶贫模式，如宁夏六盘山区、安徽大别山区，以及贵州民族村寨的旅游扶贫等。对旅游精准扶贫的研究既包括对其内在机理和实践路径的宏观探讨（陈秋华、纪金雄，2016），也包括对影响贫困居民参与旅游扶贫项目意愿和行为因素等方面内容的微观实证分析（卢冲等，2017）。

易地搬迁精准扶贫模式。易地搬迁是用于解决“一方水土不能养活一方人”问题的扶贫模式，指的是对于居住在基础设施落后、居住条件较差、发展潜力不足地区的贫困人口，制定相应的精准政策，规划可行的精准流程，把握适当的时间节点，制定可靠的保障机制，将其搬迁到综合条件更好的地方，为其脱贫致富创造条件（张玉强、李祥，2017）。搬迁过后，移民一般能够获得更好的公共服务，形成更多元的就业结构，收入增多。然而，搬迁并不会自动消除贫困。经验研究发现，移民区的生态退化、农业生态资源单一且短缺、非农就业机会对移民的排斥造成了移民区较高的贫困发生率，并且移民的高流动性和较弱的情感联结给精准识别贫困户带来了困难。易地搬迁精准扶贫特别需要处理好定点安置与移民高流动性之间的矛盾，建立具有流动性的扶贫体制（王晓毅，2017）。

此外，还有特色产业精准扶贫、政府购买服务式精准扶贫、文化精准扶贫等模式。贫困地区对扶贫模式的选择不是非此即彼的，而是根据本地实际情况进行优化组合，以收获最大的扶贫成效。

三 精准扶贫为何不精准

精准是精准扶贫战略的核心要求。习近平总书记在 2015 年 6 月召开的扶贫开发工作会议上强调："扶贫开发贵在精准，重在精准，成败之举在于精准。"然而在实际的扶贫工作中，精准扶贫政策不精准执行的现象十分突出。那么精准扶贫成效究竟如何？为何会出现精准度不高甚至"脱靶"问题呢？

（一）精准扶贫的成效研究

对精准扶贫成效的研究大致可以分为两类。一是从学理上和宏观层面对精准扶贫战略的实施效果进行总体判断。学者们认可精准扶贫政策的科学性和正确性，并对精准扶贫取得的效果予以肯定，但同时指出其中存在多种困境和挑战。二是依据实证调查资料，对具体区域的精准扶贫政策实施成效及其影响因素展开论述。这类研究占据精准扶贫成效研究的主流。案例研究是被广泛采用的方法之一，有学者比较了东部和中西部区域的精准扶贫成效差异，指出东部地区在扶贫思想、扶贫目标、扶贫措施、地区经济基础和脱贫持久性等方面都优于西部地区（贺东航、牛宗岭，2015）。还有研究详细区分了金融扶贫、旅游扶贫和易地搬迁扶贫等不同模式的扶贫效果，并将扶贫成效特征总结如下：金融扶贫具有间接性，见效快，持续性不足；旅游扶贫具有间接性，见效慢，全面性较强；易地搬迁扶贫具有直接性，见效快，全面性较弱（张玉强、李祥，2017）。相比较而言，直接针对精准扶贫成效的量化研究比较少，且多是在一个具体区域内展开，全国范围的大规模调查数据还比较缺乏。如有学者对湖北某县精准扶贫绩效核查发现，约 70% 的受访贫困户认为精准扶贫措施具有减贫效果，而帮扶主体层级越高，帮扶措施越具有可持续性，帮扶效果越好（陈志等，2017）。还有学者从贫困人口获得感等主观方面测度精准扶贫成效，发现物质或生产资料帮扶能够提升贫困人口的物质获得感，而低保的兜底作用是有助于提升贫困人口的安全获得感（李丹等，2018）。随着时间的推移及数据的充实，高质量、大范围的量化研究应该尽快跟上。

（二）精准扶贫的实施困境

精准扶贫的实施困境或者难点一直是精准扶贫研究领域的热点话题，对此学者们论述的角度各异。对应本文对精准扶贫内涵的分析，我们按照精准扶贫的四个核心环节来分别阐述其实践困境。

识别不精准。识别不精准既发生在村庄内部，也发生在村以上层次。首先，规模控制引发规模排斥。依照精准识别工作方案，各省（区、市）根据乡村人口数量和贫困人口发生率，将贫困人口识别规模按照到市到县到乡到村的方式逐级分解，实施规模控制，但也由此导致规模排斥（左停等，2015）。其次，在贫困村庄内部存在大量的漏评和误评现象，误评比漏评情况更严重。在现阶段的农村社会，处于绝对贫困水平的农户每个村只有几户，为这部分人建档立卡一般没有异议，但是剩下的大多数家庭生活水平相差不大，扶贫资源对他们都有吸引力，而农村家庭中存在比重较高的自给自足经济和现金经济成分，很难对其进行精确统计，所以一些和领导有关系的、爱闹事的家庭更容易成为划定的贫困户，享受到本该由更为困难的家庭获得的资源。

帮扶不精准。一方面，帮扶措施缺乏差异性。由于致贫原因不同，贫困户需要不同的帮扶措施，但是在实践中，由于人、财、物等条件的限制，扶贫措施差异性不足，以资金和项目补助为主；在渴望实现自我发展的农户与那些因懒散致贫的农户之间，扶贫措施也无显著差异，给精准扶贫带来了较大的正义性挑战（葛志军、邢成举，2015）。另一方面，一些扶贫项目由于贫困户自身观念、资金、能力等方面的局限性，无法覆盖到真正的贫困户。如产业扶贫项目一般要求贫困户自己负担配套资金，搬迁项目要求搬迁户花费一定的搬迁成本，金融扶贫需要贫困户提供一定的抵押和担保，这些都超出贫困户的承受能力，结果就是扶富不扶贫、搬富不搬贫、贷富不贷贫，真正的贫困户很难从中受益。

管理和考核不精准。精准管理要求对帮扶对象进行实时监测，确保符合脱贫条件的村民及时退出扶贫范围，使有限的扶贫资源真正用到最需要的人群身上。然而，贫困人口脱贫后又很快因病因灾返贫的现象给精准管理带来很大挑战，这会消解前期扶贫成效并延缓扶贫总体进程（李鹍、叶兴建，2015），因此需要解决好脱贫人口及时退出和预防返贫之间的矛盾。而在精准考核环节，存在过于追求扶贫短期效应的问题。精准扶贫要求变“输血”为“造血”来提升贫困户的内在能力，这决定了精准扶贫将是一项长期而系统的工程，但是基层政府往往希望尽早完成脱贫计划，以便腾出精力和资源搞其他建设，这造成基层干部把大量时间花在文牍工作上，忽略了很多实际工作，也并未改善贫困户的处境。

（三）精准扶贫不精准的原因剖析

首先是制度设计本身存在不合理之处。精准扶贫政策存在两对内在矛盾：一是一村一策和一户一策的扶贫理念与现实中扶贫措施的普遍性和统一性之间的矛盾；二是整体与个体之间的矛盾，贫困资金是根据单个贫困户设定的，但是贫困户所在村庄的整体性贫困问题没有得到重视（葛志军、邢成举，2015）。有的地方政府甚至制定“两个70%”政策，即“扶贫资金70%以上要用于产业开发”“专项扶贫资金70%以上要用于建档立卡贫困村、贫困户”（咸阳市扶贫开发办公室、咸阳市财政局，2018）。这种过于严格且缺乏灵活性的规定不利于基层根据地方实际设计扶贫策略。此外，被寄予厚望的干部帮扶制度也多流于形式（袁明宝，2018），很难产生对贫困户的实质性帮助。

其次是村庄的内部特征，如社会环境、社会关系结构、贫困居民的心理特征等，常常导致扶贫目标偏离。精准扶贫号召帮扶对象积极参与扶贫过程，但是参与式发展必须以平等且平衡的权力结构和社会关系结构为基础，这些条件在绝大多数乡村社会还不具备（邢成举，2015）。在社会流动、信息封闭和自利因素的综合作用下，贫困村民极少参与贫困识别等公共性事务（葛志军、邢成举，2015）。乡村内部已经出现严重分化，精英俘获广泛存在，剥夺了贫困户分享资源的资格。在农村扶贫范畴中，精英俘获具体是指精英对发展资金、项目信息和发言权的控制，导致发展资金和发展项目偏离既定目标，进而扶贫资金和扶贫项目的利益绝大部分被村庄内的精英获取（邢成举、李小云，2013）。贫困村民的弱势地位还造成了他们心理上的弱势，难以形成集体行动去反对精英群体的利益侵占行为（邢成举，2015）。结构因素与心理因素结合在一起，使贫困村民完全处于被动地位，穷的越穷，富的越富。

最后是从基层治理角度来看，精准扶贫难以达到目标。精准扶贫战略是国家以运动式治理方式展开的，打破了官僚机制原有的运作逻辑，导致基层组织在执行精准扶贫政策时，受到运动式治理方式与官僚制的双重规制，面临一系列执行约束，诸如基层治理资源有限、权责不匹配、压力考核等，这些都影响了精准扶贫政策执行效果（雷望红，2017）。村民自治组织能力不足和权威缺失也是精准扶贫在实践中遭遇困境的重要原因。一方面，国家实行的规模控制和扶贫动员等举措影响了村民自治组织在精准识别中的工作成果，且弱化了村民自治，削弱了村委会的权威（万江红、苏运勋，2016）。另一方面，乡村社区本身的文化保守性导致贫困农户通常具有较强的平均主义思想（左停等，2015），有时甚至会采取上访的形式来争取利益。基层政府出于维稳的需要，会采取让贫困户轮流享受扶贫补贴等应对措施，导致本应具有特惠性质的扶贫资源变为普惠性质资源，“稳定”压倒“精准”，偏离了政策初衷。

四　提升精准扶贫政策效力的对策

对精准扶贫困境及其原因进行深入分析，是为了加以改进，以更好地发挥政策效力。有关精准扶贫成效提升路径的研究大致可归为两类。

一类侧重针对精准扶贫的现实困境直接提出改进对策。如面对贫困识别中的区域排斥和规模排斥问题，建议在关注集中连片特困地区扶贫开发的同时，将片区外的贫困群体也纳入扶贫开发中。对于主观排斥问题，则主张建立自下而上的参与式贫困群体识别方法，让社区居民代表和贫困户直接参与贫困群体识别，并购买第三方服务，确保贫困识别的公平、公正、公开（邓维杰，2014）。对于扶贫项目和资源的精英俘获问题，建议改变贫困户必须与扶贫项目相配套的规定；改革由村两委主导的贫困评议制度；充分赋权贫困居民，确保其对贫困项目的知情权、选择权、表决权和贫困资源使用监督权；引入第三方主体参与社会审计和监督（邢成举，2017）。对于精准扶贫考核机制不完善的问题，建议对扶贫效果的考核只针对建档立卡贫困户，考察他们在收入、消费、教育、健康等维度的改善情况（汪三贵、郭子豪，2015）。对于脱贫人口再度返贫的问题，建议通过公共服务均等化建设，推动帮扶对象实现内生转型，提升帮扶对象抵御生活风险的能力，建构起预防返贫机制（李鹍、叶兴建，2015）。这类对策建议都比较具体，在系统性方面还有待增强。

另一类则主要是受到相关理论启发，如可行能力理论、包容性发展理论、精细社会理论等，将其与精准扶贫战略结合，进而提出政策建议。可行能力与精准扶贫具有耦合性，从可行能力视角出发，中国的精准扶贫政策要以发展个体和家庭的能力为政策导向，要充分重视个体和地区的差异性，要设计合乎国情的瞄准效果评估指标和方法，还要建立更为科学的扶贫工作体系和更专业的扶贫工作者队伍（杨帆、章晓懿，2016）。精准扶贫各个环节存在的排斥是影响扶贫成效的难点问题，对此可通过包容性机制创新予以应对。在贫困识别环节，应进行组织创新，设立专门机构专项负责；在精准帮扶环节，应调动多方社会力量按需帮扶；在精准管理和精准考核环节，要让基层民众有更多的参与权、管理权和监督权（赵武、王姣玥，2015）。而受精细社会理论启发的精准扶贫实践，应通过制度设计的精细化与合理化使农村扶贫由“大而全”向“小而精”转化；应加强政策的规范性和可行性并探索乡土社会逻辑以确保扶贫政策的落实；应以贫困人口为靶向实现扶贫人性化；还应通过职业意识和职业技能教育，实现扶贫工作队伍的精细化（王宇等，2016）。无论以何种理论为依据，对提升精准扶贫成效的对策研究都体现了学者们强烈的现实关怀。

五　精准扶贫研究文献的特征与未来研究展望

（一）已有研究文献特征总结

1. 学科背景：多学科共同关注

从研究者的学科背景来看，几乎涵盖了社会科学各个领域，其中又以社会学者、公共管理学者、经济学者占绝大多数。学者们除了运用本专业的理论和方法工具外，还大量借鉴其他学科的概念和命题来描述和解析精准扶贫政策运行中出现的问题及其根源，如“精英俘获”“规模控制”“扶贫吸纳治理”等，很好地抓住了精准扶贫实践的复杂特征及其背后逻辑。

2. 研究主题：多种研究视角剖析背景、内涵、困境与对策

从研究主题来看，既有研究运用不同视角和方法关注精准扶贫的背景、内涵、面临困境及提升策略等多方面内容。在背景方面，基本认可精准扶贫

战略是在总结中国扶贫实践及农村贫困实际变化的背景下做出的战略部署，并从国内外先进的减贫理念中汲取灵感；在内涵方面，着重论述精准识别、精准帮扶、精准管理和精准考核四大机制及其内在关系；对精准扶贫困境的分析内容广泛，角度多样，涵盖基层治理、中央—地方关系等多种视角；而对精准扶贫提升策略的研究既有针对具体问题提出的具体解决方案，也有在某一理论指导下提出的更为体系化的对策建议。

3. 研究方法：从规范分析走向实证分析

从研究方法上来看，精准扶贫研究存在从规范分析转向实证分析的趋势。精准扶贫战略提出初期，学者对其背景、概念、内涵等从学理和逻辑层面展开的阐释明显多于扎实的经验研究。随着研究成果的积累和精准扶贫战略本身的不断发展，近期的文献更多地基于作者对具体案例的深入观察与解读，以及运用量化方法对问卷调查资料进行统计和分析。实证研究比重的上升为精准扶贫研究提供了丰富生动且翔实的现实素材，增强了研究结论的可行性及对现实工作的指导性。

（二）未来研究展望

精准扶贫在党的十八大以后成为中国扶贫工作的主旋律和学术界的研究热点。众多学者在过去几年做出卓有成效的努力，为我们提供了宝贵的知识积累，但是未来还有进一步改善的空间。理论研究与实证研究的有机结合是我们应该始终遵守的研究原则，而好的研究往往需要在理论和实证两方面同时提供新知识（唐世平、王凯，2018）。基于这一认识，本文提出一些推动精准扶贫研究的建议，包括目前研究中忽视的理论化问题，并就方法、数据和关注议题等方面为未来研究提供可能的方向。

第一，应重视对精准扶贫实践的理论总结和提升。学术界对精准扶贫的研究虽然是在精准扶贫战略实施之后才陆续展开并扩大规模的，但是作为一个学术研究主题，不能只满足于对其展开现状描述和经验总结，还应该进行理论提升的努力。现有的精准扶贫理论研究多是借助其他理论来论证精准扶贫战略的合理性，或者以某一理论为依据提出改进建议。这类研究固然有其价值，却并非严格意义上的精准扶贫理论研究。我们需要在大量收集精准扶贫政策文本、经验数据的基础上，采用归纳演绎等方法，构建出既立足中国实际又具有广泛启发性的精准扶贫理论，丰富国际社会减贫理论研究成果。

第二，应该从以规范分析为主转变到规范分析与经验分析并重。在既有的精准扶贫研究中，规范分析贯穿始终。后来虽然有了越来越多案例研究的补充，但还需继续发展完善。首先，现有研究缺乏用比较的视野来发现和分析精准扶贫问题。中国幅员辽阔、人口众多，不同的农村社会所处的生态区域、文化区域、经济发展水平等条件各不相同，由此造成乡村治理的区域差异，并表现为农民行动逻辑上鲜明的异质性（贺雪峰，2007）。那么精准扶贫政策在不同区域面临的挑战、障碍有何不同？政策实施的效果是否存在差异？同样的扶贫途径，为什么在有的地区可以平稳落地并实实在在地给贫困人口带来福利，而在有的地区却难以顺利展开？精准扶贫政策面对这些问题该如何回应？这些问题都需要进一步通过比较研究来探索和回答。其次，研究方法上的第二个问题是缺乏大规模的量化分析，以此来探讨影响精准扶贫成效不同层面的作用因素及其具体作用机制。我们需要收集数据，构建精准扶贫测量指标体系，以具体测度精准扶贫成效，并进行时空比较。

第三，与前面两点密切相关，即实证检验必须更紧密地和理论结合起来。特别是对量化分析而言，必须明确实证假设是对实证规律的把握和呈现，而理论的作用是解释这些实证规律，不能把对研究假设的简单罗列等同于理论化的努力。精准扶贫的量化研究目前还比较薄弱，在后续研究中，研究者应有意识地从精准扶贫的理论内核出发提出研究假设，提升研究的厚度，如此方能真正促进该领域的知识积累。

第四，精准扶贫政策的政治正确性是毋庸置疑的，然而精准扶贫是一个现代社会概念，是以严格化数字管理为基础的（贺雪峰，2017）。当前的农村社会是否完全具备这一条件还有待商榷，因此一味强调精细可能会顾此失彼。而且在实践中，经常出现的问题是扶贫措施过于精细化和碎片化，以至于无法从根本上用力，也无法激发贫困地区的内生发展动力。最理想的情况当然是在扶贫过程中对致贫的共性原因和个性原因共同发力，但问题是，在扶贫资源有限的条件下，该如何把握精细和全面之间的度？点和面应该如何协调？在扶贫资金分配中，特惠和普惠应该保持什么样的比例？对这些问题的深入探讨，应该是很有价值的。

第五，应该在精准扶贫研究中加入文化视角。西方社会政策研究表明，扶贫与社会救助的“文化相容性”是一个普遍问题。虽然中国的福利制度以及民众的福利观念和西方都有所不同，但是中国语境下的扶贫实践及研究同样需要保持文化敏感性（李棉管，2017）。笔者通过与基层精准扶贫干部聊天得知，曾有帮扶对象向扶贫工作人员抱怨“你们把我家划定为贫困户，以后人家姑娘都不愿意嫁给我儿子了怎么办”，可见福利污名化确实存在，然而精准扶贫的文化研究目前还不多见。在此有一系列问题值得关注，例如福利污名化在中国精准扶贫实践中是否确实存在？程度如何？如果有，和西方有何异同？福利污名化的存在与精准扶贫未能达到理想目标之间存在什么关系？社会政策应该从哪些途径着手应对福利污名化，以提高精准扶贫成效？加入文化视角的精准扶贫研究很可能会提出很有意义的本土性理论解释框架。

参考文献

陈秋华、纪金雄，2016，《乡村旅游精准扶贫实现路径研究》，《福建论坛》（人文社会科学版）第5期。

陈志、丁士军、吴海涛，2017，《帮扶主体、帮扶措施与帮扶效果研究——基于华中L县精准扶贫实绩核查数据的实证分析》，《财政研究》第10期。

邓维杰，2014，《精准扶贫的难点、对策与路径选择》，《农村经济》第6期。

葛志军、邢成举，2015，《精准扶贫：内涵、实践困境及其原因阐释——基于宁夏银川两个村庄的调查》，《贵州社会科学》第5期。

贺东航、牛宗岭，2015，《精准扶贫成效的区域比较研究》，《中共福建省委党校学报》第11期。

贺雪峰，2007，《农民行动逻辑与乡村治理的区域差异》，《开放时代》第1期。

贺雪峰，2017，《中国农村反贫困问题研究：类型、误区及对策》，《社会科学》第4期。

胡联、王娜、汪三贵，2017，《精准扶贫的理论创新——基于马克思主义政治经济学视角》，《财贸研究》第7期。

雷望红，2017，《论精准扶贫政策的不精准执行》，《西北农林科技大学学报》（社会科学版）第1期。

李丹、杨璐、何泽川，2018，《精准扶贫背景下西南民族地区贫困人口获得感调查研究》，《四川大学学报》（哲学社会科学版）第3期。

李鹍、叶兴建，2015，《农村精准扶贫：理论基础与实践情势探析——兼论复合型扶贫治理体系的建构》，《福建行政学院学报》第2期。

李棉管，2017，《技术难题、政治过程与文化结果——“瞄准偏差”的三种研究视角及其对中国“精准扶贫”的启示》，《社会学研究》第1期。

李小云、唐丽霞、许汉泽，2015，《论我国的扶贫治理：基于扶贫资源瞄准和传递的分析》，《吉林大学社会科学学报》第4期。

凌文豪、刘欣，2016，《中国特色扶贫开发的理念、实践及其世界意义》，《社会主义研究》第4期。

卢冲、耿宝江、庄天慧、杨浩，2017，《藏区贫困农牧民参与旅游扶贫的意愿及行为研究——基于四川藏区23县（市）1320户的调查》，《旅游学刊》第1期。

唐世平、王凯，2018，《族群冲突研究：历程、现状与趋势》，《欧洲研究》第1期。

万江红、苏运勋，2016，《精准扶贫基层实践困境及其解释——村民自治的视角》，《贵州社会科学》第8期。

汪三贵、郭子豪，2015，《论中国的精准扶贫》，《贵州社会科学》第5期。

王浩，2016，《金融精准扶贫模式》，《中国金融》第22期。

王晓毅，2017，《易地搬迁与精准扶贫：宁夏生态移民再考察》，《新视野》第2期。

王宇、李博、左停，2016，《精准扶贫的理论导向与实践逻辑——基于精细社会理论的视角》，《贵州社会科学》第5期。

咸阳市扶贫开发办公室、咸阳市财政局，2018，《关于做好2016年财政专项扶贫资金项目计划的通知》，6月4日，http://www.snjingyang.gov.cn/gk/zcfg/39795.htm。

邢成举，2015，《村庄视角的扶贫项目目标偏离与“内卷化”分析》，《江汉学术》第5期。

邢成举，2017，《精准扶贫：背景、要义及其结构性困境——基于甘肃个案的调研》，《云南行政学院学报》第3期。

邢成举、李小云，2013，《精英俘获与财政扶贫项目目标偏离的研究》，《中国行政管理》第9期。

邢成举、赵晓峰，2016，《论中国农村贫困的转型及其对精准扶贫的挑战》，《学习与实践》第7期。

徐云松，2016，《金融精准扶贫问题研究——基于贵州省修文县的思考与探索》，《区域金融研究》第2期。

杨帆、章晓懿，2016，《可行能力方法视阈下的精准扶贫：国际实践及对本土政策的启示》，《上海交通大学学报》（哲学社会科学版）第6期。

易棉阳，2016，《论习近平的精准扶贫战略思想》，《贵州社会科学》第5期。

袁明宝，2018，《扶贫吸纳治理：精准扶贫政策执行中的悬浮与基层治理困境》，《南京农业大学学报》（社会科学版）第3期。

张玉强、李祥，2017，《我国集中连片特困地区精准扶贫模式的比较研究——基于大别山区、武陵山区、秦巴山区的实践》，《湖北社会科学》第2期。

赵武、王姣玥，2015，《新常态下“精准扶贫”的包容性创新机制研究》，《中国人口·

资源与环境》第S2期。

郑瑞强、王英，2016，《精准扶贫政策初探》，《财政研究》第2期。

左停、杨雨鑫、钟玲，2015，《精准扶贫：技术靶向、理论解析和现实挑战》，《贵州社会科学》第8期。

3

中国扶贫开发道路研究：评述与展望[*]

黄承伟[**]

新中国成立特别是改革开放以来，中国贫困人口大幅度减少，扶贫开发成就举世瞩目，走出一条中国特色扶贫开发道路。总结研究中国扶贫开发道路，是完善扶贫开发战略政策体系的现实需要，是丰富发展扶贫理论的客观要求，是开展国际减贫交流的重要内容。已有中国扶贫开发道路研究，主要集中在历史进程与贡献、战略与政策演变、基本经验与主要模式、精准扶贫精准脱贫方略、未来发展等方面。本文对上述方面的研究进行梳理和评述，对中国扶贫开发道路研究的方向和重点进行分析阐述，旨在为深化相关研究提供参考。

一　中国扶贫开发的历史进程与贡献

中国扶贫开发道路的起点时间是1949年还是1978年？将1949—1978年纳入中国减贫史进行分析的有胡鞍钢、范小建、刘娟、朱小玲和刘超等，他们将新中国成立以后至改革开放的社会发展进程视为中国扶贫历史进程的一部分。然而，上述学者对1949—1978年这一时期扶贫历史的划分及归纳亦有不同。胡鞍钢（2012）、范小建（2009）将该时期的扶贫成就归因为：一是社会制度改革，土地改革、公社化运动等建立了一个极为平等的社会，有效地消除了极端人类贫困现象；二是建立了高度覆盖的基本社会保障以及教育、医疗体系，为极端贫困人口提供了基本的生存保障。刘娟（2009）、朱小玲和陈俊（2012）也将1949—1978年划定为单独扶贫历程，但不同的是，他们将该时期认定为小规模的救济式扶贫阶段，即“依托自上而下的民政救

---

* 原文刊发于《中国农业大学学报》（社会科学版）2016年第5期。

** 黄承伟，国务院扶贫办全国扶贫培训宣传中心主任、研究员。

济系统，对边远落后地区、因灾致贫人口和战争伤残人口实施生活救济”。刘超等（2015）与前几位研究者不同，将1949—1985年划为同一阶段，认为该时期主要是通过制度变革减缓农村贫困程度，其减贫行动的逻辑在于通过全面的、综合性的制度变革调整社会生产关系，调动社会各方面特别是贫困农民的积极性，发展农业生产和农村经济，以经济增长缓解全社会的贫困问题。这一阶段与后面时期不同之处在于，一是重点在于缓解全社会的贫困程度，而不注重减少贫困人口或者根除贫困；二是着眼于全国层面，并未专门针对农村贫困地区。

对于改革开放以来中国扶贫开发阶段的划分，学术界具有非常高的共识。王晓丽（2008）、刘娟（2009）、许源源和苏中英（2007）、赵曦和熊理然（2008）等大多数专家学者以不同时期政府不同的扶贫行动为分期标志，将1978年以后的扶贫历史分为四段或者五段。一是1978—1985年为体制改革推动扶贫阶段。在这一时期，家庭联产承包责任制、农产品价格、农村商品经济等农村经济体制的深刻变革，促使农村经济取得超常规增长，最终导致贫困人口急剧减少。根据中国政府扶贫标准，贫困人口从1978年的2.5亿，减少至1985年的1.25亿。二是1986—1993年为大规模开发式扶贫阶段。以成立“国务院贫困地区经济开发领导小组”（1993年改为国务院扶贫开发领导小组）这一专门扶贫机构为标志，中国扶贫进入有组织、大规模、开发式的阶段。国家划定18个集中连片贫困区和一批国家级、省级贫困县进行重点区域扶贫开发，使农村绝对贫困人口从1.25亿下降到8000万。三是1994—2000年为扶贫攻坚阶段。以《国家八七扶贫攻坚计划（1994—2000年）》为标志，中央政府大幅度增加扶贫开发投入，明确了资金、任务、权利、责任“四个到省”的扶贫工作责任制，建立了东部沿海地区支持西部欠发达地区的扶贫协作机制，并推行了入户项目支持、最低生活救助、教育卫生扶贫、科技扶贫、劳动力转移、生态移民等多元化扶贫措施，使农村绝对贫困人口由8000万下降到3209万。四是2001—2010年为综合扶贫开发阶段。以《中国农村扶贫开发纲要（2001—2010年）》为标志，以国家扶贫开发工作重点县为重点，以15万个贫困村为扶贫对象，全面实施以村为单位进行综合开发和整村推进的参与式扶贫，使农村贫困人口从9422万下降到2688万。五是2011年至今，以片区开发新举措与精准扶贫新方略融合推进的扶贫脱贫攻坚阶段。以2011年《中国农村扶贫开发纲要（2011—

2020年）》和2015年《中共中央、国务院关于打赢脱贫攻坚战的决定》出台为标志，以“2020年我国现行标准下农村贫困人口全部脱贫，贫困县全部摘帽，解决区域性整体贫困”为目标，全面实施精准扶贫精准脱贫方略，全党、全国、全社会动员，坚决打赢脱贫攻坚战。

也有部分学者根据不同要素（如制度建设）划分不同的扶贫历史阶段，如胡鞍钢（2012）将整个反贫困历史分为三个阶段，认为三次不同的制度建设——三次“解放农民革命”是促进农民不同程度增收的主因，因此形成了三段不同的减贫历史。第一次“解放农民革命”是1949—1978年，主题是解放农民、保护农民、限制农民，通过土地改革，使贫困的农民从地主的压迫与剥削中解放出来。第二次“解放农民革命”是1978—2000年，主题是解放农民、转移农民、富裕农民，通过家庭联产承包责任制，大力兴办乡镇企业，使农民从低效率的人民公社制度中解放出来，从土地上解放出来。第三次“解放农民革命”是2000年至今，主题是解放农民、投资农民、服务农民、转移农民、富裕农民，消除二元体制的体制性障碍，加速城镇化进程，从根本上改变长期以来城乡隔绝、对立、分离的不公平和不公正局面。

新中国成立以来，特别是改革开放以来扶贫开发历程的阶段划分，是总结中国扶贫开发道路的开始和基础。目前来看，扶贫开发阶段划分主要是依据政府的扶贫开发行动，特别是国家不同时期制定的三个扶贫规划。这样的划分，阶段清晰，符合中国扶贫开发以政府为主导的实际。但是，这里有两个问题。一是政府的扶贫开发行动并不完全是每一阶段贫困人口减少的全部原因，因此，如果引用当期全部贫困人口的变化数据作为成效，显然并没有充足的实证支持。二是贫困人口减少是经济增长带动、专项扶贫资金项目支持、社会帮扶综合作用的结果，在不同阶段，这些力量的作用程度并不完全相同，因此，进一步分析减贫的主要动因及其贡献，并据此划分扶贫开发阶段，可能更有说服力。

二 中国扶贫开发的战略与政策演变

中国政府在不同的历史阶段根据贫困特征的变化，不断调整扶贫开发战略，完善扶贫开发政策体系。

1949—1978年，实施计划经济体制下的广义扶贫战略。1952年，国家完成了土地制度改革，基本上消除了农民无地的现象，为后来政府实施农村扶贫政策奠定了制度基础。在这一阶段，国家确立人民公社集体经济体制，建立农村财产公有制，在农村发展方面采取一系列措施，包括：①在全国范围内开展大规模的基础设施建设，改善农村灌溉设施和交通条件。②建立农村科技服务网络，形成基本覆盖全国所有农村的农业技术推广服务网络系统。③建立全国性的农村合作信用体系，改善农村金融服务。④快速发展农村基础教育和农村基本医疗卫生事业，为农村人口的发展提供有力的保障。⑤初步建立以社区五保制度和农村特困人口救济为主的农村社会基本保障体系（张岩松，2004）。然而，人民公社运动挫败了农民劳动积极性，导致生产缺乏效率。至1978年，根据中国政府扶贫标准，农村贫困人口规模高达2.5亿人，占全国人口总数的25.97%，占世界贫困人口总数的1/4，农村贫困发生率达到30.7%。在此过程中，由于“大跃进”等，20世纪50—60年代还一度出现了农村大范围饥荒的悲惨局面（高飞，2010）。刘娟认为这一时期的扶贫战略主要是小规模的救济式扶贫，即依托自上而下的民政救济系统，对边远落后地区、因灾致贫人口和战争伤残人口实施“输血式”生活救济。这种救济式扶贫战略，虽然保障了贫困人口的临界生存需要，却难以提高贫困人口的发展能力，不能从根本上最终摆脱贫困，只是“救急不救穷”（刘娟，2009）。

1978—1985年，实施农村经济体制变革推动减贫的战略。推行以家庭承包经营为基础、统分结合的双层经营体制，实施提高农产品价格、发展农村商品经济等配套改革，极大地解放了农村的生产力。农村经济体制的深刻变革，为这一时期中国农村经济的超常规增长和贫困人口的急剧减少提供了强劲动力。农民人均纯收入也由1978年的133.6元上升到1985年的397.6元；人均粮食、棉花、油料、肉类产量分别增长14%、74%、176%和87.8%（张磊，2007）；农村绝对贫困人口由2.5亿下降到1.25亿左右，年均减少1786万人，贫困发生率也由30.7%下降到14.8%。这一阶段对缓解贫困起主要作用的是农村土地制度、市场制度以及就业制度的改革（向德平，2011）。通过农村土地制度、农贸市场制度、支持农村发展的金融组织和劳务输出制度的改革，在农村经济快速增长的背景下无法温饱的绝对贫困人口大幅度减少。但是，自然、历史等多种致贫因素逐渐显现。为此，政府及其有关部门实施相应扶贫政策，开展一系列帮困活动，以支持经济发展明显落后、贫困人口较为密集的地区脱贫。1984 年国家实施的以工代赈，即救济对象赈济金或赈济物通过参加必要的社会工程建设获得，也即贫困人口要通过出工投劳来获得救济（张磊，2007）。以工代赈的项目，改善了贫困地区的基础设施，并帮助贫困地区和贫困人口形成了生产条件（林乘东，1998）。政府在解决农村物质贫困的同时，也开始逐步重视农村的教育，出台了一系列改善农村教育的社会政策（《关于加强和改革农村学校教育若干问题的通知》，1983）。

1986—1993 年，实施区域开发式扶贫战略。这一时期，农村区域发展不平衡问题开始凸显，农村地区特别是老少边远地区的经济、社会和文化发展水平开始较大落后于沿海发达地区，成为需要特殊对待的地区（童宁，2009）。贫困人口呈现明显的区域集中特点，主要分布在“老、少、边、穷”地区，需要推行有组织、有计划、大规模的帮扶措施。1984 年 9 月，中共中央、国务院联合发出《关于帮助贫困地区尽快改变面貌的通知》。1986 年 4 月，第六届全国人民代表大会第四次会议通过的《中华人民共和国国民经济和社会发展第七个五年计划》，将“老、少、边、穷地区的经济发展”单列一章。从此，解决大多数贫困地区贫困人口的温饱问题成为中国政府扶贫工作的一个长期目标。同时，中国政府于 1986 年成立了专门的扶贫机构——国务院贫困地区经济开发领导小组，使农村扶贫开发更加规范化、机构化、制度化。这一扶贫机构的建立，标志着中国政府由原来的道义式扶贫转向制度性扶贫（孙建北，2004）。这一时期确定的开发式扶贫是以区域开发带动扶贫为重点，在一些贫困地区，“促进区域经济增长带动扶贫”的项目开发式反贫困战略演变为“贫困地区工业化项目投资”的开发式战略。实践证明，这种方式虽然有利于县域经济的发展，但缺乏与贫困农户的直接联系（赵国芳，2007）。虽然这一时期的专门措施产生了一定效果，但由于同期农村经济增长速度放慢，加之剩余贫困人口脱贫难度增加，与前一时期相比，这一时期贫困人口下降速度有所减缓，返贫现象有所增加。依据世界银行的估算，1985—1989 年甚至出现农村贫困人口绝对数增长 700 万的贫困反弹现象（高飞，2010）。

1994—2000 年，实施综合性扶贫攻坚战略。这一阶段是以 1994 年 4 月《国家八七扶贫攻坚计划（1994—2000 年）》的颁布为标志。该计划明确要求集中人力、物力、财力，用 7 年左右的时间，基本解决 8000 万农村贫困人口的温饱问题；明确提出要到村到户，以贫困村为基本单位，以贫困户为主要工作对象，以扶持贫困户创造稳定解决温饱的条件为重点，坚持多渠道增加扶贫投入；同时明确指出，扶贫开发到村到户的核心是扶贫资金的投放、扶贫项目等各项措施真正落实到贫困乡、贫困村、贫困户，扶贫的主要对象和工作重点是贫困农户（韩嘉玲等，2009）。扶贫开发工作随之由道义性扶贫向制度性扶贫转变，由救济性扶贫向开发性扶贫转变，由扶持贫困地区（主要是贫困县）向扶持贫困村、贫困户（主要是贫困人口）转变。同时，国家较大幅度地增加了扶贫资金。三大扶贫项目（扶贫贴息贷款、以工代赈和发展资金）投放的扶贫资金从1995年至1999年增加了1.63倍。这一阶段，政府在宏观经济政策方面也明确提出加快中西部地区经济发展的计划。实践证明，将扶贫到户与促进中西部地区经济发展的宏观政策相结合，对缓解农村贫困产生了积极意义。中央政府大幅度增加扶贫开发投入，明确资金、任务、权利、责任“四个到省”的扶贫工作责任制，建立东部沿海地区支持西部欠发达地区的扶贫协作机制，并推行了入户项目支持、最低生活救助、科技扶贫、劳动力转移、生态移民等多元化扶贫措施，使贫困县农民人均纯收入由1993年的483.7元增加到2000年底的1321元，农村绝对贫困人口由8000万下降到3209万，贫困发生率降低到3.4%，基本解决了贫困人口的温饱问题，使农村贫困从普遍性、区域性、绝对性贫困向点状分布和相对贫困发生转变。2000年，中国政府宣布《国家八七扶贫攻坚计划（1994—2000年）》确定的战略目标基本实现，全国农村贫困人口的温饱问题已经基本解决。但是，扶贫开发工作面临的困难依然严峻（张惠涛，2011）。从根本上改变贫困地区社会经济的落后状况，将是一个长期而艰巨的历史性任务。

2001—2012年，实施整村推进与“两轮驱动”扶贫战略。在全国中西部地区确定592个国家扶贫开发工作重点县，把贫困瞄准重心下移到村，在全国范围内确定了15万个贫困村，全面推进以整村推进、产业发展、劳动力转移为重点的扶贫开发措施。2007年，全面实施农村最低生活保障制度，进入扶贫开发政策与最低生活保障制度衔接的“两轮驱动”阶段。到2010年，在1196元的贫困标准线下，中国贫困人口已经减少到2688万，贫困发生率下降到2.8%。特别是“十一五”时期，贫困人口从6431万减少到2688万，5年减少3743万，年均减少748.6万；重点县农民人均纯收入从

1723 元增加到 3273 元，增长 1550 元，年均增长 10.28%，比全国平均水平高 0.95 个百分点。扶贫开发取得的成就不仅使大多数贫困群体的温饱问题得以解决，也对国民经济持续健康发展和缓解区域、城乡差距扩大趋势发挥了十分重要的作用。

从 2013 年开始至今，实施精准扶贫精准脱贫方略。党的十八大以来，习近平总书记高度重视扶贫开发工作，提出一系列扶贫开发的新思想新观点新部署新要求，形成了中国新时期扶贫开发战略思想。以习近平总书记扶贫开发战略思想为指导，中国 2015 年做出《关于打赢脱贫攻坚战的决定》，明确了到 2020 年"我国现行标准下农村贫困人口实现脱贫，贫困县全部摘帽，解决区域性整体贫困"的目标，全面实施精准扶贫精准脱贫方略。坚持中国制度的优势，构建省市县乡村五级一起抓扶贫、层层落实责任制的治理格局。注重抓六个精准，即扶持对象精准、项目安排精准、资金使用精准、措施到户精准、因村派人精准、脱贫成效精准，确保各项政策好处落到扶贫对象身上。坚持分类施策，因人因地施策，因贫困原因施策，因贫困类型施策，通过扶持生产和就业发展一批，通过易地搬迁安置一批，通过生态保护脱贫一批，通过教育扶贫脱贫一批，通过低保政策兜底一批。广泛动员全社会力量，支持和鼓励全社会采取灵活多样的形式参与扶贫。围绕精准扶贫战略，创新扶贫开发机制，为贫困人口贫困村建档立卡，向贫困村派驻第一书记和工作队，出台一系列精准扶贫政策，为脱贫攻坚源源不断地释放改革红利。在现行标准下，农村贫困人口从 2010 年的 1.66 亿减少到 2015 年底的 6000 万左右，减少了约 1 亿人。贫困县农民人均纯收入从 2010 年的 3273 元增加到 2015 年的 6600 元以上，翻了一番，增长幅度连续 5 年高于全国农村平均水平。社会保障日益完善。贫困地区基本公共服务体系建设加快推进，城乡基本养老保险制度全面建立，全国农村 5000 余万人纳入低保保障范围。贫困地区基础设施建设成效明显。自然村通公路、通电、通电话比例达到 90% 左右。

从政府主导角度出发，中国不同历史时期的扶贫开发战略以及相应的政策体系十分清晰，梳理并不困难。问题在于，每一个阶段的扶贫开发战略并不是唯一的，减贫往往是多种战略综合作用的结果。政策体系的总结也面临同样的问题。而且，贫困人口的减少并不仅仅是扶贫开发的结果，在一定程度上更是经济增长带动的结果。但可以肯定的是，没有专门的、不断完善的扶贫开发战略与政策体系，就无法取得如此巨大的减贫成就。至于如何以及能否区分促成中国减贫成就的各个要素并将其量化，还需要完成大量的研究。

三 中国扶贫开发的基本经验与主要模式

习近平总书记对中国特色扶贫开发道路进行了总结，这是关于中国扶贫开发基本经验最权威的表述（习近平，2015）。一是坚持改革开放，保持经济快速增长，不断出台有利于贫困地区和贫困人口发展的政策，为大规模减贫奠定了基础、提供了条件。二是坚持政府主导，把扶贫开发纳入国家总体发展战略，开展大规模专项扶贫行动，针对特定人群组织实施妇女儿童、残疾人、少数民族发展规划。三是坚持开发式扶贫方针，把发展作为解决贫困的根本途径，既扶贫又扶志，调动扶贫对象的积极性，提高其发展能力，发挥其主体作用。四是坚持动员全社会参与，发挥中国制度优势，构建了政府、社会、市场协同推进的大扶贫格局，形成了跨地区、跨部门、跨单位、全社会共同参与的多元主体的社会扶贫体系。五是坚持普惠政策和特惠政策相结合，先后实施《国家八七扶贫攻坚计划（1994—2000 年）》《中国农村扶贫开发纲要（2001—2010 年）》《中国农村扶贫开发纲要（2011—2020 年）》，在加大对农村、农业、农民普惠政策支持的基础上，对贫困人口实施特惠政策，做到应扶尽扶、应保尽保。

应该说，这五个“坚持”全面概括了中国扶贫开发的基本做法和主要经验。关于这些经验的研究，由于视角不同、着力点不同、目的不同，呈现各种不同的表述。这些表述大都可以看成对官方经验总结的具体阐析，其中主要观点可以概括为以下六个“坚持”。

第一，始终坚持根据国情建立完善扶贫战略和政策体系。特殊的国情和不同历史时期的贫困特征使中国采取了不同的减贫策略和政策体系。

第二，始终坚持开发式扶贫方针。所谓开发式扶贫，具体包括五个方面。一是坚持综合开发。加强贫困地区水利、交通等基础设施建设，重视科技、教育、卫生、文化事业的发展，提高贫困人口综合素质，促进贫困地区经济、社会协调发展和全面进步。二是坚持可持续发展。把扶贫开发与资源保护、生态建设相结合，与计划生育相结合，提高贫困地区可持续发展能力。三是把发展种养业作为扶贫开发的重点。以增加贫困人口的收入为中心，依靠科技进步，优化品种、提高质量、增加效益，搞好信息、技术、销售服务，确保增产增收。四是积极推进农业产业化经营。引导和鼓励具有市场开拓能力的大中型农产品加工企业到贫困地区建立原料生产基地，为贫困农户提供产前、产中、产后系列化服务，形成贸工农一体化、产供销一条龙的产业化经营。五是积极稳妥地扩大贫困地区劳务输出。加强转移就业前的劳务技能培训，健全就业信息服务体系，提高转移就业的组织化程度，维护转移劳动力的合法权益（韩广富，2009）。

第三，始终坚持实施政府主导、层次分明的扶贫战略。把扶贫开发作为国民经济和社会发展五年计划/规划中的一项重要内容，增加对贫困地区的投资，制订扶贫开发计划。中国扶贫减贫的成功之道在于将减贫作为国家重要发展目标列入国家发展规划；经济持续高增长成为大幅度减少贫困人口的决定性因素；不断完善国家扶贫战略和政策体系；创新具有中国特色的反贫困机制，其中自力更生、地方为主、国家支持、社会捐赠、对口支援、市场驱动、国际援助七个机制组成了政府主导、多元投资、相互补充、激励相容、广泛参与的具有中国特色的 PPP（政府和社会资本合作）模式（胡鞍钢，2014）。中国新时期反贫困模式可以总结为“两线一力”，“两线”即经济发展和社会安全网两条线索，“一力”即政府主导力（闫坤、于树一，2014）。

第四，始终坚持实施少数民族地区扶贫攻坚战略。少数民族在中国社会、经济发展中具有特殊的地位。在复杂的经济和社会背景下，中国在尊重地区差异和民族文化等条件的基础上，通过分阶段、分区域等手段扎实推进扶贫开发工作，取得重要成就（黄承伟、王建民，2011）。

第五，始终坚持实施区域性扶贫战略。鉴于东中西部经济发展特殊状况，中国先后实施了西部大开发、振兴东北老工业基地和中部崛起等发展战略，并通过划定 14 个全国集中连片特困地区开展针对性扶贫攻坚（张琦、冯丹萌，2016）。明确区域发展实际、实施区域差异性扶贫开发战略，是解决经济发展和消除贫困问题的重要途径。

第六，始终坚持实施开放共享的扶贫战略。减贫领域的国际交流与合作是中国特色扶贫开发道路的重要内容，对推进中国减贫事业发挥了积极作用（姜安印、张庆国，2016）。中国通过参与国际交流，开展知识领域的传导学习和借鉴国际先进的减贫理念、经验、措施，借鉴不同民族不同地区具体政策的设计，进一步丰富和完善本国减贫政策与机制。中国政府以开放的态度吸收和借鉴世界各国及国际组织的反贫困经验，广泛利用国外政府和非政府组织、国际多边组织的援助，在扶贫开发领域积极开展与国际社会的交流与合作（杜旸，2011）。

上述“五个坚持”和“六个坚持”的核心内容基本一致，从不同角度展示了中国扶贫开发的基本经验。由于中国农村扶贫开发取得巨大成就，其中的做法经验具有分享借鉴的价值毋庸置疑。但是，由于贫困问题的解决是多方面力量、多种因素综合作用的结果，因此，总结交流中国农村扶贫开发的基本经验，还需要批判及反思的视角。首先，中国农村反贫困是分阶段推进的，每一个阶段制订相应的国家减贫计划，呈现明显的阶段性特征。这一特征客观上弱化了对反贫困长期性、复杂性的认识，并且在一定程度上导致反贫困战略政策的长期性、制度全面性不足，法制化进程缓慢。其次，中国农村反贫困体系的根本性特征是强政府主导。中国从中央到地方强化各级政府的扶贫责任，建立了完整的扶贫工作体系，政府主导了扶贫资源的分配及传递，各级政府及扶贫等相关部门成为扶贫资源管理、使用、监督的主体。这种大一统的体制机制，弱化了不同贫困区域、不同贫困群体扶持政策需求的差异性，导致目标群体在反贫困过程中的主体性难以充分体现，社会组织的产生、发展及其在扶贫中的作用也缺乏足够的空间。再次，中国农村反贫困战略政策实施涉及决策、管理、执行、监督等各个方面及环节。在此过程中，不可避免存在需要改进的问题，如目标瞄准的有效性和针对性问题、扶贫资源管理使用中的漏出与浪费问题、各种扶贫开发模式差异性不足导致的效率问题、扶贫实践中重视硬件投入而软件投入不足问题、扶贫绩效评价科学性问题等等。最后，如何总结中国农村扶贫开发经验及教训、如何与其他发展中国家交流分享具有巨大潜力和发展空间。需要特别注意和强调的是，任何国家（区域）借鉴外来的减贫经验、模式，只有结合当地实际实现本土化，才会生根、取得预期效果。

中国在长期的扶贫开发实践中，探索形成了一系列成功模式。这些模式以贫困人口脱贫致富为目标，以开发式扶贫为手段，以激发贫困群众内生发展动力为根本，具有可学习、可复制、可推广的特点。总结多年的探索和研究，中国扶贫开发的主要模式有产业扶贫、易地搬迁扶贫、劳动力转移就业扶贫、教育扶贫、健康扶贫、基础设施扶贫、科技扶贫、金融扶贫、文化扶贫、生态旅游扶贫等。

四 精准扶贫精准脱贫方略

2011 年，《中国农村扶贫开发纲要（2011—2020 年）》就提出“建立健全扶贫对象识别机制，做好建档立卡工作，实行动态管理，确保扶贫对象得到有效扶持”。2013 年 11 月，习近平总书记在湖南湘西考察时，首次提出“精准扶贫”思想。2013 年 12 月，中共中央办公厅、国务院办公厅印发《关于创新机制扎实推进农村扶贫开发工作的意见》，提出建立精准扶贫工作机制，切实做到扶真贫、真扶贫，并将其作为六项扶贫创新机制之一，对精准扶贫工作模式的顶层设计做出明确要求，推动了“精准扶贫”思想落地。随后，习近平总书记在多个场合阐述精准扶贫精准脱贫，并明确其为打赢脱贫攻坚战的基本方略。

精准扶贫精准脱贫方略的提出与形成有其历史必然性。近十年，中国基尼系数均超过国际警戒线水平（0.4），经济增长的减贫作用逐渐减弱。在此背景下，提高扶贫精准度和扶贫资金使用效率成为未来扶贫工作的重要内容（汪三贵等，2015）。以往以县为单位、按区域实施的瞄准机制和扶贫工作机制，易造成接受扶贫的本体错位；且贫困人口统计一概使用平均数筛选，极有可能人为减少贫困人口；同时，伴随贫困人口大幅减少、分布渐趋分散，区域瞄准机制必然影响扶贫的精准度和实质效益（邓玲、吴永超，2014）。此外，贫困区域、贫困群体分布特征的变化，需要首先明确农村扶贫谁是贫困者、致贫原因是什么、怎么针对性帮扶、扶贫效果怎样等一系列问题，这就需要通过多维贫困视角界定贫困居民，用精准扶贫方式瞄准真正的贫困家庭（李俊杰、陈浩浩，2015）。这些构成了精准扶贫精准脱贫方略提出的现实背景和理论背景。

精准扶贫精准脱贫方略提出具有重要的理论实践意义。精准扶贫是为了抵消经济减贫效应的下降而必须采取的措施，并将成为未来中国农村扶贫的主要方式（汪三贵、郭子豪，2015）。精准扶贫是中国到 2020 年全面建成小康社会目标的重要保障，是完善扶贫开发治理体系的迫切需要，是加强扶贫开发治理能力建设的必然要求，是中国当前阶段扶贫开发转型的需要，是适应贫困人口特征变化的需要，是扶贫开发机制创新的重要内容（张琦，

2015)。精准扶贫精准脱贫基本方略的提出，是对马克思主义反贫困理论的创新与发展，是中国扶贫开发与贫困治理理论的一次成功转型与突破升华，具有深远的实践意义和广泛的理论价值（庄天慧等，2016)。

精准扶贫具有丰富的理论内涵，主要表现为扶贫“对象—资源—主体”精准、扶贫“目标—过程—结果”精准以及“微观—中观—宏观”不同扶贫层级精准。同时，精准扶贫与精准脱贫的辩证关系集中体现为手段与目标、过程与结果、量变与质变、战术与战略的关系。有学者将建档立卡式的精准扶贫称为“扶贫的公益型精准模式”，并提出“扶贫的发展型精准模式”，把发展的内涵注入扶贫之中。要真正提高扶贫开发效益，精准机制不能止步于精准识别需求对象，需要覆盖脱贫的整个过程，做到资源调查、建立基于资源的发展模式、建立联结农户到市场的链条等三个层面的衔接（李晓辉等，2015)。

精准扶贫精准脱贫方略三年多的实践已经取得显著成效。精准扶贫精准脱贫各项制度基本建立，制度体系初步形成；精准扶贫机制实施顺利推进，精准识别工作顺利完成，扶贫对象精准程度大大提升；驻村帮扶工作队伍基本到位，贫困村第一书记也陆续到位，形成了新时期坚强有力的中国扶贫脱贫治理新型结构，形成了新时期中国全社会扶贫脱贫的“大扶贫”格局；帮扶资金和帮扶项目的精准度大幅提升；各具特色的精准扶贫精准脱贫创新模式不断涌现；提升了扶贫脱贫治理能力；增强了扶贫脱贫责任意识，密切了干群关系（张琦，2015)。

精准扶贫精准脱贫方略的实施面临挑战。将收入作为贫困户唯一识别标准具有一定的局限性；贫困村脱贫与返贫现象同时存在，缺乏对脱贫人口的动态跟踪与精准管理；扶贫资金满足不了地方需求，用途分散，约束多；基层扶贫机构不健全；贫困地区基础设施和公共服务建设不够完善。建档立卡政策同时包含福利测量和农户参与两种视角的贫困瞄准方法，以福利测量方法为表达，以农户参与方法为实践。由于福利测量方法和农户参与方法在收入和支出认知上存在差异，贫困瞄准政策的表达与实践相背离（杨龙等，2015)。精准扶贫实际执行效果并不令人满意，其主要原因在于精准扶贫出现了对贫困户的排斥，如识别环节对贫困人口规模的人为限定形成的规模排斥、连片开发对片区外贫困群体的区域排斥以及自上而下识别过程中对贫困群体的恶意排斥和过失排斥等。其根本原因是自上而下由政府体系主导、缺乏贫困群体参与的贫困户识别机制，以及政府财政投入低、独立第三方机构介入的协助和监督机制缺乏等。产业精准扶贫以扶贫开发为宗旨的项目进村，以行政路径依赖为运作机制，因缺乏村庄社会性参与及村庄公共平台的承接与运作，往往导致扶贫目标偏移、贫富差距拉大、村庄原子化溃败加速、农民对身边党政工作和形象不认可等后果（孙兆霞，2015）。

进一步提高精准扶贫精准脱贫方略质量和水平需要采取有效对策。在推进扶贫到户改革、提高扶贫工作精准性时，应将扶贫资金的项目管理和审批权力下放到县；实行以扶贫为导向的考核机制；根据贫困人口数量和贫困程度分配扶贫资金，改进项目争取方式；借鉴财政“一事一议”方式设定贫困村扶贫项目；制定具体的贫困户受益机制；减少政府对产业发展的不必要干预，探索基于市场机制的产业扶贫方式以及政府购买服务的形式等（汪三贵等，2015）。同时，注重解决精准扶贫推进中的区域差异性和发展不平衡性问题，研究探讨扶贫脱贫标准依然偏低、单一化指标带来扶贫脱贫不稳定性的问题，研究和尽快解决新形势下扶贫脱贫治理体系功能和职责不明晰的问题，消除贫困地区对精准扶贫长效化的担忧，科学安排精准扶贫与精准脱贫的进度，以及加大力度做好片区规划实施与精准扶贫融合推进，等等（张琦，2015）。

五　中国扶贫开发道路研究展望

中国扶贫开发道路研究可以简单理解为，包括1949年特别是改革开放以来中国扶贫开发道路的总结性研究、2016—2020年脱贫攻坚阶段的对策性研究和2020年后中国扶贫战略的前瞻性研究。本文从扶贫攻坚前沿问题和面向2030年的扶贫战略两个方面，以展望视角讨论中国扶贫开发过去总结性、现实对策性和未来前瞻性研究的相关问题。

（一）中国扶贫攻坚前沿问题研究

中国扶贫开发过去几十年和未来相关的理论实践问题，可以从以下十个方面进行梳理。

（1）减贫手段和减贫目标研究。以人民的幸福感为扶贫目标的背景和意义。要正确看待贫困人口如何脱贫以及如何让贫困地区特别是农村发展得更好的问题。这就要从人类发展的规律及趋势角度认清发展目标，把全体人民的幸福感摆在优先位置。同时进一步阐释党和国家为实现这一战略目标，不断调整具体的手段和任务，在解决绝对贫困到减缓相对贫困、解决温饱问题到全面建成小康社会这一历史进程中，扶贫手段的变与扶贫脱贫目标的不变之间是对立统一的关系。

（2）多维贫困与贫困治理研究。通过总结贫困测量的国际、国内理论与实践的发展进程及趋势，分析多维贫困的特征及测试方法，探讨当前贫困类型的精准识别问题和未来的发展趋势，阐释各种贫困治理模式的理论成果和实践效果，强调通过对不同地区、不同贫困诱因、不同贫困状态的分析和评估，选择有针对性的贫困治理模式，以达成科学扶贫、生态（绿色）扶贫、有效扶贫、精准扶贫的目的。

（3）“三维资本”协同反贫困机制研究。从减贫理论发展脉络看，有关贫困成因的解释经历了从物质资本范式到人力资本范式，再到社会资本范式的过程。新阶段提高扶贫开发投资的综合效益，需要将物质资本、人力资本和社会资本投资统筹起来，建立“三维资本”协同反贫困机制。这就需要对扶贫理论框架中的一些基础概念及物质资本、人力资本、社会资本“三维资本结构”做出原创性的界定和内涵延伸，构建“三维资本结构”的扶贫理论框架及作用机制，同时考虑不同地区资本体现方面的差异性，建立政府反贫困政策绩效管理的评估机制等，促进扶贫理论发展。

（4）传统文化与减贫发展研究。通过大量典型案例，系统阐释传统文化在扶贫减贫过程中的价值和意义，具体分析如何根据国情和本土传统文化把扶贫减贫方法本土化，总结梳理在扶贫日常工作中的实现路径，总结阐述在扶贫减贫过程中要把文化、教育、科学普及等与满足农民求知、求富、求乐的要求和发展农村经济、完善社区治理体系紧密地结合，使文化更好地为经济建设这个中心服务，使文化更好地与之同步协调发展。

（5）贫困固化与贫困流动研究。围绕新城镇化快速进程中如何脱贫发展这一主题，分析阐述相关理论和如何通过建机制、转方式，在城乡统筹发展的框架下实现工业化与农业现代化相协调，人口、经济、资源与环境相协调，大中小城市与小城镇相协调，人口积聚、“市民化”与基本公共服务相协调，如何按照产城融合、节约集约、生态宜居的路子走下去等诸多重大理论和实践问题。

(6) 扶贫对象主体性与组织化研究。通过对典型案例的研究分析，具体阐释在扶贫项目的设计、规划、实施、监管和验收过程中，一方面要激发目标群体的积极性、主动性和参与性，增强群众对扶贫项目的拥有感，真正实现从“要我脱贫”到“我要发展”的转变；另一方面要提高群众组织化水平，采取不同方式将生产经营规模小、经营分散、经济实力较弱、科技水平滞后等具有传统职业特征的农民转变为有组织地进入市场与社会，并且能够获得与其他阶层同等待遇的现代农民，从而激发贫困人群内生动力，真正提高其自我造血、自力更生的能力。

(7) 扶贫机制创新的理论与实践研究。系统回顾中国农村扶贫开发的历程；系统分析在“两个百年目标”中国梦、“五位一体”总体布局、“四个全面”战略布局下农村扶贫开发面临的新形势以及在新时期的战略定位；全面阐述扶贫攻坚机制创新的目标任务、农村扶贫开发模式创新发展重点；通过案例和比较研究指出 21 世纪农村扶贫机制模式创新的发展趋势和规律；系统阐释如何依据各地区的实际情况，从发展的角度做好扶贫机制的理论创新和实践创新，并有效处理好创新、理想和现实的关系。

(8) 政府、市场、社会协同大扶贫格局研究。针对当前扶贫工作“政府热、社会弱、市场冷”的局面，系统回顾近年来扶贫工作的主要成效、存在的普遍性问题，特别是系统总结中国特色社会扶贫体系面临的新挑战，以此为基础，借鉴国际经验，阐述构建政府、市场和社会三者各司其职、协调发展、共同作用的和谐互动模式和符合国情、政情的“政府主导、市场能动、社会参与”的中国特色扶贫格局，总结提炼国内外引导并鼓励社会力量和市场力量参与扶贫工作的经验及模式。

(9) 政治制度优势和贫困治理研究。扶贫攻坚是体现社会主义制度优越性的重要举措。需要在系统分析中国共产党的政治优势和社会主义的制度优势基础上，系统阐述要始终坚持充分发挥政治制度优势，动员全党全社会成员，发挥政府主导作用，运用贫困治理规律，集中力量组织开展目标明确的大规模扶贫行动，以实际行动、具体项目去扶持“可以扶持”的贫困群体，以农村低保等措施去救助实际上“难以扶持”的贫困群体。针对历史教训和现实需要，要深入分析发挥政治、制度优势可能出现的跃进式脱贫的风险，提出构建风险防范体系的方法途径。

(10) 精准扶贫精准脱贫方略研究。精准扶贫精准脱贫方略是打赢脱贫攻坚战的基本方略。需要系统分析和阐释精准扶贫精准脱贫方略提出与形成的国际国内背景、基本内涵、重要内容、实施体系和重大意义，需要总结评估精准扶贫精准脱贫方略从顶层设计到基层落实的实践现状、主要做法、经验和模式，并基于脱贫攻坚的实践及未来中国扶贫开发面临的趋势和挑战，分析脱贫攻坚进程中的理论实践前沿问题，指出扶贫制度的继承、发展与创新是精准扶贫精准脱贫方略发展的方向，特别是要明确扶贫开发对全面建成小康社会、促进共同富裕的重大价值和重要意义，提出中国回应联合国2030年可持续发展议程的减贫战略政策制定框架。

（二）中国未来扶贫战略研究或“面向2030年的中国扶贫战略研究”

尽管中国在减贫方面取得巨大成就，但是贫困人口数量仍然位居世界第二。未来，随着全面小康社会的建成和社会经济进一步转型与升级，中国扶贫将面临许多新的挑战，比如，城镇化进程中从农村转移到城市的新市民，可能由于各种原因沦为新的城市贫困人口；在生态和环境保护中，部分地区农村经济发展受到制约进而影响到农民的生计；农村人口结构变化使农村进一步凋敝，城乡公共服务差距拉大，城乡老龄化问题加剧，社会保障体系需进一步完善，以及经济新常态对公共政策可能造成一定的影响。因此，全面建成小康社会后的贫困特征和发展环境以及统筹考虑城乡一体化的新的减贫战略是亟须研究的重点问题。要重点研究分析全面建成小康社会后中国贫困的新特征、新挑战、新机遇，提出城乡统筹发展中的新的减贫战略与规划建议。

贫困趋势研究。包括农村贫困现状和趋势分析、致贫因素分析、减贫影响因素分析、减贫的主要障碍分析、农村社会保障体系效果与影响分析、城市贫困分析等。

国际经验研究。梳理有代表性的中等收入国家、区域性国际组织和国际组织在发展进程中的减贫战略、政策、经验，特别是社会保障、就业、人力资源开发、有效和更有针对性的金融服务和金融创新、城乡统筹发展、缩小区域发展差距等方面的政策及措施。

2020 年后中国扶贫的战略政策和规划建议研究。主要包括城乡一体化的扶贫战略、在气候变化背景下的绿色扶贫战略、老龄化社会扶贫战略、经济新常态化下的扶贫战略、金融服务和金融创新扶贫战略、贫困评价标准体系、国际减贫合作战略等等。

六　小结与讨论

中国扶贫开发道路具有鲜明特征。一是艰巨性。尽管中国扶贫事业取得显著成就，但人均经济水平不高、区域发展不平衡问题突出，贫困地区特别是集中连片特殊困难地区发展相对滞后。脱贫攻坚对象全部是“硬骨头”，扶贫难度不断加大，边际效应不断递减，扶贫开发道路任重道远。二是阶段性。这与中国经济社会发展的阶段相一致，中国政府把扶贫开发纳入国民经济发展总体规划，国家每前进一步，扶贫开发就往前一步。三是长期性。绝对贫困是相对的，相对贫困是绝对的。到2020年中国现行标准下所有贫困人口脱贫，指的是中国将历史性地解决绝对贫困问题。但是，相对贫困问题将长期存在。四是多元性。政府主导、全社会参与，这是中国扶贫开发工作的重要经验。脱贫攻坚阶段更是呈现专项扶贫、惠农政策扶贫、行业扶贫、社会扶贫等多方力量、多种举措相互结合、互为支撑的“大扶贫”新格局。五是复杂性。扶贫内涵从单纯经济扶贫转为经济扶贫、能力扶贫并重；具体实践中发现贫困线低和温饱效果不稳定，实际扶贫规模远大于贫困线下人口数量；扶贫对象更加复杂，减贫难度加大；贫困人口在市场经济中更加弱势，相对贫困问题显现（路卓铭，2007）。在自上而下的贫困治理体系中，贫困问题与扶贫活动相关信息在逐层传递的过程中被有意或无意地加工、简化、重组，现有扶贫信息不足以为精准扶贫（识别、施策、评估等）提供支撑（陆汉文，2015）。致贫原因复杂多元。六是特色性。突出体现在尚未完全形成在马克思反贫困理论基础上实现中国本土化的，由新中国历代党和国家领导人提出、演进并逐步形成的，富有中国特色的扶贫开发理论体系（黄承伟、刘欣，2016）。七是国际性。中国的减贫事业是全球减贫事业的重要组成部分。中国扶贫开发道路是全球减贫道路中不可或缺的重要组成部分。中国扶贫开发成功经验具有国际分享交流价值。

中国扶贫开发道路在丰富的实践中发展。第一，理念的不断演进。当代中国农村扶贫开发核心指导理念经历了以救济为主到开发与救助结合的转变，宏观战略理念经历了以经济开发为主到统筹发展的转变，具体实施理念经历了以单向主导为主向单向主导与互动参与并举的转变（金鑫、韩广富，

2014）。扶贫的有效性决定于扶贫理念。中国扶贫工作中存在的诸多问题无不与错误的扶贫理念——传统农业思维、直线经验思维、封闭孤立思维有关（朱启臻，2005）。将“开发式扶贫”战略曲解为“区域发展战略”是不合适的（谢培秀，2001）。第二，实践问题不断呈现。比如在那些靠经济扶贫而摆脱贫困的地区，由于文化扶贫工作没有开展，人们的精神文化生活如一片荒漠，出现“农民呼唤文化”的情景（段超，1995）。政府主推的产业扶贫项目实施效率偏低，农户土地经营收益权得不到有效保护，产业扶贫呈现过度行政路径依赖。其根源不在于产业发展本身，而在于产业发展的社会基础薄弱，社会建设缺位（王春光等，2013）。扶贫开发涉及资源的分配，资金的“瓶颈效应”在贫困地区经济发展中尤为突出（汪信尊，2002）。贫困地区普遍存在自然条件较差、扶贫开发工作运行机制有待完善、扶贫资金不足、扶贫政策及项目缺乏针对性与实效性、人口素质低等亟待解决的突出问题（崔菁菁、万兴亚，2015）。第三，新对策、新建议层出不穷。在扶贫开发进程中，坚持党和政府的主导、统筹城乡与区域发展、扩大社会参与和坚持自力更生等是片区扶贫开发的现实选择（邢成举、葛志军，2013）。在21世纪西部扶贫开发中，重点应放在提高人口素质和改善生态环境两方面，走一条教育生态式扶贫的道路（朱坚真、匡小平，2000）。在“三维资本”理论范式下，完善新型农村反贫困机制需要发挥物质资本的基础性作用、人力资本的智力支持作用以及社会资本的效应提升作用（黄承伟、沈洋，2013）。应把武陵山区的产业扶贫纳入社会建设，以社会建设巩固产业扶贫的基础，实现产业扶贫的可持续性，反过来产业扶贫又能提高社会建设的水平，形成社会建设与产业扶贫的良性互动（向德平，2011）。基层组织建设与扶贫攻坚相结合，自我脱贫与社会扶贫相结合，经济扶贫与科教扶贫相结合，就地扶贫开发与易地扶贫开发相结合，整体推进与重点突破相结合，扶贫管理与扶贫攻坚相结合（何龙群，1999）。需要重视NGO在扶贫中的作用，走官民结合的扶贫道路，等等。

中国扶贫开发道路研究前景广阔。从现有文献来看，国内外在减贫理论层面已经取得较为丰富的成果，但大部分是在宏观的普遍适用的减贫机理基础上做出的，针对中国经济新常态发展背景下的减贫理论研究还有待开拓。同时，如何将中国复杂的贫困治理情境和国外已有的贫困治理理论有效衔接，形成具有本土特色的减贫理论还有待努力。深化中国扶贫开发道路研究，对构建中国独特的减贫理论体系，回应多维度贫困中的理论瓶颈及贫困群众的现实需求具有重大的理论意义；对于提高未来扶贫开发工作水平、提升减贫效率具有重要的意义；是促进国际交流、推进扶贫外交的有效手段，可以更好地丰富中国的国际责任，树立大国形象，提升国家软实力。中国扶贫开发道路研究，要把重点放在构建减贫研究的综合理论体系、探索减贫研究的方法、凝练减贫模式等方面，同时注重研究的底层视角、社群视角和文化视角，推动多学科整合研究，纳入多学科视野，深入分析，推动相应学科的发展和知识体系的构建，丰富全球减贫知识库，撰写多学科、跨领域的系列专题年度报告，撰写多学科、跨领域参与研究的系列调查报告，推动多学科、跨领域系列研究著作的形成。从当前看，以下问题需要抓紧研究：脱贫攻坚统揽经济社会发展全局的问题，脱贫攻坚与农村供给侧结构性改革关系问题，五大发展理念下脱贫攻坚战略政策体系完善问题，贫困退出质量监控体系和风险防控体系建设问题，国家帮扶和贫困地区扶贫对象内生动力培育有机结合问题，面向2030年减贫战略问题，等等。中国扶贫开发道路研究要服务于实践指导：一是要推动政府、市场和社会三大减贫主体的通力合作，提升减贫合力；二是要选择试点贫困地区，通过驻点式研究总结具有中国本土特色的减贫理论和特色案例；三是要定期举办减贫论坛，为研究者与实践工作者提供交流平台。

参考文献

崔菁菁、万兴亚，2015，《关于吉林省扶贫开发的理性思考》，《税务与经济》第6期。

邓玲、吴永超，2014，《论新时期我国扶贫开发工作的新变化及其路径创新》，《理论探讨》第6期。

杜旸，2011，《全球治理中的中国进程：以中国减贫治理为例》，《国际政治研究》第1期。

段超，1995，《关于民族地区文化扶贫问题的思考》，《中南民族学院学报》（哲学社会科学版）第1期。

范小建，2009，《60年：扶贫开发的攻坚战》，《求是》第20期。

高飞，2010，《我国政府农村扶贫政策研究》，硕士学位论文，燕山大学。

《关于加强和改革农村学校教育若干问题的通知》，1983，载《教育改革重要文献选编》，人民教育出版社。

韩广富，2009，《中国扶贫开发基本经验国际化问题论析》，《社会科学战线》第6期。

韩嘉玲、孙若梅、普红雁、邱爱军，2009，《社会发展视角下的中国农村扶贫政策改革30年》，《贵州社会科学》第2期。
何龙群，1999，《略论有广西特色的扶贫道路》，《学术论坛》第6期。
胡鞍钢，2012，《中国减贫之路：从贫困大国到小康社会（1949—2020年）》，载胡鞍钢主编《国情报告》（第十一卷·2008年），社会科学文献出版社。
胡鞍钢，2014，《中国减贫成功的世界意义》，《人民日报》（海外版）10月17日。
黄承伟、刘欣，2016，《“十二五”时期我国反贫困理论研究述评》，《云南民族大学学报》（哲学社会科学版）第2期。
黄承伟、沈洋，2013，《完善我国新型农村扶贫开发战略的思考——论“三维资本”协同下的反贫困机制》，《甘肃社会科学》第3期。
黄承伟、王建民，2011，《少数民族与扶贫开发》，民族出版社。
姜安印、张庆国，2016，《中国减贫经验在“一带一路”建设中的互鉴性》，《中国流通经济》第4期。
金鑫、韩广富，2014，《当代中国扶贫开发理念的转变》，《兰州学刊》第2期。
李俊杰、陈浩浩，2015，《不同民族农村居民多维贫困测量与减贫措施研究——基于重庆市渝东南土家、苗和汉族居民的调查》，《中南民族大学学报》（人文社会科学版）第2期。
李晓辉、徐晓新、张秀兰、孟宪范，2015，《应对经济新常态与发展型社会政策2.0版——以社会扶贫机制创新为例》，《江苏社会科学》第2期。
林乘东，1998，《中国扶贫战略的演变与反思》，《中央民族大学学报》第5期。
刘超、朱满德、王秀峰，2015，《中国农村扶贫开发的制度变迁：历史轨迹及对贵州的启示》，《山地农业生物学报》第1期。
刘娟，2009，《我国农村扶贫开发的回顾、成效与创新》，《探索》第4期。
陆汉文，2015，《落实精准扶贫战略的可行途径》，《国家治理》第38期。
路卓铭，2007，《我国新时期的贫困问题与扶贫形势》，《宏观经济管理》第7期。
孙建北，2004，《贫困与扶贫》，中共中央党校出版社。
孙兆霞，2015，《脱嵌的产业扶贫——以贵州为案例》，《中共福建省委党校学报》第3期。
童宁，2009，《农村扶贫资源传递过程研究》，人民出版社。
汪三贵、郭子豪，2015，《论中国的精准扶贫》，《贵州社会科学》第5期。
汪三贵、张雁、杨龙、梁晓敏，2015，《集中连片特困地区扶贫项目到户问题研究——基于乌蒙山片区三省六县的调研》，《中州学刊》第3期。
汪信尊，2002，《对21世纪初叶中国扶贫投入的思考》，《江西社会科学》第8期。
王春光、孙兆霞、曾芸，2013，《扶贫开发与社会建设同构——武陵山区扶贫开发与社会建设调研项目的发现与思考》,《贵州社会科学》第10期。

王晓丽,2008,《20世纪农村扶贫开发的历史回顾及启示》,《吉林工程技术师范学院学报》第11期。

习近平,2015,《携手消除贫困 促进共同发展——在2015减贫与发展高层论坛的主旨演讲》,《人民日报》10月17日,第2版。

向德平,2011,《包容性增长视角下中国扶贫政策的变迁与走向》,《华中师范大学学报》(人文社会科学版)第4期。

谢培秀,2001,《中国扶贫战略讨论及“十五”对策思考》,《中国软科学》第7期。

邢成举、葛志军,2013,《集中连片扶贫开发:宏观状况、理论基础与现实选择——基于中国农村贫困监测及相关成果的分析与思考》,《贵州社会科学》第5期。

许源源、苏中英,2007,《中国农村扶贫瞄准的历史演变》,《老区建设》第4期。

闫坤、于树一,2014,《论新时期我国“两线一力”的反贫困模式》,《全球化》第2期。

杨龙、李萌、汪三贵,2015,《我国贫困瞄准政策的表达与实践》,《农村经济》第1期。

张惠涛,2011,《农村扶贫政策实施绩效研究》,硕士学位论文,郑州大学。

张磊,2007,《中国扶贫开发政策演变(1949—2005年)》,中国财政经济出版社。

张琦,2015,《精准扶贫助推我国贫困地区2020年如期脱贫》,《经济研究参考》第64期。

张琦、冯丹萌,2016,《我国减贫实践探索及其理论创新:1978—2016年》,《改革》第4期。

张岩松,2004,《发展与中国农村反贫困》,中国财政经济出版社。

赵国芳,2007,《我国农村扶贫开发政策研究》,硕士学位论文,北京交通大学。

赵曦、熊理然,2008,《中国农村扶贫开发的历史成就及其历史经验》,载段应碧主编《纪念农村改革30周年学术论文集》,中国农业出版社。

朱坚真、匡小平,2000,《西部地区扶贫开发的模式转换与重点选择》,《中央民族大学学报》第6期。

朱启臻,2005,《农村扶贫开发理念辨析》,《农业经济问题》第11期。

朱小玲、陈俊,2012,《建国以来我国农村扶贫开发的历史回顾与现实启示》,《生产力研究》第5期。

庄天慧、杨帆、曾维忠,2016,《精准扶贫内涵及其与精准脱贫的辩证关系探析》,《内蒙古社会科学》(汉文版)第5期。

4

共同富裕进程中的中国特色减贫道路*

黄承伟**

党的十九届五中全会提出的到2035年基本实现社会主义现代化的远景目标，把“人民生活更加美好，人的全面发展、全体人民共同富裕取得更为明显的实质性进展”作为重要内容。习近平总书记深刻指出，消除贫困、改善民生、逐步实现共同富裕，是社会主义的本质要求，是中国共产党的重要使命。中国共产党自成立时起，就以消灭剥削、实现共产主义作为奋斗目标，始终把保障和改善民生作为执政的重要指向。中华人民共和国成立以来，中国共产党和中国政府始终高度重视扶贫开发工作，带领人民为消除贫困做出巨大努力。改革开放以来，中国持续开展以农村扶贫开发为中心的国家减贫行动。党的十八大以来，以习近平同志为核心的党中央把贫困人口脱贫作为全面建成小康社会的底线任务和基本标志，全党全国全社会全面动员打响脱贫攻坚战。党的十九大把精准脱贫作为决胜全面建成小康社会必须打好的三大攻坚战之一，做出新的部署。党的十九届五中全会把脱贫攻坚成果巩固拓展作为“十四五”时期经济社会发展主要目标之一，明确要求实现巩固拓展脱贫攻坚成果同乡村振兴有效衔接。70年来，中国扶贫开发成就举世瞩目。在发展中国家中，只有中国实现了快速发展和大规模减贫同步。2020年，中国将历史性地解决绝对贫困问题，14亿人将共同迈向全面小康，书写人类历史上“最成功的脱贫故事”，走出一条共同富裕进程中的中国特色减贫道路。

---

* 原文刊发于《中国农业大学学报》（社会科学版）2020年第6期。

** 黄承伟，国务院扶贫办中国扶贫发展中心主任、研究员，北京大学贫困治理研究中心主任，中国农业大学人文与发展学院博士研究生导师。

一　实践探索：中国特色减贫道路的基本形成

中国特色减贫道路是中国共产党带领中国人民立足国情，适应贫困演变规律，以逐步实现全体人民的共同富裕为目标，在不同的历史时期实施不同战略政策，经过长期实践探索逐步形成发展的。

1949—1977 年，在社会主义革命和建设时期，中国实施计划经济体制下的广义扶贫战略，第一次在全国范围内减少了农村贫困现象。1978—1985 年，中国实施农村经济体制变革推动减贫的战略，通过建立和完善具有缓解贫困作用的农村制度实现减贫，促使贫困人口大幅度减少。1986—1993 年，中国实施区域开发式扶贫战略。1986 年 4 月，第六届全国人民代表大会第四次会议通过的《中华人民共和国国民经济和社会发展第七个五年计划》，将“老、少、边、穷地区的经济发展”单列一章。国家成立专门扶贫机构——国务院贫困地区经济开发领导小组及其办公室，开启了有组织、有计划、大规模的专项扶贫行动，促使贫困人口继续缓慢减少。1994—2000 年，中国实施综合性扶贫攻坚战略，颁布实施《国家八七扶贫攻坚计划（1994—2000 年)》，提出并实施加快中西部地区经济发展的计划，构建了综合扶贫战略政策体系。2000 年，中国农村贫困人口的温饱问题基本得到解决。2001—2012 年，中国实施整村推进和扶贫开发政策与最低生活保障制度衔接“两轮驱动”的扶贫战略，促使大多数贫困群体的温饱问题得以解决。扶贫开发对促进国民经济持续健康发展，减缓区域、城乡差距扩大趋势做出重要贡献，但是彻底解决绝对贫困问题任务依然艰巨。2013 年至今，中国实施精准扶贫精准脱贫方略。以习近平同志为核心的党中央，把扶贫开发摆在治国理政的突出位置。习近平总书记提出一系列扶贫开发的新思想新观点，做出一系列新部署新要求，形成了习近平扶贫重要论述。在习近平扶贫重要论述指引下，党中央团结带领全党全国各族人民，把脱贫攻坚摆在治国理政突出位置，充分发挥党的领导和中国社会主义制度的政治优势，采取了许多具有原创性、独特性的重大举措，组织实施了人类历史上规模最大、力度最大的脱贫攻坚战。经过 8 年持续奋斗，中国如期完成了新时代脱贫攻坚目标任务，使现行标准下农村贫困人口全部脱贫，贫困县全部摘帽，消除了绝对贫困和区域性整体贫困，取得了令全世界刮目相看的重大胜利。

总结中国扶贫开发的历史进程，从1949年到2012年可以分为两大时期。一是中华人民共和国成立至改革开放时期（1949—1978年），扶贫开发核心战略和政策以减缓绝对贫困为目标，主要通过变革社会制度、建立低水平的社会保障体系来实现。二是改革开放至党的十八大召开时期（1978—2012年），主要通过经济增长带动和专项扶贫计划实现大幅度减少绝对贫困。中国在不同阶段采取不同扶贫战略，实施不同扶贫政策组合。综合判断，改革开放至党的十八大这一历史时期，中国特色减贫道路已经基本形成。这条道路的内涵主要由以下几项基本经验构成。一是坚持改革开放。中国通过一系列改革，整体确立了以市场调节主导资源配置的经济体系，多种经济成分并存发展，极大地调动了社会各方面的积极性，极大地解放了生产力，提高了生产率，为大规模减贫战略的实施奠定了基础。二是保持经济长期持续增长。在保持高速的经济增长中，提供大量的就业机会，加强农业基础，提高农产品产量，大幅度改善人民生活，直接推动了贫困人口的大量减少。社会财富的增加、国家财力的增强，为中国实施减贫战略、动员全社会力量有针对性地解决贫困问题提供了必要的物质条件。三是制定一系列有利于穷人发展的政策。在农村土地政策、农业生产支持政策、农村综合发展政策、社会发展政策等方面形成了较为健全的政策框架和体系。四是根据发展阶段和贫困人口特征制定与调整反贫困战略。中国把区域发展与扶贫开发有机结合，实施了一系列加快落后地区区域发展的战略，形成了区域发展与扶贫开发的良性互动。五是渐进式地推进农村社会保障体系的建立与完善。中国逐步建立并不断完善农村社会保障体系，为解决贫困人口生存和温饱问题提供了制度保障。六是不断丰富和发展开发式扶贫的方式方法。把解决贫困户的温饱问题与区域经济开发结合起来，把增加经济收入与改善保护生态环境在内的国土整治结合起来，把经济开发与解决社会问题、改善民生、促进社会和谐结合起来。注意借鉴国际社会先进的减贫理念和成果。七是始终把培养和不断提高扶贫对象的自我发展能力作为工作核心。把提高贫困人口的自我发展能力作为反贫困的重点，把扶贫开发与基层组织建设相结合。八是在政府主导下不断提高反贫困战略政策执行力。把扶持贫困群体、实现共同富裕作为国民经济和社会发展的重要任务，列入国民经济和社会发展中长期规划。建立专门机构，制定国家专项规划，完善工作机制，持续加强干部队伍和机构建设。

二 脱贫攻坚：中国特色减贫道路的丰富发展

党的十八大以来，新时代脱贫攻坚以习近平新时代中国特色社会主义思想为指导，以习近平总书记关于扶贫工作的重要论述为根本遵循。持续8年的脱贫攻坚战不仅取得重大胜利，而且从多个方面丰富发展了中国特色减贫道路。

从中国特色社会主义发展全局出发，明确了扶贫开发的战略地位。这是对马克思主义反贫困理论的重大贡献。党中央把扶贫开发与党和政府的职责、党的根本宗旨以及全面建成小康社会目标要求和社会主义的本质要求相结合，深刻阐述中国现阶段扶贫开发的重要性和紧迫性，把新时代扶贫开发战略提到新的高度，为新时代脱贫攻坚顶层设计、体制机制创新奠定了思想基础，对全党全国全社会增强扶贫开发责任感、使命感、紧迫感具有重要的理论和实践指导意义。

深刻总结了党的十八大以来中国扶贫开发“六个坚持”的宝贵经验，丰富发展了中国特色减贫道路的具体内容。一是坚持党的领导，强化组织保证。始终坚持党对脱贫攻坚的领导，充分发挥社会主义集中力量办大事的制度优势，实行五级书记抓扶贫，中央统筹、省负总责、市县抓落实的管理体制机制。二是坚持精准方略，提高脱贫实效。真正把精准理念落到实处，变“大水漫灌”为“精准滴灌”，做到“六个精准”基本要求，实施“五个一批”脱贫路径，达到切实解决扶持谁、谁来扶、怎么扶、如何退“四个问题”的根本目的。围绕精准扶贫，改革创新一系列扶贫机制模式，促进了贫困治理体系的不断完善。三是坚持加大投入，强化资金支持。不断增加资金投入，加强使用监管，大力改革财政扶贫资金使用管理机制，完善扶贫资金项目公告公示制度，做到阳光化管理。四是坚持社会动员，凝聚各方力量。更加广泛地动员社会参与脱贫攻坚，加大社会扶贫工作力度，凝聚更大扶贫合力。五是坚持从严要求，促进真抓实干。把从严治党贯穿脱贫攻坚全过程、每一个环节，把扶贫工作的从严要求和干部作风治理结合起来，把精准扶贫精准脱贫过程和国家贫困治理体系和治理能力现代化结合起来。六是坚持群众主体，激发内生动力。尊重贫困群众的主体地位和首创精神，把激发扶贫对象的内生动力摆在突出位置，将扶贫与扶志、扶智相结合，充分发挥第一书记、驻村工作队的作用，把贫困群众的积极性调动起来，把他们自力更生的精神激发出来，不断提高他们共享发展成果的能力。

从携手消除贫困、共建人类命运共同体的高度，指明了全球减贫合作的发展方向。这是对世界减贫理论的原创性贡献。中国在致力于消除自身贫困的同时，始终积极开展南南合作，力所能及地向其他发展中国家提供不附加任何政治条件的援助，支持和帮助广大发展中国家特别是最不发达国家消除贫困。积极开展国际减贫合作，服务于国家外交、援外大局以及“一带一路”等重大倡议，发挥扶贫软实力在树立大国形象、增强中国在全球治理中的话语权上的特殊作用。

中国特色减贫道路依然还会在实践中不断丰富发展。从现阶段看，新时代中国特色减贫道路的丰富内涵，集中体现在八个方面：坚持党对扶贫工作的领导，坚持人民至上的根本立场，坚持把发展作为解决贫困问题的根本途径，坚持精准扶贫精准脱贫，坚持构建大扶贫格局，坚持激发脱贫内生动力，坚持严格考核评估制度，坚持开展国际减贫合作。

三　时代价值：中国特色减贫道路的历史世界意义

新时代脱贫攻坚，大幅度提高了贫困群众收入水平，使“两不愁三保障”和安全饮水问题历史性地得到解决；明显改善了贫困地区基本生产生活条件，使贫困地区群众出行难、用电难、上学难、看病难、通信难等长期没有解决的老大难问题普遍得到解决，使义务教育、基本医疗、住房安全有了保障；明显加快了贫困地区经济社会发展进程，明显提升了贫困治理能力，明显促进了全社会合力攻坚良好局面的形成；构建了中国特色脱贫攻坚制度体系，创新完善了精准扶贫的工作机制。脱贫攻坚的重大胜利，为实现第一个百年奋斗目标打下坚实基础，彰显了中国共产党领导和社会主义制度的政治优势，增强了我们的道路自信、理论自信、制度自信和文化自信，有力促进了国家贫困治理体系和治理能力现代化进程。实践证明，脱贫攻坚是中国乡村发展的深刻革命，是中国共产党执政宗旨的有力体现，是中国共产党全面从严治党的有益探索，是中国国家治理体系完善和治理能力现代化的有力推动，是中国发展道路的世界呈现。8 年的脱贫攻坚战，呈现了鲜明的时代特征和深远的历史世界意义。

从发展理论看，脱贫攻坚最伟大的成果是形成了习近平扶贫重要论述。习近平扶贫重要论述内涵丰富、思想深刻、逻辑严密。世界上最大规模的减贫实践成就表明，这一重要论述具有显著的科学性、实践性、战略性、指导性、国际性，不仅为打赢中国的脱贫攻坚战提供了根本遵循和科学指引，而且为全球的贫困治理贡献了中国智慧。

从推进“五位一体”总体布局和“四个全面”战略布局看，脱贫攻坚在政治、经济、社会、文化、生态文明建设方面产生了积极的推动作用，对于协调推进“四个全面”的战略布局发挥了基础性作用。脱贫攻坚对于从政治上夯实中国共产党的执政基础，加快贫困地区的经济社会发展，促进贫困地区的供给侧结构性改革、内需拉动，拓展贫困地区的经济发展空间发挥了积极的作用；提高了乡村的治理能力，激发了脱贫地区的内生动力。因地制宜发展产业、移民搬迁、生态保护脱贫等一系列措施保护了生态环境，促进了生态文明建设。把优秀传统文化的传承、发扬和贫困地区、贫困人群内生动力的激发结合起来，这一有益探索促进了文化的发展。脱贫攻坚是全面深化改革的重要内容和最好成果的呈现，是全面依法治国，促进整个贫困治理法制化、规范化的有益探索，是全面从严治党、管党的实践平台。始终把全面从严治党贯穿脱贫攻坚的全过程，开展扶贫领域的腐败和作风治理，五级书记抓脱贫攻坚，层层落实责任制，促进了抓党管党措施的有效落实。

从两个百年奋斗目标和中华民族伟大复兴中国梦看，打赢脱贫攻坚战是实现第一个百年奋斗目标的底线任务。实现第二个百年奋斗目标，实现中华民族的伟大复兴，不仅需要经济实力的不断增强，更需要软实力的持续增强。脱贫攻坚所积累形成的贫困治理思想、理论、模式、经验具有较强的可借鉴性和全球推广度，可提高中国在国际社会的影响力，增强中国在全球治理中的话语权。

从全球减贫的中国贡献看，中国脱贫攻坚为全球减贫做出重大贡献，贡献了减贫中国智慧和中国方案。8 年近 1 亿人脱贫，有力加快了全球减贫进程，为其他发展中国家树立了标杆，提供了榜样，坚定了全世界消除贫困的信心。同时，中国脱贫攻坚实践回应了发展中国家减贫的艰巨性和复杂性。脱贫攻坚的实践充分证明，以扶贫对象的需求为导向，将综合性的扶贫思路与精准性的扶贫方法有机结合，将扶贫资源的有效供给与扶贫对象的实际需求有机衔接，是治理贫困的有效手段，也是解决贫困问题的根本出路。中国脱贫攻坚还树立了政府主导减贫的“典范”。在中国精准扶贫的实践中，政府是贫困识别、贫困干预、贫困退出以及脱贫成效评估等减贫全过程的主导性主体。在脱贫攻坚工作中，中国除了加大政府投入，还通过“中央统筹、省负总责、市县抓落实”多层级政府间合力协作制度安排提升政府扶贫整体效能，激发并形成扶贫合力，不断完善政府、市场、社会互动和专项扶贫、行业扶贫、社会扶贫联动的大扶贫格局，这是从根本上摆脱贫困的动力来源。此外，精准扶贫工作机制为解决贫困治理一系列世界难题提供了中国方案。比如，以贫困识别和瞄准为例，中国逐步形成的自上而下（指标规模控制、分级负责、逐级分解）与自下而上（村民民主评议）有机结合的精准识别机制，为国际减贫工作中的贫困瞄准提供了有效的参考和借鉴。脱贫攻坚还促进了国际反贫困理论的丰富和发展。如精准扶贫思想中的内源式扶贫、合力扶贫、制度扶贫等，从多个层面认识和构建了中国农村反贫困理论，不仅对中国减贫具有很强的针对性、政策性和实践性，而且是对国际贫困治理理论的超越和创新。

四 未来展望：共同富裕进程中的中国特色减贫道路

2020 年，脱贫攻坚取得全面胜利，将历史性地解决千百年来困扰中华民族的绝对贫困问题。但是，中国是全球最大的发展中国家这一事实没有变，中国仍处于社会主义初级阶段的基本国情没有变，脱贫攻坚解决的仅仅是绝对贫困问题这一现实没有变。同时，贫困的特征和表现形式会变，人民对美好生活的向往内涵会变，缩小发展差距、促进共同富裕的总目标对减缓贫困的要求会变。党的十九届五中全会明确要求：“实现巩固拓展脱贫攻坚成果同乡村振兴有效衔接。建立农村低收入人口和欠发达地区帮扶机制，保持财政投入力度总体稳定，接续推进脱贫地区发展。健全防止返贫监测和帮扶机制，做好易地扶贫搬迁后续帮扶工作，加强扶贫项目资金资产管理和监督，推动特色产业可持续发展。健全农村社会保障和救助制度。在西部地区脱贫县中集中支持一批乡村振兴重点帮扶县，增强其巩固脱贫成果及内生发展能力。坚持和完善东西部协作和对口支援、社会力量参与帮扶等机制。”党中央的新决策新部署，决定了中国特色减贫道路在“十四五”时期的发展必然以巩固拓展脱贫攻坚成果为目标和重点。

（一）巩固拓展脱贫攻坚成果具有多重属性

一是政治性。这是由中国共产党的性质决定的。确保脱贫地区、脱贫人群稳定脱贫，是中国共产党初心和使命的最生动体现，是以人民为中心发展思想的最生动实践，是中国共产党的宗旨和社会主义本质要求的最生动实践。巩固拓展脱贫攻坚成果，防止规模性返贫，是中国共产党向第二个百年奋斗目标进军的需要，是在提前 10 年完成联合国 2030 年可持续发展议程减贫目标的基础上继续引领全球减贫事业、为全人类做出更大贡献的需要。二是长期性。巩固拓展脱贫攻坚成果，是开启全面建设社会主义现代化国家新征程、解决不平衡不充分发展主要矛盾的重要举措，是实施乡村振兴战略的重要基础，是逐步实现共同富裕的重要途径，是实现中华民族伟大复兴中国梦的应有之义，显然，这是一个长期的过程。三是现实性。长期以来，中国坚持开发式扶贫，不仅减贫效果明显，而且增强了贫困人口的劳动技能，提升了中华民族的整体素质，为国家特别是贫困地区增加了人力资本供给，走出了独具中国特色的减贫道路。显然这条道路符合中国国情。四是多维性。致贫原因多维，如收入不平等，主要是因为城乡收入差距大，地域间农民收入差距逐渐扩大，农民内部收入不平等加剧。收入水平提高有可能不足以抵御地域风险，资产和社会保障可能无法满足疾病、自然灾害、教育等风险支出需要。贫困户的市场风险性是转型性次生贫困的主要原因。贫困主体多元，包括丧失劳动力人群、受教育水平低人群、健康水平低人群和应对风险能力差人群。

（二）巩固拓展脱贫攻坚成果需要确保稳定脱贫

一是巩固近 1 亿已脱贫人口的脱贫成果。在产业扶贫方面，继续推动贫困地区因地制宜发展特色产业，完善带贫机制，继续加大产业扶贫力度。加强贫困村创业致富带头人培养，落实扶贫小额信贷政策。加大消费扶贫力度，着力解决扶贫产品销路问题，推动产业扶贫项目长期有效，实现贫困群众稳定增收。在就业扶贫方面，继续推进劳务扶贫协作，加强就业技能培训。劳务输入地要千方百计加大贫困家庭劳动力稳岗就业工作的力度。贫困地区要加强扶贫车间建设，提升带贫能力，为贫困家庭劳动力提供更多就地就近稳定就业的机会。在易地扶贫搬迁后续扶持方面，把集中搬迁安置区作为重点，集中力量解决好搬迁群众产业、就业、基本公共服务、社区治理、社会融入等方面问题，确保搬得出、稳得住、有就业，逐步致富，防止出现后遗症。在扶贫与扶志、扶智结合方面，加强政策引导，动员贫困群众参与项目实施，防止政策“养懒汉”。加强典型示范，对自力更生、主动脱贫的人员，探索给予物质奖励和精神激励。发挥村规民约作用，开展陈规陋习、不赡养老人等治理，引导贫困群众养成健康文明生活方式。二是建立防止返贫监测和帮扶机制。对脱贫不稳定户、边缘易致贫户以及因疫情或其他原因收入骤减或支出骤增户加强监测，提前采取有针对性的帮扶措施。对有劳动能力的贫困边缘人口，给予扶贫小额贷款贴息、技能培训、扶贫公益岗位等扶贫政策支持。

（三）巩固拓展脱贫攻坚成果需要保持脱贫攻坚政策稳定，提高脱贫质量

一是保持稳定有效的脱贫攻坚政策。对退出的贫困县、贫困村和贫困人口，保持现有帮扶政策支持和工作力度不减，驻村工作队不撤，深化东西部扶贫协作和中央单位定点扶贫。加大产业、就业扶贫力度，帮助贫困人口建立稳定增收渠道。加大易地扶贫搬迁后续扶持力度。统筹安排专项扶贫资金支持非贫困县、非贫困村贫困人口脱贫，防止出现死角盲区。二是坚持脱贫人口稳定实现“两不愁三保障”和安全饮水。建立防止返贫监测和帮扶机制，对脱贫不稳定户、边缘易致贫户以及因疫情或其他原因收入骤减或支出骤增户加强监测，提前采取有针对性的帮扶措施，不能等他们返贫了再补救。三是严格落实摘帽不摘责任、不摘政策、不摘帮扶、不摘监管的要求，确保巩固拓展脱贫攻坚成果责任落实、政策落实、工作落实。加强常态化督导，及时发现和整改问题。开展科学抽查，确保稳定脱贫。

（四）巩固拓展脱贫攻坚成果需要区域精准帮扶与到村到户精准帮扶有机结合

一是实施区域政策，精准打破脱贫地区和脱贫人口发展的外部约束。继续加大物质基础设施投入、市场信息供给、劳动力技能培训、合作性组织建设、技术推广及其他社会化服务供给力度。加强区域性投入，重点解决基础设施、公共服务和生态建设问题，补齐短板。通过加大基础设施投资、改善基本公共服务、进行文化教育、短期和长期帮扶相结合为脱贫人口巩固拓展脱贫攻坚成果创造有利的发展环境。二是着力创新开发式扶贫政策，提升脱贫人口向上流动的能力。通过教育和健康扶持，积累和提升人力资本，利用产业和金融政策机制设计，提高参与产业的组织化程度，增加有劳动力且有劳动意愿的脱贫农户参与扶贫项目、提高收入的机会。三是继续实施精准滴灌式帮扶政策，为特殊困难脱贫人口和新的致贫人口兜底。针对劳动能力低下或者无劳动能力等特殊人群，建立精准滴灌式保障体系，实施社会救助、生活照料服务、营养健康干预和养育服务等，为特别需要帮助的、存在潜在贫困风险的弱势群体提供服务。创新机制，解决独居和空巢老年人贫困问题，用精神扶贫解决光棍、懒汉贫困问题，加强精神疾病治疗和康复管理，解决精神障碍患者贫困问题，提供精准康复服务，解决残疾人贫困问题，注重儿童早期发展，解决儿童贫困问题。四是探索建立城乡一体化贫困治理体系，应对城乡流动中的相对贫困问题。有条件的地方，探索打破城乡分治的二元扶贫模式，促进城乡减贫一体化融合，建立城乡一体的帮扶模式，如在城乡居民医疗、养老保险逐步并轨的基础上，推进城乡居民低保、就业、创收、义务教育、住房保障等领域的并轨。

（五）巩固脱贫攻坚成果需要构建多元化支持政策和综合性治理体系

建立绿色减贫政策体系。把增加生态产品和生态服务供给作为减贫发展的新路径。欠发达地区可以充分发挥特殊资源优势，提供特殊产品和服务，在保护生态环境的同时，促进区域经济发展和居民收入增加。建立志智双扶政策体系。加大教育培训和科技普及力度，提倡理性信仰和家庭伦理等，积极、主动地对“自愿贫困”人群进行“意愿校正”，使之更积极、更有效地融入时代发展的潮流，激发其内生动力，使之想脱贫致富、会脱贫致富、能脱贫致富。加强完善立体式贫困救助法律体系、促进城乡基本服务均等化的政策体系。集中救助职能，整合多个部门所管理的社会救助内容，实行大部制。构建城乡一体的社会救助体系。通过有步骤、分阶段推进城乡基本公共服务内容和标准统一衔接，不断提高基本公共服务的供给水平，大幅提升基本公共服务的可得性、可及性。城乡就业、基本养老保险、最低生活保障、基本医疗卫生等方面的制度逐步实现统筹，补齐共同富裕短板，促进城乡居民“获得感”不断提升。完善就业帮扶政策体系。从贫困救助的制度设计上增加就业激励，对有劳动能力的贫困者进行职业培训，制定更加完备的社会保障制度和最低工资制度。实行分类精准救助，将贫困救助从关注群体性贫困转变为关注个体贫困，尤其是儿童、老年人与残疾人。

（六）巩固拓展脱贫攻坚成果需要构建更加完善的帮扶大格局

继续充分发挥政府主导作用。通过完善产业就业、易地扶贫搬迁、生态、健康教育、兜底保障等精准帮扶机制，持续增强农村低收入人口的自我发展能力。通过实施路、水、电、气、房、网、人居环境、文化、科技、人才等精准帮扶工程，继续提高欠发达地区的公共服务基础设施水平。通过组织城市帮扶乡村、东西部扶贫协作、中央单位定点帮扶以及高校、社会组织、民营企业、外资企业、国际组织等社会精准帮扶行动，促进欠发达地区乡村治理体系和治理能力现代化进程。继续实施财政扶贫资金、扶贫小额信贷、驻村帮扶、产业就业帮扶、治理能力建设等重点支持政策。更充分鼓励社会力量参与。社会救助要由单纯的救济式救助向开放式救助转变，构建政府、市场、社会“三位一体”的大救助发展格局，创新贫困救助机制，让市场在资源配置中起决定性作用，更加广泛、更为有效地动员社会各方的整体参与，整合贫困救助资源，形成贫困救助发展合力。在“管办分开”社会组织政策框架下，让社会组织资源供给和扶贫需求实现更有效对接，政府更多通过向社会力量购买减贫服务实现帮扶目标，同时不断完善贫困农户的参与机制，逐步缩小城乡居民生活质量差距。

（七）巩固拓展脱贫攻坚成果需要体现共建没有贫困、共同发展人类命运共同体的价值取向

加强国际减贫合作，助力没有贫困的人类命运共同体构建的作用更加凸显。多年来，中国不断加强国际领域减贫合作交流，不仅为发展中国家提供减贫方略与经验，还在发展教育、农业现代化和医疗保健等方面向亚洲、非洲、拉丁美洲和大洋洲等洲的数十个发展中国家和地区提供援助；设立南南合作与发展学院，提出“一带一路”倡议，推动成立亚洲基础设施投资银行，这些措施有力推动了减贫的国际交流，助力其他国家探索本国脱贫道路。2020 年后，中国与国际社会在减贫战略方面的沟通、交流、合作、双赢潜力巨大、前景广阔。建立和加强区域性、国际性减贫合作，携手各国推进

全球减贫事业发展，将成为中国面向 2030 年减贫战略的重要选择，将成为中国特色减贫发展道路的前进方向。

脱贫摘帽不是终点，而是新生活新奋斗的起点。脱贫地区巩固拓展脱贫攻坚成果，是乡村全面振兴的基础和动力。而乡村全面振兴，将是巩固脱贫攻坚成果的目标和支撑。实现巩固拓展脱贫攻坚成果同乡村振兴有效衔接，正是逐步实现全体人民共同富裕的底线任务。

参考文献

黄承伟，2018，《深刻认识打赢脱贫攻坚战的伟大意义》，《光明日报》9 月 25 日，第 15 版。

黄承伟，2020a，《脱贫攻坚伟大成就彰显我国制度优势》，《红旗文稿》第 8 期。

黄承伟，2020b，《中国特色减贫道路论纲》，《求索》第 4 期。

黄承伟，2020c，《中国新时代脱贫攻坚的历史意义与世界贡献》，《南京农业大学学报》（社会科学版）第 4 期。

《人民日报》，2020a，《中共中央关于制定国民经济和社会发展第十四个五年规划和二〇三五年远景目标的建议》，11 月 4 日，第 1 版。

《人民日报》，2020b，《中共中央政治局常务委员会召开会议 听取脱贫攻坚总结评估汇报 中共中央总书记习近平主持会议》，12 月 4 日，第 1 版。

习近平，2020，《在决战决胜脱贫攻坚座谈会上的讲话》，《人民日报》3 月 7 日，第 2 版。

5

超越结构与行动*：中国特色扶贫开发道路的经验分析

邢成举　李小云**

当前，针对精准扶贫的研究，多围绕精准扶贫的内涵、精准扶贫的实践成效与问题，以及精准扶贫的发展与完善等展开；置身精准扶贫战略之外，从更加宏观和更加抽象的角度去认识和分析中国的精准扶贫并对中国扶贫的成功经验展开系统研究的并不多见。从改革开放算起，中国扶贫工作已经走过近40个年头。其间通过各界力量的不断总结、反思与创新，中国开创并最终形成了具有中国特色社会主义的扶贫道路。然而，有关中国特色扶贫之路内涵的认识还需不断深化。本文基于有关贫困成因的已有大量文献以及结构性贫困的视角，尝试从行动与结构的关系角度充分阐释中国扶贫工作，进而形成针对贫困与扶贫的更加深刻和系统的认识，以为相关研究和实践工作提供一定的参考。

本文的核心不在于对有关贫困成因的文献进行全面综述和评价，而是在此基础上对中国的扶贫工作经验形成一种相对深刻且具有较强说服力的解释框架和理解文本。中国扶贫要为世界减贫贡献智慧和方案，就需深刻理解自身已有的扶贫经验与智慧。本文将基于对中国扶贫历史的分析与讨论，尝试进行归纳和总结。

一　结构与行动：贫困成因的两大范式

（一）结构范式下的贫困成因

结构具有客观性、外在性和强制性，在对社会事实进行解释时不归因于

* 原文刊发于《中国农村经济》2018年第11期。

** 邢成举，西北农林科技大学人文社会发展学院副教授。李小云，中国农业大学人文与发展学院教授。

个体因素。在结构范式下，关于贫困的解释与分析，首先要提及马克思的研究。在马克思看来，社会不平等存在结构性因素，是因为这种不平等是由社会力量而衍生的，其最典型表现是生产资料占有上的不平等。在资本主义的生产关系中，资本家占有生产资料，而劳动者只能出卖劳动力，这种不平等的结构导致了劳动者难以占有自己的劳动价值，因此陷入贫困。贫困者在资产结构上的羸弱导致其无法获得超越贫困线以上的收入而陷入贫困。在结构范式下，社会政策的不平等亦是导致贫困生成的重要原因。从这个角度看，中国农民的贫困在一定程度上带有“工农产品价格剪刀差”的政策烙印。因此，也就出现了研究者所倡导的，要研究贫困就必须先理解政策的主张（Alcock，1993：4）。当然，中国之所以能够取得扶贫工作的巨大成绩，是因为其建立了多样化的生产结构，而这种结构具有包容性增长的内涵。中国改革推动的农业转型使农业部门更具灵活性，也使农业对技术改进和市场条件更具回应性，而这是中国农业转型带动减贫的重要原因。贫困与政策的关系，在实践层面是相当复杂的，贫困既可能直接诱发于政策，也可能源于政策的不当执行。

在社会冲突理论家看来，利益争夺是导致贫困生成的根源，有限资源和利益在不同个体间进行的不平等分配一定会产生贫困。贫困者之所以贫困，是因为他们拥有的资源很少。每个人在社会结构的权力谱系上具有不同的位置，而正是这种权力的差异导致了贫困者陷入长期贫困或是受歧视抑或排斥。在一些结构功能论者看来，贫困也是社会结构完整和功能协调所需，社会分工需要贫困者从事一些其他人不愿从事的职业和工作等，贫困者的存在也为其他社会阶层的跃升和向上的社会流动提供了基本动力（Gans，1968）。从市场结构看，劳动力市场供求关系的不同形态，也会导致贫困的发生，其直接诱因是失业。当市场上劳动力供给多于需求的时候，必然会产生失业，而这种结构决定的贫困似乎是无法抗拒的。经济结构的变迁则进一步分化了不同劳动者在市场上获得利益与收入的能力。经济、社会和政治结构设计的失败亦会带来贫困，贫困的根源并不在个体。在贫困成因的结构范式看来，结构必然包含差异与分化，而这种差异与分化一定会引发贫困的出现。贫困源于结构，因此，结构本身似乎无法根除贫困。

在结构范式下，空间贫困理论也是具有较大影响力的理论流派。该理论认为，贫困人口在空间分布上呈现聚集的态势，而这种聚集是因为一定空间范围内地理资本的相对稀缺，其难以为贫困者脱贫提供足够的支持，同时个体的社会行动受到空间环境的影响，该空间范围内的个体社会行动均受到很大的限制。空间贫困理论的渊源主要追溯至地区经济发展与地理位置关系的研究，Harris（1954）研究指出欠发达地区与其地理位置上的劣势直接相关。Jalan and Ravallion（1997）研究发现，空间贫困理论发展于“空间贫困陷阱”概念的提出和广泛使用，该概念最直观地呈现了贫困人口在空间上的分布情况。在这些研究的基础上，世界银行着手绘制全球贫困地图，在中观层面刻画了中国云南的空间贫困情况。之后，联合国粮农组织（FAO）利用地理信息系统研究贫困与其周围环境的关系，从而将空间贫困研究推向了新的高度。空间贫困理论强调，空间特征在贫困发生过程中具有决定性和支配性影响。居住地空间因素是造成贫困的重要因素（Ravallion and Wodon，1999），空间对于财富具有重要的影响。滞后的交通与偏僻的地理位置导致教育、健康卫生服务和市场机会的稀缺，造成了贫困。之后，空间贫困研究被进一步延伸，有研究者从生活成本对比的角度关注了城市内的空间贫困问题。空间贫困与经济增长间的关系也构成了另一个新的研究焦点。空间贫困对地区经济增长具有不同影响，因此不同地区的经济增长需要差异化的政策。而交通和通信等基础设施的发展，有助于减少空间因素给脱贫和发展带来的不利影响（Baker and Grosh，1994）。这一点可以通过人均收入高低与其地理位置相关情况得到证实。空间不仅可以直接诱发贫困，还可以通过社会、政治因素来间接影响贫困的发生（Rupasingha and Goetz，2007），空间当然也可以通过教育来影响贫困的传递与聚散。虽然近几年中国贫困人口持续下降，但是，贫困人口愈发集中在深度贫困地区。因此，扶贫政策要有空间贫困的考量，可以通过政策干预实现贫困区域地理资本的丰富（刘小鹏等，2014）。

在结构范式下，我们无法忽略制度对贫困的重要影响。无论是制度还是结构，都构成了限制贫困者行动的社会情境（周怡，2007）。在无法打破致贫性社会情境的情况下，一般扶贫举措都将难以奏效。制度性落后与制度性贫困直接指涉了贫困的制度成因，实现贫困治理必须将结构调整、社会政策更倾向于穷人，使贫困者与结构转型和社会利益分配的改善建立紧密联系。不过国际减贫经验表明，结构调整的减贫效应具有一定的阶段性（Handa and King，1997），因此结构与制度改革应是一项长期的工作，以确立可持续发展的结构。对于当代中国而言，影响贫困的最基本社会结构是城乡二元结构。城乡社会结构的二元性虽然确实在一定程度上导致了农村贫困的多发，但我们亦应该看到政府和社会各界为改变这种社会结构的不平等性而做出的种种努力。同时，在微观层面，贫困家庭在经济、教育、文化和政治等多重结构中的边缘地位，也导致其难以跨越贫困陷阱并出现了贫困的代际传递（邢成举，2017）。因此，从结构角度深化贫困治理应成为扶贫工作的重心。

在结构范式下，我们的扶贫工作通常会犯下一个常见的错误，即过分关注微观结构与细节，而对整个结构和结构各方面的关系关注不足，由此带来扶贫政策与举措的权宜性。社会结构转型也带来了不确定性，而这种不确定性也带来了贫困的多发。因此，若是结构具有相对稳定性，而社会事实具有多变性，则意味着一定阶段后政策的减贫效应将不断减弱。

（二）行动范式下的贫困解释

行动范式强调个体及其行动，认为贫困源于自身而非制度或社会结构（文军，2006）。在行动范式下，贫困主要被归咎于个体能力不足、资源匮乏和主动性不强。穷人不是缺乏工作，而是缺乏技能去承担这些高收入的工作。在该范式看来，贫困者的贫困源于其文化素质、思想观念、行为方式与人际交往等因素（文军、黄锐，2011）。当然，在更好地讨论贫困解释的行动范式前，我们还应该对行动范式进行划分——行动环境的范式和行动自身的范式。关于行动环境的范式，我们主要从文化、空间等角度进行阐述；而关于行动自身的范式，主要从贫困者个体或群体的社会行动特质角度展开研究。

贫困的文化解释，最早始于人类学研究。在刘易斯看来，贫困文化是一种不同于主流文化的生活方式，也是一种社会亚文化（Lewis，1966：215）。贫困文化一旦形成，其对生活于其中的个体就会形成笼罩性的影响，而这种影响往往是亲贫困的。与此类似，贫困文化也可以表现为家庭伦理与价值观念，这样的伦理观念使个体难以利用超越于家庭的社会支持力量，更难以抓住难得的机会去改变自身的处境（Banfield，1967）。贫困文化除了可以表现为生活方式和观念外，还可以表现为个体所处的微观制度和结构，比如研究者发现，贫困者的家庭结构具有不完整性，如婚姻关系不稳定、性关系混乱等。在悲观的研究者看来，贫困文化会让贫困者陷入堕落的怪圈，让他们对所处的环境缺乏反思，在该文化下还出现了贫困的代际传递。情境适应论也是贫困成因文化解释的重要构成，强调在面对结构转型与新生机会时，个体都需要进行调整和适应，而若是调整不及时、适应不足，就极易陷入贫困状况。而且，所谓的适应与调整都有一个主流的标准，而这种标准并不是贫困者所能够控制的。这种文化与规范上的调整或适应研究，以杜尔凯姆最具代表性，他认为在传统社会价值观念与规范崩溃，而新价值观念与规范还没有正式确立的情况下，社会领域将会容纳诸多贫困的事实与贫困者的失范行为（Durkheim，1951：1－18）。社会规范的解体与崩溃会恶化底层群体的生存状况。与此相对应，马克思主义者认为，不利于贫困者的规范与文化，在本质上束缚了贫困者，且让贫困状态得以持续。

个体期待与社会规范之间的差距，也在一定程度上解释了贫困的生成。研究发现，富有者的期待与社会规范之间的契合度明显高于贫困者，贫困者只能按照富有者设定的社会规范开展社会行动，但因期待与社会规范存在明显差距，贫困者会发展出适合自身的一套行为规范、文化观念等。而这种观念与规范会导致贫困者在面对环境变迁、社会转型与新生机会时缺乏足够的应对能力和及时的回应，因此贫困者的贫困状态往往得以持续。此外，贫困者周围人们的社会态度等也对贫困的生成与持续具有重要影响。一些挣脱不利社会态度的移民者之所以脱离了贫困状况，是因为其能够将本土文化与新居住地的文化进行有机结合，从而屏蔽外在环境的不利影响。而若是无法打破这种社会孤立，那么，被孤立者的贫困就难以避免（Wilson，1987）。与社会孤立类似，社会排斥也是产生贫困的重要原因。社会排斥是社会总体性力量对个别个体或群体施加的不利影响。文化被视为行动规范和情境，布迪厄则将文化视为资本并从这个角度解释了贫困的成因。他认为，贫困者是因为在市场竞争中缺乏文化资本而陷入贫困状态（Swartz，1997）。

在贫困的文化解释论者看来，贫困并不全是贫困者个人的原因，但又与个人的行动逻辑、社会适应和价值观念等密切相关。正如帕森斯所发现的，人们必须在诸多限制性条件下做出社会行动，社会行动的手段和目的都是受到限制的。所以经济学所言的“理性经济人”在现实当中很难找到。这里所谓的限制很多来自文化与规范。使用文化来进行贫困解释，意味着贫困具有长期性和顽固性，不然就缺乏足够的解释力。

在贫困的行动解释范式下，个体视角的研究也值得我们重视。世界银行强调贫困是因为缺乏达到最低生活标准的能力，同样的贫困界定见于1996年联合国开发计划署的《人类发展报告》。能力贫困反映的是贫困人口综合能力的欠缺，并非指特定能力的不足，但在普遍意义上贫困个体都存在人力资本不足。与能力相关，一些研究者强调了个体权利对于贫困的解释力。从个体社会行动看，不当的社会行动和生产性行为的缺失是致贫的根源，而个体的社会行动与其所在家庭的生命周期紧密相关。因此，针对能力不足的问题，研究者与实践者提倡赋权增能的减贫模式（孙同全、孙贝贝，2013）。贫困群体的能力建设还应包含社会资本领域。因此，减贫需要从贫困者的生活方式、思想观念和消费行为（沈红，2000），以及能力培养和权利保障等多方面着手。

综上所述，在结构和行动的解释范式下，贫困者跨越贫困陷阱受到结构和行动的双重限制。但不能否认的是，结构范式和行动范式的贫困解释与贫困治理在当下中国贫困治理进程中扮演着不同的角色。随着贫困转型和深度贫困的出现，结构性贫困的问题越发突出。

二　中国扶贫实践与贫困治理历程

我们可将始于20世纪80年代并持续至今的扶贫工作划分为三个阶段，即体制改革扶贫阶段、开发式扶贫阶段和开发式扶贫与保护式扶贫并举的阶段。在体制改革扶贫阶段，扶贫工作主要是破除体制与制度障碍，改革为农村贫困人口的财富获取提供了空间和机遇。在此类改革开展之前，农民是被束缚在土地上并被钳制在农村范围内的，而改革后，农民不仅在初始平等方面公平地获得了承包土地，还可以流动出农村获得非农收入并使农业以外的家庭副业得到发展。在开发式扶贫阶段，扶贫工作的重点仍然是破除结构性障碍，具体来说分为两个方面：一方面是继续扩大农民的财富获取空间，持续鼓励农民流动并创造大量城市就业机会，第一代农民工就从此大规模产生；另一方面是以行政和财政方式对贫困地区发展的结构性障碍进行破解，比如设立专项财政资金和国定贫困县等，随着财政转移支付、贫困地区基础设施建设和农民生产生活设施的改善，贫困地区与贫困户脱贫的结构性困境被进一步化解。在开发式扶贫与保护式扶贫并举的阶段，除了推动市场经济持续增长而带动脱贫外，还不断加大了政府主导专项扶贫开发工作的力度，不断加大扶贫资金投入，促使多个行业部门参与的资金转移支付显著提升，社会扶贫力量对扶贫的参与不断深化，东西协作扶贫被提升到新高度。值得注意的是，在开发式扶贫与保护式扶贫并举的阶段，中国于2012年划定了14个集中连片特困地区，而这些片区成为新时期扶贫攻坚的主战场。该阶段的扶贫工作，不仅注重对宏观层面结构性、制度性障碍的破除，还注重中观层面和微观层面的新制度设计和结构调整。

对于中国扶贫而言，在不同阶段，其所要面对的结构性束缚是不同的。

在体制改革扶贫阶段，贫困的结构性成因具有相对的普遍性和一致性，因此该阶段的贫困治理主要是进行全国范围内的经济体制改革。正如因此，我们看到：20世纪70年代末的经济体制改革发端于农村，以家庭承包经营制为核心的经济体制改革，使农村经济获得了快速发展。同时，随着农产品价格放宽，扶持乡镇企业发展和农业产业结构转型等改革举措的发力，1978年到1985年，中国贫困人口大量减少且贫困发生率下降迅速（汪三贵，2008）。随后，经济体制改革的减贫效应就边际递减了。

在开发式扶贫阶段，中国扶贫面临宏观和微观两个方面的结构性困境。首先，贫困在此阶段发生了变化，不平等和农村社会阶层分化的情况开始显现。农民收入结构发生显著改变，农业收入占比显著降低，而非农收入比重明显增加；受教育水平和人力资本层级对农民收入分殊影响明显。这是该阶段扶贫面临的微观结构性因素。其次，受不同区域自然禀赋差异和国家区域发展战略不同的影响，一些区域在经济发展中成为洼地，这些地区基础设施发展滞后，社会发育程度低且市场机会少，这构成了本阶段扶贫的宏观结构性因素。面对微观与宏观结构性因素的制约，本阶段主要是开展了以贫困县为重点的开发式贫困治理。到2000年末，农村贫困发生率大大降低，中国提前完成“千年目标”的减贫任务。

在开发式扶贫与保护式扶贫并举阶段，中国扶贫所面临的结构性困境更加复杂：从贫困人口的空间分布上看，贫困人口的地域分布更加分散，以贫困县为瞄准单位的贫困治理以及单一内容或手段的扶贫工作成效渐微，扶贫瞄准单位再次更迭；基于市场治理机制的开发式扶贫政策对贫困个体的能力提出了更多要求，真正的贫困者往往容易被排斥在扶贫利益之外，扶贫当中的“精英俘获”问题日益突出（邢成举、李小云，2013）。以发展为核心要务的地方政府，受个人利益和部门利益的驱使导致了扶贫资源分配的不公与权力寻租，普惠性财政扶贫资源的使用出现了目标偏离。在公共品供给和公共服务提供方面，城乡也存在显著的差异，农民权利的保护与保障还有诸多空白。因面临以上多重结构性困境，该阶段的贫困治理一方面实施了以贫困村为重点的开发式贫困治理，即注重贫困村产业发展和贫困个体的能力建设和技能培训；另一方面实施了保护和保障农民权利的多项制度创新，即以新型农村合作医疗、新型农村养老保险、农村低保、取消农业税费、“两免一补”等为代表的保护式扶贫。

在进入精准扶贫阶段之后，中国扶贫开启了全新篇章。当然，精准扶贫的提出确有其客观背景：以区域为单位的扶贫瞄准已无法满足脱贫攻坚的需要；以往“撒胡椒面儿”式的扶贫资源配置成效边际递减；无差异的扶贫方案和举措难以有效回应差异化的致贫原因；贫困人口识别方面仍存在较多疏漏；扶贫管理与考核的成果应用不够；扶贫资源供给没有形成制度化保障；社会力量参与扶贫工作的制度还不完善；等等。基于以上多方面的原因，2013 年习近平总书记在考察湖南湘西扶贫工作时提出了“精准扶贫”战略，其中心任务在于同时实现贫困村与贫困户的精准识别、帮扶、管理和考核，引导扶贫资源更有针对性地对接贫困村和贫困户。该阶段的扶贫工作，仍然坚持政府主导，但同时引入了市场和社会的贫困治理主体。在扶贫资源供给方面，除了常规的专项扶贫和行业扶贫，还有社会扶贫和驻村工作队、驻村干部筹集的扶贫资源。此外，此阶段还确立了发展生产脱贫一批、易地搬迁脱贫一批、生态补偿脱贫一批、发展教育脱贫一批和社会保障兜底一批的“五个一批”脱贫工程，实现了“第一书记”驻村扶贫常态化，依靠压力型体制和扶贫工作考核完成了扶贫工作的组织动员与政治动员。由此，精准扶贫也实现了新型地方政府的重塑和扶贫工作机制的创新。

三　跨越贫困陷阱：结构与行动的双重束缚

在贫困者和贫困地区跨越贫困的困境背后，其实一直存在结构与行动的双重制约。在脱贫攻坚工作中实现对致贫困境的超越并非易事，但也在客观上存在可能。对结构困境的超越，西方社会学理论家也做过不少的努力，其中布迪厄就倡导了一种“实践社会学”的路径，即通过实践来改变以往过程中结构与行动的不平衡关系，将场域当中的“实践感”作为调整两者关系的重要突破点。与此相应，也有研究者倡导“行动的结构化”，强调结构的社会行动建构特征，强调行动主体以社会行动去再生产新的结构、规则和资源。对于中国的扶贫实践而言，其走出了一条以行动改变结构以及以新生结构支持脱贫行动、衍生主体行动的道路。

（一）跨越贫困陷阱的结构性束缚

从宏观层面看，城乡二元的社会结构、农村土地制度、城乡社会保障制度差异、农业在国家产业体系中的基础性和弱势性地位等构成了农村贫困的结构性维度。城乡二元结构在较长时间内抑制了农村的人口流动，农民所分享的经济发展成果相对较少；即使当前能够自由流动，农民工各种权益的保证也仍有很大的改善空间，而这种流动的背后是农村“留守”问题的愈发严重。农地只能从事农业生产，而农产品价格与工业品价格悬殊；农村集体建设用地无法流动或进入市场，这也导致农村土地资源难以激活，农民只能以低价的农产品换取高价的工业制成品。与此相关，从空间贫困的角度看，国家发展战略和政策在不同区域的差异化安排与实施等，也构成了跨越贫困的结构性困境。《2016 中国农村贫困监测报告》显示，2015 年西部农村贫困人口占中国农村贫困人口的比重为 52.3%。2015 年，农村贫困人口最多的十个省（区）是贵州、云南、河南、广西、湖南、四川、甘肃、安徽、陕西、河北（国家统计局住户调查办公室，2016）。这说明，从宏观层面看，贫困分布具有显著的区域性结构特征，大量的贫困人口集中在西部地区。在较长时间里，政府对农村公共品和公共服务投入与供给的不足，也造成了农村发展环境面临更多的硬件障碍，这也给农民的生产和生活增加了成本；公共品供给与公共服务提供方面的区域差异，也导致贫困人口的地域分布存在显著差异。在金融、教育和医疗等方面的弱势，也是农村贫困问题突出的客观现实原因。

从中观层面看，分税制改革以来，在精准扶贫政策实施之前，地方政府具有显著的“发展型”特征，其行动以地方财政收益最大化为目标（郁建兴、高翔，2012）。在这一主导的行动逻辑下，不仅出现了资源分配不公、环境污染和权力寻租，以及地方政府的不规则经济行为等，还加大了一定区域内的贫富分化。在以经济发展为中心的长时段内，贫困群体或者说贫困村在一定程度上都是被地方政府忽视的。尽管在此时段内，开发式扶贫工作正在持续，但其通行的做法是贫困群体或贫困村以牺牲自身健康、地区良好生态环境为代价而获得阶段性工资收入。劳动者权益保护基本缺失，贫困村资源开发丢失了可持续关怀与科学发展观的指导。发展型地方政府意味着地方政府所辖区域内的大量资源被用于经济发展和经济建设，民生工作获得的关注不足。时至今日，仍有一些地方政府为了区域内的中心工程而截留甚至挪用扶贫项目资金，这正是发展型地方政府行动逻辑的历史遗留。在消费主义盛行的今天，贫困群体是被社会所排斥的。在发展主义逻辑主导的地方经济发展中，贫困群体同样未能引起足够的重视，而这些都在扶贫工作中经历着根本性的改变。

从微观层面看，在村庄社会中，贫困者在经济、教育、社会、政治和文化等多个结构中均处于弱势地位。正是这种多元结构中的贫困状态，导致贫困者遭受多方面的排斥。贫困者因经济基础薄弱，而难以把握家庭经济发展的良好机会。2015 年，贫困地区农村高收入组农民人均可支配收入是低收入组农民人均可支配收入的 6.8 倍。同年，贫困地区农户居住土坯房的比重为 5.7%，高出全国平均水平近 1 倍。统计数据显示，2015 年贫困地区农村有幼儿园或学前班的村庄占比为 56.7%。因受教育资源薄弱、教育水平不足和子女教育不力，贫困者将通过家庭将贫困传递给后代；因政治上的边缘处境，贫困者对于村级公共事务缺乏发言权和决策权，因而在扶贫资源配置中容易被忽视且对发展资源相关信息的获取相对不足；而在文化方面，贫困者思想观念保守、对风险过于敏感等，都导致其无法在制度变革和结构转型的机遇期进行长远的打算或创新发展；社会资本的不足使贫困者在村庄社会中难以获得充足和持续的社会支持，在面临风险时也难以依赖社会纽带的帮扶而渡过难关。贫困者整日的忙碌与奔波，只能维持基本生计并保证家庭再生产的基本实现，他们根本无暇顾及生活改善以及在教育、技能和资产等方面的投资。总体上看，贫困者与强者在资本和利润等场域中已经不再具备平等的机会。这种初始机会上的不平等则是由两者在资源、关系、技能、知识和信息等多方面的结构性差异导致的。以上这些都是跨越贫困的微观结构性困境与束缚。

（二）跨越贫困陷阱的行动束缚

这里关于行动束缚的讨论，我们主要是从贫困群体和个体角度展开的。

贫困个体意向缺乏、信念消极且行为具有非理性特征（杭承政、胡鞍钢，2017），贫困者思想意识保守落后。在粮食生产行为的决策行为方面，贫困农户会更加谨慎（吕开宇等，2013）。贫困户这种决策行为源于其生产性资料的不足。在农产品消费方面，因产品成品率较低和组织化程度不足，贫困户农副业产品的价值实现遭遇多种障碍（刘晓昀、李娜，2007）。从贫困户的金融借贷行为看，大部分贫困户有中短期小额信贷的需求，但实际信贷行为却较少发生。这一方面是因为金融借贷行为的发生需要跨越一定的政策门槛，农村金融供需失衡，另一方面是因为贫困户对借贷所产生的潜在风险更加敏感。尽管半工半农已经成为当前中国农民生计的典型特征（夏柱智、贺雪峰，2017），但在具有不同家庭结构的农户当中，其兼业水平是不同的。老龄和女性人口少且平均文化水平较高的农户，其兼业水平更高（周婧等，2010），由此也就能够获得更高的家庭收入。而贫困户往往是老年和女性人口多且文化水平较低的农户。总体上看，贫困群体的经济行为遵循生存理性，在农业生产中重视产量而忽略质量与市场价格，而此种行为逻辑与贫困密切相关。

心理学的一些研究表明，贫困家庭儿童的歧视知觉明显高于非贫困家庭儿童且贫困家庭儿童的亲社会行为少于非贫困家庭儿童，其问题行为显著多于非贫困儿童（李海燕等，2011）。从婴幼儿喂养和青少年饮食行为看，农村贫困地区母乳喂养和辅食添加不科学的情况是相对普遍的（罗仁福等，2017），寄宿制学生的膳食结构和饮食习惯并不合理，学生营养状态有待改善（席飞等，2017）。从贫困群体就医行为看，其正规门诊就医行为有所增加，但是非正规就医和就医不及时问题仍然突出（马玉琴等，2016），就诊行为受家庭结构和家庭经济影响显著。从贫困地区农村青年看，其婚育行为带有明显的农村传统特征，婚龄和育龄都相对更早，且婚姻过程中带有显著的人情与面子消费，由此带来的消费型贫困问题突出。数据显示，2013—2015 年贫困地区农村居民人均消费支出年均增长 10.1%，比全国农村平均水平高出 0.9 个百分点。2015 年，贫困地区农村居民人均消费支出中，食品支出 2411 元，占比为 36.2%；接下来是居住支出，占比为 20.7%；通信交通支出，占比为 10.4%；教育文化娱乐支出，占比为 10.2%。从食品支出占比数据可知，贫困地区农村居民的消费仍以生活消费为主，发展型消费占比不足。在贫困地区农村居民收入基数较低而消费支出快速增长的背景下，农户贫困的核心原因在于积累不足（国家统计局住户调查办公室，2016）。

2015 年，贫困地区农村劳动力当中受教育程度为小学及以下的占 43%，比全国平均水平高出近 10 个百分点。受教育水平直接影响农村劳动力的人力资本及其收入，还影响其对家庭内子女的教育投资行为。从教育投资行为看，每年都有相当数量的贫困家庭放弃高等教育投资（郭君平，2012），母亲受教育年限和子女性别对贫困家庭中等教育投资影响显著（张艳等，2011），贫困家庭子女完成中等教育的比例低于非贫困家庭。统计数据显示，2015 年，户主受教育程度为文盲的群众中贫困发生率为 11.9%，户主受教育程度为小学的群体中贫困发生率为 8.2%。这意味着贫困发生率与农村家庭户主的受教育程度成反比，受教育程度越低，则越容易陷入贫困状态。在涉及生计的科技信息获取方面，贫困农户仍然偏好电视，其信息获取渠道较为单一，这也在一定程度上导致了其贫困状态。关于这一点，相关统计数据可以作为我们的参考。2015 年，农村贫困地区每百户农户拥有的移动电话数为 208.9 部，计算机数量为 13.2 台（国家统计局住户调查办公室，2016）。由于贫困农户对新技术的接受能力弱于其他农户，加之一些新型农业技术隐含较高的应用成本，贫困户从农业科技进步与技术推广中获得的收益非常有限。

四　超越结构与行动：中国特色的扶贫之路

纵观改革开放以来几个阶段的扶贫工作，其重点在于破除贫困的结构与行动双重束缚。总体上看，各阶段共同的工作可以总结为以下两个方面。一方面是尽力消除致贫的外在结构束缚和文化、社会排斥，比如持续加大对贫困地区基础设施和公共服务的投资，取消农业税，推动农村产权制度改革，推动土地制度改革与完善，为贫困地区经济发展提供更多优惠政策，推行新型农村合作医疗和新型农村养老保险等，从而为贫困者脱贫和贫困地区发展营造更加良好的社会环境，提供更丰富的行动资源。另一方面则是鼓励贫困个体情境性地选择行动策略，鼓励贫困地区因地制宜地做出地方性方案，以再生或建构出符合贫困者利益诉求和贫困地区发展诉求的社会结构和社会关系。倡导参与式扶贫，鼓励扶贫决策中贫困者的参与和发声，重视贫困者主观能动性的发挥，对贫困者主体性的建构以及思想观念的改变（如扶贫扶志）皆是其中的重要表现。如果只重视改变致贫的结构性因素，而不重视贫困者主观能动性和主体性的发挥，那么良好的外部结构与制度只能变成客观事实而难以发挥应有的作用。在个体的意义上，贫困者要想跨越贫困陷阱，就需要改变淡薄的时间观念和无序散漫的生活方式，要有更加开放的思想观念、更加理性的社会行动。接下来，我们将按照农村扶贫的不同阶段展开具体论述。

但是，在不同的阶段，扶贫工作对于结构性困境和行动性困境的重视程度是不同的，因而扶贫工作的重心也会有所差异。只有结合具体阶段进行分析，我们才能够更好地体会到中国特色扶贫之路的内涵。

（一）体制改革扶贫阶段

在体制改革扶贫阶段，中国并没有严格意义上的组织化扶贫，但是通过体制改革，通过助推经济快速发展，促使贫困人口快速减少。这一时期，扶贫工作重点是破除旧有的宏观体制结构，为农村经济发展提供改革红利和政策红利。具体而言，该阶段的扶贫主要内容如下：实行家庭联产承包责任制；建立农产品流通体系；发展非农产业、社队企业和多种形式的合作经济；允许农民进城务工获得非农收入。这些举措不仅调动了农民农业生产和经营的积极性，还让农民获得了农产品商品化的收入，使农村剩余劳动力获得解放且在市场上获得了非农收入。贫困地区经济发展政策的放宽，让农村经济更加充满活力。多层次旧制度的变革和新制度的确立为广大农村地区经济发展破除了政策与制度的结构束缚，促使农民收入快速增加，贫困人口大量减少。

（二）开发式扶贫阶段

在此阶段，专门的扶贫机构即国务院贫困地区经济开发领导小组及其办公室正式成立。此后，该机构也在省、市、县三级落地生根。扶贫改革不仅以新生制度来破除旧有制度的结构束缚，还以新生组织与机构来领导并规范扶贫工作。如果说在体制改革扶贫阶段，对贫困结构性束缚的超越主要集中在宏观层面的话，那么本阶段则实现了宏观与区域的结合。“三西”地区成为国家扶贫工作破解区域性结构难题的最先尝试。而后，国务院确定了18个集中连片特困地区，制订并实施了集中连片特困地区的扶贫开发计划。1986年，中国确立了331个国家重点扶持贫困县，继续加大“支援经济不发达地区发展资金”投入，同时启动“以工代赈”扶贫工程。1994 年，中国制定实施《国家八七扶贫攻坚计划（1994—2000 年）》，并确定了新一轮的 592 个国家扶贫开发工作重点县，同时对扶贫资金的地区投放结构进行了调整。这一时期的扶贫工作，虽然也有对贫困地区产业发展的支持，但是资金投放的重点仍在基础设施和公共服务领域，比如水、电、路的改造升级与建设，教育、文化和卫生等领域的设施建设与服务供给。这可通过扶贫资金的具体使用情况得以洞见，其中又以以工代赈和财政发展资金最为突出，大量的财政扶贫资金用于土地改造、农田水利工程和农业技术推广等方面。同时，针对贫困户也制定了更加具体的帮扶举措，比如劳务输出和开发式移民等。总结起来，此阶段的扶贫工作除了继续从宏观制度环境上为贫困者跳出贫困陷阱而破除结构性束缚外，还在中观和微观的结构性障碍破解方面花费了大量的人力、财力。而针对贫困者个体行动方面的制约因素，缺乏直接干预举措，劳务输出很少涉及技能培训和能力建设，开发式移民也主要是优化了贫困家庭的微观生存与生活环境。

（三）开发式扶贫与保护式扶贫并举阶段

此时期普遍性贫困已大量减少，中国农村贫困发生率较低，但贫富差距、城乡差距和区域发展差距等问题较为突出，贫困的多元性和社会阶层性问题引起关注。2001 年，国务院颁发《中国农村扶贫开发纲要（2001—2010 年）》。城乡和区域统筹，城市、工业对农村和农业进行反哺，成为此阶段扶贫工作的重要背景。本阶段，新生制度和政策继续从宏观层面为贫困地区和贫困群体脱贫发展提供结构支持，比如强化粮食综合生产能力一揽子政策、税费改革和新农村建设等；同时一些社会保护性政策的实施直接对准了贫困群体，比如建立新型农村合作医疗、新型农村养老保险和农村最低生活保障制度等。各种反哺政策在此阶段密集落地，如种粮补贴、良种补贴、农机补贴和“两免一补”等。这些保护性政策的制定与实施表明中国农村扶贫政策实现了向社会保护的转变（徐月宾等，2007），超越了以往单纯的开发式扶贫政策。以上诸多扶贫举措，不仅在宏观上助力消除贫困的结构性制约因素，还从权益权利保障层面为贫困者脱贫提供了结构性支持，优化了贫困者的职业环境与社会保障环境，更为阻断贫困的代际传递创设了教育、医疗等帮扶措施。此外，为了打破村庄层面的结构困境，2001—2010 年的扶贫工作开启了十年的“整村推进”的开发式扶贫（范小建，2008）。而这是扶贫着手破除与贫困群体最直接相关的环境结构制约所做的努力。值得注意的是，这一时期还实施了打破贫困者脱贫行动束缚的“雨露计划”，通过技能培训和赋能式的扶贫，提升贫困个体的就业能力与创业能力，进而改变其原有的思想观念、行为方式和社会资本。扶贫不仅是增加贫困者的收入，还是对其权利的保护和实现公平的社会发展。在此阶段，扶贫工作中贫困户“等、靠、要”的依赖思想开始凸显，扶贫扶志的倡导由此产生。由以上内容可知，在开发式扶贫与保护式扶贫并举阶段，中国扶贫工作已经尝试将结构性和行动性致贫因素的消除进行结合，从而启动了贫困治理的双路径战略。

（四）精准扶贫阶段

党的十八大以来，习近平总书记高度重视扶贫工作，推动了以“精准扶贫”为代表的扶贫开发新思想新战略新部署新要求的落地。如果说前一阶段破除结构和行动的双重束缚仅是中国扶贫实践的尝试与探索，那么在精准扶贫阶段，中国扶贫则通过综合性贫困治理以及多元立体的贫困治理体系将破除结构与行动束缚的扶贫实践逐步发展成熟。2011 年，《中国农村扶贫开发纲要（2011—2020 年）》发布；2015 年，《中共中央、国务院关于打赢脱贫攻坚战的决定》出台（黄承伟，2016）。这一时期，破除贫困的结构性束缚重点在“立”而非“破”。精准扶贫重在充分发挥中国特色社会主义的制度优势，构建从省到村五级党政一把手抓扶贫、真扶贫和扶真贫的治理格局。首先，这项工作改善了以往对脱贫不利的组织机制和干部队伍，从而形成强大的扶贫动员力量，切实打赢扶贫攻坚战。其次，从确立的五大工程看，精准扶贫同时向致贫的结构性和行动性原因发力。发展生产脱贫工程，不仅要消除农村产业发展的不利结构因素，还将农业技术推广和农民培训纳入其中，从而在产业扶贫中实现对结构和行动束缚的破除。生态补偿脱贫工程的重点是优化生态功能区贫困居民的生计结构，从而避免国家主体功能区划带来的区域性、结构性贫困。发展教育脱贫工程，不仅要改善贫困地区的教育设施和办学条件，还制订了针对贫困地区大学生的定向招生计划，更是将教育培训、技能培训和文化知识培训等包容进来，从而也实现了扶贫对结构和行动束缚的双重破除。易地搬迁脱贫工程，不仅是对贫困者人居环境的改善，也是对其生计结构的重塑。除改善致贫的家居环境外，扶贫工作还将为移民贫困户提供配套的支持工作，如就业培训、创业培训、就业帮扶等，以实现移民贫困户生计的可持续。社会兜底脱贫，则是救济与社会保护并行的扶贫手段，其无所谓破除结构和行动的束缚，因为对于其所针对的贫困群体脱贫问题，无法在结构和行动的贫困解释框架中确定可行的减贫对策。此外，习近平总书记强调扶贫也要扶志。扶志是增强贫困人口脱贫主体性和内在动力的基石；其关键是缩小贫困者与一般民众的抱负差距，化解区域性和群体性的“等、靠、要”思想，激发脱贫者的心气。在本阶段，多地的精准扶贫实践积累了大量的经验，通过实施舆论宣传工程和乡风文明工程，扶志有力地推动了扶贫工作。在本阶段，中国反贫困实现了各种理论视角下的实践创新，多主体协同化社会大扶贫格局基本形成。

五　中国特色扶贫开发道路与减贫的中国智慧

在结构与行动的研究范式下，贫困既有社会结构、制度的原因，亦有个体主观行动、行为方式、思想观念和群体文化的原因。在近 40 年的扶贫实践中，中国扶贫一方面坚持消除贫困的结构性因素，另一方面坚持打破致贫的行动困境，走出了具有中国特色的扶贫道路。

中国特色扶贫道路的形成凝聚了中国几代领导集体的共同智慧，是马克思反贫困理论在中国实践与理论中形成的本土化成果。共同富裕是中国特色扶贫道路形成的思想基础，对共同富裕思想的完善则让中国扶贫理论基本形塑，开发式扶贫思想让中国扶贫在理论与实践层面获得了深化，科学发展观为中国扶贫提供了战略指导。社会主义的本质要求回应了人们对贫困问题的质疑，进而将扶贫工作上升至事关中国特色社会主义制度的高度。在 21 世纪以来的扶贫工作中，中国坚持以人为本，在和谐社会和全面小康社会建设中推进脱贫攻坚。习近平总书记将扶贫开发视为坚持社会主义道路和全面小康社会建设的关键内容，阐述了新时期扶贫开发的极端重要性和战略定位，系统阐述并推动了精准扶贫战略的实施（王辉，2016）。扶贫是关乎党和国家政治方向、根本制度和发展道路的大事。正是党和国家几代领导人对扶贫工作的认识不断深化并推动相关实践的纵深，在结合中国贫困与扶贫实际基础上不断进行探索并创新，才逐步形成了新时代具有中国特色的扶贫开发道路。

在长期的扶贫实践中，中国特色扶贫开发道路不仅注重对结构和制度等具有规定性、强制性的因素进行改造，还注重对行动性限制因素的消除。在习近平总书记的扶贫观中，行动被赋予十分重要的位置。行动力不仅是执政者进行治理的首位能力，还是马克思主义的重要认识论命题。重视行动也是对人民本根性的重视，其背后是结构与行动两者关系的认识论命题。对于悲观者而言，他们强调结构性贫困的顽固性与长期性；对于中国共产党来说，结构主义则会成为懒政的托词，他们更愿意付诸行动去打破旧有的致贫的结构与制度，进而重建结构与制度，以推动脱贫工作。中国特色扶贫开发道路是中国共产党自觉运用并创新马克思主义世界观和方法论以解决实际问题的本土化成果。在当下阶段，中国扶贫形成了立体式的制度与行动建构，包含脱贫攻坚责任体系、政策体系、投入体系、动员体系、监督体系和考核评估体系，且每个体系都进行了大量的制度创新与行动安排。无论是对结构的强调，还是对行动的重视，在中国扶贫中，扶贫行动都是最基础的，扶贫行动既可能指向结构与制度因素，也可能指向行动主体和贫困者的能力、主体性等。由于结构与制度具有不同的层次性，因此在制度建设与结构重塑方面，不仅有全国层面的工作，还有地方各级政府因地制宜的工作；同时，由于致贫因素存在差异，“一刀切”和笼统化的扶贫举措难以取得全国层面的相对一致的效果，因此精准扶贫呼应而出，其在客观上体现了分类治理的扶贫思维。当然，集全国之力所凝聚整合的扶贫行动之所以可能，是因为中国特色社会主义的政治优势和制度优势，这也构成了世界减贫的新探索（黄承伟，2015）。

该如何看待中国扶贫的世界贡献呢？在研究者看来，国际减贫的中国智慧与中国贡献主要集中在如下几个方面：政府承诺及其兑现是减贫的根本；体制创新是减贫的前提；以人为本是减贫的核心理念；素质提升与能力建设是减贫的关键要素；市场机制是减贫的重要杠杆；农户参与是减贫的内在动力；农民身份转变是减贫的重要途径（龚娜、龚晓宽，2010）。如果把减贫视为公共服务的话，那么政府必然要成为减贫工作的主导力量，而这也是中国扶贫为世界减贫贡献的重要智慧之一（凌文豪、刘欣，2016）。中国历届政府对扶贫工作高度重视，不仅为扶贫提供了政治保证，也提供了资金、组织与政策保障。贫困是嵌入社会与经济中的，因此扶贫工作应注重与经济社会发展战略相结合。中国贫困治理的巨大成绩是在发展中实现的。要从系统性和综合性的视角做好扶贫工作的规划与设计，建构全方位、立体式的扶贫治理体系。随着社会的转型，贫困在不同时期会有很大的变化，因此有效的扶贫工作一定是能够回应贫困变化的，这就要求我们对扶贫制度与体制进行不断的变革、创新与完善。从体制改革扶贫，到开发式扶贫，再到保护式扶贫和精准扶贫，中国扶贫体制从未停止与时俱进的脚步。这一点也是中国为世界减贫贡献的重要智慧之一。贫困者是扶贫的主体和对象（韩广富、李万荣，2017），没有贫困者的参与，没有贫困者主体性功能的发挥，减贫工作不可能取得持续成效。输血扶贫无法根治贫困，造血扶贫才是更加持续的扶贫良方。贫困在很大程度上体现为收入问题，因此增加农民收入，政府不能越俎代庖，在应该发挥市场机制作用的地方，要充分相信市场。当然，对市场机制的重视并不代表对发展主义的全盘接受。在发展主义理念下，地方政府往往过分专注于经济增长，而对其带来的社会不公平、环境污染和文化破坏等治理不够。与此同时，社会救助、社会保障与社会保护理念下的扶贫工作容易产生福利依赖和负向激励。因此，扶贫要坚持经济发展、资源开发与社会发展相结合，激发贫困群体脱贫的内生动力，或采用以工作换福利的方式（李博、左停，2017）避免福利陷阱。中国特色扶贫开发道路，首先有助于国家减贫工作的推进，其次构成了全球发展知识体系的重要部分（李小云等，2016），在新兴世界治理格局中提供中国方案和智慧，为世界和平与发展贡献力量。

总体而言，中国特色扶贫开发道路，不仅充实和丰富了以扩大机会、推动赋权和增强安全为支柱的国际减贫理论，还发展了依托亲贫性经济增长战略和提升贫困者利用机会能力的减贫理论（李培林等，2017）。其最基本的经验在于，从实际出发，因地制宜地开展扶贫工作，系统全面地确立精准扶贫工作的合理性和合法性，将公平公正观念贯彻于扶贫工作始终（邢成举，2018）。对结构和行动的超越与重塑，也展现了中国扶贫政策优化设计遵循“自上而下”与“自下而上”相结合路径的独特优势与经验（贾俊雪等，2017）。对结构的超越和重塑主要遵循了“自上而下”的政策设计路径，而对基层首创精神与贫困者主体性的重视让结构调整和政策制度变革等具备了“自下而上”的视角；对致贫行动困境的超越和对贫困群体社会行动的重塑则主要遵循了“自下而上”的变革路径，因行动涉及更多特定和微观的个体，对跨越贫困陷阱行动困境的突破也包容了“自上而下”的治理智慧。坚持中国特色社会主义制度的优势，打赢脱贫攻坚战，将为中国共产党新时期执政提供坚实的阶级基础和群众基础，将为中华民族的伟大复兴提供厚实保障（朱梦冰、李实，2017）。中国减贫人口全球最多且提前完成联合国千年发展目标，这足以彰显中国扶贫经验的国际价值与中国智慧，更充分展现了中国共产党和中国特色社会主义制度的优越性。中国特色扶贫开发道路是中国共产党和中国政府有组织、有计划启动的长时段的贫困治理实践，更是充分发挥中国特色社会主义制度和政治优势实现国家关键性发展目标的社会实验。这场社会实验主要选择从结构和行动两个角度开展干预，从而建构起超越结构与行动的贫困治理体系和治理能力，亦为国家治理体系和治理能力现代化提供了扶贫注解。

参考文献

范小建，2008，《扶贫开发形势和政策》，中国财政经济出版社。

龚娜、龚晓宽，2010，《中国扶贫模式的特色及其对世界的贡献》，《理论视野》第5期。

郭君平，2012，《当前农村贫困家庭放弃高等教育投资的行为分析》，《青海社会科学》第6期。

国家统计局住户调查办公室，2016，《2016中国农村贫困监测报告》，中国统计出版社。

韩广富、李万荣，2017，《中国共产党扶贫开发道路的世界意义》，《理论探讨》第6期。

杭承政、胡鞍钢，2017，《"精神贫困"现象的实质是个体失灵——来自行为科学的视角》，《国家行政学院学报》第4期。

黄承伟，2015，《全球减贫大业的中国新贡献》，《瞭望》第42期。

黄承伟，2016，《中国扶贫开发道路研究：评述与展望》，《中国农业大学学报》（社会科学版）第5期。

黄承伟，2017，《论习近平扶贫开发战略思想的时代贡献》，《党政研究》第5期。

贾俊雪、秦聪、刘勇政，2017，《"自上而下"与"自下而上"融合的政策设计——基于农村发展扶贫项目的经验分析》，《中国社会科学》第9期。

李博、左停，2017，《集中连片特困地区"购买服务式"综合性扶贫治理模式研究——以陕南秦巴山区"公益岗位"为例》，《农业经济问题》第2期。

李海燕、申继亮、王晓丽、张莉，2011，《歧视知觉比贫困更值得关注——从两者对贫困与非贫困儿童行为的影响来谈》，《中国特殊教育》第2期。

李培林、魏后凯、吴国宝，2017，《中国扶贫开发报告（2017）》，社会科学文献出版社。

李小云、马洁文、唐丽霞、徐秀丽，2016，《关于中国减贫经验国际化的讨论》，《中国农业大学学报》（社会科学版）第5期。

凌文豪、刘欣，2016，《中国特色扶贫开发的理念、实践及其世界意义》，《社会主义研究》第 4 期。

刘小鹏、苏晓芳、王亚娟、赵莹、黄越，2014，《空间贫困研究及其对我国贫困地理研究的启示》，《干旱区地理》第 1 期。

刘晓昀、李娜，2007，《贫困地区农户散养生猪的销售行为分析》，《中国农村经济》第 9 期。

吕开宇、俞冰心、邢鹂，2013，《新阶段的粮农生产决策行为分析——粮价上涨对非贫困和贫困种植户的影响》，《中国农村经济》第 9 期。

罗仁福、张立生、梁夏、刘承芳、张林秀，2017，《陕南贫困农村地区婴幼儿喂养行为及风险因素分析》，《中国公共卫生》第 9 期。

马玉琴、滕海英、孙宁、汪博、王浩、陈千，2016，《农村医疗支出型贫困人群门诊就医行为及其影响因素调查》，《中国全科医学》第 1 期。

沈红，2000，《中国贫困研究的社会学评述》，《社会学研究》第 2 期。

孙同全、孙贝贝，2013，《社区主导发展理论与实践述评》，《中国农村观察》第 4 期。

汪三贵，2008，《在发展中战胜贫困——对中国 30 年大规模减贫经验的总结与评价》，《管理世界》第 11 期。

王辉，2016，《习近平的共产党人政治自觉观——以治理贫困作为视角》，《人民论坛》第 8 期。

文军，2006，《西方社会学理论：经典传统与当代转向》，上海人民出版社。

文军、黄锐，2011，《超越结构与行动：论农民市民化的困境及其出路——以上海郊区的调查为例》，《吉林大学社会科学学报》第 2 期。

席飞、崔春霞、宋壮志，2017，《内蒙古贫困地区农村寄宿制学校学生饮食行为现状调查》，《中国公共卫生管理》第 2 期。

夏柱智、贺雪峰，2017，《半工半耕与中国渐进城镇化模式》，《中国社会科学》第 12 期。

邢成举，2017，《结构性贫困对贫困代际传递的影响及其破解——基于豫西元村的研究》，《中州学刊》第 2 期。

邢成举，2018，《政策张力、公平观念与扶贫工作的合理性》，《西北农林科技大学学报》（社会科学版）第 2 期。

邢成举、李小云，2013，《精英俘获与财政扶贫项目目标偏离的研究》，《中国行政管理》第 9 期。

徐月宾、刘凤芹、张秀兰，2007，《中国农村反贫困政策的反思——从社会救助向社会保护转变》，《中国社会科学》第 3 期。

郁建兴、高翔，2012，《地方发展型政府的行为逻辑及制度基础》，《中国社会科学》第 5 期。

张艳、姜莹、郭起瑞，2011，《贫困地区农村家庭教育投资选择行为的影响因素分析——基于辽宁省建昌县的调查》，《农业经济》第6期。

周婧、杨庆媛、信桂新、冯应斌、戴佩淇，2010，《贫困山区农户兼业行为及其居民点用地形态——基于重庆市云阳县568户农户调查》，《地理研究》第10期。

周怡，2007，《社会情境理论：贫困现象的另一种解释》，《社会科学》第10期。

朱梦冰、李实，2017，《精准扶贫重在精准识别贫困人口——农村低保政策的瞄准效果分析》，《中国社会科学》第9期。

Alcock, P. 1993. *Understanding Poverty* (London: The Macmillan Press LTD).

Baker, J. and M. Grosh. 1994. "Measuring the Effects of Geographic Targeting on Poverty Reduction." World Bank LSMS Working Paper.

Banfield, Edward C. 1967. *The Moral Basis of a Backward Society* (New York: Free Press).

Durkheim, E. 1951. *Suicide* (New York: Free Press).

Gans, H. J. 1968. *The Urban Villagers: Group and Class in the Life of Italian - Americans* (New York: Free Press).

Handa, S. and D. King. 1997. "Structural Adjustment Policies, Income Distribution and Poverty: A Review of the Jamaican Experience." *World Development* 25: 915 - 930.

Harris, C. D. 1954. "The Market as a Factor in the Localization of Industry in the United States." *Annuals of the Association of American Geographers* 44: 315 - 348.

Jalan, J. and M. Ravallion. 1997. "Spatial Poverty Traps?" Policy Research Working Paper Series from the World Bank.

Lewis, O. 1966. "The Culture of Poverty." DOI: 10. 1038/scientificamerican1066 - 19.

Ravallion, M. and Q. Wodon. 1999. "Poor Areas, or Only Poor People?" *Journal of Regional Science* 39: 689 - 711.

Rupasingha, A. and S. J. Goetz. 2007. "Social and Political Forces as Determinants of Poverty: A Spatial Analysis." *The Journal of Socio - Economics* 36: 650 - 671.

Swartz, David. 1997. *Culture and Power: The Sociology of Pierre Bourdieu* (Chicago: The University of Chicago Press).

Wilson, W. J. 1987. *The Truly Disadvantaged: The Inner City, The Underclass, and Public Policy* (Chicago: The University of Chicago Press).

6

从经济政策范式到社会政策范式：中国农村反贫困历程变迁与动力*

霍　萱　高　琴　杨　穗**

一　问题提出

（一）反贫困与社会政策兴起：来自发展中国家一场“静悄悄”的革命

尽管存在不同的表现形态，但贫困问题在任何国家都存在并始终是发展领域关注的核心议题。发达国家通过福利国家构建，经由以个体社会权利为基础的社会政策组合，在反贫困领域取得重要成就。与发达国家不同，20世纪中期以来，面对大面积存在的绝对贫困人口与较低的经济发展水平，发展中国家遵循发展优先导向，主要采用宏观层面的经济增长和中观层面的区域建设和发展工业等手段，试图通过经济发展带来的“涓滴效应”（trickle-down effect）惠及贫困人口，助其增收。从这个意义上说，包括贫困人口在内，人们的福利需求在这些国家同样被承认，只不过这种承认和由此产生的制度性回应具有“社会整体”层面的含义，个人福利被内含于通过数字呈现的整体福利改善之中而没有受到特别关注，这些数字呈现主要体现在国内生产总值的增长等方面①。

* 原文刊发于《中国农业大学学报》（社会科学版）2019年第6期。

** 霍萱，南京大学政府管理学院博士研究生。高琴，美国哥伦比亚大学社会工作学院教授，哥伦比亚大学中国社会政策中心主任。杨穗，中国社会科学院农村发展研究所副研究员。

① 此时针对个体的保护在这些国家并不是完全不存在，但其存在主要是基于以下两种形式。一是仅针对城市正规部门雇员的、以供款形式为主的各项社会保险；二是针对少量遭遇极端和特殊困难家庭和个人的应急救济。对于前者而言，由于发展中国家的贫困人口主要集中于非正规部门和农村地区，这种供款型保险对他们几乎不能发挥任何作用，这些国家的政府认为伴随着经济的发展，正规就业将最终覆盖所有人，相应的所有人都会被纳入这种以就业为基础的正式保障体系中，但现实情况恰恰相反。对于后者而言，由于其临时性和应急性，而与传统意义上的制度化社会政策相去甚远。

这种以经济政策为主导的、具有整体意义的发展策略在帮助发展中国家减少贫困的同时，也带来了不平等、“向上滴漏”和难以惠及极端贫困人口等问题。

通过经济政策战略实现减贫目标的观念，自20世纪90年代开始发生转变。特别是进入21世纪以来，许多发展中国家开始关注低收入和被排斥对象的贫困与不安全问题，个体和特定社会群体的贫困问题开始显性化并得到国家的制度性回应，其典型表现有以各种形式现金转移支付为主的社会救助、老年年金、普惠式医疗和由政府资助的社会保险项目向非生产性人口扩展等。菲斯拜因（Fiszbein）等人通过分析发现，这些社会政策通过多种路径达到了明显的减贫效果，发展中国家有大约1.5亿人口因此免于陷入极端贫困（Fiszbein et al.，2014）。关注贫困和发展领域的学者给这一转变以重要地位。卡恩斯和马雷什（Carnes and Mares，2015）认为这是一种打破路径（path-breaking）式的改革，是发展中国家社会领域“国家的回归”。汉隆等（Hanlon et al.，2010）将这种反贫困政策变化称为一场“静悄悄”的革命。鲁思来等（Leisering et al.，2014）则借用了“范式”的概念，赋予这种以社会保护为核心的社会政策在发展中国家的兴起以范式转换的意义。

政策转换的发生不是一蹴而就的，迄今关于发展中国家社会政策兴起动力机制的分析可归纳为两个方面。一是继承西方发达国家关于福利制度产生和调整因素的分析。强调工业化和民主化等传统因素的作用，也从风险和脆弱性角度，认为全球化、气候变化等新因素对发达国家和发展中国家都产生威胁，而穷人应对风险的能力更弱，经济政策在“风险社会”中的失灵必须通过具有创新性的社会政策来加以回应。二是强调发展中国家社会政策发展的独特路径。一方面，对穷人主体性和社会政策促进经济发展作用的发觉成为社会政策具有合法性的重要基础。发展中国家社会政策体系发展的境况和机制与发达国家不同。就关注的焦点问题而言，发达国家社会政策关注的焦点问题在于国家干预的合法性和制度化，而发展中国家有关社会福利政策的核心议题是经济发展与福利增进的相互关系（Lin and Chan，2015；林卡，2017）。另一方面，相关理念的出现和全球扩散也为发展中国家社会政策出现提供了认知性基础。社会问题的出现被具有影响力的政策制定者发觉并形成特定的社会政策理念，而理念的形成过程在特定的历史环境下超越了民族国家的界限，尤其是20世纪90年代以来国际发展观念发生转变，跨国组织作为理念传播者、政策倡导者和标准制定者对发展中国家产生了重要影响，这一点已成为近年来兴起的全球社会政策理论的主要内容（Deacon，1997）。从发展中国家的独特经验出发似乎可以使解释更具合理性，而政策转换的出现常常是多种因素交互作用的结果。

（二）中国反贫困历程与农村社会政策发展

中国作为世界上最大的发展中国家，曾拥有世界上最大规模的贫困人口，且贫困问题主要体现为农村人口的绝对贫困。改革开放以来，中国农村绝对贫困发生率迅速降低，依2010年不变价衡量的人均2300元/年的国家贫困线标准，农村贫困发生率从1978年的97.5%下降到2018年的1.7%（人民网，2019）。形成共识的是，40年来贫困人口的大范围减少得益于具有明显阶段性特征的各类反贫困政策。与此同时，与国际趋势一致，进入21世纪以来，中国关于社会政策的价值理念、话语体系和政策实践发生重大调整，并开始逐步偏离过去20年的市场发展主义导向。关于中国社会政策发展阶段、中国进入“社会政策”时代等的讨论也越来越多（吴忠民，2004；王思斌，2004；景天魁，2010；王思斌，2016），其中一个显著标志便是将传统只覆盖城市从业人口的主要社会保障措施向农村地区扩展，并与以往的反贫困政策相结合，使农村反贫困呈现从以经济政策为主导向具有社会政策导向转变的发展趋势。

基于此，本文关注的研究问题是，中国农村的反贫困历程是如何逐步实现从经济政策范式向社会政策范式转化的？主要的转化发生在何时？转化的动力和机理是什么？根据国内外学者对政策范式的研究和对政策转化的定义，本文将经济政策范式定义为以经济发展而非个人福利为主要着眼点，尽管该范式依然具有包括消灭贫困在内的强烈的“福利意涵”。该范式的核心观点是宏观层面的经济增长和中观层面的区域建设等从长期来看可以惠及所有人，而具有再分配属性的社会政策只有当经济发展成熟后才可能出现。与此对应的社会政策范式则将社会问题和政策目标的界定差异化和个人化，将提升个体和社会群体福利作为核心目标并兼顾其他目标，通过发展和推动相关制度建设来提供个体化、群体化的社会保护和社会安全等措施。为将中国农村反贫困中的社会政策转换置于发展中国家趋势分析的背景下，并开启与国际对话的空间，本文主要从社会政策作为生产性要素的发觉、政策理念的转化和国际因素影响的角度进行分析。在理论框架上，本文借鉴了制度主义中的政策范式概念并进一步修正，试图构建一个可以同时解释政策变迁形态和变迁动力的整合性理论框架，在研究方法上则综合运用了制度分析法和历史分析法。

二 理论框架：范式转换与政策变迁

近年来，关于发展中国家反贫困社会政策兴起的趋势性分析形成了丰富的研究成果，然而已有研究存在两点不足。第一，采用全景式研究方法致使在分析范围上具有高度概括性，不免忽视了发展中国家社会政策发展中所具有的差异性特征。现实中具有反贫困功能的社会政策外延下可以有多种政策工具选择及其组合。第二，正是出于以上原因，以往研究多关注从 20 世纪 90 年代到 21 世纪的社会政策兴起或针对某一特定政策进行分析，没有进一步关注社会政策本身的内涵在近 20 年的发展中如何变化。因而在对特定国家进行分析时，需要一个更加细致的理论框架以满足两个要求：一是能够通过该框架考察政策转向是如何发生的，这一框架应具有层次性，较高层次包括社会政策的整体性转向，而较低层次可以考察社会政策内涵与外延在实际情况中的调整，以对其发展方向进行预测；二是该框架能够有助于解释政策转换发生的动力机制。

基于此，本文借鉴冯·格利什琴斯基（Von Gliszczynski）和鲁思来提出的分析社会政策变迁的多层次序列模型（multi-layered model）（Gliszczynski and Leisering，2016）。该模型从霍尔关于“范式转换”（paradigm shift）的原概念（Hall，1993）出发，并借鉴维兰德提出的模型概念（Weyland，2004）和理念概念进行了修正和延伸。

在库恩（Kuhn）“科学范式”的基础上，霍尔于 1993 年提出“政策范式”（policy paradigm）概念。他认为政策制定者通常在一个由政策理念与标准构成的框架内工作，这个框架不仅指明政策目标和用以实现这些目标的工具类型，还指明它们需要解决的问题的性质，这个解释框架即政策范式。在具体操作方面，霍尔将问题界定和基本政策类型的变化称为“范式转换”或“第三序列”变化，以此与不太显著、只影响政策工具选择（第二序列变化）或政策工具具体设置（第一序列变化）的变化相区别。同时，第三序列的变化往往引发第一序列和第二序列的同时变化（Hall，1993）。然而，霍尔最初的分析对象是经济政策，在政策范式不发生改变的情况下，新的政策工具以调控性政策（regulatory measure）为主。对于具有高度组织复杂性的社会政策来说，新的政策工具构建往往涉及复杂的制度建设并依赖于关于特定制度的规范性和认知性假设，就如同一种微型范式（micro paradigm）。因而冯·格利什琴斯基和鲁思来对霍尔的政策范式概念进行了第一重概念性修正，将第二序列政策工具的变化看作一种“微型范式”变化，称其为模型（models）（Gliszczynski and Leisering，2016）。

同时，一些学者提出政策范式的出现离不开理念的转变，外部推动因素须通过具有影响力决策者的过滤而建构成政策理念和话语体系后，方能发挥作用（张海柱，2013a），官方关于福利的理念——包括价值观、规范、语义学等——的出现在推动社会政策发展和形塑其发展方向时扮演重要角色（Liu et al.，2019），并为其提供了规范性认知基础和开启了“机会之窗”。由此出发，冯·格利什琴斯基和鲁思来在政策范式基础上进行层次扩展，引出从抽象到具体的两个层次的理念概念：首先是与特定政策范式相关的总体价值观念（general values），其次是比第一层次更加具体的、特定领域的知识话语体系（discourses in a specific issue area），由此对霍尔的政策范式框架进行了第二次扩展形式的修正，从而赋予了新的范式框架以认知和建构的意义（Gliszczynski and Leisering，2016）。进一步，他们将第一层次设定为元认知（meta cognition），通常体现在一个国家的宪法、整体性规划或宣言中，具有相对持久的特点，将第二层次特定领域的话语体系设定为象征性认知（symbolic cognition），将分别对应政策范式和政策模型的第三层次和第四层次设定为嵌入性认知（embedded cognition），标志着理念的实现并与特定的政策结果直接相关。由此框架可以看出，第一层次和第二层次的理念变化可以成为诱发政策范式转换的因素，同时将特定的范式和模型置于理念层次之上可以增加其合法性和支持度（Gliszczynski and Leisering，2016）。

然而，理念的变化不必然引起政策范式和政策模型的变化，如同对其命名一般，这种理念可能只是象征性（symbolic）的，而各层次间的关系具有某种偶然性。理念和政策范式的变化都会受到外部框架（frames）的影响，外部框架通过被认知和建构形成理念，同时会制约和影响理念之下政策范式和政策模型的出现和发展方向。从已有研究出发，在对农村反贫困历程变迁的分析中，本文关注在国际研究中受到较多关注的两个方面：一是从主要作为社会议题的贫困问题出发，强调非社会性议题的影响；二是强调当今背景下超国家因素，包括国际事件和国际理念的影响（见图 1）。

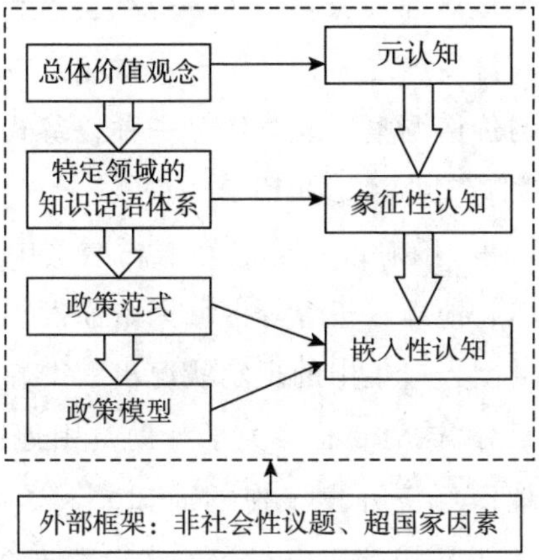

图 1　修正后的社会政策范式框架

资料来源：根据冯·格利什琴斯基和鲁思来的论述整理得到。

三　中国农村反贫困历程变迁与动力

本部分采取制度分析与历史分析相结合的方式，以时间线为依据，通过对政府文件、报告和学术文献的分析，追踪改革开放至今中国农村反贫困政策的演化历程。

（一）改革开放到2001年：经济政策范式主导下的农村反贫困

已有对中国农村反贫困历程的分析通常将 21 世纪以前划分为两个阶段或三个阶段，然而从政策转换的角度看，21 世纪以前各种政策的使用具有明显的经济政策取向，除了少量的救济之外，社会政策在农村几乎处于空白。从这个角度来说，本文将改革开放到 2001 年这一时期归为经济政策范式主导下的农村反贫困阶段。

改革开放使国家工作重心转移到社会主义现代化建设上来，农村问题首先得到关注，主要体现在 1979 年 9 月颁布的《中共中央关于加快农业发展若干问题的决定》上。该决定提出农业是国民经济的基础，国家和社会的首要任务是“集中精力使目前还很落后的农业尽快得到迅速发展”。只有加快发展农业和实现农业现代化，才能使占中国人口 80% 的农民富裕起来。然而，在“共同富裕”的口号下，改革开放以来很长一段时间都强调“效率优先、兼顾公平”的发展观而非公正、平等等社会福利价值观，农村的反贫困话语也被置于整个农村发展之下，以至于农村减贫主要是依托于农村经济体制改革和农产品收购价格调整。改革作为一种益贫式的增长方式，使农民收入普遍增加（汪三贵、曾小溪，2018）。

20 世纪 80 年代中期，随着改革红利在农村减贫中释放完毕，中国从一些农村地区受制于自然、地理、资源等区域因素而发展较差、与全国快速经济发展明显不匹配、贫困人口集中的现实状况出发，确定了以县域为重点的开发式扶贫战略，先后制定颁布了《关于帮助贫困地区尽快改变面貌的通知》《关于加强贫困地区经济开发工作的通知》《国家八七扶贫攻坚计划（1994—2000 年）》《关于尽快解决农村贫困人口温饱问题的决定》，并成立了专门的扶贫机构来领导全国扶贫开发工作。在整体“效率优先”理念未发生改变的背景下，此阶段采取的各项措施，包括土地政策、分配政策、农产品流通政策、劳动力流动政策、农业支持政策和项目投资等具有明显的市场导向，主要是通过各种方式帮助贫困地区人口摆脱从经济发展中受益的障碍，增强其生产能力和适应市场的能力，具有典型的商品化特征，而非社会政策所具有的“非商品化”特征。政策背后的原理是：通过贫困地区人口自我发展能力的提高和区域经济的发展来缓解和消除贫困，贫困地区优先发展起来的群体可以通过消费和就业惠及剩余人口，少数实在没有发展能力和遭遇特殊困难的人口主要通过土地和家庭保障以及少量社会救济即可。

需要指出的是，尽管 2001 年之前没有福利观念引导下的社会政策介入反贫困，但以消灭贫困、实现温饱为目标的经济政策干预还是具有很强的“福利内涵”。然而，经济政策减贫战略没有充分考虑贫困人口的个体利益。研究表明，相关政策更有利于贫困地区的非贫困人口。同时，经济政策在带来贫困减少的同时，也通过产业风险制造等机制在创造“新的贫困”（张和清，2012）。事实上，21 世纪以前，中国 9 亿农村人口中的大部分，尤其是生活在绝对贫困中的人，基本得不到任何正规福利和社会保险（沙琳，2007：228）。

（二）2002—2006年：社会政策介入农村反贫困的酝酿期

1. 社会政策理念的出现与发展

2002 年以来，在多种因素的交互作用下，中国的施政理念和重点发生转变。过去 20 年秉承的发展主义认为经济发展是社会进步的先决条件，随着经济的快速增长，所有社会矛盾和问题都将迎刃而解（郁建兴、何子英，2010）。随着经济的发展，关于人民福祉和福利权利的内容开始出现。

以下以最能体现国家决策者施政理念的会议为分析对象，对十六大到十六届六中全会的相关内容进行分析：2002 年 11 月，十六大报告重新诠释了“效率优先、兼顾公平”的含义，提出全面建设小康社会与保障和改善民生的目标。随后的几次表述调整逐渐将重心转向“公平”维度。2003 年，新一届政府在十六届三中全会中提出“坚持以人为本，树立全面、协调、可持续的发展观，促进经济社会和人的全面发展”。“以人为本”的提出成为社会福利理念开始出现和开始关注人民个体福祉的重大标志性转向。此次全会提出宪法修正案，2004 年新修正案第十四条增加了“国家建立健全同经济发展水平相适应的社会保障制度”，第三十三条增加了“国家尊重和保障人权”。至此，享有基本生活保障作为一项重要人权以宪法权利的形式被确定。随后，十六届四中全会提出构建社会主义和谐社会的目标，其中公平正义成为重要内容。2006 年，十六届六中全会在明确“加紧建设对保障社会公平正义具有重大作用的制度”基础上，第一次提出社会政策概念。而在具体的农村发展和农民权利保障方面，开始转变以往以城镇发展牺牲农村，农民被排斥在社会保障权利之外的传统取向，开始注重保障农民享有平等的权利，表现为从 2002 年提出“城乡差别和地区差别扩大的趋势逐步扭转”到 2003 年提出“统筹城乡发展”“建立有利于逐步改变城乡二元经济结构的体制”，再到 2005 年提出实行“工业反哺农业、城市支持农村”的社会主义新农村建设。人民福祉和福利权利观念的出现，加上对农民平等地位的呼吁，为长期缺失的社会政策在农村的出现奠定了重要的理念基础。

然而，统筹城乡发展、确保农民平等权利的重点并没有落在社会政策上，而是主要落在产业政策和就业政策、税费减免等方面。2007 年以前，农村社会政策发展取得的进展并不多。2002 年，十六大报告中首次提出“有条件的地方，探索建立农村养老、医疗保险和最低生活保障制度”。2003

年，十六届三中全会除了提出“积极建立新型农村合作医疗制度”，在其他方面依然强调“农村养老保障以家庭为主，同社区保障、国家救济相结合，有条件的地方探索建立农村最低生活保障制度”。2005年，在提出社会主义新农村建设的同时，提出“基本建立新型农村合作医疗制度”，“有条件的地方探索建立农村最低生活保障制度”。2006年，首次提出建立覆盖城乡居民的社会保障体系，“逐步建立农村最低生活保障制度，有条件的地方探索建立多种形式的农村养老保险制度，加快推进新型农村合作医疗制度”。从以上可以看出，除了新农合，农村社会政策的建设基本上停留在口号和政策倡议阶段，并未形成制度化的强制力。

具体到政策实践方面，以地方性试点为主。2002年，《关于进一步加强农村卫生工作的决定》提出，要引导农民建立以大病统筹为主的新型农村合作医疗制度。从新农合定位于“保大病”来看，其出台确实与致力于解决农村贫困问题密切相关，因为当时大量研究表明“因病致贫”和“因病返贫”在农村贫困中占有很大比例并受到中央高层的重视（张海柱，2013b）。2003年1月，《关于建立新型农村合作医疗制度的意见》出台，新农合试点正式开始。2003年11月，在新农合试点的基础上，《关于实施农村医疗救助的意见》出台。尽管国家财政资助新农合成为在农村医疗保险领域的重要突破，但由于自愿参保和保障水平较低，截至2005年底，全国开展试点县仅有678个，覆盖农业人口仅2.36亿，占农业总人口的26.7%。2003年，民政部开始部署农村低保制度建设工作。但由于实际工作中遇到困难，2003年3月国务院要求“对农村困难群众的救助工作要继续坚持‘政府救济、社会互助、子女赡养、稳定土地政策’的原则”，继而民政部下发了《关于进一步做好农村特困户救济工作的通知》，提出在不具备建立农村低保制度条件的地区，要按照国务院的精神建立农村特困户生活救济制度。随后，未建立农村低保制度的地区基本上都实施了特困户生活救济制度。有关资料显示，该制度规定救济工作的主要责任在地方政府，但大多数省份并没有安排用于这一制度的专项资金，在经济基础薄弱地区，这一制度名存实亡（徐月宾等，2007）。

借用社会政策的范式框架来解释，在这一阶段，社会政策在农村得以产生的“元认知”和“象征性认知”已经出现，这两种认知为社会政策的发展奠定了重要的理念基础，新农合与低保在制度定位和设计中也被赋予了反贫困意义。但由于制约因素的存在，“嵌入性认知”层面尚未取得实质性进展，社会政策在农村反贫困中如何发挥作用尚不明确。

2. 社会政策理念出现的动力和机理分析

为何作为社会政策范式出现基础的，关于人民福祉和福利权利的观念与对农民平等权利的强调在此时出现？又为何社会政策在农村并未取得实质发展？对于前者，已有研究多强调社会政策面对国内社会矛盾和焦点事件冲击时的回应性特征。本文借鉴外部框架概念可以产生新的解释视角，将中国置于全球化进程加快的环境下并在国际语境中进行考察，这既包括国际组织将相关的理念和资源带入中国政策制定网络中并产生影响，也包括国际事件推动中国政策制定者调整整体发展战略的倾向。从前者来看，20 世纪 90 年代，国际社会开始关注社会议题，对不平等和贫困问题的优先考虑和新的理解开始出现，并体现在相关的发展报告和协定中，与“人类发展”相关的概念也开始出现，贫困问题后来甚至被作为人权问题提出。伴随着日益融入国际社会并成为越来越多国际政府组织的成员，中国需要在国际社会环境下展示自己的国际形象并履行国际承诺，对全球价值观和纲领的回应以及与国际社会的互动塑造了中国政府行为。2001 年，中国加入世界贸易组织。这在有助于中国融入全球经济和贸易一体化，实现经济进一步发展的同时，也使中国处在全球化的风险之中。以小规模经营为主的农业在国际市场缺乏竞争力，加入 WTO 给农业带来的冲击会比其他部门更加严重，也给以经济政策导向为主的扶贫带来更多风险和挑战。以至于在 2001 年下半年，就有相关部门建议加强农村的社会保障以为加入 WTO 做准备。随后，中央农村工作会议上进一步讨论了加入 WTO 可能给农业带来的冲击，并认为需要通过一系列的针对性措施来减轻负面影响。

然而，理念和话语实践还需要与宏观情景特征相契合，而制度发展本身也具有渐进性特征。此时，关于农村社会政策试点的提出更多强调地方财政责任。调查表明，中央和省级官员提到农村福利和保障问题时，都认为相关供给体系必须依靠当地资源和财政能力建立，因地制宜（沙琳，2007：252），但地方对于社会政策的发展更多从财政的可持续以及政府绩效的角度去考虑。社会政策尽管有了理念层面的支撑，但依然停留在对国内外问题的被动应对上，被赋予消极属性，属于对财政资源的消耗，还没有从非社会议题中寻找到自身发展的合法性基础。尤其是在贫困地区，在缺乏资源和动力的情况下，社会政策在获得实质性进展方面必然受限。

（三）2007—2013年：社会政策出现并成为反贫困经济政策的重要补充

1. 农村社会政策的发展及其在反贫困领域的地位凸显

在人民福祉和福利权利观念加强与对农民权利日益关注的背景下，农村社会政策迎来重要发展并开始在农村反贫困领域发挥重要作用。典型标志是2007年国务院颁布的《关于在全国建立农村最低生活保障制度的通知》，要求到2007年底将符合条件的农村贫困人口全部纳入保障范围。与扶贫开发不同，该制度针对全国而非贫困地区贫困人口，帮扶对象是以家庭为单位的贫困个体而非贫困区域，因而具有更全面的减贫意义。同时，不同于以往的经济开发，低保帮扶以现金转移支付为主。尽管水平较低，但该通知规定农村贫困人口在遭遇生活困难时享受与城市居民一样的权利，为农村贫困人口提供了获得福利的个体权利。该通知颁布以来，农村低保覆盖人数从2006年的1593.1万人跃升至2007年的3566.3万人。

2007年，党的十七大在再次强调“以人为本”科学发展观的基础上，提出“学有所教、劳有所得、病有所医、老有所养、住有所居”，对福利权利进行了多维细化，明确了未来社会政策发展的重点和走向。党的十七届三中全会专门针对农村和农民问题做出重要决定，提出“坚持保障农民物质利益和民主权利”，“加快发展农村公共事业，促进农村社会全面进步”，“使广大农民学有所教、劳有所得、病有所医、老有所养、住有所居”。党的十七大尤其是十七届三中全会之后，农村各项社会政策开始进入大发展期，标志着与社会政策密切相关的理念和话语体系正式从“象征性”层面走向“嵌入性”层面。其具体表现如下。

第一，2007—2009年，新农合从试点到全面推开，在短时间内实现全国覆盖。针对新农合试点中存在的问题，2006年卫生部等部门联合发布《关于加快推进新型农村合作医疗试点工作的通知》，提出调整相关政策，加快试点推动进程。2008年，卫生部、财政部联合发布《关于做好2008年新型农村合作医疗工作的通知》，特别强调了给予老、少、边、穷县在开展新农合过程中政策和资金上的重点扶持。之后，补助标准获得进一步提高并且补助范围实现全覆盖。2009年7月，在新农合初步实现全覆盖的基础上，卫生部等五部门联合颁布《关于巩固和发展新型农村合作医疗制度的意见》，对筹资、补偿、监管等方面进行了规定。

第二，新型农村养老保险在较短时间内实现从启动试点走向全覆盖。2009年9月，国务院颁布《关于开展新型农村社会养老保险试点的指导意见》，启动了新农保试点，并明确了个人缴费、集体补助和政府补贴相结合的筹资机制，第一次提出政府对农民养老负有财政责任，政府对符合条件的参保人全额支付新农保基础养老金。该指导意见提出到2020年实现对农村适龄居民的全覆盖。事实上，从2009年试点启动算起，经过2010年和2011年两次扩大试点面，到2012年仅用了3年的时间就实现了新农保对农村适龄居民的全覆盖（温家宝，2012）。事实上，与常规社会保险相比，新农合和新农保有很高的福利成分，因为来自政府的补贴资金在其中占大部分。

第三，明确社会政策作为反贫困策略的重要部分，主要体现在两个方面。一是关于农村低保和扶贫开发衔接办法试点方案的出台。2009年8月，国务院扶贫办等部门联合发布《关于做好农村最低生活保障制度和扶贫开发政策有效衔接试点工作的指导意见》，部署11个省（区、市）开展两项制度衔接工作试点。2010年，国务院办公厅转发《关于做好农村最低生活保障制度和扶贫开发政策有效衔接扩大试点工作意见的通知》，要求进一步扩大两项制度衔接试点范围，发挥两项制度在确保农村贫困人口共享改革发展成果方面的作用，在程序、对象和管理上均进行低保与扶贫开发制度衔接的探索。二是新的扶贫开发纲要与之前的对比。对比两次具有纲领意义的扶贫开发纲要，《中国农村扶贫开发纲要（2001—2010年）》明确坚持开发式扶贫方针，并未涉及社会政策相关内容；《中国农村扶贫开发纲要（2011—2020年）》虽然依然强调开发式扶贫的主体地位，但对于社会政策和社会保障在其中如何发挥作用做出具有原则性和前瞻性的规定，相关内容包括“实行扶贫开发和农村最低生活保障制度有效衔接”，“把社会保障作为解决温饱问题的基本手段，逐步完善社会保障体系”，“到2015年，农村最低生活保障制度、五保供养制度和临时救助制度进一步完善，实现新型农村社会养老保险制度全覆盖。到2020年，农村社会保障和服务水平进一步提升”，“逐步提高农村最低生活保障和五保供养水平，切实保障没有劳动能力和生活常年困难农村人口的基本生活”，“加快新型农村社会养老保险制度覆盖进度，支持贫困地区加强社会保障服务体系建设”，“实现开发扶贫与社会保障的有机结合”，等等。

2. 农村社会政策获得实质性发展的动力和机理分析

关于这一阶段农村社会政策发展取得实质性进展的解释，本文认为作为非社会性议题的外部框架在其中起到关键作用，并且国际事件、经济危机的冲击加剧了这一影响。尤其是关于社会政策的观念从单纯消费性向生产性转变，成为社会政策在短期内获得快速发展的重要因素。

2007年，党的十七大提出“加快转变经济发展方式，推动产业结构优化升级”，“坚持扩大国内需求特别是消费需求的方针”。2008年，由美国次贷危机引发的世界经济危机蔓延到中国。在经济危机的巨大冲击下，中国经济增速大幅度下降，其最重要的原因在于外需下降、出口订单减少，支撑中国经济增长的主要引擎——外贸受到巨大冲击，大量以出口为导向的劳动密集型企业倒闭停工，而作为这些企业主要劳动力的农民工群体于2009年春节前大批量提前返乡。经济危机暴露出两方面问题：一是过去20多年来作为主要开发式扶贫方针之一的劳动力转移在经济危机下受到打击，而社会政策在农村的缺位导致他们失业返回农村后，几乎无法享受任何保障待遇从而陷入生活危机，这表明单纯的经济政策在高风险的全球化现代社会具有局限性；二是经济危机进一步暴露了中国长期奉行的“出口导向型”经济发展方式的弊端，唯有实现向“内需驱动型”转化，方能度过危机并获得经济长期稳定发展。中国巨大的消费潜力在农村，但由于长期受困于贫困问题和保障权利缺失，养老、疾病和灾害风险等导致农民预期较低，从而成为制约消费的重要因素。因而以社会保障政策为主要方面的社会政策在农村的出台可以成为有效的风险防范工具，使农民在遭遇疾病风险和养老风险时通过医疗和养老保险获得保障，在跌入贫困时有最低生活保障制度兜底。社会政策开始逐渐被认为是助力于经济增长的生产要素，是一种“加速器”，有利于中国经济在全球化风险不断加大的背景下保持平稳发展。社会政策被赋予了更高的合法性，2011年新的农村扶贫开发纲要也提出农村反贫困政策调整对于转变经济发展方式的意义。

同时，经济危机的爆发对全球反贫困议程产生重要影响，经济危机带来的对贫困、发展、风险和不确定性的全新理解促使广大发展中国家在社会政策领域加快进程。中国随着国际影响力的提高和在反贫困领域取得重大成功，从2007年开始已连续在“国际消贫日”与联合国驻华系统、联合国开发计划署联合主办减贫与发展高层论坛，推动国际扶贫交流与合作。这也从侧面促进了国际理念的传播和社会政策建设的加快。

（四）2014年至今：社会政策与经济政策的“一体两翼”反贫困路径

1. 社会政策成为农村反贫困的重要支柱

党的十八大以来，关于社会公正和人民福祉的理念得到进一步强化。党的十八届三中全会提出“以人民为中心”的工作导向：实现发展成果更多更公平惠及全体人民。党的十八届五中全会提出“创新、协调、绿色、开放、共享”五大发展理念。共享理念的提出要求全体人民在共建共享中有更多的获得感。党的十九大在原有“学有所教、劳有所得、病有所医、老有所养、住有所居”的基础上，增加了“幼有所育”和“弱有所扶”的新目标。随着精准扶贫战略的实施，农村反贫困工作成为共享发展要求和实现弱有所扶目标的最主要方面。在此背景下，从整体性贫困治理战略的视角看，社会政策被确立为农村反贫困的重要支柱，频繁出现在反贫困总体规划和具体政策中。

第一，社会政策及其具体组成部分作为扶贫的重要手段频繁出现在具有较高行政效力的决定与规划中。《国民经济和社会发展第十三个五年规划》在“全力实施脱贫攻坚”一篇中提出分类精准扶持贫困人口，对丧失劳动能力的实施兜底性保障政策，对因病致贫人口提供医疗救助保障。实行低保和扶贫政策衔接，对贫困人口应保尽保。建立健全农村留守儿童和妇女、老人关爱服务体系。紧接着《中共中央、国务院关于打赢脱贫攻坚战的决定》提出坚持扶贫开发与社会保障有效衔接，10 项精准扶贫方略中与社会保障和社会政策高度相关的包括“开展医疗保险和医疗救助脱贫”“实行农村最低生活保障制度兜底脱贫”“健全留守儿童、留守妇女、留守老人和残疾人关爱服务体系”。《“十三五”脱贫攻坚规划》分两章阐述健康扶贫和兜底保障，包括提高医疗保障水平，加大农村贫困人口大病、慢性病救治和重特大疾病医疗救助行动力度，健全社会救助体系，逐步提高贫困地区基本养老保障水平，健全“三留守”人员和残疾人关爱服务体系。2018 年出台的《关于打赢脱贫攻坚战三年行动的指导意见》明确将兜底保障改为“强化综合保障性扶贫”，要求坚持“开发式扶贫和保障性扶贫相统筹”，“统筹各类保障措施，建立以社会保险、社会救助、社会福利制度为主体，以社会帮扶、社工助力为辅助的综合保障体系”，表明社会政策在农村反贫困政策中的地位进一步提升。

第二，针对具有核心地位的社会政策项目如何发挥反贫困效能，相关部门出台了具体措施。2016 年 6 月出台《关于实施健康扶贫工程的指导意见》，提出新农合覆盖所有农村贫困人口并实行政策倾斜，个人缴费部分按规定由财政给予补贴，在贫困地区全面推开门诊统筹，提高政策范围内住院费用报销比例，并将农村贫困人口全部纳入重特大疾病医疗救助范围。2016 年 9 月颁布《关于做好农村最低生活保障制度与扶贫开发政策有效衔接的指导意见》，提出以“应扶尽扶”和“应保尽保”为原则，通过农村低保制度、专项救助制度、特殊困难人群补贴制度与扶贫开发政策的有效衔接，形成政策合力。除了政策衔接，该指导意见进一步提出对象衔接、标准衔接和管理衔接的具体要求和内容。2017 年 8 月颁布《关于切实做好社会保险扶贫工作的意见》，提出为充分发挥现行社会保险政策作用，完善社会保险扶贫政策，采取减轻贫困人员参保缴费负担、减轻贫困人员医疗费用负担、适时提高社会保险待遇水平、体现对贫困人员的适度优先等四方面措施。除此以外，有关贫困家庭住房保障和子女教育补贴的措施也陆续完善出台。

第三，在传统社会救助和社会保险以外，按人群分类的、具有适度普惠性质的社会福利开始出现，包括针对老龄人口的高龄津贴、服务补贴和护理补贴，针对困难残疾人的生活补贴和重度残疾人的护理补贴，农村留守老人、留守妇女和留守儿童“三留守”人员关爱服务体系，等等。

2. 社会政策成为农村反贫困重要支柱的动力和机理分析

新时期国家对人民福祉和农村贫困人口共享发展权利的强调，为社会政策的大发展提供了重要机遇。根据本文的分析框架，可以在非社会性议题和超国家因素的影响中找到促进社会政策向纵深发展的动力。

从前者来看，2008 年经济危机后，世界经济处于深度调整期，具有曲折复苏和增长乏力的特征。受国际经济发展形势和国内调整经济发展方式的影响，2014 年中央工作会议上做出中国经济发展将进入以“经济增速放缓和结构调整并行”为基本特征的“新常态”的论断，其内容包括三个方面：经济从高速增长转向中高速增长，从结构不合理转向结构优化，从要素投入驱动转向创新驱动，同时在机遇中存在风险和挑战。这是以中高速、优结构、新动力、多挑战为主要特征的新常态（《人民日报》评论员，2014）。

经济新常态对于社会政策及其在农村反贫困中的作用发挥产生了三方面影响。一是世界经济下行对于改变出口依赖、扩大国内需求提出更高要求，社会政策在防范风险、提振内需方面的作用被进一步强调，从而迎来更好的发展机遇。《中共中央、国务院关于打赢脱贫攻坚战的决定》也明确提出打赢脱贫攻坚战是经济新常态下扩大国内需求、促进经济增长的重要途径。二是面对日益增加的经济风险和产业结构优化调整，以产业扶贫等为主的传统和新型开发式扶贫方针将面对更大不确定性，同时由于其在增加贫困人口的社会资本和保障贫困人口的社会安全方面作用有限，所以必须通过各项社会政策措施来防范风险。三是从要素驱动向创新驱动转变的要求对劳动力参与市场的能力提出更高的要求，会导致就业的结构性问题突出，市场就业竞争中会产生排斥弱者的力量（李晓辉，2016）。贫困人群由于人力资本低下，即使获得就业后，遭遇失业和返贫的风险也更大，这要求进一步在社会政策中引入积极的和发展性的元素。

社会政策的转向也受新背景下国际理念的影响，特别是与在减贫领域加强国际交流和在全球范围内倡导消灭绝对贫困的目标有关。社会政策被置于全球消灭贫困议程和帮助穷人共享繁荣的重要位置，也影响了中国的反贫困实践。例如，2013 年，世界银行宣布了两项中心目标，即在 2030 年消除长期的极端贫困，以及促进贫困社会的共享繁荣。到如今，“在 2030 年告别极端贫困已成为世界银行的第一大发展目标”（Atkinson，2017）。最重要的是，2015 年联合国《2030 年可持续发展议程》中提出 17 项发展目标，其中目标 1 为在全世界消除一切形式的贫困，该目标的第三款提出“执行适合本国国情的全民社会保障制度和措施，包括制定最低标准，到 2030 年在较大程度上覆盖穷人和弱势群体”（中华人民共和国外交部，2016）。国内针对该议程的目标和理念制定了详细的方案，发布了执行进展报告，并承诺在 2020 年消除现行标准下的贫困人口，2022 年初步建立城乡融合发展的体制机制，在社会政策领域健全乡村医疗卫生服务体系、完善城乡统一的社会保险制度、统筹城乡社会救助体系等。

四 结论与展望

本文以过去 30 多年发展中国家反贫困领域社会政策的兴起和解释为理论背景，通过构建以“范式”为核心的多层次序列模型，追溯了改革开放以来中国农村反贫困从经济政策向社会政策的转化过程，并从社会政策作为生产性要素、政策理念的转化和国际因素影响的角度对这一转化的动力和机制进行分析。研究发现，21 世纪以来，社会政策在中国农村反贫困政策中的作用日益突出，经历了从理念层面“象征性认知”到实践层面“嵌入性认知”的转变。作为一个仍然以经济发展为优先导向的发展中国家，中国还需要通过非社会性议题尤其是经济议题赋予社会政策更高的合法性，实现“通过再分配的增长”（growth through redistribution）。这验证了发展中国家有关社会福利讨论的核心议题是经济发展与福利增进的相互关系这一说法。国际力量则通过国际事件倒逼中国经济发展动力调整，通过国际理念影响决策者施政理念，从而加速了这一转变过程。

然而，从 2002 年开始至今，以社会保障为主要内容的社会政策在农村反贫困中的作用尽管日益突出，形成了社会救助、社会保险和社会福利等多种政策模型和工具，但应该看到，在当下反贫困领域，经济政策依然占据重要地位，社会政策范式的转化尚未彻底完成。同时，从社会政策发挥反贫困作用的机制来看，主要是通过基本生活的兜底保障和对风险的应对，总体上属于消极保护性和回应性政策，其积极和主动特征尚不明显。

根据目前的反贫困战略目标，2020 年现行标准下的农村绝对贫困人口将消除，2020 年后需要对贫困内涵进行拓展，相对贫困、多维贫困将成为主要的贫困形态。相应的，反贫困目标将在巩固已有脱贫成果的基础上，从消灭绝对贫困走向治理相对贫困。从国际经验来看，社会政策将成为治理相对贫困过程中的支柱政策，社会政策范式的转换将完成，而社会政策的结构优化将成为关注的重点。

在产业结构和要素结构调整加快的背景下，在保持社会政策对于缺乏劳动能力的剩余贫困人口的生活保障基础上，应实现从社会保障向社会投资和发展型社会政策的转化。以投资于人力资本和促进更高质量的劳动力市场参与为核心目标，需要超越保障人们的基本收入水平、让人们远离贫困线等社会保障的范畴，也应超越仅从风险和危机的角度谈论的社会保护（潘屹，2013）。具体来看，一方面应直接以提高贫困者人力资本为设计反贫困整体性改革的取向，更多地对培训、教育和公共卫生等领域进行社会投资，目前反贫困领域对教育和职业培训的日益强调体现了这一发展趋势；另一方面，已有研究表明，仅通过对教育和培训的投资，而不注重早已存在的利用教育和培训机会的能力差异，并不能取得良好的反贫困效果（Corak，2004）。由此，应实施积极的家庭政策和社会服务，集中经济资源和社会资源用于对家庭和儿童的投资，尤其是早期投资，这方面在目前的政策中依然缺位。通过社会政策模式调整，方可在激发贫困人口内生动力的基础上，实现社会政策和经济发展的良性互动，从而赋予前者更高的合法性和持续发展的动力。

参考文献

景天魁，2010，《论中国社会政策成长的阶段》，《江淮论坛》第4期。

李晓辉，2016，《经济新常态背景下精准扶贫对策研究》，《华北水利水电大学学报》（社会科学版）第4期。

林卡，2017，《社会福利、全球发展与全球社会政策》，《社会保障评论》第2期。

潘屹，2013，《社会福利制度的效益与可持续——欧盟社会投资政策的解读与借鉴》，《社会科学》第12期。

《人民日报》评论员，2014，《经济发展迈入新阶段——新常态下的中国经济》，8月7日，http://opinion.people.com.cn/n/2014/0807/c1003-25417710.html。

人民网，2019，《我国农村贫困发生率降至1.7%》，2月21日，http://politics.people.com.cn/n1/2019/0221/c1001-30850985.html。

沙琳，2007，《需要和权利资格：转型期中国社会政策研究的新视角》，中国劳动社会保障出版社。

汪三贵、曾小溪，2018，《从区域扶贫开发到精准扶贫——改革开放40年中国扶贫政策的演进及脱贫攻坚的难点和对策》，《农业经济问题》第8期。

王思斌，2004，《社会政策时代与政府社会政策能力建设》，《中国社会科学》第6期。

王思斌，2016，《市场—社会转型中我国社会政策的制度性发展》，《澳门理工学报》第1期。

温家宝，2012，《在全国新型农村和城镇居民社会养老保险工作总结表彰大会上的讲话》，10月12日，http://politics.people.com.cn/n/2012/1012/c1024-19248335.html。

吴忠民，2004，《从平均到公正：中国社会政策的演进》，《社会学研究》第1期。

徐月宾、刘凤芹、张秀兰，2007，《中国农村反贫困政策的反思——从社会救助向社会保护转变》，《中国社会科学》第3期。

郁建兴、何子英，2010，《走向社会政策时代：从发展主义到发展型社会政策体系建设》，《社会科学》第7期。

张海柱，2013a，《公共政策的话语建构：来自国家合作医疗决策的经验（1990—2003）》，《公共管理评论》第2期。

张海柱，2013b，《国家建设、合作医疗与共同体认知：农村合作医疗政策过程研究》，

《当代中国政治研究报告》第1期。

张和清，2012，《全球化背景下中国农村问题与农村社会工作》，《社会科学战线》第8期。

中华人民共和国外交部，2016，《变革我们的世界：2030年可持续发展议程》，1月13日，https://www.fmprc.gov.cn/web/ziliao_674904/zt_674979/dnzt_674981/qtzt/2030kcxfzyc_686343/t1331382.shtml。

Atkinson, A. B. 2017. Monitoring Global Poverty: Report of the Commission on Global Poverty. Washington: World Bank.

Carnes, M., and I. Mares. 2015. "Explaining the 'Return of the State' in Middle-income Countries: Employment Vulnerability, Income, and Preferences for Social Protection in Latin America." *Politics & Society* 4: 525 – 550.

Corak, M. 2004. *Generational Income Mobility in North America and Europe* (Cambridge: Cambridge University Press).

Deacon, B. 1997. *Global Social Policy: International Organizations and the Future of Welfare* (London; Thousand Oaks, Calif.: Sage).

Fiszbein, A., R. Kanbur, and R. Yemtsov. 2014. "Social Protection and Poverty Reduction: Global Patterns and Some Targets." *World Development* 61: 167 – 177.

Gliszczynski, M. V. and L. Leisering. 2016. "Constructing New Global Models of Social Security: How International Organizations Defined the Field of Social Cash Transfers in the 2000s." *Journal of Social Policy* 45: 325 – 343.

Hall, P. 1993. "Policy Paradigms, Social Learning, and the State: The Case of Economic Policymaking in Britain." *Comparative Politics* 25: 275 – 296.

Hanlon, J., A. Barrientos, and D. Hulme. 2010. *Just Give Money to the Poor: The Development Revolution from the Global South* (Sterling: VA: Kumarian Press).

Leisering, L., B. Davy, and U. Davy. 2014. "The Politics of Recognition: Changing Understandings of Human Rights, Social Development and Land Rights as Normative Foundation of Global Social Policy." in Lachenmann, F., T. J. Röder, and R. Wolfrum eds. Max Planck Yearbook of United Nations Law 18: 565 – 600.

Lin, K., and R. K. H. Chan. 2015. "Repositioning Three Models of Social Policy with Reference to East Asian Welfare Systems." *International Social Work* 58: 831 – 839.

Liu, T, Y. X. Li, and T. Tian. 2019. "Reinterpreting the Connotation of 'Sustainability' and the Expansion of Social Policy in China." *Sustainability* 11: 1 – 16.

Weyland, K. 2004. *Learning from Foreign Models in Latin American Policy Reform* (Washington, DC: The Woodrow Wilson Center Press).

7

关于中国减贫经验国际化的讨论*

李小云　马洁文　唐丽霞　徐秀丽**

中国在过去30多年的改革开放中实现了经济的高速增长。从1979年到2010年，中国经济的年均增长率为9.9%，而1978年以来，中国对外贸易的年均增长率达到16.3%（林毅夫，2012a）。更具体地来看，1979年的中国还是世界上最贫困的国家之一，人均GDP只有210美元，是当时撒哈拉以南非洲国家平均水平的1/3；而到2015年，中国的人均GDP达到8016美元，跨入上中等收入国家行列。在此期间，中国不仅取得经济上的高速增长，同时实现了大规模的减贫。以中国官方划定的贫困线为标准，中国的贫困人口从1978年的2.5亿减少到2015年的5575万①；即使按照世界银行1.25美元的贫困线，中国的贫困发生率也从1990年的60.7%下降到2011年的6.3%（王萍萍等，2015）。这一巨大的减贫成效受到国际社会的普遍关注，尤其是那些长期经济低迷和减贫无力的非洲国家。国际社会特别关注中国发展成就有其特殊的原因。首先，按照经典发展经济学的理论，除非战后和自然灾害之后的重建，否则从理论上看一个国家不可能长期维持7%以上的经济增长；其次，虽然日本和“亚洲四小龙”在20世纪60年代以后有过20多年的超过7%的增长，但这些都被认为是特例或奇迹。因此，邓小平在1981年提出到20世纪末这20年内国民生产总值“翻两番”的目标意味着中国经济年均增长率必须达到7.2%，而这一目标在当时被普遍认为是不可能实现的，但实际上，中国从1979年到2010年实现了年均9.9%的经济增长

---

* 原文刊发于《中国农业大学学报》（社会科学版）2016年第5期。

** 李小云，中国农业大学人文与发展学院教授。马洁文，中国农业大学人文与发展学院农村发展与管理专业博士研究生。唐丽霞，中国农业大学人文与发展学院发展管理系副教授。徐秀丽，中国农业大学人文与发展学院发展管理系副教授。

① 2015年的农村扶贫标准按照每人每年2300元（2010年不变价）计算。参见顾仲阳（2016）。

(林毅夫，2012a)。与此同时，从1981年到2001年的20年间，中国减贫人数是东亚地区所有国家减贫人数的81%，占全世界减贫人数的108%（中国发展研究基金会，2007)。这意味着扣除中国的减贫人数，全球同期的减贫人数非但没有减少，还增加了8%。

因此，在过去10多年中，研究和学习中国的经济增长和减贫经验成为国际发展理论和实践领域中的热点。理论研究从发展研究、比较政治学、新结构经济学等角度关注中国经济增长的条件和动因，发展实践的重点则着眼于中国经验如何运用到其他发展中国家。在国内外关注中国发展经验思潮的推动下，围绕"中国经济增长和减贫经验国际化"这一主题形成了一系列讨论，中国政府也明确将减贫作为中国成长的"软实力"的重要内容，通过各种机制和媒介进行积极的宣传与推广。针对如何看待中国经济增长和减贫实践以及这样的经验是否普遍适用等问题的研究有很多。例如，有观点指出中国改革开放30年来大规模减贫的重要基础和推动力量就是经济的持续高速增长，在此基础上实现的中国巨大的扶贫成就不仅为全球反贫困事业做出突出贡献，也为其他国家提供了可资借鉴的经验（汪三贵，2008)。还有观点认为在20世纪80—90年代针对中国经济增长和减贫可持续性曾有很多的质疑，进入21世纪后，经济增长对减贫的作用虽开始下降，但随着普惠性社会保障制度的推进，中国的发展由过去相对倾向于穷人的模式逐渐转变为包容性的发展模式，中国经验开始受到国际领域和广大发展中国家的高度重视(李小云，2014)。甚至还出现了很多关于"中国模式"的论述和倡导，有研究认为对很多第三世界发展中国家来说，中国模式的意义在于其到底是否能够成为有别于从前其他所有现代化模式的一个替代模式，而很多采用西方模式的发展中国家并没有因此得到社会经济的发展和民主政治的稳定运作，在这种情形下，中国模式对发展中国家具有了非常重要的借鉴意义（郑永年，2009)。国际学术界还存在一种观点认为，中国的发展道路是独特的，而这种独特发展模式的成功引起国际特别是第三世界国家的广泛关注，成为与后殖民主义时期其他现成经验不同的理念和新的发展援助的来源（Large，2008)。但是，如何历史地、客观地以及辩证地看待中国发展的经验，特别是其普遍适用问题则需要长期、科学和审慎的研究。本着这一原则，本文主要从减贫的角度对中国发展经验做一个简要的讨论。

一 中国贫困的变化：数据的迷思

目前，对于中国贫困数据统计的现状，可以用“混乱”一词来形容。造成这一现象的主要原因是使用不同的贫困线标准，对贫困状况有不同的估算结果（Li，2016），不同的机构也往往会出于自身的考虑，采用不同标准下“生产”出来的不同数据。20 世纪初，中国国家统计局划定了每人每天 2100 大卡的生存性营养标准，然后根据 20% 最低收入人群的消费结构来测算满足这样标准的相应货币价值，这一货币价值成为“食物贫困线”（中国发展研究基金会，2007：30）。根据这个标准测算出来的 1985 年的农村官方贫困线是每年人均纯收入 206 元，2000 年大幅提升至 625 元，5 年后则微调至 683 元。但是，贫困线的提升只是名义上的增加，如果考虑到价格的上涨，从 1985 年到 2005 年的这 20 年间以 1985 年不变价格测量出来的真实贫困线实际一直处于 200 元上下（中国发展研究基金会，2007：30）。表 1 是按照这个贫困线估算出来的官方贫困人口和贫困发生率的数据。按照这个估算，中国的贫困人口由 1978 年的 2.5 亿下降到 2007 年的 1479 万，贫困发生率由 1978 年的 30.7% 下降到 2007 年的 1.6%。从 2000 年到 2007 年，中国官方还进一步划分了低收入贫困线，根据低收入贫困线，中国的贫困人口数量从 2000 年的 6213 万下降到 2010 年的 2688 万，贫困发生率从 6.7% 下降到 2.8%。这也是中国官方经常用于宣传中国发展成绩时使用的贫困数据。

全球贫困人口的估算和比较，最普遍采用的是世界银行的估算体系。按照世界银行低收入国家 1～1.25 美元和中等收入国家 2～2.50 美元的标准估算，2008 年之前，中国的官方贫困线只相当于国际标准的 60%，官方低收入线相当于国际贫困标准，但是实际上这条线仍然略低于国际贫困标准，只达到国际贫困标准的 80%（张全红、张建华，2010）。更进一步来看，根据中国官方贫困线测算的贫困发生率事实上远远低于根据世界银行标准测算的数据。按照世界银行的贫困标准，中国的贫困发生率在 1981 年分别是 73.5%（1 美元）、84.0%（1.25 美元）、97.8%（2 美元）和 99.4%（2.50 美元）；而到 2005 年，中国的贫困发生率相应地分别下降到 8.1%（1 美元）、15.9%（1.25 美元）、36.3%（2 美元）和 49.5%（2.50 美元）。因此，如果以世界银行的标准来看，中国的贫困发生率虽然也在下降，但是不同时期的贫困发生率高于中国官方贫困线下的贫困发生率水平（见图1）。

表1　中国的贫困变化（1978—2010年）

年份	低贫困线	贫困人口数量（百万）	贫困发生率（%）	低收入贫困线	贫困人口数量（万）	贫困发生率（%）
1978	100	250	30.7	—	—	—
1985	200	125	15.0	—	—	—
1990	300	85	9.5	—	—	—
1991	304	94	10.4	—	—	—
1992	317	80	8.8	—	—	—
1993	350	75	8.2	—	—	—
1994	440	70	7.6	—	—	—
1995	530	65	7.1	—	—	—
1996	580	58	6.3	—	—	—
1997	640	50	5.4	—	—	—
1998	635	42	4.6	—	—	—
1999	625	34	3.7	—	—	—
2000	625	32.09	3.4	865	6213	6.7
2001	630	29.70	3.2	872	6102	6.6
2002	627	28.20	3.0	869	5825	6.2
2003	637	29.00	3.1	882	5617	6.0
2004	664	26.10	2.8	924	4977	5.3
2005	683	23.65	2.6	944	4067	4.3
2006	693	21.48	2.3	958	3350	3.7
2007	785	14.79	1.6	1067	2841	3.0
2008	—	—	—	1067	4007	4.2
2009	—	—	—	1196	3597	3.8
2010	—	—	—	1196	2688	2.8

资料来源：根据国家统计局历年的贫困监测报告整理。

2010年，中国政府开始大幅调整官方贫困线。以2011年为起始点，中国官方的贫困线上升到每人每年2300元，按照价格变化的调整，2014年贫困线调整为2800元。调整贫困线的依据是农村每人每天的收入可以支持一斤米面、一斤蔬菜、一两肉蛋，即保障每人每天2100大卡的热量和60克左

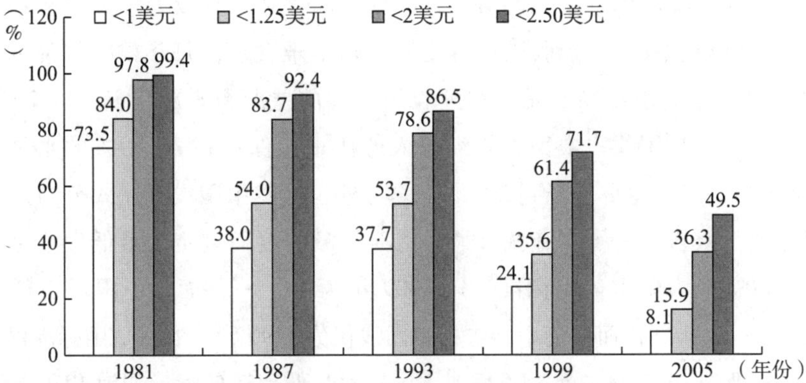

图1　1981—2005年中国贫困发生率的变化
（1美元、1.25美元、2美元和2.50美元）

资料来源：根据世界银行贫困数据库整理。

右的蛋白质，同时还要支持基本的衣着、水电、交通通信、教育和医疗支出等非食物消费支出（张为民，2015）。按照这个标准，如表2所示，中国的贫困人口1978年为7.70亿，2005年为2.87亿，2010年仍有1.66亿。所以，提高贫困线标准对贫困人口数量影响明显。

表2　新贫困线下中国贫困的变化（1978—2014年）

单位：百万人，%

年份	贫困人口数量	贫困发生率
1978	77039	97.5
1980	76542	96.2
1985	66101	78.3
1990	65849	73.5
1995	55463	60.5
2000	46224	49.8
2005	28662	30.2
2010	16567	17.2
2014	7014	7.2

资料来源：张为民（2015）。

中国官方提高贫困线是基于多方面综合考量的结果：首先，长期过低的贫困线排除了很多处于贫困线之上的贫困人口，使这些人口无法受益于扶贫政策，造成了实际的贫困状况与官方数据之间存在一定反差。如果将中国的官方贫困线和农民人均纯收入进行比较，则不难发现，每年根据物价上涨水平调整的官方贫困线和农民人均纯收入之间的差距越来越明显。以 2000 年为例，低收入贫困线占农民人均纯收入的比重还保持在 38.39% 的水平，但到 2010 年，这一比重下降到 20.21%。另外，虽然中国没有正式公布过城市贫困标准，但各地为了实施城市最低生活保障制度而制定的最低生活保障标准，可以被视为城市贫困标准。以 2009 年为例，一方面，中国城市低保标准为 2733 元/年①，而同期中国农村贫困线仅为 1196 元，农村贫困标准仅为城市低保标准的 43.76%；另一方面，中国农村最低生活保障标准为 1210 元/年，同样高于当年的国家贫困线。此外，中国的官方贫困线与其他发展中国家的贫困线进行横向比较，都是偏低的。在亚洲地区，中国的国家贫困线低于印度、尼泊尔、老挝、越南、印度尼西亚、孟加拉国、柬埔寨、巴基斯坦、不丹、斯里兰卡、菲律宾、蒙古国、泰国和马来西亚等国家（Bauer and Thant, 2011）。其次，以中国现有的经济发展水平来看，中国有能力扶持更大规模的贫困人口，如不对贫困线进行调整则无法进行扶贫资源的持续投入。最后，中国经济的成长越来越受到来自国际社会要求中国加大国际贡献的压力，如果按照低于国际贫困线的水平估算贫困人口，那么中国几乎没有贫困人口，这不符合中国贫困的真实状况，也不利于中国客观地履行国际义务。

与此同时，世界银行也于 2015 年提高了全球的贫困线。世界银行依据生活成本上升的实际，分别将低收入贫困线和中等收入贫困线提高到 1.90 美元和 3.10 美元。按照这个新的标准，中国的贫困发生率在 1981 年分别是 88.32% 和 99.14%，2005 年则为 18.75% 和 41.76%，新标准下中国的贫困发生率高于按照 1 美元和 2 美元估算的数据（见图 2）。据测算，中国新的贫困线按照现价相当于 1.60 美元（王萍萍等，2015），这个数据高于世界银行的标准 1 美元，但是仍然低于新的 1.90 美元的标准。世界银行调整贫困线一方面反映了物价上涨的因素，另一方面是出于为世界银行和国际发展机构继续投入减贫提供数据支持的考虑。因此，不论是全球层面还是国内的事实，都从不同的角度折射出贫困是一个复杂的政治经济过程，贫困的客观性

① 根据民政部《2009 年民政事业发展统计公报》，2009 年全国城市低保平均标准为 227.75 元/月。

在这样的过程中被反复生产和再生产。

图2　世界银行新贫困线（1.90美元，3.10美元，按照2011年购买力平价计算）下中国贫困发生率的变化

资料来源：世界银行数据库。

综上所述，尽管不同的贫困线下得出不同数量的贫困人口，但是无论从哪个角度看，中国的减贫成绩都是显著的，这也是国际社会给予中国减贫很大关注的客观原因。因此，研究并解释中国的减贫机制也就成了国际发展研究领域过去20多年的重要课题。同时，以各种形式与中国进行减贫交流活动也逐步成为发展中国家发展实践学习的中心内容。

二　中国减贫的基础：不能忽略的历史

无论国际还是国内的学者在谈到中国的减贫经验时，几乎毫无例外地将中国的减贫历史从1978年改革开放算起，尤其是在与其他发展中国家做对比时普遍采用中国1979年GDP只有210美元这个客观事实，从而推论市场化的改革如何推动了中国的经济增长和减贫。这本身没有错，但是这样的结论并不全面，它强调的是改革开放这一巨大动因在高速经济增长和大规模减贫中的显著作用，这尤其对于那些在同一时期采用了面向市场的改革，却没有取得同样业绩的国家来说有着重要的借鉴意义，但是忽视经济增长和减贫的历史条件会在一定程度上影响国际社会和其他发展中国家对中国减贫和经济增长的认识。

首先，我们回顾一下1978年之前中国农业的发展情况。从1949年开始，中国粮食生产总体上处于增长状态。如表 3 所示，中国的粮食总产量从 1952 年的 16392 万吨增加到 1978 年的 30477 万吨，在 26 年间增加了近 1 倍；而 1978 年之后的 36 年间粮食总产量才增加了近 1 倍，达到 60703 万吨，粮食的单产基本遵循了同样的变化趋势。同样，灌溉面积从 1952 年的 19959 万公顷增加到 1978 年的 44965 万公顷，而之后经过 36 年到 2014 年，灌溉面积才达到 64540 万公顷。此外，农业机械总动力从 1952 年的 18.375 万千瓦增加到 1978 年的 11750 万千瓦，增加了 638 倍左右，到 2014 年增加到 108057 万千瓦，后 36 年间增加了不到 9 倍；化肥施用量从 1952 年的 7.8 万吨增加到 1978 年的 884.0 万吨，增加了 112.3 倍，而 1978 年到 2014 年的 36 年间只增加了不到 6 倍。当然，这样的比较本身意义并不大，因为在低水平下增加投入一般都会取得高的投入增长率，而当高投入达到一定程度时，基数增大会导致增长率的下降。但是，这至少说明中国的农业发展在 1978 年之前已经达到较高的水平，农业科技的不断进步也是推动中国农业发展的重要因素。

表 3　中国不同时期粮食和农业发展条件的变动（1952—2014 年）

年份	粮食总产量（万吨）	粮食单产（千克/公顷）	灌溉面积（万公顷）	农业机械总动力（万千瓦）	化肥施用量（万吨）
1952	16392	1320	19959	18.375	7.8
1957	19505	1463	27339	121.275	37.3
1962	16000	1313	30545	804.825	63.0
1965	19453	1628	33055	1098	194.2
1978	30477	2528	44965	11750	884.0
1979	33212	2783	45003	13370	1086.3
1980	32056	2738	44888	14746	1269.4
2014	60703	5892	64540	108057	5995.9

资料来源：根据不同时期的《中国统计年鉴》整理。

其次，我们回顾一下同时期中国工业的发展。1978 年之前，在农业发展的同时，工业化也在快速发展。1949 年，工业产值占工农业总产值的比重为 30.0%，这一比重在 1978 年达到 74.4%（见图 3）。如果不考虑工业的结构问题，那么可以说中国在 1978 年之前已经基本实现工业化。与欧美、苏联、日本和印度相比，1951—1980 年，中国工业的增长率是最高的

（见图 4）。也就是说，1978 年之前，中国已经创造了工业化的奇迹。当然，中国在 1978 年之前的工业化走了以重化工业为主的道路，造成了工业结构的失衡。

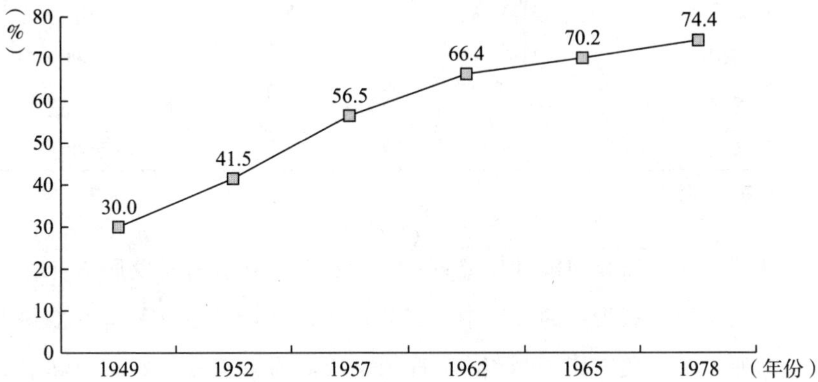

图 3　中国工业产值占工农业总产值的比重

资料来源：国家统计局《中国统计年鉴 1981》。

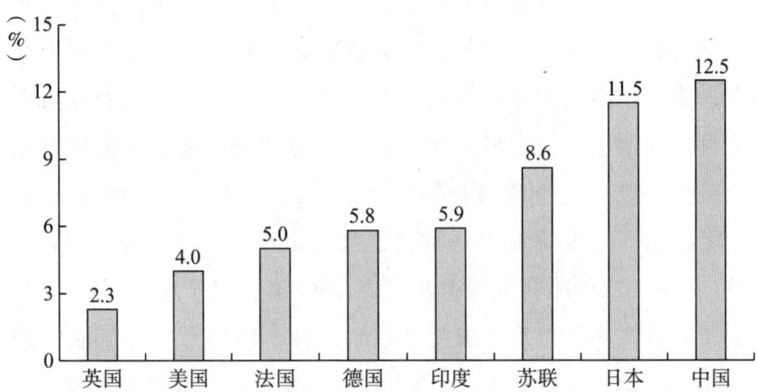

图 4　不同国家工业增长率的比较（1951—1980 年）

资料来源：国家统计局《中国统计年鉴 1981》。

不仅如此，中国之所以能在 1978 年以后实现经济的高速增长和大规模的减贫，还与其在 1978 年之前在教育和卫生方面的进步有很大的关系。据统计，中国的初级教育按照每万人中小学平均在校生数计算，1949 年为 450 人，1978 年为 1519 人（中华人民共和国教育部计划财务司，1984）；从生存性的指标衡量，1975—1977 年中国平均营养水平虽然大大低于发达国家平均水平，但高于发展中国家平均水平，接近世界平均水平（见表 4）。

表 4　1975—1977 年中国与世界平均营养水平对比

	热量［卡路里（人 · 天）］	蛋白质［克（人 · 天）］	脂肪［克（人 · 天）］
世界平均	2590	69.3	62.2
发达国家平均	3373	98.5	124.5
发展中国家平均	2282	57.8	38.5
中国	2439	63.4	38.9
印度	1949	48.4	29.3

资料来源：范慕韩（1985）。

当然，以上的简要回顾并不意味着 1978 年之前中国的发展不存在任何问题，而以非洲国家为主的发展中国家实现中国式经济发展和减贫效果的关键在于如何思辨地向中国“取经”。首先，我们需要清楚地看到中国的农业虽然也取得发展，但是在人口持续增加的压力下，农产品逐渐出现了供给不足和结构性短缺等问题。其次，工业化过程中也出现结构扭曲、重化工业比例过大等问题；此外，资本不断集中在资本密集型工业中，这些工业不能吸收农业的剩余劳动力，也没有足够的劳动密集型轻工业和服务业吸收剩余农业劳动力，造成不断从农业中榨取资本的方式来“弥补”工农业剪刀差，这样的做法直接导致了农村发展的停滞和农业劳动力滞留于土地和农业的过密化现象，造成农业劳动生产率长期低下。因此，中国在 1978 年之前虽然一直处于发展状态，却没有在真正意义上实现社会的转型。除了 1978 年之前的 30 年形成的经济和社会发展基础之外，中国相对平等的社会结构也是其后在经济和减贫方面取得重大成就的核心条件。1978 年，中国农村的基尼系数仅为 0.212，即使到 1983 年，中国农村的基尼系数也只增加到 0.246（宋洪远，2008：362）。一个相对平等的社会结构有利于公平的发展机会和发展的普遍受益，而当起始点处于不平等的状态时，即使出现经济的增长，也会出现一则增长无法持续，二则穷人无法受益于增长的问题，这也是非洲很多国家的现实。从人口学角度看，中国在 1978 年的人口增长率为 1.6%，并在其后一直处于下降趋势，在 20 世纪末以后下降到 0.6%，这意味着即使经济增长率达不到 9%，中国仍然可能获得较高的有效增长率。相较之下，非洲大部分国家的人口增长率长期处于 2% 以上，有的国家人口增长率更高。在显著的不平等和高的人口增长率条件下，要实现有效的经济增长和减贫需要更高的经济增长率。也就是说，如果今天的非洲国家想要实现中国20世纪80年代的减贫业绩，那么它们需要实现高于9%的经济增长率（Ravallion，2009），而就非洲大多数国家目前的情况而言，要达到这样的增长速度显然是困难重重的。

三　中国减贫的动力：农业—农村工业化—城市化

这里需要再次强调的是，上述观点的阐述并不意味着其他发展中国家难以借鉴中国的发展与减贫经验。事实上，中国的发展历程包含了与其他发展中国家发展共性的要素，中国的现代化进程体现了中国强调的立足国情的发展观，这也是中国所能提供给其他发展中国家的根本经验。中国之所以能在过去实现大规模的减贫，除了历史的发展基础，在很大程度上还来源于1978年之后所实施的立足国情的发展战略。

1978—2008年的30年间，中国经济年均增长率为9.8%，同期贫困发生率从63%下降到不足10%（汪三贵，2008）。2000—2008年，中国经济增长对于减贫的弹性高达-1.09，也就是说人均GDP每增长1%，贫困发生率下降1.09%（李小云等，2010）。图5显示了1978—2010年中国经济增长、农业发展和减贫的变化趋势。对中国各省（区、市）的研究表明，在人均收入高于4000元的地区，贫困发生率低到可以忽略不计的程度，而人均收入低于2300元的地区，贫困发生率都高于6%，有的甚至高达10%（中国发展研究基金会，2007：11）。国际学术界的相关研究显示，如果将贫困变化的影响因素分解为经济增长的因素和收入分配的因素，那么经济增长对短期的贫困变化的贡献率为70%，对长期的贫困变化的贡献率为95%（Kraay，2004）。这也解释了为什么很多国家在缺乏高的增长率条件下，只重视社会分配而不能实现减贫。因此，中国减贫的重要经验之一就是长期的高速经济增长为可持续的减贫提供了物质基础，这也是中国减贫的总体动力。

值得注意的是，从1978年到1985年，中国经济年均增长率接近10%，同期农业产出保持了7.7%的增长速度（宋洪远，2008：3），中国在这个阶段取得贫困人口减少一半的成就（Li，2013）。也就是说，按照中国的贫困线，贫困人口从1978年的2.5亿减少到1985年的1.25亿，即使按照中国新的贫困线，贫困人口减少的绝对数字也是1亿多，与低贫困线下贫困人口减

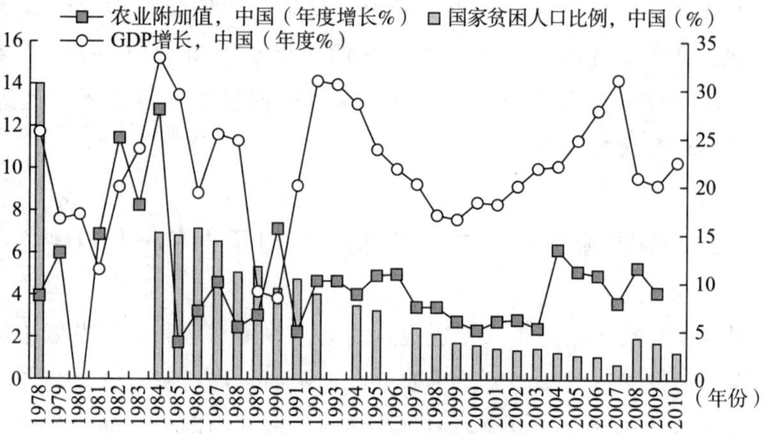

图 5　经济增长、农业发展和减贫的关系

资料来源：《中国农村贫困监测报告》（2000—2010）。

少的绝对数量基本一致。按照世界银行提供的 1981—2004 年数据，中国在 20 世纪 80 年代最初 3 年中减少了 40% 的贫困人口（Chen and Ravallion, 2007）。这些不同的数据在不同程度上暗示了中国的减贫与农业发展之间的密切关系。20 世纪 70—80 年代中期，农民的主要收入来源是农业，农民人均纯收入中来自农业的比重在 1978 年为 85%（宋洪远，2008：359），农业的发展直接促进了农民收入的提高。1978—1985 年，农民实际纯收入增长了 1.6 倍，年均增长率高达 15.2%，这个阶段无论是农业的增长还是农民收入的增长都是中国历史上最高的，同时，这个阶段农业的增长对经济增长的贡献率达到 35%（Li，2010），这也是一个相当惊人的数字。由此可见，1978—1985 年中国的经济增长在很大程度上来源于农业的增长，同时，大规模的减贫来自农业增长的驱动。事实证明，中国在 1.6% 的人口增长率下，实现了 7.7% 的农业高速增长，净增长率达到 6.1%，产生了农业的剩余，为其后的工业化提供了条件，以 1983 年为例，农村储蓄存款余额达到 391.3 亿元，比上年增加了约 40%（宋洪远，2008：238）。而对于非洲很多国家而言，农业的增长速度一直在 3%—4%，而人口增长率都超过 2%，农业的净增长率空间被压缩得很小。中国的经验表明，对于一个以农民为主体和以农业为主的国家来说，要想实现减贫需要首先推动农业的高速增长，否则无法实现真正有效的、可持续的减贫。

除了个别发达的资源型国家，世界上很少有国家完全依靠农业实现减贫和转型，工业化几乎是通向繁荣的必经之路。虽然对于采用何种方式，以及如何能实现社会和环境友好的包容性发展都有不同的争论，但工业化和减贫之间存在正向关系是明确的。当然批判发展主义者可能不同意这个观点，本文不针对这个问题进行讨论。以中国的实际来看，一方面，农业收入在农民收入中的比重从 1990 年开始逐年下降，到 1997 年已经下降到 60% 以下，2000 年更是跌至 50% 以下（宋洪远，2008：359）。另一方面，中国政府从 1984 年开始正式启动发展乡镇企业，开启了农村工业化的进程。1984—1988 年，中国乡镇企业总数从 606.5 万个增加到 1888.2 万个（宋洪远，2008：239），后经过 80 年代末和 90 年代初期的一系列调整之后，中国乡镇企业的数量在 1996 年达到 2336 万个（宋洪远，2008：250）；1978 年到 2006 年，中国乡镇企业的从业人数由 2827 万增加到 14680 万（宋洪远，2008：256）；农村就业结构中从事第一产业的人员占乡村就业人员的比重从 1985 年的 81.9% 下降到 2005 年的 59.5%（宋洪远，2008：257）；同期，农民收入构成中来自乡镇企业的收入比重从 8.2% 增加到 46.4%（宋洪远，2008：257），非农产业逐步成为农民收入的重要来源，同时成为减贫新的动力。农村工业化驱动了中国贫困人口持续下降，从 1985 年的 1.25 亿减少到 1995 年的 6500 万。有关研究指出，中国劳动密集的乡镇企业能很快吸收大量农村剩余劳动力的主要原因在于中国能在这个阶段提供大量受过初级教育的劳动力资源（Ravallion，2009），这部分劳动力资源主要得益于 1978 年之前初级教育的普及。

然而与农业发展的减贫效益相比，工业化的减贫影响往往非常复杂。一般来说，农业增长的减贫影响是其他产业的 4 倍（Ravallion，2009），这主要是因为农业是每个农民的职业，农民之间只要在土地分配上基本均等，那么农业的增长就意味着农民普遍的受益。但是，工业与其他产业不同。在农业高速增长之后，中国开始推动农村的工业化，并且这个模式具有很大的亲贫特点，但是，相比 1978—1985 年年均减贫人口 1786 万的业绩，1986—1990 年年均减贫人口下降到 800 万，1991—1995 年年均减贫人口只有 392 万，这一减贫速率的下降和农民收入增长的放缓直接相关。一方面，1986—1995 年，农民人均实际收入的年增长率仅为 3.6%，远远低于 1978—1985 年 15% 的年增长率；另一方面，随着农村工业化的推进，农村内部不平等状况日益凸显，按照国家统计局的农村住户抽样调查样本估算的农村内部收入差距的基尼系数从 1990 年的 0.31 上升为 2000 年的 0.35，2005 年再次增加到

0.38（中国发展研究基金会，2007：5）。减贫速率的下降和农村内部不平等的上升，意味着工业化过程加剧了减贫复杂性。今天，中国社会不平等程度偏高，既是工业化的后果，也与中国在不平等程度开始加深阶段没有及时采用更加包容的发展政策有关。

20世纪90年代中期之后，中国的发展开始进入大规模工业化和城市化阶段。大量外资急剧进入中国，乡镇企业开始转型。围绕着乡镇企业的发展，小城镇的数量急剧增加。国家统计局农调总队的统计显示，1985年中国共有建制镇7956个，到2002年，这一数字上升为19811个，首次超过乡的个数（宋洪远，2008：495）。大城市的“扩张运动”也在同时向前推进。在这一时代背景下，工业化和城市化引发了中国大规模的人口跨地区流动，农村流动人口的数量在2012年达到近2.5亿。1997—2000年，农民纯收入出现下降，但是来自劳务的收入有所增加；2001—2005年，工资性收入占农民纯收入的比重达到34.3%，对这个时期农民收入增长的贡献率达到51.6%，这说明农村劳动力转移在解决就业和增加农民收入方面扮演着越来越重要的角色（宋洪远，2008：491－492）。由此看来，工业化与城市化继续驱动贫困人口的减少，贫困人口从1995年的6500万减少到2005年的2365万。值得注意的是，大规模的人口流动增加了农民的收入，但也拉大了贫富差距。不平等的扩张期正好是农村人口流动最多的时期，也是城市迅速扩张的时期。这进一步证实了工业化和城市化的减贫缺陷，也催生了中国社会保障和开发并举的新的反贫困战略的形成。

虽然按照官方贫困线估算的贫困人口逐年减少，但这只是一个很低的贫困线，实际贫困人口的数量依然很大，更为严重的是减贫的速率越来越低，很显然依靠传统的经济发展策略来解决贫困问题的有效性已大打折扣。在政策方面，中国政府在1985年之后开始实施“专项扶贫计划”，特别是《国家八七扶贫攻坚计划（1994—2000年）》，开始探索瞄准性的开发式扶贫战略。开发式扶贫战略的核心是实践“协助经济发展”式的扶贫模式，希望通过对贫困地区和贫困群体的瞄准并施以特殊的政策来最终帮助其摆脱贫困。学术界就这一计划对减贫产生的影响存在不同的观点。有研究认为专项扶贫项目对于贫困并没有起到减缓作用（Huang，2008）；还有研究指出，扶贫项目对贫困群体的覆盖率仅为16%，低于对中等户51%和富裕户33%的覆盖率（李小云等，2006：159）；另有研究人员通过实证研究得出政府减贫投入的回报率可以达到12%—15.5%的结论（Ravallion and Jalan，1999）。客观来看，这一计划的实际意义在于政府认识到减贫不能完全依靠经济发展，在财力无法承担实施大规模的现金转移式扶贫的情况下，瞄准性的开发是减贫的有效辅助手段。开发式扶贫也为其后实施的社会保障计划创造了条件，例如从2003年开始实施新型农村合作医疗，2005年开始加大对农业的补贴，2006年开始实施免征农业税，2007年开始实施农村免费义务教育计划，以及同一年开始大范围实施农村最低生活保障计划，之后逐渐形成了中国针对贫困人口的全面的扶持战略。另外，我们也看到，从2001年起农民收入构成中各种转移性收入的比重逐年增加，贫困人口的收入中来自各种转移性收入的比重增加得更为显著，社会保障计划向农村地区的延展也成为新的历史阶段中国农村减贫的重要动力。

四　结论：中国减贫经验国家化要素的讨论

综上所述，中国的减贫经验是中国特定历史、政治和经济社会发展的产物，也是中国在全球化条件下融入全球经济过程的附属物。中国的高速经济增长和大规模的减贫经验如同西方工业化的经验一样属于人类共同的经验财富，已经成为全球发展知识体系的一个重要组成部分。几乎所有的发展类学术著作和论文都在不同程度上、从不同的角度关注这一经验，并希望对这一经验做出理论解释。新结构主义经济学就是其中的典型之一[①]。很多学者认为，中国的发展经验具有十分明显的中国特殊性，无论是历史，还是发展的政治、经济和社会条件都与其他发展中国家不同，尤其是中国作为一个大国，其人口规模庞大、国土幅员辽阔，这与很多小国组成的大陆是不同的，并使中国区域一体化的成本很低，能有效地形成巨大的生产能力和市场。因此，从这个角度来看，中国的减贫经验很难国际化。这些观点都是有价值的论述，然而，中国经验国际化的核心问题究竟是将中国发展和减贫的具体做法在国际上复制，还是将中国发展和减贫经验的内涵与国际社会进行有效的分享。笔者站在后一个立场上。

① 新结构经济学的概念由经济学家林毅夫教授提出，旨在以新古典经济学的方法来研究一个经济体中经济结构的决定因素及其变迁。相关文章可参见林毅夫（2011，2012b）。

首先，中国的发展和减贫是中国文明在当代全球化过程中的升华，是中国社会文化在历史上成功地吸纳非中国文化，并有机地与全球化融合的产物。这也是东亚的文化形态继日韩以及其他依循以儒家文化为代表的中国文化的国家和地区，如新加坡和中国台湾等，成功转型的又一个案例。无论是先期实现转型的国家和地区，还是中国与西方发达国家，它们在历史、政治背景以及社会经济条件等方面均存在很大的差异，但是这些国家和地区都通过不同的发展路径，在特定的历史时期内实现经济的高速发展和减贫。从这个意义上讲，东亚的国家和地区在20—21世纪的发展实践成为国际发展领域最值得关注的经验。这些经验具有其国际化的需求和基于实证的正当性，并且都在不同程度上影响甚至是改变和修正了西方发展理论和实践的框架。因此，中国的发展经验有理由通过理论的提升成为国际发展理论和实践框架的重要组成部分，而这个经验的核心要素就是“因地制宜”。

其次，除了原发性工业国家在其本土基于个人创新和市场发育所形成的“小政府—大社会”的发展模式，以及这个模式在北美和大洋洲的衍生，中国和东亚其他国家的经验都凸显了政府作为经济发展和减贫主导力量的重要性。这对于很多不具备西方发展的社会、经济条件的发展中国家而言具有很重要的参考价值。21世纪以来，国际发展领域出现的“政府归来”的现象正是受到中国和东亚其他国家发展经验的影响，中国发展的经验在某种程度上已经国际化，因此，政府长期“在场”所产生的一系列影响正是这一经验的独到之处。

再次，对于一个以农民为主体和以农业为主要经济活动的国家而言，优先发展农业是经济增长和减贫的基础。国际上虽然有以开发资源为主要经济活动的国家和个别以农业为经济支柱的国家，但它们中的大多数具备人口较少、资源丰富等特点，同时在历史上又普遍与欧洲存在直接的经济联系，因此它们实际上是发达经济体价值链的延伸部分，其发展经验并不具有普遍意义。农业和农村工业化的发展是中国经济增长和减贫的技术路径，而且中国高速的经济增长和大规模的减贫阶段不是中国最市场化的阶段，这意味着国家在农业发展和减贫中扮演着重要角色。这虽然无法适用于很多小的国家，因为小的国家无论是在经济规模还是在市场容量方面都无法保证产业链的完整，但是在区域一体化的过程中，贫困国家依然需要通过一定的整合规划将农业和工业化的发展与小农的生计连为一体。优先发展农业以及将农村工业与相应小城市的发展有机地连接起来，都是中国发展和减贫经验国际化中的重要内容。

最后，中国的经济增长和减贫伴随着不平等的加剧。实际上，从收入相对平均的时期开始进入经济增长和减贫的过程，不平等的扩大是不可避免的。如果过早地抑制不平等的扩大，会牺牲效率和错失经济增长的机会，进而影响减贫效果。20 世纪 80—90 年代，如果民粹主义的影响力比较大，中国将很难实现高速的经济增长和大规模的减贫。中国没有在经济增长的早期就实施大规模的社会保障，的确影响了今天社会的公平，但也为持续的经济增长和减贫积累了物质基础。主流意见认为今天开始大规模的社会投入和环境投入，代价太大，但如果过早地进行大规模投入，估计中国难以达到今天这样的发展水平。中国的发展和减贫经验中形成了一个“次序性”的问题，这既是一个经验，也可以说是一个教训。

参考文献

范慕韩，1985，《世界经济统计摘要》，人民出版社。

顾仲阳，2016，《2015 年全国农村贫困人口同比减少 1442 万人》，3 月 1 日，http://ccn.people.com.cn/GB/n1/2016/0301/c366510-28161668.html。

李小云，2014，《分享中国经验莫陷入误区》，《环球时报》9 月 25 日，https://opinion.huanqiu.com/article/9CaKrnJFBuY。

李小云等，2006，《中国财政扶贫资金的瞄准与偏离》，社会科学文献出版社。

李小云、于乐荣、齐顾波，2010，《2000～2008 年中国经济增长对贫困减少的作用：一个全国和分区域的实证分析》，《中国农村经济》第 4 期。

林毅夫，2011，《新结构经济学——重构发展经济学的框架》，《经济学（季刊）》第 1 期。

林毅夫，2012a，《解读中国经济》，北京大学出版社。

林毅夫，2012b，《新结构经济学——反思经济发展与政策的理论框架》，北京大学出版社。

宋洪远，2008，《中国农村改革三十年》，中国农业出版社。

汪三贵，2008，《在发展中战胜贫困——对中国 30 年大规模减贫经验的总结与评价》，《管理世界》第 11 期。

王萍萍、徐鑫、郝彦宏，2015，《中国农村贫困标准问题研究》，《调研世界》第 8 期。

张全红、张建华，2010，《中国农村贫困变动：1981－2005——基于不同贫困线标准和指数的对比分析》，《统计研究》第 2 期。

张为民，2015，《脱贫步伐加快，扶贫成效显著，我国贫困人口大幅减少》，《中国信息报》10 月 16 日。

郑永年，2009，《国际发展格局中的中国模式》，《中国社会科学》第 5 期。

中国发展研究基金会，2007，《在发展中消除贫困》，中国发展出版社。

中华人民共和国教育部计划财务司，1984，《中国教育成就统计资料（1949—1983）》，人民教育出版社。

Bauer, A. and M. Thant. 2011. "Poverty and Sustainable Development in Asia: Impacts and Responses to the Global Economic Crisis." *Asian-Pacific Economic Literature* 25: 170 – 171.

Chen, S. and M. Ravallion. 2007. "Absolute Poverty Measures for the Developing World, 1981 – 2004." Proceedings of the National Academy of Sciences.

Huang, J. 2008. *Institutional Change and Sustainable Change: 30 Years of China's Agricultural and Rural Development* (Shanghai: Shanghai Peoples' Press).

Kraay, Aart. 2004. "When Is Growth Pro-Poor? Cross-Country Evidence." IMF Working Paper.

Large, D. 2008. "Beyond 'Dragon in the Bush': The Study of China-Africa Relations." *African Affairs* 426: 45 – 61.

Li, Xiaoyun. 2010. "China's Economic Growth and Poverty Reduction after the Year 2000." *China Rural Economy* 1: 23 – 35.

Li, Xiaoyun. 2016. "PRC's Poverty Reduction Experiences and Possible Implications for Effective Regional Cooperation." Forthcoming.

Li, Xiaoyun. 2013. "What Can Africa Learn from China's Agricultural Miracle?" OECD Development Co-operation Report 2013: Ending Poverty.

Ravallion, M. 2009. "Are There Lessons for Africa from China's Success Against Poverty?" *World Development* 37: 303 – 313.

Ravallion, M. and J. Jalan. 1999. "China's Lagging Poor Areas." *The American Economic Review* 89: 301 – 305.

第二部分

中国减贫的治理视角

1

精准扶贫与国家减贫治理体系现代化*

吕　方**

改革开放以来，中国共产党领导下中国政府主导的减贫治理取得举世瞩目的重大成就，被国际社会誉为减贫治理的“中国道路”。过去的30多年间，中国有7亿多贫困人口摆脱贫困，农村贫困人口减少到2016年的4335万人，贫困发生率下降到4.5%，贫困地区基础设施明显改善，基本公共服务保障水平显著提升，贫困人口的生存权、发展权等各项权益得到有效保障。知识界的一个基本共识在于，中国之所以能够取得如此巨大的减贫成就，起决定性作用的因素是，在30多年持续不断的探索中，因应各个时期的减贫形势变动，中国国家减贫治理体系能够做出适应性调整，并且经历着不断的自我完善与发展过程。打赢全面建成小康社会背景下的脱贫攻坚战，为中国国家减贫治理体系的进一步完善与发展提出全新的课题。作为对时代呼唤的响应，党的十八大以来，中国国家减贫治理体系在习近平扶贫开发战略的指引下，以精准扶贫精准脱贫的基本方略为根本，进行密集的调整与优化，现代化水平和治理能力显著提升，但同时也有一些需要进一步完善的方面。本研究聚焦于脱贫攻坚时期中国国家减贫治理体系现代化建设的主要维度和特点，阐释国家减贫治理体系现代化对于打赢全面建成小康社会背景下的脱贫攻坚战所具有的重大意义，并讨论其进一步完善的路径与方法。

一　国家减贫治理体系现代化的时代背景与必然性

从历史的长时段视角来看，中国国家减贫治理体系的演进具有显著的反

* 原文刊发于《中国农业大学学报》（社会科学版）2017年第5期。

** 吕方，华中师范大学社会学院副教授，华中师范大学可持续发展研究中心研究人员。

思性和发展性特征，即在扶贫开发工作的各个阶段，以农村改革和政府扶贫干预为主轴，科学研判制约农村减贫与发展的瓶颈因素，找准释放减贫动力[①]的关键领域和关键环节，不断优化减贫治理的政策工具，注重运用好市场机制和社会力量，从而提升国家减贫治理体系的有效性。党的十八大以来，打赢全面建成小康社会背景下脱贫攻坚战的“时代呼唤”，对国家减贫治理体系建设提出一系列新的挑战与新的命题，中国扶贫道路的完善站在了全新的历史节点。

（一）中国国家减贫治理体系的历史演进

改革开放以来，中国国家减贫治理体系的演进，经历了若干重要的阶段[②]。起自20世纪70年代末的农村改革，构成了中国农村减贫的最初动力。农村经营体制层面的重大改革举措，极大地激发了农民的劳动热情。在随后几年的农村改革中，家庭经济的兼业化特征逐渐显现，乡镇企业的快速崛起为农村富余劳动力提供了非农就业的机会，区域性市场逐步兴起，家庭副业成为农户生计的重要补充（吕方、梅琳，2017a）。此后，通过不断深化改革的办法，打破制约农村发展的瓶颈、补齐各类短板，从而激发农村发展的潜能，始终是中国国家减贫治理体系的基本特征之一。1986年，国务院扶贫开发领导小组的前身——国务院贫困地区经济开发领导小组成立，其职能定位为“组织调查研究，拟定贫困地区经济开发的方针、政策和规划，协调解决开发建设中的重要问题，督促、检查和总结交流经验”。1993年，国务院贫困地区经济开发领导小组与“三西地区农业建设领导小组”合并，同时正式更名为国务院扶贫开发领导小组。至此，中国政府建立了专门的议事协调机

① 大致而言，中国农村减贫的主要动力包括三个方面：其一，持续推进的各项农村改革，为脱贫攻坚提供了有力支撑；其二，持续增长的中国经济对贫困人口脱贫形成了有效带动；其三，强有力的国家干预，构筑起坚实有效的减贫政策体系。

② 较为常见的划分是“五阶段说”。按照这种观点，1978年中国农村改革元年至1986年，是中国农村贫困治理的第一个阶段，主要的减贫动力来自普遍意义的农村改革；1986—1993年，国家成立了专门的扶贫开发机构，推动经济落后地区的发展与减贫；1994—2000年，《国家八七扶贫攻坚计划（1994—2000年）》实施；2001—2010年，《中国农村扶贫开发纲要（2001—2010年）》颁布与实施；2011年至今为第五阶段。这种划分方式主要依据的是国家扶贫开发规划的继替。另有研究者提出，2007年，农村最低生活保障制度的建立标志着中国形成了开发式扶贫与兜底式扶贫相结合的治理体系，继而2013年，精准扶贫理念和方略付诸实施，标志着中国扶贫开发进入全面建成小康社会背景下的脱贫攻坚时代。

构，有组织地推进开发式扶贫的战略。1994 年，中国政府组织实施《国家八七扶贫攻坚计划（1994—2000 年）》，力争在 20 世纪的最后 7 年时间里，解决 8000 万农村贫困人口的温饱问题。在这一时期，国家专项减贫干预领域走出"救济式扶贫"、推进"开发式扶贫"的思路更加清晰和明确，强调通过综合运用土地改良和基本农田建设、发展经济作物、创造非农就业、改善基础设施、完善公共服务等方法，整体性地提升贫困社区和贫困人口的发展能力。2001 年 6 月，中国政府颁布实施了《中国农村扶贫开发纲要（2001—2010 年）》。国家强有力的惠农政策和专门的减贫干预与人民群众的自身努力相结合，促使贫困地区的发展面貌显著改观。特别是，政府专项扶贫模式和方法不断成熟，行业扶贫的参与形式不断丰富，社会扶贫领域活力逐渐显现，国家减贫治理体系中"三位一体"的大扶贫工作格局初步形成。

（二）国家减贫治理体系现代化的"时代呼唤"

在全面建成小康社会时期，打赢脱贫攻坚战具有重大的战略意义。同时，随着新时期中国农村减贫形势的变化，既往的减贫治理体系难以有效适应新阶段的减贫需求，迫切需要整个国家减贫治理体系的调整与完善。可以说，推进国家减贫治理体系的现代化建设，提升治理能力，恰恰是在回应打赢全面建成小康社会背景下脱贫攻坚战这一"时代命题"的呼唤。

其一，打赢脱贫攻坚战具有重大的战略意义。脱贫攻坚不是一个补短板的问题，而是一个全局性的战略问题。中国走过了近 40 年的改革开放历程，站在了全面建成小康社会、实现"第一个百年目标"的时间节点。中国经济总量已经达到全球第二位，具备了全面建成小康社会的基础，但贫困地区的短板因素依然十分显著（刘永富，2016）。近年来，中国进入经济运行的新常态，随着利益格局的分化，各种社会矛盾到了积聚期，这是对党的执政能力的巨大考验。脱贫攻坚不仅能够补齐全面小康的突出短板，同时是重大的民生战略和民心战略，体现着中国共产党执政为民的初心，是巩固党的执政基础的关键之举。此外，实施脱贫攻坚，有利于促进区域协调发展、城乡统筹发展，为中国扩大对内开放、培育经济增长新动能、促进发展模式转型具有重要的发展战略意义。还应看到，打赢脱贫攻坚战，需要通过深化改革的办法，完善基层治理体系，提升基层治理能力。应当认识到脱贫攻坚与基层治理体系完善和治理能力提升之间的辩证关系，看到实施脱贫攻坚的基础战略意义。

其二，中国农村减贫形势发生了重要的变化。进入新时期，中国农村贫困人口的分布发生了显著的变动，主要分布在以武陵山区、乌蒙山区、秦巴山区、滇黔桂石漠化区等为代表的 14 个集中连片特困地区。深入考察便会发现，这些地区多具有自然地理条件的复杂性和经济社会文化的多元性特点。在贫困片区之间、片区内部，乃至同一县域的不同地点、不同社区，致贫因素的组合皆具有差异性（吕方，2012）。从减贫治理的角度来看，新时期中国农村贫困问题受到多重因素共同影响，既体现了中国农村改革与发展的一般性问题，又具有自身的特殊性。从致贫因素来看，农村贫困地区的减贫与发展面临基础设施支撑不足、公共服务水平不高、产业基础薄弱、基层组织战斗堡垒作用弱化等多重短板因素制约。因而，有效的贫困治理必然建立在认识到贫困成因具有系统性、综合性的基础上，统筹各类资源，协调各种力量，形成合力，系统性地改善贫困地区的发展面貌（吕方、梅琳，2017b）。换言之，随着中国农村减贫形势的变迁，有效的贫困治理意味着不断增强国家减贫干预对于贫困地区、贫困社区和贫困农户多元化、差异化需求的综合性回应能力。国家减贫治理体系的现代化建设，一方面应着眼于各项政策之间的配合与衔接，形成完备的政策体系；另一方面应着力提升政策供给与政策需求的匹配程度，实现减贫治理的“滴灌式”作业。

其三，既往的减贫治理模式难以适应新时期的减贫需求。毫无疑问，过去 30 余年间，中国共产党领导下中国国家减贫治理体系的建设取得突出成就，但既有的减贫治理模式和手段，已经难以适应新时期的减贫需求。国际经验表明，贫困人口总量占总人口比重下降到 10% 以下的时候，一般性的经济增长对减贫的涓滴效应将逐渐消失（Banerjee and Duflo，2003）。以 2010 年不变价格 2300 元的贫困线计算，2012 年中国贫困人口总体规模为 9899 万人，占总人口比例为 10.2%。如何形成更为有效的综合性政策工具组合，有效回应贫困人口的减贫与发展需求，是新时期国家减贫治理体系建设的根本问题。复杂性在于不同的贫困地区和贫困社区，致贫因素组合和潜在的资源禀赋均存在差异，因此在实践层面保持国家减贫干预对具体情境的适用性，是避免政策资源错配、提升干预成效的关键所在（吕方、梅琳，2017c）。换言之，如何更为准确地掌握贫困社区和贫困农户层面的基础信息，在科学研判致贫因素的基础上，综合运用多元化的支持手段，滴灌式回应贫困人口的需求，是脱贫攻坚过程中国家减贫治理体系建设所必须解决的问题。此外，应当看到，存量贫困人口都是“贫中之贫、困中之困”，属于“难啃的硬骨头”，特别是“两高、一低、一差、三重”① 的深度贫困地区，国家减贫治理体系建设需要凝聚更为广泛的合力，以过硬办法和过硬举措确保打赢脱贫攻坚战。

最后，30 多年的扶贫经验积累和国家发展取得的成就，为国家减贫治理体系现代化提供了经验和国力基础。改革开放以来的 30 多年间，中国国家减贫治理取得举世瞩目的成就，形成了独具特色的中国减贫道路，为新时期国家减贫治理体系现代化和治理能力提升提供了经验基础。30 多年间，中国扶贫开发在专项扶贫、行业扶贫和社会扶贫领域都形成了一些行之有效的减贫经验，大扶贫的工作格局基本形成。同时，改革开放以来中国经济总量、政府财政实力都有了快速增长，为一揽子解决绝对贫困问题提供了财力保障。

二　党的十八大以来国家减贫治理体系现代化的措施与成效

党的十八大以来，以习近平同志为核心的党中央高度重视扶贫开发，将打赢脱贫攻坚战作为全面建成小康社会的底线目标和标志性指标，纳入“五位一体”总体布局和“四个全面”战略布局，摆到治国理政的重要位置，以前所未有的力度推进。中共中央、国务院出台《中共中央、国务院关于打赢脱贫攻坚战的决定》《“十三五”脱贫攻坚规划》等纲领性、统揽性重要文件，对脱贫攻坚总体思路、目标任务、实现路径进行了决策部署。各部门、各领域结合工作实际，密集出台了一揽子政策文件，共同构筑起“精准扶贫、精准脱贫”国家减贫治理体系的“四梁八柱”，为各地结合实际推进脱贫攻坚提供了有效支撑。

---

① 习近平总书记在深度贫困地区脱贫攻坚座谈会上的讲话，提出深度贫困地区的贫困问题体现为“两高、一低、一差、三重”，即贫困人口占比高、贫困发生率高，人均可支配收入低，基础设施和住房差，低保五保贫困人口脱贫任务重、因病致贫返贫人口脱贫任务重、贫困老人脱贫任务重。参见习近平（2017a）。

（一）国家减贫治理体系现代化的思想指引

全面建成小康社会背景下的脱贫攻坚战，开启了中国减贫治理的一个新时代。作为对时代呼唤的回应，党的十八大以来，习近平总书记围绕打赢脱贫攻坚战的重大战略意义，如何认识新时期中国农村贫困问题，以及如何构建新时期国家减贫治理体系发表了一系列重要的论述，做出一系列重要指示和批示，形成了逻辑严密、体系完整、内涵丰富的扶贫开发战略思想体系，为国家减贫治理体系现代化和治理能力提升提供了科学的指引（黄承伟，2017）。习近平总书记指出，新时期国家减贫治理体系的现代化，要坚持发挥好中国特色扶贫开发道路的政治优势和制度优势，"脱贫攻坚任务重的地区党委和政府要把脱贫攻坚作为'十三五'期间头等大事和第一民生工程来抓，坚持以脱贫攻坚统揽经济社会发展全局。要层层签订脱贫攻坚责任书、立下军令状，形成五级书记抓扶贫、全党动员促攻坚的局面"（习近平，2015）。"要强化领导责任、强化资金投入、强化部门协同、强化东西协作、强化社会合力、强化基层活力、强化任务落实，集中力量攻坚克难，更好推进精准扶贫、精准脱贫，确保如期实现脱贫攻坚目标。"（习近平，2017b）习近平总书记在部分省（区、市）扶贫攻坚与"十三五"时期经济社会发展座谈会、中央扶贫开发工作会议发表重要讲话，全面部署脱贫攻坚工作，系统阐释了"精准扶贫、精准脱贫"的基本方略。这些战略思想，全面论述了国家减贫治理体系现代化的关键在于发挥好中国特色扶贫开发道路的"两个优势"，坚持"精准扶贫、精准脱贫"的基本方略，以改革创新的办法，破除各种体制机制障碍，形成最广泛的合力，从而有效提升国家减贫治理能力。

（二）党的十八大以来国家减贫治理体系现代化的主要内容

从学理层面看，国家减贫治理体系的新一轮调整，意在增强国家减贫行动对于贫困地区、贫困社区和贫困人口多元化、差异化需求的回应能力。这一过程的突出特点在于以准确掌握农村减贫与发展需求为基础，将政治优势和制度优势的发挥与全面深化改革相结合，形成更加完备的政策体系，综合运用政府、市场、社会三种机制、三种资源，因地制宜、分类施策，系统性地激发贫困地区、贫困社区和贫困人口的内生发展动能。接下来，本文将借鉴并发展哈佛学派关于国家能力讨论（埃文斯等，2009）的框架，从信息汲取能力、政治保障和制度保障能力、系统回应能力、资源动员能力、政策执行能力五个方面讨论党的十八大以来国家减贫治理体系现代化的主要内容。

其一，通过“减贫大数据”建设，掌握新时期中国农村贫困的“底数”，为相关政策安排提供坚实的信息基础，提升国家减贫治理体系的信息汲取能力（王雨磊，2016）。长期以来，底数不清、情况不明，是制约国家减贫干预取得实效的主要原因之一。2014 年，被誉为精准扶贫“一号工程”的建档立卡工作在全国范围铺开。各省密集推进，在当年 10 月实现了数据全国并网。经历了多轮“精准扶贫回头看”以后，建档立卡数据的精度大幅提升。建档立卡的“减贫大数据”不仅找准了贫困人口，解决了“扶持谁”的问题，也为回答“怎么扶”的问题提供了坚实的基础信息。在过去 5 年的实践中，“五个一批”、“深度贫困地区”脱贫攻坚等重大战略决策都建立在对建档立卡大数据的动态管理和科学分析基础之上。毫无疑问，“减贫大数据”有效提升了减贫政策安排的科学化程度，是中国国家减贫治理体系理性化程度的重大跃升。

其二，发挥好政治优势和制度优势，是国家减贫治理体系有效运转的政治保障和制度支撑。脱贫攻坚进入攻坚拔寨的阶段，任务十分艰巨，打赢脱贫攻坚战需要凝聚全党全社会的合力。2015 年 11 月，中共中央、国务院颁布了《中共中央、国务院关于打赢脱贫攻坚战的决定》，将打赢脱贫攻坚战上升为执政党和中国政府的重大战略决定，为全党统一认识、协调行动提供了思想基础。按照习近平总书记的要求，脱贫攻坚任务重的省（区、市）要将扶贫开发作为统揽经济社会发展全局的“第一民生工程”。全国范围自上而下形成了省、市、县、乡、村“五级书记一起抓扶贫”的局面，对地方工作主要考核减贫成效、精准识别、精准帮扶、扶贫资金使用管理等方面，涉及建档立卡贫困人口减少和贫困县退出计划完成情况、贫困地区农村居民收入增长情况、贫困人口识别和退出准确率、群众帮扶满意度、扶贫资金绩效等指标，确立了脱贫实效导向，确保脱贫攻坚质量经得起实践和历史检验。此外，注重基层党建促进脱贫攻坚，有效提升贫困村基层党组织战斗堡垒作用。同时，发挥好“集中力量办大事”的制度优势。中央明确指出扶贫投入力度要与打赢脱贫攻坚战的要求相匹配。这些顶层设计，为新时期国家减贫治理体系的有效运转，提供了有力的政治保障和制度支撑。

其三，形成完备的政策体系，提高国家减贫治理系统化程度，提升综合性回应减贫需求的能力。围绕贯彻落实习近平总书记扶贫开发战略思想，确保打赢脱贫攻坚战，中央层面科学谋划精准扶贫、精准脱贫的政策体系。2015年，中共中央、国务院颁布了《中共中央、国务院关于打赢脱贫攻坚战的决定》，并出台了一系列配套文件。据不完全统计，中央和国家机关各部门累计出台超过120个政策文件或实施方案，内容涉及贫困户建档立卡、驻村干部选派与管理、扶贫开发体制机制创新、财政扶贫资金管理办法改革、扶贫开发成效考核、精准退出，以及产业扶贫、易地搬迁扶贫、劳务输出扶贫、交通扶贫、水利扶贫、教育扶贫、健康扶贫、金融扶贫、农村危房改造等多个领域和方面，系统落实了习近平总书记提出的通过实现"六个精准"、做好"五个一批"，解决好"四个问题"的精准扶贫、精准脱贫基本方略，对很多"老大难"问题有了针对性的措施，打出政策组合拳。这些政策为各行业、各部门、各领域合力推进脱贫攻坚工作设定了行动指南，为有效回应贫困地区、贫困社区和贫困农户多层次、多元性、差异化需求提供了政策保障。

其四，运用好政府、市场与社会三种机制、三种资源，为脱贫攻坚凝聚巨大的合力，提升国家减贫治理体系的资源动员能力。中国农村贫困问题的成因具有复杂性、多元性的特点，因而有效的贫困治理需要同时解决两个方面的问题，即一方面要着力补齐贫困地区、贫困社区在基础设施、公共服务、基层组织、基本产业等领域的短板，综合性地改善其发展环境；另一方面要坚持因地制宜、分类扶持的原则，让政策资源"精准"响应贫困社区和贫困人口差异化的需求。易言之，赢得脱贫攻坚战的胜利，需要更好地发挥政府的主导作用，在加大专项扶贫的政策投入、优化专项扶贫政策模式的同时，强化各行业部门、社会力量的有序参与，形成系统性回应各类减贫需求的政策方案。此外，从建档立卡的数据分析来看，近半数的贫困人口可以通过发展生产、扶持就业的方式实现脱贫，通过优化政策环境，让市场有效运转起来，从而带动贫困人口脱贫增收，仍是重要的减贫策略。

其五，发挥好中央和地方两个积极性，提升国家减贫治理体系的适应性和执行力。不同于一般性的公共治理项目，国家主导的减贫与发展需要同时发挥好中央和地方"两个积极性"（吕方、梅琳，2017c）。信息经济学的理论成果表明，大量对于有效治理至关重要的信息，分散在地方情境。一方面，相对于中央政府而言，基层政府组织更易于掌握这些信息，因而将政策"操作文本"形成的事权下沉到地方，有利于政策供给与政策需求的"精准”匹配。另一方面，减贫治理涉及统筹协调各方主体，需要强有力的顶层设计整体谋划，有序推进。党的十八大以来，中国减贫治理领域形成了“中央统筹、省负总责、市县抓落实”的扶贫开发管理体制。中共中央、国务院主要负责统筹制定扶贫开发大政方针，出台重大政策举措，规划重大工程项目。省（区、市）党委和政府对扶贫开发工作负总责，结合省（区、市）情，抓好目标确定、项目下达、资金投放、组织动员、监督考核等工作。市（地）党委和政府主要职责在于做好上下衔接、域内协调、督促检查工作，把精力集中在贫困县如期摘帽上。县级党委和政府承担主体责任，书记和县长是第一责任人，结合县域实际，做好进度安排、项目落地、资金使用、人力调配、推进实施等工作①。通过明晰党政分工的治理格局、借助政府间权责关系的调整，国家减贫治理实现精准施策、有力执行有了制度上的保障。

（三）国家减贫治理体系现代化取得的成就

经过近5年时间的密集调整，脱贫攻坚时代的中国国家减贫治理体系不断完善，现代化水平显著提升，为地方有序推进扶贫开发工作，确立了基本的政策框架和体制机制安排。各地在习近平扶贫开发战略思想的指引下，坚持精准扶贫精准脱贫的基本方略，坚持因地制宜抓好政策落实，在实践中勇于创新，形成了丰富的地方模式，取得突出的减贫成就。5年来，脱贫攻坚取得非凡成绩。2013—2016年，年均减少贫困人口超过1391万人，农村贫困发生率从2012年底的10.2%下降至2016年底的4.5%，贫困地区农村居民可支配收入年均名义增长12.8%，高于全国平均水平2.7个百分点（刘永富，2017）。贫困地区基础设施、公共服务短板逐渐补齐，发展环境明显改善，贫困社区和贫困人口内生发展动力逐步形成。脱贫攻坚促进了各项改革发展成果更多更公平惠及全体人民，增强了贫困群众的获得感，为贫困群众的生存权、发展权提供了有力保障，为打赢全面建成小康社会背景下的脱贫攻坚战奠定了坚实基础，为应对经济新常态、打造经济增长新引擎创造了有利条件，为巩固党的执政根基凝聚了党心、民心。2017年，一些县相继整县脱贫摘帽，县域发展面貌为之一新，城乡协调发展稳步推进，贫困社区和贫

① 《中共中央、国务院关于打赢脱贫攻坚战的决定》，2015年11月29日。

困农户的内生发展动能逐渐形成。这些非凡成就证明了习近平总书记扶贫开发战略思想的思想性、战略性、前瞻性和指导性，证明了习近平总书记扶贫开发战略思想指引下的中国国家减贫治理体系具有有效性，证明了中国共产党领导和中国特色社会主义制度的优越性，增进了全党全社会对中国特色社会主义的道路自信、理论自信、制度自信和文化自信。

三　讨论与思考：国家减贫治理体系的特点与展望

以习近平总书记扶贫开发战略思想为指引，中国政府坚持精准扶贫、精准脱贫方略，中国国家减贫治理体系的现代化水平和治理能力显著提升，其主要特点包括：发挥政治优势，层层落实脱贫攻坚责任；不断完善精准扶贫政策工作体系，切实提高脱贫成效；坚持政府投入的主体和主导作用，不断促进金融资金、社会资金投入脱贫攻坚；坚持专项扶贫、行业扶贫、社会扶贫等多方力量有机结合的大扶贫格局，发挥各方面的积极性；尊重贫困群众扶贫脱贫的主体地位，不断激发贫困村、贫困群众内生动力。过去5年的实践表明，以“精准扶贫、精准脱贫”为基本方略的国家减贫治理体系现代化建设取得非凡成就，中国逐渐探索出一套具有科学性和有效性的减贫治理体系，为打赢脱贫攻坚战提供了有力保障，为全球减贫治理贡献了“中国方案”。

但同时也应当认识到，中国国家减贫治理体系现代化的过程仍在不断推进，因应不断变化的减贫与发展形势，国家减贫治理体系仍处于不断自我完善与优化的过程，而发展性和反思性恰恰是中国国家减贫治理体系现代化的核心特质之一。首先，脱贫攻坚进入攻克最后堡垒的阶段，减贫难度激增，存量贫困人口发展能力低，实现“三保障”更显必要，同时成本更高。特别是“深度贫困地区”，贫困发生率高，基础设施薄弱，公共服务发展滞后，村级组织战斗力弱，要实现有效减贫，需要拿出更加过硬的办法和举措。其次，经过不懈的努力，国家减贫治理体系的“四梁八柱”性质的顶层设计已经搭建起来，但一些地方在结合实际贯彻落实的过程中，存在形式主义的问题，以行政思维替代减贫治理思维的倾向依然存在，特别是局部存在片面强调政治动员，而忽视配套的政策设计和体制机制创新的问题，制约着国家减贫治理体系现代化成果的显现。最后，到2020年，中国完全有能力消除“绝对贫困”现象，在打赢脱贫攻坚战以后，中国国家减贫治理体系需要进一步调整，以迎接巩固全面建成小康社会成果，继续改善民生、实现共同富裕的使命和任务。

要言之，中国国家减贫治理体系现代化是一个持续的历史进程，坚持回应民生之需、人民之盼，坚持发挥好政治优势和制度优势，全面深化改革，不断推进体制机制创新，是中国国家减贫治理体系不断成熟的基本经验。中国“摆脱贫困”走向“共同富裕”的道路，必将不断地为世界减贫与发展贡献经验和智慧。

参考文献

埃文斯，彼得、迪特里希·鲁施迈耶、西达·斯考克波，2009，《找回国家》，方力维等译，三联书店。

黄承伟，2017，《打赢脱贫攻坚战的行动指南——学习领会习近平扶贫开发战略思想》，《红旗文稿》第 16 期。

刘永富，2016，《确保在既定时间节点打赢脱贫攻坚战——学习贯彻习近平总书记关于扶贫开发的重要论述》，《社会治理》第 1 期。

刘永富，2017，《不忘初心坚决打赢脱贫攻坚战——党的十八大以来脱贫攻坚的成就与经验》，《求是》第 11 期。

吕方，2012，《发展的想象力：迈向集中连片特困地区贫困治理的理论创新》，《中共四川省委省级机关党校学报》第 3 期。

吕方、梅琳，2017a，《“精准扶贫”不是什么？——农村转型视阈下的中国农村贫困治理》，《新视野》第 2 期。

吕方、梅琳，2017b，《精准扶贫：农村贫困治理的关键》，《中国社会科学文摘》第 6 期。

吕方、梅琳，2017c，《“复杂政策”与国家治理——基于国家连片开发扶贫项目的讨论》，《社会学研究》第 3 期。

王雨磊，2016，《数字下乡：农村精准扶贫中的技术治理》，《社会学研究》第 6 期。

习近平，2015，《习近平在中央扶贫工作会议上强调 脱贫攻坚战冲锋号已经吹响 全党全国咬定目标苦干实干》，《人民日报》11 月 29 日，第 1 版。

习近平，2017a，《在深度贫困地区脱贫攻坚座谈会上的讲话》，《求是》第 17 期。

习近平，2017b，《习近平主持中共中央政治局第三十九次集体学习》，2 月 22 日，http://www.gov.cn/xinwen/2017-02/22/content_5170078.htm。

Banerjee, A., and E. Duflo. 2003. “Inequality and Growth: What Can the Data Say?” *Journal of Economic Growth* 8: 267 - 299.

2

中国贫困治理的路径转向*

——从绝对贫困消除的政府主导到相对贫困治理的社会政策

叶敬忠**

2020年，中国将实现现行标准下农村贫困人口的脱贫、全部贫困县的摘帽、区域性整体贫困的解决这一宏大目标。此成就前所未有、举世瞩目。在此背景下，国内各界关于扶贫议题的讨论正在从绝对贫困的消除向相对贫困的治理转向。基于对贫困、绝对贫困和相对贫困特征的认识和区分，本文将对绝对贫困消除过程中的成功经验进行深入分析，从而思考相对贫困治理中的路径和实践转向，并对2020年之后几年的中国扶贫工作进行展望。

一　绝对贫困和相对贫困的特征厘定

绝对贫困和相对贫困的不同特征决定了中国贫困治理工作的不同取向。在基本概念上，绝对贫困指的是生存贫困，是指在一定的生产方式和生活方式下，个人或家庭的劳动所得和其他收入不能维持基本生存需要（谭礼剑，2008）。在衡量标准上，绝对贫困具有固定的量化标准，其判定重点在于把握“基本生存需要”。如世界银行1990年根据购买力平价将每人每天1美元作为低贫困标准，2008年将低贫困标准调整为每人每天1.25美元，并将每人每天2美元定为高贫困标准，2015年分别将低贫困标准和高贫困标准调整为每人每天1.9美元和3.1美元。而中国现行的绝对贫困标准是以2010年不变价的每人每年2300元为基准，每年的实际贫困线根据物价变化相应调整（叶兴庆、殷浩栋，2019）。

---

* 原文刊发于《社会发展研究》2020年第3期。

** 叶敬忠，中国农业大学人文与发展学院教授。

从定义来看，绝对贫困本身就具有相对性，既是个人或家庭本身的内在相对性，也是个人或家庭发展中结果与手段的相对性，即基本生存需要与生产方式和生活方式的相对性。但绝对贫困的标准在特定时间段是固定的。在分布上，绝对贫困具有集中性，贫困单元主要指户或家庭，因此其瞄准具有明确性。在性质上，绝对贫困呈现的是一种个体家户的贫困状态，其生产发展难以满足生存（消费）需求，发展手段难以实现发展目标，是原生贫困状态。因此，绝对贫困从根本上属于发展性问题，是个体家户的发展资源不充分和发展能力不足的体现。在政策取向上，政府需要通过实施积极而直接的发展干预行动，使贫困人口的生活标准达到贫困线以上。当前的精准脱贫即通过多元化的扶贫措施，如产业扶贫、社会保障兜底扶贫以及生态补偿扶贫等，增加贫困人口的发展资源数量，提升贫困人口的发展能力，通过强有力的发展干预措施来消除绝对贫困。

相对贫困则是指与社会平均收入水平相比，个人或家庭收入低到一定程度时的社会生活状态，即相对于社会普遍的生活水平，一部分人处于社会平均水准的最下层（李强，1996；谭礼剑，2008）。在衡量标准上，相对贫困不具有固定的衡量标准，相对贫困线随社会发展状况而调整。相对贫困的识别具有复杂性，如有的国家将收入低于平均收入 40% 的人口视为相对贫困人口，而世界银行将收入低于平均收入 1/3 的社会成员视为相对贫困人口（谭礼剑，2008）。在中国，有学者将居民收入中位数的 40% 作为 2020 年后的相对贫困线，帮扶规模约占全国总人口的 10%，每 5 年或 10 年可对相对贫困线进行调整（邢成举、李小云，2019；叶兴庆、殷浩栋，2019）。

相对贫困指的是群体的外在相对性，即相对贫困群体与社会平均生活水平的相对性。相对贫困的标准随着社会经济发展程度的变化而变化。在分布上，相对贫困现象从农村延至城市，呈现城乡交织的分散式状态（张传洲，2020），因此相对贫困的瞄准具有很大的难度。在性质上，与绝对贫困作为个体性的贫困状态不同，相对贫困更多强调的是财富或收入在不同社会阶层和不同社会群体之间的不平等分配。相对贫困不仅关注经济贫困，而且重点关注区域差异、经济基础和社会结构等多种因素对贫困人口的影响（向德平、向凯，2020）。相对贫困在根源上从属于社会结构性问题。在政策取向上，作为社会发展转型伴生状态的相对贫困具有长期性，因此需要在干预措施上重点考虑社会结构的综合性和整体性调整，考虑设置全面而长效的社会政策来逐步缓解相对贫困。

对绝对贫困和相对贫困的多维度比较呈现了二者在本质特征方面的截然不同（见表1）。针对绝对贫困的个体性和发展性问题特征，中国采取了积极有效的扶贫干预行动，取得巨大成就。而相对贫困的群体性不平衡和群体间的“比较”特征，呼唤以社会整体发展为目标的长效机制。

表1　绝对贫困和相对贫困的不同特征

贫困类型	绝对贫困	相对贫困
概念内涵	相对于生产方式和生活方式，收入不能维持基本生存需要	相对于社会平均收入水平，收入低到一定程度
相对性质	内在相对性，结果与手段的相对性，基本生存需要相对于生产方式和生活方式	外在相对性，群体之间的相对性，相对贫困群体水平相对于社会平均水平
衡量标准	特定时期内固定	随经济发展程度动态变化
贫困分布	集中性	分散性
贫困性质	家户的贫困	最下层群体的状态
贫困根源	发展性问题	社会性问题
政策取向	积极而直接的发展干预行动	社会整体调整和社会政策构建

二　绝对贫困消除的制度保障

在消除绝对贫困过程中，中国根据绝对贫困的本质特征、国家社会经济发展状况和国家政治制度特点，探索出“边行动、边完善”的方案，取得积极效果。

1949年之后，中国对基本社会保障制度的建设、对经济不发达地区和贫困地区的支持均有具体的政策安排和重要的减贫成效。1986年，“国务院贫困地区经济开发领导小组”和“国务院扶贫办公室”成立，则标志着制度化、规范化和有组织、系统性扶贫工作的开始。随着《国家八七扶贫攻坚计划（1994—2000年）》《中国农村扶贫开发纲要（2001—2010年）》《中国农村扶贫开发纲要（2011—2020年）》等政策规划的相继制定和顺利实施，中国农村的贫困发生率从1985年末的78.3%下降到2012年末的10.2%（国家统计局，2019）。联合国发布的2015年《千年发展目标报告》显示，中国对全球减贫的贡献率超过70%（国务院扶贫办，2015）。尤其是党的十八大以来，中国实施的精准扶贫战略使扶贫工作取得决定性进展。2018 年，中国农村的贫困发生率降至 1.7%，困扰中华民族千百年的绝对贫困问题有望得到历史性的解决（国家统计局，2019）。

总结中国扶贫经验的文献非常多，且一致认为中国取得的脱贫成就离不开中国独特的经济政治制度安排。精准扶贫战略实施之前，中国采取的扶贫措施主要是经济改革、社会保障体系建设、区域开发计划实施、专项扶贫计划和农村综合性扶贫攻坚计划实施（黄承伟，2019）。这些举措解放了生产力，促进了工业化、城市化和国民经济的发展，并使中国绝大多数贫困群体以不同方式从快速平稳的经济增长中获益。精准扶贫战略实施之后，中国将消除绝对贫困作为全面建成小康社会、实现共同富裕的基础性指标，以前所未有的力度全面推进精准扶贫工作。集中力量办大事的制度优势更加凸显，国家整体扶贫规划、对口扶贫、东西协作等都对社会资源进行了大规模的调动和再分配；中央统筹、省负总责、市县抓落实、五级书记抓扶贫的管理机制压实了责任义务，走出一条中国特色的扶贫开发道路（谢素芳，2014）。

中国之所以能够用 70 年时间消除困扰中华民族几千年的绝对贫困问题，主要依靠的是国家的制度优势和制度保障。消除绝对贫困的强大意愿和坚定决心形成了脱贫攻坚的政治保证，使中国有能力积极统筹开展有效的扶贫工作。强大的组织体系和动员能力形成了中国特有的政府主导的扶贫模式。

（一）消除绝对贫困的政治任务属性

习近平总书记反复强调，发展为了人民，是马克思主义政治经济学的根本立场；消除贫困、改善民生、实现共同富裕、让广大人民群众共享改革发展成果，是社会主义的本质要求和社会主义制度优越性的集中体现。贫穷不是社会主义；要不断增强人民的获得感、幸福感和安全感，绝不能出现“富者累巨万，而贫者食糟糠”的现象。消除绝对贫困是全面建成小康社会的标志性指标。“不能到了时候我们一边宣布全面建成了小康社会，另一边还有几千万人生活在扶贫标准线以下。如果是那样，必然会影响人民群众对全面小康社会的满意度和国际社会对全面小康社会的认可度，也必然会影响我们党在人民群众中的威望和我们国家在国际上的形象。”（中共中央党史和文献研究院，2018：12）

从上述话语表述中，我们可以清楚地看到，消除绝对贫困是关系到中国共产党执政基础和社会主义制度本质的重大问题。大规模反贫困的成就巩固了党的执政基础和中国特色社会主义制度，消除绝对贫困体现了党的宗旨和党对人民的承诺（中共中央党史和文献研究院，2018：14）。因此，消除绝对贫困具备了政治任务的属性。这在习近平总书记关于扶贫的系列论述中得到充分的体现。

第一，五级书记抓扶贫成为脱贫攻坚工作的重要制度。为了消除绝对贫困，各级党委和政府层层签订脱贫攻坚责任书、立下军令状，各负其责、各司其职。“必须坚持发挥各级党委总揽全局、协调各方的作用，落实脱贫攻坚一把手负责制，省市县乡村五级书记一起抓，为脱贫攻坚提供坚强政治保证。”（中共中央党史和文献研究院，2018：50）

第二，脱贫攻坚成为各级政府部门工作的应有之义。从 1986 年设立“国务院扶贫办公室”和各级扶贫办开始，扶贫工作就被纳入政府的职责范围，成为政府的常规化、制度性工作。习近平总书记强调，脱贫攻坚任务重的地区党委和政府要把脱贫攻坚作为头等大事和第一民生工程来抓，坚持以脱贫攻坚统揽经济社会发展全局（中共中央党史和文献研究院，2018：50）。

第三，脱贫攻坚实绩成为选拔任用干部的重要依据。习近平总书记指出，要把贫困地区作为锻炼培养干部的重要基地，把深度贫困地区作为锻炼和选拔干部的重要平台，贫困县县级领导班子可以省直管直派，在考核贫困地区干部时应提高干部在减贫、民生、生态方面的指标权重；要保持贫困县领导班子相对稳定，对长期在贫困地区一线、实绩突出的干部应该在完成脱贫攻坚任务后表彰并提拔重用，让“有为者有位、吃苦者吃香、流汗流血牺牲者流芳”（中共中央党史和文献研究院，2018：41、47、48、53）。

第四，抓好党建促扶贫成为贫困地区脱贫致富的重要经验。习近平总书记指出，要致富，看支部；要落实好第一书记选派的举措，加强基层党组织建设，使之成为带领群众发展经济、改善民生、脱贫致富的战斗堡垒，有效传递党和政府的各项扶贫政策、支持农业农村发展和农民增收的政策。推进扶贫开发和基层党建的有机结合，选派作风优良、能力突出的驻村工作队，为中央的工作提供坚实的基础（中共中央党史和文献研究院，2018：31－32、37）。

可见，中国在脱贫攻坚过程中建立了具有自身特色的脱贫攻坚制度体系，即“加强党对脱贫攻坚工作的全面领导，建立各负其责、各司其职的责任体系，精准识别、精准脱贫的工作体系，上下联动、统一协调的政策体系，保障资金、强化人力的投入体系，因地制宜、因村因户因人施策的帮扶体系，广泛参与、合力攻坚的社会动员体系，多渠道全方位的监督体系和最严格的考核评估体系”（中共中央党史和文献研究院，2018：50）。这样的制度体系成为脱贫攻坚的坚定政治保证。

（二）国家对扶贫资源的动员调动和规划统筹

脱贫攻坚是一项政治任务。任何减贫工作都是对现有资源及利益格局的再调整、再动员和再分配。在国家主导的全方位扶贫中，需要市场组织和社会组织的积极参与，而国家对扶贫资源的动员调动和规划统筹是中国消除绝对贫困的关键。

第一，坚持政府投入的主体和主导作用，深入推进东西部扶贫协作和党政军机关定点扶贫。1994—2000 年“八七扶贫攻坚”期间，东西部扶贫协作是一项重要举措。国务院扶贫领导小组在 1996 年确定了具体的帮扶安排，东部沿海地区的 13 个发达省市分别帮扶西部 10 个贫困省和自治区。据国家统计局 2000 年的统计，1996—1999 年，东部地区实际对西部的捐赠和投资近 40 亿元，西部地区向东部输出劳动力 25 万人（周媛也，2019）。党政机关定点扶贫的特点是自身的业务工作与扶贫行动有密切关联，如农业农村部的农业开发扶贫、国家卫健委的基层医疗建设扶贫、教育部的基础教育设施扶贫等。定点扶贫推动了贫困地区的多维度发展。“党政军机关、企事业单位开展定点扶贫，是中国特色扶贫开发事业的重要组成部分，也是中国政治优势和制度优势的重要体现。”（中共中央党史和文献研究院，2018：101）

第二，坚持政府投入的主体和主导作用，构建专项扶贫、行业扶贫、社会扶贫“三位一体”的大扶贫格局。习近平总书记特意指出，国有企业要承担更多扶贫开发任务，中央企业要把帮扶作为政治责任，不能有丝毫含糊，同时广泛调动社会各界参与扶贫开发的积极性，鼓励、支持、帮助各类非公有制企业、社会组织、个人参与扶贫（中共中央党史和文献研究院，2018：99 - 101）。在国家的有效动员下，金融扶贫、电商扶贫、消费扶贫、光伏扶贫、构树扶贫等各种扶贫创新层出不穷，希望工程、春蕾行动、母亲水窖、雨露计划、光彩事业等各种扶贫实践交相辉映。可以说，政府的主导作用和强力推进是中国扶贫开发的最重要特色，也是中国社会主义优越性的集中体现，其创新之处在于以党和政府为核心，调动工、商、军、学、科等各方面的力量，形成举国上下人人扶贫的局面。中国的党和政府近乎独特的强大组织能力与资源调动能力，是中国消除绝对贫困的关键。

由是观之，中国扶贫的成就和经验，既是中国社会主义制度的本质要求，也是社会主义制度优越性的突出体现。中国社会主义制度的本质以及党的使命和初心，要求在消除绝对贫困之后的后扶贫时代，对相对贫困的治理做进一步探索。

三　相对贫困治理的路径转向与制度需求

中国以政治保证和政府主导为特征的消除绝对贫困事业取得重大成就。这种自上而下的“运动式”扶贫行动充分发挥了中国特色社会主义制度的优势，在短期内可以举全国之力脱贫攻坚。2020 年之后，中国的贫困属性和贫困群体的特征将发生重大变化，相对贫困将取代绝对贫困成为贫困的表现形态。从绝对贫困到相对贫困的议题转换不是简单地在技术层面上重新进行贫困瞄准和贫困线划定，而是从根本上关涉中国社会不同发展阶段的政策重心与战略方向。

绝对贫困是以生存的物质生活水平为衡量标准，具有地区集中性的特征。发展中国家是绝对贫困的主要发生地。在这些地区，经济发展或经济增长在消除绝对贫困中具有关键作用；高速增长的经济带来大规模就业，是欠发达国家反贫困的基本经验（李迎生、乜琪，2009）。这种“增量式扶贫”的范式表现为用促进经济可持续增长的方式进行扶贫开发，如招商引资、扩大投资、产业扶贫、落后地区开发、创造就业机会等（刘敏，2017）。这也是中国自改革开放、“八七扶贫攻坚计划”以来开发式扶贫的重要思路。随着脱贫攻坚的全面决胜和小康社会的开启，中国逐步进入“丰裕社会”。与欠发达社会相比，丰裕社会的发展阶段和发展水平更高，其贫困问题的形式、性质、成因乃至扶贫策略都存在显著差异（刘敏，2017）。当经济社会发展到一定程度，生产力水平和生活水平达到基本生存需要，绝对贫困就可消除。但是，相对贫困的产生一方面是由于社会经济发展、贫困线不断提高；另一方面是由于不同地区之间、各个社会阶层之间及各阶层内部不同成员之间的收入差别（叶普万，2003）。因此，相对贫困问题、阶层差异和收入分配不平等现象在发达国家和地区始终普遍存在。从脱贫攻坚向小康社会的迈进，意味着中国的贫困治理议题从解决基本生存需求向缓解社会不平等、促进发展共享、实现共同富裕阶段转换。相应地，相对贫困治理需要由广泛而强力的社会动员向常规化、制度化的贫困治理转变（唐任伍等，2020；左停、苏武峥，2020），亟须建立以社会建设尤其是社会政策为核心的贫困治理制度范式。

从起源与发展来看，社会政策的演进本身就与贫困治理，特别是相对贫困的缓解具有密不可分的联系。社会政策的出现最早可以追溯到1601年英国《伊丽莎白济贫法》的颁布，其目的在于对贫困者和流浪者实施基本救助（王思斌，2019）。社会政策是指国家通过法律、法规、行政干预等方式，在教育、就业、医疗、住房、社会福利、社会保障等社会领域进行资源配置（李强，1996），通过财富再分配、社会福利和社会服务的传递等形式，实现扶助困境群体、保证生活质量、实现社会整合和社会进步的社会性目标（王思斌，2019）。因此，社会政策的内涵、目标和领域与贫困治理具有高度的一致性和契合性。美国、欧洲、东亚等发达国家和地区的贫困现象以相对贫困为主，在应对贫困问题的过程中通常以收入再分配的方式，通过社会政策的调节作用，在教育、医疗、住房、社会福利等方面保障贫困人口的生活，遏制市场经济发展中贫富分化的加剧（李迎生、乜琪，2009）。

1949年后，中国的社会政策经历了从无到有的建立健全过程，在应对城乡贫困问题中发挥着重要作用。从农村“五保”供养制度，到城市居民最低生活保障制度、新型农村合作医疗制度、新型农村社会养老保险制度等各类保障制度相继出台，中国的社会政策体系不断完善。在精准扶贫战略实施和脱贫攻坚过程中，社会保障更是发挥了兜底保障的关键作用，体现出社会政策在贫困治理中的重要意义。在后精准扶贫时代，一方面，社会主要矛盾已经转化为人民日益增长的美好生活需要和不平衡不充分的发展之间的矛盾，社会群体对“需要”的理解和期待不断升级；另一方面，改革开放的深化又使相对贫困的结构性、复杂性和动态性凸显。这意味着在相对贫困治理阶段，社会政策体系需要提升和完善。

第一，确立长期性和包容性的社会政策目标。在脱贫攻坚阶段的“五个一批”框架中，社会政策的功能集中于兜底式生活保障的低层次目标，最低生活保障的水平较低，在缓解相对贫困方面还存在很大不足。尽管贫困家庭能够达到“两不愁三保障”，但城乡地区仍有很多家庭面临生活困难（关信平，2019）。在相对贫困治理阶段，社会政策应从以往的应急型社会政策转向储备型的社会政策（景天魁，2014），从注重短期的减贫效果转向通过更高质量的服务保障提升个体的发展能力，通过包容性发展和社会整合建立长期性的贫困防范机制。

第二，建立均衡性和整体性的社会政策体系。2020 年后，中国集中连片的区域性贫困分布将转变为散点分布，城镇和城市贫困问题将更为突出，老少病残等特殊群体将成为主要的贫困群体（叶兴庆、殷浩栋，2019）。由于人口流动的普遍性和常态化，一些非贫困人口在迁入新的空间后可能会成为新生贫困人口，相对贫困群体的构成存在“城乡多元性、流动性和不确定性的特征”（左停、苏武峥，2020）。然而，当前中国社会政策和社会服务保障在城乡之间、地区之间、不同社会群体之间依然面临严重失衡。针对相对贫困的群体特征，社会政策需要在不同地区和群体之间实现整体式覆盖和均衡性发展，以更加全面地满足不同人群的多元需求。

第三，巩固多元主体参与的社会服务供给。进入 21 世纪以来，中国通过支持社会公益慈善事业、购买社会服务、推进社会工作职业化等方式，将市场、个人及家庭、社区、社会等多种主体有效纳入社会政策体系中，形成了多元福利治理的新局面（吕朝华，2019）。在精准扶贫过程中，社会扶贫成为政府行政力量的重要补充，形成了全社会参与扶贫的氛围，社会工作和各类社会组织介入精准扶贫取得积极成效。相对贫困的缓解同样需要巩固社会政策体系中多元主体参与的格局，发挥专业性社会组织的力量，整合不同群体，建立社会服务多元供给的协同合作机制。

四　2020 年后扶贫工作展望

（一）中国贫困治理战略亟待系统性转型

伴随着 2020 年全面建成小康社会目标的实现，中国贫困治理即将实现从绝对贫困到相对贫困的结构性转型。《乡村振兴促进法（草案）》明确提出“建立解决相对贫困的长效机制”，为贫困治理战略的系统性转型奠定了法律基础。前文分析指出，中国脱贫攻坚成就的取得，主要得益于中国独特的社会主义制度优势，其中最为明显的是中国共产党提供的政治保证和各级政府主导的扶贫干预行动的实施。基于相对贫困和绝对贫困本质特征的区别，中国相对贫困治理的战略选择不能再采取绝对贫困消除中的那种直接的干预行动，2020 年后相对贫困治理战略需要进行适应性调整。具体而言，在治理思维上，贫困治理思维应由"解决"向"应对"转变。与绝对贫困关乎"生存需求"而需要通过政府主导的直接干预措施进行解决或消除不同，相对贫困因关涉社会阶层和社会群体的不平等而具有动态性和长期性特征。因此，相对贫困问题在一定时期内不可能完全解决。据此，2020 年后贫困治理不应该采取"解决"的思维，而应该充分意识到相对贫困作为社会结构性问题将长久存续，并采取综合性措施予以应对。在治理目标上，贫困治理目标应该由"实现全面小康社会"向"实现共同富裕"转变。绝对贫困消除作为 2020 年全面建成小康社会的重要指标之一，即将成为历史。而相对贫困作为"新三步走"战略的后两个阶段，应该融入以实现共同富裕为意旨的社会主义现代化强国目标中，并同步调整相对贫困治理议程（檀学文，2020）。在治理路径上，贫困治理路径应从制度控制与政府主导转向社会建设与社会政策调节。

（二）科学设置过渡期以巩固脱贫攻坚成果

2020 年，以消除绝对贫困为意旨的脱贫攻坚战即将取得伟大胜利，贫困治理将要进入"相对贫困治理"的新时代。然而，贫困治理结构的转型并不意味着绝对贫困人口的完全消失。一是从新生脱贫人口来看，刚刚脱贫的人口抵御风险能力较差，贫困边缘户、特困低保户、低收入贫困户等群体依然存在返贫的风险。二是从扶贫产业来看，扶贫产业发展受到经济下行压力增大、新冠肺炎疫情等突发公共卫生事件等诸多因素影响，产业发展的可持续性面临严峻挑战。三是脱贫帮扶退出机制尚不健全。由于脱贫攻坚"以 2020 年消除绝对贫困"为目标，脱贫机制和政策体系缺乏长远规划，特别是帮扶和退出机制依然存在不健全之处，2020 年后脱贫质量可能会出现下降风险。因此，2020 年后的重要任务必然包括确保脱贫人口不返贫和巩固脱贫攻坚的成果。为了规避已脱贫人口出现返贫风险，政府应该因地制宜，根据当地经济社会发展水平和脱贫质量，科学设置一定期间为"过渡期"，以继续巩固脱贫攻坚成果。具体而言，在过渡期内，首先，政府应该继续保持原有脱贫攻坚政策不变，强化对已脱贫人口的支持和帮扶，阻断新生绝对贫困人口的再生产。其次，政府应该维持扶贫机构的独立性、减贫职能的长期性、扶贫队伍和政策支持的稳定性，确保脱贫力度不变，从而确保相对贫困治理的基础条件。最后，政府应该统筹考虑绝对贫困与相对贫困两个阶段战略目标的渐进性。过渡期结束后，政府应该积极调整政策措施，推动绝对贫困治理与相对贫困治理的有机衔接（郑继承，2020）。

（三）借鉴发达地区的相对贫困治理经验

相对贫困是全人类面临的共同挑战。积极学习与借鉴西方发达国家和国内东部发达省份的探索经验，对于探索2020年后中国相对贫困治理方案具有积极意义。一方面，2020年后相对贫困治理方案需要积极吸纳西方发达国家有关“社会政策与社会建设”的有益经验。另一方面，东部发达省份，如浙江省、山东省和江苏省的相对贫困治理实践可以为中国相对贫困治理方案的选择提供模式经验，如赋能相对贫困人口、开展以社区为主导的贫困治理和加大以社会保障为主要内容的社会政策支持力度等（左停等，2019）。

参考文献

关信平，2019，《我国当前的民生短板及社会政策的任务》，《社会政策研究》第1期。

国家统计局，2019，《扶贫开发持续强力推进 脱贫攻坚取得历史性重大成就——新中国成立70周年经济社会发展成就系列报告之十五》，8月12日，http://www. stats. gov. cn/tjsj/zxfb/201908/t20190812_1690526. html。

国务院扶贫办，2015，《中国对全球减贫的贡献率超过70%》，10月12日，http://www. cpad. gov. cn/art/2015/10/12/art_105_49274. html。

黄承伟，2019，《一诺千金——新时代中国脱贫攻坚的理论思考》，广西人民出版社。

景天魁，2014，《社会政策的效益底线与类型转变——基于改革开放以来反贫困历程的反思》，《探索与争鸣》第10期。

李强，1996，《绝对贫困与相对贫困》，《中国社会工作》第5期。

李迎生、乜琪，2009，《社会政策与反贫困：国际经验与中国实践》，《教学与研究》第6期。

刘敏，2017，《丰裕社会的贫困问题及其治理——香港的经验与教训》，《社会政策研究》第6期。

吕朝华，2019，《社会政策范式变迁及其对完善我国社会政策的启示》，《社会建设》第

4 期。

谭礼剑，2008，《绝对贫困和相对贫困》，《四川统一战线》第 3 期。

檀学文，2020，《走向共同富裕的解决相对贫困思路研究》，《中国农村经济》第 6 期。

唐任伍、肖彦博、唐常，2020，《后精准扶贫时代的贫困治理——制度安排和路径选择》，《北京师范大学学报》（社会科学版）第 1 期。

王思斌，2019，《我国社会政策的“自性”特征与发展》，《社会学研究》第 4 期。

向德平、向凯，2020，《多元与发展：相对贫困的内涵及治理》，《华中科技大学学报》（社会科学版）第 2 期。

谢素芳，2014，《中国扶贫：世界性的成就》，《中国人大》第 1 期。

邢成举、李小云，2019，《相对贫困与新时代贫困治理机制的构建》，《改革》第 12 期。

叶普万，2003，《浅谈中国贫困问题研究视角的几个转化》，《人文杂志》第 2 期。

叶兴庆、殷浩栋，2019，《从消除绝对贫困到缓解相对贫困：中国减贫历程与 2020 年后的减贫战略》，《改革》第 12 期。

张传洲，2020，《相对贫困的内涵、测度及其治理对策》，《西北民族大学学报》（哲学社会科学版）第 2 期。

郑继承，2020，《构建相对贫困治理长效机制的政治经济学研究》，《经济学家》第 5 期。

中共中央党史和文献研究院，2018，《习近平扶贫论述摘编》，中央文献出版社。

周媛也，2019，《新时代中国共产党扶贫理论与实践研究》，博士学位论文，湖南师范大学。

左停、贺莉、刘文婧，2019，《相对贫困治理理论与中国地方实践经验》，《河海大学学报》（哲学社会科学版）第 6 期。

左停、苏武峥，2020，《乡村振兴背景下中国相对贫困治理的战略指向与政策选择》，《新疆师范大学学报》（哲学社会科学版）第 4 期。

3

绿色减贫：贫困治理的路径与模式*

万　君　张　琦**

绿色减贫，即通过产业绿色化和绿色产业化，促进贫困地区发展、实现贫困人口脱贫的减贫手段（张琦，2014）。我国贫困发生状况的一个典型特征在于贫困地区与生态脆弱地区在地理空间分布上具有高度耦合，环境保护部《全国生态脆弱区保护规划纲要》指出，我国592个贫困县中80%以上地处生态脆弱区，这些县的土地面积、耕地面积和人口数量，分别占到生态脆弱地区土地面积的43%、耕地面积的68%、人口数量的76%；绝对贫困人口中，95%以上分布在生态环境极度脆弱的老少边穷地区。由于贫困与生态的交织作用，如何实现绿色减贫一直是反贫困理论与实践的热点和难点问题。

习近平总书记提出的"两山理论"为绿色减贫提供了理论指南与根本遵循。2013年，总书记在哈萨克斯坦纳扎尔巴耶夫大学发表演讲时指出，"我们既要绿水青山，也要金山银山。宁要绿水青山，不要金山银山，而且绿水青山就是金山银山"，标志着"两山理论"成为当前我国治国理政的主要思想之一。在此基础上，习近平总书记高度重视"两山理论"在脱贫攻坚中的作用，注重脱贫攻坚与生态建设的关系以及绿色减贫的路径，指出"脱贫攻坚要与生态建设相结合"；同时，习近平总书记指出绿色资源的减贫机理："要通过改革创新，让贫困地区的土地、劳动力、资产、自然风光等要素活起来，让资源变资产、资金变股金、农民变股东，让绿水青山变金山银山，带动贫困人口增收"，"增加重点生态功能区转移支付，扩大政策实施范围，让有劳动能力的贫困人口就地转化为护林员等生态管护员"。

近几年，立足习近平总书记的"两山理论"，各地围绕绿色减贫的模式

---

* 原文刊发于《中国农业大学学报》（社会科学版）2017年第5期。

** 万君，北京师范大学经济与资源管理研究院讲师。张琦，北京师范大学经济与资源管理研究院教授，北京师范大学中国扶贫研究院院长。

开展了实践探索。绿色减贫的理念已经初步形成，理论界也较为广泛开始就绿色减贫的机理、机制等重大问题进行探讨，北京师范大学中国扶贫研究中心张琦教授团队围绕绿色减贫若干理论问题进行了研究，并就我国绿色减贫的总体状况进行了测度（张琦，2014；北京师范大学中国扶贫研究中心，2016；冯丹萌，2017）。雷明较早就“两山理论”与绿色减贫的结合点进行了论述（雷明，2015）。莫光辉也发表系列论文就绿色减贫的若干问题进行探讨（莫光辉、张菁，2017；莫光辉，2017；莫光辉，2016）。王晓毅探讨了绿色发展下的精准扶贫（王晓毅，2016）。此外，也有学者总结出一些绿色减贫的成功模式，例如黄承伟等认为贵州省石漠化片区草场畜牧业是兼顾减贫与生态双重目标下的创新模式，这种绿色减贫发展模式破解了石漠化地区的“贫困陷阱”，实现了贫困地区的减贫目标和生态文明的双赢目标（黄承伟、周晶，2016）。

总的来看，绿色减贫理论与实践仍处于探索阶段。就目前我国脱贫攻坚的实际来看，2020 年我国脱贫攻坚的目标毫无疑问可以如期完成。当下扶贫的重点除了确保深度贫困人口 2020 年如期脱贫之外，也应该考虑如何优化扶贫效率、创新扶贫思路、改革工作机制。因此，我们组织了此项研究，对近几年绿色减贫的理论与实践进行总结与梳理，以提升减贫质量为目的，把绿色减贫的理论与实践放在贫困治理的视角下进行审视，阐释其减贫的路径与机理，并就近两年绿色减贫主要模式在不同层面进行总结，最后展望绿色减贫未来的发展方向。

一 贫困治理与绿色减贫

贫困问题也是治理问题，贫困问题的解决依赖于贫困治理水平和贫困地区治理能力的全面提升。理论上和实践上已有初步共识：农村贫困是一个复杂的问题，减贫的过程也是一个综合的过程。囿于中国实际，1949 年至今，我国的反贫困战略重点一直在于解决贫困人口的基本生计问题，尽管在理论上早就提出系统的解决贫困问题的方法，但在具体的减贫策略上，仍然是以经济为导向，重点解决贫困人口的收入问题，没有重视有关贫困治理的问题。

1986 年，中国开始有组织、有计划、大规模的农村扶贫开发工作，其重点是解决“三不户”（“食不果腹、衣不遮体、房不蔽风雨”）的“吃、穿、住”问题；1994 年，《国家八七扶贫攻坚计划（1994—2000 年）》重点解决“农村个人和家庭依靠其收入不能维持其基本的生存需要的绝对贫困人口”的“基本生存”问题；2011 年，《中国农村扶贫开发纲要（2011—2020 年）》解决的是贫困人口的“两不愁三保障”问题，即不愁吃、不愁穿，保障其义务教育、基本医疗和住房。近 40 年的减贫政策，对于贫困人口的保障内容不断扩展，保障水平也不断提升，但基本局限于生存方面的内容，对于内生发展、治理能力等贫困治理问题关注较少，可以说，我国的反贫困政策对于贫困人口的生计问题的重视远远超过了对贫困治理问题的关注，在扶贫的具体方法策略上，也是长期依赖于送项目、送资金，外援推动的色彩较为浓厚。

精准扶贫以来，在“五级书记抓扶贫”的压力下，扶贫手段中对于外源性、输血式扶贫的路径依赖愈发突出，从我们参与的几次第三方评估以及贫困监测的研究来看，部分已脱贫的建档立卡贫困户人均收入有超过 40% 来自财政转移支付。扶贫“养懒汉”的现象也较为突出，极个别地方精准扶贫已经有“精准送吃、送喝、送穿、送钱”的趋势。也恰因这种“路径依赖”，长久以来倡导的“提升内生动力”一直以来难以实现。可以说，目前的扶贫工作已经出现了“内卷化”的趋势（方劲，2014）。更重要的是，贫困治理水平、贫困地区的治理能力也有下降的趋势，正因如此，才有了 2017 年各地广泛开展的“贫困村提升工程”。但“贫困村提升工程”有走传统扶贫开发老路的趋势，各地的工作重点仍然集中在解决贫困人口收入和基础设施建设方面，仍然没有把贫困村的治理问题通盘考虑。

因此，亟须从贫困治理的视角出发，重新审视贫困地区的贫困问题，需要系统的解决贫困问题，而不只是单纯的提升贫困人口的收入。除了前述现实问题之外，可以预见的是，2020 年现行标准下贫困人口全部脱贫之后，我国的反贫困战略也有转型的需求，需要提升减贫的质量，从单纯地解决贫困人口的收入、生计问题，转变到综合解决贫困地区的贫困问题，注重贫困人口能力的培育、贫困地区治理水平的提升。

从目前的实践来看，绿色减贫至少是将来贫困治理可行的路径之一。绿色减贫不仅能够解决生计等传统问题，还能够综合解决贫困地区的贫困问题。贫困地区目前面临的几个突出问题，诸如经济发展的“非绿色化”面临瓶颈，经济与生态矛盾日益凸显；扶贫开发和生态环境保护成为我国全面建成小康社会面临的两大短板等，都可以通过绿色产业化和产业绿色化的方式去解决。同时，近几年的绿色减贫实践表明，由于大多数绿色减贫的项目是依托于本地的绿色资源，参与门槛较低，贫困人口通过参与绿色产业也在一定程度上提升了发展能力。更为重要的是，绿色减贫的相关产业项目在实践中创新利益联结机制，贫困地区内部不同的个体、群体、组织之间的互动也大幅增加，也促进了贫困治理能力的提升。

二　绿色减贫产业的实践模式

近几年，各地围绕绿色减贫的探索主要体现在绿色产业扶贫方面，其具有以下两个特征。第一，在传统的以绿色资源为核心的扶贫产业基础上，由于技术推动、消费需求升级、三产融合等因素，促进形成了一些新的经济业态，绿色减贫的各项产业已经没有了明确的产业界限，贫困人口已经能够初步享受农业经营的多重价值和产业链的延伸价值。第二，利益联结机制推陈出新，贫困农户与其他利益主体之间的联系更加紧密，不同利益主体带动贫困人口增收的能力增强。从这两个角度出发，绿色减贫有以下几类实践模式。

（一）经济业态视角下的绿色减贫模式

精准扶贫以来，中央支持和地方实践二者合力，通过产业融合，探索了一些新型的绿色减贫模式。从国家层面来看，国家也已经将产业融合上升为宏观战略，国务院办公厅 2015 年下发《关于推进农村一二三产业融合发展的指导意见》。《中共中央、国务院关于打赢脱贫攻坚战的决定》也特别指出“支持贫困地区发展农产品加工业，加快一二三产业融合发展，让贫困户更多分享农业全产业链和价值链增值收益”。实际上，《中共中央、国务院关于打赢脱贫攻坚战的决定》有关“发展特色产业脱贫”部分提出的措施基本是围绕产业融合发展展开。

总体来看，产业融合推动下的绿色减贫模式在一定程度上突破了对传统“帮扶导向”扶贫的路径依赖，有较为明显的“改革导向”。就各地的实践来看，一般是通过推动农业供给侧改革，形成了一些成效较为突出的绿色减贫模式。有以下几种较为典型的路径：第一，通过对传统农业生产方式的改革，促进农业产业内部各子产业的融合，形成了循环农业、庭院经济等新型经济业态；第二，通过供需匹配，基于消费升级的客观规律，推动了诸如旅游产业扶贫、观光农业、电商扶贫等业态的绿色减贫模式；第三，基于提升农业产业的竞争力、提升农村地区的竞争力，探索了一些基于贫困地区绿色资源和比较优势的新型产业业态，此类绿色减贫模式大多数是二、三产业，较为典型的有光伏扶贫、大数据产业等。具体来看，有以下几类典型模式。

1. 农业内部产业融合形成的绿色减贫模式

此类绿色减贫产业主要是基于农业产业内部的产业融合，通过整合农业产业内部上下游之间的资源，特别是打通农业内部各子产业之间的联系，形成新型种植养殖业，达到贫困人口增收的目的。其适用性较广，工商业资本、合作社、农户均能比较广泛的参与，部分产业的技术门槛比较低，带动贫困人口增收的效果比较直接。

除了传统的种植养殖业之外，较为典型的还有以下几种。

第一，循环农业模式。以农业生产中的废弃物资源再生利用为手段，通过减少资源消耗，提高资源产出率，实现绿色发展的生产方式。循环农业在贫困地区发展的历史比较长，也曾经形成一些典型案例，安徽省阜南县是国家扶贫开发工作重点县，2007 年被批准为全国唯一的“农业（林业）循环经济试点示范县”。精准扶贫以来，阜南县在脱贫攻坚中引入循环经济理念、模式和技术，通过利用废弃物为原料进行柳编加工，累计解决 26 万人就业，占劳动力总人数的 73%，其中贫困人口达 20 万人以上。

第二，林下经济模式。林地确权以后，一些贫困人口以林地资源和森林生态环境为依托，发展了林下种植业、养殖业、采集业和森林旅游业。林下经济门槛低、投入少、见效快，无论是林禽模式、林畜模式、林菜模式、林草模式、林菌模式、林药模式，都是贫困人口比较熟悉的，操作起来非常容易。国家林业局对于林业扶贫的推动力度也很大，2016 年 5 月，国家林业局出台的《关于加强贫困地区生态保护和产业发展促进精准扶贫精准脱贫的通知》对林下经济着墨颇多，此后又发文《关于在贫困地区开展国家林下经济及绿色特色产业示范基地推荐认定的通知》在全国开展了示范活动。

第三，庭院经济模式。庭院经济（courtyard economy）顾名思义是在贫困地区房前院后展开的各类产业，其形式多样、技术要求低，也能够直接改善贫困人口的生活条件和生活环境，既是一种生产方式，也是农村重要的生活方式。近几年，随着脱贫攻坚的进行，各地对于庭院经济的支持力度比较大，催生了不同的庭院经济业态，更加注重庭院经济的生产功能，形成了庭院养殖、庭院生态循环、庭院园艺、庭院手工加工业、庭院休闲产业等。

2. 农业产业链延伸形成的绿色减贫模式

此类绿色产业减贫模式是基于农业产业链延伸的产业融合方式，主要是通过农业由生产环节向产前、产后延伸而实现的，也就是“接二连三”，通过农业产加销一条龙最大限度获取生产利润，最大限度让贫困人口分享产业链延伸各个环节的价值，其中较为典型的是电商扶贫模式。

电商扶贫模式是我国脱贫攻坚的创举之一，是以电子商务为手段，拉动网络创业和网络消费，推动贫困地区特色产品销售的一种信息化扶贫模式，电商扶贫将农业生产与销售环节深度融合，并且与“互联网+”技术紧密结合，即让贫困人口分享了产业延伸的价值，也促进了贫困人口利用新技术和新手段参与市场竞争，提升了人力资本和内生动力，深刻地改变了贫困人口的生产生活方式，也在脱贫攻坚方面取得非常突出的成效。2012年以后，随着农产品电商的爆发，越来越多的贫困地区开始根据本地实际探索电商脱贫的路径，涌现出甘肃成县、吉林通榆、黑龙江明水、甘肃陇南等一批电商扶贫的县域先行者，为县域电商扶贫探索提供了宝贵的经验和典范。目前已有山东、甘肃、河北等多地印发电商扶贫文件，将通过“平台+园区+培训”等方式，整合贫困地区优势产品对接市场。此外，各大电商平台的电商下乡战略为县域扶贫提供了难得的发展契机。精准扶贫以来，国家对此也是非常重视，2015年11月《中共中央、国务院关于打赢脱贫攻坚战的决定》提出加大“互联网+”扶贫力度，在顶层设计上为电商扶贫发展明确了思路。2015年11月，国务院办公厅发布《关于促进农村电子商务加快发展的指导意见》中明确把电子商务纳入扶贫开发工作体系，以建档立卡贫困村为工作重点，提升贫困户运用电子商务创业增收的能力，鼓励引导电商企业开辟革命老区和贫困地区特色农产品网上销售平台，与合作社、种养大户等建立直采直供关系，增加就业和增收渠道。《“十三五”脱贫攻坚规划》中指出，要培育电子商务市场主体，改善农村电子商务发展环境。淘宝、京东等电商平台给予电商扶贫的技术支持和政策扶持也比较多。总体来看，电商扶贫模式是绿色减贫实践模式中较为成功的一类。

3. 农业与二、三产业融合形成的绿色减贫模式

此类绿色减贫产业基于贫困地区优势资源，实现农业与二、三产业融合，也是三产融合比较彻底的方式，完全打通了产业的界限，实现了“一、二、三产业的连接和延伸”向“一、二、三产业的交叉和渗透”转型，利用贫困地区绿色资源实现全产业链条促进要素融合的一种模式。

总的来看，各地较为成功的有旅游扶贫模式、观光农业模式。

第一，旅游扶贫模式。旅游扶贫是各地基于自己的区位情况和旅游资源情况，通过发展旅游业带动贫困人口增收的扶贫开发方式，有的依托旅游扶贫也发展了休闲农业。我国政府曾将旅游扶贫、电商扶贫、光伏扶贫总结为我国绿色减贫的三大模式。精准扶贫以来，对于旅游扶贫的支持力度也很大，中央不断发文支持旅游扶贫，从各地的实践来看，旅游扶贫确实也是三产融合紧密、脱贫效果突出的扶贫开发方式，贫困人口通过参与旅游经营、参与接待服务、出售农副产品、流转土地、量化折股参与合作社和旅游公司经营，可以直接、大幅地提升贫困人口的收入，并且在此过程中，人力资本水平提升很快，集体经济壮大也很快。较为典型的是陕西的梁家河村，2015 年 5 月，梁家河村成立乡村文化旅游发展有限公司，仅仅一年就带动 164 人脱贫致富，整个村的农民人均纯收入也达到 1.5 万元。

第二，观光农业模式。观光农业是依托城市，在城市近郊形成的以旅游业和农业交叉融合的绿色减贫模式，通过吸引城市人口感受农业生产，增加贫困人口收入。观光农业的模式较多，但目前较为成功的是观光农园和民俗观光村，观光农园即在城市近郊开辟各类果园、菜园，游客通过采摘感受农业生产。民俗观光村即通过重新发现、打造贫困村落的传统文化价值，吸引游客观光的扶贫模式，尤其是一些少数民族村落，具有很好的扶贫效果。例如，西藏自治区日喀则切洼乡嘎布久嘎村，是一个拥有 1300 多年历史的自然村落，全村有 64 户 384 人，其中建档立卡贫困户 35 户 135 人，该村历来以“四古”著称：1300 多年的古村、1100 多年的古树、500 多年历史的古寺、曾作为班禅大师贡品的远近闻名的古糌粑。嘎布久嘎村围绕“四古”找思路、做文章，投资了 400 万元，建设完成了游客服务中心和旅步道等景点，每年稳定脱贫 50 多人。

4. 新技术推动形成的绿色减贫模式

新技术的诞生重新发现了贫困地区绿色资源的价值，贫困地区富集但未

能转化为生产要素的资源逐步显现，形成了贫困地区特有的资源。此类产业融合主要是先进技术在农业、农村的体现，目前来看，较为典型的是光伏扶贫、大数据产业扶贫。

第一，光伏扶贫。即利用光伏发电技术开展的各类扶贫。光伏扶贫始于2013年后的技术革命，太阳能光伏产业逐步成为新兴产业，而贫困地区丰富的日照成了资源优势，也逐渐成为各地较为青睐的绿色减贫模式。国家发展改革委、国家能源局等5部门联合下发《关于实施光伏发电扶贫工作的意见》，明确表示在2020年前，要以整村推进的方式，保障16个省471个县约3.5万个建档立卡贫困村的200万建档立卡无劳动能力贫困户（包括残疾人）每年每户增收3000元以上。目前光伏扶贫主要有四种类型：一是户用光伏发电扶贫，利用贫困户屋顶或院落空地建设发电系统，产权和收益均归贫困户所有；二是村级光伏电站扶贫，以村集体为建设主体，利用村集体的土地建设小型电站，产权归村集体所有，收益由村集体、贫困户按比例分配；三是光伏大棚扶贫，利用农业大棚等现代农业设施现有支架建设的光伏电站，产权归投资企业和贫困户共有；四是光伏地面电站扶贫，利用荒山荒坡建设大型地面光伏电站，产权归投资企业所有，部分收益由当地政府将这部分收益分配给贫困户。

第二，大数据产业扶贫。大数据产业是围绕大数据的搜集、整理、储存、分析的产业集群。大数据产业数据储存和分析对于自然环境要求比较严苛，贵州天气凉爽、地质条件稳定、空气洁净、电量充足，因此，中国目前大数据产业的中心在贫困省份贵州。大数据产业极大地推动了贵州的经济社会发展，给贫困地区和贫困人口创造了很多机会。虽然其在贵州的发展极为成功，但在其他贫困地区推广的可能，还需要进一步研究。

（二）利益联结机制视角下的绿色减贫模式

利益联结视角下的绿色减贫模式，核心在于不同利益主体的联系机制、组合模式和利益分配机制。绿色减贫诸多模式，其核心在于实现了绿色资源的资产化和资本化，这也是习近平总书记“两山理论”的核心内容，即“绿水青山”向“金山银山”的转化过程。在不同的利益联结机制里，绿色资源通过“折股量化”等技术手段实现了向资本和资产的转移。其较为典型的模式是开始于贵州省六盘水市的“三变改革”，即“资源变资产、资金变股金、农民变股东”，通过“三变改革”盘活了沉淀的绿色资源。

可以看出，这个转化过程的基石在于近些年中央推动的农村集体产权制度改革，长久以来由于农村集体产权的归属不清，很多在市场机制中具有巨大价值的绿色资源长期沉淀在农村，对这些资源的权责划分不明、保护乏力、开发流转不畅，各类市场主体在贫困地区发展过程中很难顺畅挖掘绿色资源的原有价值。从实践来看，各地基本是基于中央近几年有关农村集体产权制度改革的精神，对集体经济组织掌握的各类绿色资源，通过折股量化等手段明确到个人，同时按照一定的比例留存或提取集体经济部分，再按照市场化运作，参与各种绿色减贫的模式。通过明晰产权、理顺各类市场主体关系，贫困地区、贫困人口、集体经济的议价能力逐步提升，不同主体之间的利益联结机制创新也有了可能。从利益联结机制视角来看，绿色减贫模式有以下几种。

第一，企业主导模式。通过龙头企业带动，合作组织或其他组织的参与，带动贫困人口增收，“公司 + 农户”“订单农业”是基本形式，此外，还形成了诸多的派生形式，比如“公司 + 农户 + 基地 + 市场”“公司 + 基地 + 农户、公司 + 农户 + 党支部”等。在此模式下，目前已经形成了“入股返利”（农户入社，合作社入股企业，企业保证收益率）、“订单合作”（企业带动，合作社标准化订单生产）、“托管保底”（企业、合作社、农户相互委托种植养殖）及“合资兜底”（财政补助，企业、合作社、农户共同出资建设，企业保底收购）等形式的利益联结模式。

第二，大户主导模式。即通过一些在生产、销售方面有特长的农户的带动，贫困人口以土地、劳动力等形式参与，实现贫困人口增收。包括所谓“能人带动”“抱团经营”等形式，大户主导实际上也是企业主导模式的派生形式。

第三，集体经济主导模式。即通过集体经济的壮大，带动贫困人口增收。此模式的典型代表是一批依托优势资源和扶持政策发展壮大村集体经济的明星村，各村将村集体经济收入重点支持贫困户。精准扶贫以来，除了传统的明星村之外，依靠扶贫政策，也诞生了一批集体经济强大的村庄。

第四，政策主导模式。此模式主要是依靠精准扶贫以来中央扶贫的各类奖补政策支持，通过奖补扶持政策与资源开发对接，贫困户的各类奖补政策通过折股量化形式入股，使贫困户在产业发展中受益，较为典型的是光伏扶贫。还有各地较为通行的小额信贷扶贫，大部分地区将小额信贷资金通过挂靠经营和保底分红的形式带动贫困人口增收。

第五，资产收益模式。该模式将绿色资源、公共资产（资金）或农户权益资本化、股权化，相关经营主体利用这类资产产生经济收益后，贫困农户按照股份或特定比例获得合理的收益。这种模式对失能和弱能贫困人口具有针对性和有效性，因为它不依赖农户的独立经营能力，重点放在扶贫效率到户，不强调资金到户。通过赋予贫困户产权或股权，有利于贫困农户积累资产并利用这些资产持续受益，从而持久脱贫。

三　绿色减贫的经验

第一，绿色减贫能够盘活贫困地区的绿色资源，提升贫困地区可持续发展能力。一些贫困地区拥有较为丰富的绿色资源，有的是自然资源即所谓“绿水青山”，有的是非物质文化遗产。随着科技的进步，一些贫困地区富集但未曾利用过的资源价值不断凸显，贫困地区已经有利用丰富的绿色资源实现产业升级、实现弯道超车的可能。旅游扶贫、观光农业等新型业态的出现，盘活了贫困地区的绿色资源，提升了贫困地区的发展能力。此外，随着科技的进步，大数据技术的兴起，很多企业将数据中心建立在贫困省份贵州，其依托的不是诸如低廉的劳动力、财税优惠、土地优惠等以往贫困地区吸引投资的传统因素，而是因为贵州的地质结构稳定、森林覆盖率高、气候凉爽、电力充沛等绿色资源。又如，光伏发电技术也使大量的贫困地区由于空气洁净度高、日照时间长等优势形成了一定的规模产业。此外，由于传统工业地区环境恶化，贫困地区形成了环境资源意义上的“洼地”，就有相当的优势。这些绿色资源，通过产业化逐渐积淀，形成了大量的绿色资本，对贫困地区区域经济的可持续发展具有持久的推动作用。

第二，绿色减贫的实践表明，绿色产业化推动的三产融合能够提升贫困地区发展质量。过去，贫困地区的规模产业，要么是资源型产业，要么是承接发达地区产业转移，很多产业对于贫困地区的生态环境并不友好，贫困地区的规模产业往往陷入“有增长无发展”的恶性循环，三产的融合程度比较低、产业结构不甚合理，贫困地区经济发展的质量也比较低。就目前绿色减贫的实践情况和未来发展的可能方向来看，绿色减贫能够较大促进三产融合，能在一定程度上提升贫困地区的发展质量。如前所述，目前贫困地区已经探索了一些可行的产业融合方式，绿色减贫与传统扶贫方式最大的差别就在于能够促进三产融合，在注重贫困地区生态环境保护的同时，增加贫困人口收入，提升贫困地区发展质量，并且能够吸引部分劳动力回流，解决村庄衰败等问题。

第三，通过参与绿色减贫过程，贫困人口内生动力能够得到一定程度提升。贫困人口内生动力不足的现象在贫困地区广泛存在，除了少部分是受益于“制度养懒汉”而主观上缺乏脱贫意愿之外，大部分是受制于条件所限，或者缺乏生产要素或者缺乏生产手段和经营手段，不能通过参与脱贫攻坚进程而实现内生动力和人力资本的提升，只能被动接受帮扶。绿色减贫核心在于立足贫困地区绿色资源，培植和扶持特色经济与支柱产业。绿色减贫产业相对门槛较低，以基于种植养殖业的农业融合产业、资产收益等模式为主，贫困人口能够直接参与到产业发展过程中；有的贫困人口直接负责经营具体的产业项目，在生产和经营过程中，不仅贫困人口的人力资本水平能够得到提升，还能通过扩大参与、典型示范等手段激发贫困人口的内生动力。近几年庭院经济、林下经济、旅游扶贫、农家乐、电商扶贫等绿色减贫手段，都有此方面的特征，贫困人口参与程度深，与市场、外界的接触和交流比较密切，对新的经济业态、新的生产和经营技术了解与掌握也非常深入，不仅收入提升较快，人力资本水平提升也较高。

第四，利益联结机制创新能够改善贫困地区的治理结构，提升贫困治理水平。绿色减贫机制与传统扶贫产业区最大的区别在于，绿色减贫产业下的贫困人口有了与其他市场主体的议价能力。绿色减贫的基础是贫困地区和贫困人口的绿色资源，近些年，随着国家在农村推动诸如土地确权、林地确权等各项产权制度改革，绿色资源的产权归属愈发清晰，贫困人口与工商业资本的议价能力逐步增强，因此也出现了集体资源、农户资源等多种多样的折股量化方式。在此基础上，绿色减贫产业的利益联结机制创新也很多，对贫困地区的治理结构转型有直接推动作用。农户、合作社、龙头企业、工商业资本之间通过订单农业、股份合作等利益联结机制，逐渐形成较为稳定的治理结构，各类主体的社会责任在这种治理结构中凸显，贫困地区的治理水平和贫困治理能力也能够实现较为明显的增长。

四 绿色减贫的提升路径

第一，国家的绿色减贫策略应实现转型，减贫技术应从“帮扶导向”转向“改革导向”，通过深化农村、农业相关体制机制改革推动贫困地区发展。自1986年扶贫开发以来，我国对于贫困地区、贫困人口一直是帮扶优先，通过送资金、送项目以期推动贫困地区发展。这种“帮扶导向”的扶贫技术，其效率一直遭人诟病。事实上，通过对绿色减贫产业业态和联结机制的考察，我们发现，绿色减贫技术上的基石恰恰在于近几年土地、林地的所有权制度改革，让一些新兴的绿色减贫产业有了发展的可能，贫困人口也有了议价能力和分享收益的权利。值得一提的是，1982—1986年，我国对于贫困地区并未有特殊的项目、资金投入，但因为家庭联产承包制改革，5年时间减贫2亿人口，贫困人口年均下降4000万人。二者的历史时代条件和历史背景确有差异，但通过体制机制改革推动贫困地区发展的路径应该正确无误。因此，如果国家在未来注重减贫质量，注重贫困地区可持续发展，应该将减贫的策略从“帮扶导向”转向“改革导向”，通过体制机制改革，激发沉淀在农村的各类资源和贫困人口的内生动力。

第二，绿色减贫产业需要根据社会发展变化不断选择新的经济业态，提升产业融合水平。可以看到，绿色减贫的基础是农业产业融合，产业融合的驱动多来自社会发展变化的驱动。新的产业业态、更深入的产业融合水平，才有可能让贫困人口在二、三产业中获得相应的利润，工商业资本、企业、大户等多元主体才有可能和贫困人口形成不同的利益共同体。因此，绿色减贫产业的发展需要不断提升产业融合水平，立足农村与农业，但又不局限于农村与农业，既是农业与其他产业之间的融合，也是城市与农村之间各类生产要素的融合。这也是绿色扶贫产业与其他扶贫模式、传统乡镇企业的不同之处。

第三，部分绿色减贫产业的益贫性需要更进一步地提升，绿色资源的收益率需要进一步放大。绿色资源资本化和资产化的过程在技术上是通过“折股量化”的形式来解决的，贫困地区和贫困人口通过绿色资源的股份来分享各类收益。但在实践中，“量化入股”的形式有异化的趋势，部分绿色资源实现“量化”后，名义上是“入股”，实际上却是“放贷”，贫困地区和贫困人口只能享受到微薄的“利息”或“股息”，而这些“利息”或“股息”甚至低于国家在相关优惠政策上的转移支付。国家对于某些产业的支持和帮扶，并未全部到达贫困人口，其中一部分被相关企业截留。在这个意义上，部分产业的益贫性是比较低的，绿色资源的收益也是比较低的。

第四，绿色减贫相关产业的选择需要智力支持。绿色减贫是通过绿色产业化和产业绿色化来实现的，产业选择是绿色减贫实施推进中的重点环节。从我国扶贫开发实际来看，产业选择一直是我国扶贫治理技术的短板之一，“粮丰价跌，谷贱伤农”的现象时有发生。随着高新技术和新兴业态的出现，因地制宜、统筹考虑贫困地区的资源禀赋、社会状况、经济环境、思想观念、比较优势，选择适合当地的产业愈发困难。尤其是在大数据和互联网技术的推动下，各类产业生产与销售更需要精细化的核算，这需要一定的科学决策水平。贫困地区地方政府应该立足目前产业转型和产业融合的实际，建立绿色减贫产业科学决策的相关机制。

参考文献

北京师范大学中国扶贫研究中心，2016，《中国绿色减贫指数报告（2016）》，经济日报出版社。

方劲，2014，《中国农村扶贫工作“内卷化”困境及其治理》，《社会建设》第 2 期。

冯丹萌，2017，《中国绿色减贫机制及综合效应评价分析》，博士学位论文，北京师范大学。

黄承伟、周晶，2016，《减贫与生态耦合目标下的产业扶贫模式探索——贵州省石漠化片区草场畜牧业案例研究》，《贵州社会科学》第 2 期。

雷明，2015，《两山理论与绿色减贫》，《经济研究参考》第 64 期。

莫光辉，2016，《绿色减贫：脱贫攻坚战的生态扶贫价值取向与实现路径——精准扶贫绩效提升机制系列研究之二》，《现代经济探讨》第 11 期。

莫光辉，2017，《精准扶贫视域下的产业扶贫实践与路径优化——精准扶贫绩效提升机制系列研究之三》，《云南大学学报》（社会科学版）第 1 期。

莫光辉、张菁，2017，《绿色减贫：脱贫攻坚战的生态精准扶贫策略——精准扶贫绩效提升机制系列研究之六》，《广西社会科学》第 1 期。

王晓毅，2016，《绿色发展模式下的精准扶贫》，《中国财政》第 11 期。

张琦等，2014，《中国绿色减贫指数报告（2014）》，经济日报出版社。

4

资源逆转、政策风险与反哺型治理*

——基于Y乡精准扶贫实践的田野调查

许汉泽　李小云**

一　问题的提出

在农村税费改革之前“汲取型”农村政策实施的背景之下，农民负担不断加重，出现基层政权的悬浮（周飞舟，2006）和“国家—农民”关系①的紧张，出现干群冲突加剧、农民上访等一系列问题（景跃进，2019）。之后，为了缓解日益严峻的“三农”问题，农业税被取消，并且国家开始不断向农村进行资源反哺。近年来，尤其是党的十八大之后，随着精准扶贫政策的实施，国家对贫困农村地区的反哺力度越来越大。2019年，中央财政补助地方专项扶贫资金1260.95亿元，比2018年同口径增加200亿元，增长18.85%，连续4年保持每年200亿元增量（新华网，2019）。与此同时，大量扶贫资金项目和涉农整合资源被直接输入广大的贫困农村地区，在资源配置方面出现了“城市—农村”关系逆转的趋势（景跃进，2018）。

农村政策从“汲取型”向“反哺型”转变的过程，虽然在很大程度上缓和了之前紧张的“国家—农民”关系，但是在资源逆转和反哺的同时也出现了一些未能预料的问题，具体表现为政策执行与资源分配过程中引发的各种矛盾、冲突与风险开始增多。以往学术界多关注于“汲取型”农村政策所带来的诸如农民抗争等负面效应和政策后果，对于“反哺型”政策所带来的

---

* 原文刊发于《西南民族大学学报》（人文社会科学版）2020年第4期。

** 许汉泽，南京航空航天大学人文与社会科学学院副研究员。李小云，中国农业大学人文与发展学院教授。

① 关于“国家—农民”关系的论述详见焦长权（2014）、周飞舟（2006）。

问题则关注不足，缺少从政策风险的角度来对其进行深入研究。

政策风险主要指的是“政策执行过程中的不确定因素和政策执行偏离政策目标的可能性空间”（钱再见，2001）。在公共政策的制定和执行过程中，存在来自政策系统内部以及外部环境的风险因素，从而影响公共政策的实施效果（陈伟珂、王亦虹，2003）。朱德米（2012）指出，在对利益进行调整或再分配的过程中，出现了政策文本在时间、空间和不同社会群体之间不一致的政策缝隙，并由此引发了社会不稳定和社会风险。作为农村公共政策的精准扶贫，虽然动员大量人力、物力投入贫困农村，在近年来取得巨大的减贫成绩，年均减贫人口在 1000 万以上，但是也遭遇了难以瞄准（王雨磊，2017a）、关联性冲突（韩庆龄，2018）、争当贫困户（方菲、靳雯，2018）以及“扶贫抗争”（徐明强、李卓，2019）等各种问题。然而，目前学术界还较少从政策风险角度来对由于资源输入和反哺所产生的问题进行研究。

在资源输入与反哺型农村政策之下，对贫困农户的扶贫援助和帮扶为何难以实现既有政策目标，甚至还会带来与之相反的负面后果？精准扶贫政策执行过程中可能会产生哪些政策风险？究竟是什么原因导致了扶贫政策风险的产生？本文以陕南秦巴山区 Y 乡精准扶贫政策实践为例，从政策过程与政策风险的视角出发，对资源逆转背景之下精准扶贫政策实施所产生的风险及其背后原因进行分析，进而提出“反哺型治理”这一学术概念，并对当下资源输入型农村公共政策的执行逻辑和后果进行探讨，期望为以脱贫攻坚、乡村振兴为代表的农村公共政策的执行与优化提供一些启示。

Y 乡位于秦巴山区集中连片特困地区 S 省 H 贫困县的南部，下辖 20 个村 1 个居委会，共有 9923 户 34978 人。全乡共有贫困村 17 个，其中深度贫困村 9 个。2017 年，Y 乡建档立卡贫困人口 4877 户 16096 人，其中未脱贫人口 3672 户 11646 人，贫困发生率为 33.30%，属于深度贫困地区。作为田野考察点，Y 乡具有典型性。笔者跟随调研团队分别于 2018 年 11 月、2019 年 8 月赴 Y 乡驻村调研共 20 天，对乡扶贫干部、村干部、公司老板以及贫困户等不同主体进行了访谈，走访调研了 6 个贫困村并采集了大量一手资料。

二　精准扶贫政策风险的四维表现

我们在 Y 乡调研发现，作为公共政策的多项精准扶贫项目，短期内向贫困村庄和贫困户输入了大量扶贫资金，对于当地脱贫摘帽发挥了不可替代的重要作用。但同时，这种反哺型的治理模式对贫困群体原有生产生活方式产生了巨大的冲击和影响。如果政策衔接与资源分配不当，则容易引发政策风险，即由扶贫政策本身造成负面影响。由于政策的执行存在一定时间周期，随着精准扶贫、精准脱贫工作进入攻坚拔寨阶段，并继续向纵深推进，很多之前实施的扶贫政策的负效应和风险逐步暴露。调研发现，精准扶贫所产生的政策风险大致可以划分为以下几种类型。

（一）政策匹配风险

精准扶贫作为扶贫政策中的一项子政策，与其他涉农政策共同构成了农村公共政策群。不同类型的公共政策之间，或者同一类型公共政策内部的不同子政策之间，如果在执行与实施的过程中没有做好衔接，则容易引发负面后果。易地扶贫搬迁作为S省精准扶贫“八个一批”减贫措施之一，主要针对的是“一方水土养不活一方人”的建档立卡贫困人口。Y乡易地扶贫搬迁贫困人口共691户2449人。易地搬迁贫困户主要被安置在乡政府旁边集镇社区新建的A、B两个小区之中。按照政策规定，居住环境恶劣以及无安全住房的建档立卡贫困户，人均自筹2500元以内，户均自筹不超过1万元，就可入住政府盖的安置小区，获得人均建房面积25平方米以内的安置房。当下正在开展的易地扶贫搬迁政策虽然从政策设置的初衷上来看是好的，但只是单向度地增加扶贫投入，没有考虑到与其他政策的衔接，由此导致了政策匹配风险的产生。

我们在Y乡集镇移民安置社区调研发现，贫困户搬迁之后出现的最大问题就是面临“人—地—户”三者相分离的尴尬困境，并由此产生了影响贫困户生计和社区参与等一系列后续问题。具体表现有：很多贫困户搬迁之后，户籍、土地仍然保留在原来的村庄，只是人搬迁到安置社区；这些贫困户由于户口没迁过来，就不能参与社区的管理与投票；由于搬迁后，原来村庄之内的土地距离较远、耕种不便，很多贫困户将其撂荒。而如果贫困户户口迁出来，他就会丧失原有村庄村民资格，也会失去作为集体生产资料的土地承包经营权。所以，在现有“城乡二元”的制度结构背景之下，很多政策是相互关联与交织影响的。易地扶贫搬迁政策仅仅考虑的是解决贫困户的安居问题，没有考虑到与现行农村户籍政策、土地政策相匹配的问题，缺乏政策的系统设计与整体性考虑。2019 年 3 月，Y 乡集镇安置社区入住率只有 58.9%[①]，甚至出现了一些搬迁户回到原址从事农业生产的现象，并没有达到“搬得出、稳得住、能致富”的政策要求。

> 案例 1：47 岁的妇女 WXH[②] 是 2020 年 2 月搬迁到 Y 乡集镇社区的，她家里有 3 口人，迁出的村庄是位于安置点 16 公里之外的联合村，她家在老家有 3.4 亩的山地，在搬迁之前主要依靠种植拐枣和产业扶贫资金，以养鸡为业。搬迁之后因为距离土地太远，她家就没有再种，加上土地比较分散，她说“免费让人家种都不要”，导致现在土地荒芜。而且搬迁之后粮食、蔬菜、水果等都要花钱买，全家一个月的花费在 1000 元以上。由于没有稳定的收入来源，她的丈夫和儿子不得不出去打工挣钱。她想应聘到社区工厂工作，但由于学历不够没有被录用。

（二）精英俘获风险

“精英俘获”（elite capture）是发展学的一个重要概念，主要指的是外来的资源被社区内的精英群体获得。Rigon（2014）认为在一个存在分化和不平等的社区之内，如果不去打破内部权力利益结构的话，扶贫政策甚至会产生相反的效果。精准扶贫政策要求扶贫资源的分配精准到户，并在程序上实施了非常严格的监督，这使得精英直接俘获扶贫资金和项目的概率大大降低，但是现在精英俘获出现了资本化的趋势（刘升，2015），也就是精英开始从直接获利向间接化和隐性化谋利转型。在资源下乡的背景之下，很多扶贫资源以项目制的形式开展，然而在项目的分级运作过程中，不同主体会添加各自的意图，使项目的最初目标发生偏离，最后产生“强者愈强、弱者愈弱”的马太效应（叶敏、李宽，2014）。明确入户的资金与项目受到精准到户到人的规则约束，但是很多的整合资金或者发展类项目非常容易被精英、

---

① 数据来源于《Y 乡脱贫攻坚中央巡视反馈意见问题整改资料》（2019 年 3 月 24 日发布）。中央扶贫巡视组在 Y 乡检查考核后发现该乡存在“易地扶贫搬迁配套政策落实还需加强、易地扶贫搬迁对象实际入住率低”等问题。由 Y 乡脱贫攻坚指挥部提供，内部资料，2019 年 8 月田野调研时采集。

② 本文所涉及的人名、地名等均已经过学术匿名化处理，特此说明。

大户或者公司俘获。政策本身在制定之初并没有偏好，但是在执行过程中在多方的“变通”与“共谋”之下会向精英主体倾斜。

精准扶贫中的“精英俘获”主要指的是扶贫资源被乡村社会中作为非贫困户的精英群体所俘获。以产业扶贫为例，为了激励贫困户发展产业，Y 乡制定了贫困村脱贫产业帮扶奖补办法，其中产业扶持原则第一条就为“规模化发展原则”，具体明确规定如：“贫困户养羊 10 只以下，每只奖补扶持 500 元；养羊 10 只以上的，一次性奖补扶持 5000 元。”“茶园建设，通过能人大户带动或土地流转新建高效密植茶每亩补助 1000 元，5 亩以上一次性奖补扶持 5000 元。”[①] 种植养殖规模越大，获得的奖励补贴越多。从中不难看出产业奖补政策对种植养殖规模大的贫困户和大户的扶持力度更大，当地的产业扶贫政策具有明显的规模偏好，扶贫资源的基层分配成了变相“垒大户”的过程。

“精英俘获”还表现为作为非贫困户的大户与公司等经营主体对于扶贫资源的吸纳和“俘获”。在 Y 乡的产业扶贫项目之中，1572 万元的产业扶贫资金原本是用于贫困户自身发展产业，但是我们调研发现乡政府并没有将产业扶贫资金直接发放给贫困户，在产业扶贫资金下达到各个贫困村之后，各村将扶贫资金拨入村集体经济组织，用于发展村集体中长期产业。由于村两委没有发展产业的经验，很多村庄直接将扶贫资金以配股的方式投在农业公司、经营大户以及新型农业经营主体身上。很多贫困村采用了“公司 + 贫困户”“大户 + 贫困户”的模式，也就是贫困户的扶贫资金被注入农业公司和大户之中，而经营主体采取就业带动或者分红的方式，贫困户并没有真正发展属于自己的产业，仅仅增加了年底入股扶贫资金有限的分红收入。在直接（混合）带动模式的产业扶贫中，贫困户在整个产业链条中始终处于低端位置，市场经营的大部分收益被公司（大户）获得。

（三）资本谋利风险

以上讲的是扶贫资源分配过程中发生的“精英俘获”风险，接下来我们

---

① 数据来源于《Y 乡人民政府关于印发贫困村脱贫产业帮扶奖补办法的通知》（2016 年 8 月发布）。该通知明确规定了贫困村种植养殖规模与产业帮扶奖补的关联，也就是规模越大，产业奖补资金越多。由 Y 乡脱贫攻坚指挥部提供，内部资料，2018 年 11 月田野调研时采集。

将从扶贫项目资本化运作以及政策落地的后果方面进行探讨。如果“精英”获得扶贫资源之后能够发挥真正的带贫、益贫作用，也算是完成了扶贫目标，但我们调研发现很多获得扶贫资源扶持的市场经营主体的目的并非真正是进行精准扶贫。对于大多公司、大户等市场主体而言，他们参与产业扶贫的首要目标是赢利，也就是在他们的运作过程中资本谋利的逻辑压倒了社会扶贫的逻辑而占主导地位（许汉泽、李小云，2017）。在这样的无限市场之中，强势群体主导，边缘地区和贫困群体经常受到排挤和淘汰（叶敬忠、贺聪志，2019）。而且这种资本化的运作模式在实践过程之中由于规模较大往往伴随很大的自然和市场风险，很多产业扶贫政策的制定比较注重对公司、大户的政策补贴与扶持，较少考虑到资本的谋利及其市场运作的风险性。扶贫项目成功，可以发挥一定的带贫作用，但如果由于市场波动而导致项目失败，谁来承担相应的责任？在现行的扶贫制度与政策框架之下，并没有一个合理的风险分担与分散机制。

案例2：2017年，Y乡河村将县扶贫开发局下拨到村的20万元财政专项扶贫资金投资到了外来老板成立的古村落旅游运营管理有限公司，用于当地古梯田旅游直通车运营项目，投资期限为2年。资产收益方案明确规定了投资期间，经营主体无论亏损，给村集体保底分红不低于入股本金的8%，村集体所得分红全部用于32户贫困户增收。贫困户全部脱贫后，分红作为集体收入，用于本村公益事业支出。资本到期退出后，股本金归村集体所有①。但是该公司成立两年之后，由于投资成本过大，市场收益不高，出现连续亏损。2019年，外来老板“跑路”，投入的扶贫资金自然也没有收回来。

案例3：Y乡东村在2017年将10万元财政专项扶贫资金投入外来资本在该村成立的一家农业公司，用于该公司杭白菊种植基地项目建设。该公司采用“公司+贫困户”的模式，在流转该村贫困户土地的基础之上雇用该村贫困户在该基地务工，并保证每年有不低于股本8%的

① 数据来源于《H县增加贫困村贫困户资产性收益扶贫项目资料》（2017年9月发布）。通过该资料，笔者发现H县很多贫困村的专项扶贫资金并没有直接分配给贫困户，而是被作为资产收益扶贫项目以集体名义投入公司和专业合作社中。由H县脱贫攻坚指挥部提供，内部资料，2019年8月田野调研时采集，并结合访谈整理而得。

分红。同时，对于不愿流转土地的贫困户，该公司为其提供种苗、技术并保证以保底价进行回收。在村干部动员以及公司的宣传之下，该村发展了杭白菊、百合共300亩，但是2018年11月杭白菊收获的时候，由于整体市场行情不好，该公司直接倒闭关门，因此也没有能力按照协议对该村贫困户种植的杭白菊进行收购。不仅10万元的财政专项扶贫资金无法收回，还导致了贫困户辛苦一年没有收入的困局。

（四）资源分配风险

扶贫资源进入村庄层面后，如果在贫困户之间的分配处理不得当，非常容易引发矛盾、冲突等资源分配风险。并不是所有对贫困地区和贫困户资源的输入与分配都能够带来地方政府合法性的提升，如果资源分配不当，会产生相反的负面效果。国家对于贫困户完全标准化、数字化的认证与村民层面对于“谁是贫困户”以及“应该帮扶谁”的认识之间存在不小的差异。在目前的脱贫攻坚决胜阶段，随着对贫困户帮扶力度的加大，扶贫资源分配不当所导致的贫困户上访事件、抗争行为不时发生，这十分不利于贫困地区社会秩序的和谐稳定。扶贫资源的分配风险具体表现为以下三类：第一类是由于扶贫政策执行偏差而产生矛盾；第二类是非贫困户与贫困户之间因竞争、攀比而引发冲突和“悬崖效应”；第三类主要是地方政府与扶贫干部对贫困户的过度帮扶造成其福利依赖问题等。

案例4：Y乡渭村村民LCQ是非贫困户。由于家里房屋倒塌成危房后无法居住，他向银行申请贷款修建了两层160平方米砖混结构房屋。LCQ本人常年在外务工，家中现有4口人，两个小孩还在上小学。LCQ有一个兄弟在外务工，虽然已经分户但是仍然和他们居住在一起。由于新盖的楼房违反了贫困户精准识别“七不准”和“九条红线”规定，他家没有被识别为贫困户。现在他看到周围没有盖房子的贫困户享受到危房改造与易地扶贫搬迁的政策优惠，心理很不平衡，认为凭什么自己辛辛苦苦打工挣钱和贷款盖房子后却不能享受国家的政策。所以他多次向乡、县政府反映自己的情况。

案例5：ZWG是Y乡龙村的村民，今年59岁。虽然他年轻时候参加过当地的非法宗教组织，但由于他是无儿无女的单身汉，扶贫工作队还是将他认定为五保人员，安排他在乡养老院。在养老院住了一阵之后，他不太满意，找到扶贫工作队提出要修房子，后来扶贫第一书记帮助他申请了“钥匙房”① 项目。前一段时间，ZWG 骑摩托车发生车祸摔伤了腿，他又多次到村委会找第一书记和村干部，要工作队帮他聘请律师打官司和解决手术医药费。包村第一书记说可以帮助他申请司法援助或者到残联办理伤残鉴定，但是聘请律师以及医药费已经超出他们的工作范围，实在难办。ZWG 并不理解，不但不感谢扶贫干部，反而威胁说，如果他的问题解决不了，他就去找县里领导反映扶贫干部不帮扶他这个贫困户，让他们的脱贫考核不过关。

三　精准扶贫政策风险产生的三重逻辑

脱贫攻坚进入决胜阶段之后，一方面，国家的扶贫力度越来越大，大量扶贫资源和扶贫项目被投入贫困的农村地区；另一方面，随着时间的推移，政策实践的各种后续效应与问题逐渐暴露。精准扶贫早已经超越扶贫本身，而是作为国家治理的一部分影响着村庄治理的各个方面。所以我们对于精准扶贫的研究关注点，应该实现从扶贫有效性向治理有效性的转变。而政策的执行受到不同主体多重逻辑的影响，政策风险的产生也有着更加深层次的结构性因素。所以我们有必要将扶贫政策风险放在“国家—市场—社会”三者互动的框架之下进行阐释，而非仅仅将其看作技术失灵与政策失效。

（一）攻坚式治理与扶贫的政治化逻辑

中国县乡级政府实行的是与常规科层体制不同的“压力型体制”，具体来看就是各级地方党政组织为了实现经济赶超和其他目标，采取任务数量化分解与高度物质化奖惩相结合的一套管理手段和方式（杨雪冬，2012）。精

① 所谓“钥匙房”，主要是指政府直接为贫困户建设和简装，并不需要他们购买，县级政府按照人均 20 平方米的标准，提供最大面积不超过 60 平方米的免费住房，贫困户拿到钥匙直接入住即可，主要用于村内的鳏寡孤独、残疾人和五保户。

准扶贫自提出之后就与全面建成小康社会的目标相联系。在2020年农村贫困人口限期脱贫的压力之下，精准扶贫迅速上升为贫困地区地方政府的中心任务，超常规的扶贫措施被使用。这种强动员的扶贫治理模式被概括为“攻坚式治理”（徐明强、许汉泽，2019），其所面临的压力强度超越了以往其他农村工作。

一方面，扶贫政治化的攻坚式治理模式在短期之内能够动员政府内外的各种力量和资源投入脱贫攻坚之中，推动政策的有效贯彻与执行，使扶贫任务按期完成得到保证；另一方面，政治化的压力会打破基层社会之间的平衡，影响政策之间的相互匹配与衔接。在上级的强压力之下，地方政府有限的注意力被集中到扶贫领域，导致其他常规工作的政策注意力不足（叶良海、吴湘玲，2017）和政策失效，进而出现政策匹配风险。首先，扶贫目标被进一步凸显与强化。在地方政府，完成扶贫任务被排到了首要位置，“五级书记”抓脱贫，各种围绕精准扶贫的新政策被制定出来并在短期内被执行，但是并没有考虑到与其他农村政策、制度的衔接，仅仅重视短期的脱贫成绩而忽视了后续管理与扶贫的长效性。其次，压力型体制的实践与压力传导过程中会出现层层加码的现象。与之前的扶贫政策比较起来，突然加大的扶贫资源和项目的输入会导致与村庄既有秩序不相适应。其中直接的表现就是扶贫力量的不足，既有的“四支队伍”难以承接和管理突如其来的大量反哺资源，项目进村和项目落地因此出现问题。最后，在村干部权力、资源有限的情况之下，长期以来农村政策执行过程中普遍存在政策关联以及“连带”执行的现象。扶贫政策的强化突破了以往的政策连带和政策关联，出现了政策之间的张力并对村庄原有公平观念造成冲击（邢成举，2018），进而导致了农村政策群内部的失衡以及村庄内部社会秩序的紊乱。

（二）信息不对称与市场的资本化逻辑

首先，信息不对称无疑是造成政策执行风险不可忽视的因素之一。对信息的掌握和了解是政策执行的重要条件。一般意义上，农村公共政策的制定假定目标群体都可以有同等获取政策信息的机会，很少将政策目标群体内部获得信息能力的不同考虑在内。丁煌、李晓飞（2010）认为在“委托一代理”政策执行过程中，由于信息不对称和激励不相容，政策执行主体和政策目标群体基于自身利益的博弈行为产生的逆向选择，将不可避免地影响对政策的忠实执行，进而导致政策执行阻滞。在精准扶贫过程中，虽然要求精准到户到人，但很多扶贫资源并不是直接到户，而是以项目的形式来实施。信息的传递、获得及转译是项目制的关键，一般来看项目信息优先传递给精英群众、中间群众，再扩散传播到普通大众。而在具体项目的申请和操作过程中，乡镇干部和村干部因具有较大的“自主性”，而有可能在申请、运作的过程中添加自己的意图。扶贫资金和项目信息与权力的不均衡配置（邢成举、李小云，2013），是导致扶贫资源精英俘获的一个重要原因。

其次，在扶贫资金资本化运作过程中，贫困户参与度弱化、受到隐性排斥以及市场风险增大是造成政策执行风险的重要因素。开发式扶贫战略主要是运用市场的手段来进行扶贫。精准扶贫政策实施以来，虽然瞄准单位不断下移并实现了扶贫技术层面精细化的转型，但从根本上仍然是利用市场的力量去发展贫困地区的经济进而增加贫困户的收入。与之前开发式扶贫阶段不同的是，精准扶贫、脱贫攻坚时期的市场化扶贫手段越来越技术化，但并非将贫困户直接推向市场，其中最为典型的就是扶贫资金资本化的运作逻辑。所谓扶贫资金资本化运作，主要指的是扶贫资金不是直接分配而是间接交给发挥扶贫功能的经济组织或者市场主体去进行运作，并通过务工、分红等形式带动贫困户脱贫。这样在地方政府干预之下，扶贫资金“所有权”与“使用权”分离，贫困户并没有实际参与产业的发展，而大量资金被作为市场主体的大户和公司所捕获，导致了贫困的“悬置”以及扶贫的“在地化”困境（荀丽丽，2016）。资本参与扶贫在现实实践中往往容易变成扶贫嵌入资本，即出现资本谋利压倒扶贫的“目标替代”现象。扶贫资金被投入市场中之后，又会不可避免地追求所谓的“短平快”和规模化效益，而这又无疑增加了扶贫资金的市场风险。

（三）乡土不规则与农民的理性化逻辑

资源的村庄内分配与政策落地环节，也是最容易出现问题与发生政策风险的环节。一方面，以精准扶贫为代表的反哺型政策源源不断地向贫困农村地区输入大量的扶贫资源和项目；另一方面，由于分配不当反而激发了农村社会矛盾并带来农民上访增多的问题。出现这样的政策悖论与分配风险，其背后主要的原因在于地方政府行为逻辑与村庄乡土社会逻辑之间的失衡。单纯的资源输入与技术治理政策的实施如果没有考虑到农村社区的社会基础和伦理规则，非但不能够实现既有目标，甚至还会引发既有社区秩序的紊乱。

第一，在治理逻辑方面，国家精准扶贫政策背后的精细化、技术化治理逻辑与乡土社会逻辑之间可能会出现冲突和不适应。在国家治理现代化的语境之下，扶贫治理领域也越来越精细化、技术化，精准扶贫政策就是典型，通过采用各种现代化方法技术，试图将农户的收入水平准确地测量出来，然后对其进行专门化的干预和帮扶。但是，乡土社会具有很大的不规则性。本文所阐述的乡土不规则性，是指乡土社会的模糊性、不可算计性，很多方面难以完全用数字化的方法清晰呈现。比如，农民的资产收入不同于城镇居民，难以被货币化测量，因此不能完全依赖数字的管理方法对其进行量化处理。第二，在伦理规则方面，国家的施政伦理与农民遵循的乡土伦理之间的张力也是导致资源分配风险的重要原因。国家精准扶贫政策从客观上遵循严格意义上的程序正义，追求帮扶真正的贫困户，但是在作为熟人社会的农村社区，则有着“帮能”、“帮亲”、“帮弱”以及“帮需”的社群伦理（王雨磊，2017b）。二者的张力不仅影响着精准识别的准确度，而且引发了部分扶贫政策执行不力带来的群众不满与冲突事件，消解了精准扶贫的政策目标效果。第三，改革开放后，尤其是20世纪90年代以来，社会变迁带来传统乡村道德观念的深刻转变。与汲取性政策实施阶段的“道义小农”不同的是，在资源大量输入的背景之下，国家行政力量对农村贫困的强干预不仅对农村社会传统的互助性、家庭性、福利性原则造成了冲击，还在某种程度上激发和放大了农民的“理性”，也就是农民对于政策给自己带来的直接或间接利益的算计和期待被扩大。在农民权利与义务逐渐失衡的背景之下，“理性农民”更多地压倒了“道义农民”，这或许是资源反哺之后争当贫困户以及扶贫上访行为增多的道德根源之一。

四　反哺型治理及其政策的优化路径

党的十八大以来，在全面建成小康社会的背景之下，国家自上而下对农村地区投入的资金、项目越来越多，出现了城乡之间资源逆转的趋势。与农业税时代国家对农村的“汲取型治理”不同的是，进入新时代之后，国家对农村、农业、农民的反哺力度越来越大，呈现“反哺型治理”趋势。而在资源向农村地区反哺的过程中，受不同政策目标群体和多重逻辑的影响，出现了资源的分配难题和政策风险。这不仅可能偏离现实既有扶贫目标，还有可能消解政府行为的合法性。作为反哺型治理代表的精准扶贫实践所导致的政策风险，与之前农村汲取型治理引发的“国家－农民”关系紧张有很大的区别，政策风险与冲突从之前的直接、高烈度向更加隐蔽和低烈度变化。因此，我们认为可以从以下几个方面思考如何应对反哺型治理过程中出现的政策风险。

（一）做好政策衔接，推动扶贫治理的常规化转型

在政策制定与执行过程中，要做好不同政策之间的匹配与衔接。任何政策都不可能完全孤立地实行，而是嵌入复杂的社会环境之中并受到多方面因素的约束与影响。目前来看，精准扶贫已超越扶贫工作本身，成为一项综合性的系统工程，涉及各个部门的协作、协同。扶贫政策的设计不能仅仅考虑扶贫系统本身，还要综合考虑与农村福利政策（低保）、土地制度、户籍政策、产业政策等其他政策的匹配和适应。扶贫政策的改变，也应该伴随与之相关的其他政策的适应性调整。如果仅仅依靠加大扶贫资源的投入力度，而不考虑其他关联性因素和政策的话，不仅不利于实现长效扶贫目标，还很有可能出现与初衷违背的政策后果。

在扶贫治理模式上，目前的精准扶贫采取的是“运动式”与“攻坚式”结合的非常规治理模式。这样虽然能够在短期之内动员体制内外的力量投入脱贫攻坚之中，提高贫困治理效率，但干预过度的话，也会产生一系列的负面后果，甚至会出现“治理型贫困”（许汉泽，2016），也就是因为国家干预和扶贫方式的不当而引发新的贫困治理问题。所以今后的扶贫政策，尤其是2020年消除农村绝对贫困之后的扶贫工作应该向常规化、制度化的方向转变。需要将扶贫工作纳入常规的社会福利政策体系之中进行考量，建立完善的农村社会保障和社会福利政策体系，构建综合性的农村社会保护安全网和反贫困的预警机制，推动农村反贫困从运动式减贫向常规化防贫转变。

（二）进行“双重规制”，注重政策的持续效果

在进行开发式扶贫和产业扶贫的过程中，要利用政府力量对市场与资本进行双重规制。波兰尼（2007）认为所谓的“自律性市场”的概念从来没有被真正实行过，市场本身存在很大的缺陷。无论是在市场信息的获得还是在市场竞争之中，贫困农户始终处于劣势地位。以市场为主导的产业扶贫方

式虽然是精准扶贫“五个一批”的重要内容之一，但并不是将贫困户直接推向市场或者将扶贫资金进行资本化运作，而是市场要为贫困户服务，建立亲贫、益贫性的市场机制。“双重规制”首先要利用行政力量对市场的谋利性进行制度约束，在产业扶贫的过程中更加突出其扶贫的社会功能，而不是将其看作纯粹的理性化经济主体；其次要对参与产业扶贫的资本进行选择性扶植和政策优惠，并不是所有类型的资本都具有扶贫的功能，地方政府应该引导和培育“内生—内向”型资本参与产业扶贫，建立“利益捆绑、责任连带”的产业扶贫机制，将贫困户嵌入产业链之中进行市场参与，并在这个过程中不断强化扶贫企业的社会责任和扶贫功能。

无论是精英俘获风险还是资本谋利风险，其产生的原因均与地方政府在政策实施过程中仅仅注重短期内的效益和“政绩”，而忽视了政策的持续效果有关。因为政策的实施具有一定的时间性和周期性，以产业扶贫为例，短期内大规模的资金投入和扶持可能会取得暂时的政策效果，但是要确保贫困户长效脱贫和不会返贫，就要从产业的长期发展角度（诸如品牌打造、人才培养以及利益分配等方面）投入更多的政策关注，因此要注重研究扶贫政策实施的可持续效果，避免市场风险对贫困户的影响。

（三）协调不同主体矛盾，强化“政府回应”

“反哺型治理”面临的重要问题就是资源的传递和分配难题，其引发矛盾的原因并不在于农民利益的直接受损，而在于分配的“不平衡”以及与乡土逻辑、伦理之间的冲突。所以在城乡资源逆转的背景之下，在今后向农村地区自上而下输入资源的过程中，要特别注意协调不同政策目标群体之间的矛盾，同时政策的执行不能忽视与乡土社会逻辑之间的调适。传统的伦理道德与现代化的治理规则并不必然是完全冲突的，在处理由资源输入、分配造成的政策风险之时，要利用“自治、德治与法治”相结合的方法，将传统伦理道德中优秀的部分以及村民自治的治理元素纳入矛盾纠纷的化解之中。

减少政策风险的另外一个重要策略是提升政府回应能力。以往地方政府在处理农村社会矛盾时，往往是在冲突发生之后才被动地介入。地方政府的治理观念应该从“被动应对”转向“主动回应”，诸如通过第一书记、包村干部以及村干部的上门走访和联系群众，主动服务下乡；采用“网格化”“信息化”等技术手段，及时了解村庄的各种信息和矛盾线索，加强对冲突矛盾的主动搜集、回应和调解。政府的回应能力不仅包括对矛盾纠纷的直接应对和风险预防，还包括对农民日常生活的教育和引导，通过“新民风”建设、开展道德评议、树立典型模范等逐步转变农民的观念，培育贫困户脱贫的内生动力，使其能够实现权利和义务之间的平衡，树立正确的价值标准，回归道德化的理想治理状态，从根源上对社会矛盾进行预防和治理。

五　总结与讨论

随着精准扶贫、乡村振兴等政策的实施，国家对农村的重视程度越来越高，大量资金和项目自上而下输入农村地区，城乡关系开始出现资源逆转的趋势。与“汲取型”政策不同，这些“反哺型”政策一方面极大地改善了农村地区落后的面貌，使大量贫困人口跳出贫困陷阱摆脱贫困，取得巨大的减贫成绩和良好的政策效果；但是另外一方面，资源的输入和国家的干预伴随出现了政策风险，造成了政策不够匹配、精英俘获、资本谋利以及资源分配矛盾等一系列问题，不仅没有达到扶贫政策的初始目标，还对农村社区既有的秩序和社会团结产生了负面影响。

“规避公共政策过程引发的社会风险是对公共政策的基本要求。”（郝雅立、温志强，2016）在“国家—市场—社会”框架下深入分析政策风险产生的三重逻辑和机制之后，针对反哺型治理这一新的类型，我们提出了要做好政策衔接，推动扶贫治理的常规化转型，进行“双重规制”，注重政策的持续效果，协调不同主体矛盾，强化“政府回应”等政策优化的具体路径（见图 1）。最后需要说明的是，本文提出反哺型治理的政策风险并不是对精准扶贫政策的否定。中国扶贫政策所取得的巨大成绩有目共睹，这一点毋庸置疑，但是为了此项政策更好地实行，我们应该对政策实践过程中的偏差和问题进行研究。虽然本文是以精准扶贫政策的实施为例展开具体分析和讨论，但本文得出的结论与政策建议对其他反哺型政策的实施也具有一定的借鉴与启发意义。今后在农村公共政策实施的过程中，只有不断地反思与总结，进行政策推进的同时注意政策风险的防范和“源头治理”，充分考虑基层实践的复杂性并不断进行优化与调整，才会更有利于实现预期的政策效果。

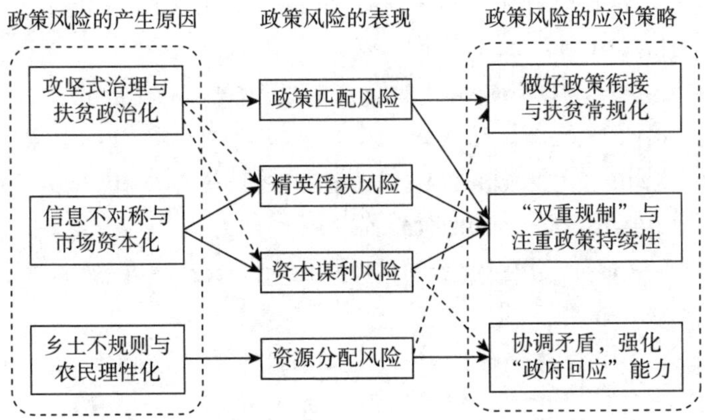

图1 政策风险的产生机制及其政策应对

参考文献

波兰尼，卡尔，2007，《大转型：我们时代的政治与经济起源》，冯钢、刘阳译，浙江人民出版社。

陈伟珂、王亦虹，2003，《公共政策风险识别系统研究》，《中国软科学》第3期。

丁煌、李晓飞，2010，《逆向选择、利益博弈与政策执行阻滞》，《北京航空航天大学学报》（社会科学版）第1期。

方菲、靳雯，2018，《精准扶贫中农户“争贫”行为分析》，《西北农林科技大学学报》（社会科学版）第6期。

韩庆龄，2018，《精准扶贫实践的关联性冲突及其治理》，《华南农业大学学报》（社会科学版）第3期。

郝雅立、温志强，2016，《公共政策过程中的风险管理——以“危机叠加：透视天津限行乌龙夜”为例》，《中国行政管理》第3期。

焦长权，2014，《中国的国家与农民关系研究：“再认识”与“再出发”》，《中国农村观察》第1期。

景跃进，2018，《中国农村基层治理的逻辑转换——国家与乡村社会关系的再思考》，《治理研究》第1期。

景跃进，2019，《乡村现代化的治理结构——村庄再组织化的四个维度》，清华大学中国农村研究院官网，3月20日，http://www.cirs.tsinghua.edu.cn/sannjcyc/2842.jhtml。

刘升，2015，《精英俘获与扶贫资源资本化研究——基于河北南村的个案研究》，《南京农业大学学报》（社会科学版）第5期。

钱再见，2001，《公共政策执行的风险因素分析》，《江苏社会科学》第6期。

王雨磊，2017a，《精准扶贫何以“瞄不准”？——扶贫政策落地的三重对焦》，《国家行政学院学报》第1期。

王雨磊，2017b，《技术何以失准？——国家精准扶贫与基层施政伦理》，《政治学研究》第5期。

新华网，2019，《2019年中央专项扶贫资金已全部下达》，5月18日，http://www.xinhuanet.com//2019-05/18/c_1210136905.htm。

邢成举，2018，《政策张力、公平观念与扶贫工作的合理性》，《西北农林科技大学学报》（社会科学版）第2期。

邢成举、李小云，2013，《精英俘获与财政扶贫项目目标偏离的研究》，《中国行政管理》第9期。

徐明强、李卓，2019，《“扶贫抗争”与农村反哺资源的分配治理——基于秦巴山区T镇的田野研究》，《浙江工商大学学报》第4期。

徐明强、许汉泽，2019，《运动其外与常规其内：“指挥部”和基层政府的攻坚治理模式》，《公共管理学报》第2期。

许汉泽，2016，《贫困治理转型与“治理型贫困”的兴起——以滇南南县调查为讨论中心》，《中国延安干部学院学报》第3期。

许汉泽、李小云，2017，《精准扶贫背景下农村产业扶贫的实践困境——对华北李村产业扶贫项目的考察》，《西北农林科技大学学报》（社会科学版）第1期。

荀丽丽，2016，《悬置的“贫困”：扶贫资金资本化运作的逻辑与问题》，《文化纵横》第6期。

杨雪冬，2012，《压力型体制：一个概念的简明史》，《社会科学》第11期。

叶敬忠、贺聪志，2019，《基于小农户生产的扶贫实践与理论探索——以“巢状市场小农扶贫试验”为例》，《中国社会科学》第2期。

叶良海、吴湘玲，2017，《政策注意力争夺：一种减少地方政府政策执行失效的分析思路》，《青海社会科学》第2期。

叶敏、李宽，2014，《资源下乡、项目制与村庄间分化》，《甘肃行政学院学报》第2期。

周飞舟，2006，《从汲取型政权到“悬浮型”政权——税费改革对国家与农民关系之影响》，《社会学研究》第3期。

朱德米，2012，《政策缝隙、风险源与社会稳定风险评估》，《经济社会体制比较》第2期。

Rigon, A. 2014. “Building Local Governance: Participation and Elite Capture in Slum-upgrading in Kenya.” *Development & Change* 45: 257-283.

5

集中连片特困地区“购买服务式”综合性扶贫治理模式研究

——以陕南秦巴山区“公益岗位”为例*

李　博　左　停**

中国扶贫治理经历了从20世纪80年代基于市场的发展型治理向2000年以后基于权利的保护型治理的过渡（李小云，2013）。扶贫治理模式的转型有效实现了贫困人口数量的减少。但是，截至2014年底，按照人均年纯收入2300元的标准，中国仍有7017万农村贫困人口，减贫任务异常艰巨（李博，2016）。在以输血为核心的扶贫治理的第一阶段，即发展型治理阶段，扶贫治理的模式主要包括直接救助、项目扶持、产业带动、科技下乡、小额信贷等。而在以造血为核心的扶贫治理的第二阶段，即保护型治理阶段，扶贫治理模式主要包括强化教育、实施易地扶贫搬迁与劳动力转移、生态保护以及参与式扶贫等。

从扶贫治理的目标来看，在遵从发展主义的第一阶段，扶贫基本关注于如何帮助贫困人口缓解贫困和摆脱贫困，而忽略了增强贫困人口的生计能力；第二阶段是从新发展主义的逻辑出发，扶贫治理的目标由缓解贫困转向了增强生计能力（孙文中，2013）。在此过程中，扶贫治理目标的定位实现了从扶持经济贫困向扶持能力贫困的转型，扶贫治理方式实现了从救济式扶贫向开发式扶贫再到参与式扶贫的过渡。从当前中国扶贫治理的主体来看，以国家为主导的行政干预式扶贫仍然处于扶贫治理的主导地位，社会与民间参与扶贫治理的力量仍然较为薄弱。这也在一定程度上导致了扶贫开发模式的单一性和功能的式微。在脱贫攻坚阶段，不断探索行之有效的新型扶贫治理模式成为亟须考虑的重点议题。以“公益岗位”为代表的“购买服务式”

---

* 原文刊发于《农业经济问题》2017年第2期。

** 李博，中国农业大学人文与发展学院博士研究生。左停，中国农业大学人文与发展学院教授。

扶贫治理机制是在合作型反贫困理论指导下探索的一种针对贫困村和贫困人口的综合性扶贫治理机制，是在开发式扶贫基础之上的一种创新，有利于实现扶贫开发与农村社区建设、乡村治理、生态保护、社会保障等多项制度的有效衔接。

一 “购买服务式”扶贫治理：合作型反贫困理论指导下的一种新型扶贫模式

2015 年 11 月出台的《中共中央、国务院关于打赢脱贫攻坚战的决定》中明确提出“在扶贫开发中推广政府与社会资本合作、政府购买服务等模式”（新华网，2015）。但是，如何在现有的扶贫实践中探索和推广这一模式，从当前扶贫实践的层面来看还缺少相应的路径。以“公益岗位”为代表的“购买服务式”扶贫治理是在合作型反贫困理论指导下所探索的一种新型扶贫开发模式。合作型反贫困理论强调的是通过农村反贫困行动中各相关利益主体之间的合作，从制度层面构建可持续的农村反贫困机制。这样不仅有利于消除收入贫困，而且有利于从能力、合作机制、治理结构等更深层面为贫困农户的脱贫乃至贫困地区社会、经济、政治等诸方面的协调和可持续发展构建制度基础（周爱萍，2013）。合作型反贫困理论强调政府、社会力量与贫困群体的共同参与和有力配合，贫困户之间的相互帮扶，政府部门之间扶贫实践的良性互动，等等。在合作型反贫困理论中，反贫困的主体可以分为政府力量与社会力量。政府力量主要指地方政府涉及贫困治理的部门，其主要作用是在扶贫实践中进行扶贫部门与行业之间的协调、沟通与互动。社会力量主要包括社会组织，如非政府组织（NGO）和相关行业协会，以及第三方评估机构（主要指相关科研团体，如高校和智库等）。其中，社会组织主要提供相应的财力支撑，科研团体提供相应的智力支撑。在合作型反贫困理论中，反贫困主体的共同目标是实现贫困人口的脱贫（见图 1）。

（一）“购买服务式”扶贫治理机制探析

本研究所探索的“购买服务式”扶贫治理是指在贫困地区，特别是在贫困村，面向建档立卡的贫困户，通过设置一批“公益岗位”，运用政府和社会组织购买服务的理念和方式给予现金或实物补贴，以期实现贫困人口的就

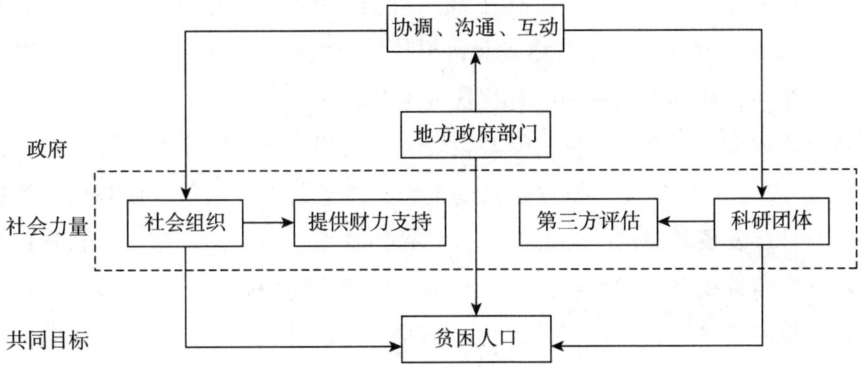

图1 合作型反贫困框架

业和增收。在运行机制上，“购买服务式”扶贫治理通过岗位补贴的方式动员部分贫困人口开展农村基础设施维护、生态环境保护、农村乡土知识传承以及农村社区建设与服务工作，如农村环境卫生保护、村组道路维护、集体自然资源管护等，也包括促进当地居民生态环境意识提升、乡土知识传承、社区文化建设、农村电子商务发展、农业技术传播、家庭农场壮大、民俗工艺传承、农民组织建设等各种有利于当地扶贫开发和社区管理的工作岗位。岗位设置的目的是提升贫困人口脱贫的可行能力，促进农村生态、社会、经济、产业和文化协同发展，同时提高贫困人口社区建设能力、乡村治理能力。所谓可行能力，是一种预存能力，即能够自由从事创造性活动的能力。人们一旦拥有这种能力，就能够从根本上消除贫困和落后的根源，实行社会公平和可持续发展（虞崇胜、余扬，2016）。此种“公益岗位”扶贫治理模式类似于有条件现金转移支付政策（CCT）。在拉丁美洲，墨西哥是第一个采取“有条件的现金转移”计划的国家，目前这一扶贫模式已经在拉丁美洲的多个国家进行推广并且获得较好的减贫效果。在中国，笔者所在团队在秦巴山区集中连片贫困带和贵州黔南的试验已经初见成效。

（二）“购买服务式”扶贫模式与传统扶贫模式的差异

以“公益岗位”为代表的“购买服务式”扶贫治理是建立在合作型反贫困理论基础上的“有条件的现金转移”计划。其核心是“以金钱换行动”，即政府和贫困家庭订立“社会契约”。该计划最大的创新之处在于将减贫工作中的政府单一责任变为政府和受惠家庭的共同责任，将减贫同培养减贫能力联系在一起，同时潜在地培养社会资本和人力资本（郭存海，2008）。“购买服务式”扶贫模式和传统扶贫模式的差异主要表现在以下几个方面。第一，扶贫方式不同。传统扶贫主要以发展产业的方式来实现贫困户脱贫，产业发展周期长、见效慢、投资大，贫困户面临一定的风险，可持续性欠佳。“购买服务式”扶贫是以现金购买服务的形式进行，服务内容囊括与农村社区发展相关的一切公共事务，贫困户无任何风险。第二，扶贫的目标不同。传统扶贫模式主要针对的是单个贫困户的脱贫，外部性较差，缺乏将贫困户的脱贫与农村社区发展进行衔接，细碎化、条块化突出。“购买服务式”扶贫是在服务农村社区建设基础之上的减贫模式，具有一定的外部性，将单个贫困户的脱贫与农村社区发展相衔接，属于综合性的扶贫治理机制，具有一定的正向溢出效应。第三，扶贫参与主体不同。传统扶贫模式主要以政府为依托，缺乏社会力量等第三方参与主体的介入，对减贫成果缺乏相应的评估与监测，因此减贫效率较低。“购买服务式”扶贫是在政府牵头、社会组织参与和科研人员评估、监测基础上完成的，效率高，属于一种合作型反贫困实践。第四，扶贫侧重点不同。传统扶贫模式主要注重减贫成果，以实现大的减贫成效为追求目标，而“购买服务式”扶贫既注重减贫成果，又注重培养贫困群体摆脱贫困的可行能力。第五，引导机制不同。传统扶贫模式主要遵循的是以强扶弱的逻辑，国家力量在其中发挥着较为重要的作用，社会力量参与不足。“购买服务式”扶贫更加注重贫困群体内部之间的互助与帮扶，国家的力量较弱，社会力量发挥的作用较大。

二　陕南秦巴山区“购买服务式”综合型扶贫治理的运作逻辑

（一）秦巴山区“购买服务式”综合型扶贫治理介绍

位于秦巴山区北麓的柞水、汉阴、略阳3个县交通封闭，基础设施条件落后，农民生产、生活水平较低。另外，秦巴山区内山洪、滑坡等自然灾害频发。农民在生产、生活等自然条件方面受到限制，是导致该地区贫困的主要原因。在陕南3市（汉中、安康、商洛）所辖的28个县区中，有24个县区属于国家级贫困县，贫困县区数量占到86%，贫困面积大，贫困程度深。

同时这一区域属于国家限制开发的水源涵养生态功能区，面临生态保护和扶贫开发的双重任务。从2013年开始，笔者所在团队与国际行动援助组织在位于秦巴山区腹地的陕南3个县的10个村试行了以公益岗位为样态的“购买服务式”扶贫治理探索。该模式为政府、社会组织、学术研究团队三位一体的合作型村级扶贫开发治理模式。作为一种扶贫治理的新模式，公益岗位扶贫主要是采用购买服务的模式推进。这种模式一改以往针对贫困户发展产业以及推行救助的模式，主要是通过为贫困户设定岗位并给予补贴的形式，让贫困户参与村级治理与社区发展，从而实现扶贫。岗位主要涉及与贫困户自身能力发展以及村庄公共事务管理相关的各项活动。

本试点由地方根据当地发展需要和村民意见设置公益岗位，通过一定补贴政策动员部分贫困户开展社区管理与服务相关工作，并充分调动当地贫困人口积极参与，以便促进区域内生态文明、社会公平和贫困问题的综合治理。试点工作开展以来，各方面都取得良好的效果。就社区层面而言，试点充分调动了当地各相关利益主体的参与积极性，照顾到各方主体的利益关系，得到贫困户的共同认可。各试点村庄公益岗位的设置和活动的开展，提高了当地社区管理水平和减贫能力，同时有针对性地帮助当地有劳动能力但不外出务工的贫困户改善了生计状况。就个体层面而言，试点锻炼和提升了当地贫困人口的生产、管理自主性和社会生存能力，同时让贫困人口得到部分生计发展所需要的现金资本。需要声明的是，本试点工作最重要的意义不仅在于10个试点贫困村局部目标的实现，更在于在扶贫开发模式上进行了有效的创新。在贫困地区扶贫开发模式方面，本试点在救济式扶贫与开发式扶贫之间探寻了一条新的扶贫模式——“购买服务式”扶贫治理模式，对于改善贫困山区村庄社区的生态、社会、文化具有重要意义。

（二）“购买服务式”公益岗位设置流程

“购买服务式”公益岗位是由非政府组织、科研单位和地方政府相关职能部门协调开展的合作型反贫困。其中，非政府组织主要提供岗位人员的岗位补贴；科研单位进行第三方评估，并且提供相应的智力支撑，做好岗位设置的一系列规划与后期的经验总结和推广；地方政府职能部门主要是配合非政府组织与科研机构做好项目的协调、监督和实施。这种三位一体的扶贫开发模式是将扶贫开发与乡村治理进行有效衔接的一种综合性扶贫治理机制。

公益岗位设置的流程如下。

第一，试点村庄的选择。科研单位、国际行动援助组织与县一级的相关职能部门商议确定试点村庄，从 2013 年开始在陕南的汉阴、柞水、略阳 3 个国家级贫困县共选择了 10 个贫困村进行试点，其中汉阴县 3 个村、柞水县 4 个村、略阳县 3 个村。在村庄的选择过程中，国际行动援助组织、科研单位与地方政府职能部门进行充分协商后，地方政府职能部门根据当地贫困人口和贫困村的分布情况来确定试点村庄。

第二，进入村庄召开村民代表大会，明确岗位设置目标。在这一环节中，科研单位、国际行动援助组织与地方政府职能部门共同进入村庄，通过召开村民代表大会的形式，向村民介绍岗位设置的背景和目标。村干部向科研人员和国际行动援助组织以及地方政府职能部门介绍村庄自然、经济、社会基本情况以及村庄发展所面临的基本问题。与会人员共同探讨在村庄设置岗位的可行性与具体做法，主要包括岗位数量、岗位责任、聘任方式和管理办法等。

第三，对所选择的试点村庄进行实地调查。在明确岗位设置目的之后，研究人员在村委会的协助下对村庄具体情况进行实地调查。通过走访部分贫困户，了解其生产、生活中存在的困难，致贫的原因以及设置岗位的需求和参与意愿。通过访谈和调查问卷的形式，分析试点村庄自然、经济、人口、社会、文化、就业等基本情况和存在的基本问题，对设置岗位的必要性和可行性展开论证。

第四，确定岗位和岗位人员。在试点村庄确定之后，需要确定所要设置的岗位与岗位人员。岗位服务于整个行政村而不是单个村民小组。每个行政村应该有多种类型的岗位，不能全部为同一类型岗位。岗位人员应大部分时间在村内，每年服务工作时间不能少于 10 个月。岗位人员应以村里的贫困户为主。每个行政村的岗位人员中至少有 1 名妇女，每个村干部作为岗位责任人员不超过 1 人，村组长作为岗位责任人员不超过 2 人。岗位人员的筛选通过召开村民代表大会的形式进行，充分听取村民的意见。在岗位与岗位人员确定之后，研究人员、国际行动援助组织、地方政府职能部门和岗位人员签订岗位责任书，并按月发放相关岗位补贴。

第五，岗位运行的第三方评估。岗位运行的第三方评估由科研人员承担。科研人员每年到岗位实施的村庄对岗位人员的工作进行一次评估，并根据村庄实施情况对岗位种类进行调整，充分保证岗位设置的科学性。除此之外，科研人员每两年对岗位人员进行一次培训，组织3个县10个村的岗位人员进行经验交流，明确村庄未来的发展目标。

（三）不同村庄公益岗位设置案例

1. 村庄环境卫生保护岗

案例一：秦巴山区略阳县石村贫困户侯某。2010年，他外出务工。在建筑工地打工时，他因为意外事故而腰部受伤，失去了一定的劳动能力，平时在家只能干些轻活。侯某受伤之后，整个家庭的收入大大减少，每年只靠微薄的种地收入来维持基本的生计。从2013年开始，国际行动援助组织、中国农业大学与当地政府在共同的合作与协调下，在该村设置了“村庄环境卫生保护岗”。侯某被确定为“村庄环境卫生保护岗”岗位责任人，主要负责村里的河道与道路清洁，每周花费1天的时间捡拾河道与道路垃圾，每年可获得由国际行动援助组织提供的1200元的岗位补贴。该村村主任马某说：“岗位设置之后，不但贫困户获得一定收入，而且村庄环境卫生大为改观。虽然岗位补贴不多，但是作为岗位责任人员，侯某充分感受到自己的价值。”贫困户通过岗位参与到村庄公共事务治理过程中，极大地提升了他们的自尊心与集体荣辱感，提升了贫困人口的脱贫能力和信心。

在当前脱贫攻坚阶段，从贫困人口的构成情况来看，因病、因残致贫的人口占很大比例。这些贫困人口大多由于丧失一定的劳动能力而在脱贫攻坚过程中失去相应的主动性。由政府单方面主导的产业扶贫由于投资规模大、链条长、见效慢、风险大，而很难将这部分丧失一定劳动能力的弱势群体吸纳进去。而在“购买服务式”的合作型反贫困实践中，国际行动援助组织等社会组织的参与一方面减轻了政府的扶贫压力，另一方面实现了扶贫模式的创新。“购买服务式”的扶贫有效避免了长期依托低保、五保、社会救助等措施的救助式扶贫所滋生的贫困人口“等、靠、要”的思想，有效培养了贫困人口内源脱贫能力。笔者根据近年来在一些贫困地区的调研发现，因病、因残滋生的贫困极大地打击了贫困人口的生活自信心，很多贫困人口抱着“破罐子破摔”和“等死”的心态，失去了生活的信心，处在村庄的最低阶层。所以，以管理穷人为目标的反贫困战略建立穷人的自组织和将穷人组织成为“穷人”的社区，使穷人标签化和亚文化化，这些扶贫措施无法使穷人脱离社会地位的贫困，其结果是导致他们被进一步地锁入“贫困”。长期以来，穷人容易被贴上“贫困”的标签甚至陷入贫困的亚文化圈层不能自拔（左停等，2015；朱晓阳，2004）。从长远来看，“购买服务式”的合作型扶贫治理模式在多元化扶贫主体参与的前提下，以贫困群体参与村级公共事务治理的形式来促进贫困群体的能力建设，提升他们的存在感和脱贫的自信心，也将实现村级治理与扶贫开发的有效衔接，这对于扶贫开发的整村推进将发挥极大的作用。

2. 传统工艺传承岗

案例二：汉阴县五村属于当地一个偏远的贫困村，村内山大沟深，人均耕地不到 1 亩，土地细碎化较为严重，农业收入每户每年不到 3000 元。村里的贫困户欧某家里供有一名大学生和一名高中生，每年仅教育支出就在 2 万元左右。高昂的教育开支是欧某致贫的主要原因。在五村，拐枣酿酒技术是一大传统工艺。欧某是村里有名的酿酒行家。拐枣酿酒技术是欧某家族祖传的技术，他们所酿的拐枣酒味道醇正、饮用健康，获得当地百姓的青睐。凭借酿酒技术，欧某每年出售拐枣酒能够收入近万元。2013 年，国际行动援助组织会同当地部门在该村设置“传统工艺传承岗”。欧某被确定为岗位负责人，主要职责是定期向村民传授拐枣酒酿造技术，每年可获得 1200 元岗位补贴。岗位设置以来的 3 年里，不少贫困户从欧某那里获得了酿酒技术，每年都会有几千元的酿酒收入。这种方式不但带动了其他贫困户的脱贫，还传承了传统工艺。

合作型反贫困理论强调贫困群体之间的有效合作与互动。这种合作与互动主要表现在农业生产与生活实践中的互相帮扶与支持，进而促使贫困群体自身能力的提升。五村“传统工艺传承岗”是依托当地的乡土知识与传统工艺技术而设置的。乡土知识是原住民在社区内经过长期的生产和生活，通过实践、整理、再实践、总结周期循环往复获得或传承的认知成果，内容涵盖生产和生活的所有方面，是与当地自然资源环境相适应，且与时代共同进步的知识系统，千百年来一直指导着原住民的生产和生活（陈娟、李维长，2009）。乡土知识是许多发展中国家的比较优势，可以促进这些国家经济发展，尽快摆脱当前贫困状态。即使在现代科技高度发展的今天，在特定的条件下，很多领域中的乡土知识具有等同甚至超过外来知识（西方现代知识）的价值（张劲峰等，2007；World Intellectual Property Organization，2001）。在不少贫困地区，农民在长期的农业生产活动中积累了丰富的乡土知识与经验，但从开发和利用的程度来看仍然没有发挥较大的作用。“传统工艺传承岗”的设置将这种乡土知识的优势通过贫困户之间的有效互动与合作加以传承，而且提升了一定数量贫困人口的收入。这种合作型反贫困实践将贫困地区的资源禀赋转化为扶贫治理的有效动力，减轻了外来扶贫资源的投入压力，虽然投入的资金较少但发挥了较大的作用，做到了因地制宜，对于实现乡土知识的传播与地方性知识的繁荣发挥了较大的作用，提升了贫困户之间的合作能力与自我发展的能力。

3. 传统蚕桑养殖示范岗

案例三：位于汉阴县的王村是当地较为典型的贫困村。截至 2015 年，全村仍有建档立卡贫困户 200 多户，脱贫任务极其艰巨。62 岁的张大妈属于村里的贫困户，她从年轻时就开始养蚕，每年要养 2 张蚕。近年来，随着扶贫移民工程的推进和年轻外出务工人员的增多，王村养蚕的农户大幅度减少。目前，王村养蚕的农户基本是年龄较大、无法外出打工的人口。凭借 20 多年的养蚕经验，张大妈于 2013 年被村里聘任为“传统蚕桑养殖示范岗”的岗位人员，岗位职责是解答贫困户养蚕过程中存在的问题，每两个月组织各个养蚕户进行一次经验交流，并且协助乡镇农技工作站做好一年一度的蚕桑养殖培训工作。在蚕桑技术方面，中国农业大学为蚕桑技术工作站提供了一些新的技术。而且在整个岗位的实施过程中，中国农业大学与乡镇技术工作站合作，共同为贫困户提供一定的技术指导。在多主体的协助下，村里很多不能外出打工、年龄在 60 岁以上的老年人开始养蚕。很多养蚕户全年收入达 1 万元以上，带动了村里老年贫困群体的脱贫。与此同时，中国农业大学还承担了传统蚕桑养殖示范岗每年的岗位评估工作，以发现其中存在的问题进而不断完善岗位的实施。

在脱贫攻坚阶段，从当前农村社会转型来看，由于大量劳动力外出务工，农村的贫困群体大部分属于留守老人、空巢老人等老年人群体，而这部分人由于在劳动力、资金、社会资本等方面存在一定的劣势，所以实现脱贫仍然面临一定的困难。在脱贫攻坚过程中，使老年人通过力所能及的劳动获得相应的收入，对于实现老年人的脱贫具有较大的作用。而在此岗位的扶贫实践中，作为提供相应技术与智力支撑的农技工作站在农业大学的配合下，带动了贫困户致富。在合作型反贫困过程中，作为社会力量的农业大学和作为地方农业行政主体的农技工作站的有效合作极大地提高了扶贫的效率。除此之外，这种岗位式的带动，可以通过相关种植养殖技术的交流为老年贫困群体创造相互交流的场域，促进贫困群体内部之间的有效合作，增强他们的获得感。王村“传统蚕桑养殖示范岗”的设置实现了农村老年群体人力资源优势最大限度的发挥。社会力量与地方力量的合作，促进了贫困群体内部之间的互助与合作，带动了一定数量的农村剩余劳动力脱贫。岗位设置后的“蝴蝶效应”有力地提升了贫困群体的造血能力与老年贫困群体的可行能力。

三　结论与建议

作为全面建成小康社会的决胜时期和脱贫攻坚阶段，“十三五”时期面临7000多万的贫困人口，脱贫任务极其艰巨。扶贫开发已经到了攻坚拔寨的关键期，亟须从制度、模式、机制等方面不断寻求创新。以“公益岗位”为代表的“购买服务式”扶贫治理作为扶贫开发模式的一大创新，极大地实现了扶贫开发与农村社区建设、乡村治理、生态保护、乡土文化传承的有效衔接，使扶贫开发产生了一定的正向溢出效应，极大地弥补了传统扶贫模式条块化、细碎化的缺陷，实现了由传统政府单向型的扶贫治理向现代综合互动型扶贫治理的过渡。另外，社会组织、科研机构、地方政府职能部门共同参与的三位一体的扶贫组织架构实现了以贫困群体为核心，通过激发贫困群体内生动力来促使贫困人口实现脱贫的目标，具有一定的可推广性。

根据所在团队近三年在秦巴山区贫困村的试点，笔者认为在未来有必要从以下几个方面来继续完善这种扶贫开发模式。第一，鼓励更多的科研机构、社会公益团体、行业协会来参与此种扶贫模式，从而补齐扶贫开发过程中社会力量参与不足的短板；第二，以精准扶贫为指南，结合地方发展的实际情况，增加岗位数量，实现岗位设置的多样化与岗位管理的动态化，做到因地设岗、因人设岗，进一步明确岗位设置的目标靶向，切实做到各司其职、各尽其能；第三，继续加大对于岗位运行的第三方评估力度，建立常态化的第三方评估、监测体系，保证岗位运行的高效化；第四，提高政府购买服务的积极性，将以往由社会组织单方面出资购买服务转变为社会组织与政府共同出资购买服务，同时提高对岗位人员的补贴标准；第五，建立社会组织、科研机构参与扶贫开发的准入机制，吸引一批经验丰富、科研实力雄厚的社会组织和科研机构参与扶贫实践与评估，使多方力量有效参与到扶贫开发中来。

参考文献

陈娟、李维长，2009，《乡土知识的林农利用研究与实践》，《世界林业研究》第3期。

郭存海，2008，《拉美扶贫新思维值得借鉴》，《人民论坛》第1期。

李博，2016，《项目制扶贫的运作逻辑与地方性实践——以精准扶贫视角看A县竞争性扶贫项目》，《北京社会科学》第3期。

李小云，2013，《我国农村扶贫战略实施的治理问题》，《贵州社会科学》第7期。

孙文中，2013，《创新中国农村扶贫模式的路径选择——基于新发展主义的视角》，《广东社会科学》第6期。

新华网，2015，《中共中央、国务院关于打赢脱贫攻坚战的决定》，12月7日，http://news.xinhuanet.com/politics/2015-12/07/c_1117383987.htm。

虞崇胜、余扬，2016，《提升可行能力：精准扶贫的政治哲学基础分析》，《行政论坛》第1期。

张劲峰、耿云芬、周鸿，2007，《乡土知识及其传承与保护》，《北京林业大学学报》（社会科学版）第2期。

周爱萍，2013，《合作型反贫困视角下贫困成因及治理——以重庆市武陵山区为例》，《云南民族大学学报》（哲学社会科学版）第2期。

朱晓阳，2004，《反贫困的新战略：从“不可能完成的使命”到管理穷人》，《社会学研究》第2期。

左停、杨雨鑫、钟玲，2015，《精准扶贫：技术靶向、理论解析和现实挑战》，《贵州社会科学》第8期。

World Intellectual Property Organization (WIPO). 2001. “Intellectual Property Needs and Expectations of Traditional Knowledge Holders.” WIPO Report on Fact-Finding Missions on Intellectual Property and Traditional Knowledge.

第三部分

中国减贫的精准机制

1

精准识贫的顶层设计与调适性执行*

——贫困识别的中国经验

王中原**

贫困治理不仅仅是一项经济工作，还涉及诸多领域的体制和机制建设。党的十八大以来，中国在“精准扶贫”的各个环节和领域积累了丰富的制度经验。其中，贫困人口的精准识别是整个脱贫攻坚工作的基础，是精准扶贫的“第一颗扣子”，也是“扶真贫、真扶贫”的根本要义所在。贫困识别的方式方法是否科学、识别的过程是否规范、识别的结果是否准确，是整个扶贫工作能否成功的关键，也会影响新时期脱贫攻坚工程的综合社会评价和整体政治效果。

国家统计局数据显示，2013 年底，中国农村贫困人口的总体规模达 8249 万人，且具有地域分布差异大、致贫原因多样复杂等特征。要在 14 亿人口中准确识别出需要帮扶的贫困家庭，无疑是一项极具挑战性的工作。与此同时，精准识别是中国扶贫开发历史上首次将贫困识别精准到人，以往的贫困治理多以贫困县为单位，对具体贫困人口的识别缺乏经验。此外，在 2020 年全面建成小康社会的总体目标压力下，各级政府部门在贫困识别工作中还面临时间短、任务重、人手缺等现实困难。面对这些挑战和困难，中国是如何实现对超大规模贫困人口的精准识别的呢？

自精准扶贫工作开展以来，经过国家层面的统筹规划和各个地方的创新实践，中国在精准识别领域积累了诸多行之有效的制度经验。整体来说，在新时期的扶贫开发工作中，中国构建起“顶层设计与调试性执行相结合”的贫困人口识别模式。本文将运用实证材料剖析该制度经验的生成逻辑、运行机制以及治理绩效。

---

* 原文刊发于《中国农业大学学报》（社会科学版）2020 年第 6 期。

** 王中原，复旦大学社会科学高等研究院讲师，当代中国研究中心副主任。

一 如何识别贫困

贫困识别（poverty identification）是指在非普惠型扶贫项目的实施过程中按照一定的标准，通过规范的程序和方法，鉴别和选定受益对象的过程，又称贫困瞄准（poverty targeting）（Donder and Hindriks，1998；Besley and Kanbur，1990）。贫困识别机制包括识别的主体、对象、内容、标准、程序和结果评估等。识别的精准程度取决于在多大程度上让目标群体获益，理想的状态是让所有符合标准的目标群体获得应有的帮扶。如果符合条件的群体未能获益（弃真型误差）或者不符合条件的群体享受帮扶（存伪型误差），则出现瞄准偏差，进而影响扶贫政策的绩效（Ravallion，2009）。

贫困识别政策的设计和执行是各个国家与国际社会反贫困议程的核心内容。贫困识别需要首先明确：①什么是贫困；②哪些指标可以用于测量贫困程度；③如何获取贫困信息。根据对这些问题的回答不同，国际上常用的贫困识别方法可划分为四类（Coady et al.，2003）：①指标瞄准法（indicator targeting），即根据某些容易识别的特定指标（例如人口学指标、地域属性、疾病、灾难等）来清晰、直观、快捷地识别受益对象；②自我瞄准法（self-targeting），即通过设计一些扶贫参与项目（例如社区服务），要求帮扶对象付出一定成本，从而让真正有需求的人自我显露，同时排斥虚假贫困者；③基于社区的瞄准法（community-based targeting），即通过社区内部的信息共享和协商评议来选定受益者，因为社区成员之间信息较为对称，对贫困的理解相近，熟人社会的沟通成本少；④代理家计调查法（proxy means testing，PMT）（Grosh and Baker，1995；刘伟等，2017），即通过设计一套能够反映贫困状况的评估指标体系，对申请者进行精细的量化测评，然后划定统一的贫困线，最后根据得分情况与贫困线的距离来确定受益者。上述这些识别方法在不同国家的不同扶贫项目中得到运用，各具优势和局限，同时受到不同扶贫政策目标和社会政治情境的影响，从而产生不同的政治效果（Alatas et al.，2012；Galasso and Ravallion，2005；Nichols and Zeckhauser，1982）。

新时期中国的贫困治理经历了从“粗放”到“精准”的历史性转变，首先体现在“精准识别”上。在此前的粗放扶贫阶段，政府对贫困人口基数把握不准，缺少规范化的识别程序，通常由基层干部分配扶贫对象；人情扶贫、面子扶贫、关系扶贫等现象较多，影响了扶贫绩效（汪三贵、Park，2010）[①]，甚至滋生腐败，造成应扶未扶、扶富不扶穷等社会不公，违背了党和政府扶贫工作的初衷。新时期的精准扶贫首先提出“对象要精准”，要求先解决好“扶持谁”的关键问题，分析致贫原因，摸清帮扶需求，为精准帮扶和精准管理奠定基础，力求实现“扶真贫、真扶贫”。

二　精准识贫的顶层设计与调适性执行

脱贫攻坚是新时期的“四大攻坚战”之一，是近年来中国政府投入力度最大、动员范围最广、治理绩效最为显著的公共政策领域。中国的公共政策过程一直是学术研究关注的重要议题。围绕公共政策的议程设定、政策设计、政策执行、政策评估等环节中不同主体的纵向和横向互动关系，学术界已经发展出不同的理论概念和解释框架。

早期的研究关注中央和地方不同部门之间的利益分殊和博弈。就此问题，李侃如（Kenneth Lieberthal）等学者提出了“碎片化威权”的分析模型（Lieberthal and Oksenberg，1988；Lieberthal and Lampton，1996）。虽然该模型在改革开放早期具有一定解释力，但正如马骏和林慕华所指出的，其忽略了社会参与者和“政策企业家”的角色（Ma and Lin，2012）。与此呼应，毛学峰（Andrew Mertha）提出了“碎片化威权的2.0版本”，用于解释21世纪以来中国公共过程中的社会参与和游说机制（Mertha，2009）。类似的，王绍光根据议程提出者的身份与民众参与的程度划分出六种政策议程设置模式，即“关门模式”“动员模式”“内参模式”“借力模式”“上书模式”“外压模式”，并指出在今日中国的政策议程设定过程中，专家、传媒、利益相关群体和人民大众的影响力越来越大（王绍光，2006）。此外，中国政策过程的多元性还体现在地方政府的自主性、策略性、能动性和创新力等方面。例如，欧博文和李连江指出受到干部考核指标的影响，地方政府对中央政策存在“选择性执行”行为（O'Brien and Li，1999）。类似的，舒耕德（Gunter Schuber）和安娜·阿勒斯（Anna L. Ahlers）将中国地方干部界定为“策略行动者”（strategic actors），并认为他们的策略性行为推动了公共政策

① 国务院扶贫办：《〈中国农村扶贫开发纲要（2001—2010年）〉实施效果的评估报告》。

的有效执行（Schubert and Ahlers，2012）。韩博天（Sebastian Heilmann）发现地方政府的政策试点以及“由点到面”的政策推广是中国政策经验的重要方面，由此构建起的央地关系互动模式甚至可以解释中国为何能成为“红天鹅”（Heilmann，2018）。以上各项研究都呈现了中国公共政策制定和执行过程的复杂性和多元性，有利于打破外界“一元化”的刻板印象。然而，过度强调利益博弈和多元参与忽略了中国政策过程的整合性以及国家和政党的权威角色。

关于中国国家治理过程的整合性和中央权威，荣敬本（2013）等学者早在20世纪90年代就提出著名的“压力型体制”理论，认为在该体制下政策压力从上到下层层传导，通过目标责任制、签订责任状、绩效考核和奖惩等机制来推进国家政策落地，该过程通常伴随着大规模的政治动员。周黎安、周飞舟等学者进一步研究指出，在政策压力的指挥棒下，地方政府之间会围绕绩效考核指标展开的横向竞争，形成“锦标赛体制”（周黎安，2007；周飞舟，2009；陈潭、刘兴云，2011）。类似的，贺东航和孔繁斌提出“政治势能”概念来强调公共政策执行过程的集中统一领导和政治权威的运行，认为“高位推动”是保证公共政策良性落地的重要前提（贺东航、孔繁斌，2019）。面对新的治理模式，柏思德（Kjeld E. Brødsgaard）认为原有的“碎片化威权”概念未能充分考量中国政策过程的源动力和协调性，由此提出“整合式的碎片”（integrated fragmentation），试图解释如何从多元参与走向政策整合（Brødsgaard，2013）。最近，舒耕德和安小波（Björn Alpermann）观察到党的十八大以来中国公共政策领域的新变化，并借用德国学界的“政治掌舵理论”（political steering theory）来解释中国顶层设计下的政策运行过程（Schubert and Alpermann，2019）。

本文将整合上述两个学术脉络，探讨中国公共政策的顶层设计和调试性执行，结合高层的政策引领和权威供给与地方的自主创新和动态调试，分析新时期脱贫攻坚中的精准识别政策从顶层设计到基层落地的过程和机制。该政策机制既不同于“摸着石头过河”，又不同于刚性的政策计划，而是旨在寻求政策规范性与政策韧性之间的某种良性平衡。与以往研究要么注重碎片化的政策博弈和多元参与，要么强调政策压力和一元化领导不同，新时期的精准识别政策过程同时呈现“总体设计性”和“动态调试性”。一方面，精准识别贫困人口作为一项国家整体工程，需要党和国家从宏观政策架构和长期政策目标上给予顶层设计；另一方面，精准识别政策的落地见效需要地方政府的创新调试和社会力量的能动参与。精准识别是新时期脱贫攻坚的“第一颗扣子”。党的十八大以来，中国高度重视精准识别政策的设计和执行，在顶层设计的指导下结合空间维度和时间维度上的调试性执行，逐步探索出一套行之有效且独具特色的贫困人口精准识别机制。

（一）贫困识别政策的顶层设计

脱贫攻坚是一项国家工程，顶层的体制机制设计在扶贫过程中具有总揽全局的核心作用。精准识别作为扶贫的一项基础性工作，需要做到标准统一、程序规范、管理有序，因此顶层设计的整体部署和系统指导显得尤为重要。

2013 年，中共中央办公厅、国务院办公厅出台《关于创新机制扎实推进农村扶贫开发工作的意见》，强调“国家制定统一的扶贫对象识别办法”、建立精准扶贫工作机制，并要求各省（区、市）在已有扶贫工作的基础上，按照“县为单位、规模控制、分级负责、精准识别、动态管理”的原则开展贫困人口的识别和建档工作。在此基础上，2014 年 4 月，国务院扶贫办印发《扶贫开发建档立卡工作方案》（以下简称《方案》），进一步设计精准识别的实施细则，指出识别的政策目标是“分析致贫原因，摸清帮扶需求，明确帮扶主体”。精准识别政策的顶层设计聚焦五个方面：①定标准；②定规模；③定程序；④定时间；⑤定责任。

第一，在标准设定方面，《方案》规定“以 2013 年农民人均纯收入 2736 元（相当于 2010 年 2300 元不变价）的国家农村扶贫标准为识别标准”。该标准遵循了国际上以基本收入为贫困划定主要依据的做法，为地方政府的识别工作提供了参考。同时，考虑到区域间发展不平衡等问题（连片和深度贫困地区主要集中在中西部），中央也给予地方一定的标准设定权限，允许“在确保完成国家农村扶贫标准识别任务的基础上，可结合本地实际，按本省标准开展贫困户识别工作”，因此实施过程中存在东部发达地区的识别标准高于西部欠发达地区的情况。概括来说，顶层设计确立了全国统一的底线标准，各省（区、市）可以在保证完成底线任务的基础上按照自身情况因地施策。

第二，在规模控制方面，中国依托权威统计数据将 2013 年底的全国农村贫困人口数（8249 万人）设定为全国脱贫工作的规模基数，并发布了相应各个省级行政单位的贫困人口数量和贫困发生率，作为各省（区、市）贫困人口识别规模的参考依据（见表 1）。然而，在政策执行过程中，一些地区的实际贫困人口规模可能存在大于国家分配规模的情况。因此，《方案》规定可在国家发布规模的基础上上浮 10%，个别省（区、市）可上浮更高。各省（区、市）具体识别规模需要经省级扶贫开发领导小组研究确定后，由省（区、市）扶贫办报国务院扶贫办核定。概括来说，顶层设计框定了全国贫困人口的识别基数，各省（区、市）可以根据本区域实际状况适当扩大识别规模。

表 1　2013 年底全国和各省（区、市）贫困人口规模分解

单位：万人，%

地区	贫困人口	贫困发生率	地区	贫困人口	贫困发生率
全国	8249	8.5	湖南	640	11.2
河北	366	6.5	广东	115	1.7
山西	299	12.4	广西	634	14.9
内蒙古	114	8.5	海南	60	10.3
辽宁	126	5.4	重庆	139	6.0
吉林	89	5.9	四川	602	8.6
黑龙江	111	5.9	贵州	745	21.3
江苏	95	2.0	云南	661	17.8
浙江	72	1.9	西藏	72	28.8
安徽	440	8.2	陕西	410	15.1
福建	73	2.6	甘肃	496	23.8
江西	328	9.2	青海	63	16.4
山东	264	3.7	宁夏	51	12.5
河南	639	7.9	新疆	222	19.8
湖北	323	8.0			

资料来源：国务院扶贫办《贫困人口规模分解参考方法》，2014 年 4 月。

第三，在识别程序方面，顶层设计在定标准和定规模的基础上进一步对贫困识别的程序和做法进行了规范。《方案》规定贫困人口识别以“整户识别”为单位，以农户收入为基本依据，同时综合考虑住房、教育、健康等情况，遵循“农户申请、民主评议、公示公告和逐级审核”的基本程序。按照国家制定的识别程序（见图1），贫困户的识别工作主要由县级政府开展落实。先由农户自愿申请，各行政村召开村民代表大会对申请农户进行民主评议，形成初选名单并进行第一轮公示，无异议后报乡镇人民政府审核，确定乡镇一级贫困户名单并进行第二轮公示，无异议后再报县级部门复审，复审结果在各村公告。以上是顶层设计的精准识别程序，这是中国扶贫开发历史上首次在国家层面确立贫困人口识别的基本程序规范。在实施过程中，各省（区、市）对具体识别步骤和过程予以进一步细化，呈现地域差异性和地方创新性。

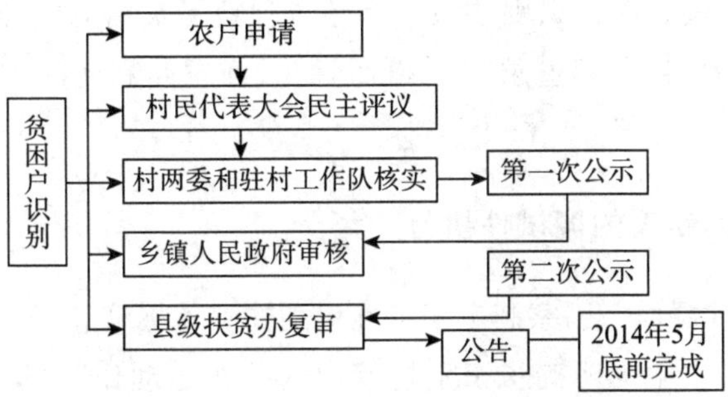

图1 顶层设计的贫困户识别程序

第四，在政策执行周期方面，中央要求各地必须在2014年5月底前完成贫困户的初步识别工作，7月底之前制订具体的结对帮扶计划，8月底完成贫困户数据的录入建档。可见，第一阶段的贫困户识别工作时间相当紧迫。根据《方案》的发布时间计算，初步识别必须在两个月内完成，该时间还包括前期的组织准备、宣传发动和人员培训等环节。首轮识别的时间安排服从于国家脱贫攻坚工作的整体部署，是精准扶贫顶层设计的一部分。同时，首轮识别带有探索和摸底性质，为此后的动态调试奠定了基础。在实施过程中，时间压力给基层政府和一线扶贫工作人员带来较大的挑战。

第五，在责任制度方面，为了保证顶层设计落地见效，贫困识别的指标任务和政治责任必须逐级分解到地方。在中国这样一个幅员辽阔、行政层级众多的国家，如何将国家制定的贫困识别政策从中央落实到省（区、市），再从省（区、市）落实到县乡，然后从县乡落实到各个行政村和自然村？对此，国家层面确立了“中央统筹、省负总责、市县抓落实”的识别工作责任体系（国务院扶贫开发领导小组办公室，2016）。省级政府根据中央政策制定契合本省（区、市）实际的识别工作方案，担负总体责任。县级政府主抓识别任务的具体落实，对上承接国家任务、负责政策落地，对下开展识别工作人员的培训和动员、识别政策的宣传和落地、识别过程的组织和监督，以及识别结果的审核和问效。在操作过程中，具体识别工作主要由多个层级组成的一线扶贫队伍（包括驻村工作队和第一书记）完成，县、乡、村三级通过层层签订责任状的形式明确工作责任。

上述五个方面体现了中国精准识别政策的顶层设计，其总体特点是：国家统筹规划设定基准，在标准、规模、程序、时间和责任等方面设计出最基本的规范和要求，保证各地识别工作有章可循和有令可依。此外，在做到"全国一盘棋"的同时，识别政策也为地方保留了灵活调试和因地施策的空间，不做"一刀切"、不追求"一蹴而就"，在空间和时间维度上维系了可调试性。

（二）空间维度的调试性执行

在顶层设计层面，国家制定了精准识别的基本标准和程序。作为贫困识别的"元政策"，中央明确了识别过程中的"规定动作"，同时保留了足够的调试空间，以利于地方政府根据自身的条件和情况开发"创新动作"。地方政府在贫困识别的程序安排、工作方法、否决政策和运行机制等方面各具特色，这种空间维度的调试性执行促进了国家精准识别政策的有效落地。

首先，在程序安排上，省级政府在贫困识别政策的精细化和规范化过程中扮演了关键角色，识别程序在省级政府之间呈现一定的差异。各省（区、市）纷纷在国家标准程序的基础上制定了适合本地的精准识别标准和建档立卡工作方案，省级以下扶贫单位均按照本省（区、市）的实施细则执行。我们搜集整理了全国 28 个担负脱贫攻坚任务的省级单位（除上海、北京、天津以及港澳台之外）制定的相关政策文件，分析发现各省（区、市）的贫困识别政策在评议和审核环节存在一定差异，主要可分为两种类型（见图 2）。

第一种类型是"先评议，后审核"。采取该做法的省（区、市）包括山西、辽宁、吉林、湖北、湖南、四川、云南、宁夏、福建、内蒙古、江西、海南、重庆、青海、新疆。此外，根据是否在"村民代表大会民主评议"（行政村层面）之前附加"村民小组评议"程序（自然村、自然屯层面），又可分为一轮评议和两轮评议。例如，辽宁省确立的识别程序为"农户自愿

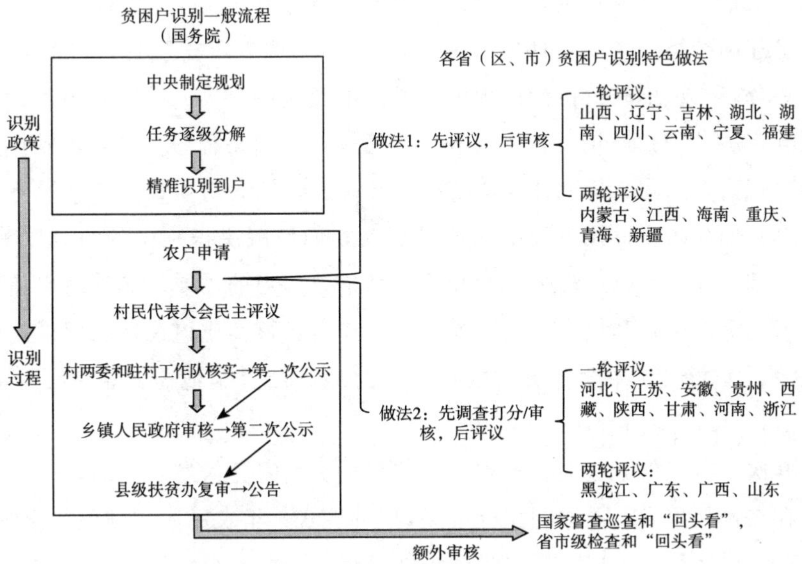

图 2　贫困人口识别政策的落地调试

申请或村两委推荐—村民代表大会民主评议形成初选名单—村两委和驻村工作队核实后村内公示—报乡镇人民政府审核公示—县级扶贫办复核筛查公告”，即先评议后审核，并采用村民代表大会“一轮评议”的形式。内蒙古自治区制定的识别程序为“农户申请—村两委和驻村工作队组织自然村农户代表评议—初始名单依次报乡镇、旗县、盟市、自治区进行比对，并反馈—村两委和驻村工作队召开村民代表大会评议表决—乡镇核查、公示—旗县抽查公示”，也是先评议后审核，但采用自然村和村民代表大会“两轮评议”的形式。

第二种类型是“先调查打分或审核，后评议”。采用该做法的省（区、市）包括河北、江苏、安徽、贵州、西藏、陕西、甘肃、河南、浙江、黑龙江、广东、广西、山东。同时，按照评议次数也可细分为一轮评议和两轮评议。例如，安徽省采用先调查后“一轮评议”的形式，其程序为“农户自愿申请—组织入户调查—村民代表大会评议—村两委或驻村工作队入户核实并公示—乡镇审核第二次公示—县级复审并公告”。广西壮族自治区采用先打分后“两轮评议”的形式，其程序为“农村居民户申请—入户调查打分—村民小组、村两委组织村民代表评议并公示—乡镇人民政府审核—县级人民政府审定、公告和建档立卡”。根据笔者在广西的实地调研，在调查打分环节，贫困村对每户家庭进行调查打分，非贫困村仅对申请家庭调查打分。

上述两种类型主要按照“村民评议”与“调查审核”这两项程序的先后来划分。在识别政策执行过程中之所以出现这些差异，是因为国家标准程序只规定了“农户申请—村民代表大会评议”的简易程序。在实际操作过程中会出现诸多问题，例如评议的依据是什么？评议人对申请人的情况不了解怎么办？如何防止评议过程中的偏私行为？如何解决识别中的争议？等等。因此，基于提升评议过程公正性和评议结果公信力的需要，必须对申请人的基本情况进行调查和核实。家庭摸底调查和信息核实应该设置在评议之前还是之后，国家政策并没有明文规定，因此地方结合本地需要采用了不同的做法。

其次，在工作方法上，各省入户调查和贫困家庭信息采集的具体工作方法也存在较大差异。虽然国家标准规定了以 2013 年农民人均纯收入 2736 元为基准来识别贫困人口，但在具体识别过程中，对农户实际收支进行测量和估计异常困难。第一，农户的收入、资产和消费等信息存在非结构性和模糊性。经济学中收入的测量通常分为工资性收入、生产经营性收入、财产性收入以及转移性收入，但贫困家庭往往没有固定的工资收入，农产品收入也不稳定，其生产经营过程中的种子、农药、化肥、农具等支出也难以估算。第二，我们在问卷调查中发现，多数农户对自己的收支情况没有具体概念，访问中经常回答“不知道具体多少”“差不多”“不会算”等。第三，在收入评估过程中，县乡与村两委之间存在委托代理困境，村两委与农户之间存在信息不对称性问题，申请人在申报收入时有隐匿自身实际收入的动机，村两委干部也有利用手中权力庇护特定人员的可能。第四，收入多寡虽然是贫困最直接的表现形式，但致贫原因多种多样（例如疾病、教育、残疾、灾害等）。同时，精准扶贫要求做到“两不愁三保障”，即不愁吃、不愁穿，上学有保障、就医有保障、住房有保障，如果仅以收支来衡量贫困，可能会漏识部分扶贫目标群体。

因此，为了更加精准全面地评估申请家庭的真实经济状况，各地在国家标准的基础上创制出各具特色的贫困识别操作办法（见表 2）。例如，甘肃颁布了《甘肃省脱贫攻坚“853”挂图作业实施意见》，贵州和西藏提出了贫困识别的“四看法”，湖南总结出贫困识别的“五评法”，河南提出“一进、二看、三算、四比、五议、六定”的工作法，重庆按照“四进、七不进，一出、三不出”的标准开展识别。举例来说，河南省的“一进、二看、三算、四比、五议、六定”工作法要求：包村干部、村级组织和驻村工作队或第一书记对全村农户逐家进户调查走访，摸清底数（一进）；看房子、家具等基本生活设施，看是否拥有家用轿车、大型农机具、高档家电（二看）；按照标准逐户测算收入和支出，算出人均纯收入，算支出大账，找致贫原因，对贫富情况有本明白账（三算）；与全村左邻右舍比较生活质量（四比）；对照标准，综合考量，逐户评议（五议）；正式确定为扶贫对象的，由村两委推荐确定，乡镇党委、政府核定（六定）。贵州省的“四看法”规定：一看房（住房条件、人均住房面积、出行条件、饮水条件、用电条件、生产条件）；二看粮（人均耕地面积、种植结构、人均占有粮食）；三看劳动力强不强（劳动力人数、健康状况、素质、收入）；四看家中有没有读书郎（教育负债和教育回报）。

表2　部分省（区、市）的精准识别工作方法

省（区、市）	精准识贫工作方法
湖南	五评法
海南	两评议、两公示、一比对、一公告
重庆	四进、七不进，一出、三不出
新疆	一申请、两公示、两评议、一比对、一公告
贵州	四看法
西藏	四看法
甘肃	“853”管理办法
河南	一进、二看、三算、四比、五议、六定
安徽	五比、五看、三优先
广西	一进、二看、三算、四比、五议
山东	两评议、两公示、一对比、一公告
福建	三步工作法：一申请、两比选、三公示

此外，一些省（区、市）内地方政府也对识别工作进行了创新。例如，江西省井冈山市按照“村内最穷、乡镇平衡、市级把关、群众公认”的原则，根据申请人的贫困程度提出“三卡识别”方法，即把贫困程度较深的作为“红卡户”，贫困程度一般的作为“蓝卡户”，已脱贫的作为“黄卡户”，做到精准分类，力求做到“贫困户一个不漏，非贫困户一个不进”（中央纪

委国家监委网站，2018）。湖北省巴东县创新了“屋场院子会”的识别方法，形成了“选主持、定地点、明对象、讲政策、听意见、贴公示、核信息、留痕迹”的八步走议程。综上可见，贫困人口识别是一项精细复杂的系统工程，顶层设计的识别标准在落实过程中需要融合各个地方的创新调试。

再次，在否决政策上，地方政府在标准识别程序之外还制定了“一票否决”政策。这些政策规定了明显不符合申请资格的各种情况，只要申请家庭存在这些情况，就会在评议和审核阶段被剔除。例如，重庆市的“七不进”、山东省的“十不评”、青海省的“八不准”、河北省的“六不得”、黑龙江省的“11 种类型”、海南省的“9 个不予纳入”等。各省（区、市）“一票否决”政策名目不一，被纳入的否决项目通常包括“家庭成员中有财政供养人员”“在城镇拥有购买的商业、住宅等商品楼房”“家庭拥有享受型轿车、船舶和大型农机具”“全家外出若干年以上”等。一些省（区、市）的政策显得更加严格，例如山东省规定“法定赡养、抚养、扶养人有赡养、抚养、扶养能力，但未依法履行义务，致使家庭成员未获得赡养、抚养、扶养权益的家庭”将被一票否决，青海省规定“家庭成员具有健康劳动能力和一定生产资料，又无正当理由不愿从事劳动的，且明显有吸毒、赌博、好吃懒做等不良习性导致生活困难的农牧户”不能评为贫困户。“一票否决”政策有效地提升了识贫的精度和效率，确保了识别过程的公平性，有助于识别结果获得广大民众的认可。

此外，为了更加精准地排除不符合帮扶标准的申请户，地方政府还运用“大数据”技术对农户家庭情况进行核查，结合政府掌握的房地产交易信息、居民户籍信息、工商注册数据、司法数据等对“一票否决”情况开展筛查排除。2017 年，国务院扶贫办出台政策优化识别程序，在原有评议、核实和公示的基础上增加了“比对”环节，明确要求各地加强数据比对，以县为单位将贫困人口名单与相关行业部门开展数据比对和复审，重点核实申请贫困户家庭拥有城镇住房、车辆、经营实体、财政供养人员等情况。各级扶贫部门积极推进信息化建设，与民政、教育、财政、金融、公安、卫健、人社、住建、残联等行业部门建立数据交换共享机制，为精准识别提供大数据支撑。例如，贵州省搭建起精准扶贫大数据平台，打通公安、卫计、教育、人社、住建、民政、水利、国土、工商等 17 个行业部门相关数据，通过数据比对贫困户信息，快速核定该户家庭是否有小轿车、商品房、财政供养人员等。

其中黔东南地区经过对1925户“异常户”进行大数据核查，最终清退562户（王新明等，2018）。

最后，在识别机制上，不同省（区、市）在“基于社区的瞄准法”和“代理家计调查法”（PMT）两者之间也有不同侧重。贫困识别是一个精细复杂的过程，除了大数据比对，还需要发挥乡土社会的“地方性知识”优势，依托基层自治组织和协商民主机制，吸纳广泛的社会参与。国家政策规定精准识别的结果必须经过村民民主评议，该识别方法类似于国际通行的“基于社区的瞄准法”，也是中国大多数省（区、市）重点采用的识贫方法。各地民主评议的具体程序和操作方法存在一定差异，一般都要求评议过程必须有村两委干部、驻村第一书记、乡贤代表、党员代表、人大代表、妇女代表、普通村民代表、驻村工作队员等参与其中。一方面，这样做有利于扩大识别信息的获取范围，借助熟人社会的信息优势对申请人家庭情况进行核实，提高识别的精准度。另一方面，村民参与有助于防范村干部的专断和腐败行为，提升识别过程的透明度和公正性，经过评议和公示的结果也更容易获得群众认可。以云南省为例，村民小组和村民委员会按照“三评四定”程序召开贫困识别评议会，由村两委干部、第一书记、退休干部、老党员、村民代表、妇女代表、驻村工作队员等组成评议会，评议申请家庭经济状况和人口信息的真实性，以及是否存在漏户、拆户、分户、空挂户等情况，评议结果需经过投票表决，并要求参加评议的代表和负责干部在评议表上签名或按手印确认。

在精准识贫过程中，部分省（区、市）首次采用了量化打分方法（即“代理家计调查法”）。该方法借助国际经验，从多个维度设计出农户家庭经济状况的综合测量指标，并设定了每项指标的权重，通过打分和加总得到贫困状况的综合评分结果，以此为划定贫困的依据。例如，广西壮族自治区制定了“精准识别入户评估表”，并规定以村民小组为工作单元，由2—3位下派工作队员组成评估小组，运用“一进、二看、三算、四比、五议”的方法开展入户调查评分（村两委及村民小组长不得参与评分）。该评估表共纳入16项考核指标，包括住房、家电、农机、机动车、饮水、用电、道路情况、健康情况、读书情况、劳动力、务工情况、人均土地面积、养殖业情况、种植业情况等，外加一些特殊情况的加分项和减分项。工作队员需要对照“精准识别入户评估表”逐项评分，最后将所有项目的计分累加，得到一户家庭的综合评分结果，得分越低代表越贫困。整村的调查工作结束后，工作队按分值高低排序填写“精准识别入户评估得分统计表”，然后根据县级政府划定的贫困线确定贫困户初步名单，并进行评议和复核。根据广西壮族自治区扶贫办提供的资料，在首轮识别行动中，共有约10万名工作队员实地走访了600多万家农户，调查了近2000万群众的“家底”，获得“一个一个人头数过来”的贫困识别数据。

入户调查打分的识别方式在贵州、湖南和海南等省（区、市）也得到不同形式的应用。根据我们在广西的调研访谈，打分方法的主要优势在于：①指标体系囊括多个维度，能够更加全面系统地评估农户的真实经济状况；②有一套明确的考评体系和评估标准，可操作性强、执行速度快；③规范的评分标准可以增加户与户之间的可比性，更能够让人信服；④客观公正、有据可查，可以预防腐败行为。然而，该方法也存在一些局限：①一些指标较难精确地测量，指标权重的设置在特定情况下显得不够科学；②贫困分数线上下的农户家庭经济状况差别不大，有的农户因为高出几分而未能评上，造成“边缘户”的现象；③上级派驻的工作组和调查人员不了解村里和农户的实际情况，可能出现错评和漏评；④该方法需要较大的时间和人力投入。出于这些局限性，大部分省（区、市）并未采用该方法。根据我们的全国抽样调查数据[①]，在“村民评议”和“入户打分”之间，只有24.1%的村干部和22.3%的村民倾向于支持打分方法。虽然目前量化打分方法在中国贫困识别过程中的运用范围和接受程度有限，但可以作为精准识别政策调试性执行的有益尝试。

（三）时间维度的调试性执行

精准识别不是一蹴而就、一劳永逸的短期行动，而是需要不断积累经验、不断查缺补漏、不断动态调整的长期工程。精准识别既要实现“静态的精准”，即把当前的贫困人口找出来；又要追求“动态的精准”，即把已经脱贫的人口、识别不准的人口退出去，把漏评人口、返贫人口和新发生贫困

---

① 数据来自作者所在课题组于2019年夏天进行的全国农村问卷调查。该调查聚焦“精准扶贫与基层治理”，采用科学抽样程序，共抽取了全国9个省（区、市）18个县（市、区）51个村，有效样本包括村民1340名、村干部273名。

人口及时纳进来。2014 年精准识别政策出台之初，国家就提出“一年打基础、两年完善、三年规范运行”的长期工作目标。伴随着脱贫攻坚进入不同任务阶段，精准识别的政策、程序、结果以及工作重点都需要动态调整，这种时间维度上的可调试性是确保脱贫攻坚总体任务顺利完成的关键。

精准识别的渐进调试是由新时期中国脱贫攻坚工作中的各种实际情况决定的。首先，中国在贫困人口的精准识别方面缺乏先期经验，此前的扶贫开发多以县和村为单位，未涉及对具体贫困家庭的识别。其次，中央制定了精准识别的一般标准和程序，留给地方政府较大的自主性，然而地方经验不足、做法不一，效果参差不齐。再次，首次识别时间较短，一些地方存在政策理解不到位、学习培训不深入、准备不充分、执行不严格等问题。最后，随着扶贫工作的推进，陆续有贫困户脱贫退出，同时出现因病、因学、因灾等新发生贫困人口或返贫人口，需要对建档立卡贫困户进行动态调整。因此，精准识别是一个动态过程，需要在渐进调试中不断更新完善。

截至 2019 年底，新时期脱贫攻坚中的精准识别工作大致经历了以下几个主要调整阶段（见图 3）。

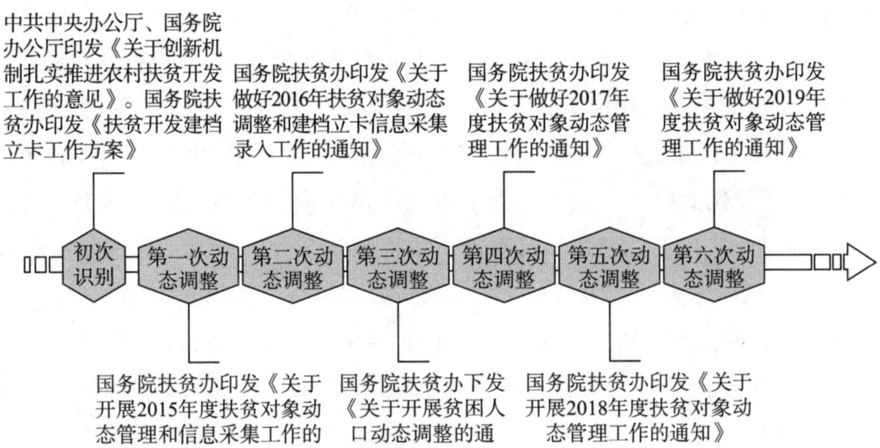

图 3　中国精准识贫的渐进调试过程

（1）初次识别。2013 年 12 月 18 日，中共中央办公厅、国务院办公厅联合印发《关于创新机制扎实推进农村扶贫开发工作的意见》，要求按照“县为单位、规模控制、分级负责、精准识别、动态管理”的原则，对每个贫困户建档立卡，建设全国贫困人口信息网络系统。2014 年 4 月 2 日，国务院扶贫办印发《扶贫开发建档立卡工作方案》，启动贫困识别和建档立卡工作，由此产生了第一批建档立卡贫困户。全国共识别2948万贫困户8962万贫困人口，基本摸清了贫困人口分布、致贫原因、脱贫需求等信息。

（2）第一次动态调整。2016年2月4日，国务院扶贫办印发《关于开展2015年度扶贫对象动态管理和信息采集工作的通知》。根据中央提出的“两不愁三保障”（新华网，2015）的扶贫总体目标，此轮动态管理的重点工作为2015年达到脱贫标准（2015年人均纯收入达到2855元）的建档立卡贫困户按照程序脱贫退出。

（3）第二次动态调整。2016年10月8日，国务院扶贫办印发《关于做好2016年扶贫对象动态调整和建档立卡信息采集录入工作的通知》，在综合考虑“两不愁三保障”标准的基础上，将2016年人均纯收入低于2952元的贫困农户按照程序纳入建档立卡管理，并强调不再实行规模控制。此次动态调整涉及识别新贫困户、纳入返贫户、剔除不精准识别户。

（4）第三次动态调整。2017年6月13日，国务院扶贫办下发《关于开展贫困人口动态调整的通知》，要求7—9月组织开展以“应识尽识，应纳尽纳”为主要内容的贫困人口动态调整工作，并将识别程序完善为“两评议、两公示、一比对、一公告”，加强与行业部门的数据比对。此轮动态调整规模较大，全国共重新识别贫困人口700多万人，其中返贫人口82万，并清退了一批识别不精准人口。以云南省N县为例，该县在2017年7月对贫困人口展开了拉网式排查，进一步查缺补漏，落实应纳尽纳、应退尽退、应扶尽扶。通过此次动态调整，该县新增贫困对象835户2267人，返贫户4户12人，不精准剔除857户3026人（N县扶贫办数据组，2018）。

（5）第四次动态调整。2017年10月24日，国务院扶贫办印发《关于做好2017年度扶贫对象动态管理工作的通知》，要求开展2017年动态调整工作，确保脱贫人口有序退出，同时将符合新年度识别标准的贫困人口纳入建档立卡管理。2018年初，国家再次利用大数据分析，筛选出200多万疑似“脱贫不实”脱贫人口，要求基层开展复核和“回退”工作。

（6）第五次动态调整。2018年9月16日，国务院扶贫办印发《关于开展2018年度扶贫对象动态管理工作的通知》，部署2018年动态调整工作，针对2018年度新致贫户、返贫户、自然变更贫困人口进行动态管理。此轮识别进一步落实“应纳尽纳”政策，规定将非建档立卡的贫困人口按照程序纳入扶贫对象管理，且综合考虑以下因素：实际居住C级、D级危房且自身无力改造；家庭因病致贫，且成员未参加城乡居民基本医疗保险；家庭适龄成员因贫辍学，或家庭因学致贫。该通知还规定享受低保政策但仍符合国家扶贫标准的也应纳入帮扶。

(7) 第六次动态调整。2019年9月，国务院扶贫办印发《关于做好2019年度扶贫对象动态管理工作的通知》，要求各地开展对扶贫对象的动态调整工作，包括脱贫贫困户有序退出、识别新贫困户和返贫户、核查贫困户家庭成员自然增减等。此外，此轮调整还特别强调对非建档立卡农户中的“边缘户”进行摸底，采集和录入相关信息，并对已脱贫户中的不稳定户(脱贫监测户)进行排查，在全国扶贫信息系统中进行标注。

由上可见，自2014年首次精准识别贫困人口以来，国家还以年度为节点定期对识别结果进行动态调整和考核问效，实现了动态识别的常态化和规范化。此外，为进一步提高贫困识别的精准度，国务院扶贫办还在全国范围内开展了多轮建档立卡“回头看”工作，全面核查建档立卡贫困户的识别状况，对不符合条件的在库贫困户进行清退，对符合条件的返贫及新增贫困户重新识别录入。国务院扶贫办公布的资料显示，2015年和2016年开展建档立卡“回头看”期间，全国共补录贫困人口807万，清退识别不准人口929万；2017年、2018年开展动态调整期间，全国补录贫困人口849万，剔除识别不准人口412万，贫困识别准确率不断提高①。2019年，国务院扶贫办印发《关于组织开展脱贫人口“回头看”工作的通知》，启动新一轮“回头看”工作，全面排查脱贫人口“两不愁三保障”的实现情况，力求做到“脱贫即出，返贫即入”。与此同时，为了更好地完成精准识别和动态调整的任务，各级地方政府也开展了多种形式的自查自纠和“回头看”整改工作。

总体来看，中国的精准识贫在时间维度上经历了以下几个方面的渐进调试过程：①在识别标准上，从以人均纯收入为单一标准发展到综合考虑“两不愁三保障”等多方面因素；②在识别人数上，从自上而下的规模控制转为应识尽识、应纳尽纳、应扶尽扶、应退尽退，扩大精准扶贫的受益面；③在识别程序上，从“农户申请、民主评议、公示公告、逐级审核”完善为

① 参见国务院扶贫开发领导小组办公室《关于政协十三届全国委员会第二次会议第1551号提案答复的函》。

“两评议、两公示、一比对、一公告”，强化程序正义；④在识别信息的存储和运用方面，从纸质的建档立卡发展到建立起全国统一的扶贫开发信息系统，运用大数据分析开展对识别和脱贫状况的核查；⑤在关注对象方面，从注重建档立卡贫困户拓展到覆盖“边缘户”、返贫人口和新发生贫困人口，致力于解决相对公平和动态管理问题。应该说，经过渐进调试，“中国的贫困识别工作做到了从基本精准到比较精准”（国务院扶贫开发领导小组办公室，2018）。

三　结论

贫困治理本质上是一种国家主导下的“再分配”行为。如何识别和确定分配对象，如何有效地分配扶贫资源，一直是政治学关心的核心议题。哈罗德·拉斯维尔（Harold Lasswell）认为政治就是“谁在什么时候以什么方式获得什么”（Lasswell，1950）。中国精准扶贫的治理目标是实现“扶真贫、真扶贫”，注重精准识别的体制机制设计和方式方法创新，致力于克服优亲厚友、弄虚作假、干部腐败等现象，实现扶贫目标靶向的精准。为了解决“帮扶谁”的核心问题，新时期的脱贫攻坚探索出一套“顶层设计与调试性执行相结合”的贫困人口识别制度。一方面，通过顶层设计确立全国统一的识别标准、识别程序、识别规模和识别时间，并依托“中央统筹、省负总责、市县抓落实”的责任机制将识别任务层层分解，按照“县为单位、规模控制、分级负责、精准识别、动态管理”的原则落地实施。另一方面，精准识贫的政策过程还在空间和时间维度上呈现调试性。在空间维度上，各地在贫困识别的程序安排、工作方法、否决政策和运行机制等方面各具特色。空间维度的调试性执行推动了国家政策的有效落地。在时间维度上，国家以年度为节点对识别标准、程序、规模、工作重心、关注对象等进行渐进调试。时间维度的调试性执行确保了贫困识别的“动态精准”。

“顶层设计与调试性执行相结合”的贫困识别模式具有诸多优势。第一，有利于中央政府通过顶层设计实现对精准识别工作的集中统一领导，以上率下、统筹规划，确保贫困识别标准、程序和规范上的全国统一，以及时间和进程上的步调一致。第二，有助于激发地方政府和基层扶贫队伍的积极性、主动性和创造性，将国家政策转化为适合本地情境的工作方法，防止“一刀切”，确保识别工作的高效运行。第三，不同层级之间的沟通互动有助于精准识别体制机制和方式方法的逐步调试和完善，让基层识别过程中的困难、经验以及所汇集的贫困人口数据转化为高层决策的依据和资源，不断提升识别的精准度。第四，可促进构建有效的识别分工体系和责任落实机制，让不同层级和不同参与主体各司其职，明确主体责任，同时发挥各自的资源和能力优势，实现“合力攻坚”。

诚然，世界上没有完美无缺的贫困识别制度，中国的精准识别工作也伴随着问题和挑战。例如，顶层设计的初期曾对贫困人口进行规模控制，该规模层层分解到基层成为名额限定，导致一些地区在首轮识别中无法纳入所有符合标准的贫困人口，该问题在动态调整过程中得到及时纠正，转为“应识尽识、应纳尽纳”；识别制度的差异化落地早期曾导致一些地方莫衷一是，担心自己的做法不符合中央政策，产生迟疑和困惑，该问题随着“一年打基础、两年完善、三年规范运行”逐渐缓解；识别政策的渐进调试曾让识别的程序、标准和要求发生较大变化，致使一些地方需要推翻前期识别结果、重新开展识别，造成精力和资源的浪费，该问题随着识别政策的逐步完善而得到解决。中国经验表明，优良的贫困识别制度不仅需要科学理性的顶层设计，还需要在实践中不断创新完善和动态调试。

通过构建“顶层设计与调试性执行相结合”的贫困人口识别模式，新时期的精准扶贫在中国历史上首次精准地识别出贫困人口和贫困家庭，首次实现了对全国贫困人口分布状况和致贫原因的精准把握，为确保扶贫开发工作的精准、公平、高效扣好了“第一颗扣子”，为2020年决胜全面建成小康社会打下了坚实基础，也是贫困治理中国经验的重要组成部分。

参考文献

陈潭、刘兴云，2011，《锦标赛体制、晋升博弈与地方剧场政治》，《公共管理学报》第2期。

国务院扶贫开发领导小组办公室，2016，《脱贫攻坚责任制实施办法》，10月17日，http://www.cpad.gov.cn/art/2016/10/17/art_46_54504.html。

国务院扶贫开发领导小组办公室，2018，《关于政协十三届全国委员会第一次会议第2217号（农业水利类222号）提案答复的函》，12月25日，http://www.cpad.gov.cn/art/2018/12/25/art_2203_92496.html。

贺东航、孔繁斌，2019，《中国公共政策执行中的政治势能——基于近20年农村林改政策的分析》，《中国社会科学》第4期。

刘伟、李树茁、任林静，2017，《西部农村扶贫项目目标瞄准方法研究——基于陕西安康贫困山区的调查》，《西安交通大学学报》（社会科学版）第1期。

N县扶贫办数据组，2018，《N县贫困对象动态管理工作汇编》，10月19日。

荣敬本，2013，《"压力型体制"研究的回顾》，《经济社会体制比较》第6期。

汪三贵、Albert Park，2010，《中国农村贫困人口的估计与瞄准问题》，《贵州社会科学》第2期。

王绍光，2006，《中国公共政策议程设置的模式》，《中国社会科学》第5期。

王新明、施钱贵、马卓言，2018，《贵州：大数据打通精准扶贫"经络"-新华网》，5月15日，http://www.xinhuanet.com/info/2018-05/15/c_137179784.htm。

新华网，2015，《中共中央、国务院关于打赢脱贫攻坚战的决定》，12月7日，http://www.gov.cn/zhengce/2015-12/07/content_5020963.htm。

中央纪委国家监委网站，2018，《脱贫攻坚的井冈答卷》，5月2日，http://v.ccdi.gov.cn/2018/05/02/VIDEjUeBv3yQyuKuEKbiJ88Y180502.shtml。

周飞舟，2009，《锦标赛体制》，《社会学研究》第3期。

周黎安，2007，《中国地方官员的晋升锦标赛模式研究》，《经济研究》第7期。

Alatas, V., A. Banerjee, R. Hanna, B. A. Olken, and J. Tobias. 2012. "Targeting the Poor: Evidence from a Field Experiment in Indonesia." *American Economic Review* 102: 1206-1240.

Besley, T., R. Kanbur. 1990. "The Principals of Targeting." World Bank Research and External Affairs Working Paper Series.

Brødsgaard, K. E. 2013. "Fragmented Authoritarianism or Integrated Fragmentation." Paper presented at 2013 Annual Conference of the Association of Asian Studies (AAS), San Diego, USA.

Coady, D., M. Grosh, and J. Hoddinott et al. 2003. *Targeting of Transfers in Developing Countries: Review of Experience and Lessons* (Washington, DC: World Bank Publications).

Donder, Philippe De, and Jean Hindriks. 1998. "The Political Economy of Targeting." *Public Choice* 95: 177-200.

Galasso, E. and M. Ravallion. 2005. "Decentralized Targeting of an Antipoverty Program." *Journal of Public Economics* 89: 705-727.

Grosh, E. M. and J. L. Baker. 1995. "Living Standards Measurement Study." Working Paper No. 118 in Proxy Means Tests for Targeting Social Programs. Washington, DC: World Bank.

Heilmann, S. 2018. *Red Swan: How Unorthodox Policy-Making Facilitated China's Rise* (Hong Kong: The Chinese University of Hong Kong Press).

Lasswell, Harold D. 1950. *Politics: Who Gets What, When, How?* (New York: Peter Smith).

Lieberthal, Kenneth and Michel Oksenberg, eds. 1988. *Policy Making in China: Leaders, Structures, and Processes* (Princeton: Princeton University Press).

Lieberthal, Kenneth G. and David M. Lampton, eds. 1996. *Bureaucracy, Politics, and Decision Making in Post - Mao China* (Berkeley: University of California Press).

Ma, J. andMuhua Lin. 2012. "Policymaking in China: A Review of Chinese Scholarship." *China Review* 12: 95 - 122.

Mertha, Andrew. 2009. "Fragmented Authoritarianism 2. 0': Political Pluralization in the Chinese Policy Process." *The China Quarterly* 200: 995 - 1012.

Nichols, A. L. and R. J. Zeckhauser. 1982. "Targeting Transfers Through Restrictions on Recipients." *American Economic Review* 72: 372 - 377.

O'Brien, Kevin J. and Lianjiang Li. 1999. "Selective Policy Implementation in Rural China." *Comparative Politics* 31: 167 - 186.

Ravallion, M. 2009. "How Relevant is Targeting to the Success of an Antipoverty Program?" *The World Bank Research Observer* 24: 205 - 231.

Schubert, G. and A. L. Ahlers. 2012. "County and Township Cadres as a Strategic Group: 'Building a New Socialist Countryside' in Three Provinces." *The China Journal* 67: 67 - 86.

Schubert, G. and B. Alpermann. 2019. "Studying the Chinese Policy Process in the Era of 'Top - Level Design': The Contribution of 'Political Steering' Theory." *Journal of Chinese Political Science* 24: 199 - 224.

2

谁是贫困户?精准扶贫中精准识别的国家逻辑与乡土困境*

李 博 左 停**

一 问题的提出

从“八七扶贫攻坚计划”到目前全面开展的脱贫攻坚，中国的扶贫开发经历了不同的阶段，扶贫瞄准单元和目标靶向不断向精准化过渡。作为当前扶贫开发的核心理念，精准扶贫、精准脱贫的提出为当前中国农村的反贫困指明了新的方向。所谓精准扶贫，是指通过对贫困户和贫困村精准识别、精准帮扶、精准管理和精准考核，引导各类扶贫资源优化配置，实现扶贫到村到户，逐步构建精准扶贫的长效机制，为科学扶贫奠定坚实基础（左停等，2015）。精准扶贫具有丰富的理论内涵，主要表现为扶贫“对象—资源—主体”精准、扶贫“目标—过程—结果”精准以及“微观—中观—宏观”的不同扶贫层级精准（黄承伟，2016）。在精准扶贫过程中，对贫困人口进行有效的精准识别是扶贫资源到户、到人和解决精准扶贫“最后一公里”问题的有效举措。目前各个地区在精准识别过程中已制定了不同的参照依据，如“五看法”“十步工作法”“九不准”等。作为一套国家性的识别标准，这些标准的实施对于精确识别贫困人口和精准帮扶贫困人口发挥了重要的功能。但是，笔者在一些地区调研发现，不同地区在科学论证基础上所建立的识别标准在实施过程中遭遇到乡村熟人社会一整套乡土逻辑的挑战，具体表现在村民对贫困户评选过程持有各种意见，甚至由于认为扶贫资源分配不公而频

---

* 原文刊发于《西北农林科技大学学报》（社会科学版）2017 年第 4 期。

** 李博，中国农业大学人文与发展学院博士研究生。左停，中国农业大学人文与发展学院教授。

频上访或产生纠纷。令笔者好奇的是，在国家较为严格的贫困识别标准和体系之下，为什么在一些贫困地区不同主体对贫困户的识别仍存在一定的分歧？为什么按照严格的国家标准识别后，仍有一定数量的贫困人口无法被识别出来？在精准扶贫的过程中，精准识别遵从什么样的逻辑？基于以上几个方面的思考，笔者通过对宁夏西海固地区一贫困村精准识别过程的学理分析，探索其中存在的一系列问题，以期为今后的精准识别提供相应的决策参考。

目前学术界针对精准扶贫的研究，集中在精准扶贫的制度解析和实施困境方面（王宇等，2016），对精准扶贫过程中精准识别的研究仍然较少。在仅有研究中，有的论述了精准识别实践过程中自愿申请、民主评议、贫困识别标准、公示公告和审核等环节存在的问题，认为应该从加大精准扶贫的政策宣传力度，强化对村干部的监督、考核和教育等方面来解决这些问题（尧水根，2016）；有的则基于 Alkire－Foster 的多维贫困测度模型，以粤北山区农村家庭为例，多维度定量测算了主要贫困地区、贫困村、贫困维度和贫困家庭，并提出了相应的扶持对策（陈辉、张全红，2016）；有的则利用 OLS 模型和 Logistic 模型进行农村贫困家庭的识别，发现较高的贫困线有利于提高极端贫困人口预测和瞄准的准确性（汪三贵等，2007）；还有的在国内外现有研究基础上，从贫困识别、贫困加总、贫困分解三个模块，进一步发展和完善了贫困规模的测度体系以及反贫困效果的评价体系，认为政府扶贫政策目标的不同决定了其扶贫手段的不同，要从根本上解决中国城市贫困问题，政府必须制定亲贫困增长战略（张晓静、冯星光，2008）。综观不同学者的研究，可以看出大多是采取定量的方法来预测贫困线和进行贫困识别，具有很强的时效性，而在以精准扶贫、精准脱贫为指导思想的脱贫攻坚阶段，缺乏对精准识别过程中的国家逻辑与遭遇到的乡土性困境展开有效的讨论。基于此，本研究将在田野调查的基础上尝试回答这一问题。

二　田野调查概述

作为“三西”扶贫开发阵地的西海固地区，一直是中国扶贫开发的重点地区，也是中国最为贫困的地区之一，曾被联合国教科文组织专家确定为“不具备人类生存条件的地区”。自实施“三西”扶贫开发以来，这里开了中国大规模开发式扶贫的先河。A 村是该地区一个典型的贫困村，现有 4 个村民小组，共 229 户 1159 人，其中 98% 的村民属于回民。A 村 2016 年识别出贫困户 74 户，占该村总户数的 32%。从生产生活条件来看，A 村地处山区地带，农民以种植玉米、胡麻为主。常年干旱、缺水成为困扰该村农业生产的主要障碍，笔者在访谈中听到这里的村民常说的一句话是“靠天吃饭”。2016 年 7 月，笔者所在的“农村减贫与发展研究”团队在该村开展了为期两周的驻村调研，主要就精准扶贫过程中村民普遍反映强烈的精准识别问题进行了深入的调研。在调研过程中，团队采用深入访谈的方式就 A 村精准识别的流程及所存在的问题进行了有效的考察，希望进一步弥补精准扶贫过程中精准识别的一系列不足，为脱贫攻坚阶段贫困户的有效识别提供有效的政策参考。

三　贫困村 A 村精准识别的过程分析

在精准扶贫过程中，对贫困人口的精准识别是进行精准帮扶、精准管理和精准考核的基础。如何有效地识别出村庄中的贫困人口，需要一套切实可行的衡量标准和参照依据。所以，使用什么样的衡量标准，需要各个地区制定较为细化的识别清单。以下笔者将对 A 村的识别体系进行分析，以期探析在精准识别过程中国家逻辑和乡土逻辑二者之间的张力，以及这种张力背后所蕴含的深层次逻辑。

（一）第一轮精准识别：国家逻辑的执行过程

1. 村民的申请

在贫困户的评选过程中，A 村采取村民自愿申请的方式。为了便于统计和考虑到一些农户的文化水平，A 村所在的镇政府印制了统一格式的贫困户申请表，然后由村委会工作人员通知需要申请的村民到村委会领取。在前期的申请中，有 131 户向村委会提交了申请表，占该村总户数的 57%，远远超过上级政府分配给 A 村的贫困户名额，这给后面的评选带来了较大的困难。

2. 村委会的评选

在村民将贫困户申请表上交村委会后，村委会按照上级所制定的“九不准”和县里所制定的“五看法”对贫困户进行了首次评选。“九不准”是指有以下情况的，不能评为贫困户：①农户举家外出打工 1 年的；②家庭成员中有财政供养人员的；③家庭成员是村两委负责人的；④家庭成员在中心集镇、县级以上城市购置商品房或营业房的；⑤家庭成员购置非生产经营性机动车辆，或者购置生产经营性机动车辆价格在 2 万元以上的；⑥家庭成员购置大中型农业机械价格在 2 万元以上的；⑦家庭成员在中心集镇、县级以上城市有经营实体的；⑧经营家庭农场，是种养大户的；⑨“农转非”的。在 A 村的精准识别过程中，满足以上九个条件的农户都不能被评为贫困户。除此之外，A 村还要对农户的基本情况进行摸底，摸底过程中采取“五看法”，并以打分的形式来认定贫困户。“五看法”的内容为：一看房；二看种植和牛羊；三看劳动力强不强；四看儿女是否上学堂；五看信用良不良。按照这套标准，每一项里面都设置了具体的参考标准，并且设置了相应的分值，得分越高说明贫困程度越深。

按照“九不准”和“五看法”进行筛选后，A 村在前期 131 户申请贫困的农户中确定了 98 户，然后村委会成立了贫困户评审小组，对这 98 户进行了第二轮识别。评审小组的成员分别为村党支部书记、村委会主任、村民监督委员会主任、村委会会计、3 名村民代表和 2 名村委委员，共 9 名成员。为了保证评审小组人员构成的多元化，9 名成员分别来自 4 个村民小组，其中人口最多的一组 4 名，二组 2 名，三组 2 名，四组 1 名。评审小组成立后，通过投票的方式对 98 户贫困户进行了再次筛选。按照投票票数占比必须达到 2/3 的规定，评审小组评选出 72 户贫困户。在贫困户名单公布之后，有 11 户贫困户对其评选产生了异议，并要求评审小组对其进行进一步复核。为了精准识别每一个贫困户，评审小组对这 11 户贫困户进行了再次审核。对于审核过程中所遇到的困境，笔者将以 4 个案例的形式呈现。虽然这 4 个案例不能代表这 11 户每户的实际情况，但是足以表征精准识别所遭遇的一系列乡土困境。

（二）第二轮精准识别中所遭遇的乡土困境

案例 1：马某是 A 村的上一任会计。在第一轮精准识别中，按照“九不准”和“五看法”的评分标准，马某被列在了贫困户备选清单中。但是在投票时，马某却落选，究其原因是马某在村委会当会计时得罪了不少村民和村干部，群众对他的评价不好，在投票中大家都不愿意投马某。但是从马某的家庭情况来看，不仅供有一名大学生，而且马某的爱人常年有病，每年的开支达几万元。按照“五看法”的标准，马某的得分较高，按理来说应该被评为贫困户，但是在投票过程中却落选了。最后，评审小组对马某的家庭情况进行了再一次识别，发现马某的家庭的确较为贫困，只是因为在村民中的影响和名声不好，才在贫困户的投票中落选。

由此可以看出，在第一轮，按照国家程式化、标准化的识别策略，虽然马某被确定为贫困户，但是在后期的投票过程中却遭遇了落选，因为在第二轮的识别过程中仍然需要村干部和村民的随机投票，而在此过程中，凡是能被投票的农户都已通过所谓的“九不准”和“五看法”的识别，被列入备选清单。第二轮识别还必须经过村庄一级的民主投票，而在此过程中，以农村熟人社会为场域的社会互动势必带有某种关系和人情因素，这也是贫困户评选过程所遭遇的乡土困境的第一个层面。

案例2：张某也是A村的贫困户申请者，家里有一辆两年前买的拖拉机，当时买的价格为2.2万元。在第一轮精准识别中，张某因为符合“九不准”中的第六条，而被排除在贫困户名单之外，但是张某向评审小组的人员反映自己的拖拉机已经开了两年，现在价值远远不到2万元，所以应该按照现在的价格来估算。令张某困惑的是，在实际估价中到底是按照原价还是现价没有翔实的参照依据。张某认为，按照“五看法”的标准来评估时，他的得分很高，所以理应被评为贫困户，但是他因符合“九不准”当中的第六条而被排除在外。

精准扶贫要求对贫困户的收入以及财产情况做出详细的估算，但是通过上面的案例可以看出，由于识别技术和评估工作的落后性，对贫困户的财产和收入情况很难做出精确的估算，在识别方面仍然存在一定的模糊性。这一方面是由于目前在精准识别的第三方评估方面缺乏有效的技术支撑，对于农户的收入以及财产缺乏一套切实可行的评估体系；另一方面是由于在农村不规则的社会中，农民对于自身财产和收入状况缺少明确的概念，很少有农民能对自己每年的收入、支出以及现有的财产做出比较精准的计算，这也给目前政府的精准识别带来了较大的困难。

案例3：李某是A村四组的村民，其哥哥在第一轮和第二轮精准识别后被评为贫困户，但是李某没有被评为贫困户，所以引起他极大的不满。李某对贫困户评审小组反映道：“我和我哥哥的家庭情况差不多，为什么他被评为贫困户，我却没有被评为贫困户？如果要评的话，我们弟兄俩都应该被评为贫困户。如果不评，则都不评，否则我就要到县上上访。”在经过这样一番闹腾之后，评审小组经过商议后为了确保公平，决定将李某哥哥从贫困户名单中删掉。至此，李某才没有了意见。

在对农村贫困人口精准识别过程中，不患多寡而患不均的思想一直是困扰当前有效精准识别的一大主要因素。正如上面案例所呈现的，面对贫困程度相似的目标群体，如何进行科学、有效的精准识别才能确保精准扶贫的公平性？例如按照现行国家贫困标准，人均年纯收入在2300元以下的被评为贫困户，但是一些人均纯收入2299元的农户就无法享受贫困户的待遇。在农村贫困人口的精准识别过程中，这种现象尤为普遍，而且在一些地区由贫困户的识别引起的上访不在少数。在上面的案例中，可以看到一些地方的贫困人口没有被精准识别到，不是因为贫困名额的限制而是因为在农村社会普遍存在的公平观念，一些地方因为贫困户评选中存在的分歧而使一些真正的贫困户没有得到确认。为了避免有些村民因为贫困户评选中的不公平现象或因纠纷而上访，一些村干部宁愿放弃一些贫困人口名额。村干部在纠纷调解中能够发挥的作用越来越有限，开始逐步舍弃长远地去维持地方性文化共识而一味地追求暂时利益，单纯地以完成纠纷调解任务为目标（赵晓峰，2010）。维持基层的稳定成为各级行政部门所追求的目标，这也是一些贫困人口长期以来无法被识别到的一个主要原因。

案例4：在A村精准识别中，据村里第一书记反映，有些真正贫困的农户长期被排除在贫困户名单之外，是因为在以民主投票方式评选贫困户的过程中他们不能被精准识别。杨某、张某、刘某3个贫困户是村里最为贫困的，但是在这几年的贫困户民主评选过程中他们每年都会落选。从这3个贫困户的家庭情况来看，他们在村庄里基本属于家族势力较弱、农业生产技能水平较低、受教育程度低、缺乏社会关系的最弱势的群体。而且这些人是村民眼里的村庄中最老实的人。在贫困户的民主评选过程中，往往是这一群体出于各方面的原因不能被评为贫困户。在民主评选过程中，评审小组成员基本为A村的精英人物或家族实力较雄厚的人，如村干部、村庄中的小老板等。这些人长期把持着村庄的政治事务，控制着村庄的一切经济活动和与外界的交往。这些人评选出的贫困户大多是他们的亲朋好友和相关利益群体，真正的贫困户被排除在了贫困之外。

由此可以看出，在贫困户的评选过程中，民主决议在有些情况下也会失去一定的功效。在较为复杂的人情社会中，民主决议虽然在贫困户的识别过程中发挥了较大的作用，但是并不能使贫困户的识别实现完全有效的公正与公平。在精准识别中，仍然存在一定的漏洞。乡村社会中的“精英”是村级民主管理制度创新的具体实践者和操作者，“精英”人士的素质高低与能力强弱直接影响到村级民主管理制度创新的进程、质量和成效（石杰琳，2012）。而贫困户评审小组成员中的村干部，作为这种“体制内的精英”，并没有将精准识别中的村级民主发挥到最佳，而是仍然需要外来力量的干预。从上面的案例可以看出，村级民主在遭遇精英治村时处于失灵状态。在村庄中，评选出真正的贫困户需要健全的村级民主，而这也是目前贫困治理过程中对村级治理和基层党组织建设的迫切要求。

四　精准识别遭遇乡土困境的学理分析

在精准扶贫中，精准识别作为一项基础性的工作所遭遇的乡土困境，已经成为脱贫攻坚阶段学术界需要认真探究的问题。有的学者认为这是一种技术难题，并将此归结为“瞄准机制的简约性要求和社会环境的复杂性现实”之间的矛盾。精准扶贫所遭遇的这种乡土困境是由农村社会的属性和特质决定的，这种属性和特质不但反映了当前农村贫困治理中存在的普遍性问题，而且是在精准扶贫中需要认真考虑的重要议题。从当前精准扶贫所遭遇的乡土逻辑来看，其主要原因从学理层面可以分为以下几个方面。

（一）农村熟人社会的关系网络

在农村熟人社会的场域中，人与人之间的互动是建立在一定的关系基础之上的。这种关系主要表现为日常生活中的互惠、互助、人情来往以及体现在村庄公共性活动之中。在村庄日常生产活动中，经济、政治、文化活动都将受到熟人社会的影响。人情构成了中国熟人社会的基本思维方式，是礼俗的基本内涵。熟人社会因“人情”而被整合为“亲密社群”。在熟人社会中，人情首先指的往往不是自然情感，而是人与人之间的关系，最经典的解说是费孝通的“差序格局”（陈柏峰，2011）。在由熟人社会构成的农村场域中，贫困户的识别也受到熟人社会的左右。在这种由关系、人情建构起来的场域中，一切正式制度或将面临失效的境遇，贫困户的识别标准将面临熟人社会特质的影响，农村社会中的非正式制度将对国家简约性的治理逻辑造成一定的影响，以至于在精准识别过程中，熟人社会建构起来的关系脉络成为重要的参考依据。在农村熟人社会中，精准识别中的识别方以村干部和村里的精英人物为主。这部分人在村庄通常拥有较好的社会关系，主导着整个熟人社会网络，也受到村民的拥护。在贫困户的精准识别过程中，村干部倾向于将与自己关系密切的朋友或亲属作为筛选对象。在这种所谓的差序格局中，贫困户的评选标准发生了较大的改变，熟人社会的关系网络消解了国家一整套的评价标准和评价体系，熟人社会中所建立起来的自己人认同逐渐替代了国家的一系列标准。一旦形成自己人认同，在这个自己人的圈子内，就不再完全按规则、契约、法律或利益来行事，而是按照人情、面子的逻辑来行动（贺雪峰、刘锐，2009）。正如在贫困户的识别过程中，评审小组所建立的自己人圈子摒弃了精准识别的规则和章程，将熟人社会中的非制度性因素作为精准识别的参考标准，导致贫困户的识别发生了较大的偏离。所以，在乡村治理过程中，必须明确地认识到这样一个基本常识，即中国农民并非全是经济人，而是社会人、道德人，是一些生活在熟人社会中并受熟人社会中的各种习惯、默契、承诺乃至担忧所约束的人（杨嵘均，2014；贺雪峰，2009）。

（二）农村社会的不规则性

从基本属性来看，农村社会仍然属于一个不规则的社会，这种不规则是由农村社会的特质所决定的。在这种不规则的社会中，农民对于自己所拥有的财产以及收入等所得没有精确的概念和计算。贫困户对于自己的收入、财产等更是较为模糊。在对贫困户进行有关收入和财产状况的访谈时，笔者经常会听到“差不多”“大概”“几乎”“可能”这种模棱两可的词语，可见贫困户仍然遵从着一种“过日子经济”的逻辑，贫困人口对于自己财产拥有情况的模糊性给精准识别带来了较大的困难。在农业社会，农民的算计是缺乏交换的算计，是对仅有的“存量财富”进行精打细算的算计，主要是基于生存，遵循“安全第一”，是一种“过日子经济”（徐勇，2010）。农村社会不像城市社会，在以小农为主导的农村社会，农民对于收入以及自己财产的流入与流出缺乏精确的估量。每一个农户差不多都是自给自足的，都是直接生产自己的大部分消费品，因而他们取得生活资料多半是靠与自然交换而不是靠与社会交往（徐勇，2006）。另外，农业收入的零碎化和不稳定性也从客观上使贫困户的收入并不明朗。

（三）农村社会“不患寡而患不均”的思想

孔子早在《论语·季氏》中就提出“不患寡而患不均，不患贫而患不安”的重要思想。在农村精准扶贫过程中，“不患寡而患不均的思想”是最大障碍。尤其是在帮扶措施精准到户之后，国家规定的可以被评为贫困户的标准是人均年纯收入低于2300元，有很大一部分人在2300元左右，形成所谓的“临界户”。这些人的生计普遍较为脆弱，返贫的可能性较大。当外界扶贫资源向村一级输入时，诸如在贫困户的评选过程中，收入水平、贫困程度相似的农户谁被评为贫困户就成为一个较为困难的问题。在农村社会中，大家对于资源的获取总是持有一种追求公正、公平和普惠性的心态。在行动中，农民不是根据自己实际能够得到的好处来计算得失，而是根据与周围人的收益比较来权衡自己的行动，不在乎自身得到多少及失去多少，而在乎其他人不能白白从自己的行动中得到额外的好处。农民的这种心理构成了他们特殊的公正观念（赵晓峰、刘涛，2009）。当面临农户总体水平相差不大的取舍困难时，一些地方只好采取“轮流坐庄”或者平均分配扶贫资金的做法来应对这些冲突和矛盾（唐丽霞等，2015）。在农村社会中，这种平均主义观念和依附于平均主义的公正观念，使贫困户的精准识别难上加难。这种观念的滋生在很大程度上反映了当前中国农村社会仍然以小农为单位的农业生计模式，以及在长期的实践过程中所形成的小农意识。这种以小农为主体所形成的一系列生产关系和生计模式，已经内化成了贫困户的一种选择和长期秉承的生活观念，具有较强的稳定性，而要在贫困治理中打破这种格局，需要诸如城镇化、新农村建设以及非农化这些新措施的有力配合。

（四）村级民主的不健全

在精准识别过程中，村级民主是确保贫困户评选公平、公正的政治保证。然而，作为最为公平、公正的民主评议机制，村级民主在贫困户的评选过程中仍面临一定的失灵，看似较为合理实际仍然作为一种傀儡而存在着。这与当前基层的政治生态和民主能力建设有着较为密切的关系。①在目前的村级治理中，扶贫资源仍然存在一定的精英俘获。所谓“精英俘获”，指的是精英通过不平等的权力进入资源分配过程，最终获取大部分的资源收益，导致扶贫资源不能有效抵达贫困人口（刘升，2015；Bardhan and Mookherjee, 2000）。在贫困户的评选过程中，村委会的评审小组通常倾向于将贫困户的名额分配给自己的亲属或关系较好的村民。这种执行逻辑在很大程度上剥夺了贫困户获得扶贫资源的机会，导致贫困瞄准靶向的偏离，致使扶贫资源流向非贫困群体。即在村级民主的实施过程中，熟人社会所建立起来的精英群体网络消解了基层民主的功能。②在农村社会分化的大背景下，由传统农民分化出来的、有一定社会地位的强势群体在较大程度上控制了社区资源及其配置。对于涉及整个社区发展的事务，也是这些人说了算，形式上的民主参与并不能改变弱势群体在社区强势群体面前的不利位置（邢成举、李小云，2013）。农村社会中所形成的这种社会分化使贫困群体处于弱势地位。当面对一些优惠资源的注入时，贫困群体往往失去话语权，贫困户评选过程中基层民主的作用也将不复存在。③在村庄的社会分层中，一些特困户已经被“甩出”村庄场域，对于贫困户的评选信息闭塞、政策知晓度低。另外，一些特困户长期持有一种自卑、无助和“破罐子破摔”的心态，陷入一定的贫困陷阱。在贫困群体内部，弥漫着较为浓厚的贫困文化。所以，在民主决议所针对的贫困户备选名单中，已经出现目标群体的靶向偏离。备选名单中的贫困户并非村庄中真正的贫困户，这也间接导致了民主决议的失灵。

五 结语

识别的精准性是精准扶贫的前提条件，也是决定脱贫攻坚成败的基础性工作。在当前的精准识别过程中，国家逻辑与乡土逻辑二者之间的张力仍然是困扰精准识别最大的障碍。国家程式化、标准化、数字化的识别逻辑遭遇乡土社会的一系列特性时，会给精准识别带来较大的困难。从执行逻辑来看：①农村熟人社会的关系网络导致了精准识别目标靶向的偏离，造成国家一系列识别体系功能的退化与消解；②在不规则的乡土社会中，农民生产生活中的模糊性与国家追求精确化的逻辑产生了矛盾；③在农村社会中，农民长期以来形成的“不患寡而患不均”的公正、公平思想使精准识别难上加难；④农村民主决议并没有发挥应有的作用，处于一定的失灵状态。

在脱贫攻坚阶段，面对精准识别所存在的一系列问题，要充分考虑贫困地区和贫困人口的基本特征，从乡村社会的实际出发，探索精准识别的乡土逻辑。而在此过程中，最为关键的是使国家程式化、标准化的识别体系与乡村社会以社区为单位的熟人社会一系列规则相结合，即将国家的一整套识别标准嵌入乡村社会的规则体系之中。目前，从各个地区精准识别的推进过程来看，国家所设置的一整套识别体系仍然处于主导地位，虽然也在贫困人口的识别过程中发挥了较大的作用，但是在落地过程中一些标准仍然统得过死过严，执行过程较为机械，造成一些地区贫困户的评选出现较大的分歧和争议，给基层治理带来极大的挑战。面对此种情况，在今后的精准识别中，必须在国家的识别体系之下，建立一套符合各个地区实际情况的乡土性规范，综合考虑各方面的因素，通过参与式的村级贫困治理方式来使贫困户的评选既实现对国家的认同又实现对村级地方性规范的认同，做到扶真贫、真扶贫。

参考文献

陈柏峰，2011，《熟人社会：村庄秩序机制的理想型研究》，《社会》第1期。

陈辉、张全红，2016，《基于多维贫困测度的贫困精准识别及精准扶贫对策——以粤北山区为例》，《广东财经大学学报》第3期。

贺雪峰，2009，《村治的逻辑——农民行动单位的视角》，中国社会科学出版社。

贺雪峰、刘锐，2009，《熟人社会的治理——以贵州湄潭县聚合村调查为例》，《中国农业大学学报》（社会科学版）第2期。

黄承伟，2016，《中国扶贫开发道路研究：评述与展望》，《中国农业大学学报》（社会科学版）第5期。

刘升，2015，《精英俘获与扶贫资源资本化研究——基于河北南村的个案研究》，《南京农业大学学报》（社会科学版）第5期。

石杰琳，2012，《村级民主管理制度创新的制约与进路》，《中共福建省委党校学报》第11期。

唐丽霞、罗江月、李小云，2015，《精准扶贫机制实施的政策和实践困境》，《贵州社会科学》第5期。

汪三贵、王姮、王萍萍，2007，《中国农村贫困家庭的识别》，《农业技术经济》第1期。

王宇、李博、左停，2016，《精准扶贫的理论导向与实践逻辑——基于精细社会理论的视角》，《贵州社会科学》第5期。

邢成举、李小云，2013，《精英俘获与财政扶贫项目目标偏离的研究》，《中国行政管理》第9期。

徐勇，2010，《农民理性的扩张："中国奇迹"的创造主体分析——对既有理论的挑战及新的分析进路的提出》，《中国社会科学》第1期。

徐勇，2006，《"再识农户"与社会化小农的建构》，《华中师范大学学报》（人文社会科学版）第3期。

杨嵘均，2014，《论正式制度与非正式制度在乡村治理中的互动关系》，《江海学刊》第1期。

尧水根，2016，《论精准识别与精准帮扶实践问题及应对》，《农业考古》第3期。

张晓静、冯星光，2008，《贫困的识别、加总与分解》，《上海经济研究》第10期。

赵晓峰，2010，《村级民主政治转型：从汲取型民主到分配型民主——村治精英类型更替的视角》，《天津行政学院学报》第5期。

赵晓峰、刘涛，2009，《农民公平观念与乡村治理性危机的关联》，《调研世界》第7期。

左停、杨雨鑫、钟玲，2015，《精准扶贫：技术靶向、理论解析和现实挑战》，《贵州社会科学》第8期。

Bardhan, P. and D. Mookherjee. 2000. "Capture and Governance at Local and National Levels." *American Economic Review* 90: 135 - 139.

3

精准到户？：产业精准扶贫政策评价及下一步改革思考*

林万龙　孙　颖**

一　问题的提出

中国的脱贫攻坚战略实施成效显著。截至2019年底，中国农村贫困发生率已经由2012年末的10.2%降至0.6%（国家统计局，2020）。2020年底，中国将取得脱贫攻坚战的决定性胜利。产业增收在脱贫攻坚战中占据重要地位。习近平总书记曾指出，"发展产业是实现脱贫的根本之策。要因地制宜，把培育产业作为推动脱贫攻坚的根本出路"（央广网，2016）。为此，国家相关部门以2016年农业部等九部门《关于印发贫困地区发展特色产业促进精准脱贫指导意见的通知》和2018年《关于印发实施产业扶贫三年攻坚行动意见的通知》两个重要文件为核心，从旅游扶贫、电商扶贫、消费扶贫等专项产业规划，涉农财政资金整合，产业扶贫资产风险管理制度等各个方面出台政策细则，形成了一整套产业扶贫政策体系。从具体做法来看，各地政府大都采用了三种产业扶贫方式：一是通过加大贫困地区特色产业扶持力度，增强地方特色产业的"造血"能力；二是通过产业直补或资产收益分红，直接促进贫困人口增收；三是加大新型经营主体的培育力度，强化其带贫益贫能力。

与以往的开发式产业扶贫不同，"十三五"脱贫攻坚期的产业扶贫政策更强调"建立健全产业到户到人的精准扶持机制"（国务院，2016）。各级地方政府紧密结合中央的文件要求和本地实际，积极探索精准到人、精准到

* 原文刊发于《中国农业大学学报》（社会科学版）2020年第6期。

** 林万龙，中国农业大学经济管理学院教授。孙颖，山东女子学院经济学院副教授。

户的产业扶贫帮扶模式。学术界和政策研究界对此也有较多的研究。相关研究主要回答了以下几个问题。一是为什么要实行产业精准扶贫？黄承伟等（2017）指出，产业扶贫过程中常会忽视贫困群体的主体地位，出现“只见物、不见人”，导致贫困群体被动参与，利益联结机制不健全。受贫困农户自身能力限制，项目制和开发式产业扶贫中也容易出现“精英俘获”现象，因此需要将扶贫资源精准“到村入户”，由贫困户自己将生产活动对接到当地产业中去，以解决扶贫对象“失靶”等问题（邢成举、李小云，2013）。二是如何实行产业精准帮扶？林万龙等（2018）基于实地调研案例，从产业扶贫对贫困人口的作用机理角度，将目前地方政府产业精准帮扶的主要模式归纳为瞄准型产业帮扶模式、救济式产业帮扶模式和产业发展带动扶贫模式，并指出瞄准型产业帮扶模式有助于贫困农户提升可持续发展能力，应成为产业扶贫的主要模式。李志平（2017）则通过系统动力学进行政策模拟，对比分析了“送猪仔”和“折现金”这两种产业精准扶贫路径，结果表明前一路径模拟效果更优。此外，党员干部领办型、经济能人带动型与贫困户联合型等新型主体带动发展产业的形式，也是各地普遍采取的形式（尤琳、魏日盛，2020）。三是产业精准扶贫的成效如何？已有的研究主要集中于讨论产业精准扶贫对贫困人口的增收效应和生产效果的评估。有的认为，产业精准扶贫对贫困户提出了产业参与要求，并辅以一定的产业帮扶，明显提高了贫困户参与农业种植、畜禽养殖等生计活动的比例，显著增加了贫困户的总收入，抑制了脱贫农户的生计脆弱性（陈守东、顾天翊，2019；李玉山、陆远权，2020；胡晗等，2018）；有的则认为由于部分深度贫困人口缺乏产业参与和承接产业扶贫资源的基本能力，产业精准扶贫政策很难全面覆盖深度贫困的小农户（叶敬忠、贺聪志，2019；梁栩丞等，2020）。李卓、左停（2018）对东部扶贫改革试验区的资产收益扶贫制度的益贫机制和成效进行了初步分析，研究指出目前的资产收益扶贫制度可在短期内帮助贫困户提高收入，但从长远来看，资产收益扶贫的长效机制尚未建立，很难帮助贫困人口实现稳定脱贫。此外，由于2020年打赢脱贫攻坚战的目标要求，有些产业精准扶贫政策在实施过程中更容易受到“短期目标”的约束和影响（李冬慧、乔陆印，2019）。

总体来说，目前已有的研究以理论探讨和案例研究为主，结合全国系统性数据就这一政策开展整体性分析的研究不多。2020年是脱贫攻坚的收官之年。党的十九届五中全会提出，2020 年后要“实现巩固拓展脱贫攻坚成果同乡村振兴有效衔接”。“十四五”期间如何巩固产业扶贫的成果并加以拓展，以更好地衔接乡村振兴战略，是一个值得深入探讨的问题。本文将主要基于课题组所掌握的具有代表性的实地调查数据，对精准到户、到人的产业精准扶贫政策的做法、成效和存在的问题进行总结，以期为 2020 年后产业扶贫政策的制定提供有益的对策建议。

二 “精准到户”产业扶贫政策的主要做法

在脱贫攻坚期，以 2016 年农业部等九部门《关于印发贫困地区发展特色产业促进精准脱贫指导意见的通知》和 2018 年《关于印发实施产业扶贫三年攻坚行动意见的通知》为核心，形成了一整套产业扶贫政策体系。一是从专项产业方面，出台了旅游扶贫、消费扶贫、特色产业扶贫、电商扶贫等专项产业扶贫规划，明确了发展目标。二是从产业扶贫保障方面，出台了加大产业扶贫投入力度、加强涉农资金整合方面的政策，为产业扶贫的资金投入提供了保障。同时，出台了科技扶贫、技能培训以及设置产业发展指导员等制度措施，为产业扶贫提供了技术和人才保障。三是从产业扶贫发展关键问题出发，为提高新型经营主体的带贫益贫能力、加强产业扶贫资产风险管理等出台了专项政策，为产业发展脱贫的可持续性提供了制度保障。在这一政策体系中，最能体现“精准到户”产业扶贫思路的，主要有以下三类。

（一）产业直补政策

所谓产业直补，就是将部分产业扶贫资金用于直接补助或奖励自主发展产业的贫困户或直接带动贫困户的新型经营主体。因能直接体现“产业到户、扶持到人”的精准扶贫理念，且操作相对简单，能直接反映贫困户自主发展产业情况，产业直补成为各地区产业扶贫中的重要手段之一。各地一般都根据实际情况出台详细的产业直补方案。从实地调研情况来看，产业直补措施主要包括：一是对从事农业种植、养殖的贫困户按照每户的生产规模进行奖励，多劳多奖，以调动贫困户自我发展产业的积极性；二是对贫困户贷款创业、组建合作社、发展休闲农业进行补贴，例如为贫困户购买产业风险保险等，鼓励其自主创业。产业直（奖）补的优点在于精准到户，直接对接贫困户的生产行为，鼓励贫困户多劳多得，激发其自主发展的积极性（林万龙等，2018）。

（二）资产收益扶贫政策

资产收益分红是各地区针对贫困人口采取的另一重要产业帮扶措施，也是“十三五”脱贫攻坚期间重要的扶贫创新举措（张延龙，2019）。该措施主要是通过资产入股收益分红的形式，增加弱劳动能力和无劳动能力贫困户的收入。资产收益扶贫主要有两种类型：一种是将村级光伏扶贫电站和小水电项目的发电收益形成村集体经济资产，用于公益岗位扶贫、小型公益事业扶贫、奖励补助贫困户等。另一种是基于财政支农资金和扶贫资金进行的资产收益扶贫，是资产收益扶贫中最为常见的形式，其实施主体是农民合作社、农业龙头企业，部分地区也会选择一些非农类规模企业进行注资入股。主要模式包括：一是“合作社（龙头企业或其他经营主体）+贫困户”模式。将分散到村或户的财政专项扶贫资金或部分支农资金整合，投入农民合作社或龙头企业，将形成的资产通过“股权量化”的方式参与农民合作社或龙头企业等新型经营主体的生产经营，通过“按股分红”分享产业发展红利，通过“保底收益”规避贫困人口的产业经营风险。二是“合作社（村集体成立）+贫困户”模式，由村集体成立新合作社，吸纳本村建档立卡贫困户，自主经营，将下拨的财政资金转化为股权，量化到贫困户和村集体，并将每年盈余按照财政资金所占股权份额进行分配。财政资金股权所得收益按一定比例在贫困户和村集体之间进行分配，鼓励村集体将收入统筹用于基础设施、公益服务扶贫事业以及对贫困户进行救助帮扶。作为产业扶贫的重要内容，“资产收益扶贫”模式被广泛试点。但是，龙头企业与合作社缺乏稳定的合作机制，成为制约该模式发展的主要瓶颈（张延龙，2019）。

（三）到户产业培训或实物帮扶政策

除了产业直补和资产收益分红，各地区也都采取了直接到户的产业帮扶措施，主要表现为对贫困户自主发展产业的精准扶持，主要包括为贫困户自主发展产业提供免费的农业生产技术培训，或者为贫困户免费提供种子、种畜、种禽、饲料等生产资料。有的地方还采取类似生产托管的方式，将分配给弱劳动力贫困户的种禽、种畜托管给有一定经营规模的合作社或龙头企业，通过“借牛还牛”“借鸡还蛋”的方式来实现对贫困户发展产业的扶持。

三 产业精准扶贫的基本成效

（一）贫困群体经营性收入有效增加

农业农村部数据显示，截至2019年底，全国92%的贫困户已经参与到产业发展中，67%的已脱贫人口主要通过发展产业实现脱贫。调研数据显示，49.13%的贫困户认为产业帮扶对其家庭增收非常有效，47.22%的贫困户认为产业帮扶对其家庭增收比较有效，两者占比合计达到96.35%。从贫困地区农村监测数据来看，2016年以来，贫困地区农村常住居民的经营性收入稳步上升，年均增速为6.2%，其中二、三产业经营性收入提升明显，由2016年的747元提升至2018年的1094元，增长了近0.5倍（见表1）。这表明，脱贫攻坚期间贫困地区农村常住居民收入来源日趋多样化，对传统农业的依赖有所下降。

表1 贫困地区农村常住居民收入结构

单位：元，%

	2016年		2017年		2018年	
	数值	占比	数值	占比	数值	占比
人均可支配收入	8451	100.0	9377	100.0	10371	100.0
经营性收入	3443	40.7	3723	39.7	3888	37.5
一产净收入	2696	31.9	2826	30.1	2794	26.9
二、三产净收入	747	8.8	897	9.6	1094	10.5
工资性收入	2880	34.1	3210	34.2	3627	35.0
转移性收入	2021	23.9	2325	24.8	2719	26.2
财产性收入	107	1.3	119	1.3	137	1.3

资料来源：《中国农村贫困监测报告》（2017—2019）。

（二）弱劳动能力贫困群体资产收益有效增加

此外，光伏收益、入股分红等资产收益扶贫也有效促进了弱劳动能力人口增收。调研数据显示，有47.2%的贫困户获得过光伏收益、财政资产入股分红、信贷资产入股分红等资产收益。在获得资产收入分红的家庭中，平均每个家庭获得分红收入为1869元。按照家庭人均纯收入四等分来看，分红收入对于低收入贫困户的收入影响更大，占到收入最低的25%的家庭人均纯收入的2.62%，占收入最低的5%的家庭人均纯收入的3.21%（见表2）。

表2　不同收入水平家庭的分红收入及其占比（2019年）

单位：元，%

	总体	最低的25%			中低的25%	中高的25%	最高的25%
		最低的5%	最低的10%				
人均纯收入	10872.57	3737.20	4402.03	5378.67	7917.13	10935.83	19258.66
信贷资产入股分红占比	0.46	0.68	0.53	0.55	0.56	0.52	0.35
财政资产入股分红占比	0.89	1.53	1.41	1.29	1.10	0.93	0.64
光伏收益占比	0.43	1.00	0.88	0.78	0.62	0.41	0.23
分红收入占比合计	1.78	3.21	2.82	2.62	2.28	1.86	1.22

资料来源：课题组，2020年。

（三）贫困户产业自主发展能力得到提升

据调研，在有劳动力的贫困户中，近9成的贫困户获得至少一项产业扶贫措施。其中，有6成左右的贫困户获得农业实用技术培训和产业资金奖补扶持；有近一半的贫困户获得免费种苗、种畜、种禽、化肥、薄膜等产业扶持（见表3）。在这些扶助政策支持下，贫困户产业自主发展能力得到显著提升。在有劳动力的贫困户中，有近7成的贫困户通过产业扶持发展种植业，有一半左右的贫困户通过产业扶持发展养殖业。

表 3　贫困户获得产业扶持情况

单位：%

基本情况	占比
有劳动力的贫困户中至少获得一项产业扶贫措施的户数占比	88.74
获得农业实用技术培训的户数占比	57.14
获得产业资金奖补扶持的户数占比	60.49
获得免费种苗、种畜、种禽、化肥、薄膜等产业扶持的户数占比	48.85
通过产业扶持发展种植业的户数占比	68.01
通过产业扶持发展养殖业的户数占比	50.29
通过产业扶持发展林果业的户数占比	14.59

注：每户可以同时获得多种产业扶持措施，因此占比加总大于100.00%。

资料来源：课题组，2020年。

四　产业精准扶贫政策面临的挑战

（一）对农民经营性收入增收的带动能力仍然有限

从表4中可以看出，2019年，在所有的贫困户样本中，经营性收入占比仅为17.50%，其中有劳动力的贫困户经营性收入占比仅为18.10%，相比于全国农户平均经营性收入占比（35.97%）和贫困地区农户平均经营性收入占比（23.00%），都显著较低。从这一比例可以看出，贫困户自主发展产业的能力还需要进一步加强。

表 4　2019年不同农户的收入来源结构对比

单位：%

	经营性收入	工资性收入	财产性收入	转移性收入
全国农户平均	35.97	41.09	2.35	20.59
贫困地区农户平均	23.00	38.00	1.90	37.10
调查贫困户合计	17.50	51.10	4.80	26.70
—无劳动力	14.80	10.40	11.40	63.40
—有劳动力	18.10	60.70	3.20	18.00

资料来源：国家统计局及课题组调研数据。

如前所述，目前各地主要通过“给钱给物”和技术培训等手段扶助贫困户自主发展产业。但从实地评估调查中，课题组发现有些地区存在“注重发钱发物，忽视技术供给”的现象，这在一定程度上影响了贫困户经营性收入的增加。据调研，在获得产业资金扶持的贫困户中，有34.8%未获得农业实用技术培训；在直接获得种苗、种畜等扶持的贫困户中，有29.7%未获得农业实用技术培训。在实地调查中，笔者也发现不少省份存在实用技术培训的贫困户比例显著低于“给钱给物”的贫困户比例。贫困户受自身教育水平及生产能力约束，在自主发展产业过程中往往会因为缺乏技术而经营不善，甚至出现经营失败的情况。因此，在扶持贫困户自主发展产业的过程中，如果不能及时给予贫困户产业发展的技术培训，将会影响贫困户自主发展产业从而增加经营性收入的效果。

（二）政策精准性有待商榷

“十三五”期间，很多地区在产业扶贫中采取了多措并举的形式，以保证对贫困户的带动和覆盖。问题在于，应如何理解产业扶贫“精准到户”？表5显示，在获得农业实用技术培训的农户中，有12.35%的贫困户无常年在家务农人口，有10.26%的贫困户无劳动力；在获得免费种苗、种畜、种禽、化肥、薄膜等生产物资扶持的贫困户中，有15.28%无劳动力，有14.88%无常年在家务农人口。而在调查的特困供养户中，有32.4%获得了产业奖补扶持，且户主平均年龄为63.4岁；有21.85%获得了农业实用技术培训，其中年龄在60岁以上的特困供养户占到69.6%。当然，这与当前务农劳动力老龄化趋势有一定的关系，60岁以上的农户也大多会从事农业生产，但产业扶贫的初衷是通过产业扶助措施，使贫困户得到相应的产业技能和可持续增收能力，产业扶贫举措特别是到户帮扶举措应更多地向有劳动能力且有农业发展意愿的贫困户倾斜。调查样本数据也表明，在家中有劳动力且有常年务农人口的家庭中，有15.07%的贫困户未获得除产业分红外的其他产业扶助措施，有10.86%的贫困户未获得任何产业帮扶措施。以上数据均表明，现有的产业扶贫措施在实施中的精准性主要指的是瞄准建档立卡贫困户，旨在提高对建档立卡贫困户的覆盖率。但是，精准扶贫“六个精准”中的“精准帮扶”，其核心要义应该是针对不同致贫原因的贫困户，采取有针对性的帮扶措施，而不是简单地对贫困户实施“政策叠加”。就产业精准扶贫而言，对没有劳动力的家庭实施产业帮扶措施，是否符合“精准性”的要求，是值得商榷的。

表 5　获得产业技术和物资扶持的贫困户

单位：%

	贫困户类型	占比
获得农业实用技术培训（占总样本比例 51.50%）	有劳动力	89.74
	无劳动力	10.26
	有常年在家务农人口	87.65
	无常年在家务农人口	12.35
获得免费种苗、种畜、种禽、化肥、薄膜等（占总样本比例 46.63%）	有劳动力	84.71
	无劳动力	15.28
	有常年在家务农人口	85.12
	无常年在家务农人口	14.88

资料来源：课题组，2020 年。

（三）产业发展与贫困户利益联结机制需进一步完善

《“十三五”脱贫攻坚规划》明确指出，要“以市场为导向，充分发挥农民合作组织、龙头企业等市场主体作用”，要完善利益联结机制，增强新型经营主体的带贫益贫能力。但在实际实施过程中，很多贫困户只是通过入股分红获得收益，并没有得到龙头企业或合作社的充分带动，部分享受政府扶贫资金支持的企业吸纳贫困人口就业较少。入户调查数据显示，以财政资金、小额信贷资金等方式获得龙头企业（合作社）分红的贫困户中，仅有 26.72% 的贫困户通过龙头企业订单带动发展产业，仅有 17.24% 的贫困户从龙头企业（合作社）获得技术服务，仅有 21.33% 的贫困户通过参与龙头企业（合作社）的生产活动获得工资性收入（见表 6）。除了订单带动和技术服务，龙头企业（合作社）还通过托管托养和土地流转的方式带动弱劳动力或无劳动力的贫困户。在入户调查样本中，有 13.30% 的贫困户得到龙头企业（合作社）托管托养，仅有 11.60% 的贫困户将土地流转给龙头企业（合作社）。有 7.85% 的贫困户除了获得龙头企业（合作社）的分红之外，没有得到龙头企业（合作社）的任何带动，其中有 78.35% 的贫困户家中有劳动力。由此可以看出，龙头企业（合作社）益贫带贫的精准度有待进一步提高。

表 6 获得龙头企业（合作社）带动或分红的贫困户参与情况

单位：%

	贫困户占比
订单带动	26.72
托管托养	13.30
技术服务	17.24
土地流转	11.60
参与生产	21.33
仅分红的贫困户	7.85
—有劳动力	78.35
—无劳动力	21.65

资料来源：课题组，2020 年。

（四）资产收益分红模式有待改进

“十三五”期间，产业扶贫的目标之一是促使贫困户的经营性收入和财产性收入稳定增加，而通过信贷资产入股、财政资产入股以及光伏产业等方式进行分红，是增加贫困户财产性收入的重要途径。“十三五”规划明确指出，在开展资产收益分红工作中，财政产业扶贫资金、相关涉农资金和社会帮扶资金投入设施农业、养殖、光伏、水电、乡村旅游等项目形成的资产，要“优先保障丧失劳动能力的贫困户”。2017 年，财政部、农业部、国务院扶贫办联合印发的《关于做好财政支农资金支持资产收益扶贫工作的通知》，也提出要防止“泛福利化”，鼓励资产收益权向“丧失劳动力或弱劳动力的贫困户、贫困残疾人户倾斜”。各地的资产收益分红相关政策表述也大都承继了中央文件精神。但在具体的实践过程中，资产收益分红在有些地区出现“均分”和“泛福利化”现象，资产收益分红的受益对象定位不够清晰和精准。目前贫困户的资产收益分红主要来自信贷资产入股分红、财政资产入股分红以及光伏产业分红三大部分。从调研数据看，有劳动力的贫困家庭中有 45.6% 获得了分红收入，无劳动力的贫困家庭中有 53.1% 有分红收入，两类贫困户获取资产收益分红的比例差别不大。

此外，资产收益分红分配模式也有待进一步改进。目前财政产业扶贫资金的收益分配要求瞄准贫困村和贫困户。为了在2020年实现现行贫困标准下贫困人口全部脱贫的目标，采取这种精准识别、精准帮扶的方式帮扶贫困村和贫困人口是十分必要的。由于脱贫攻坚期内的强力扶持，贫困村和贫困户在生产生活条件、收入增长等方面与非贫困村、非贫困户之间的差距已大为缩小，甚至已有部分贫困村和贫困户好于非贫困村和非贫困户。在2020年实现脱贫攻坚战略目标、开始着力实施乡村振兴战略之后，现有产业扶贫资产的目标任务和收益分配的对象应该根据形势的变化适时做出调整。目前一些地区已经在这方面做出一些探索。例如，江西省广信区把脱贫户细分为高质量脱贫户、稳定脱贫户、一般贫困户、易返贫户和边缘户五类，规定他们所享受的产业扶贫分红政策均不相同，改变了之前无差异化的分红享受政策；横峰县把贫困户分为“无力无业”户（红卡户）、“有力无业”户（蓝卡户）和“有力有业”户（黄卡户）三类，分别给予不同的产业帮扶政策。但这些探索仍仅限于贫困户内部的差异化政策调整，今后应在贫困户与非贫困户、贫困村与非贫困村之间进行更大范围的调整，使脱贫攻坚期内形成的产业扶贫资产更好地为乡村振兴战略服务。

（五）产业扶贫资产管理较为薄弱

根据国务院扶贫办统计，2013—2018年中央财政安排的专项扶贫资金累计投入3884亿元，其中产业扶贫资金占比约为50%，即接近2000亿元。这还不包含各级地方财政投入形成的资产。各级财政对产业扶贫的资金投入形成了巨额的产业扶贫资产。财政投入所形成的产业扶贫资产主要包括村级光伏扶贫电站资产、企业收益分红资产和村级扶贫合作社资产。

管好、用好、用活产业扶贫资金所形成的资产，对于提高扶贫质量和可持续性意义重大（施海波等，2019）。但目前除村级光伏电站外，针对其他两种资产至今尚未出台明确的产业扶贫资产产权界定政策；而从实践情况看，这三类资产的产权属性均不够明晰，存在一定的管控风险。

第一，村级光伏扶贫电站资产存在产权虚置现象。2017年，国务院扶贫办印发的《村级光伏扶贫电站收益分配管理办法》明确指出，“村级扶贫电站资产确权给村集体，联村扶贫电站资产按比例确权至各村集体”。但从各地的实践来看，村级光伏扶贫电站虽然名义上产权属村集体，但村集体和村委会既不参与电站的建设，也完全不参与电站的管护、运维和收益分配。部分地区的乡镇还可以将收益在本乡镇的贫困村之间进行统筹调剂。所谓产权，是指包括财产的所有权、占有权、支配权、使用权、收益权和处置权等具体权利在内的一组权利的集合。由此可见，村级光伏扶贫电站的村集体所有权实际上是虚置的，仅具有象征意义。

第二，企业收益分红资产属性模糊。从实地调查来看，很多省份将财政资金注入龙头企业或合作社以获取资产收益分红。但大多数地区在进行财政资金入股的时候，在政策文件中并未明确约定这些注入资金属于股金还是财政有偿资金，有些地区只是含糊地称之为“基金”；对于合作期限到后所形成的资产属性及其管理、监管，也没有明确。投入基地的产业帮扶资金究竟是贫困户的个人股份还是村集体的资产，这笔资金与相关政府部门究竟属于什么关系，在法律层面上都是模糊的。在贫困户直接对接企业的方式中，农户投入公司用以分红的财政产业扶贫资金的属性则更为模糊。上述几种资产收益分红方式都设定了农户的受益期限，且均强调农户不得参与公司的经营管理，也不承担任何经营风险。这使得这些产业扶贫资产的产权属性更为混乱。

第三，村级扶贫合作社资产产权归属未定。目前有些省份，例如陕西省、江西省等，为了促进贫困村的发展，在贫困村设立村集体经济合作社或村级产业扶贫合作社，并给予一定的财政产业扶贫资金支持。根据地方相关政策文件规定，村集体经济合作社股东由贫困户、企业、能人、村干部、部分非贫困群众共同组成，收益按股分红。对于财政产业扶贫资金投入的属性，相关规定则没有明确，只是要求这部分资金所取得的收益要用于形成村集体收入和贫困户帮扶。从实地调研的江西省某村的数据来看，该村产业扶贫合作社的筹资情况为：贫困户 2.63 万元，村干部 2.5 万元，能人 1 万元，财政产业扶贫资金 35 万元。由此可见，财政产业扶贫资金是合作社最主要的筹资来源。对这部分资金所形成资产的权属不加以明确，是不合适的。

清晰的产权是所有资产有效运行和管理的前提。不明晰的产权既不利于资产的管理、运营和保值增值，也可能带来一定的法律风险。尽管村级光伏扶贫电站大多位于本村，名义上属于村集体资产，但由于资产产权虚置，在我们走访的贫困户中，无一户清楚村级光伏扶贫电站的建设和运维情况，更谈不上对资产运维的监督和关心。对于企业收益分红资产和村级产业扶贫合作社而言，由于资产产权属性不清，且资产的实际使用和掌控权在企业或个人，对这些资产的管理和监管比较困难，极易造成资产的流失。产权虚置或权属不清也存在一定的法律风险。资产的实际控制人如果将资产进行出让或用于抵押、担保，有可能会引发纠纷。

即便是直接投入企业的财政资金，其收益分红资产也缺乏有效监管。由于政府和企业之间信息高度不对称，政府非常难以对投入企业的产业扶贫资金进行有效监管。另外，脱贫攻坚目标的短期化，往往导致政府对这部分资金的监管趋于简单化和短期化。有些地区虽然将产业扶贫资产的部分物化资产界定为贫困村集体股权资产，但村集体是否有能力监管这部分资产及其收益，仍将是巨大的挑战。

五 思考与建议

20 世纪 80 年代中期以来，中国开始在全国范围内开展有组织、有计划、大规模的开发式扶贫工作，产业化扶贫逐渐成为开发式扶贫的重要手段。2001 年，国务院印发的《中国农村扶贫开发纲要（2001—2010 年）》正式提出产业化扶贫的概念，同时强调“贫困地区发展种养业，要以增加贫困人口的收入为中心”。虽然 2012 年以前国家扶贫开发战略一直强调产业扶贫要以提升贫困人口发展能力、促进贫困人口增收为核心，但由于没有很好地解决扶贫对象的识别、到户产业帮扶措施和方式等问题，产业扶贫开发一直存在促进区域产业发展有余而带动贫困户能力不足的现象，甚至出现大量的“精英俘获”现象（黄承伟等，2017；邢成举、李小云，2013）。贫困人口只能通过“涓滴效应”从区域整体产业发展中间接受益。

随着开发式扶贫战略的深入推进，中国贫困人口变化呈现数量越来越少、分布越来越分散、致贫原因越发多样化的趋势，开发式产业扶贫的“涓滴效应”也相应越来越弱。对此，脱贫攻坚期国家提出要实施“精准到户”的产业扶贫政策。但应如何理解“精准到户”？产业扶贫与公共服务和基础设施扶贫政策等其他扶贫政策不同，它的最大意义在于赋予贫困者所需的能力，其本质是“能力扶贫”（林万龙等，2018）。从这个意义上来说，产业精准帮扶的对象应该首先考虑有产业发展能力的农户，而非单纯强调对帮扶对象的覆盖率。从本文的分析来看，各地产业精准扶贫实践中存在不区分有无劳动能力直接给予分红、补贴的倾向。这种做法虽然短时间内增加了贫困户收入，但与提升贫困人口产业发展能力的初衷似乎不符。产业扶贫最需要遵循市场规律，不能仅靠政府“救济式”分红帮扶来实现。2020 年后，绝对贫困将全部消除，面对相对贫困群体，应改变脱贫攻坚期间对于帮扶对象不加以区分给予直接补贴的做法，要增加市场支持，变产业扶持政策的自动“可得”为政策的主动“可及”，使新时期的产业帮扶工作更好地融入乡村振兴战略。

基于上述考虑，本文对完善和改进新时期主要产业精准扶贫政策的具体建议如下。

（一）调整产业帮扶对象，从“精准到人”向“精准到人与精准到业相结合”转变

产业帮扶的主要目的是提高帮扶对象的生产能力，使其具备可持续增收的能力。因此，应将缺乏产业参与能力的兜底保障人群从产业帮扶政策扶持对象中剔除出去，将产业帮扶的主要对象设定为具有一定产业发展能力的低收入农户。从有劳动能力的脱贫户、边缘户需求角度，选择适当产业，做到因户施策，通过实现产业发展与巩固脱贫有机结合，最终实现巩固脱贫成果。对这些帮扶对象，2020 年后原则上应不再采取产业资产收益分红模式，而是要通过创新帮扶群体产业参与机制，大力扶持帮扶群体有效参与产业发展，因地制宜精准安排产业扶持项目，实现由强调“精准到人”向“精准到人与精准到业相结合”的方式转变。

（二）动态调整产业扶贫资产收益的受益对象

在脱贫攻坚期内，产业扶贫资产的收益主要瞄准对象是贫困村的贫困户。2020 年后，产业扶贫资产收益的受益对象不应固化为目前的受益人口，应以保障相对贫困人口、返贫人口及壮大村集体经济为主。企业资产收益分红应在县级层面进行统筹，根据贫困人口的变化和村庄之间生产生活水平的实际差异实行动态调整，实现资产收益在县域内的合理调配。

（三）完善向小农户和低收入农户倾斜的产业和公共服务政策体系

如前所述，目前贫困户经营性收入占比偏低，其主要原因在于小农户和低收入农户在资金、技术、经营能力以及应对风险方面都比较弱。因此，需

要把当前指向新型经营主体的政策适度下移拓展，形成面向特定地区小农户发展的支持政策，通过强化普惠性小农户支持政策，使产业发展自动惠及更多相对贫困农户，提高其自主发展生产的能力，增加经营性收入。具体有以下四点：一是以需求为导向，进一步加强对小农户和低收入农户的农业实用技术培训；二是推动数字普惠金融发展，进一步满足小农户和低收入农户的产业发展资金需求；三是提升社会化服务水平，进一步满足小农户和低收入农户规模化生产的服务需求；四是提高小农户和低收入农户的组织化水平，通过龙头企业和合作组织的带动，为其创造生产力条件和社会机会，提高巩固对象的可行能力。

（四）分类明晰产业扶贫资产产权属性，加强产业扶贫资产管理

对于村级光伏扶贫电站，今后的工作应是解决电站村集体资产产权虚置的问题，包括：将电站资产明确登记进入村集体经济资产账表；由政府协调村集体经济组织委托第三方专业公司对电站进行管护和运营，并形成规范的法律文件，积极支持鼓励村集体经济组织成员参与电站管护；由村集体经济组织依法依规自主决定电站收益的使用分配，并实行财务公开。

对于企业收益分红资产，考虑到这部分资产的保值、增值和资产监管均对资产所有者有较高的专业能力要求，同时为了便于2020年后将资产收益更好地在县域范围内统筹用于扶贫事业，建议将政府投入各类企业形成的企业收益分红资产界定为国有资产，通过专业化的资产管理运营机构来确保资产安全和保值、增值，将所得收益专项用于本县新时期巩固拓展脱贫成果工作。在必要的情况下，可在确保资产不流失的情况下，依法实施资产退出。

对于投入村级扶贫合作社的财政产业扶贫资产，应将其作为合作社资产，其受益对象为全体成员，按全体成员数平均量化，将由此形成的比例作为分红依据，在个别成员退社及合作社破产、倒闭时，这部分资产不能用于分配。

参考文献

陈守东、顾天翊，2019，《产业扶贫具有更好的贫困摆脱效应吗？——基于扶贫改革试验区样本的准自然实验分析》，《财经问题研究》第10期。

国家统计局，2020，《2019年农村贫困人口减少1109万人》，央视网，1月24日，http://

news. cctv. com/2020/01/24/ARTICZeI83rs0ryY8pMclse4200124. shtml。

国务院，2016，《国务院关于印发“十三五”脱贫攻坚规划的通知》，12 月 3 日，http://www. cpad. gov. cn/art/2016/12/3/art_46_56101. html。

胡晗、司亚飞、王立剑，2018，《产业扶贫政策对贫困户生计策略和收入的影响——来自陕西省的经验证据》，《中国农村经济》第 1 期。

黄承伟、邹英、刘杰，2017，《产业精准扶贫：实践困境和深化路径——兼论产业精准扶贫的印江经验》，《贵州社会科学》第 9 期。

李冬慧、乔陆印，2019，《从产业扶贫到产业兴旺：贫困地区产业发展困境与创新趋向》，《求实》第 6 期。

李玉山、陆远权，2020，《产业扶贫政策能降低脱贫农户生计脆弱性吗？——政策效应评估与作用机制分析》，《财政研究》第 5 期。

李志平，2017，《“送猪崽”与“折现金”：我国产业精准扶贫的路径分析与政策模拟研究》，《财经研究》第 4 期。

李卓、左停，2018，《资产收益扶贫有助于“减贫”吗？——基于东部扶贫改革试验区 Z 市的实践探索》，《农业经济问题》第 10 期。

梁栩丞、刘娟、胡秋韵，2020，《产业发展导向的扶贫与贫弱农户的脱贫门槛：基于农政分析框架的反思》，《中国农村观察》第 6 期。

林万龙、华中昱、徐娜，2018，《产业扶贫的主要模式、实践困境与解决对策——基于河南、湖南、湖北、广西四省区若干贫困县的调研总结》，《经济纵横》第 7 期。

施海波、李芸、张姝、吕开宇，2019，《精准扶贫背景下产业扶贫资产管理与收益分配优化研究》，《农业经济问题》第 3 期。

邢成举、李小云，2013，《精英俘获与财政扶贫项目目标偏离的研究》，《中国行政管理》第 9 期。

央广网，2016，《习近平治国理政“100 句话”之：发展产业是实现脱贫的根本之策》，8 月 2 日，http://m. cnr. cn/news/20160802/t20160802_522858672. html。

叶敬忠、贺聪志，2019，《基于小农户生产的扶贫实践与理论探索——以“巢状市场小农扶贫试验”为例》，《中国社会科学》第 2 期。

尤琳、魏日盛，2020，《“村党支部 + 合作社”产业扶贫模式：运行成效、实践困境与政策建议》，《中国矿业大学学报》（社会科学版）第 1 期。

张延龙，2019，《信任困境、合作机制与“资产收益扶贫”产业组织发展——一个农业龙头企业垂直解体过程中的策略与实践》，《中国农村经济》第 10 期。

4

农村扶贫工作中的弱势群体识别问题*

王剑利　庄孔韶　宋雷鸣**

一　农村贫困问题与“农村弱势群体”

农村贫困问题是中国一直存在并着手逐步解决的重要问题。当今的贫困问题直接与中国经济体制改革以及现代化社会变迁相联系。对于在这样的大背景下展开的农村贫困问题研究与扶贫实践，如何识别和界定广大农村的弱势群体至关重要。以往国内对弱势群体的关注起始于对经济贫困者的研究（骆群，2007），亦有从不同学科的特定视角所下的判定，如一些群体在自然与生态资源获取方面，因能力与机会上处于劣势而只能较少地占有社会、政治、经济及文化资源（李学林，2005）；一些群体在抵御天灾人祸和承受风险方面“缺乏应变能力”“无力化解”（张敏杰，2003；王思斌，1998）；一些群体在“创造财富”和“就业竞争能力”（邓伟志、苏红，2005）上处于力不从心的劣势状态。也有学者提出综合中国国情的特定概念：弱势群体主要是指因某些障碍或者由于社会急剧转型和社会利益结构分化而缺乏经济、政治和社会机会，在社会上处于不利地位，依靠自身的力量或能力无法保持个人及其家庭成员最基本的生活水准，需要国家和社会给予支持和帮助的社会群体（王文祥，2009）。这显然已经超出单纯经济与个人能力的视角。

上述研究提示我们，基于不同的角度和标准，弱势群体是按照某一种或某几种标准划定的处于劣势或不利地位的群体。因此，我们在瞄准农村的弱势群体时，也应结合不同的视角进行识别与界定。我们可以更为开放性地对“农村弱势群体”概念进行描述：所谓农村弱势群体，是指基于经济条件、

---

* 原文刊发于《中国农业大学学报》（社会科学版）2015 年第 2 期。

** 王剑利，清华大学社会科学学院博士研究生。庄孔韶，浙江大学人类学研究所所长，教授。宋雷鸣，厦门大学人类学与民族学系助理教授。

人口或人力状况、基础设施、生态环境、生活方式、社会资本（尤其是社会关系资本和组织资本）等某一种或某几种标准来考量时，处于不利地位的人群或组织。这一描述显然涉及众多相关要素，对于这些影响农村弱势群体识别的相关要素，我们有必要进一步分析和讨论。

的确，中国人口众多，不同地区区域环境、生计与生活方式、基层民间组织等构成有着巨大的差异，导致弱势群体形成的原因多种多样，因此需要扩大对弱势群体识别的视野。从宏观的角度进行分析，弱势群体普遍具有以下特征：经济生活的贫困性；个人能力的脆弱性；资源占有的稀缺性；政治权利的受限性；社会地位的低下性（姚彬彬，2009），其中经济生活的贫困性为中国弱势群体的前提特征。从经济收入水平、受教育程度、政治影响力、脆弱程度、资源占有等方面来看，贫困农民乃至整个农民群体都在发展中处于弱势地位。扶贫就是要扶助农村的弱势群体，然而在扶贫实践过程中，宏观的弱势群体判定原理尚难得到运用。

二　何以瞄准“弱势群体”？

在政府的扶贫实践中讨论农村弱势群体的识别以及相关的政策导向，主要体现在扶贫“瞄准”的问题上，而识别原理与方法紧紧联系着扶贫工作何以准确而且得法。

扶贫瞄准起始于扶贫过程中如何选择扶贫对象以及因扶贫对象的确定而实施的资金和资源投放过程。可见，扶贫瞄准涉及两个关键内容：一是在扶贫过程中识别出扶贫对象；二是要保证扶贫资源能切实有效地投放给这些扶贫对象。从整体上看，中国现阶段的扶贫方式是以贫困县为基础，结合扶贫到村、扶贫到户的策略。这是一种结合弱势人口与贫困行政区域两个层面的扶贫策略。其中，对弱势人口的瞄准直接以他们的发展为目标。对贫困行政区域（县、行政村）的扶贫工作以特定区域为瞄准对象，通过区域发展来改善弱势人口的生存环境，从而间接带动弱势人口脱贫，并以贫困人口的发展为最终目标。

不过，以往的“弱势群体”理念之不足在于其针对的是个体。贫困农村人口是中国弱势群体的重要组成部分，是中国农村扶贫发展工作中的主要瞄准人群。在中国以往的扶贫工作中，政府一直明确规定扶贫针对残疾人、妇女、儿童、库区移民和其他丧失劳动能力的贫困人口。这一界分虽然能够在相当程度上涵盖中国农村弱势群体，但仔细看来，这种以人口学特征为基础的弱势群体划分之不足在于其个体性、孤立性和缺少群体关联性，以至于在瞄准扶贫个体的同时，无法从个体/家庭层面延展至更大的弱势群体层面。无疑，对弱势群体的清晰认识，有利于在未来贯彻公平公正原则，调动更广泛的农民大众积极参加新农村建设。如是，我们认为有必要从个体角度扩大到群体和组织的认识维度，以提高当前实际呈现的扶贫瞄准个体的认识水平。

经过多年的扶贫实践，我们已经看到贫困社区层级瞄准的修正性政策变化，这也是一个重要的、递进性的弱势群体识别的改善结果。从中国的扶贫发展阶段看，从 1978 年开始开展的扶贫工作以广大农民为扶贫对象，并不存在特定的扶贫瞄准思想。之后开展的大规模扶贫开发工作，则以贫困县为瞄准区域。这样的划分造成了扶贫瞄准有明显的偏颇现象。同前一扶贫阶段相比，现阶段扶贫区域的界分已从贫困县修正到贫困村，这在一定程度上加强了扶贫瞄准性。这一在多年来扶贫经验与教训面前的改变极为难能可贵。不过这样的扶贫工作仍面临基层瞄准复杂多样的问题。例如，在以多数人的利益为前提，或由“少数服从多数”的原则决定的扶贫资源分配与使用规则中，“少数服从多数”经常导致人口少的自然村被排除在外。当前的农村扶贫和发展项目还常常运用自然村/社区竞争的方式在行政村内分配扶贫资源。由于自然村/屯和村内群体发展不平衡、社区能力悬殊，“优胜劣汰”“提高政绩效率”“受益面最大”等看似合理的原则必然会导致各方面弱势的自然村/屯、村民小组始终得不到扶贫资源，结果是越弱势的自然村/屯越得不到资源，越来越缺乏发展能力，陷入一种不断被边缘化、不断贫困化的恶性循环。

可以说在农村扶贫实践中，“少数服从多数”“优胜劣汰”断不能取。从均衡发展的视角看，在扶贫工作中作为基本单位的行政村内部的弱势村/屯和弱势组织更应当得到“聚焦”。首先，虽然竞争机制能够为扶贫工作带来活力并调动弱势人群的积极性，但是扶贫工作以作为整体的弱势人口得到发展并脱贫致富为首要目标，应当优先考虑自然村/屯、组织间均衡发展的问题。其次，由于历史和自然环境诸原因而处于弱势的自然村/屯拥有平等发展权，不能以能力弱、资源条件缺失为由剥夺其发展权。因此，在扶贫工作中对弱势社区/组织的强调和瞄准符合当前整村推进的扶贫策略。

如此看来，将实现社区发展的操作单元定位在行政村内部的自然村/自然屯/村民小组之上，不仅能赋予弱势村/屯以平等的身份，也可以使它们获得从前难以得到的各类资源（如扶贫资源、社会关系资源、能力提升资源等）。

三　组织人类学的“农村弱势群体”识别

显然，扶贫发展领域仅仅从人口的因素来界定“农村弱势群体”，同时从人口和贫困区域两方面来进行扶贫瞄准，并不能很好地解决瞄准偏差的问题。不仅应从哪些个体的人是“弱势”角度来界定“弱势”，还应从组织/群体的角度来界定“弱势”。人类学的田野观察的出发点之一，是了解地方人民究竟是怎样组织起来的。那么，农村的弱势群体或任何群体实际上都具有组织与文化观察的意义。

中国农村有其持久发挥作用的文化传统和组织网络，这样的组织文化网络包容了亲属网络、人际关系、基层农村组织、乡规民约等诸多文化事项。因此我们有必要在乡村组织及其文化的层面上进一步讨论对农村弱势群体的认识。

（一）人类学乡村研究中的“强势—弱势”

人们总是生活在各种组织中，人们的身份、特点和利益诉求等往往会通过组织的方式得以体现和获得实现。因此，人类学对人的研究往往以一定的组织为单元。同时，不同的组织各有其独特的构成方式和规则。因此，组织及其文化是人类学研究的重要切入点（庄孔韶、李飞，2008；庄孔韶、方静文，2012），如人类学的传统研究主题——亲属制度、政治制度、经济制度和宗教信仰等都是在具体的组织中体现的。对弱势群体的划分，至少有两种途径或层次：人口（个体）的层次和组织的层次。人口的层次是按照人的某些具体特点来划分的，如老人、妇女、儿童和残疾人等；组织的层次则是按照人们所处组织之具体特点来划分的，如家庭、宗族、村落和企业等。

在人类学的乡村研究中，很多内容从组织的层次上涉及群体之强势、弱势的划分。比如村落中不同的姓氏、宗族、宗族支系等之间都存在强弱之别，这就在一定程度上形成了强势群体和弱势群体。因此，我们对农村弱势群体的考察和界定，不能忽视组织的层次。同时，组织的层次和人口的层次常常是相互联系的，因为人口是组织中的人口，组织是某类人口中的组织。具体到对农村弱势群体的研究，我们需要把人口层次的弱势群体和组织层次的弱势群体结合起来，这样有利于拓展传统的研究思路，从而实现多角度地分析和解决问题。

需要指出的是，强弱势之形成具有动态性和情境性。所谓动态性，是指强势和弱势会随着自然和人事的变迁而发生转换；所谓情境性，是指强势和弱势是相对而言的，具体到社会或文化生活的各种角度或层次，强弱势分类多种多样。另外，多类别和多层次的“势”处于不断的互动中，这种互动一般要遵循一定的规则。而在规则之外或规则不及之处，又常常存在规则运用之策略或方法。因此，我们对农村弱势群体的研究，必须在各种具体的层次和情境中进行分析，一方面要注意强弱群体间互动的表面规则，另一方面要挖掘规则之下的各种策略。这样才能有效把握内外部各种力量、利益及法规政策等对农村弱势群体的真正影响。

（二）以组织形式出现的农村弱势群体

在中国乡村社会，要想有效地帮助弱势群体，首先需要对弱势群体加以识别和界定，而识别和界定的主要根据离不开中国乡村群体所居环境条件、资源与生计实力、人口多少、血缘与地缘组织运作，以及精神与文化认同，等等。下面根据中国各地农村的区域性主要特征，对常见的不同类型的大小群体加以归类，从而体现乡村弱势群体与强势群体共居的基本状态。

1. 小村与大村

笼统地说，中国基层乡村常有大小村之别，呈现强弱势之分。其划分依据在于三个方面。①人口多寡。在公共事务中，人口较多的大村往往具有更大的话语权和更强的参与能力，小村则处于从属和弱势地位。②环境资源差异。占据地势、土壤、气候、水利、交通等优势环境，常常成为生计强势村庄的重要基础；反之村庄实力若较难长久积累，则将处于弱势。③经营状态。在多数情况下，环境资源条件差的村庄在经营上也较为无奈，缺少内外竞争力。长此以往，如果生计能力、对外交往能力得不到发挥，村民集体缺少认同，那么环境资源条件与经济实力悬殊的大小村之间便会出现贫富不平衡的状态。所谓中国的贫困村，位置偏僻、区域边缘、生计人口弱势的小村是也，亟待扶植。

2. 小姓与大姓

中国的一些省区，主要是南部和东南部省区，历史上宗族势力繁盛，延续至今的大姓村、同姓村分布广泛，表现为人多势众，不少大姓村至今保持宗族和宗祠文化传统；相反，这些省区也有众多的小姓村和杂姓村。过去，大姓宗族压抑小姓村和杂姓村的情形不胜枚举。其实，不只汉族地区，一些少数民族地区也有以大（姓）压小（姓）的情形。由于同一村落内拥有共同姓氏的家庭往往在血缘上有着或近或远的关系，所以在亲缘纽带的联结下，相同姓氏的人群之间往往存在更为真诚、信任、认同与联合的关系。从古代延续下来的血缘纽带认同超越地缘关系的现象至今犹存，不同姓氏的人群之间甚至存在隔阂与竞争关系，例如在一些地方的选举和资源分配方面尤为显著。

在上述地区，历史上延续下来的那些在土地上大面积繁衍的大姓—宗族体系，在人口、经济、政治、交往、供奉乃至大姓认同上都较强势。在这种情况下，一个在村内人口较少、经济实力较弱的小姓氏往往成为村落环境内的弱势群体。

3. 小族与大族

中国是多民族国家，少数民族分布广泛，在分布与居住状态上以大杂居、小聚居和交错居住为特点。因此，在汉族地区小聚居的少数民族村寨，以及在人口占多数的主体少数民族地区小聚居的人口较少的少数民族村寨广泛存在。这些双少民族在一定地域范围内人口相对稀少，资源相对匮乏，并且由于民族认同上的归属感、文化语言差异等原因，他们在地方发展中难以沟通，话语权和参与权孱弱。在多数情境中，小族弱、大族强的生存状态是普遍的。

4. 灾民/移民与原住民

在中国历史上，由灾荒导致的人口迁移频繁。这一人口现象自中华人民共和国成立到目前为止仍时有发生，常以安置灾民的政府行为出现。另外，修建大型工程、生态环境恶化也往往存在移民问题。通常灾民和移民安置有两种主要形式：其一，单独给移民和灾民划地立村；其二，将移民和灾民分散安置在某地原有村落中。虽然他们通常能享受政府相关政策的扶持和倾斜，但受移入地社会网络排斥和移民社区自我封闭的情形并存，因此在相当长的原住民与外来灾民、移民的融合过程中，外来灾民和移民体现出较强的自组织特点，在地方社会网络中对公共事务的参与度低，在资源分配和话语权上常处于弱势地位。

在上述诸种小村—大村、小姓—大姓、小族—大族之弱势群体与强势群体分类的基本情况之下，以往经常提及的对乡村老人、妇女和儿童，以及贫困残缺家庭的个体救助并行不悖，方可以更好地得到群体组织与个体层面双重的与综合的关注。我们根据中国各地文化特点和扶贫经验，认为关于弱势群体的新分类瞄准方法及其群体组织层面的出发点，不仅在中国，而且在第三世界的农业地区都有相似的状况，因此关于中国弱势群体的新分类法具有国际扶贫工作分享与推广意义，特别是在中国和东亚、东南亚地区具有交互借鉴的意义。

（三）弱势群体的组织特征

前文关于农村弱势群体概念的描述，涉及人口学意义上的、泛指的“人群”（population）和特定的、被田野识别的“组织”（organization），这主要是基于对弱势群体内部人们之间的不同关系而言的。

“人群”一般是指具有某种共同特征的人的集合体，这些人之间未必有互动或联系；“组织”则一般是指相互间有互动，且通过某些方式联系较为紧密的一群人。比如，残疾者是判别农村弱势群体的标准之一，残疾者的共同特征是身体上有各类残疾，但是他们之间未必有交往和联系，因此只能被视作具有某种共同特征的“人群”，止于人口学的层次。而按照某些特征，相对贫困的县、乡、行政村或自然村等，则可从“组织”的层面被视作弱势群体，这就更多地具有了人类学和社会学的意义。

从人群和组织的角度区分农村弱势群体，在现实工作中具有重要的实践意义。因为这一区分在客观上涉及农村弱势群体识别的不同角度和不同层次，以及在此基础上资源的投入和分配等。比如，1994 年国家在考虑扶贫对象时，划定了 592 个国家扶贫开发工作重点县。县作为一级政府组织，成为国家开展扶贫工作、扶助农村弱势群体的工作层次之一。而各贫困县又会根据国家给予的扶贫资源和相关指标，确定具体的贫困乡和贫困村等，贫困乡和贫困村又成为识别农村弱势群体的更微观层次。显见，基于组织的角度，农村弱势群体的识别具有不同的层次、不同的角度和不同的标准。国家在制定扶贫战略和分配扶贫资源时，必须经由不同级别或不同层次的组织，才能把资源层层下放到最需要或最“弱势”的人们手中。因此，在农村弱势群体的瞄准和识别过程中，组织的角度和人群的角度一样，都是不容忽视的。在近年的农村扶贫实践中，很多社区发展项目的扶贫资金进入行政村后以村小组或自然村为单位进行比对和分配，取得良好的成效。这突出体现了组织的角度在农村弱势群体瞄准和利益分配中的重要作用。

（四）弱势群体识别的层次

结合当前的扶贫实践和今后的扶贫发展需求，以及中国多元地域特征和乡村治理格局，我们将弱势群体区分为三个层次。

1. 贫困/弱势的行政村

当前贫困村（行政村）的界定主要依据经济收入这一单一标准，这在县以上地域内确实具有可操作性。然而，实际上贫困村识别的关键是在县域内。戴上“贫困村”的“帽子”通常意味着获得政府的资源投放和政策倾斜，因此贫困村的识别往往是多方因素共同作用的结果，如县域内乡镇之间的均衡与角力、社会关系网络、政绩效应、强势村的影响力等。多年扶贫的结果可能会出现“三边”现象，即城镇周边、公路周边、旅游点周边不断繁荣甚至重复建设，而真正弱势的行政村长期被排除在扶贫政策之外，甚至相对弱势的境况不断加剧。究其原因，除了乡村格局、政策执行力等因素外，缺乏明确的界定弱势村的指标体系是重要原因。

2. 贫困/弱势的社区/自然村

我们的研究特别提出贫困/弱势社区/自然村的层次并认为具有重要的应用价值，希望能够在扶贫工作中加以关注。

一方面，社区/自然村是社区发展型项目的基本实施单元。相较于传统扶贫项目和其他参与式农村发展项目，社区发展型项目的优势尤其体现在能够运用各种操作程序和工作机制保证弱势社区获得公平甚至具有倾斜性的资源和发展机会，实质性地提高政府扶贫资源的瞄准性。另一方面，当前扶贫区域的界分已从贫困县修正到贫困村，从一般情况看，行政村在自然村之间分配扶贫资源，这是扶贫瞄准出现偏差的最重要环节。如上文所述，两条所谓“合理性”规则容易在分配资源时产生社会排斥和瞄准偏离：一是所谓“民主的规则”“少数服从多数”导致人口少的自然村被排斥；二是“市场的竞争原则”导致弱势的自然村陷入一种不断被边缘化和贫困化的处境。

尽管瞄准的终极目标和评判标准是资源“到户到人”，但是中国农村现实中存在多重困境，其根本出路在于组织建设，不仅仅是村两委班子的建设，还包括作为熟人社会的社区/自然村的组织化建设。本文强调瞄准行政村内更弱势的社区/自然村，至少基础设施和社会事业等“普惠型”扶贫建设能够改善社区相对弱势的境况，切实改变更贫困社区农户的生产生活条件；进一步针对自然村/村民小组的组织建设和社区发展能力建设则更具重要意义。

3. 贫困/弱势的农户/个人

毫无疑问，强调个体农户的识别具有关键意义。保证到户到人的扶贫资源投递，是瞄准的终端目标。然而，如上文所说，个体扶贫目标只有始终依附在更高的农村社区组织层次上，才能实现扶贫工作的准确性和卓有成效。

四　建议：开发地方应用导向的弱势群体识别指标体系

在农村社区发展的扶贫实践过程中，从行政村、社区/自然村和农户/个人的层次界定农村弱势群体已经获得理论和实践的根据，而在农村社会急剧变迁和发展的当今时期，弱势群体还具有情境性和动态性的特点。

由于弱势群体是相对于强势群体而言的，而区分强弱势的标准复杂多样，因此弱势群体的判定与具体的情境有关。比如，对于供养大学生的农村低收入家庭而言，如从经济条件上判定，其明显处于弱势；若从受教育水平以及长远的发展来看，该家庭又会处于强势。又比如，在有关农村基础设施建设的项目中，基础设施较差的自然村或社区就成为亟须帮助的弱势单位；而在教育支持项目中，教育条件较差的自然村或社区就成为首要目标。这些是弱势群体具有情境性的表现。同时，弱势群体处于动态的变化之中，某一阶段按照某种标准识别的弱势群体，在获得自我发展的条件和能力后可能会超越原来处于优势的群体，原来的非弱势群体也可能会转化为新的弱势群体。

这提示我们，无论是从个体的角度，还是从组织的角度，都应对扶贫对象保持动态和持续的识别与瞄准，把有限的扶贫资源有效覆盖到动态变化的弱势群体对象上。而从更广阔的生态地理、经济文化差异和复杂多样的乡村格局来看，弱势群体的识别将会具有不同的指标基础。因此，在不同区域的农村发展实践中，亟须避免“一刀切”式的做法。“一刀切”固然是最简单、最省事的做法，然而现实中它总是被区域经济文化的多样性所否定，屡屡纠错重来，事倍功半，得不偿失。尤其在基层农村的弱势群体识别中，一成不变的、“一刀切”的指标和做法往往难以适应地方情况，缺乏可操作的指标必然会造成扶贫瞄准的偏差。

基层农村的弱势群体识别瞄准，是一个只有细致深入才能卓有成效的工作。针对中国农村弱势群体的现实基础、基层社区的层次性，以及弱势群体的情境性和动态性特点，我们认为在大的分类原则基础上，需要有一套能够被地方扶贫系统和具体项目工作方便采用的弱势群体识别指标。正是针对这一需求，我们的研究旨在结合扶贫系统现有的、广泛适用的各种贫困标准，开发出一套在中观层次（县域范围）和微观层次（具体村级项目，或者在乡镇范围、行政村内部）适用的指标体系（从略）（庄孔韶等，2012）。

庄孔韶认为当社区发展项目进入行政村和基层社区层面的微观操作时，不仅要识别社区内部个体层面的弱势者，还要识别“弱势社区”/“弱势自然村”，并在项目目标中明确增加瞄准“弱势社区”的诉求。在此基础上，建议开发一种工具箱式的、开放的、地方应用导向的弱势群体指标体系。由于地域差异和乡村格局的多样性，这一指标体系的开发需要基于对不同类型乡村地域的深入调研，尽可能反映出多样性，同时参考其他有影响力的各种指标体系，并且在实施中结合农村社区项目的相关活动和程序环节。

这是一个多维综合的、“工具箱式”的弱势群体指标体系，不仅包括各个层面的识别（如“弱势行政村”、弱势的社区/自然村、弱势的农户/人群/个人），还要尽力完善每个层级的分类指标，强调容易被忽略的指标类别，并说明这些指标的重要性和设计依据，尽量使用三级、四级指标说明加以提示。指标表格之外，还应包括详细的指标说明和应用建议（庄孔韶等，2012）。所谓该指标体系“工具箱式”特点，是指该指标体系是针对基层各层级社区和组织的丰富的指标体系，从地貌、生态、生计到社会文化资本方方面面的指标设计具有极大的涵摄性，以便于全国各地的扶贫实践可以因地制宜地选取指标。

该弱势群体指标体系的要点在于它可以将弱势群体识别的原理转换成应用性实践。该指标体系可以直接应用于当今扶贫工作的两个环节。一是在县域内由政府主导筛选项目村时，可以使用更为细致的弱势群体指标选择项目村，确保相对弱势的行政村入选；二是在行政村内，不仅要识别社区内部个体层面的弱势者，更要明确强调弱势社区/弱势自然村入选。弱势群体指标体系是以地方应用为导向的，它仅仅供地方的县、乡镇和行政村在识别弱势群体时进行参考。在具有相对同质性、可比性的范围内，地方基层有足够的智慧和灵活度来决定指标的选取与组合。

显然，在当前不断改善的扶贫实践中，针对农村弱势群体的识别原理越发清晰，从单纯人口视角的个体观察，到多层次的组织文化观察，展现了一个在社会实践过程中不断改善与递进的实施前景，它一再地否定了扶贫落实工作中任何简单化和“一刀切”的做法。然而要想更为准确地识别农村中的弱势群体，尝试建立应用性的农村弱势群体指标体系势在必行，它将进一步把识别弱势群体的原理具体化。我们希望这种新的弱势群体识别设计——增加并强调“弱势社区”的分类，设计立体综合的、“工具箱式”的指标体系——能够针对弱势群体识别原理、扶贫政策选择和社区整体发展观提供可操作的、应用性的转换手段。

参考文献

邓伟志、苏红，2005，《关于弱势群体问题》，《社会科学论坛》第 3 期。

李学林，2005，《社会转型与中国社会弱势群体》，西南交通大学出版社。

骆群，2007，《“弱势群体”再界定》，《南京社会科学》第 3 期。

王思斌，1998，《社会工作导论》，北京大学出版社。

王文祥，2009，《弱势群体的利益表达机制研究》，博士学位论文，吉林大学。

姚彬彬，2009，《“弱势群体”概念再界定》，《西安社会科学》第 5 期。

张敏杰，2003，《中国弱势群体研究》，长春出版社。

庄孔韶、方静文，2012，《作为文化的组织：人类学组织研究反思》，《思想战线》第 4 期。

庄孔韶、李飞，2008，《人类学对现代组织及其文化研究》，《民族研究》第 3 期。

庄孔韶、王剑利、宋雷鸣等，2012，《农村弱势群体的界定及指标体系研究》（研究报告）。

5

精准扶贫中农民争当贫困户的行为及其阐释*

——基于武汉近郊Q村的实地调查

冯华超　钟涨宝**

2016年3月下旬，《人民日报》等多家媒体相继报道了广西精准扶贫中出现的农户“争当贫困户”现象（刘华新等，2016），诸如“评不上就找县政府”“50万疑似贫困户半数有车”等字眼一时引起许多人的关注与评论（中国新闻网，2016；腾讯新闻，2016）。从性质而言，精准扶贫属于国家对识别出的特定村庄和农户的一种“资源输入行为”，希望通过引导各类扶贫资源优化配置，逐步构建扶贫工作长效机制，进而提高精准帮扶的有效性（顾仲阳，2014）。要实现这个政策目标，必须在识别阶段杜绝“弃真”和“纳伪”两类错误，在瞄准机制上做到“不落一人”“扶真贫”，这无疑需要农户的高度参与和配合。然而，扶贫这个惠民工程遭遇了农户“争当贫困户”这样的“意外性后果”，这不能不引起我们反思。

从已有研究来看，受政策进程影响，精准扶贫研究仍然处于起步阶段，主要集中在以下几个方面：①阐释精准扶贫的含义、内容与意义，介绍精准扶贫政策的基础，并与之前的扶贫政策相比较（郑瑞强、王英，2016；王瑞芳，2016；虞崇胜、余扬，2016；吴雄周、丁建军，2015）；②对精准扶贫进行理论上的反思，如从中央—地方关系、社会成本、社会排斥等视角切入（王宇等，2016；左停等，2015）；③关注精准扶贫的工作机制和路径选择（王国勇、邢溦，2015；赵武、王姣玥，2015），介绍政策在实践中的困境、问题并提出对策建议（葛志军、邢成举，2015；邓维杰，2014）；④关注扶贫的地方性实践，比较不同模式的成效，探讨特定地区、特定人群的扶贫问

* 原文刊发于《中国农业大学学报》（社会科学版）2017年第2期。

** 冯华超，华中农业大学经济管理学院博士研究生。钟涨宝，华中农业大学教授、农村社会建设与管理研究中心主任。

题，以及考量扶贫政策对农户生活的影响（李博，2016；贺东航、牛宗岭，2015；孙兆霞，2015；孙咏梅，2016；郑长德，2016；付少平、赵晓峰，2015）。现有研究已经进行了有益的探索，但在研究视角和方法上仍然显得比较单一。比较典型的就是“政策—效果”分析模式，即国家政策演变、基层贯彻与执行、实践过程中遇到的问题及对策三段论，而作为扶贫主体的农户的复杂心态和行为很容易被湮没，由此很难真正理解这一惠民工程。实际上，精准扶贫是一个政策与广大农户互动的过程。在面对一个全新的政策时，农户传统的心态、惯习与政策会有哪些暗合与冲突？它们又将如何影响扶贫的进程与成效？诸如此类问题，都应该进行挖掘和分析。新制度主义认为，在探讨任何政策（如精准扶贫制度）时，我们不仅要分析政策这一特定活动的规则本身，还应该了解该规则所嵌入的社会文化经济大环境，以及该规则如何在社会环境中实际运作（刘凤芹、徐月宾，2016）。有鉴于此，本文基于武汉市近郊Q村精准扶贫的具体实践，探讨农户“争当贫困户”的心态和行为，揭示精准扶贫的复杂面相。

本次调研所在地位于武汉市黄陂区东北部的Q村。全村面积3.87平方公里，水田面积830亩，旱地面积1039亩，山林面积103亩，水面100余亩（沿河长1.5公里）。全村下辖5个自然村湾，11个村民小组，现有322户1250人，劳力587人，党员42人。全村现有蔬菜基地500亩，主要产品有萝卜、西芹、豆角、西红柿等。2014年，Q村被认定为贫困村。2015年，Q村有贫困户64户，贫困人口136人；2016年有贫困户53户，贫困人口108人。2015年11月，帮扶单位驻村扶贫，给Q村先后带来共10万元的扶贫基金，并在过年时给予贫困户每家500元的慰问金，这引起农户的巨大反应。本次调查就是在这样的背景下展开，于2016年3月14—28日访问了43户贫困户、9户普通农户、4名村民代表、2名村干部和1名驻村干部。

一 分析框架

关于农民行为的理论，学界已经争论了很多年，形成了“理性小农”“道义小农”“效用小农”“社会化小农”等解释框架（舒尔茨，1987；斯科特，2001；黄宗智，2000；徐勇、邓大才，2006）。这些概念固然存在差异，但向我们呈现了农民动机和行为的复杂性，并提醒我们在研究农民行为时注意环境变量的重要性。农户的行为并不是一个单独存在的特殊现象，而是嵌入广阔的社会经济文化环境中，受到多种力量的形塑。从行动的构架上来看，农户的行为涉及目的、情景和规范限定：目的是农户所要达到的未来目标；情景是目标实现的环境因素，包括行动的条件和手段；规范限定则涉及思想观念和行为取向等，制约着目标的确定和实现手段的选择。简言之，农户的行为都有一定的目的性，而其目标的实现离不开一定的手段和条件，同时其行动还要受到一定行为规范的制约。

在精准扶贫实践中，农民自身的行为是立足于家庭生计状况的。多数家庭生计脆弱而又缺乏保障，此时国家虽加大政策的投入和保障，却没有明确界定帮扶对象。“僧多粥少”的局面无疑会改变农民的心态，刺激其行为。此外，由于制度本身主要是自上而下式，制度的设计理念与执行均出现偏离，无疑会激化暗藏的矛盾和冲突。部分农户基于相对剥夺感，可能会采取手段来实现自己的利益诉求。而当某一农户通过采取行动实现诉求时，便会经过扩散形成示范效应，从而引发更多人行动起来，个体的行动由此转变为多人行动。基于此，本文的分析框架如图 1。

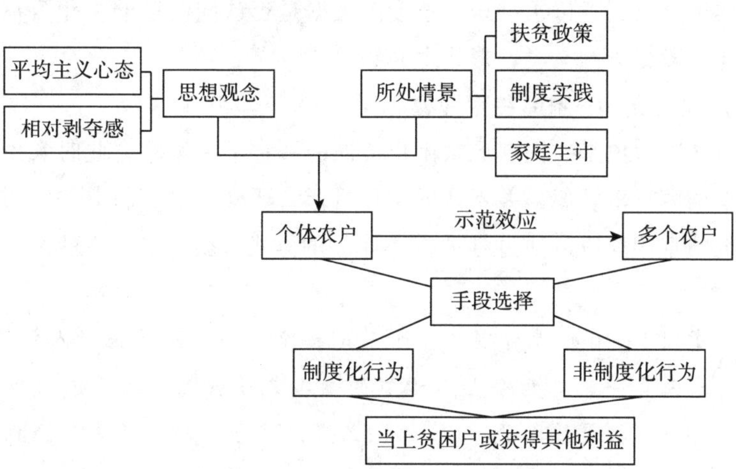

图 1　精准扶贫中农户行为及其阐释分析框架

二　精准扶贫中的农户行为

从客观层面来评价农户“争当贫困户”的现象，主要体现在人们的客观行动不同于主观层面的愿望，这是人们的实际作为状况。某种程度上而言，农户“争当贫困户”的行为属于韦伯所言的“工具合理性行动”。农户通过对当前扶贫状况以及他人举止的判断或评价，并将这种判断或评价作为“条件”或“手段”，来实现自己享受贫困户待遇的目的。在此过程中，农户对于自己行动的目的以及达成这一目的的手段都有清醒的认识和自觉的选择，而且对于这些手段可能引发的后果有一个充分的考虑。从Q村的实践来看，这些手段可以分为两大类：制度化手段和非制度化手段。

（一）制度化手段

诺思（2014）认为，正式制度影响着我们为自身行动需要付出的代价，而当刻意地或者只是碰巧——正式的制度结构使人们可以用较低的成本来表达他们的观念时，它们就为人们将自己的观念和意识形态纳入选择中提供了自由。此时，人们让自己的行为符合制度的既定框架，是一种制度化手段。正因为交易成本较低，这种行为成为农户最为经济、有效地实现自己诉求的方式。一般而言，农户采取制度化手段在一定程度上表明了其对村干部的信任或对实现自己利益诉求持乐观态度。根据是否认同制度的文化目标，我们将制度化手段分为两大类：形式主义和遵从。

1. 形式主义——制造贫困假象

制造贫困假象是农民获取贫困户待遇的一种常见策略，此时农民虽然也在制度框架内行事，但是并不认同文化目标。严格来讲，制造贫困假象是农民对制度的直接反应，通过打“擦边球”的方式来获取贫困户的待遇。

> 案例1：有的弄贫困户，他不是按照家庭，而是把老人给弄出来，单弄出来算一户。两个七八十岁的老人又没收入，又不像城市有退休金，那自然就是贫困了。（C1-WH，男，25岁，驻村干部，根据访谈资料整理）

上述案例的做法是将父母的户口单列出来制造一种贫困假象。这种行为虽然与制度的文化目标相偏离，但是仍然在制度的既定框架内，是一种形式主义。之所以出现这样的状况，主要是因为扶贫是以户为单位，并没有考虑到中国农村养老实践中子女的责任，割裂了农村家庭的天然联系。换句话说，精准扶贫的瞄准机制与实践存在一定的偏差。

2. 遵从——向村干部反映

遵从是指农户的行为遵从制度化手段，也认同文化目标。向村干部反映就是一种突出的遵从行为。现阶段，向村干部反映已经成为农村最基本、最普遍的公共参与方式（卢福营，2002）。在现行的管理体制下，主动接触村干部，尤其是接触实际掌握村社区主要公共权力和公共资源的村干部，是农户获取贫困户待遇的有效手段。

> 案例 2：C2 - XGW，男，60 岁，老党员，2015 年被列入贫困户名单。公示出来以后，群众反映他儿子刚刚和别人合伙贷款买了一台挖掘机，而且家里有电脑和空调等设备，村干部迫于压力取消其资格。他说："取消了就取消了，我也不存在跟他们去闹，人是穷穷的，但脸皮还是蛮薄的，没就没了。"虽然这么说，但他于 2016 年 1 月因为脚出事住院，花了一两万，然后就给村书记打了个电话看看能不能解决一点。村书记问他要了账号，说给 500 块。他说他在电视上看过政策，虽然不能是贫困户，但至少应该是贫困党员。（根据 C2 - XGW 的访谈资料整理）
>
> 案例 3："这边扶贫主要看房子，如果房子很漂亮，贫困户资格就没有。我之前想申请，向书记反映，但书记说我房子好，不符合条件。那我说，我的房子都是儿子结婚没办法扯债盖的，湾子里那些条件（比我）好的也有（评上贫困户的）啊。书记就说，你有板眼①，你也去办啊。"（C3 - WXC，女，72 岁，一般农户，根据访谈资料整理）

案例 2 中农户虽然被剔除贫困户名单但向村书记反映后最终得到允诺，并获得一定待遇。案例 3 中农户虽向村干部反映但没有成功。之所以会产生不同的结果，主要是因为：其一，村干部认定农户的贫困资质可能并不是很充分；其二，部分村干部可能会将贫困户指标分配给自己的亲友或者是能给自己带来利益的人。这也从侧面反映出当前扶贫实践中精准识别不够客观、公正，未能考虑到农户家庭的实际情况。

---

① 板眼，湖北方言，意思为做事有条理。

（二）非制度化手段

非制度化手段是指农户的行为并没有遵从正式的制度，而是采取了非正式的手段。从发生学的角度来讲，非制度化手段一般发生在采用正式手段无法实现利益诉求时，但如果行为人认为采用这种行为能够更快、更好地实现利益诉求，也可能直接采取这种行为。与制度化手段相比，非制度化手段投入的时间和精力更多，造成的社会影响更大。从Q村的实践来看，非制度化手段主要有三种：言语要挟、个人缠闹与多人闹事。

1. 言语要挟

当农户采取“沟通性”行为（如向村干部反映）并不能实现自己获得贫困户待遇的诉求时，他们可能会采取要挟的方式来胁迫村干部不得不介入其利益诉求，并要求村干部满足其获得贫困户待遇的诉求，以此作为息事宁人的代价。

> 案例4：“那个湾子有个人，去年就是找了我们几遍。他公开跟我们讲，扶贫要是没有他，他就把哪个门给撇了，把哪个路灯给弄了。其实他也当过兵，也享受国家照顾，一个季度千百块钱。……可能最后也是怕了，搞了个暗的（不在贫困户名单上却享受贫困户的待遇），（村干部）过年给了他几百块钱，就把这个事情给了结了。”（C4－ZZS，男，70岁，村民代表，根据访谈资料整理）

案例4中农户为了获得贫困户的待遇，采用了要挟的方式，但这发生在“找村民代表好几遍”后，即农户通过正常的渠道去申请或反映无效后而采取了这种行为。从性质上而言，上述农户的行为仍然属于一种沟通性行为，但在某种程度上脱离了制度规范，成为一种非正式的手段。

2. 个人缠闹

个人缠闹指单个贫困户往往会通过长时间的“胡搅蛮缠”或闹大事情来实现获得贫困户待遇的诉求。从其诉求性质来看，有合理的或者部分合理的，也有无理取闹的，因而其行为不一定仅仅是为了当上贫困户，也有可能是为了获取更多的利益。

案例 5：“前几天有个人蛮有意思，他说他住院没钱了，就在我面前拿个拐杖呜呜呜这样……然后我们把钱给他以后，他转身就好了，蛮好玩的。他就说自己不行了，拄个拐杖在那里不走。你走到哪里，他一直跟着你到哪里，把你搞得烦得不行。一给钱就好了，当时给了200块，不是我们出的，是书记出的，最开始穿得蛮多，后来衣服也脱了，给了钱之后就走了，拐杖也不要了……他前段时间还跑出去要饭，跑到黄陂去要饭，有一回（次）还躺到X镇的大街上，往那一睡。你看着得了，别人看到了就打电话给书记，书记去把他接回来……他家里两个低保，村子里基本上没有这种情况（基本上一家一个低保），就是因为他闹，一直闹，动不动就闹，闹出来的。应得的享受他都得了，他也确实困难，但是别人都是一个，他是两个，他还有60岁的钱（指新型农村社会养老保险基础养老金），这个扶贫的钱也有。”（C1 - WH，男，25岁，驻村干部，根据访谈资料整理）

案例5中农户的缠闹并不是为了当上贫困户，而是为了获得更多的利益。一般而言，农户在采取这种行为时会从两点入手：一是将自己的弱者身份作为“武器”，将“要生存，要生活”作为口号来凸显道义性；二是以扶贫工作的漏洞为突破口，以社会不公感或者相对剥夺感来增强自己行为的正义性和正当性。从结果来看，农户对采取这种行为的后果往往有一个清晰的预期，多数情况下他们是抱着侥幸的心理，虽然基层政府或村干部不一定会满足其要求，但是能闹到一点就闹到一点。而当这些农民通过闹腾或者找关系获得待遇、捞到好处，这可能会进一步刺激其胃口，由此形成一种恶性循环。

从以上案例，我们也可以看出，对于农户的个人缠闹，基层干部并没有实质、有效的方法来应对，要么采取无限期拖延的方式，要么采取妥协的方式。这在某种程度上是由于当前基层社会治理的运作逻辑是“稳定压倒一切”或者是“不出事”，想方设法不出事、把矛盾问题尽量向后推移成为基层干部在困境中的理性选择（田先红，2010）。而如果被农民闹烦了，基层干部有时就会做出妥协，农民也就能够获得一定的利益或好处。

3. 多人闹事

值得提出的是，案例5中农户的行为仅是一种个体行为，当这种个体行为扩散开来，便会产生示范效应，由此产生多人闹事的局面。

> 案例6："一直到腊月，今年1月，就有。这个村里的去闹，那个湾里的也去闹。有的说哪个不应该扶，有的说真正贫困的没有扶。有的闹得厉害的，就给他一个名额，不管评议不评议，上榜不上榜，就给了一个名额，（而）闹得不厉害的，就没有给。……（像）这样的很多，暗的，没有通过投票。就是说谁狠，谁厉害，谁就有希望，谁就有过年的肉钱。他们叫肉钱，不叫照顾。他们有这500块钱，可以过年割肉不掏肉钱。"（C4－ZZS，男，70岁，村民代表，根据访谈资料整理）

案例6显示，面对群众的"闹事"，基层干部没有实质、有效的方法来应对，妥协或摆平最终只能缓和但不能彻底解决问题。出现这种状况与当前的乡村治理状况是分不开的。当前，面对群众的"闹事"，基层干部化解矛盾和摆平纠纷的方式只是拿资源来换取安定。在这里，扶贫政策的目标和功能发生了转换，扶贫政策并没有遵循其本身所涉及的救助原则和标准，而是变成以保障其他政策或项目顺利实施、减少额外资源投入或浪费为目标，其工具性作用明显大于保障性作用。当扶贫的资源成为可以通过关系或者抵抗行为而获得的一种纯粹的经济资源时，社会政策就显露出竞争性和排他性，特别是在产生示范效应后，很容易形成一种恶性循环，而这种局面会进一步影响农户的行为。

三　农民行为的原因阐释

新制度主义认为，在探讨任何政策（如精准扶贫制度）时，我们不仅要分析政策这一特定活动的规则本身，还应该了解该规则所嵌入的社会文化经济大环境，以及该规则如何在社会环境中实际运作（刘凤芹、徐月宾，2016）。在精准扶贫实践中，农户出现上述行为并不是独立存在的单维度现象，而是在社会文化经济的大环境中多重因素影响的结果。

（一）国家政策改变了农户的心态

农户之所以会有"争当贫困户"的行为，与国家政策有较大的关联。某种层面上，国家的政策形塑了农户的行为。不同于以往的扶贫政策，精准扶贫是扶贫脱贫的新模式、新战略和新举措。精准扶贫旨在使扶贫资源直接到村到户，解决以往扶贫中贫困人口底数不清、情况不明、针对性不强、扶贫资金和项目指向不准等问题。由于扶贫政策针对性的增强以及扶贫资金和项目指向的准确性提高，扶贫的实效性也随之提高。这种政策的演变引发了利益格局的调整，也改变了农户的心态。

> 案例 7："现在扶的都是差不多的，真正该扶的比较少。……扶贫就要扶那些屋里赚钱的人少的，吃药看病花钱多的也应该帮扶下，残疾人也应该扶下。现在有这个政策，没有这个政策就算了，咱也不去想，有的话还是应该帮扶下。"（C5 - XSG，女，55 岁，一般农户，根据访谈资料整理）
>
> 案例 8："为什么有的老人脱贫有儿子他不靠，而是要想着靠国家呢?""儿子没问题，老人也没有问题，没有这个救济，也没有这个事，有了它，他就可以跟你扯皮。"（C4 - ZZS，男，70 岁，村民代表，根据访谈资料整理）

诺思（2014）认为，正式制度及其实施将会导致一个非均衡状态出现。正如案例 7 和案例 8 中呈现的，政策的改变使农户的心态发生了变化。一个重要原因是在政策实施的各个阶段，诸如入户调查、民主评议、建档立卡以及后续的动态化管理等阶段，农户的参与程度提高，对政策的认知和体会更加深刻，他们看到了贫困户本身的价值。但案例 8 中，对于国家的惠民政策，人人都想要，这种"非均衡状态"出现的一个重要原因是扶贫资源本属于一种公共物品，具有非竞争性和非排他性，但由于缺乏明确的瞄准对象，加之有名额限制，扶贫资源的性质发生了转变，一些农户想趁机为自己谋取利益。

（二）农户自身的脆弱生计与平均主义心态

正如上文所言，国家的政策改变了农民的心态，而就农户自身方面可以从客观和主观两个层面来进行分析。

1. 客观方面：生计脆弱，缺乏保障

Q 村农户的生计方式主要集中在农业种植和打工两个方面，但是其经济效益均不高。就农业种植而言，由于农产品自身的特殊性（如生产周期长、具有季节性等），其在接入市场时会受到更多的需求约束，这强化了其风险属性。就打工而言，受人力资本不足以及社会资本薄弱等因素的影响，Q村外出务工农户一般从事泥瓦匠等低端苦力劳动，待遇比较低，稳定性也比较差。

当前，农户的经济生活已经更深、更广地卷入社会化的进程中（徐勇、邓大才，2006）。特别是对于Q村这样的城市近郊农村，由于多数人已经不再种田，基本上农户家庭生产、生活、交往的每一个环节，衣、食、住、行的每一个步骤都需要用现金购买商品和服务，其结果就是会给农户带来持续性的货币支出压力。同时，大多数农户还面临比较突出的病残风险。由于收入有限，在碰到一些重大疾病时，一些家庭成员会长期患病而难以治愈。这增加了家庭的医疗负担，反过来会影响家庭的生活水平，使之陷入持续性贫困。

在农户遭遇生产或生活风险时，当其生计策略转换效用不高时，现代社会保障体系作为一种正式制度安排可以发挥重大作用。但是，就目前来看，中国虽然已经初步建立涉及养老、医疗的社会保障网络体系，但是社会保障体系仍不够完善，保障水平也并不高，农户仍然会经历预期之外的收入或福利损失，进而陷入生计无保障、健康无保障等困境（苏芳、尚海洋，2012）。因而，当前农户争当贫困户，一个很重要的原因就是其家庭并不富裕，生计状况仍然比较脆弱，在压力或打击下不容易恢复。

> 案例9："真要不困难了，被评上还有点没面子。我儿子在外当老板，我肯定是不会要的。……我只要求能够生活，我现在不能够做，又不能动（脚部受伤），年龄又达不到（60岁），老头子又死了……没有吃的，没有喝的，只能向你们要，不能向老百姓要吧，儿子你去问他要不到（拿不出），只能向政府要了，不然就去要饭了。以后都得靠政府，靠儿子是不可能的。"（C6－WYH，女，59岁，一般农户，根据访谈资料整理）

在上述案例9中，农户自身劳动能力下降，家庭赡养不足，又缺乏社会保障。正是因为身处这样的境况——生产和生活在温饱水平上下波动，农户才会去申请贫困帮扶。因为他们希望自己的生产和生活可以维持在生计风险水平之上。正是在这个基础上，我们可以说部分农户去申请贫困户具有道义性。

2. 主观层面：平均主义心态与相对剥夺感

不可否认，部分农户争当贫困户有其生计脆弱的道义性，这些真正困难的农户获得贫困户待遇，其他村民是不会有什么意见的。但若最贫困的农户只有几户，这些农户认定之后还剩下一些贫困名额，那么这些名额就会成为一般家庭条件的农户竞相争夺的对象。对于这些次级贫困户或处于贫困标准线附近的农户，人们在认定上往往会出现分歧，因为在村庄内部这些农户之间的分化并不明显，同质性较强，对于谁更贫困、该帮助谁，人们往往会产生异议。

> 案例 10："这个扶贫，每个老人都有才算是扶贫。老人没有劳动能力，没得收入，不像城里。现在扶贫就扶几个人，不是每个人都有。"（C7 - FWB，男，63 岁，村民代表，根据访谈资料整理）
>
> 案例 11："还有像我这样的，应该帮扶下。扶贫扶不到我头上，我肯定有意见。"（C8 - XGS，女，59 岁，一般农户，根据访谈资料整理）

案例 10 和案例 11 中农户在 Q 村属于家庭条件一般的农户，不属于最贫困之列。他们之所以有这样的心态，主要是因为外来的保障与救济资源没有明确的对象，一部分村民具有朴素的平均主义思想和全民享有的意识，认为只要是公共资源就应该是人人都有机会享有。在这种心态影响下，扶贫资源的直接输入使行动者都想争取，如果他人获得而自己没有，很容易产生相对剥夺感。当农户基于平均主义心态衍生出社会不公感和相对剥夺感，同时又身处既生计脆弱又缺乏保障的境况，那么在个人财富最大化的动机下，他们就有可能采取行动去为自己谋利。

（三）制度设计理念与执行的不合理

笔者认为，当前农户之所以出现争当贫困户的行为，最重要的原因就是精准识别存在偏差，使农户对识别的结果有异议。精准识别是精准扶贫的基础，必须在每个环节都做到客观和公正，如果在程序上出现偏差，那么其结果自然不会被农民认同。从当前Q村的实践来看，仍旧有许多地方需要改善。

1. 扶贫理念与实际偏离

农民之所以对识别结果有异议，一个重要的原因是扶贫的瞄准目标出现偏差。扶贫瞄准目标偏离并不仅仅是由瞄准失误所致，还与瞄准机制有一定的关联。湖北省的精准扶贫工作自2014年启动，扶贫对象的识别标准参照2013年人均收入2736元的国家扶贫标准，并按照2013年国家统计局调查总队发布的乡村人口数量和低收入人口发生率，将贫困人口识别规模逐级分解到市、县、乡镇和行政村，行政村再落实到不同的村民小组（自然村）和农户。

> 案例12："贫困人口数是怎么来的呢？国家统计局有个贫困发生率，通过随机抽样，来估算这个贫困户是多少。这个数字这么来，没有那么精确。估出来，对外公布了，就要跟它团（对）上去，最开始是通过我们政府。对我们的要求是以前多少户，现在多少户，但是我们没按照他们说的做，是按照自己来的。以前是给了65户，现在给了60户，但是我们还是把它刷了，没管他们那个。……也不会说湾子人多，贫困户就多，就多给点名额，没有机动。"（C1－WH，男，25岁，驻村干部，根据访谈资料整理）

结合Q村的实际情况以及驻村干部反映的状况，2015年Q村政策分解的贫困户指标是65户，但实际确定64户；2016年指标是60户，但最终确定53户。从这两年的基本情况来看，Q村最终的贫困户总数少于政府分配的指标。国家在贫困户的规模上予以控制，这样做固然比较务实，但由于贫困人口规模的确定不是基于科学标准识别出来的，容易产生各地所获得的贫困与贫困户指标和实际上的贫困分布情况不一致的现象。

此外，值得注意的是，国家的贫困概念主要是"收入贫困"，以某一年的人均收入为标准，并结合乡村人口数量和低收入人口发生率来确定。在Q村的具体实践中，确定贫困户的理念基本与国家一致，主要依据经济因素。在入户调查时，Q村主要采取"四看"原则：①看有没有商品房；②看有没有四个轮子的车；③看有没有子女是公职人员；④看有没有自己的产业或公司。从这里我们可以看出，四条标准虽然不全是按照收入来界定，但基本以经济因素来衡量，并没有涉及其他层面。

> 案例 13："扶贫首先要看房子。我的房子都是扯债做的，但是他们一看，房子还不错，就不给照顾了。原来的房子都不能住了，要塌了，没办法只能扒了重盖，但是他说你新房子不行。"（C9 - XGW，女，65 岁，一般农户，根据访谈资料整理）

案例 13 表明，国家的贫困概念与当地村民所理解的贫困概念并不一致，村民认为这些标准不贴合实际。在村民那里，贫困是综合了家庭潜在的赚钱能力、平滑消费的能力和脆弱性等多项特征的结果，如农户所认为的"屋里赚钱人少，吃药看病花钱多"，并不仅仅是一个表面的收入或经济问题。从理论上来看，贫困的测量是一个多维指标的测量，并不能局限在收入层面。如在社会层面，多数贫困户的知识积累有限，受教育程度不高，人力资本的积累或转化较差是多数农户陷入长期贫困的主要原因。村民对贫困的理解是多维的，单纯考量经济因素的做法自然得不到村民的认同。这样，扶贫的标准和理念就产生了错位，换句话说，政策合理性遭到质疑。

2. 评选机制不够科学和公正

精准识别是精准扶贫的基础。只有精准识别贫困人口及其致贫原因和脱贫需求，政府才能制定和实施差异化的帮扶方案，提高扶贫资源的使用效率。而这需要评选机制科学、合理，认定标准具体、明确，但实际工作中却遇到不少挑战。

首先，就评选机制而言，主要依赖农户参与和民主评议，但是两种方式都遭遇现实的困境。就农户自身的主体作用而言，受外出务工、信息封闭的影响，一些农户基于某些考虑不愿意参与到扶贫中来，或者表现出无所谓的态度，主体作用发挥受限。当农户自身参与不足时，只能依靠村民代表进行评议，但是村民代表评选也遭遇诸多困境。一方面，市场经济的发展使人们的功利主义观念凸显，部分村民认为参加会议对自己没有好处还浪费时间，就不愿意参加，如有村民表示"开会，谁愿意去呢，又没给几个钱"。另一方面，通过民主评议来识别贫困户并分配扶贫资源，其公平性和公正性面临严峻的挑战，如案例 11。

案例 14：“有的代表也不对，有的代表，比如讲，跟村干部有关系。现在各村的代表不是公选的，有的代表是大队提名，哎（这个）你来开会，（那个）你来开会。这样的代表就不行了，给他一点点小利益，他就随声附会，也有这个现象。……（代表的人选）有时会有很大的变动，有时是他，有时是她，不是像我们这样民主选的，那就是他（一个人）。今天是他，明天是她，这个代表不确定。有的湾子三个队原来每个队都有代表，现在只有一个代表。……我们这个湾子就换了多次代表，就是你提议多了就不叫你去了，他自己就又指定一个人。”（C4－ZZS，男，70 岁，村民代表，根据访谈资料整理）

案例 14 中的现象之所以会发生，主要是因为在劳动力外出的背景下，参加讨论和监督会议的代表缺乏代表性和广泛性。此外，参会代表和村两委的权力关系不平衡，村两委的权力过大容易使村民监督成为虚设。而当评选机制不够完善时，地方扶贫资源就容易被乡村精英捕获，资源分配就容易出现不合理。

其次，基层代理人行为增加了扶贫的不确定性。精准扶贫的国家理念要想真正得到体现，还需要具体的实践。然而，面对分散的农户，与乡村社会距离较远的政府既没有如此之多的时间和精力，也无法掌握足够的信息来甄别谁才是真正的贫困户，因而只能委托基层干部来实践。而作为制度实施的代理人，基层干部有他们自身的效用函数，这些效用函数支配着他们对问题的感知，其自身利益也左右着他们的行为。正是在这个意义上，我们说当前精准扶贫政策的实施有不确定性。案例 14 从侧面反映出民主评议的困境，可以说当前贫困户评选的最终决定权掌握在村两委手中。从村干部的角度来讲，即使是经济状况相似的家庭，他们也能够分辨出哪一家的生活条件更差，这是他们在地方风土人情方面长期积累的结果。但是由于人多粥少，村干部也难以在整个村庄之间取得平衡。为了减少麻烦或增加自身利益，他们在实际操作的过程中，难免会出现一些照顾自己亲属、朋友的违规现象。而村民对村干部公正态度的怀疑，从来就没停止过。

案例 15：“还是有人情的，有关系的托关系，精准是不可能的。就那个张榜公示，有的写上去了，有的还没写上去，有个暗榜，他不在榜上钱照拿，甚至拿的比你多。给的时候对你说你不要讲，用关系用钱买的，一半都不止。”（C4－ZZS，男，70岁，村民代表，根据访谈资料整理）

村民若怀疑村干部评选不公正，就可能会采取行动去质疑或者为自己争取利益。而面对群众的“闹腾”，正如上文所言，在维稳的压力下村干部只能采取拖延或者妥协的方式。这样，当基层制定的一些明确的、公共的标准无法实施，又不得不正视农民为“争夺贫困户”而出现的抵触或者对抗行为时，以扶贫资源为治理工具的违规操作现象便会出现。这无疑会刺激农户的行为，从而形成恶性循环。

四 结论与对策建议

（一）初步结论

国家精准扶贫的“资源输入”会遭遇农户“争当贫困户”的意外性后果。一方面，农民会采取制度化手段来实现自己享受贫困户待遇的利益诉求；另一方面，农民会采取比较激烈的非制度化手段。农户“争当贫困户”是多重因素共同影响的结果。在国家层面，精准扶贫的新政策改变了农户的心态；从农户自身来看，既有生计脆弱缺乏保障的客观原因，也有平均主义心态的主观原因；从制度本身来讲，设计理念与实际偏离、评选机制不够科学和公正，是引发农户“争当贫困户”行为的主要原因。

基于Q村的实践，我们可以发现作为一项干预措施，扶贫政策的运行并不是简单地按照“政策制定—实施与执行—产生效果”这样的线性过程，而是会在不同层次经过不同行动者的互动而发生偏离或者变异（刘娟等，2012）。在农村社区内部，受不同时期制度的交互影响，农民对谁应该被帮扶有着朴素的理解，这是一种非正式约束。此外，由于制度设计理念与执行的问题，规则与绩效之间并不存在严格的一一对应关系。

（二）建议和对策

如何“不落一人，扶真贫”，是当前精准扶贫政策必须解决的问题。从实际情况来看，不同行动者的互动正使制度的目标发生偏离。本文认为，今后要真正解决上述问题，必须在以下几个方面下足功夫。

首先，根据实际情况来修正和确定贫困人口规模。贫困识别是一个综合系统，应该包括政治、经济、文化等多维指标，不能仅仅以收入贫困线为依据，机械地按照规模和区域进行识别。要在国家自上而下地测算贫困人口规模的基础上，根据实际情况来修正和确定贫困人口规模，而不是简单地以国家测算的规模为标准，确保真正的贫困户不会因政策原因而被排除在外。

其次，完善现有的入户调查机制，深入调查并进行回访。入户调查是精准识别的关键环节，只有真正摸清楚状况才能在识别上做到精准。为此，有必要完善现有的入户调查机制。笔者认为，在这一环节要尽量做到科学和精细，不仅要了解农户生产和生活的现阶段状况，更要深入了解家庭发展历史，并对今后发展潜力做出评估。此外，还要及时进行阶段性回访，要点对点、面对面地与每一户贫困户进行交流，重点加强“听”和“问”环节（“听”即耐心倾听贫困户对自身贫困是怎么想的，他们怎么致贫的，有什么需求，希望怎么样被帮扶；“问”即走访贫困户周边的邻居与亲朋、村民代表、村干部，确保了解到有关贫困户客观真实、全面准确的信息），在此基础上完善贫困户档案，并进行逐一整理和分析，找出共性的问题和个性的特点，为下一步的施策打下良好的基础。

再次，切实发挥群众、党员、村民代表在精准识别中的作用。对于谁是真正的贫困户、谁应该被帮扶，生活在同一区域的农村居民是比较清楚的。因此，贫困户的识别可以在社区内部进行公开的参选比较。在农户自助申请或者代表推选的基础上，通过调查摸底、民主评议来确定初步名单，再经过张榜公示无异议后，最终确定帮扶对象。在此过程中，要最大限度地发动群众广泛参与，贯彻民主集中制的原则，加强沟通与协商，做好反馈与纠错，杜绝“走形式、走过场”现象的发生。

最后，要加强督导和管理。针对扶贫事件中出现的村干部权力过大问题，乡镇一级管理机构要加强督导和检查，及时发现问题并进行处理。另外，要注意政策之间的衔接，及时将返贫人员纳入扶贫对象，更新脱贫人员信息，做到“有进有出、动态管理”。

参考文献

邓维杰，2014，《精准扶贫的难点、对策与路径选择》，《农村经济》第 6 期。

付少平、赵晓峰，2015，《精准扶贫视角下的移民生计空间再塑造研究》，《南京农业大学学报》（社会科学版）第6期。

葛志军、邢成举，2015，《精准扶贫：内涵、实践困境及其原因阐释——基于宁夏银川两个村庄的调查》，《贵州社会科学》第5期。

顾仲阳，2014，《精准扶贫，不撒胡椒面》，《人民日报》3月12日，第2版。

贺东航、牛宗岭，2015，《精准扶贫成效的区域比较研究》，《中共福建省委党校学报》第11期。

黄宗智，2000，《长江三角洲小农家庭与乡村发展》，中华书局。

李博，2016，《项目制扶贫的运作逻辑与地方性实践——以精准扶贫视角看A县竞争性扶贫项目》，《北京社会科学》第3期。

刘凤芹、徐月宾，2016，《谁在享有公共救助资源？——中国农村低保制度的瞄准效果研究》，《公共管理学报》第1期。

刘华新、庞革平、孔祥武，2016，《广西识真贫：50万“疑似贫困户”被一票否决》，《人民日报》3月25日，第16版。

刘娟、陆继霞、叶敬忠，2012，《社会保障资源安排中的逻辑与政治——以华北一个村庄为例》，《公共管理学报》第1期。

卢福营，2002，《村级治理下的村民公共参与》，《国家行政学院学报》第3期。

诺思，道格拉斯·C.，2014，《制度、制度变迁与经济绩效》，杭行译，格致出版社、上海三联书店、上海人民出版社。

舒尔茨，1987，《改造传统农业》，梁小民译，商务印书馆。

斯科特，詹姆斯·C.，2001，《农民的道义经济学：东南亚的反叛与生存》，程立显等译，译林出版社。

苏芳、尚海洋，2012，《农户生计资本对其风险应对策略的影响——以黑河流域张掖市为例》，《中国农村经济》第8期。

孙咏梅，2016，《中国农民工精神贫困识别及精准扶贫策略——基于建筑业的调查》，《社会科学辑刊》第2期。

孙兆霞，2015，《脱嵌的产业扶贫——以贵州为案例》，《中共福建省委党校学报》第3期。

腾讯新闻，2016，《广西检索出50万疑似贫困户：其中半数有车》，3月25日，http://news.qq.com/a/20160325/028586.htm。

田先红，2010，《息访之道——国家转型期的桥镇信访治理研究，1995－2009》，博士学位论文，华中科技大学。

王国勇、邢溦，2015，《我国精准扶贫工作机制问题探析》，《农村经济》第9期。

王瑞芳，2016，《精准扶贫：中国扶贫脱贫的新模式、新战略与新举措》，《当代中国史研究》第 1 期。

王宇、李博、左停，2016，《精准扶贫的理论导向与实践逻辑——基于精细社会理论的视角》，《贵州社会科学》第 5 期。

吴雄周、丁建军，2015，《精准扶贫：单维瞄准向多维瞄准的嬗变——兼析湘西州十八洞村扶贫调查》，《湖南社会科学》第 6 期。

徐勇、邓大才，2006，《社会化小农：解释当今农户的一种视角》，《学术月刊》第 7 期。

虞崇胜、余扬，2016，《提升可行能力：精准扶贫的政治哲学基础分析》，《行政论坛》第 1 期。

赵武、王姣玥，2015，《新常态下“精准扶贫”的包容性创新机制研究》，《中国人口·资源与环境》第 S2 期。

郑长德，2016，《基于包容性绿色发展视域的集中连片特困民族地区减贫政策研究》，《中南民族大学学报》（人文社会科学版）第 1 期。

郑瑞强、王英，2016，《精准扶贫政策初探》，《财政研究》第 2 期。

中国新闻网，2016，《广西村民争当贫困户　称评不上就找县政府》，3 月 25 日，https://china.huanqiu.com/article/9CakrnJUNkQ。

左停、杨雨鑫、钟玲，2015，《精准扶贫：技术靶向、理论解析和现实挑战》，《贵州社会科学》第 8 期。

6

精准扶贫的差别化政策研究*

——以扶持人口较少民族发展为例

耿 新**

在中国56个民族中，有28个人口较少民族，其人口数量相对较少，仅占全国人口的0.14%左右①。受区位分布、地理环境、发展基础、文化观念等因素制约，人口较少民族经济发展水平整体上相对滞后，与全国人民同步小康面临特殊困难。

一 人口较少民族属于深度贫困

2013年，人口较少民族农牧民人均纯收入仅为全国人口平均水平的58.2%；贫困人口占全国贫困人口比例为0.9%，远远高出人口较少民族占全国人口的比重；人口较少民族的贫困发生率高达26.7%，比全国高18.2个百分点（见表1），是比少数民族更深层次的深度贫困（国家统计局住户调查办公室，2015），其贫困具体表现在以下四个方面。

（一）空间贫困

空间贫困是解释自然地理环境致贫的经典理论。一是分布上呈现边缘性和边际性。在人口较少民族中，有15个跨界民族主要生活在边疆地区，远离政治经济核心区，市场经济发育程度低。同时，人口较少民族主要分布在西北干旱半干旱地区、东北和西南高寒山区、黔桂石漠化山区等，这些地区

---

* 原文刊发于《中国农业大学学报》（社会科学版）2017年第5期。

** 耿新，中南民族大学经济学院副研究员。

① 根据国务院2016年12月印发的《“十三五”促进民族地区和人口较少民族发展规划》，人口较少民族为全国总人口在30万人以下的28个民族，人口合计189万人。

多属生态脆弱区和贫困高发区，土地边际生产力低，有的地方根本不适宜人类居住。人口较少民族聚居区存在无法更改的区位限性。此外，人口较少民族贫困人口“大集中、小分散”的分布特征增加了扶贫瞄准难度，导致有限的扶贫资源被“撒胡椒面”。二是自然灾害频发。2013 年，全国 2119 个人口较少民族聚居村灾害类型多，灾害发生率高：严重自然灾害（45.54%）、旱灾（25.77%）、病虫害（14.39%）、冷冻灾害（14.26%）、干热风灾（5.86%）、动物疫情灾害（8.68%）、泥石流（5.81%）、地震（2.6%）和其他灾害（8.7%），因灾致贫、因灾返贫现象严重。三是基础设施不全、饮水不安、交通不便。2014 年，全国尚有 37.3% 的人口较少民族农户未使用集中供水，长期饮用塘水、水窖积水等易引发疾病；尚有 21% 的人口较少民族聚居村未通沥青（水泥）路，已通的道路等级低，缺乏安全防护设施。

表 1　人口较少民族贫困水平与全国对比情况

指标	类型	2010 年	2011 年	2012 年	2013 年
农牧民人均纯收入（元）	人口较少民族	3522	4054	4552	5179
	全国	5919	6977	7917	8896
	人口较少民族占全国比重（%）	59.5	58.1	57.5	58.2
贫困人口（万人）	人口较少民族	108.9	158.0	107.2	77.5
	全国	2688	12238	9899	8249
	人口较少民族占全国比重（%）	4.1	1.3	1.1	0.9
贫困发生率（%）	人口较少民族	35.7	34.8	32.8	26.7
	全国	2.8	12.7	10.2	8.5
	人口较少民族比全国高（百分点）	32.9	22.1	22.6	18.2

资料来源：国家民委扶持人口较少民族发展动态监测系统。如无特别说明，本文数据均来自该系统。

（二）资本贫困

一是资本供给严重不足。市场形成依赖于一定数量具备生产能力和消费能力的人口来支持。人口较少民族聚居区人口规模小、密度低，规模报酬递增程度低，降低了其发展能力。另外，人口较少民族聚居区税基弱，地方财政长期入不敷出，居民和企业储蓄有限，资本外流，发展所需资本供给不足，对外依赖程度高。受市场经济资本趋利性的影响，人口较少民族地区资本弱化更为明显。单纯依靠市场竞争，人口较少民族地区很难吸引优质资源。二是社会资本匮乏。人口较少民族的交往多局限在邻居等熟人社会，交往范围窄、交往对象简单、社会参与度低（邓大才等，2015：41）；此外，人口较少民族外出较少，出行多集中在村、乡一级，接触外界信息少，社会资本单一、匮乏导致了贫困。三是社会组织化程度低。农民专业合作社是提升农业产业化、促进脱贫的有效渠道。2014 年，全国人口较少民族聚居村中有农民专业合作社 18330 个，成员人数 11.9 万人，但参加合作社的比例仅为 4.36%。另外，人口较少民族的农业生产主要采用传统小户形式，农业规模化程度低。人口较少民族的生产生活相对封闭，开放程度和文化交融程度低，有的甚至与外界隔绝。落后简单的农业生产方式和贫困的生活，其人口较少民族养成了浓厚的自然经济意识，形成了安守现状、因循守旧、不思进取、听天由命的宿命感，养成了“等、靠、要”的依赖心理，脱贫的主观能动性不强（元林君，2016）。

（三）能力贫困

森（2002）指出贫困是能力不足而非收入低下。联合国开发计划署（UNDP）用识字率、营养状况、预期寿命、贫困母亲健康状况以及是否可预防疾病来度量能力贫穷（张克中，2014）。一是受教育程度低。受教育程度与收入水平、自身能力和能否获取职业晋升有着高度关联性，低教育水平从根本上制约了贫困人口的脱贫能力，“能力贫困”常常导致“收入贫困”。平均受教育年限的计算公式为：$\mu = \sum_{i=1}^{n} p_i y_i$（何立华、成艾华，2016）。本文将受教育层次分为未上过学、小学、初中、高中、大学专科、大学本科、研究生共 7 个等级，分别赋值 0 年、6 年、9 年、12 年、14 年、15 年、19 年。从表 2 可以看出，门巴族、珞巴族、德昂族、撒拉族、布朗族、保安族、怒族、独龙族、景颇族、阿昌族、普米族、基诺族、土族、塔吉克族、柯尔克孜族、毛南族、仫佬族、裕固族共 18 个民族的受教育年限低于全国平均受教育年限（8.80 年）。以义务教育年限是否达标为标准，28 个人口较少民族中 20—24 岁年龄组不达标的有 8 个民族：怒族、景颇族、保安族、珞巴族、布朗族、撒拉族、门巴族、德昂族。

表 2 人口较少民族 6 岁及以上人口平均受教育年限（2010 年）

民族	平均受教育年限	民族	平均受教育年限	民族	平均受教育年限
门巴族	5.19	普米族	7.32	锡伯族	9.91
珞巴族	5.63	基诺族	7.64	达斡尔族	9.96
德昂族	5.80	土族	7.83	鄂温克族	9.97
撒拉族	6.04	塔吉克族	7.94	高山族	10.21
布朗族	6.33	柯尔克孜族	8.15	鄂伦春族	10.44
保安族	6.75	毛南族	8.29	塔塔尔族	10.59
怒族	6.86	仫佬族	8.41	赫哲族	10.63
独龙族	6.91	裕固族	8.69	俄罗斯族	11.10
景颇族	6.93	京族	8.94		
阿昌族	7.30	乌孜别克族	9.86		

资料来源：国家民族事务委员会经济发展司、国家统计局国民经济综合统计司（2013：633－636）。

二是文盲率高。文盲率指 15 岁及以上年龄文盲人口占相应人口的比例，是一个衡量人口受教育程度的逆向指标。2010 年，28 个人口较少民族中 15 岁及以上文盲人口占比为 6.64%，是全国平均水平（4.88%）的 1.36 倍；15 个民族文盲率高于全国平均水平，其中 10 个民族超过 10%，如门巴族（36.14%）、珞巴族（31.13%）、撒拉族（24.13%）、德昂族（21.39%）。2000—2010 年，德昂族文盲率提升了 0.14 个百分点，应引起重视（国家民族事务委员会经济发展司、国家统计局国民经济综合统计司，2013：637－638）。

三是劳动力负担程度高。抚养比（即抚养系数）指非劳动年龄人口与劳动年龄人口数量之比。抚养比越大，表明劳动力人均负担的抚养人数越多，抚养负担越重。计算公式为：总抚养比 =（未成年人口 + 老龄人口）/劳动力人口。其中劳动力人口指 15—64 周岁人口，非劳动年龄人口指 14 岁及以下的未成年人口和 65 岁及以上老龄人口。28 个人口较少民族的平均总抚养比为 38.7%，高于全国平均水平（34.28%）和汉族水平（33.64%）。21 个人口较少民族的总抚养比高于全国平均水平，排名在前三位的是珞巴族（54.12%）、保安族（54.01%）、撒拉族（51.39%），50% 以上的总抚养比意味着每个劳动力平均至少要养活2个人。少儿抚养比排名前三位的是珞巴族（47.89%）、保安族（45.01%）、撒拉族（43.2%），这与总抚养比排名前三位的民族相同。老年抚养比排名前三位的是毛南族（12.55%）、京族（11.31%）、俄罗斯族（10.65%），均超过10%。可支配劳动力是决定家庭经济收入的关键因素之一。若家庭创造财富的劳动力数量少，消耗财富的非劳动力数量多，则会造成贫困。

（四）信息贫困

长期封闭的地理环境导致人口较少民族存在信息传播渠道狭窄、信息严重不对称等突出问题，由此形成了信息贫困。一是信息化指标低。2014年，2119个人口较少民族聚居村中35.4%的行政村未通宽带，7%的自然村未通电话，5.8%的自然村未通广播电视，拥有电脑的户数仅占12.8%。二是信息化利用水平低。人口较少民族聚居区经济结构调整滞后，特色优质农产品难以找到销路，导致大量好产品卖不出去。三是农村信息队伍不稳定。本研究问卷调查显示，高达45.4%的受访者不清楚“扶持人口较少民族发展动态监测数据”，并存在统计监测数据报送口径不一致、数据精准度不高、报送时间不及时等问题，尤其是乡村两级数据的收集、报送工作进展不力，缺乏对数据的科学分析与运用。调研发现一些人口较少民族聚居区无专职干部负责统计工作，很多干部不具备使用“扶持人口较少民族发展动态监测系统”的能力，亟须加强培训。

二　人口较少民族发展的异质性

人口较少民族聚居区各地资源禀赋、生态环境、民族文化大不相同，呈现多样性和丰富性的特点，由此造成了人口较少民族发展的异质性。其异质性主要体现在发展基础、发展条件、发展成本、发展水平的差异化与不同步。

（一）发展基础不同

中华人民共和国成立时，人口较少民族社会发育程度差异大，几乎包括了各个社会发展阶段（见表3）。如珞巴族、赫哲族等10个直过民族未经历民主改革，直接从原始社会步入社会主义社会；门巴族仍保持农奴社会的特点。这些民族因未经过完整的社会发展阶段，社会发育程度偏低，受历史传统影响较深。中华人民共和国成立后，人口较少民族实现了历史性跨越，走上了社会主义的康庄大道。虽然生产资料的占有形式发生了改变，但许多人口较少民族的生产力水平依然低下，社会分工和商品经济不发达。在从自然经济向市场经济转化以及从传统农业向现代农业转化过程中，人口较少民族在思维方式、心理素质、应变能力上显得极不适应，并市场适应能力差、自我发展潜力低、发展速度慢。一些人口较少民族从事渔猎业、畜牧业、原始农业，其经济方式和社会组织较为原始，群体规模小，知识化、专业化、市场化、信息化程度较低，比起那些以集约农业为主，或工商业有一定基础的民族而言，要顺利实现转变会更加艰难（《中国人口较少民族发展研究丛书》编委会，2007：6－7）。改革开放后，人口较少民族地区与全国相比，经济和社会发展水平低，在竞争中处于不利的地位。资金、人才等在市场机制下流向东部发达地区，人口较少民族原有的资源优势也逐渐消失。因此，任何现实的生产力都是对以往生产力的继承，其经济发展都离不开原有的经济基础，不同社会形态的发展基础决定了生产力发展水平的差异，影响着今后的发展进程。

表 3　中华人民共和国成立时人口较少民族社会形态的初始禀赋

经济形态	生产力特征	民族
原始社会经济	原始简陋的生产工具和耕作生产技术	珞巴族、赫哲族、鄂伦春族、鄂温克族、景颇族、独龙族、怒族、德昂族、布朗族、基诺族
农奴制经济	铁木工具、简单粗放的耕作技术和方式	门巴族
封建地主经济	广泛使用铁质工具，出现农业和手工业的分工	高山族、裕固族、保安族、撒拉族、京族、普米族、阿昌族、塔吉克族、毛南族、达斡尔族、柯尔克孜族、锡伯族、仫佬族、土族
资本主义经济有一定基础	开始使用旧式机器	塔塔尔族、乌孜别克族、俄罗斯族

资料来源：根据相关资料整理。

（二）发展条件不同

1. 自然禀赋异质性

一是资源的时空分布不平衡。自然禀赋与发展水平之间有内在的逻辑关系。自然禀赋既是发展水平的初始成因，也是发展的约束力量（张丽君等，2015）。人口较少民族地区是自然资源富集区，但资源的时空分布十分不均衡。从时间分布上看，北方人口较少民族地区降水量和河川径流量的60%—80%集中在汛期，时间分布不均使降水难以满足农作物用水需求。从空间分布上看，独龙族、怒族、景颇族等聚居区降水量多，但河流湍急、水低田高，导致用水困难；塔吉克族、撒拉族等聚居的干旱半干旱地区降水量少，水源短缺；毛南族、仫佬族聚居的石漠化山区土层浅薄，地表漏水严重，虽有丰富的地下暗河水却难以利用。二是多样化气候对民族经济活动的影响巨大。人口较少民族聚居区南北纬度相差32°，从北向南依次为寒温带、温带、暖温带、北亚热带。撒拉族、土族聚居区为内陆气候，降水稀少，有些地区降水量仅数十毫米。塔吉克族、柯尔克孜族聚居区沙漠密布，干燥少雨，受高纬度和高地势的双重影响，春冬季节非常寒冷。门巴族、珞巴族等聚居的高寒气候区，不利于发展农耕业。三是自然环境分割。人口较少民族的分布与地形结构有高度的相关性，如在滇西边境地区，汉族多聚居在城镇和交通干线，傣族多聚居在坝区，人口较少民族则聚居在海拔不同的山上：阿昌族（海拔1000米左右）、景颇族（海拔1000—2000米）、怒族（海拔1500—2000米）、布朗族（海拔1500—2300米），部分山区表现出明显的聚居空间分层的状态（王文长，2008：55）。

2. 人力资源数量差异大

一个地区人力资本水平是该地区经济发展最重要的禀赋和主要驱动力，而一个民族人力资本的规模直接影响着该民族的发展程度。28个人口较少民族在人力资源数量上存在较大差异，土族的人力资源数量最多（215124人），珞巴族的人力资源数量最少（2389人），前者是后者的90倍。但人口较少民族人力资源数量的组中值为21499人，意味着14个民族的人力资源数量低于该值；其中人力资源数量为10000—20000人的有京族、基诺族、德昂族、保安族、俄罗斯族、裕固族6个民族；为5000—10000人的有乌孜别克族、门巴族、鄂伦春族；低于5000人的有独龙族、赫哲族、高山族、塔塔尔族、珞巴族等（何立华，2015：40－41）。

（三）发展成本不同

一是政府治理成本不同。人口较少民族地区多处于省级行政区间的边缘地带，行政管理成本高。各民族在长期历史发展中，形成了本民族独特的语言和文化。语言差异影响个人获取利益与信息沟通的能力，增加了政府治理的成本和难度。有的民族使用国家通用语言文字程度还不高，使用国家语言文字的能力还不能适应经济社会发展的需求，也给其经济交往与商业贸易带来越来越多的不便。二是项目建设成本高。人口较少民族地区总体上以山地和高原为主，地表地势起伏大，这样的地表结构导致区域开发成本很高。不同的海拔有不同的水热分布，导致山区和平原地区的农业生产差异巨大。海拔高致使基础设施建设成本升高，如东北高寒天气导致公路桥梁基础设施和正常公路养护成本增高，同南方城市相比，公路桥梁建设成本提高 26%，使用寿命降低 30% 以上（王雪梅、郭铭华，2009）。崎岖的山形成为修路的严重障碍，阻碍了区域内外的经济联系。而克服这些障碍，需要修建隧道、桥梁、涵洞等复杂而昂贵的工程设施。在山区修公路，每公里成本是平原地区的 5—10 倍。此外，一些民族人口居住相对分散，有的村庄仅十几户人，但要改变其生存条件往往要投入上百万元修路，交通建设成本高。三是生产生活成本差异大。①农业生产成本高。如黑龙江鄂伦春族、达斡尔族聚居区受高寒天气影响，冬季时间长，农作物生长的无霜期仅 85—90 天，导致农业生产成本增加。鄂伦春族、鄂温克族、俄罗斯族、达斡尔族聚居在中国的最北端，冬季气温低至 -35℃— -25℃，受气候条件影响，农作物品种单一，以小麦、大豆为主，很少种植水稻、玉米作物。赫哲族和鄂伦春族聚居区人均耕地面积高达 50 亩，但因重养轻用，实施掠夺式经营，肥沃的黑土层不断变薄，土地越发贫瘠，肥力和耕地质量不断下降。农业生产成本高导致农产品销售价格升高，增加了消费成本。②气候对群众生活影响大。如在东北高寒地区，为抵御严寒，群众大量使用保温防寒材料，增加了每年的取暖费用。③受教育成本高。人口较少民族居住分散的特点导致学生上学的路途远、往返时间长，安全问题凸显。采取寄宿制则会给家长增加负担，对小学生来说也是勉为其难。广西环江县毛南族聚居的石漠化地区地广人稀，交通十分不便，很大一部分学生每天步行 10 里路上学，增加了受教育成本，降低了教育的有效需求。

（四）发展水平不同

1. 经济发展不平衡

一是不同民族间发展差距较大。2014 年，锡伯族、俄罗斯族、裕固族、高山族、珞巴族 5 个民族聚居村的农民人均纯收入超过全国平均水平（9892 元），鄂温克族、鄂伦春族、赫哲族、达斡尔族 4 个民族聚居村的农民人均纯收入接近全国平均水平，全国 67.86% 的人口较少民族聚居村的农民人均纯收入仍低于全国平均水平。而独龙族（2057 元）、保安族（2079 元）、怒族（2786 元）农民人均纯收入均低于国家当年扶贫标准线 2800 元（国家统计局住户调查办公室，2015：93）。2013—2014 年，独龙族、撒拉族、高山族聚居村农牧民人均纯收入出现负增长，其他 25 个民族聚居村实现了正增长，其中赫哲族（53.25%）、普米族（44.88%）、阿昌族（41.64%）的增长速度排前三位。二是同一民族内部发展不平衡。广西东兴市“京族三岛”的群众家家有别墅、户户有轿车、人人有存款，京族成为全国最富裕的少数民族之一。2013 年底，23 个京族聚居村的农民人均纯收入达 8359 元，其中收入最高的江平镇交东村农民人均纯收入达 10977 元，收入最低的江平镇思勒村农民人均纯收入仅 3250 元，前者是后者的 3.38 倍。目前，京族聚居村仍有贫困人口 7624 人，贫困发生率高达 12.57%。可见，同一民族的不同村寨间发展差距非常大。三是内地与边境地区发展水平有差距。近年来，边境地区的人口较少民族聚居村投入大，基础设施和民生项目建设速度快，如黑龙江省嘉荫县、逊克县、佳木斯郊区等边境地区的人口较少民族已实现“五通十有”[①] 目标，而“十二五”期间，黑龙江省新增加的达斡尔族、锡伯族、鄂温克族的 18 个内陆村发展相对滞后，要实现规划目标有一定的压力和困难。

2. 民族间受教育情况差异大

从 6 岁及以上人口受教育情况来看，9 个民族（高山族、乌孜别克族、赫哲族、塔塔尔族、鄂伦春族、俄罗斯族、鄂温克族、达斡尔族、锡伯族）

---

① “五通十有”指通路、通电、通水、通广播电视、通信息，有旱涝保收田、有致富项目、有办公房、有卫生室服务、有卫生保洁制度、有学前教育、有文化活动室、有健身场所、有良好生态环境、有就业保障措施。

的教育水平优于全国水平，其余 19 个民族的教育水平低于全国水平。其中，德昂族、珞巴族、门巴族、布朗族、撒拉族、保安族共 6 个民族未上过小学和仅上过小学的人口合计占比高于 70%，景颇族、怒族、独龙族、阿昌族、普米族、塔吉克族、基诺族等 7 个民族未上过小学和仅上过小学的人口合计占比高达 50%—70%，应引起关注。2010 年，28 个民族中接受高等教育人口的占比平均为 9.44%，略高于全国平均水平（9.19%），其中 13 个民族超过全国平均水平，15 个民族低于全国平均水平，排在最后的是云南的 4 个直过民族，即德昂族（2.12%）、布朗族（3.53%）、景颇族（3.69%）、阿昌族（4.89%）（国家民族事务委员会经济发展司、国家统计局国民经济综合统计司，2013）。

（五）发展目标不同

2013 年，在 28 个人口较少民族中，仅锡伯族（7.20%）、俄罗斯族（6.33%）、高山族（5.10%）聚居村的贫困发生率低于全国平均水平（8.5%），其他 25 个民族聚居村的贫困发生率均高于全国平均水平（见表 4）。不同民族聚居村的贫困发生率差异较大，由此可将其扶持发展目标分为“夯基础”“促发展”“达小康”三种类型。

一是“夯基础”。独龙族、保安族、怒族、普米族、仫佬族、土族、塔吉克族、景颇族、柯尔克孜族、阿昌族 10 个民族的贫困发生率均高于 30%，属经济发展水平较低的民族。扶持这些民族的目标是抓基本、夯基础、强基层，即以打牢脱贫基础为主要目标，重点加强民生工程和基础设施建设，尽快解决道路、通电、安全饮水和农业生产中面临的主要突出问题，着力改善生产生活条件，夯实脱贫基础。

二是“促发展”。裕固族、毛南族、德昂族、布朗族、鄂温克族、鄂伦春族、撒拉族、达斡尔族、赫哲族、基诺族、塔塔尔族、京族、门巴族、乌孜别克族、珞巴族 15 个民族的贫困发生率为 10%—30%，具有一定的脱贫基础和发展基础。应重点提高群众的职业技能，扶持其发展特色产业，发展现代农业，积极引导劳动力向城镇转移。

三是“达小康”。锡伯族、俄罗斯族、高山族 3 个民族的经济发展水平较高，其所在聚居村的贫困发生率低于 10%，具备较好的发展基础和脱贫条件。应着重加强民族文化保护与传承，建设一批具有典型示范意义的人口较少民族特色村镇。

表 4 人口较少民族的贫困发生率（2013 年）

单位：%

序号	民族	贫困发生率	发展等级	发展目标
1	独龙族	78.86	发展水平较低	夯基础
2	保安族	58.60		
3	怒族	49.54		
4	普米族	49.23		
5	仫佬族	44.88		
6	土族	44.82		
7	塔吉克族	39.91		
8	景颇族	38.43		
9	柯尔克孜族	34.26		
10	阿昌族	30.50		
11	裕固族	29.65	发展水平中等	促发展
12	毛南族	28.66		
13	德昂族	27.59		
14	布朗族	26.84		
15	鄂温克族	24.42		
16	鄂伦春族	23.48		
17	撒拉族	16.16		
18	达斡尔族	15.02		
19	赫哲族	14.16		
20	基诺族	14.10		
21	塔塔尔族	13.04		
22	京族	12.48		
23	门巴族	10.67		
24	乌孜别克族	10.01		
25	珞巴族	10.00		
26	锡伯族	7.20	发展水平较高	达小康
27	俄罗斯族	6.33		
28	高山族	5.10		

1949 年以来，尤其是国家民委等部门颁布《扶持人口较少民族发展规划（2005—2010 年）》后，中央和各地方政府出台了一系列特殊性扶持政策，有力地促进了人口较少民族地区经济社会快速发展。但随着扶持政策的逐渐深化和不断推进，政策实施过程中出现了“一刀切”、扶持模式同质化、发展等速推进等问题，民族之间、区域之间发展不平衡的矛盾也日益显现。有的地方依民族成分划分政策作用对象，导致同族不同策和同村不同策，甚至引发民族矛盾。忽视“多元”的“一刀切”做法不利于民族经济与文化的多样性发展。扶持政策应充分考虑和尊重这些差异性，注重发挥特色，避免盲目照搬其他地区的做法，实施差别化政策。

三　实施差别化政策应坚持的原则

2013 年 11 月，习近平总书记在湖南湘西首次提出“精准扶贫”的理念。精准扶贫最基本的要义是实事求是、因地制宜、因户施策，关键是实现从“大水漫灌”到“精准滴灌”（汪三贵、郭子豪，2015）。2015 年，习近平总书记提出的“四个一批”的分批分类扶贫理念是精准扶贫思想的基础工具（唐任伍，2015）。28 个人口较少民族的差异化、多样化特征，决定了应根据不同民族、不同地区的实际情况来实施差别化扶持政策。差别化政策意味着在制定政策时，必须按不同类别进行分类扶持，必须坚持因族举措、因地制宜、因时施策（张韬，2010）。

（一）因族举措，发挥民族特色

扶持人口较少民族发展政策是根据民族的人口数量和比例来确定扶持对象的，是典型的因族扶持。每个民族的自然禀赋、历史基础、发展水平各不相同，形成了独特的民族文化，因此扶持政策应体现其民族特色。如京族是居住在北部湾沿海边境地区的跨界民族，经济发展水平较高，适合发展近海养殖、边境贸易和民族文化旅游业。青海省循化撒拉族自治县在黄河谷地建成了“两椒一核”（辣椒、花椒和果皮核桃）特色种植基地，通过扶持伊佳、仙红、振荣等 20 个农畜产品加工龙头企业和养殖重点户，扶持“黄河白驼”公司发展牦牛冷藏、运输、保鲜和物流配送，促使全县传统养殖业的优势进一步增强。

（二）因地制宜，发挥区域优势

应因地制宜地安排经济活动，根据经济方式与地理环境的关系，根据区位差异发展“适生经济”，建立与环境相宜的经济结构，使经济活动与具体环境特点相结合，并富有地方特色与活力（王文长、孟廷燕，1990：143）。各地区不同的自然条件和资源是劳动地域分工的自然基础，各地区不同的经济发展水平、特点和地理位置是地域分工的经济基础。经济的不同发展阶段对资源结构的需求是有差异的。应注意发挥区域优势，靠山吃山，靠水吃水，念好山海经，唱好林草戏，谱好牧羊曲，切实把地区的资源优势转化为发展优势。如东北地区人口较少民族要加强与俄罗斯等国家的资源互补，通过中俄对外通道建设，打造对俄沿边开放新高地；西北荒漠化地区应加大荒漠化防治力度，积极发展清洁能源，加大守土固边扶持力度；等等。

（三）因时施策，抢抓发展机遇

因时施策指根据人口较少民族不同发展阶段、不同时期的优势、特点和发展困难，灵活地实施与之相适应的政策，实现政策和发展机遇相对接（王文长、孟廷燕，1990：144）。发展机遇是民族实体以外的偶然现象，不是由民族自身所决定的，国家政策则可在很大程度上加快人口较少民族发展进程。一是必须分阶段援助。对不同时期列入扶持范围的民族在帮扶重点上体现差别性。扶持初期应以输血（帮扶资金和物质援助）为主，基础设施健全后要以造血（帮扶技术和人才援助）为主。对于前期已获扶持的民族，应重点提升基础设施建设水平，加大产业结构调整力度，做大产业规模，加快持续增收的步伐。对于新增列入扶持的民族，应重点抓好基础设施和民生工程建设，整合少数民族发展资金和扶贫资金，将特色优势产业做大做强。二是建立退出机制。通过考核验收，将那些经过一段时间的扶持，不再需要继续给予支持的民族和聚居村退出扶持范围，适时增加其他需要扶持的对象。

参考文献

邓大才等，2015，《贫困村缘何难以脱贫——对全国 31 个省 48 个贫困村与 222 个非贫困村的比较研究》，载徐勇主编《反贫困在行动：中国农村扶贫调查与实践》，中国社会科学出版社。

国家民族事务委员会经济发展司、国家统计局国民经济综合统计司，2013，《中国民族统计年鉴 2012》，中国统计出版社。

国家统计局住户调查办公室，2015，《2015 中国农村贫困监测报告》，中国统计出版社。

何立华，2015，《人口较少民族的人力资源开发问题研究》，载国家民委经济发展司、中南民族大学编《扶持人口较少民族发展研讨会论文集》。

何立华、成艾华，2016，《人口较少民族聚居区教育发展问题的实证研究——基于第五、六次全国人口普查的分县数据》，《民族教育研究》第 1 期。

森，阿马蒂亚，2002，《以自由看待发展》，任赜、于真译，中国人民大学出版社。

唐任伍，2015，《习近平精准扶贫思想阐释》，《人民论坛》第 30 期。

汪三贵、郭子豪，2015，《论中国的精准扶贫》，《贵州社会科学》第 5 期。

王文长，2008，《民族视角的经济研究》，中国经济出版社。

王文长、孟廷燕，1990，《少数民族地区经济发展结构·模式·未来》，民族出版社。

王雪梅、郭铭华，2009，《将哈尔滨市纳入艰苦边远地区》，《黑龙江日报》3 月 9 日。

元林君，2016，《民族地区的贫困问题与反贫困战略》，《行政管理改革》第 4 期。

张克中，2014，《贫困理论研究综述》，《减贫与发展》第 4 期，内部刊物。

张丽君、董益铭、韩石，2015，《西部民族地区空间贫困陷阱分析》，《民族研究》第 1 期。

张韬，2010，《中国人口较少民族发展问题研究——以鄂伦春民族为例》，硕士学位论文，中央民族大学。

《中国人口较少民族发展研究丛书》编委会，2007，《中国人口较少民族经济和社会发展调查报告》，民族出版社。

China's Logic of Poverty Reduction

人类减贫的中国理路

叶敬忠　黄承伟　陈世栋　主编

下　册

社会科学文献出版社
SOCIAL SCIENCES ACADEMIC PRESS (CHINA)

目　录

第一部分　中国减贫的整体叙事

第二部分　中国减贫的治理视角

第三部分 中国减贫的精准机制

第四部分 发展生产脱贫

第五部分　易地搬迁脱贫

第六部分　生态补偿脱贫

第七部分　发展教育脱贫

第八部分 社会保障兜底

第九部分 中国减贫的后2020展望

第四部分
发展生产脱贫

1

农业供给侧改革与精准扶贫衔接机制研究*

张明皓　豆书龙**

以“提高供给体系质量和效率，增强经济持续增长动力”为目标的供给侧改革已经成为当前中国经济发展的针对性方略。供给侧改革在供需关系结构框架的基础上，以优化供给结构、消化过剩产能同时以兼顾需求管理的创造性方式，实施对经济发展新动能的挖掘以及对国民经济系统的动态调整。关联生产、分配、流通和消费全方位经济过程的供给侧改革自然使不同经济部门成为结构性调整的对象。其中农业经济部门长期因工农两大部类的非等价交换成为弱质部门，同时农业生产的禀赋效应、市场的失灵以及贸易的开放所导致的“三量齐增”与“三本齐升”，已经成为当前农业供给侧的结构性特征（罗必良，2017），而农业供给侧结构性特征的固化需要同时关联农业生产力与生产关系一整套制度设计的改革措施才能实现突破。因此，农业供给侧改革的重点方向被界定为以制度供给为导向的“去库存、降成本、补短板”（中共中央、国务院，2016）。然而，农业供给侧改革的重点方向并不是分立存在的，而是以多重嵌套的方式相互联系在一起。

实际上，农业供给侧的结构性问题是“三农”问题这一老问题在新时代的反映。改革开放以来，农业供给侧结构有三次重大的调整，分别为农产品供给不足下的价格调整、农产品供给结构单一下的产业结构调整、农产品供给过剩下的农业战略性结构调整（谢瑾岚，2017）。不同时期的农业供给侧结构调整始终与“三农”问题的阶段性深化保持同幅变动的状态，农业供给侧改革的程度和格局直接受限于“三农”问题这一系统工程的解决。精准扶贫作为直接对接“三农”领域的国家资源再分配过程与农业供给侧改革具有内在合宜性，同时农业供给侧改革与精准扶贫的目标具有一致性，

---

* 原文刊发于《西北农林科技大学学报》（社会科学版）2017 年第 6 期。

** 张明皓，中国农业大学人文与发展学院博士研究生。豆书龙，中国农业大学人文与发展学院博士研究生。

其都以进一步实现农业生产力的解放以及实现农民普惠为旨归。据此，建构农业供给侧改革与精准扶贫协同衔接机制，一方面明确精准扶贫在农业供给侧改革中的角色定位及作用机制，另一方面使精准扶贫借助农业供给侧改革所提供的广阔机遇，推动精准扶贫向纵深发展，使贫困农民实现精准脱贫。以上论说构成本文的核心议题。

一　农业供给侧改革与精准扶贫衔接机制构建的内在逻辑

农业供给侧改革与精准扶贫之间具有理论逻辑的自洽性，适合构建二者衔接的体制机制，对二者关联逻辑的探讨是当前的实践困境所倒逼的结果。

以城市化和工业化为主的发展战略不仅使区域、城乡以及行业之间长期存在非均衡的价值分配，也使各经济部门内部潜伏着各种矛盾。在历史累积矛盾与现实矛盾相互绞合的背景下，当前农业供给侧改革面临"三期叠加"，即增长速度换挡期、结构调整阵痛期以及前期政策消化期的压力（陈龙，2016），而农业经济部门内部本身所蕴含的供需错配使"高库存"与"有效供给不足"、农产品价格"天花板"与成本"地板"、土地供给不足与土地成本上升等二重性矛盾成为制约农业生产力解放的桎梏（江维国，2016）。改革是生产力和生产关系的自我调整，农业供给侧改革的思路正是坚持两点论与重点论关系相统一的表现，即坚持需求管理与供给管理相结合，以优化供给结构为重点方向，从而实现农业生产力和生产关系的平衡。而当前农业供给侧改革所面临的障碍也可从生产力与生产关系的辩证逻辑来理解。

首先，从农业供给侧改革的内容来说，农产品产量连年跃升而相应的社会消费体制则没有产生根本性的变化，导致农业生产力与社会消费之间存在冲突。同时，国家资源的再分配以价格补贴的形式对农产品价格进行保护，扭曲市场在农产品价格市场中的决定性作用，使农业生产体制与国家资源再分配体制产生矛盾。同时，由于农村劳动力大量外流，农村劳动力成本攀升，农村土地资本升值，使中国的农村经济结构发生整体性的变化，因此，亟须从农业生产力和生产关系两方面实施全面调整。

其次，从农业供给侧改革的形式来说，将市场化改革作为农业供给侧改革的根本性举措已经面临难以突破的瓶颈。农业供给侧的部分结构性问题已经展示出市场化改革的有限性和难以深入的特征，而政府调控力量因部门利益的多元化难以实现整合，从而形成农业供给侧市场化改革与政府调控力量的势差，导致农业供给侧的结构性问题呈现连锁性与累积性。因此，在政府与市场的互动关系框架中，聚合权力的运作势能成为农业供给侧改革继续深化的关键条件。

再次，从农业供给侧改革的对象来说，当前农业供给侧改革过于重视调整相关的产业部门，而对产业部门与农村的场域对接以及农村内部生产力与生产关系的平衡化机制重视不足，在改革对象上具有很大的模糊性。

精准扶贫作为国家资源社会化的过程，其以项目制与科层制作为扶贫工作开展的行政管理形式。精准扶贫以识别、帮扶、管理以及考核一整套的制度设计成为相对封闭和自我检验的运作模式。尽管在各个模块环节容易出现偏误，但就其运作模式本身而言，精准扶贫具有鲜明的资源聚合优势以及内向监控优势。相关研究认为，精准扶贫是因经济减贫边际效用递减而出现的国家利益再分配过程，并以精细化的针对性措施实施对农村社会发展的干预（汪三贵、郭子豪，2015）。精准扶贫出现的实践困境主要有资源分配型、政策配给型、程序参与型三类。资源分配型困境表现为扶贫资源供给不足或扶贫资源的非均等化分配（葛志军、邢成举，2015）；政策配给型困境主要表现为产业政策和社会保障政策的非精准执行（邓维杰，2014）；程序参与型困境体现为精准扶贫运行过程的非规范性并消解农民实质参与的情况（汪三贵等，2007）。精准扶贫实践困境所展示出的内生性矛盾，容易使精准扶贫陷入“内卷化”的状态（刘磊，2016），因此，亟须从精准扶贫的外部界面实施全面调整，以克服精准扶贫的内耗困局，持续深入实现精准扶贫。

农业供给侧改革无疑为精准扶贫提供了直接现实性的选择，农业供给侧改革与精准扶贫具有广阔的衔接领域。首先，农业供给侧改革可利用精准扶贫的运作体制克服农业供给侧市场化改革难以深入的困局以及政府调控的分治状态，从而形成资源的聚合优势和改革力量的集中优势。其次，农业供给侧改革也可共享精准扶贫的数据资源，利用对农村需求管理的方式实现农业供给侧改革对象的精度瞄准。再次，精准扶贫也可改造农业供给侧所积压的产能，并利用农业供给侧结构调整的时机争取更多资源或政策下移的机会。由此论证，农业供给侧改革与精准扶贫可形成内在的关联逻辑，而二者互相配合可缓解经济的结构性压力，并推动共享经济的实现。

二　精准扶贫在农业供给侧改革中的角色定位及作用机制

精准扶贫与农业供给侧改革具有内在现实的关联性。精准扶贫在整体运作模式以及分立环节上可与农业供给侧改革形成具体的衔接领域，集中体现为精准扶贫在农业供给侧改革中承担相应的角色定位与功能方式。精准扶贫在农业供给侧改革中的角色定位和作用机制可从如下四个方面予以说明。

（一）制度典范：精准扶贫与农业供给侧改革的制度供给

农业供给侧改革以兼顾市场配置与制度供给的方式实现农业生产力和生产关系的全面调整。在农业供给侧市场化改革无法持续深入的领域，应采用非市场化方式即制度供给的途径实现改革的破局。

在政府和市场的关系框架中，农业供给侧改革以具有资源配置功能的市场作为调整的指示器并界定改革的正当领域，而制度供给以市场嵌入的方式实现对农业供给侧改革领域的“深耕”，以此使农业供给侧改革兼具领域覆盖和重点突破的特征。但非集中化的制度供给并不能发挥农业供给侧改革的重点突破功能，反而会产生“市场吸纳制度”的消极后果（梁波、王海英，2010）。因此，建构与农业供给侧市场化改革相配合的治理体制是提升改革能力的内在条件。而精准扶贫则承担与内在条件相符合的制度角色。糅合标准化“项目制”与动员式“科层制”的精准扶贫具有贯彻国家意志的控制逻辑和分级运作的形式特征，由此精准扶贫具有高度的资源整合性和事关全局的综合性（陈家建等，2015）。精准扶贫的实务操作以精细社会建设为目的，以此实现对农村日常生活领域的干预和农村社会运行系统的精细化（王宇等，2016）。

农业供给侧改革与精准扶贫体制相联结，一方面可将农业供给侧的改革形式制度化，形成与农业供给侧市场化改革相互呼应的治理体制；另一方面借助精准扶贫模式对农村社会运行系统精细化的能力，着力打破农业供给侧改革过于重视产业部门的迷局，以此深入农村生产力和生产关系的场域，实现农业供给侧改革微观基础的构建。另外，精准扶贫作为当前扶贫治理模式的“典范”体制（王敬培、任大鹏，2016），农业供给侧改革可借助精准扶贫体制的广延性实现改革空间的全面拓展。

（二）数据共享：精准扶贫与农业供给侧改革的需求管理

农业供给侧改革并不是单一的“供给决定论”（隋筱童，2017），而是在供需互驱的基点上实现农业供给侧的优化和重新布局，因此，对需求侧进行管理具有反哺农业供给侧改革的功能。而需求侧管理面临的关键问题是缺乏对广大群众需求的聚合识别和动态管理，由此导致农业供给侧改革对象的模糊化，而农业供给侧改革对象的模糊化将导致持续改革缺失着力点。精准扶贫以精准识别和精准管理为内置模块，形成贫困户的“筛选机制”和“动态管理机制”，并利用信息化的方式实现对贫困户关键指标的对比分析和统计，发现贫困户的潜在发展能力和实际需求（葛志军、邢成举，2015）。可见，精准扶贫体制掌控庞大的数据资源，而依托数据管理完全可以对中国农村的实际需求进行全景式的概观，以此构成对农业供给侧改革的切实指导。

农业供给侧改革和精准扶贫数据共享机制的具体化路径可表示为：利用精准扶贫的数据资源对农户需求实施分类处理，农业供给侧改革在分类化农户需求的基础上可寻找不同农村最大的需求缺口，由此使农业供给侧改革具备微观性的操作基础。同时，精准扶贫以精准识别和精准管理分别兼具数据识别的共时性与数据管理的历时性，数据资源的存储更新可使农业供给侧改革形成势能累积，改革能力也具备再生性。利用精准扶贫所提供的需求管理数据库，农业供给侧改革可相应减少信息成本，增强改革的集约化意识，农业供给侧改革与精准扶贫的数据共享构成衔接机制构建的一个关键界面。

（三）疏导机制：精准扶贫与农业供给侧改革的产能化解

农业供给侧改革的核心任务是“去产能”。农业供给侧产能的结构性积压，是长期以来的农业生产经营结构失调与国家价格政策配置扭曲所致，其主要表现为农产品和库存的双量增长。而农业供给侧的产能过剩不能仅使用政策配给的方式实现价格保护，而应使农业生产经营结构得到全面调整，但农业生产经营结构的全面调整是长时段的过程，因此在调整的过程中采用对过剩产能疏导的方式就成为次优选择。农业供给侧改革中的疏导机制是将过剩产能进行改造或转移，以成为可资利用的新产能。对过剩产能的改造和转移应坚持环境友好型和本土适应型的原则，以适应农村的社会基础。精准扶贫作为联结国家与农村社会之间的资源再分配过程，农业供给侧改革可借助精准扶贫所提供的帮扶链条和产业平台，实现过剩产能的下移和创造性转化。具体措施可描述为“两条腿走路”，即将农业供给侧的产能过剩问题进行细化显示，在此基础上，精准扶贫中的产业扶贫路径应规避绝对风险和污染的过剩产业构造；同时也应对农业供给侧的过剩产能进行“二次加工”和类型转换，以重新开启过剩产能的要素生产率，实现农业供给侧改革的既“破”又“立”，消化产能达到促结构调整的目的。可见，产业扶贫与农业供给侧改革可形成相应的契合关系，精准扶贫中的产业扶贫模式可形成农业供给侧产能过剩的消解逻辑，为农业供给侧改革提升内源化的改革动力。

（四）内向监控：精准扶贫与农业供给侧改革的功能评估

精准扶贫所担当的制度“典范”角色，在为农业供给侧改革提供相互的制度环节时，也使农业供给侧的改革空间和改革功能得以延伸与展现。而精准扶贫内置的精准考核机制可以对精准扶贫的不同环节实施总体监测，以此实现精准扶贫的量化评级和环节偏误的自我矫正。将农业供给侧改革与精准扶贫体制相联结，不仅可以实现双方制度和资源的优势互用，而且经由内向化的监控机制也可合理评估农业供给侧改革的功能绩效，而功能的评估经验可服务于新一轮农业供给侧改革的蓝图设计。同时，农业供给侧改革和精准扶贫协同监督机制的建立，可再次加强扶贫治理领域与农业供给结构联系的整体性特征，实现对农村社会生活领域的多维把握。农业供给侧改革与精准扶贫所共构的内向监控机制呼唤集中化和具体化的监控部门设置，从而形成农业供给侧改革领域与扶贫治理领域的协同关系，进而在一定程度上消解政府部门分治与市场化改革分散的现实状态。

综合以上四个方面，精准扶贫通过释放制度优势，可与农业供给侧改革的制度需求可形成呼应。而精准扶贫不同的内置模块又分别以数据共享、疏导机制以及内向监控的功能实现对农业供给侧改革的深化。可见，精准扶贫与农业供给侧改革并不是并置的事物，而是可以通过一系列的技术路线相联结（见图 1）。精准扶贫的角色定位及其作用机制正是农业供给侧改革不断进行自我调整的内在条件。作为对农村生产力和生产关系实施干预的精准扶贫和农业供给侧改革，二者呈现深刻的整体性关联。

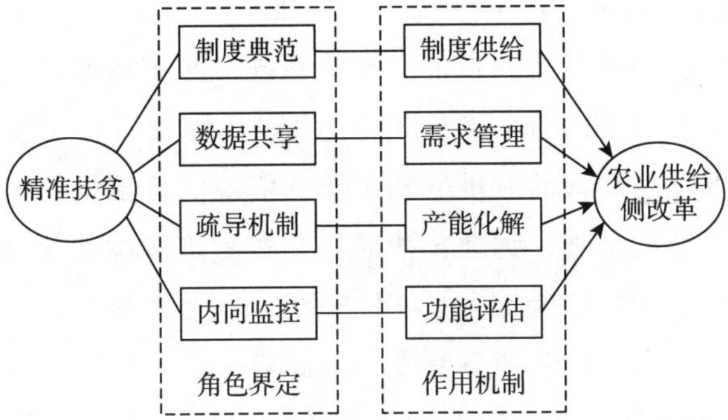

图 1　精准扶贫与农业供给侧改革联结的技术路线

三　农业供给侧改革为精准扶贫提供的机遇空间

探讨精准扶贫在农业供给侧改革中的角色定位及作用机制，构成精准扶贫与农业供给侧改革相联结的一层界面，而另一界面则是农业供给侧改革为精准扶贫的纵深发展提供了选择机遇。精准扶贫利用农业供给侧改革所激发的农业产业结构和农村经营结构调整及政策资源下移的机遇，可实现精准扶贫内生动力和可持续性的发挥。

（一）配置型资源下移：精准扶贫持续性的延长

农业供给侧改革可以带来大量配置性资源的注入，而资源的注入可开启精准扶贫的潜在效能。精准扶贫实质是资源在国家与社会之间的重新调整，而现实的精准扶贫却普遍存在资源供给不足以及资源注入非均等化分配两种现象。精准扶贫的配置型资源一般来源于中央的财政转移支付，其中中央扶贫专项资金在 2016 年已达 1000 亿元（张瑶瑶，2016）。配合扶贫资金的农业供给侧改革资源也必然加大对农村生产体制与经营体制改革的投入，庞大的资金流可以弥补精准扶贫配置型资源供给不足的问题，然而庞大的配置型资源并不一定会实现资源的公平性分配。精准扶贫作为国家与社会之间资源分配的政治过程，目前面临两重困境：一是在精准扶贫内部，以竞争性项目为基础的产业扶贫往往偏重“明星村”和“示范村”，从而造成扶贫的村际排斥（李博，2016）；科技扶贫也因科技固有的“门槛效应”和“规模偏好”而造成村庄成员内部的阶层排斥和贫困固化（邢成举，2017）；易地搬迁扶贫也往往造成资源的“精英俘获”（邢成举，2014）。二是在精准扶贫外部，不同区域因资源禀赋与要素生产率的差异，导致精准扶贫的区域成效出现极大的不对等性（贺东航、牛宗岭，2015）。因此，利用农业供给侧改革和精准扶贫资源大量注入的时机，理顺扶贫资源的分配机制成为与扶贫资源注入具有同等重要的事项。另外，精准扶贫作为阶段性的政府行为，面临扶贫时限终止后项目的持续性问题。“一次性”产业扶贫项目因缺少后续资源支持，极易导致项目失败和项目荒废，由此易于产生贫困户返贫等现象（杜春林、张新文，2015）。因此，利用精准扶贫终止后所形成的农村产业构造的基础上，利用农业供给侧改革提供的时间错位期，进行后续的产业扶持和技术支撑，可增进扶贫效果的持续性。

（二）权威型资源供给：精准扶贫综合性的增强

权威型资源是为实现权力目标可供调度的制度控制与组织资源。农业供给侧改革是关联农业生产和农业经营领域中生产力与生产关系的全面调整，涉及全方位和多层次的农业供给侧改革自然需要配给相应的辅助政策和组织能力。目前精准扶贫以“扶贫军令状”为外部施压和积极性调动的管理形式，使扶贫成为与地方政府利益紧密相关的政治任务。精准扶贫以科层管理体制为依托，通过目标责任的层层分解，最终形成自上而下的压力性体制，使精准扶贫具备资源调配和组织动员的积极功能。农业供给侧改革主要涉及农业经济领域内部的改革，相应的权威型资源供给也以刺激农业经济领域活力的释放为目的。因此农业供给侧改革中的权威型资源配给与组织化的精准扶贫体制相配合，可以强化农业经济改革和扶贫领域的协同治理，扩展精准扶贫的运作空间并形成农村改革领域的整体性关系，在整体关系的框架中可以保证精准扶贫领域的深入性和实效性，其所产生的扶贫效果同时具有经济和政治的综合性效能。

（三）扶贫规则变迁：多元组合型扶贫治理模式的形成

在农业供给侧改革所提供的配置型资源和权威型资源共同作用下，精准扶贫展示出可持续性的内生动力和全领域开展的实效性。精准扶贫与农业供给侧改革衔接机制的建立，使扶贫的规则基础发生嬗变。在传统扶贫的路径中，扶贫规则以保护型治理规则为支柱（李小云，2013），而在精准扶贫模式中，扶贫规则依然是政府主导型建构，但也开始显现扶贫规则来源多元化的事实。精准扶贫的理想类型正是保护型治理规则和发展型治理规则互动调剂的状态。精准扶贫以保护型治理为协调群众利益和权利关系的底线范式，而纳入发展型治理可以相应提升保护型治理的程度和总体质量。发展型治理是以市场为导向的治理模式并以市场组织原则作为治理理念的根本性原则。农业供给侧改革中明确强调市场化改革的重要性，改革方案也被设定为要素产权的自由流动，以及引入促动农业产能优化升级的市场竞争，这均显示出市场组织原则的关键性作用。

农业供给侧改革对精准扶贫的最大契机也正在于在扶贫治理体系中接引市场规则，而市场规则的利益联结机制可推动多元主体协同参与的“大”扶贫治理格局的形成（庄天慧等，2015）。在精准扶贫与农业供给侧改革的具体衔接中，扶贫资源要素的涌动、贫困地区市场机制的生成以及扶贫对象的市场化意识和自我发展能力的培育，将逐步构成发展型扶贫治理的社会条件。而保护型治理与发展型治理的互相配合将推动多元组合型扶贫治理模式的兴起。

综上所述，农业供给侧改革为精准扶贫提供了广阔的机遇空间。根据图2可知，由配置型资源和权威型资源的下移所导致精准扶贫资源库的增长，明显使精准扶贫具备可持续性和综合性的条件，精准扶贫的内在动力发生显著变化。而在内在动力变化的同时，精准扶贫的治理规则也在发生嬗变，传统的保护型扶贫治理规则正在向多元组合性的规则转变。由市场化力量所引动的多元主体的利益联结使精准扶贫的整体格局发生明显变化，“大”扶贫治理格局开始步入形成的快车道。这再次证明，农业供给侧改革与精准扶贫可形成紧密关联，农业供给侧改革所提供的机遇空间有助于精准扶贫向纵深发展。

四　结论与讨论

农业供给侧改革与精准扶贫具有逻辑的关联性，为双方衔接机制的构建提供了内在条件，使精准扶贫能够在农业供给侧改革中扮演关键角色并发挥作用。

首先，精准扶贫以整体性的制度典范模式，可以满足农业供给侧改革对

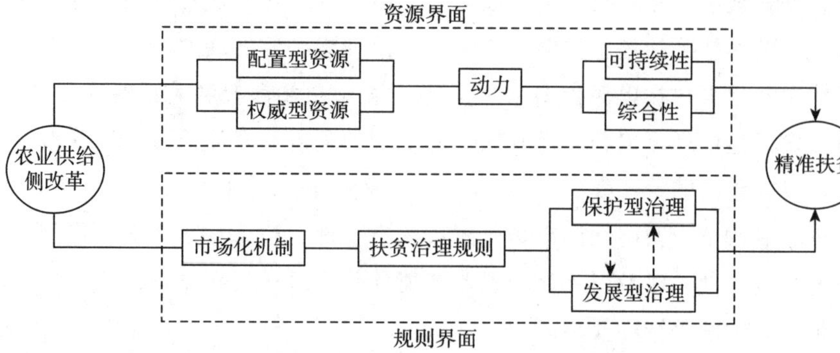

图 2　农业供给侧改革对精准扶贫的作用路线

集中化制度供给的需求，并且借助精准扶贫对农村场域的对接，农业供给侧改革的微观基础得以构建。

其次，农业供给侧改革是在需求侧管理和供给侧管理相结合的基础上，以优化农业供给侧结构为导向，对需求侧的管理使农业供给侧改革具有指导性和方向性。精准扶贫以精准识别和精准管理的内置模块对贫困村和贫困农民的实际需求进行摸底排查，并以兼具共时性和历时性的数据资源，实现对农村需求管理的存储和动态调整，这构成农业供给侧改革的基础条件，同时因需求管理的数据化使农业供给侧改革的对象得以明确界定。

再次，农业供给侧所积压的过剩产能，可由精准扶贫的产业平台实现疏导，并以深植地方特色的方式，建立本土适应型和环境友好型的扶持产业，实现从“去产能”到“调结构”的过渡。精准扶贫和农业供给侧改革协同机制的建立，也可采用精准扶贫的内向监控实现对农业供给侧改革的功能评估，从而再次加深二者的整体性关系。在农业供给侧改革对精准扶贫的作用层面，农业供给侧改革所带来的配置型资源和权威型资源下移的契机，为精准扶贫提供了可持续性和综合性的内在动力，而精准扶贫因内在动力机制的变化而促使扶贫治理规则嬗变，引入市场化原则所形构的多元组合型扶贫治理规则，正展示出扶贫治理格局的调整。

在农业供给侧改革与精准扶贫衔接机制建立的同时，政府也应该承担相应的服务性责任。

首先，从精准扶贫的角度来说，政府应对精准扶贫各模块环节的执行程度实施全面质量管理，严防各个环节可能出现的纰漏，继续提升精准扶贫的体制优势和惠农效果。

其次，从农业供给侧改革的角度来说，农业供给侧改革的目标是继续解放农业生产力并实现农民生活的提高，政府应着力构建农业供给侧改革真正的对象基础，不能因对象的模糊化而导致农业供给侧改革缺失突破点，或是在改革的过程中“扶强不扶弱”，造成农业供给侧改革为资本服务而排斥农民群众的情况。

最后，从二者衔接的角度来说，农业供给侧改革和精准扶贫并不是并置的事物，而涉及农业生产和农村经营不同领域的全面调整，双方可构成紧密的协同关系。政府应在双方协同关系的基础上实施“整体性治理”，以免产生碎片化的规则和政策，造成改革和扶贫治理时机的延误。

参考文献

陈家建、张琼文、胡俞，2015，《项目制与政府间权责关系演变：机制及其影响》，《社会》第5期。

陈龙，2016，《供给侧结构性改革：宏观背景、理论基础与实施路径》，《河北经贸大学学报》第5期。

邓维杰，2014，《精准扶贫的难点、对策与路径选择》，《农村经济》第6期。

杜春林、张新文，2015，《乡村公共服务供给：从“碎片化”到“整体性”》，《农业经济问题》第7期。

葛志军、邢成举，2015，《精准扶贫：内涵、实践困境及其原因阐释——基于宁夏银川两个村庄的调查》，《贵州社会科学》第5期。

贺东航、牛宗岭，2015，《精准扶贫成效的区域比较研究》，《中共福建省委党校学报》第11期。

江维国，2016，《我国农业供给侧结构性改革研究》，《现代经济探讨》第4期。

李博，2016，《项目制扶贫的运作逻辑与地方性实践——以精准扶贫视角看A县竞争性扶贫项目》，《北京社会科学》第3期。

李小云，2013，《我国农村扶贫战略实施的治理问题》，《贵州社会科学》第7期。

梁波、王海英，2010，《市场、制度与网络：产业发展的三种解释范式》，《社会》第6期。

刘磊，2016，《精准扶贫的运行过程与“内卷化”困境——以湖北省W村的扶贫工作为例》，《云南行政学院学报》第4期。

罗必良，2017，《农业供给侧改革的关键、难点与方向》，《农村经济》第1期。

隋筱童，2017，《刍议供给侧结构性改革的理论误区》，《改革与战略》第 1 期。

汪三贵、Albert Park、Shubham Chaudhuri、Gaurav Datt，2007，《中国新时期农村扶贫与村级贫困瞄准》，《管理世界》第 1 期。

汪三贵、郭子豪，2015，《论中国的精准扶贫》，《贵州社会科学》第 5 期。

王敬培、任大鹏，2016，《“典范”标准：农民专业合作社示范社评选标准的研究》，《中国农业大学学报》（社会科学版）第 3 期。

王宇、李博、左停，2016，《精准扶贫的理论导向与实践逻辑——基于精细社会理论的视角》，《贵州社会科学》第 5 期。

谢瑾岚，2017，《中央一号文件与农业供给侧结构调整与改革》，6 月 14 日，https://www.ddvip.com/weixin/20170614A01FDH00.html。

邢成举，2014，《乡村扶贫资源分配中的精英俘获——制度、权力与社会结构的视角》，博士学位论文，中国农业大学。

邢成举，2017，《科技扶贫、非均衡资源配置与贫困固化——基于对阳县苹果产业科技扶贫的调查》，《中国科技论坛》第 1 期。

张瑶瑶，2016，《中央和省级财政专项扶贫投入首超 1000 亿元》，《中国财经报》10 月 15 日，第 1 版。

中共中央、国务院，2016，《关于深入推进农业供给侧结构性改革加快培育农业农村发展新动能的若干意见》，12 月 31 日。

庄天慧、陈光燕、蓝红星，2015，《精准扶贫主体行为逻辑与作用机制研究》，《广西民族研究》第 6 期。

2

深度贫困地区产业扶贫的实践困境及其对策*

——基于可行能力理论的分析

许汉泽　李小云**

中国在实施精准扶贫战略以来，短短几年之内中国农村贫困人口从2012年的约8000万人减少到2018年底的约1660万人，贫困发生率从10.2%下降至1.7%①，中国在扶贫领域所取得的成绩举世瞩目。而这扶贫奇迹的背后无不彰显出中国政府的制度优势与扶贫政策的有效性。从理论上来讲，中国的扶贫政策分为以下两类：第一类是以社会救助、社会保障为代表的"保护型"扶贫政策，第二类是以区域开发、产业发展为主导的"发展型"扶贫政策（李棉管，2017）。产业扶贫自20世纪80年代开始实施以来，就在开发式扶贫阶段发挥着核心作用。在进入精准扶贫脱贫攻坚阶段之后，一方面，产业扶贫所发挥的减贫作用愈发重要，扶贫效果也非常显著。在扶贫资金规划使用方面，贫困县用于产业发展的扶贫资金占财政专项扶贫资金的70%以上。产业扶贫作为实施精准扶贫"五个一批"之一，承担着完成3000万以上农村贫困人口脱贫的重任。另一方面，随着地方政府产业扶贫政策的推进与实施，产业扶贫遭遇的各种问题也逐渐开始凸显。比如有学者通过调研发现产业扶贫出现辐射带动范围小、产业市场风险大以及管理制度不完善等一些问题（付江月、陈刚，2018）。还有学者指出产业扶贫中的项目开始产业化运作，最终的结果是地方上的精英群体而非贫困户获得了实际的利益（邢成举，2017），而这种"脱嵌的产业"（孙兆霞，2015）不仅与精准扶贫目标相背离，还会导致贫富差距拉大、社会不公加剧以及政府合法性

* 原文刊发于《甘肃社会科学》2019年第3期。

** 许汉泽，南京航空航天大学人文与社会科学学院讲师。李小云，中国农业大学人文与发展学院教授。

① 《2019年政府工作报告全文》，2019年3月5日，http://www.21jingji.com/2019/3-5/2OMDEzNzlfMTQ3 NDQ2OA.html。

降低等一系列负面影响。与一般化的产业政策强调产业发展而单纯追求经济效益不同的是产业扶贫更加注重社会效益，即贫困人口能够在产业发展中获益。在开发式扶贫阶段的产业扶贫政策要求必须通过发展产业来带动贫困户脱贫致富，而到了精准扶贫、脱贫攻坚阶段产业扶贫政策则强调对贫困人群的目标瞄准性和特惠性（殷浩栋，2016）。2019 年中央一号文件就明确指出在决战决胜脱贫攻坚阶段要“注重发展长效扶贫产业，提高贫困人口参与度和直接受益水平”。

关于产业扶贫，目前已有不少研究与积累。总结来看目前对于产业扶贫的研究主要集中在以下三个方面：第一，产业扶贫的含义特征、政策演进与模式选择；第二，产业扶贫发展的动力机制、路径建构和经验启示（黄承伟等，2017）；第三，有学者已经开始反思产业扶贫背后的政策执行逻辑、政府角色以及存在问题（张春敏，2017）。但是纵观以往研究，不足之处在于，以往关于产业扶贫的研究将重点放在了市场规律或者是产业本身运行逻辑之上，过于关注外部制度环境对扶贫产业的影响，相对忽视了作为产业发展主体——贫困户自身的能力与主体性。产业扶贫的本质是“能力扶贫”（林万龙等，2018），本文通过对秦巴山集中连片特困地区 A 贫困县产业扶贫的经验考察，分析深度贫困地区实施产业扶贫面临哪些实践困境，并运用阿马蒂亚 · 森“可行能力”理论对其进行解释分析，进而提出深度贫困地区产业扶贫的可行路径及政策建议，以期使此项政策能够得到更好执行。

一　分析框架：可行能力贫困理论

贫困本身是一个具有很大争议的建构性概念，不同学者对于贫困的定义也各异，一般意义上政策层面都认为贫困包括不能够满足人们基本的生活需要和收入水平低于某一特定标准（贫困线）两个方面，前者是绝对贫困，后者则属于相对贫困的范围。但是从本质上来讲，以上对于贫困定义的这两个方面仍然局限在偏重于经济和收入的货币化层面。阿马蒂亚 · 森认为产生贫困并不是因为经济收入的低下，而是因为在不对等的社会结构与市场结构之中贫困户可行能力和权利的缺失和不足，并进而提出可行能力方法（capability approach）的理论分析框架，极大地拓展了我们对贫困概念的理解。

所谓可行能力（capability）主要指的是个体在特定的社会结构之中是否

有足够的权利、自由来从事相应的功能性活动。阿马蒂亚·森认为功利主义标准的最大缺陷是忽略了分配和忽视了权利、自由以及其他非经济因素；而自由主义标准则过分追求程序而不考虑后果。可行能力方法则是在对以上两种理论缺陷规避的基础上和充分考虑自由权的前提下而提出的具有公平主义的价值标准。这种标准所强调的是同等社会环境下个体的自由和与他人间平等的机会（森，2002：11）。在可行能力视角下，贫困被看作基本能力的剥夺和缺失，该理论将关注重点集中在人们哪些方面能够去做而非已经拥有什么和个人如何感受（Hick，2012）。我们认为可行能力理论特别强调自由是发展的重要手段，是对于单纯追求经济层面增长传统发展观念的超越，可行能力贫困不仅仅是一种新的贫困观更是一种新的发展观，而这种发展观是以充分尊重贫困人口主体地位与自由为基础的。

阿马蒂亚·森认为市场与自由之间存在一种基础性的关系，在保证所提供机会合理分享之下市场机制能够有助于减少社会不平等与促进减贫，所以我们不应该压制和反对市场，而是要使市场机制更好地运作，并确保其更高的公平性（森，2002：12）。20 世纪 90 年代中国开始推行的“开发式扶贫”就是通过在市场之中培育贫困户的发展能力的扶贫战略。而精准扶贫政策之中依靠市场机制的产业扶贫所发挥的作用也非常明显。产业扶贫并不仅仅是追求经济层面产业规模的大小以及收入利润的多寡，其背后更应该从贫困户在市场之中的发展能力角度进行考量，很多情况下深度贫困地区的产业发展困局并不是缘于劳动力与资源的匮乏，而是贫困群体能力与机会的缺失导致的，属于“富饶的贫困”。可行能力理论与精准扶贫政策具有多方面的耦合性，是非常具有可操作性的指导精准扶贫实践的理论视角（杨帆、章晓懿，2016）。

由上可以看出，可行能力理论虽然使我们对于贫困的认识和理解有了很大程度的加深与拓展，但是其不足之处在于并没有说明可行能力具体包括哪些能力，也缺乏通过经验材料进行微观分析，仍然停留在宏观的政治哲学层面。本文的创新之处主要在于将阿马蒂亚·森可行能力理应用于中国目前精准扶贫背景下的产业扶贫领域，将可行能力具体操作化为贫困群体的政治参与能力、社会发展机会以及市场发展能力三个方面，用具体经验案例来进行分析，以阐释当下深度贫困地区产业扶贫困境的根源所在，进而提出相应的政策建议。

二　产业扶贫的实践困境：来自陕南 A 县的考察

陕西省 A 县位于秦巴山区南麓，是秦巴山区连片贫困县之一，属于国家扶贫开发工作重点县，总面积 2830 平方公里，人口 46.1 万，全县 143 个贫困村，2.7 万户、8.64 万贫困人口，贫困发生率为 24.8%，远高于陕西省 6.3% 的平均水平，属于深度贫困地区，非常具有典型性。该县地处秦岭深处，交通不便，自然条件恶劣，自开展精准扶贫工作以来，根据全县特色产业分布区域，确定了"三支柱、四区域"和"一镇（村）一品"的产业扶贫思路，16 个镇 26 个贫困村确定了 21 个种植养殖示范点，产业扶贫任务层层发包，分别明确了各级包抓单位、包抓责任人和包抓领导的责任。政府主导之下为每个贫困村打造一个特色主导产业，为每个建档立卡贫困户确定 1—2 个致富产业，并将贫困户纳入农民专业合作社，依托合作社与龙头企业进行产业扶贫。2016 年 11 月，我们团队在 A 县开展了为期 20 天的实地调研。通过对基层各级干部、贫困户、合作社以及农业企业的调研发现 A 县产业扶贫的地方实践过程之中出现了以下几方面困境。

（一）参与能力不足导致产业选择悖论

产业扶贫首先面临的就是具体产业的选择，也就是贫困地区选择何种产业作为发展方式，产业选择是产业扶贫的关键所在。我们调研发现在产业扶贫之中大多采取的是政府主导的模式，贫困农户并没有参与具体产业的选择，往往是政府制定产业扶贫发展规划之后再自上而下推行，贫困农户仅是一种被动的参与。具体来看，这种政府主导的产业选择容易出现以下问题。

第一，由于贫困地区经济发展落后，在二、三产业发展方面没有优势，所以地方政府打造的扶贫产业大多集中在传统农牧业，而且主要还是以初级生产行业为主。但是经过几十年的发展，我们早已经从过去的农产品匮乏时期转型到了结构性的产品短缺时代，普通农产品的供给已经出现过剩的问题，越来越个体化、特色化的消费需求使市场和电商里大量低价产品堆积和滞销（李小云，2017a）。在当前传统农产品供给过剩的背景之下，农业与非农产业、农业内部传统种植养殖业与其他特色农业之间的差距越来越大，依靠传统农业产业收益也越来越难，由于大多数农产品的价格已经逐渐逼近农户生产成本的门槛，有的甚至低于这个门槛，继续依托这些行业所产生的利润很低。

第二，在产业发展的具体形式上，产业扶贫大多遵循的是产业化的经营模式。一方面，产业化的经营模式与农业区域化、专业化、规模化的生产经营模式相结合，发展产业的过程也是为了实现农业现代化目标。但是另一方面，对于绝大多数贫困地区所发展的第一产业来讲，农业又有着自身的发展规律与特征，农业生产最显著的特征是具有季节性与周期性，农业经营的规模越大随之带来的市场风险与雇工成本也就越高，甚至出现了“政府让种什么，种什么就赔钱”的现象。调研时我们发现A县的很多农业公司和合作社在农忙时普遍出现了雇工难、用工荒的问题，短期内面临用工数量的突然增加，即使增加工资也不能找到所需要的充足劳动力。由此可见，作为第一产业农业的发展规律不同于第二产业，我们不能用发展工业的思维与逻辑来进行农业生产与产业扶贫。

第三，在贫困地区的产业扶贫过程中，政府一直进行着主导和规划。尤其是在具体产业选择方面，重点发展与支持的产业一般都会被纳入地方政府的发展规划之中，从而享受补贴。A县的产业扶贫坚持“市级推动、县（市、区）负总责”的管理体制，在具体产业的选择方面，主要是通过县、乡地方政府来进行具体落实，政府成为产业发展的主体。从理论上来看，一个产业的打造与品牌的建立往往需要几年甚至更长的周期，但是由于扶贫任务的时间期限，A县要求全县贫困人口在2019年底之前要全部脱贫，在这种压力型体制的倒逼之下，地方政府往往倾向于选择一些周期比较短的“短平快”项目，比较看重产业的眼前效益而忽视了产业发展的可持续性。再加之缺乏挖掘地方特色产业开发能力，地方政府很难开发出具有高价值的产业。所以上述原因致使扶贫产业开发往往陷入“产业选择悖论”。

（二）社会机会挤压造成扶贫主体缺失与目标异化

“精准扶贫”政策实施之后特别强调扶贫资源的瞄准性、特惠性，也就是说确保扶贫资源要确实传递到真正贫困户的手中，防止扶贫资源传递过程之中的跑偏漏失与瞄准偏离。但是社会结构性原因和政策执行的偏差导致贫困户仍然难以享受到应有的社会机会。一方面，在二元城乡结构之下大量农民外出到城市打工，但是在城市之中他们却不能够享受到城镇水平的社会保障；另一方面，当大量资源反哺到农村之后由于身体的缺席他们又不能及时获得和有效使用这些资源。贫困农民的社会机会受到了宏观上外在不平等的城乡二元结构与微观上分化、分层的村庄内部结构的双重挤压。

首先，目前中国乡村社会的快速转型导致了开发式扶贫的主体缺失。产业扶贫具有开发性，充足的劳动力是保证发展产业扶贫的前提条件。但是目前农村大量劳动力都转向了城市地区从事非农产业，中西部深度贫困地区的村庄之中劳动力短缺，村庄空心化问题非常严峻。调研时我们发现 A 县 20—50 岁的农村男性青壮年劳动力 90% 以上都外出务工，农村剩下的大多是妇女、儿童与老人。这就导致了有产业发展能力的人口由于长期不在村庄不能承担产业扶贫项目，而实际被分配到产业项目与资金的往往是劳动力不足的留守妇女和留守老人这样悖论现象的产生。其次，就产业扶贫资源的供给来讲，由于产业发展具有一定的门槛和条件，产业扶贫区别于诸如低保、五保等严格意义上的保护式扶贫资源。产业扶贫的目标群体中包含了一部分深度贫困人口，但也容易外溢到村庄所有"贫困人员"以及有产业发展能力的一般村民，进而诱发"挤入"和"搭便车"等救助目标异化现象的发生。当作为稀缺资源的产业扶贫资金和项目下放到村庄一级的时候，非常容易引发村民之间的不满与竞争，甚至为此引发上访的行为，进一步导致了道德风险和社区秩序的紊乱（李小云，2017a）。当地村干部反映说："产业扶贫最怕精准，越是精准村干部越不好办！"[①] 最后，产业扶贫资源分配之中还面临有资格获取资源的贫困户没有能力发展产业，有实力和意愿发展产业的农户往往又不是建档立卡贫困户得不到政策扶植，于是产业扶贫政策的基层执行极易遭到"变通"。以产业扶贫贷款为例，有学者曾对国家级贫困县扶贫贴息贷款的使用情况进行调研，发现最终得到资金的农户主要是当地的农业大户或农民企业家（李小云等，2006：127）。在 A 县调研时我们也发现了与之类似的情况，当地用于支持贫困户发展产业的每户 8 万元扶贫贷款被很多村庄内的大户和龙头企业以贫困户的个人名义贷出来而集中使用，贫困户实际上并没有参与产业发展。当地干部说道："对于产业扶贫贷款，贫困户 1/3 自己用了；1/3 借给他人使用；1/3 自己存了起来。贫困户是真的，但是扶

① 材料来源于对村干部的访谈 SXLY20161108。

贫贷款的用途是假的!”[①] 产业扶贫的目标遭到了置换与异化，并没有瞄准到建档立卡的贫困户。

（三）发展能力排斥引发贫困农户市场化困境

从“产业扶贫”的概念出发，我们就可以看出其包含了产业发展与扶贫济困的双重任务。产业扶贫一方面遵循的就是市场化的竞争逻辑，需要注意的是在发展产业的同时必须考虑对于贫困户的吸纳与带动；但另一方面，用市场化的方式进行扶贫也存在其本身的限度，波兰尼认为社会的自我保护与自由市场发展二者之间存在不可调和的张力（波兰尼，2007）。对于贫困户来讲，市场体系的不完善和波动性也会加剧贫困群体经济层面的脆弱性（檀学文、李成贵，2010）。在完全竞争的市场环境中贫困户的发展能力往往容易遭到排斥。

第一，从社会的性质来看，我国中西部深度贫困地区的农村社会具有高度自给自足而低度市场化的特征，与传统的企业、公司等市场主体比较起来农户个体并没有任何竞争优势。产业扶贫将贫困户直接纳入市场之中，一方面为他们创造了一定的增收致富的机会，但另一方面也会给他们带来大量的竞争与风险。当市场化日益将农民整合进商品性生产时，农民逐渐被分化为脱离于国家保护的单一生产者，往往面临不利的市场处境（任守云、潘璐，2016）。贫困群体长期以来生活在低度市场化的环境之中并相应产生了自己一整套的生存伦理，我们往往忽视了这些群体在文化上与以商业性为代表的现代致富伦理之间的断裂（李小云，2017b）。因此，快速推行农村市场化会带来农民社会分层的日益显著，甚至还会制造出新的贫困人口。

第二，就产业扶贫的具体组织形式来看，无论是采用“公司 + 农户”还是“公司 + 合作社”抑或是其他形式。虽然可以确保在产业链形式上对贫困户的吸纳与带动，但不得不承认的是在价值链整体上贫困户仍然处在一个低端的位置，由于内部权力关系的不对等，“公司 + 农户”等形式占有了过多的产业价值链份额。这也因此在很多“公司 + 农户”的扶贫中，贫困户收益增加强度有限，并不足以帮助农民越过贫困陷阱。现代的市场运行模式，如“公司 + 农户”“公司 + 合作社”等，往往会不同程度地演化为强势群体获

① 材料来源于对村干部的访谈 SXLY20161112。

益的组织形式（李小云，2017b）。具体来看，在 A 县的产业扶贫之中，县政府目前全力推行的是“龙头企业 + 合作社 + 基地 + 贫困户”的合作机制，政府明确表示对于重点产业与规模产业进行支持，并且全年发展现代工业园区 5 个，引进龙头企业 12 家，相关数据显示该县龙头企业销售收入年增长 40%，远高于贫困户收入的增长。此外，从纵向的组织形式来看，产业扶贫对贫困户的吸纳大多集中在农业产业链条的种植环节，而收益较多的加工、销售环节则很少出现贫困户的身影。也就是说即使吸纳了贫困户也只能够说是有限度的带动，产业经营的大部分利润被农业企业和公司所获取。

第三，“农户市场化困境”反过来恰恰为农业企业以及农业资本在农村的扩张提供了合法依据。目前无论是农业政策还是扶贫政策，都倾向于对贫困地区规模化的经营主体而非小农提供资金补贴和项目支持。很多企业看到了这样的“政策机会”，于是有些企业与资本开始打着“产业扶贫”的幌子在贫困地区开始进行土地流转，并从事一些非农业的活动，还有一些工商资本与产业项目相结合包装成为“精准扶贫”产业扶贫项目直接套取国家项目补贴与政策优惠，导致了产业扶贫资源的“精英捕获”和政府合法性的流失，这也是目前学界对于资本下乡尤其是资本下乡进入农业领域进行反思与批判的原因所在。

三　产业扶贫的可行路径与对策建议

由上可以看出产业扶贫实践困境并不是源于国家扶贫资金投入不足以及贫困地区资源的匮乏等，而主要是贫困农户参与能力不足、目标缺失主体异化以及市场对贫困户的排斥所导致，深度贫困地区贫困户的可行能力不足是产业发展困局的根源所在。为了规避以上问题，我们探索的产业扶贫可行路径具体如下。

（一）贫困农户赋权与产业模式选择创新

很多国家的扶贫经验已经证明对贫困户赋权能够有效地提升扶贫项目的运行效率和个体层面的益贫效果，社区底层贫困户对于项目的参与是减贫最为有力的保证（Narayan-Parker，2002）。所以在产业选择环节，我们应该充分尊重贫困户的意愿和权利，让贫困户参与产业选择的过程中来。在扶贫产业具体选择方面，首先，要摆脱以往政府主导养猪、养牛等发展传统第一产业的固定思维。结合农业供给侧结构性改革，调整地方产业结构，在尊重当地生产条件与地方知识基础上尽量选择去发展一些附加值比较高的特色产业。在产业扶贫的具体实践过程中还需要与新技术相结合，利用电商扶贫、光伏扶贫、保险业扶贫等新的产业扶贫项目与手段，加快推进农村新产业新业态的形成，构建出城乡一体化基于互联网的现代农业产品流通体系。其次，在产业扶贫的模式选择上，提到产业扶贫并不应该仅仅是规模化的发展模式。要改变以往单纯支持规模化龙头企业以及大农户的农业政策，加大对于小农户产业的扶持力度，探索小农户与现代化农业之间有机衔接机制。因为在贫困地区小农与贫困户之间有很大的重叠，小农扶贫模式能够更加彰显出扶贫的精准性（吴重庆，2016）。在尊重地方规律与乡村价值基础上，在广大深度贫困地区的村庄之中培育复合型的产业发展模式，所谓复合型产业是由主导型产业、辅助型产业和基础型产业综合构成，而非地方政府主导之下打造的单一化产业模式样态。发展复合型产业模式既有利于发挥地方特色产业的比较优势，又能够在市场竞争之中降低风险。再次，转变地方政府在产业扶贫过程中的角色，变主导为引导。目前在地方产业发展方面不是政府管理太少而是行政权力干预过多，虽然政府主导的产业扶贫模式在一定程度上发挥了很大的示范效应，但是在带动贫困户精准脱贫方面还存在很大的限度。具体来看，在产业扶贫过程中地方政府应该把主要精力投入基础设施建设、规则制定以及公共服务供给等方面，为当地的产业发展创造出一个良好的市场社会环境。产业扶贫的主体是企业和农村经营主体而非地方政府（殷浩栋，2016），所以进行产业扶贫的时候要尊重贫困户自身的发展意愿，遵循产业发展规律和地方民情，尤其要防止以打造“亮点”为目的的政绩工程和区域之间盲目开展的产业发展竞赛。

（二）分类治理与叠加支持突破“贫困陷阱”

针对产业扶贫面临社会机会挤压之下扶贫主体缺失与救助目标异化的问题，我们认为：第一，需要加强对贫困户的分类治理（任超、袁明宝，2017），目前来看对于贫困户的识别主要是根据收入指标来衡量。凡是收入低于国家确定的贫困线的农户就会被认定为建档立卡的贫困户，就会被纳入产业扶贫的扶植范围。但我们需要注意的是在贫困线以下的建档立卡贫困户内部也存在很大的差异与分化。具体来看，贫困人员内部分为以下几类：有脱贫能力的农户与没有脱贫能力的农户；在没有能力脱贫的这一类中又可以细分为完全没有能力脱贫与暂时没有能力脱贫两种（狄金华，2016）。所以在坚持因人施策、分类治理原则的指导下，对于完全没有脱贫能力的长期性贫困农户应该将其纳入低保、五保等保护式扶贫的救助范围进行政策兜底，针对那些有能力脱贫和那些有可能脱贫的暂时性贫困农户，再根据其致贫原因、家庭劳动力状况以及家庭生命周期等多种因素开展不同类型的产业项目支持，通过国家产业扶贫政策的干预使其摆脱贫困，最终脱贫摘帽。第二，针对目前农村劳动力缺失以及空心化的现实情况，我们在产业扶贫项目设计的时候要有性别视角，多设计规划一些适合农村妇女以及老人的小微项目，比如说要对贫困地区农村妇女的刺绣、编织等手工艺品以及非遗文化产品之类的项目加大扶植力度，而不是一提到产业扶贫就要一味地追求规模化、劳动密集型的产业。第三，针对农村社会分层日益明显，即使在贫困户内部分化也很严重的现象，采取叠加支持的策略帮助其跨越“贫困陷阱”。对于保护式扶贫对象，我们需要考虑严格界定保护式扶贫的目标群体，缩小范围，同时提高保护的强度，强化瞄准机制。对于开发式扶贫对象，则需要将政策重点放在扩大非竞争性公共产品供给和破除市场发展障碍上来，增大政策扶持力度并与对贫困户家庭的瞄准性产业扶持相结合，形成叠加优势，同时要在开发式扶贫中逐渐弱化内部竞争机制，减少由于资源分配不均而带来的不满与冲突。当然，在以上整个精准扶贫过程之中还要加强对于产业扶贫政策的实施的考核与监督，防止救助目标异化以及“精英捕获”问题的出现，让贫困户能够公平地享有其应有的社会机会。

（三）市场资本规制与扶贫制度供给侧改革

制度创新是经济增长的源泉，是经济增长的动力，也是贫困地区脱贫致富的一个重要变量（石友金等，1998）。不同于一般性的产业发展，产业扶贫更加需要一个“益贫性”的政策制度框架设计创新。产业扶贫承担着既要保证产业的发展壮大又要确保贫困户的收益的双重目标，所以产业扶贫需要一个区别于一般性的市场机制来突破“农民市场困境”，在产业扶贫的过程中要处理好发展的市场逻辑与扶贫的社会逻辑之间的关系（许汉泽、李小云，2017），规制市场主体与资本单向度的谋利倾向，提高贫困户在市场中的发展能力，这就需要对原有的扶贫制度与模式进行创新。首先，国家对贫困地区的专项转移支付，特别是作为贫困人口资产的扶贫资源，必须要确保这些资产的收益规定限制在贫困人口的范围内。除了直接性的资产补助之外，应将计划到户的扶贫资金折股转化成贫困人口的资产，这样可以在很大程度上增强贫困人口的财富获得能力和市场竞争力，进而避免公共资源被以项目开发的形式为其他群体捕获。对于深度贫困地区的产业扶贫项目而言，需要探索产业发展的利益联结机制，保证贫困户能够在产业链之中获得利益不被排斥，而非直接补贴给大户或者公司，对于深度贫困地区工商资本下乡和进行项目包装的行为要引起警惕。其次，在新的社会经济形势条件下，往往强调直接的项目支持贫困户发展，忽视了开发贫困户生活工作空间的经济价值。事实上，很多处于深度贫困的地方恰恰是生态环境好的山区和林区，有丰富的自然和历史文化资源，土地、林地以及农户宅基地的价值远远没有得到利用。我们需要在精准扶贫的过程中促使这些资源转变成为贫困户以及村集体的有形资产，因此，应该加快出台贫困人口资产增值的制度安排，建立贫困人口与市场之间的关联机制，这将有助于这些群体走上可持续的脱贫之路。再次，现有生态补偿机制主要是政府购买服务，政府补偿也仅占损失的一小部分，低度的补偿水平并不能够弥补农户的生计损失。因此培育生态服务市场购买机制势在必行，为此我们需要探索生态服务市场购买的内容，培育市场购买生态服务的路径（李小云，2017b）。最后，目前产业扶贫工作的开展仅仅是政府科层体系内部的动员，广泛的社会力量与公益组织缺席扶贫的参与和对贫困户的帮扶，在精准扶贫的“最后一公里”需要借助社会力量以及公益组织的专业优势，在深度贫困地区构建多元主体共同参与脱贫攻坚的协同治理机制。

四 结语与讨论

脱贫攻坚进入最后决胜阶段之后，深度贫困地区的扶贫工作成为关键，而产业扶贫在打赢脱贫攻坚战、巩固长效脱贫机制方面扮演着重要的角色，发挥着不可替代的作用。产业扶贫也开始成为学术界关注的重要议题，以往关于产业扶贫的研究大多把关注焦点放在市场逻辑和产业运行本身上，认为产业扶贫遭遇困境的原因是没有尊重市场规律和产业项目实施不当等外部因素所导致，往往忽视了产业扶贫主体贫困户自身的影响。扶贫产业不同于一般意义上的单纯追求经济利益的发展型产业，产业扶贫过程中在追求经济效益的同时更重要的是使贫困户有收益，并激发他们的内生动力。本文以秦巴山区集中连片特困地区 A 贫困县的产业扶贫实践为例，站在贫困户的角度运用可行能力理论对产业扶贫实践困境的一般规律进行总结概括与分析解释。

我们认为，产业扶贫容易遭遇失败，其困境的根源主要是因为贫困户在市场中可行能力的缺失与不足，在产业扶贫政策实践层面更是地方政府向上负责的政治逻辑和竞争谋利的市场逻辑实现了对扶贫济困社会逻辑的双重替代，而作为产业扶贫主体贫困户的能动性、权利被忽视和遮蔽。具体来看表现在以下三个方面：政治方面贫困户参与不足而出现了产业选择的悖论；社会方面贫困户的社会机会受到挤压而导致扶贫主体缺失、目标异化；在市场方面贫困户发展能力受到排斥而引发了“农户市场化困境”。而与之相对应的，我们提出以下政策建议：第一，在产业的选择过程中要对于贫困农户赋权和尊重他们的权利，摆脱以往发展传统农牧业的思维，而进行产业发展模式的创新；第二，对于不同种类的贫困户因户施策、分类治理，“保护式”与“开发式”扶贫政策相结合产生叠加效应使其摆脱“贫困陷阱”；第三，创新扶贫治理体制机制，探索产业扶贫的利益联结和资产收益机制，增强产业的“益贫性”，开展扶贫制度的供给侧改革，探索从产业扶贫到“产业兴旺”的发展新路径，实现脱贫攻坚与乡村振兴政策的有效衔接等。

参考文献

波兰尼，卡尔，2007，《大转型：我们时代的政治与经济起源》，冯钢、刘阳译，浙江人民出版社。

狄金华，2016，《精准扶贫中的责任归属与对策》，《学习时报》11 月 17 日，第 5 版。

付江月、陈刚，2018，《西部贫困山区产业扶贫发展研究——以贵州黔南龙山镇为例》，《开发研究》第 1 期。

黄承伟、邹英、刘杰，2017，《产业精准扶贫：实践困境和深化路径——兼论产业精准扶贫的印江经验》，《贵州社会科学》第 9 期。

李棉管，2017，《技术难题、政治过程与文化结果——“瞄准偏差”的三种研究视角及其对中国“精准扶贫”的启示》，《社会学研究》第 1 期。

李小云，2017a，《精准扶贫难在哪里?》，http://rmfp.people.com.cn/n1/2016/1012/c406725 -

28773128. html? from = timeline&isappinstalled = 0。

李小云，2017b，《把深度性贫困的治理作为精准扶贫的重中之重》，http://theory. gmw. cn/2017 - 04/24/content_24284434. htm。

李小云、张雪梅、唐丽霞等，2006，《中国财政扶贫资金的瞄准与偏离》，社会科学文献出版社。

林万龙、华中昱、徐娜，2018，《产业扶贫的主要模式、实践困境与解决对策——基于河南、湖南、湖北、广西四省区若干贫困县的调研总结》，《经济纵横》第 7 期。

任超、袁明宝，2017，《分类治理：精准扶贫政策的实践困境与重点方向——以湖北秭归县为例》，《北京社会科学》第 1 期。

任守云、潘璐，2016，《作为场域的市场：农民销售处境与结构限制——以河北李村李子销售为例》，《南京农业大学学报》（社会科学版）第 2 期。

森，阿马蒂亚，2002，《以自由看待发展》，任赜、于真译，中国人民大学出版社。

石友金、肖国安、朱有志、邹新月，1998，《脱贫致富与制度创新——湘赣老区开发式扶贫的理性思考》，《中国农村观察》第 5 期。

孙兆霞，2015，《脱嵌的产业扶贫——以贵州为案例》，《中共福建省委党校学报》第 3 期。

檀学文、李成贵，2010，《贫困的经济脆弱性与减贫战略述评》，《中国农村观察》第 5 期。

吴重庆，2016，《小农与扶贫问题》，《天府新论》第 4 期。

邢成举，2017，《产业扶贫与扶贫“产业化”——基于广西产业扶贫的案例研究》，《西南大学学报》（社会科学版）第 5 期。

许汉泽、李小云，2017，《精准扶贫背景下农村产业扶贫的实践困境——对华北李村产业扶贫项目的考察》，《西北农林科技大学学报》（社会科学版）第 1 期。

杨帆、章晓懿，2016，《可行能力方法视阈下的精准扶贫：国际实践及对本土政策的启示》，《上海交通大学学报》（哲学社会科学版）第 6 期。

殷浩栋，2016，《产业扶贫：从“输血”到“造血”》，《农经》第 10 期。

张春敏，2017，《产业扶贫中政府角色的政治经济学分析》，《云南社会科学》第 6 期。

Hick, R. 2012. “The Capability Approach: Insights for a New Poverty Focus.” *Journal of Social Policy* 41: 291 - 308.

Narayan-Parker, Deepa, eds. 2002. *Empowerment and Poverty Reduction: Asourcebook*. World Bank Publications.

3

基于小农户生产的扶贫实践与理论探索*

——以“巢状市场小农扶贫试验”为例

叶敬忠　贺聪志**

一　贫困小农的脱贫挑战

改革开放以来，中国政府取得巨大的扶贫成就。随着国家精准扶贫战略的实施，农村贫困人口在2017年底进一步减少到3046万人（国家统计局，2018）。当前扶贫工作的重点是深度贫困地区和深度贫困人口，且主要是小农户。根据精准扶贫政策的宏观设计，“生产扶贫”是完成脱贫目标任务最重要的举措（林晖，2016）。在实践中，“生产扶贫”的主要方式是发展以市场为导向的地方特色产业，通过鼓励和支持农民专业合作社或龙头企业等新型经营主体，在贫困地区开发“一乡一业”或“一村一品”，进而带动贫困户脱贫。因此，“产业扶贫”几乎成为“生产扶贫”的代名词，且在绝大多数情况下，主要指农业生产和食物生产类的产业。

以往的实践表明，面对复杂的现实情况，产业扶贫在带动小农户脱贫过程中常常遇到一些瓶颈和困难。例如，产业发展的集中化、规模化和标准化常常与贫困小农户生产性资源的分散性、微型性和多样性相矛盾。而且，若不能对资源优势、市场潜力等做出科学判断，盲目推行“一乡一业”或“一村一品”式的专业化产业，很容易陷入低水平、同质化竞争和生产过剩（郑风田、程郁，2005；孙兆霞，2015）的旋涡中，给本就脆弱的贫困小农户带来更多不确定性和生计风险。此外，如何保障这些贫弱、分散的小农户

---

* 原文刊发于《中国社会科学》2019年第2期。

** 叶敬忠，中国农业大学人文与发展学院教授。贺聪志，中国农业大学人文与发展学院副教授。

在面对其他强势市场主体时不被排挤，有更大的自主性、谈判能力和内生动力，在流通交换中获得更公平合理的价值分配等，也是产业扶贫中难以回避的困难和挑战（黄宗智，2012；艾云、周雪光，2013）。其实，扶贫方式可以多元化，不必拘泥于一种思路。基于中国人多地少的基本国情，不可能在所有地区统一实现大规模的产业化和商业化农业或食物生产。在很多贫困地区，零散地块往往更适合小农式的家庭生产。小农经济有其合理性和必要性，并没有完全过时（姚洋，2017）。小农农业的重要性和小农户的生存发展亦受到国家的高度重视。党的十九大报告、2018 年中央农村工作会议以及 2018 年中央一号文件都将小农户发展和乡村振兴放到了显要位置，并提出要采取有针对性的措施，“促进小农户和现代农业发展有机衔接”，“帮助小农户对接市场”，“发展多样化的联合与合作，提升小农户组织化程度”，“扶持小农户发展生态农业”，“重塑城乡关系，走城乡融合发展之路”，等等。作为国家整体发展战略的一个组成部分，扶贫工作应该与乡村振兴战略有机结合，遵循中央关于小农农业和小农户发展的上述指导思想，遵循创新、协调、绿色、开放、共享的五大发展理念。针对当前的贫困新特点和各地的现实情况，在“产业扶贫”难以覆盖的地区或不太适合的情况下，探索能够将贫困小农户的生产与现代社会需求联结起来的多元扶贫新机制。

20 世纪 80 年代以来，国际上出现了各种重新思考和定义农业与农村发展的观点，并尝试通过调整农业生产方式和创新市场流通机制来回应农业与食物体系危机的实践和理论探索。尤其是，作为对农业部门所遭遇的价格挤压的回应，农民尝试发展能够带来更多附加值的新产品和服务，并在纯粹的农耕之外创新多元的生计活动，这样的地方性行动大量涌现。在理论和政策层面，这些行动常被以“多功能性”或“生计方式多样化”等概念来概括和表述（Ploeg et al.，2010；Francis，2000）。与此同时，这些开拓新的产品和服务的农民发现，进入主流市场对改善其家庭境地作用有限，因为大部分附加值被控制市场渠道的其他行动者攫取，或者其产品和服务根本就难以进入主流市场。在此背景下，这些农民另辟蹊径，与同样在寻求更健康食物的城市消费者合作，建立直接联结，从而构建起一种主流市场之外的新型市场形式。无论是在发达国家还是在发展中国家，这种现象都日益普遍（Hebinck et al.，2015）。例如，荷兰的很多小农场主在农场中将牛奶加工成乳酪、酸奶和其他产品，直接销售给附近城市的消费者；巴西政府通过“联邦食品采购计划”（PAA）和“校餐计划”（PNAE）等制度化方式，直接采购小农户的农产品，以为小农户创造一个保护性的市场空间。近10年来，类似的实践探索在国内越来越多地生发出来，有的是民间草根个体或群体的自发创新（如农民个体发展特色生态农产品并通过社会网络构建起固定的消费者群体，返乡“新农人”带动村民将产品与城市消费者直接联结等），有的是社会组织或高校及科研机构推动下的社会试验（如中山大学在广东省和云南省推动的“绿耕”城乡互助实践，山西省永济市“蒲韩乡村社区”帮助小农户构建类似新市场等）。在对荷兰、巴西和中国等实践进行分析和总结的基础上，2010年，笔者与荷兰学者扬·杜威·范德普勒格（Jan Douwe van der Ploeg）、巴西学者塞尔吉奥·施奈德（Sergio Schneider）共同提出“巢状市场”（Nested Market）的概念，以对这种新的市场形式和农村发展实践进行总结和概括（Ploeg et al.，2010，2012）。

类似构建巢状市场的行动一般被视为回应生态问题或食品安全问题的一种替代性实践。但事实上，这类行动的影响并不仅限于此。它们正在成为推动农业转型和农村发展的新动力。同时，这种市场形式所创造的新的经济空间和分配机制也可以成为贡献于小农户生计和农村减贫的创新路径。近年来，将类似路径应用于扶贫行动的探索越来越多，例如，一些地方政府推动的“消费扶贫”活动，四川省青神县妇联推动的“我在深山有远亲”实践（鼓励消费者与贫困农户“结对子”），河南省固始县物价局在该县平楼村推动的“贫困小菜园”行动，以及中国农业大学在河北省太行山区开展了8年的“巢状市场小农扶贫试验”，等等。

这些致力于将小农户与城市消费者直接联结起来，为贫困小农户构建一种特殊的“巢状市场”的理念和实践，正是立足于中国当下独特社会环境，以小农户生产为基础的扶贫与乡村发展探索。本文以生产和市场两个维度为扶贫的切入点，以这些实践中比较具有代表性的“巢状市场小农扶贫试验”为例，呈现这一新的扶贫探索，阐述其主要特征和理论内涵，为探讨如何化解当前的扶贫困境提供一种思路，并对中央关于扶贫工作和小农户发展的重要思想进行实践具体化和理论深化。

二 贫困小农的“产业”与巢状市场小农扶贫行动

自2010年起，中国农业大学的一个研究团队在河北省太行山区的青林乡[①]开展“巢状市场小农扶贫试验”。目标是通过发展适合贫困小农户特征的“另一种产业”和创造将农村贫困生产者和城市普通消费者直接联结起来的“另一种市场”——“巢状市场”，来探索瞄准深度贫困人口的“另一种脱贫途径”。由于贫困小农户的“另一种产业”主要指农民以小农方式开展的农产品和其他食物产品的生产，故本文将此脱贫途径称为“巢状市场小农扶贫”。

（一）另一种产业：小农生产

从农村发展的生计理论视角来看，思考农户生计改善与收入提高的出发点应是“农户现在有什么”（以此为基础，再思考农户可以做什么），而不是“农户现在缺少什么”（Scoones，2009）。因此，要使贫困户建立可持续的生计收入方式，应该从其可控制、可支配和可获及的生计资源入手，充分开发、动员和利用这些资源，调动农户的主体性和能动性来创造发展机会。农户的生计资源包括自然资源、物质资源、经济资源（或金融资源）、人力资源、社会资源和文化资源（Bebbington，1999）。对于分布于农村地区尤其是偏远山区的贫困农户的生计发展来说，小块土地、山地、多年种植和饲养的品种（作物、蔬菜、林果、家禽、家畜等）以及水源等是其主要的自然资源；现有的劳动工具和生产设施是其主要的物质资源；少量（或几乎没有的）现金或存款以及来自政府的少量政策性补贴是其主要的经济资源；现有的家庭劳动力以及按照小农方式进行种植养殖业生产的乡土知识和经验技能是其主要的人力资源；亲属邻里关系、村庄各种正式和非正式组织以及人际信任是其主要的社会资源；现有的小农式（非工业化）生产方式和乡土食品生产传统，以及这些生产方式和生产传统中所体现的有关人与自然、人与社会、人与人之间的价值理念是其主要的文化资源（Carney，1998；Field，2003：13－14）。

---

① 本文中的乡镇和村庄均为化名。

基于上述生计资源，贫困的小农户可以从事的生产便是在有限（相对较小）的土地或空间规模上，依靠有限（相对比较缺乏）的家庭劳动力，按照现有（相对较为传统）的生产方式和生产技艺，以有限度（相对固定）的生产规模，种植和饲养现有（相对乡土）的作物（包括蔬菜、林果等）和家畜家禽，以及加工有地方特色（相对传统）的食品。这些产品的小农式生产，是几乎所有具备一定生产能力的贫困户都可以顺利开展、没有多少生产风险的“另一种产业”。其产品便是规模比较固定的地方品种作物、畜禽产品、瓜果蔬菜和地方性的加工食品等。

（二）另一种市场：巢状市场

当前的社会环境尤其是城市的食物消费转型和日趋多元化的需求，为贫困户的上述产品提供了特定的销售契机。近年来，规模化和工业化的食物生产方式，以及远距离食物流通中的化学添加与保鲜方式等带来的食物质量和环境健康问题日益显现（黄旦、郭丽华，2008）。食品安全问题不断被媒体曝光，引发一定的公众焦虑和信任危机。在此背景下，相当一部分城市普通消费者在试图寻找主流市场之外的安全食物获及渠道。

相对于各种认证和标签，部分消费者更愿意相信自己看到的生产过程和了解的生产者。他们更青睐受工业化农业生产方式影响较少的小农生产方式，农民与其劳动对象的亲和性，以及这种产品的地方性、自然性、稳定性和文化性。他们不仅重视食物安全，也有着对环境和贫弱者的社会关切与价值认同。他们愿意以适当价格与固定的小农户直接对接，信任其产品质量，定期购买其产品，支持其小农式的乡土生产方式。这样，特定的农村生产者和特定的城市消费者就以食物为载体直接联结在一起，既满足了农村生产者的生计收入需要，也满足了城市消费者的健康食物需求。

这种在农村生产者与城市消费者之间形成的直接对接、实名、有相对固定边界以及具有一定认同和信任的“另一种市场”，被称为“巢状市场”（Ploeg et al.，2010，2012）。“巢状”一词在此有两层含义：一方面，这种市场是特定人群之间所形成的有限而又相对闭合的产品、现金、信息、服务等的流通圈和交往圈，恰如在主流市场中筑入的一个个“鸟巢”，因此其本身就嵌入主流市场之中；另一方面，它也是对这种特殊市场形式和食物供需网络的一种隐喻，强调的是生产者与消费者之间的直接而固定的联结关系和基于信任的社会网络，恰如“鸟巢”里的各个节点，生产者和消费者以各种方式紧密地团结在一起，构成一个边界相对明确的市场结构。只要某些生产者和某些消费者建立了这样的固定结构，就可以形成一个巢状市场。按此原则，一个村庄的生产者与城市的一个社区或多个社区的消费者可以建立起一个巢状市场；一个村庄的生产者也可以分成多个生产者小组，分别固定对接城市消费者，形成多个巢状市场。以此方式，在更大的范围内，如一个乡，直至一个国家，形成的将不是一个没有边界的无限大市场，而是无数个巢状市场。

（三）另一种生产扶贫方式：巢状市场小农扶贫

“巢状市场小农扶贫试验”最早在青林乡的柳村发起。在柳村的带动下，邻近的宋村后期也开展了同样的扶贫行动。下面主要以柳村的实践为例，介绍该试验的主要过程。

柳村位于河北省一个国家级贫困县的西部山区，距离北京 190 公里，位属太行山区。2017 年，全村共 173 户 654 人，其中建档立卡贫困户 55 户（12 户为政策兜底对象），贫困人口 210 人。村庄常住人口以留守的妇女、老人和儿童为主。该村耕地 770 亩（人均约 1.2 亩），林地 1000 多亩。村庄至今保存着较为典型的小农农业形态，通过种植、养殖的结合实现人与自然的协同生产。旱地和水浇地主要产出玉米、红薯、花生、土豆和各种杂粮。林地则产出核桃、板栗、柿子、桃、李子、杏等林果。每个农户都拥有一片小菜园。家庭养殖仍以乡土方式为主，主要产出有土鸡、土鸭、柴鸡蛋、鸭蛋、农家猪、山羊等。另外，红薯粉、红薯干、烧饼、卤水豆腐、柿子饼等是该村独具特色的乡土加工食品。基于柳村的这些资源和产品，研究团队自 2010 年开始尝试在乡村和城市之间进行“搭桥”。

1. 村庄贫困小农户的组织与合作

研究团队首先与柳村村委会合作，在对村庄生产状况和贫困小农户可利用的生计资源进行调查摸底的基础上，开始动员农户参与，并推动村庄内部的组织与合作。经过筛选，20 户具备一定生产能力和良好口碑的贫困农户（大部分是贫弱的留守老人）成为生产小组的第一批成员。同时，3 位村民代表（其中 1 位是女性）被推选为生产小组的核心组织者，他们负责将一家一户的小农组织起来，协调和监督生产过程、把关产品质量、组织配送、与消费者进行互动，等等。目前村庄已经形成相对有序的组织分工，有 16 个农户专门负责屠宰加工、质量把关、包装、配送以及与消费者互动等环节。经常参与的农户已达 76 户，包括几乎所有具备一定生产能力的贫困小农户。同时，按照农户生产能力和生产优势的差异，农户间形成了相对稳定的农产品供应分工。由于柳村的带动，附近的宋村自 2016 年起也独立组织起来，参与农户目前已扩展至 19 户。

研究团队参与培育理念、协助村庄组织起来，并在此过程中观察组织过程，与村庄一起思考如何改进和完善。在启动初期，研究团队为生产小组提供了少量的配送补贴和配送协助。2012 年后，生产小组逐渐能够独立完成各种操作环节，且不再需要经费补贴等帮助。自 2014 年起，研究团队还与生产小组一起发起了保护乡土老品种的试验。

2. 城市消费者群体的动员与拓展

在城市（北京），研究团队从邀请身边的同事和亲朋好友开始，依托社会关系网络发展消费者群体。18 个家庭成为第一批消费者，之后，有过良好参与体验的消费者又不断邀请亲友加入，使消费群体以“滚雪球”的方式自发拓展。截至 2017 年底，柳村已在北京建立 8 个配送点，参与的消费者超过 400 个家庭，且数量还在逐步增加。2017 年夏，柳村的生产小组又凭借其不断拓展和建立的社会网络，与河北省保定市的一个消费者群体建立联结。附近的宋村也逐渐发展起覆盖约 100 个家庭的城市消费者群体，在北京建立了 3 个配送点。

2016 年底的一项调查[①]显示，参与的消费者对柳村巢状市场表达出很高的信任度：表示信任的消费者比例达 95.1%，其中 69.1% 表示通过一定时间的联结和交往，已经信任农户和村庄生产小组，26.0% 表示因信任研究团队或其他消费者，进而信任村庄。对于为什么选择参与柳村巢状市场，消费者的反馈是：“有益健康”（80.2%）、“尊重自然”（76.5%）、“有助于减贫”（54.3%）、“熟人信任”（44.4%）、“定价合理”（43.4%）、“喜欢乡土性产品”（43.2%）等。

3. 乡村与城市的联结与互动

巢状市场为乡村生产者与城市消费者构建了一个联结与互动的特殊场

① 此次调查主要借助“问卷星”展开，调查人员将问卷的网络链接推送到柳村的各个消费者微信群中，邀请消费者自愿参与，网上作答，共收回 81 份有效问卷。

域。其中农产品的直接对接是其核心内容。2017 年，柳村全年纳入对接的农产品已达 56 种，最受欢迎的产品为土猪、土鸡和鸡蛋。这种农产品的城乡对接一直持续至今，配送活动一般保持约每 20 天一次，目前正在逐渐增大配送频率。

与此同时，现代信息技术的发展正在推动中国社会生发出一场“社交革命”，也使城市消费者和乡村生产者之间跨越空间的日常互动成为可能。目前，微信群和微信公众号是双方交流所依托的主要媒介。它们为生产者与消费者之间的信息分享、下单交易、网上支付、质量反馈、活动组织以及消费者邀请新成员加入等提供了极大便利。此外，乡村生产者与城市消费者也有很多面对面的交往与互动。村庄的每次配送都为双方提供了见面交流的机会。很多消费者在闲暇之余携亲朋好友访问村庄和对接的生产农户，既得到了休闲放松，也增进了对村庄、农户和食物生产过程的了解。这些联结和互动使双方逐渐拉近了距离，增进了理解和信任。

4. 价格协商、收益分配与质量监督

出于帮助贫困小农户改善生计的考虑，柳村巢状市场农产品的价格普遍高于当地市场 30%—60%，但远低于城市市场上带有“生态”“有机”标签的农产品价格。在销售收入中，生产小组一般提取 10%—20% 用于必要的劳动力投入、配送、包装等组织成本，其余全部返还农户。

目前巢状市场的农产品价格对农户和消费者都有吸引力，并得到参与双方的认可。同时，由于乡村生产者和城市消费者实现了直接对接，去除了中间环节，双方都能够从中受益更多。一方面，生产农户可以获得比当地更高的出售价格，且产品有稳定销路。以鸡蛋为例，很多连走到集市都很困难的留守老人，如今在家门口就可以以 30—40 元每公斤的更高价格定期将鸡蛋售出。另一方面，相比城市市场上的“有机”产品来说，巢状市场农产品的定价更加“平民化”，适合面向城市普通收入水平的家庭。以猪肉为例，北京市场上“有机”猪肉的价格常常高达 120—200 元每公斤，而巢状市场的定价维持在 50—65 元每公斤。

此外，研究团队与生产者和消费者一起，共同构建了一系列参与式质量监督保障机制，包括：（1）可追溯产品来源和去向的实名制标签。巢状市场每份产品的标签上均详细标注生产农户和消费者的姓名与联系方式，存在质量问题时可以直接追溯到具体农户。（2）生产小组及村庄内部的熟人社会监督。生产小组对进入巢状市场的产品进行质量把关。与此同时，在生产小组内部和整个村庄内部，每一个参与农户的生产方式和生产过程均会因熟人社会的人际传播机制而广为人知，这对产品的质量起到了很好的内部监督作用。

5. 调整与适应：从“生产—消费”不连续向连续的努力

巢状市场尝试重构“生产—消费”关系，重新联结长期被区隔的消费者与生产者、城市社会与乡村社会。这种联结需要克服不少价值、机制、制度、技术与社会环境等方面的障碍与困难。例如，发起之初，村民和消费者不理解巢状市场的理念，缺乏可供借鉴的、成熟的组织机制和经验，乡村缺少适应这种市场的检验检疫、屠宰加工、冷藏、物流等服务和设施，农民进城配送经常受到各种限制，生产小组管理能力欠缺，等等。与此同时，生产者与消费者的对接也表现为一个不断博弈和不断调整的非线性过程，存在很多不连续性。例如，在产品本身和配送环节等方面，城市消费者常常要求较高的精确性，而乡村生产者则往往表现出一定的随意性；一些消费者已经习惯于超市食物的标准化和一致性，对于乡土农产品的外观、分割和包装有时会感到不适应，等等。这也导致在巢状市场建立初期，对接失败或消费者退出等现象偶有发生。

事实上，巢状市场逐渐发展完善的过程本身就体现为不断克服这些挑战，将不连续转化为连续的过程。8 年来，生产小组不断总结实践过程中的经验和教训，做出多方面的努力和调整，例如，不断学习网络使用技能，完善组织环节；调整种植养殖结构和生产方式，使生产更有计划性和协调性，等等。此外，长期持续的互动也使消费者增进了对村庄和生产农户的了解。很多消费者参与出谋划策，积极帮助村庄应对产品包装、组织配送等方面的问题和挑战，例如，每个取货点都有部分消费者为村民进城配送提供分货、暂存等帮助；几位互联网行业的消费者志愿为巢状市场设计了专门的交易软件，并长期提供技术维护。

随着生产者与消费者的不断磨合、调整与适应，以及村庄组织机制的不断完善，目前巢状市场在柳村和宋村均已形成了相对稳定的“生产—消费”对接关系和相对固定的消费者群体。

三 巢状市场的特点

（一）市场的多元形态

当前，主导市场认知的主要是新古典和新自由主义经济学的话语。这种视角假设市场中的行动者具有完全的理性，并在象征层面将市场抽象为根据价格水平自动调节供需平衡（即“看不见的手”）的一般性体系。各种市场形态都归属于这个体系，并由统一机制进行调节；社会则是一个与经济相分离的领域，不会影响经济秩序。然而，大量的实证研究表明，理论经济学意义上的一般性市场体系只是一种理想。这种话语忽视了多元性市场的存在以及多元市场力量运作过程中的各种社会元素和关系（纪廉等，2006：63；格兰诺维特、斯威德伯格，2014：58）。

事实上，市场不只是抽象的价格、偏好、供应、需求和自动形成平衡的体系（这种纯粹的市场并不存在），市场也是特定人群之间基于特定的社会物质基础、对特定商品和服务进行交易的场所或结构（Shanin，1973）。在市场体系之内，同时共存着缤纷多样的市场形态或市场结构，其中一些具有悠久的历史。每个具体的市场形态都有自己的运作机制，不同机制之间有着复杂的关联和互动。它们对生产者与消费者的联结方式或直接或间接，或简单明了或错综复杂。它们可能存在于地方，也可能延伸到全球。市场嵌入社会关系，这些关系可以直观可见，也可以高度匿名，它们塑造了商品和服务在市场中的流动模式。而在不同流动模式中，收益和成本（包括交易成本）在参与各方之间的分配方式也不同（Ploeg，2014）。历史上，市场之间一般都有着一定的边界，其范围取决于可利用的技术、基础设施和当地的历史与文化背景（Milone and Ventura，2014）。就本质而言，市场并没有善恶之分。市场会产生什么样的结果，完全取决于效率、个体行动者被赋予的空间和自由度、所创造的分配效果等（Hebinck et al.，2015）。

但在今天，全球农业与食物领域正越来越被各种“食物帝国”（food empire）[①]（周立，2008）和其他大中间商所控制的市场秩序所主导，形成“沙

① “食物帝国”最典型的例子莫过于四大跨国粮商，即美国阿丹米、美国邦吉、美国嘉吉和法国路易达孚。

漏状的食物体系”（帕特尔，2008：9）。包括“食物帝国”在内的商业力量构成一种强制性网络，对战略性的联结、节点和通过点加以控制，同时试图阻断或清除其他替代模式的存在（Ploeg，2008：239）。它们主要以农业企业的模式组织食物的生产、加工与流通，不断形塑和重塑生产与消费领域，建构产品的质量标准以及消费者的需求与偏好。而对于这些农业企业来说，交换价值和利润率超越了使用价值，导致的结果是交换模式压制生产模式，市场价格等外部指标左右这些企业的生产方式和生产过程。例如，决定一头牛饲料配给量或一头猪屠宰时间的，经常是饲料原料的成本或猪肉的市场价格，而不是动物的生长过程和日常表现。可以说，在这种市场中，资源、劳动力、知识、产品、服务或者任何投入都会被转化成完全的商品，都需要按照交换价值进行严格的估价（Ploeg，2008：117，269）。20 世纪 80 年代，这一过程在加速向全球扩张和向乡村延伸。在此过程中，很多有着长期历史的地方性市场被挤压、改组或收编，多元市场的边界在逐渐消融；产品生产越来越去地方化，日趋脱离当地特殊的生态系统和社会属性，与文化和地方性资源发生了断裂（Ploeg，2008：4）。同时，这些过程也在消耗地方自然资源，破坏农村地区社会经济和环境体系的抗逆性。

这也是一个层级化的、长链的市场。食物从土地到餐桌的过程被各种中间商层层控制，生产者与消费者被各种中间环节区隔开来。在绝大多数情况下，产品（如某种食物）的生产者和消费者都是匿名的，也不存在固定而持续的生产和购买关系。对于食物消费者来说，他们不知道购买的食物来自何处（food from now here），由谁生产，以及如何生产（McMichael，2013：18）；对于食物生产者来说，他们也同样不知道生产的食物销往何处，由谁消费。人们参与市场的主要目的就是商品交易，经由商品交换和货币往来发生社会联系。换言之，这种市场所折射出的更多是一种市场的关系或者商品的关系。由于存在诸多中间环节，交易成本较高，产品价值链中的绝大部分利润主要被中间环节尤其是大的工商资本所占有。个体小农常常失去直接进入市场的通路，其产品只能通过“公司 + 农户”或被中间商贩收购等形式，成为这些企业的原材料，或自身成为农业雇工。他们也在很大程度上失去了对其产品和劳动的议价权。

上述这种伴随全球化过程兴起并扩张的主流市场，也可称为“无限市场”。“无限”一词是对其以下特点的表征：市场秩序主要由“食物帝国”

等少数商业力量控制；发散性辐射（如作为市场出口的超市），没有明确的边界；生产者与消费者之间因各种中间环节的控制而被区隔，没有直接的互动；产品难以溯源，生产者和消费者通常是匿名的；不断向全球扩张，越来越多的人口、资源和地方性市场被纳入其秩序和规则之下，等等。随着无限市场的扩张和农业与食物生产方式的转型，环境和生态的过度损耗、农民生存环境被挤压、食品安全和健康风险、农村社会结构的消解等，已成为全球性问题和挑战。

面对这些问题和挑战，国际上有很多行动者在积极采取策略进行回应。近年来，通过生产和流通领域的变革来推动建立更可持续的食物体系，并对社会和生态进行修复，已经成为“新的行动领域”（Long，2007）。这些行动和努力已经生发出很多新的、能带来更多附加值的产品和服务，其中有些则涉及对流通和分配机制的重塑。在主流无限市场所定义的范式和规则之外，其他的市场形态也在这些过程中不断被复兴或创新。这些从微小开始、从角落发起的地方性行动和实践的主要目的不在于取代主流无限市场，而是弥合主流市场的“失灵”，并修复其带来的社会和生态后果。它们所带来的一系列变化，正在重塑农村发展和农业与食物体系。巢状市场便是这样的一种行动和实践，其本身也是过去和现在都存在的一种替代性市场形态。

（二）巢状市场的结构

无论是巢状市场还是无限市场，都是市场整体的一部分。两种市场之间存在复杂的互动，在现实中并非完全对立。同时，巢状市场本身也嵌入无限市场之中，但又有别于无限市场。巢状市场象征着产品、服务、现金和信息等新的流动形式（Ploeg，2014：33）。与人们习以为常的无限市场相比，巢状市场是在哲学基础、价值伦理、逻辑过程和运行规则等方面颇为不同的另一种结构。

作为对食品安全、个体小农生存困境等问题的回应，巢状市场旨在打破主流无限市场中“食物帝国”等中间环节的控制，建立食物生产者与消费者的直接对接（见图 1）。巢状市场代表着一种“旁路”（by-pass）（Ploeg et al.，2012），旨在绕过无限商品市场通道，重新联结被区隔的生产者和消费者、被割裂的社会与生态关系，创造一种生产者与消费者共同拥有、合作互惠的地方性市场。这里的生产者一般指直接从事农业生产和产品加工的无数个个体小农，包括具有家庭劳动力的贫困农户。而消费者一般指城市普通消费者。当农村生产者和城市消费者以食物为载体、以巢状市场为机制建立起直接的联系，所有生产者和消费者都是实名的，消费者知道购买的食物来自何处（food from some where），由谁生产，以及如何生产（McMichael，2013：18）；生产者也知道生产的食物销往何处，由谁消费。同时，对于不同类型的食物产品来说，生产者与消费者往往维持固定而长期的生产和购买关系。一旦一个巢状市场得以建立，其中的生产者、消费者将相对固定，即是有限度的；生产者的产品种类、生产规模和产量也是有限度的。与无限市场相比，它不是发散的，而是一个相对闭合的流通圈。它与其他巢状市场之间，也存在明显的边界。

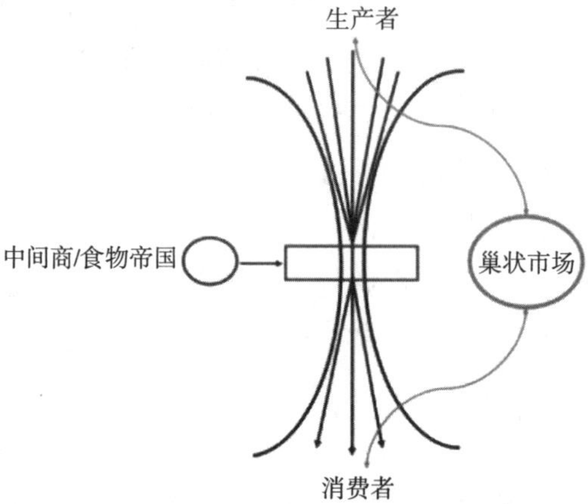

图 1　生产者与消费者在主流无限市场中的区隔和在巢状市场中的对接

说明：参考范德普勒格教授在中国农业大学讲授农业社会学课程时展示的“食物帝国”示意图，以及拉吉·帕特尔在《粮食战争：市场、权力和世界食物体系的隐形战争》（2008：9）中关于主流食物体系的示意图。

此外，巢状市场的边界还体现在产品的特殊性和共享的价值规范两个方面。首先，巢状市场的产品以农户的生计资源为基础，由具有良好声誉的特定小农生产者群体以小农农业方式与自然协同生产。因此，产品种类丰富多样，且具有浓厚的乡土气息和鲜明的地方特色，其生产是自然的、生态的。其次，这些特定的生产者和特定的消费者共享着一套独特的价值规范和标准框架，例如，在高质量和安全食物方面，更强调与自然协同生产出来的健康产品，并不必然要求产品具有齐一的鲜艳颜色和漂亮外形；在生产方式方面，更看重非工业化的小农模式的生产；在生态环境方面，更注重尽可能少地使用化肥、农药、人工激素等化学物质；在价格方面，既考虑农民保持可持续小农生产方式的成本和收益，也考虑城市普通消费者的承受能力；在产品数量和供应时间方面，更尊重动植物的自然生长过程，而非要求随时可得，等等。

生产者和消费者的直接对接意味着巢状市场不再有中间环节或中间商的控制，食物价值链的收益绝大部分归个体小农所有。在巢状市场中，参与的小农既是生产者，也是销售者，能够获得比无限市场更多的产品附加值。同时，巢状市场也创造了将偏远山区和贫弱群体纳入的新的经济空间，开发了这些原本被无限市场排斥的、边缘化的地区与人口的发展潜力，增加了创收机会。这是巢状市场小农扶贫功能最显著、最直接的体现。

生产者和消费者因为具有共同的价值基础和目标定位，故而成为某种意义上的利益相关者和价值共同体。在此基础上，巢状市场产品的价格很容易由生产者和消费者商议而定，过程透明。中间商价值攫取的去除和价值共同体基础上的议价机制，意味着小农生产者能以较高的价格（相比地方性市场价格）出售产品，而消费者也能以相对较低的价格（相比市场上“有机”或“生态”产品的价格）获得自己信赖的高质量健康产品。

对于一个已经建立起来的巢状市场来说，每一个生产者都有一个建立在有限生计资源和特定生产方式基础上的生产（产品）规模上限，且其产品已经建立起固定的对接消费者，而产品价格由上述议价机制而定。因此，在有特定生产者、特定消费者和特定生产（产品）规模的条件下，无论是在生产者之间、消费者之间还是生产者与消费者之间，都是一种人人共享价值、共享利益的关系，具有高度的包容性。再者，无论主流市场的价格如何大起大落，巢状市场的产品价格都能维持长期的相对稳定。因此，对于小农生产者来说，参与巢状市场是一种风险极低的生计策略和脱贫途径。

巢状市场中的生产者小组内部、消费者小组内部以及生产者与消费者之间都构成了一个边界明显的社会网络，这是巢状市场的另一个典型特点。在此网络中，共享的价值规范和频繁的互动交流，使作为巢状市场中各个节点的生产者和消费者之间逐渐建立起一定的信任基础，并使信息在网络里得以顺利传递。生产者可以自觉地保障食物的小农生产方式和健康的食物质量，不仅因为他们知道谁将消费自己生产的食物，而且因为他们与特定的消费者之间已经建立了信任。因为这样的信任，消费者对其购买的产品质量有信心，因此在议价方面会更加尊重生产者的意见和权力。可以说，信任机制对巢状市场的运行起着非常重要的作用。巢状市场的社会网络和信任机制还有助于贫困生产者之间的资源调动和互惠互助，从而使生产得以顺利开展。此外，贫困农户还可以在参加巢状市场的各种互动活动中，参与讨论，发出声音，表达观点，并认识到自己对生产健康产品的贡献和价值。这些虽不能直接提高收入，却是改善生活质量的内容，还可以激发贫困户改变自我的内在动力。这在某种意义上也意味着对农户的赋权以及农户自主性的增大。这样的社会网络以及身处其中的行动者之间的信任、信息传递和互惠互助等正是巢状市场所生产的社会资本。它是贫困农户需要的，也是一般情况下最为缺乏的重要生计资源。而社会资本的生产则可以提高生产者将资源转化为产品和收入的能力，进而借此脱离贫困，实现可持续生计（North and Cameron，2000；Woolcock，1998）。

由此可见，巢状市场中人与人之间建立起来的主要是一种基于使用价值关系和信任关系的市场，所交易的产品也主要是基于使用价值关系和信任关系的产品。此外，在巢状市场的生产者和消费者共享的价值规范中，小农农业生产方式是重要的内容。在小农农业中，使用价值超越了交换价值和利润率，因此，生产模式主导着交换模式，一些内部指标对生产起着规范作用。例如，小农根据一头牛的生长过程和日常表现来确定最适合的饲料配给量，根据一头猪的自然生长规律来确定何时屠宰、出售，等等。独特的农业与自然、社会和人类（生产者、消费者等）之间的关系是小农农业的典型特征，而产品交易也服从于这些关系。对于农业生产投入，无论是外部购买的（如种子、种畜、肥料等），还是农民自己创建的各种资源库（如农家肥、圈舍、梯田等），甚至自己的劳动力，小农都将它们作为体现自然属性的使用价值投入农业生产过程中，而不再需要按照交换价值对其进行严格的估价，不会将它们视为一定要创造更多价值的资本（即除了获得回报之外，还必须获得资本的利息等）（Ploeg，2008：117）。对于巢状市场的小农生产者来说，很多自然资源（尤其是公共池塘资源）、劳动力、乡土知识并未经过完全的商品化，而只是以非商品化或半商品化的形式进入农业生产过程中。可以说，一系列的关系和结构是巢状市场产品生产、加工、配送和消费过程的主要组织机制，并以此维持共享的价值规范和标准框架，保障产品的质量和安全，满足小农生产者对于生计收入和普通消费者对于健康食物的需求。

巢状市场的特点可以通过其与农业和食物领域的主流无限市场的对比更好地呈现出来（见表1）。当人们使用主流市场的一些概念和框架看待巢状市场时，有时会想当然地认为巢状市场规模太小，效率低下。其实，巢状市场的优势正在于其规模的有限性，以及巢状市场的个数、巢状市场中生产者

表1　巢状市场与主流无限市场的比较

巢状市场	无限市场（农业和食物）
生产者与消费者直接对接，重新联结生产与消费、城市与乡村、农业与地方社会	生产者与消费者之间、城乡之间被各种中间环节区隔，农业越来越脱离地方社会
有边界、有限的	无边界、无限的
实名，生产者与消费者互相知晓，且维持长期固定的生产和购买关系	匿名，生产者与消费者互不相知，其间的生产和购买关系经常是偶然的、变化的
以有着浓郁乡土气息和地方特色的产品为主	以农业工业化产品为主
短链流通，交易成本随参与人数的增加而降低，依靠社会网络、可见性和透明性获得信任和声誉	长链流通，经常需要进行市场调研、市场营销，交易成本高
生产与消费的信息容易掌握，供给与消费持续互动，并趋向平衡	生产与消费的信息无法掌控、难以预测，供给与需求经常陷入周期性失衡
价值共同体基础上的议价机制，过程透明，价格相对稳定	充满价格竞争甚至操控，过程隐蔽，价格波动起伏
规模小，自然与市场风险小	规模较大，自然与市场风险很大
水平式市场结构，小农生产者参与和控制从生产到销售整个链条的各个环节，更公平的附加值分配	层级式市场结构，小农生产者往往只是廉价原材料供应者或农业雇工，位于产业链最底端，经常遭遇价格挤压和利益剥夺
生产者和消费者共享一套独特的价值规范和标准框架，相互信任，合作互惠	市场建构质量标准和消费需求，且受大资本和中间商等隐性权力控制
价值和关系导向，主要体现为关系的市场、关系的产品	利润导向，主要体现为市场的关系、商品的关系
有助于纳入边缘地区和贫弱者，具有高度的包容性和显著的扶贫功能	强势群体主导，边缘地区和贫弱者经常被排斥和淘汰
对自然和社会产生保护性、修复性效果	经常对自然和社会产生破坏性、攫取性效果

与消费者的人数和适合村庄资源条件的产品种类数。巢状市场的规模应该体现为一种“范围经济”（economies of scope）（Ventura and Milone，2000），是一种“小而美”的模式。与此相比，无限市场则强调“规模经济”（economies of scale），追求的主要是产品专业化程度和交易量的多少，尤其是少数商品的巨大生产规模。

四　巢状市场小农扶贫的功能

（一）“生产扶贫”的两种方式

“生产扶贫”本身可以有多种不同的方式，包括围绕主流无限市场的“产业生产”和依托巢状市场的“小农生产”。不同的方式存在各自的优势和不足，适合不同特征的贫困群体。

小农扶贫所对应的主要是小农农业模式。小农农业模式通常以生态资本的持久利用为基础，旨在保护和改善农民生计。小农农业往往以其多功能性为显著特征，从事农业的劳动力通常来自家庭内部，或者通过互惠关系组织调用农村社区成员，土地和其他主要生产资料归家庭所有。小农会通过采取诸多精明的策略使其农业活动远离外部市场。小农农业的主要特点表现为小农将农业视为一种生活方式，带着热情和精神坚持不懈地投身农业生产之中；小农将劳动置于舞台的中心，将劳动与自我控制的且部分自我调配的资源联结在一起，也与前途和未来联结在一起，因此是就业的重要途径；小农倚重的是人与自然的协同生产，通过精耕细作和创建资源库达到对资源的高效利用；小农基于生计资源进行内源性、地方性和多样性的产品生产；小农对劳动对象进行“精心照料”，不会用“强制”的方式影响动植物的生长过程，体现了对生物生命的尊重；小农还利用匠人工艺创造各种新奇事物；小农会利用农业的多功能性和对外部市场约定俗成的远距化来保持高度的自主性，等等（叶敬忠，2013）。

产业扶贫对应的主要是企业农业模式。企业农业是通过扩大规模进行生产的一种农业方式，其生产高度专门化。企业农业经营者主动委身于对主流市场的依赖之中，尤其是与农业投入相关的市场。企业农业主要建立在信贷、工业投入与技术等金融资本和工业资本的基础之上，并对劳动过程进行部分工业化改造。企业农业的主要特点表现为农业活动与已有的生态资本相剥离，自然在农业生产过程中的存在逐渐减少，那些保留下来的部分也在不断地经历全方位“人工化”过程的“重构”；企业农业的生产目标集中在利润的创造上，它依靠现有的可用资源来生产附加值而非依赖资源库的发展，由于高度依赖市场，其自主性程度较低；农业企业往往热衷于依赖信贷资金进行规模扩张，故企业债务相对较高；企业农业依据市场关系来组织和安排劳动与生产过程，外部指标成为主要的指示标准，因此常常体现为对动植物生命的忽视，等等（叶敬忠，2013）。

对两种生产扶贫方式进行总体比较可以发现，“巢状市场小农扶贫”主要依赖贫困小农户的生计资源，采用小农农业的生产模式，通过巢状市场向城市消费者提供“一村多品”。“产业扶贫”则主要依赖来自村庄内部或外部的产业资源，采用企业农业的生产模式，提供的经常是高度专门化的“一村一品”。

对生产扶贫两种方式的对比可以采用政治经济学四个关键问题的分析框架。这四个问题是：谁拥有什么，谁从事什么，谁得到什么，他们用所得物做什么；分别用于考察资产的社会关系、劳动分工、收益分配的社会关系、消费与积累的社会关系（Bernstein，2010：22）。首先，谁拥有什么？产业扶贫中食物体系的大部分联结被企业和其他中间商所控制，而巢状市场小农扶贫中的贫困农户则控制着（或与消费者共同控制着）从生产、加工到销售的全部过程。其次，谁从事什么？产业扶贫中的贫困农户主要作为原材料或劳动力的提供者而存在（现实中以前者为主，只有少量贫困人口成为雇工）。而巢状市场小农扶贫中的贫困小农户既从事生产和加工，也从事配送和销售。再次，谁得到什么？产业扶贫的较大部分收益被企业和其他中间商所占有（在某些情况下，这也是农民陷入贫困的原因之一），有时还会被村庄精英所“俘获”。而巢状市场小农扶贫中的贫困小农户能够得到更好的价格和更多的收入，除支付必要的组织成本外，并无其他中间环节攫取收益。最后，他们用所得物做什么？产业扶贫中的企业或其他中间商常常将收益用于扩大规模或开拓新产业，而巢状市场小农扶贫中的贫困农户将收入用于消除贫困，并在尚有多余的情况下，用于农业生产的继续改善或资源的维持及乡村性的重建等（见表2）（Ploeg et al.，2010）。

表 2　小农扶贫与产业扶贫的比较及政治经济学分析

		小农扶贫	产业扶贫
主要特点	资源特点	生计资源	产业资源
	生产模式	小农农业	企业农业
	产品种类	一村多品	一村一品
政治经济学分析	谁拥有什么	贫困小农户拥有（或与消费者共同拥有）所有联结，包括从生产、加工、配送、销售到消费的过程	大部分联结由企业及其他中间商控制，包括从生产、加工、配送、销售到消费的过程
	谁从事什么	贫困小农户既从事食物的生产，也从事加工、配送和销售，并根据消费者的反馈对生产、加工和配送进行调整完善，拥有较大的自主性和内生动力	贫困小农户的角色一般是向农业企业或食物企业提供原材料，或作为企业的雇工，缺少谈判能力和内生动力
	谁得到什么	更公平的收益分配：贫困小农户以较高且稳定的价格出售产品，价值链中诸多环节上产生的收益均归其所有，分配份额得到极大提高，且收入机会更稳定、持续，风险较小	不平等的收益分配：生产经营的大部分收益常常被控制流通环节的企业及其他中间商获得；有些经营主体还能获得优惠政策；贫困小农户处于价值链最底端，获得较少收益，且收入机会相对不稳定，很多情况下还承担较大风险
	他们用所得物做什么	改善贫困小农户的家庭生计，实现脱贫，改善生产，维护农村公共池塘资源，重建乡村性	企业和其他中间商常常将积累的财富用于规模扩张或其他产业的开发

（二）巢状市场小农扶贫的效果

8 年的试验证明，巢状市场小农扶贫可以是一种更为精准的扶贫和乡村振兴模式，在带动贫困小农户脱贫增收、改善村庄生态环境和促进农村可持续发展等方面具有重要功能。

第一，以生计资源为基础，贫困户的参与很普遍，生产可持续。贫困户参与巢状市场小农扶贫的门槛非常低，只要有生产空间和劳动能力就可以成为巢状市场的生产者。在柳村，除了完全丧失劳动能力的极少数贫困户（“兜底扶贫”的对象），其他贫困户均可自愿参与巢状市场。越是贫困的农户参与巢状市场的积极性越高，尤其是那些缺少其他收入来源的妇女和老人。贫困农户参与巢状市场的产品已达 56 种，几乎覆盖当地能够生产的所有种类，包括利用院落、山坡、林地和河沟饲养的各种畜禽产品，各种时令蔬菜、杂粮、林果，各种地方特色食品，如红薯粉、柿子饼、豆腐、烧饼等，甚至包括山上地里采集的野菜、野蘑菇、中草药等。这种以贫困农户的生计资源为基础的生产性“产业”具有高度的可持续性，因为所利用的是贫困小农户自家的院落和土地、村庄的公共空间和公共池塘资源以及小农所掌握的生产经验和乡土知识。在柳村，有些原本属于“兜底扶贫”对象的贫困小农户也参与了巢状市场的生产。例如，空巢留守老人许某，因中风已无法下地干活，2013 年春季向邻居借 100 元购买鸡苗在自家院落饲养，通过巢状市场出售鸡蛋和鸡，当年收入 2500 元左右；2014 年购买更多鸡苗在野外山坡饲养，当年收入超过 1 万元。

第二，以固定的消费者和较高的产品价格为保障，贫困户的收入稳定而持续，脱贫效果显著。巢状市场通过建立稳定且长期固定的消费者群体，以较高的价格将贫困户生产的多种产品按一定频率出售。首先，巢状市场的每次交易都能为贫困户带来实实在在的现金收入，脱贫效果立竿见影。据柳村生产小组统计显示，2017 年参与巢状市场的农户共 76 户，其中 48 户为建档立卡贫困户，包括政策兜底的 6 户。他们每年通过巢状市场获得的收入存在一定差异，少则千元左右，多则上万元。更多的贫困老人每年通过提供鸡、鸡蛋以及各种小杂粮、南瓜、核桃、板栗等，每年可获得 2000—5000 元的收入。这笔收入虽然看起来离致富尚远，但足以弥合这些农户的已有收入与贫困线之间的缺口。其次，参与农户在不同季节会生产出多样化的产品，并且可以基本不受季节限制地提供肉类、蛋类以及干果、杂粮等耐久产品和农家特色食品。同时，消费者的食物需求是长年不断的。这种供应和需求的稳定性和连续性使巢状市场的交易得以全年进行，因此贫困户月月有进项，收入长期可持续，从而可以保证脱贫效果长期稳定。最后，巢状市场各种产品的价格总体上长期稳定，并不随着外部市场的剧烈波动而大幅调整。此外，以生计资源为基础的小农生产对来自主流市场的外部投入依赖较少，进而可以保障贫困户的稳定收益，使发展巢状市场成为一种风险极低的扶贫行动。这种扶贫行动能够充分“帮助小农户对接市场”，“发展多样化的联合与合作，提升小农户组织化程度”，体现了乡村社会和城市社会共享的发展理念。

第三，以充分的互动和信任为基础，乡城关系和谐而协调。巢状市场为农村贫困小农（生产者）和城市居民（消费者）提供一个相互了解、紧密互动和建立信任的平台。除了持续性地购买农户产品外，不少消费者为巢状市场提供协调配送和分发货物、建立和维护网络下单平台等志愿服务，自发向村庄贫困家庭捐赠衣物、儿童玩具和图书。很多消费者在闲暇之余携亲友访问村庄和农户，不仅为村庄带来了额外的收入（食宿），而且发挥了农业和乡村在自然教育等方面的多功能性，增进了城市消费者对农耕特点的了解和对农户的信任，带动了乡村旅游的发展。有的消费者还为到北京求医的农民提供医疗信息、挂号住院等帮助。与此同时，有些参与农户有时也会给对接的城市消费者家庭带去新采的蜂蜜或新摘的果蔬，或者捎去几句问候。这些超越纯粹产品交易的互动和关怀，符合“重塑城乡关系，走城乡融合发展之路”的发展方略，体现了和谐的乡城关系和协调的发展理念。

第四，以整体性修复为补充，乡村建设既生态又富有文化。巢状市场小农扶贫行动不仅在村庄直接推动各种可持续的恢复乡村活力、保护生态环境、促进农民自身发展的创新活动，还在村庄引发了一系列变化。调查发现，在巢状市场的影响下，村民自身在食物消费方面的安全意识得到明显提升。柳村越来越多的农户开始种植乡土品种、繁育本地鸡苗和猪苗，以保护地方特色动植物资源和优良品种。生产小组还将部分收入投入垃圾治理和文化活动中，带动村庄形成多元的互助与合作，提升了村庄自身的组织能力。巢状市场小农扶贫行动所激发的这些变化，对乡村生态修复、乡土社会与乡土文化的延续和传承具有重要作用，体现了“扶持小农户发展生态农业”的发展方向和绿色的发展理念。

五　结论与讨论

以市场为导向的产业扶贫方式在我国的精准扶贫工作中发挥了重要作用，但它很难全面覆盖深度贫困的小农户，也面临很多挑战。此时，需要探索和创新适合贫困小农户的多种生产扶贫方式。为此，扶贫工作在认识和思维上需要转变。(1）扶贫方式应该是开放的、多样的。不同方式各有优势和不足，适合不同特征的贫困地区和贫困群体，没有哪种方式可以一成不变且放之四海而皆准。(2）对于深度贫困的小农户来说，扶贫行动的目标应该切实可行。作为一项社会事业，扶贫的直接目标不是致富，而是通过各种生计改善和收入提高措施，在贫困人口目前已有收入的基础上，使人均收入达到或超过设定的贫困线标准。(3）基于中国人多地少的基本国情，规模化产业生产并非适合所有地区，尤其是对于贫困地区来说，小农生产并没有过时。

在规模化的产业扶贫行动难以全面覆盖贫困小农户时，基于零散地块的小农式家庭生产应该是生产扶贫的立足点，此时，脱贫任务的关键便是如何将其与现代社会需求联结起来，即帮助小农户对接市场。

本文基于开展8年的“巢状市场小农扶贫试验”，呈现了一种“产业扶贫”之外的、基于小农户生产的扶贫和乡村发展的实践探索与理论思考。该试验表明，以“贫困小农户现在有什么”的生计资源为出发点，以他们开展的健康农产品和地方特色食物的小农式生产为“产业”，以城市普通消费者对健康食物的需求为对接出口，以远离主流市场和充满信任的“巢状市场”为交易和互动的组织形式，由贫困人口和城市人口共同参与的“巢状市场小农扶贫”，可以成为一条具有高度可行性和长期稳定性的可持续生产扶贫途径。其可行性源于食物生产建立在贫困户已经拥有的各种生计资源基础上和长期实践的小农生产方式上。其稳定性源于在农村生产者和城市消费者等相关行动者之间建立起来的社会网络和互动信任，或者说社会资本。“巢状市场小农扶贫”可以成功地将农户现有的生计资源和社会资本转化为贫困人口的生计收入。这样的收入数量未必巨大，但对贫困家庭来说至关重要，且稳定可靠，风险很小，很容易弥合贫困人口已有收入与贫困线之间的缺口，从而实现精准脱贫。这样的实践模式也不同于以往扶贫实践中有时出现的一次性或短期性采购。柳村的巢状市场已经持续8年并一直保持良性发展，消费者的需求是长期性的，生产者也始终有产品供应，所以如果组织维护好，类似市场可以有较好的发展空间和长期持续的可能性。尤其重要的是，这一实践可以成为农户脱贫之后不再返贫的重要手段。

巢状市场的核心是重建市场嵌入社会的特征，直接联结生产者和消费者，并通过市场来重建社会信任和共享价值。巢状市场将非常异质的农村生产者和城市消费者进行对接，既实现了城乡的融合，很好地彰显了共享、协调、绿色的发展理念，也是小农户与现代社会有机衔接的一种创新和探索。

对于构建巢状市场这种基于小农户生产的扶贫机制，人们经常会有很多困惑或误解。最常见的一个误解在于人们认为贫困村庄一般偏远，与如北京这样的大城市对接存在距离上的限制。其实，县城（或县城以上城市）范围内的任何一个社区或者任何一个政府部门或企事业单位，均可以与贫困村庄实现对接，而且产品的运输和配送将更为容易。此外，有人会认为生产者的组织和消费者的发动是关键，目前没有人员能够开展这些活动。其实，每个村庄都有主要来自县城政府部门或事业单位的驻村工作队，他们是建立村庄与县城机构或城市社区对接的最佳组织者和中间人，另外，村庄社会工作者、大学生村官、村干部等也可以承担起组织者和发动者的角色。事实上，在“巢状市场小农扶贫试验”行动中，研究团队就扮演着这样一种“搭桥”和协助性角色。

如前所述，近年来，构建类似巢状市场的扶贫行动在国内各地越来越多地生发出来，一些积极效果正在显现。但是，对于这些正在大量涌现的扶贫实践，尚缺乏概念和理论上的总结与分析。本文正是对这类实践进行概念提升、学术分析和理论探讨的一种尝试。

需要指出的是，本文呈现的“巢状市场小农扶贫”探索，只是产业扶贫之外的一种扶贫思路，但并非唯一的生产扶贫方式。它与各地方的社会物质基础紧密相关。不同地方在小农农业特点、基础设施状况、社区文化、人力资源等方面的不同，会导致巢状市场的发展空间和扶贫效果存在差异。因此，对这种模式的借鉴不能简单套用，而要根据各地的具体情况，选择最适合的扶贫方式。

同时，这类扶贫行动在实践中也不可能一帆风顺、完美无缺。“巢状市场小农扶贫”亦是如此。例如，在宏观层面，这种方式需要面对商品大市场的全球环境，如何确保不偏离扶贫和乡村发展的价值规范，如何在巢状市场共同体中构建共享和分享的机制，如何提高组织者的能力等，将是长期的挑战。在微观层面，8 年的实践表明，生产者和消费者组成联结并形成共享的价值规范和标准框架需要一个较长的过程，在此过程中，各种不连续性时常出现。此外，在生产者组织、消费者组织、产品质量保证、配送分发等方面也会面临一些技术问题和制度挑战。在这些方面，政府和社会各界可以提供一些帮助，来为这类市场的发展和扶贫行动创造更大的活力和空间。例如，政府部门、企业、学校和医院等的食堂或员工可以与贫困村庄进行对接，帮助发展起稳定的消费群体；村庄生产和组织环节所需的一些基本公共品，如冷藏、加工、包装、互联网和运输等方面的设施和设备，可以由地方政府或村集体提供；政府可以发挥职能，为村庄提供检验检疫、规范屠宰、小额生产周转金、打通农产品进城配送绿色通道等公共服务和政策支持。需要特别强调的是，类似巢状市场这样的互惠经济的发展尤其需要外部的扶植和内部的组织，一方面需要政府和社会各界在理念、政策和资源等方面的倡导和支持，否则将很难与资本主导的市场经济形式相竞争；另一方面需要小农户的团结合作，因此如何以合作社等方式将小农户有效地组织起来需要更多的探索。

总之，当前的精准扶贫工作应该在生产扶贫方式上突破常规思维，重新认识和分析小农农业以及小农户的特点、潜力和能动性，充分利用国家的扶贫政策和项目支持，通过贫困小农户的生产劳动和全社会的共同参与，创新真正适合贫困小农户的长效脱贫机制。

参考文献

艾云、周雪光，2013，《资本缺失条件下中国农产品市场的兴起——以一个乡镇农业市场为例》，《中国社会科学》第8期。

格兰诺维特，马克、理查德·斯威德伯格，2014，《经济生活中的社会学》，瞿铁鹏、姜志辉译，上海人民出版社。

国家统计局，2018，《2017年全国农村贫困人口明显减少 贫困地区农村居民收入加快增长》，2月1日，http://www.stats.gov.cn/tjsj/zxfb/201802/t20180201_1579703.html。

黄旦、郭丽华，2008，《媒体先锋：风险社会视野中的中国食品安全报道——以2006年"多宝鱼"事件为例》，《新闻大学》第4期。

黄宗智，2012，《小农户与大商业资本的不平等交易：中国现代农业的特色》，《开放时代》第3期。

纪廉，莫洛·F.，等，2006，《新经济社会学：一门新兴学科的发展》，姚伟译，社会科学文献出版社。

林晖，2016，《产业扶贫助力3000万贫困人口"摘帽"》，10月16日，http://www.gov.cn/xinwen/2016-10/16/content_5119954.htm。

帕特尔，拉吉，2008，《粮食战争：市场、权力和世界食物体系的隐形战争》，郭国玺、程剑峰译，东方出版社。

孙兆霞，2015，《脱嵌的产业扶贫——以贵州为案例》，《中共福建省委党校学报》第3期。

姚洋，2017，《小农生产过时了吗?》，《北京日报》3月6日，第18版。

叶敬忠，2013，《没有小农的世界会好吗？——兼序〈新小农阶级〉中译本》，《中国农业大学学报》（社会科学版）第3期。

郑风田、程郁，2005，《从农业产业化到农业产业区——竞争型农业产业化发展的可行性分析》，《管理世界》第7期。

周立，2008，《粮食主权、粮食政治与人类可持续发展》，《世界环境》第4期。

Bebbington, A. 1999. "Capitals and Capabilities: A Framework for Analysing Peasant Viability, Rural Livelihoods and Poverty." *World Development* 27: 2021 – 2044.

Bernstein, Henry. 2010. *Class Dynamics of Agrarian Change* (Halifax and Winnipeg: Fernwood Publishing).

Carney, Diana. 1998. "*Sustainable Rural Livelihoods: What Contributions Can We Make?*" London: Department for International Development.

Field, John. 2003. *Social Capital* (London: Routledge).

Francis, Elizabeth. 2000. *Making a Living: Changing Livelihoods in Rural Africa* (London and New York: Routledge).

Hebinck, Paul, Jan Douwe van der Ploeg and Sergio Schneider. 2014. "The Construction of New, Nested Markets and the Role of Rural Development Policies: Some Introductory Notes, "p. 4.

Hebinck, Paul, Jan Douwe van der Ploeg and Sergio Schneider. 2015. "The Construction of New, Nested Markets and the Role of Rural Development Policies: Some Introductory Notes." in Hebinck, P., J. D. van der Ploeg and S. Schneider, eds., *Rural Development and the Construction of New Markets* (Abingdon: Routledge).

Long, Norman. 2007. "Resistance, Agency and Counter-Work: A Theoretical Positioning." in Wright, W. and G. Middendorf, eds., The Fight over Food: Producers, Consumers, and Activists Challenge the Gobal Food System (Pennsylvania: The Pennsylvania State University Press).

McMichael, Philip. 2013. *Food Regimes and Agrarian Questions* (Halifax and Winnipeg: Fernwood Publishing).

Milone, P. and F. Ventura. 2014. "The Visible Hand in Building New Markets for Rural Economies." in Hebinck, P., J. D. van der Ploeg and S. Schneider, eds., *Rural Development and the Construction of New Markets*(London: Routledge).

North, L. and J. Cameron. 2000. "Grassroots-Based Rural Development Strategies: Ecuador in Comparative Perspective," *World Development* 28: 1751 – 1766.

Ploeg, Jan Douwe van der, Ye Jing Zhong and Sergio Schneider. 2010. "Rural Development Reconsidered: Building on Comparative Perspectives from China, Brazil and the European Union," *Revista di Economia Agraria* 65: 163 – 190.

Ploeg, Jan Douwe van der, Ye Jingzhong and Sergio Schneider. 2012. "Rural Development Through the Construction of New, Nested, Markets: Comparative Perspectives from China, Brazil and the European Union. "*The Journal of Peasant Studies* 39: 133 – 173.

Ploeg, Jan Douwe van der. 2008. "*The New Peasantries: Struggles for Autonomy and Sustainability in an Era of Empire and Globalization.* London: Earthscan.

Ploeg, Jan Douwe van der. 2014. "Newly Emerging, Nested Markets: A Theoretical Introduction." in Hebinck, P., J. D. van der Ploeg and S. Schneider, eds., *Rural Development and the Construction of New Markets.*

Scoones, Ian. 2009. "Livelihoods Perspectives and Rural Development." *The Journal of Peasant Studies* 36: 171 - 196.

Shanin, Teodor. 1973. "The Nature and Logic of the Peasant Economy 1: A Generalization." *The Journal of Peasant Studies* 1: 63 - 80.

Ventura, Flaminia and Pierluigi Milone. 2000. "Theory and Practice of Multi-Product Farms: Farm Butcheries in Umbria." *Sociologia Ruralis* 40: 452 - 465.

Woolcock, M. 1998. "Social Capital and Economic Development: Towards a Theoretical Synthesis and Policy Framework." *Theory and Society* 27: 151 - 208.

4

农业产业扶贫的实践困境、内在机理与可行路径*

——基于江西林镇及所辖李村的调查

梁 栋 吴惠芳**

一 问题的提出

改革开放40多年来，我国的扶贫开发事业取得显著成就，农村贫困人口的规模和贫困发生率都大幅削减。但越到最后，扶贫开发的难度也越大，所遭遇的瓶颈也越多——体制性减贫效益降低、输血式扶贫导致的贫困户“等、靠、要”思想严重、区域性扶贫开发中的贫困户漏出效应等都导致了减贫边际效应的降低（李旭旦，2000）。因此，打破“扶贫开发为经济发展服务”“扶富不扶穷”的思维和弊端并实现由“输血”向“造血”的转变，通过发展产业带动贫困户自身发展能力的提高就成为21世纪扶贫开发的重要方向。尤其在精准扶贫的理念被提出以来，依靠产业扶贫成为实现7000余万贫困人口脱贫的重要手段。扶贫实践也表明，每年国家财政安排的专项扶贫资金中，超过70%的部分被用于产业扶贫。产业扶贫模式因其本身具有的灵活性、多样性、适应性和脱贫减贫的快速性，成为当下各地扶贫政策及实践中的重要选项（胡振光、向德平，2014）。当前，产业扶贫根本上表现为对传统农业的改造，既强调以市场为导向的商品农业对自给自足的农耕农业的取代、“公司+农户”或“公司+合作社+农户”的纵向一体化对分散小农经营体制的取代，也强调适度规模经营对细碎化农业经营格局的取代。

---

* 原文刊发于《南京农业大学学报》（社会科学版）2019年第1期。

** 梁栋，中国农业大学人文与发展学院博士研究生。吴惠芳，中国农业大学人文与发展学院教授。

将精准扶贫作为一个宏观的观察背景，缺少工业和服务业的大多数农村贫困地区的产业扶贫仍然在农业领域做文章。

在改造传统农业的过程中，有学者强调应当激发贫困农户的主动参与，同时重视其他多元主体的作用（胡振光、向德平，2014）。有学者提出新式农业扶贫产业的建立，其核心是良性的利益链接机制和完整的全产业链（刘北桦，2016）。对于农业扶贫产业的具体内容，有学者认为结构单一是制约扶贫效果的重要因素，因此要形成产业选项的特色化、多元化（陈晓兰等，2016）；也有学者的研究表明产业扶贫村级开发存在诸多困境，如政府政绩的最大化逻辑、扶贫主体社会责任缺失、产业与扶贫目标的脱嵌、产业扶贫的事本主义逻辑等问题（李博、左停，2016）。此外，地方政府将经济发展与产业扶贫捆绑的固化逻辑也容易造成扶贫的社会公益与追求规模化和经济利益的市场经济理性之间的矛盾（许汉泽、李小云，2017），并容易遭遇模糊化的乡土逻辑（许汉泽、李小云，2016）。

笔者调研发现，当前的农业产业扶贫虽已涌现出依靠新型农业经营主体和产业融合带动贫困户脱贫的范例，但以小微农业为手段、以贫困户个体化发展为表现形式的减贫行动仍然是当前产业扶贫中最为广泛的实践。已有不少研究集中在项目制的话语架构中讨论，且注意到了不同扶贫主客体及作为科层制内部的复杂关系，然而对精准扶贫实践中最为广泛的以小微农业为产业扶贫主体的政策逻辑和实践困境缺乏产业内部的分析，也鲜少在产业扶贫运作的乡村社会基础上进行讨论、分析，缺乏村庄治理的视角。对于当下精准扶贫背景下产业扶贫所遭遇到的困境分析，已有研究仍有拓展余地。

笔者所调查的林镇位于江西省中部，山地、丘陵地貌，全镇农业仍然以水稻种植为主，是一个农业大镇。林镇的精准扶贫始自 2014 年，全镇目前共 376 户精准扶贫户，贫困人口 1420 人，分布在 14 个村。镇政府设立了 6 个工作组负责 6 个村，另外 8 个村直接由县直单位派出工作组开展驻村扶贫。林镇的精准扶贫主要以产业扶贫为主，秉承着“能做事的，还是要发展产业”的原则，上级要求每个乡镇必须有“四个一”，即每个贫困户要有一个劳动力进城、种一亩蜜柚、有一项种植产业、进行一项养殖业。林镇又制定了“3411”，即要有 3 项以上致富产业、种植 4 亩白莲、有一片经济林并种植 1 亩蜜柚。同时，镇政府协同扶贫部门在农村依次开展过蔬菜大棚种植、蜜柚推广，但都以效益欠佳收场。从 2015 年开始推广莲子种植，初见效益又突遭市场价格下滑。当地扶贫部门会同农业部门又打算继续推广柠檬种植。

林镇所辖李村共有 544 户，半数以上的劳动力在外打工。全村耕地面积 3600 亩水田，86% 以上的农户耕地面积不足 10 亩。村内农民分化严重，家庭年收入不足万元的有 33 户，全部是贫困小农，贫困发生率为 6%。2014 年，村里开始响应上级开展精准扶贫，手段主要是农业产业扶贫，推行一家一户为单位的小产业，农民种养什么以及如何种养，基本遵循着上级的政策。2016 年李村仍然有 14 户需要脱贫，多数是鳏寡孤独等劳动力不足的家庭，在对其进行产业扶贫的同时也会给予低保名额。李村是县商务局的定点帮扶村，从 2016 年开始，第一书记来到村里协调精准扶贫的工作。综合笔者针对林镇及李村的整体性调查，发现当前的农业产业扶贫在实践中存在诸多与预设理论或政策前提相离的悖论，且困境实际上植根于特定的社会经济与治理体系之中。

二 农业产业扶贫的实践困境

（一）精准识别脱靶与扶贫产业需求排斥

农业产业扶贫若要扎实推进就必定要在农业产业的选择上充分发挥贫困户的主体性，但在产业项目的选择和生成过程中，地方政府以政绩为导向的产业设计忽视产业扶贫中多元主体的参与，容易导致精准扶贫的失准和脱靶，造成对贫困户的需求排斥和识别排斥（邓维杰，2014），使产业扶贫走上歧路。2014 年，林镇响应上级开展声势浩大的精准扶贫。和多数地方政府类似，林镇在解读精准扶贫时也格外强调产业扶贫的重要性。产业扶贫和低保兜底成为林镇在各个贫困村普遍推行的两大政策，且两者有优先序，只有在某些贫困户无法实施具体产业的情况下才会考虑低保兜底，产业扶贫实际上在林镇的精准扶贫政策中起着主导作用，社会保障制度只是补充。根据扶贫政策设计，农业产业扶贫的对象应当是那些具备一定从事种植养殖业的贫困户，但是在镇政府的指导下，李村以户人均收入 3476 元为限，33 户精准扶贫户全部是低保户。低保户大多是重病/残或智力、精神有障碍的家庭，欠缺劳动能力。因此，越过了建档立卡这一精准识别环节，产业扶贫和低保兜底两条路径的选取标准出现了重叠，导致适合产业扶贫的对象含糊不清。因此，在产业对接之前便出现了识别失准，为后续的产业对接和落地埋下了风险。

同时，扶贫过程中也出现了对贫困户的产业需求排斥，镇一级和村一级并未深入贫困户对之需求进行考察。正如上文所述，无论是“3411”还是“四个一”，针对贫困户的产业推广都是作为县级政府的任务下派的，目的是借助精准扶贫打造当地的经济亮点。这样的产业扶贫在主管农业的镇领导看来也延续了之前的“产业富民”路线——精准扶贫之前，上级政府就有农业产业化的要求，即每个乡镇具备有特色、可形成品牌效应的农业产业，在村级层面上则是“一村一品”。作为产业的富民目标与公益本质的扶贫目的重叠地体现在了白莲种植中，双重角色的张力使这一农业产业的扶贫功能式微。缺乏贫困农户的参与协商，也让这一农业产业扶贫项目缺乏可信度。这一看似一石二鸟的决策导致了扶贫产业的公信力不足，也为贫困户和村民的主动排斥埋下了伏笔。

（二）产业扶贫认定原则的固化与产业类型路径依赖

精准扶贫的整体理念不排斥灵活性的产业对接，但是在林镇及李村，因户制宜和因人制宜却并未出现，当地产业精准扶贫存在产业认定原则的固化和产业类型的路径依赖。农业产业扶贫的路径依赖主要是指决定产业对接标准和原则的固化与产业类型的单一化、规模化。

首先是农业产业扶贫准入标准、原则的固化。有研究认为精准扶贫在基层政府的实践中存在干部的路径依赖问题，依然延续旧式扶贫的老路子，认为扶贫就是送钱送物，导致扶贫资源配置失序和工作效率低下（陈晓兰等，2016）。然而即便是脱离于旧式扶贫的新式产业扶贫在产业选择、落地及运作过程中亦有可能产生新的路径依赖。以林镇为例，地方政府将产业扶贫作为主导性扶贫手段，然而对于适宜产业对接的贫困户而言却只是盯住了“有无劳动能力”这一单一标准，产业扶贫瞄准的原则和标准因此固化。只是以有无体力劳动能力的标准排除了许多有发展意愿的实质贫困户。正如李村第一书记所说，“我们只对有劳动能力的贫困户给予产业扶持，鼓励他们开展种植养殖业”。对于无劳动能力的残障贫困户就索性不给予任何产业，而此类贫困户完全可从事家庭手工业，也有发展的动力。事实上，自 2014 年选定 33 户精准扶贫户后，已有 20 户从贫困中脱离出来，剩下的都是没有劳动能力的贫困户。按照计划，2016—2017 年需要脱贫的 7 户无一例外都是精神病患者、重度残疾等，这也是李村目前精准扶贫工作继续开展下去的最大瓶颈。精准扶贫户全部来自低保户，而李村的低保户大多举家无劳动能力或由于长期患病而不能从事正常的农业经济活动。这也从侧面反映了农业产业扶贫在落户之前就存在识别失准。

其次是农业产业扶贫形式的固化，缺乏分类施策的灵活性，对产业的单一化和规模化盲目依赖。林镇在精准扶贫的号召下带领有劳动能力的贫困户推行作为产业扶贫项目的白莲种植，镇政府承诺给予种植户全额的种子、农药和化肥补贴，对效益好的农户还会给予适当的奖励。项目推广的第一年，也即 2015 年，多数农户对白莲的价格持怀疑和观望态度。一年下来，全镇的种植面积不过 300 亩，但首年的白莲莲子价格在每斤 6 元左右。第二年，在乡村两级干部的鼓励下白莲的种植面积扩大至 2000 多亩，亦有许多非贫困户纷纷加入白莲种植行列，这也印证了前文所说该项目富民目标和扶贫公益的内在张力。然而这一年的莲子价格最高只有 3 元，化肥的投入却很高昂，而且这一年镇政府不再给予种植户生产资料补贴。价格的剧跌源于大规模、单一化的白莲种植产量剧增，当地市场无法消化如此大的产出。产业扶贫中农产品品种单一化的大规模种植造成农产品结构和产品熟期比例的严重失衡，成熟期过于集中也助推了市场价格的波动。大规模种植提高了病虫害的发生频率，生物多样性丧失所带来的地域范围内农作物生命的脆弱性也促使农户不得不寄希望于农药、化肥的大量使用，导致农业生产成本上升，产业效益低下（李志萌、张宜红，2016）。综上，规模化和简单化相对于多样化的分散种植，必然存在更大的风险。

（三）产销失衡的市场困境

依靠产业扶贫打赢脱贫攻坚战有一个前提，即要使被扶持的产业形成较为完整的利益链条，至少具备特定农产品的初级加工业。产业落地后，地方政府应当承担起生产技术性指导、产品销售渠道和信息输送等责任。所有产业扶贫项目不能只有生产发展规划，还必须强调市场营销方面的技术设计，以实现提质增效（李志萌、张宜红，2016）。地方政府作为产业精准扶贫的两个主体之一应当发挥起服务和融贯功能，建立起持续稳定的脱贫机制。然而地方政府所开展的产业扶贫项目多是压力下的匆忙上马，缺乏长远的成本投资、收益及风险规划，与市场的联结出现缺位。

以往林镇产出的莲子需求者大都是镇上、县城的本地居民，并无销往外地的习惯和途径。市场的不确定性加上本地并没有莲子加工业，莲子的储存、包装均无法实现。雪上加霜的是，在“成本—收益”的理性博弈下，即便是本地的收购商也由于看不到利润而放弃了莲子收购。如今农户池塘里的莲子要么自家食用，要么索性不去采摘。用于白莲种植的水塘都是在原有的稻田基础上建设的，如今农户想要放弃莲子种植仍要去恢复地貌，成本较高。当市场供求失衡，而本地又无可化解危机的替代方案，产业扶贫的实践便会脱靶。第一书记曾说：“当老表生产的农产品卖不出去，别说扩大生产了，就是维持目前的这个规模都不可能，农户已经没有了信心，开始对直接给钱更感兴趣。”第一书记也对市场的对接不力表示担忧，“如果农户能够搞加工、包装，就能提高效益，否则我们就只能卖散的和鲜的，让商贩把钱赚去了。我们的老表只能把白莲放到路边去卖，不好卖，本地人消化不了”。镇政府正在协调各部门的社会资本鼓励本地加工，同时加强对农户莲子生产的技术性指导。但不得不承认的是，白莲种植这一农业产业的失败已很难调动村民的生产积极性。

（四）在村干部及驻村工作组遭遇管理困境

首先，李村的村干部对当前开展的精准扶贫并没有表现出浓厚的兴趣动力。当精准扶贫开始在李村推行时，伴随着建档立卡、贫困户走访、产业落户、随时跟踪和评估等一系列工作的接踵而至，李村主事的三个村干部普遍感觉到压力很大。除了应对精准扶贫运动中随时出现的繁杂事项，原属村干部职务范围内的任务并未减少。村干部也普遍表示扶贫工作中没有动力，突出表现为当村干部每年辛辛苦苦圆满完成计划中的脱贫任务时，上级并未有任何物质性的奖励，但完不成还要面临被批评。李村书记说：“我们的工资只有一千多块，生产队长只有一百多块，平时有什么事我们都不好意思找队长，工资太少了，这两年村里的工作却越来越多，土地确权、修路，现在整个村两委班子又在搞精准扶贫，很累人。群众也不理解我们，经常好心被当成驴肝肺。”在缺乏物质激励和晋升考核的情况下，村两委只好走了一条捷径——直接从低保户中选出精准扶贫户，这显然有违上级的政策规定。正是由于缺乏帮扶动力，在白莲种植的第一年，镇里要求村干部去和贫困户做工作，鼓励他们种白莲，在第一次形式化入户后，大多数贫困户担心农产品日后价格不稳而不敢接受这样的扶贫产业。遭遇农户的不领情，村干部们索性放弃，不再进行进一步的劝说了。

其次，驻村工作组的工作效果也不乐观。林镇的 8 个贫困村由县直部门派出工作组驻村扶贫，每个小组通常由 2—3 人组成，形成以第一书记为核心的驻村机制。李村是县商务局的定点扶贫村，该单位每年都会下派一个由三人组成的工作组，且每年都会更换成员，由单位成员轮流驻村。李村第一书记说："扶贫是一项费力不讨好、吃力、人们都不愿意干的活儿，所以单位轮流选三个人来做，今年刚换，明年还会再换。"而且，也并非工作组中的三人全部蹲村，只有其中的一个成员经常驻守。李村的驻村书记也不是三人中最有能力、基层工作经验最丰富的。由于驻村机制的高度流动性，第一书记并不心甘情愿地运用所在单位和自身的社会资本帮助村里建立起可长效运转的扶贫产业。驻村工作组认为驻村完全是单位派给自己的任务，况且由单位成员轮流驻村，工作组成员虽没有什么怨言但也缺少实质性的扶贫行动。在李村，第一书记为了快速完成剩余 7 户的精确脱贫任务，需要经常入户了解情况，及时登记补充信息。在第一书记的劝说下，7 户贫困户都开展了种植养殖业。此后，第一书记便会持续地跟踪观察贫困户在种养、销售环节的行为，惯用的做法就是频繁地走访，靠自己的观察和估算记录下贫困户的收入和投入。所以，用第一书记自己的话说就是"想办法凑够国家规定的三千多块钱"。笔者在一次跟随入户的过程中发现，第一书记整个过程全凭自己的观察边猜测边记录，因为想尽快在一上午时间里走访完全部贫困户然后返城。第一书记和村两委也基本上形成各自为政的局面，前者只是负责党的政策宣传、填表、入户考核、对贫困户动态追踪，后者承担实质性的扶贫工作，两者的配合较少。

（五）政策调整弱化扶贫实效

在林镇和李村，目前被列入帮扶对象的都是户均不过 10 亩的小农户。林镇每年用于产业扶贫的扶持资金在 30 万元以上，贫困的小农户一旦选定了扶贫产业便会在首年产业启动前获得 3000 元的扶持资金，产业项目结束后通过验收还会给予 2000 元奖励，这两项扶持资金都来自专项扶持资金，在程序正当的条件下可确保为贫困的小农户获得。产业扶贫政策对小农生计的改善起到非常重要的作用。以农民生计的视角来看待贫困小农的脱贫，这一目标的实现还依赖各项政策协同形成的系统合力，且这一合力必须指向贫困小农。而笔者在调查中发现，诸如产业扶贫、低保兜底的政策福利和效益往往被方向相反的其他惠农政策调整所稀释。林镇镇政府在农业补贴改革中将小农所能获得的各项农业补贴由180元降至112元，降幅高于1/3。镇政府主管农业的领导透露，“今后散户补贴总额的至少20%要继续转移给大户，政府还要为大户提供担保帮他们获得贴息贷款，效益好的大户还会得到更多奖励”。而所谓大户指土地经营面积达到50亩即可，由于这一条件的门槛较低，许多较富裕的农户通过土地流转很容易成为大户从而获得政府的各种奖助。与之形成鲜明对比的则是惨淡经营的贫困小农户。目前李村的贫困小农生计基本依赖几亩承包地，在粮食市场价格趋低的形势下，每亩近200元的政府农业补贴对他们具有更大的边际效用。除了特定的扶贫产业之外，贫困农户的大部分耕地依然用来种植水稻。由于近年来地方政府各项政策调整和市场行情变化，政府保护性收购已很难向分散的小农敞开大门，而大户却可运用社会资本、关系等继续享受135元的保护价，小农只有以100—110元的较低价格将粮食销售给粮贩子。惠农政策的调整固然有国家顶层设计和市场因素的变化成分，但贫困小农的利益却客观上受到了较大损失，从而必然影响脱贫进程。

农业产业扶贫的地方实践不乏诸多困境和误区，产业扶贫政策的表达和实践总是会出现各种各样的错位与背离。这些困境和误区的出现并非偶然，其背后潜藏着深层次的政治经济与社会治理悖论。农业产业扶贫经常性地“伤农”或遭遇失败，是因为贫困治理绝不是单独的消除物质贫困，某些制度和社会结构的变迁或缺陷才是更为根本的因素。

三　行政绩效消解扶贫绩效

（一）政绩为导向的压力型体制

乡镇政府的行为往往受到压力型权力结构因素和乡村因素的双重影响，即乡镇政府一级既要依靠来自贫困农民群众的支持与配合，又要完成上级领导的意图，因此处于一种压力型体制中（马良灿，2014）。在这种压力体制下，作为基层政权的乡镇政府处于“上级—乡镇—农民”的中间地带，势必会采取一种行政政绩优先同时维持地方稳定的策略，推进扶贫这一公益事业无法消除乡镇一级的自利性。在这种情况下，完成上级交给的任务比任务本身更重要。因此，贫困户的需求就显得不是那么重要。正如林镇在 2014 年前后，上级都有农业产业化这一地方经济综合发展的硬指标要求。当这一任务的压力在科层内部由上而下逐级强调的过程中来到了林镇，迫于总体性的行政压力体制以及唯恐政策执行不力所带来的政绩问责，镇政府相关领导经过短暂的考察便仓促地选择了某一产业，比如莲子种植业。巧合的是，这一过程和国家倡导的精准扶贫运动完美地契合在一起，甚至被访对象称为“一石二鸟”。林镇虽然每年有多达 30 余万元的产业扶贫资金，但并未精准地运用到经过斟酌考虑的产业扶贫中去，而是和富民产业打造捆绑，后者的目标是完成行政硬指标而非专门指向贫困户的产业脱贫，所有的特色产业均集中在公路沿线等便于上级考察的地带。在以政绩为导向的压力体制下，扶贫的公益本质和富民目标相冲突，规模化的亮点产业容易牵制和分散专项扶贫资金的用力方向，从而有损产业扶贫的经济绩效，地方政府的扶贫绩效在政治绩效的压力下也会被后者无形俘获。

（二）政府行为逻辑对扶贫绩效的消解

在当前的农业产业扶贫中，地方政府往往将以种植养殖为主要载体的农业产业扶贫资金进行指标分配。扶贫专项资金来自中央财政，但地方政府在扶贫资金的具体使用上有最终的决定权，这样就形成了中央政府与地方政府之间的主客体关系，贫困户便成为纯粹的受扶对象。在政策资源的分配过程中，地方政府的主体意志被放大，政策执行充满了灵活性和易变性，难以惠及真正困难的人群。在产业扶贫上同样遵循着强烈的政府行为逻辑，很多地方政府在决定发展何种产业时，并非根据村庄的实际情况，而倾向于将扶贫村的产业发展与政府的产业规划联系起来，以体现产业的规模效应和典型性（唐睿、肖唐镖，2009）。这样的政府行为对扶贫绩效的消解在整村推进扶贫开发中更容易显现，特别是将资金着力用于基础设施建设和产业发展，而忽视对低保户比例的提高和低保金额度的提升。产业扶贫的边际效益呈现递减效应，“能脱贫的都脱贫了”表明剩下的贫困户大多需要借助低保扶持标准的强化提升，或依赖地方政府对产业扶贫的体制机制创新。显然，后者需要支付较高的时间成本，与地方政府固有的行为逻辑相冲突。长此以往，地方政府的行为逻辑便演变成地方社会习以为常的做法，越过村庄参与而直接对资源的使用进行干涉。而扶贫专项资金常以项目的形式下沉至基层社会，成为分税制背景下财政转移支付的一种常规方式，上下级政府采取分级治理方式。下级政府往往明白资源的下沉来源于中央政府，对资源的使用和分配权并非直接来自上级；同时民众也不可能获得自主参与的权力，无法有效评估政府绩效，更不可能监督政府行为，防止滥用权力（折晓叶、陈婴婴，2011）。正是项目制这一超越并反行政科层制的方式为权力的运作附加了竞争性的市场机制，地方政府也便有可能在既定的集权框架和科层制逻辑中加入更多自身的利益诉求，也能获得更大的自主权力。基层民众完成扶贫任务给基层政府所带来的正向激励不如投身地方的综合性产业发展大，因为依靠扶贫并不会产生税收，地方政府也不愿在真正适合贫困户脱贫、发展的产业探索上伤脑筋。因之，获得政绩和争取项目便成为地方政府行为的两大特征（曾红萍，2015），且这一行为模式无疑消解了扶贫绩效。

四　市场联结缺位和分散的扶贫部门体制

（一）风险阻滞与市场主体弱化

乡村振兴需要处理好的一对重要关系就是政府与市场的关系，目前的行政主导性农业产业扶贫也应在明确政府责任和市场角色的前提下进行。政府作为产业扶贫的两个主体之一应当发挥起服务和融贯功能，剩下的资源配置主体功能交给市场主体如企业与农民合作社。然而林镇先后尝试并失败的蔬菜大棚、白莲等产业扶贫项目都是压力下的匆忙上马，缺乏长远的成本投资、收益及风险规划，失败后只能改弦易辙，陷入“换汤不换药”的恶性循环。上级政府意志下呈现的碎片化的农业产业扶贫，并未先行或与政府提供公共服务的同时培养或创新市场主体及其组织模式进而形成完善的产业链条，充分发挥市场主体和行业组织带动农户、配置资源的作用。产业发展是一项持续时间长且各种市场要素如资金、技术、资本等投入较为密集的一项活动，打造一种产业不可能一蹴而就，需要从各方面进行一定的积累（许汉泽、李小云，2017）。其中重要的就是具有可抗衡市场风险的强有力的市场主体如合作社、农业企业的培育与作用发挥，林镇政府只热衷于代替市场投资搞典型项目建设，反而认为培育市场主体周期长、不划算。

（二）缺乏因类施策的产业扶贫选项

产业扶贫的实践存在准入原则与产业类型的固化和路径依赖困境，主要原因在于缺乏因地、因村、因人制宜的特殊性政策设计，根本源自产业扶贫的地方实践对中央精准扶贫理念和政策的误读，缺乏实践的创新性。产业扶贫若将目光过于局限在是否有劳动能力甚至体力劳动这一淘汰性条件上，难免会错过很多可行路径，如多种形式的家庭手工业、编制业、副食业等。正如左停等人的研究所言，单一的发展产业等手段并不一定就能使贫困者增收，甚至可能使其面临贫困陷阱的风险。只有扶贫手段和贫困户致贫原因与脱贫需求紧密契合，脱贫的效果才能得到体现（左停等，2015）。

（三）政出多门的扶贫性政策福利稀释效应

作为一种发展干预的精准扶贫政策福利和普惠性政策如农业补贴的调整在方向上相离，导致贫困小农的积累受到影响。因此总体来看，政策的合力并未向精准扶贫的对象——贫困小农聚焦。在这样两难的政策环境下，小农尤其是贫困小农的生计会变得更加脆弱。项目为主要依托的产业扶贫具有很强的时限性，扶贫话语和行动迟早要在项目期结束后离场。但在后期的发展中，贫困户能否延续前期建立起来的长效脱贫机制，仍然要依赖于明确指向小农的普惠性政策基础。现实中的贫困小农又难以获得普惠性农业产业政策，扶贫对于小农的政策优势很容易被普惠政策的败退消解，致使其产生的原因与部门之间的区隔有关。就林镇和李村的经验而言，产业扶贫奖助、农业补贴、粮食收购等与贫困小农的减贫关联密切的工作分属不同的部门独自管理，政出多头使理论上指向小农的优惠政策实际上难以整合。尽管精准扶贫强调联动的协同扶贫机制，但各部门充分的自利性使“大扶贫”格局的形成仍然有很大空间。

五 “双轨治理”的激励缺失及治理悖论

精准扶贫的动员性不仅表现在意识形态领域，而且在各环节精细化管理的科层体制中被自上而下地贯彻进村庄场域。这样一种精细管理模式也使精准扶贫具有了国家治理的意义。当极其强调技术性的国家治理在村庄层面上与一个模糊的熟人社会相遇，略显抽象且陌生的行政科层制与基层社会之间就呈现为一定的冲突——遭遇乡土性。精准扶贫尤其是指向贫困村的农业产业扶贫是一个人、财、物密集消耗的工程，县级政府通常会在乡村两级做出统筹安排和人员部署，下派工作组的同时充分调动村级政权的积极性。有研究表明，我国向12.8万个贫困村选派的驻村帮扶工作人员达40万人之巨，已基本实现驻村工作组向贫困村、贫困户的全覆盖（万君、张琦，2017）。有学者将贫困及贫困治理置于中国本土治理语境中来理解，认为扶贫攻坚中所长期延续的“第一书记”制度和村民自治形成了贫困治理中的“双轨治理”，而在目前的精准扶贫实践中，两套班子的形式主义与造假共谋、博弈与不合作等都会弱化扶贫绩效（谢小芹，2017），出现帮扶的不精准与数字脱贫。在两轨并行的贫困治理模式中，任何一轨都很难顺畅运行，表现为在村干部与农民的社会距离和驻村干部难以嵌入村庄社会。

（一）在村干部与农民的社会距离

村两委干部的激励不足导致产业扶贫无法按照政策逻辑推展开来，与基层治理转型和社会变迁有关。改革开放40多年，来国家在村域社会的汲取型政权逐渐离场，紧随其后的服务型政权组织成型也显著改变了村干部和农民之间的互惠性关系生态，学界将这种新的基层政权组织形式称为“悬浮型政权”（周飞舟，2006）。没有了向群众收取税费的任务性压力，村干部反而成为各种政策下行的媒介，村级的扶贫开发亦离不开村级组织的协调配合；但近年来村庄青年精英的流失又导致村干部队伍老化并使其难以应对日益复杂的村级行政工作（唐丽霞等，2015）。因之，村干部便开始有意识地与农民保持社会距离，而社会距离在很大程度上来自外部的激励缺失——繁复的行政性工作给村干部带来额外负担，建档立卡成为走过场导致精准识别阶段出现问题；村干部承担了逼民致富的行政压力，又缺乏实质性奖惩，成为精准扶贫政策性负担转嫁的对象，其情绪抵触容易演化为对产业扶贫理念的不认同。

（二）驻村干部的难以嵌入

由于脱离村庄社会基础，驻村干部与乡村社会系统是脱嵌的，带来了贫困治理主体弱化的新问题。这种脱嵌的工作机制源自第一书记和贫困户之间并未构建起一种经验和情感基础上的共同体联结，驻村工作组和第一书记的高度流动性也意味着外来治理力量事实上不容易嵌入农村社会体系内，从而带来贫困治理的主体弱化，这是贫困治理主体相对于村干部主观弱化的一种实践性弱化。在李村，第一书记所在的县商务局并不缺乏推动产业落地并与市场深度融合的社会资本，但囿于乡土逻辑的隔阂，第一书记无法与当地村干部乃至贫困社区群众形成协同脱贫的工作机制。

六　结论与建议

农业产业扶贫的主要目标是通过特色种植养殖使贫困户获得可持续的生计能力并形成长效脱贫机制。然而，精准扶贫框架下的农业产业扶贫政策表达与实践之间存在相当程度的错位。首先，以政绩为导向的农业产业扶贫不仅忽视了贫困户的主体性，且往往与地方性综合产业发展相捆绑而出现地方政府竭力借运动打造亮点和政绩工程的做法。这种自上而下单向设计的产业扶贫模式也在实践中不为贫困户买账。其次，农业产业扶贫项目失败可归为路径依赖和行为短视，地方政府过于依赖单一化、规模化的农业产业，且局限于劳动力这一原则和条件而缺乏因地、因户和因人制宜的灵活性。此外，农业产业扶贫在精准管理中也遭遇了双轨治理的内在困境，缺乏激励的村干部拒绝卷入服务性扶贫开发中，对于村庄社会构成陌生人的驻村干部也由于情感和经验的离场而难以真正嵌入社区关系中，高度的流动性也阻碍着精准扶贫中的管理成效。最后，在地方政府培育新型农业经营主体并转变普惠性政策方向的过程中，小农被相对剥夺并逐渐被边缘化。

在对上述问题及其内在机理的分析基础上，要实现农业产业扶贫的治理成效，需要进一步完善体制机制。首先，“四个精准”仍然应当严格全程贯彻于农业产业扶贫实践，根本地要破除扶贫与地方性综合发展之间的捆绑关系，切实提高农业产业扶贫资金的使用效率和针对性，探索家庭手工业等多元化脱贫途径。其次，若要促成贫困小农与市场强有力的联系，需要建立合作社、农业企业与贫困小农三位一体的联结机制，确立按土地、资金等要素入股的原则，同时要避免合作型市场主体为获取财政转移支付而逃避对贫困小农的社会责任。然后，作为一股外来力量的第一书记作用的充分发挥离不开向村庄管理系统的嵌入并与当地村干部系统协同配合。村庄作为一个熟人社会根据成员的身份有其清晰的社会边界，第一书记需要通过沟通理性打消村社猜忌取得情感信任，这一目标的实现既需要驻村干部的主动融入，也需要政府强化情感培训。在基层政治权威日益悬浮、短期内难以提高村干部物质待遇的背景下，应充分发挥村民自治作为产业扶贫落实的组织保障，通过村民选举、组织任命等形式选出有眼光、善经营的村庄带头人，注意村庄精英在财力与德性上的平衡，使其真正担负起村庄治理贫困的责任，如在贫困识别的关键环节，村民自治可破解沿着科层制的逻辑自上而下进行指标分配的弊端，充分发挥社情民意的参与优势。村民自治并不排斥驻村干部机制，驻村干部机制可在资源使用、资金管理、人事变动等方面充分发挥政治监督、政策解释、内聚外联的作用，从而形成协同扶贫治理的村庄社会基础。此外，建立合作社和农业企业并对接市场可确保贫困户的显性风险规避，但也要防止体制性的贫困户隐性风险集中或转嫁。因此，实现部门联动就要破除扶贫与农林财及民政等部门间的壁垒，避免某一部门的政策福利被其他部门的优惠政策退出所分散。产业扶贫不只要解决和市场的“最后一公里”，更要实现长效性，产业只是脱贫的途径和方式，其他直接来自政府各部门的政策性力量同样重要。实现部门联动以及政策合力，在产业扶贫中更能提高扶贫效率。此外，政府也有必要将市场组织和社会组织引入，通过整合三者的力量进而形成合作型反贫困结构。最后，面对目前产业扶贫边际效益递减的现实，对于那些“剩下的贫困户”要通过提高低保兜底的标准托起他们的未来，将其纳入长期保护性扶贫范畴中，使其不至于在脱贫攻坚中掉队，加快推动两项制度衔接的建立和完善。对于那些无法通过产业实现脱贫的贫困群体，来自政府的社会保障制度与来自社会组织的公益性扶贫资源可发挥更大的作用。

参考文献

陈晓兰、沙万强、贺立龙，2016，《当前扶贫开发工作面临的问题及政策建议——来自四川省广元市苍溪县的调查报告》，《农村经济》第 1 期。

邓维杰，2014，《精准扶贫的难点、对策与路径选择》，《农村经济》第 6 期。

胡振光、向德平，2014，《参与式治理视角下产业扶贫的发展瓶颈及完善路径》，《学习与实践》第 4 期。

李博、左停，2016，《精准扶贫视角下农村产业化扶贫政策执行逻辑的探讨——以 Y 村大棚蔬菜产业扶贫为例》,《西南大学学报》(社会科学版)第4期。
李旭旦,2000,《反贫困与农业产业化》,《经济问题探索》第4期。
李志萌、张宜红,2016,《革命老区产业扶贫模式、存在问题及破解路径——以赣南老区为例》,《江西社会科学》第7期。
刘北桦,2016,《产业扶贫需要注意四个问题》,《农经》第8期。
马良灿,2014,《农村产业化项目扶贫运作逻辑与机制的完善》,《湖南农业大学学报》(社会科学版)第3期。
唐丽霞、罗江月、李小云,2015,《精准扶贫机制实施的政策和实践困境》,《贵州社会科学》第5期。
唐睿、肖唐镖,2009,《农村扶贫中的政府行为分析》,《中国行政管理》第3期。
万君、张琦,2017,《"内外融合":精准扶贫机制的发展转型与完善路径》,《南京农业大学学报》(社会科学版)第4期。
谢小芹,2017,《"双轨治理":"第一书记"扶贫制度的一种分析框架——基于广西圆村的田野调查》,《南京农业大学学报》(社会科学版)第3期。
许汉泽、李小云,2016,《"精准扶贫"的地方实践困境及乡土逻辑——以云南玉村实地调查为讨论中心》,《河北学刊》第6期。
许汉泽、李小云,2017,《精准扶贫背景下农村产业扶贫的实践困境——对华北李村产业扶贫项目的考察》,《西北农林科技大学学报》(社会科学版)第1期。
曾红萍,2015,《地方政府行为与农地集中流转——兼论资本下乡的后果》,《北京社会科学》第3期。
折晓叶、陈婴婴,2011,《项目制的分级运作机制和治理逻辑——对"项目进村"案例的社会学分析》,《中国社会科学》第4期。
周飞舟,2006,《从汲取型政权到"悬浮型"政权——税费改革对国家与农民关系之影响》,《社会学研究》第3期。
左停、杨雨鑫、钟玲,2015,《精准扶贫:技术靶向、理论解析和现实挑战》,《贵州社会科学》第8期。

第五部分

易地搬迁脱贫

1

易地扶贫搬迁的实践及其后果[*]

——一项社会文化转型视角的分析

周恩宇　卯　丹[**]

组织或个体的行为受到社会结构和观念影响的同时，我们自身也在改变着社会的结构（吉登斯，1998），而组织或个体常常也会因为知识局限、环境的不确定性等因素导致行为本身的过程或者结果失控（吉登斯，2001）。当我们静心反思当下中国轰轰烈烈的国家反贫困实践时，不难发现这场过快的“决战”常常将“贫困者”“政府”和其他参与力量裹入一个“巨大的不确定的漩涡”中。而扶贫行动本身是基于发展观念转化而来的一种对贫困区域加以发展干预的力量，但贫困却是一系列问题的综合，不单单是发展就能解决的。当前中国的反贫困实践，诸策共举，看似成绩“飘红”，实则其结果考量单一，留下很多问题隐患。作为许多扶贫举措中重要部分的易地扶贫搬迁，其操作过程尤其考虑经济的结果，较少关注社会文化观念本身。事实上，通过易地搬迁来达到致富的目的是发展干预的极端化体现，无疑会对贫困区域人群的社会文化结构产生深远影响，后果难以估量。确实，易地扶贫搬迁对于那些深居深山或者荒漠因各种历史及现实条件艰苦的贫困者而言是一件好事，若抓住此政府主导的搬迁机遇，便能够彻底走上致富道路而改变世代的命运。同时，这也是党和政府代表人民根本利益的集中体现，其也能够通过善政而获得人民的认同，夯实执政基础。但必须面对的一个事实是，我国幅员辽阔，各地情况差异较大，决定了政策的执行在不同的地方将面临不同的问题，需要有针对性。当政策被一以贯之地在各地执行时却矛盾重重，且产生的影响远远超出原初的设想。

---

* 原文刊发于《中国农业大学学报》（社会科学版）2017 年第 2 期。

** 周恩宇，贵州大学中国西部发展能力研究中心副教授。卯丹，贵州民族大学社会建设与反贫困研究院副研究员。

按照国家的计划，在2020年之前，以现行标准消灭全国5000多万人的绝对贫困问题是本届政府的核心工作，也是一项必须完成的政治任务。在仅剩不到5年的时间里，实施精准扶贫成为达成这一目标的核心方式，并细化为“六个精准”，以“五个一批”为具体抓手。其中最为艰巨的任务是用5年时间，对“一方水土养不起一方人”地方建档立卡的贫困人口，实施易地扶贫搬迁脱贫一批，力争“十三五”期间完成1000万人口的搬迁任务[①]。这一政府行为的目标是把生活在深山区的群众搬迁到集镇或县城，既能够完成脱贫任务，也能提高城镇化率，是较为美好的设计。但这套制度设计及行为背后隐含的，是一种用城市化的生活逻辑去取代甚至规训以传统农业生产为根基的生活逻辑，将面临硬生生移植一套社会文化体系的现实。可以预见，这种冷冰冰的生硬做法在具体操作过程中充满困难和冲突，且对数以百万计的贫困人群的生计经济及生活产生彻底的改变，故不能不慎思之。2016年5—7月，我们选取西南G省3个国家扶贫开发工作重点县的贫困村开展调查，切实了解了当前易地扶贫搬迁的实际情况，同时也看到搬迁过程中的社会文化转型矛盾与各参与主体的困境，并尝试从人类学的视角对此现实社会问题进行研究探讨。

一　社会文化转型：一个理论分析的背景

这是一个社会转型的时代，也是一个文化转型的时代，而社会转型本身即是文化转型，亦如著名人类学家雪莉·奥特纳（Sherry Ortner）曾借用埃德蒙·利奇（Edmund Leach）描述人类学与历史关系的句式，对文化转型和社会转型之间的关系所做的感叹：社会的转型必然也是文化的转型，否则便什么也不是（Ortner，2006）。当下中国，由于社会学学科的强势地位和应用性倾向，以及人类学学科在各大学学科体系中的依附特征，更因为长久以来对“社会学研究社会”“人类学研究文化”的刻板印象和学术格局，人们多在社会学的学科框架内谈社会的转型（李培林，1993），人类学只能在学科框架内讨论文化转型。事实上，文化转型对社会转型起引领和润滑的作用，

---

① 2015年12月8日，发展改革委、扶贫办、国土资源部、财政部、人民银行五部门联合发布《“十三五”时期易地扶贫搬迁工作方案》，该方案计划用5年时间，在“十三五”期间力争完成1000万人口搬迁任务。

两者是一体两面，密不可分。费孝通先生早在1997年就开始讨论文化转型的议题，在他看来，“文化转型是当前人类的共同问题，同时我们的生活本身却已经进入一个世界性的文化转型期，难免使人们陷入困惑的境地，其实不仅我们中国人是这样，这是面临21世纪的世界人类共同的危机”（费孝通，2009）。事实上，费孝通先生的讨论更多是缘于西方工业革命之后的发展方式引发的一种担忧和学术自觉，并试图从文化理念的转型上去寻求解决的方式。赵旭东则从权力支配、文化传播、族群理论、文明形态等视角继续深化了对文化转型的讨论（赵旭东，2013），他认为，在中国转型发展道路的选择上，不走极端才是好的，这是中国传统中庸智慧的体现，也是真正实现人的发展的必然选择（赵旭东，2016a）。追寻这样的理论脉络，我们也极为同意不极端的施政策略才是中国反贫困实践的合适方案。因此，本研究关注易地扶贫搬迁这项被政府设计并推动的行为的极端面向，希望能够通过深入分析社会文化转型背景下这项行动的权力运行特征、存在的问题及带来的各层面影响，以为历史及现实存鉴。

二 “易地扶贫搬迁”：何以成为一种脱贫致富的方式?

“安居乐业”是中国农民传统极为认同的一种文化观念，“搬迁”是不得不为之的无奈之举。因为中国农民所依存的传统生计方式、认同的社会知识及文化观念皆源于土地及其之上的家族制度等社会文化系统（冯友兰，2008）。土地束缚了他们，同时也滋养他们。所以，“生于斯死于斯”成为中国农民与土地及其之上的村落共同体之间生命循环（费孝通，2008）。相应地，在传统观念里，“搬迁”常被视为“背井离乡”，是一种惨痛的遭遇。“背井”意味着被迫遗弃生存之源，“离乡”意味着脱离社会文化共同体的护佑，客死异乡成为孤魂野鬼。因此，中国农民的骨子里是不愿或害怕搬迁的，至少“搬迁”在中国农民的传统观念里不会是实现致富的第一选择。然而需要追问的是，“易地扶贫搬迁”为何在当前成为一种脱贫致富方式？它是如何获得民众认同的？被搬迁的群众又是在多大程度上接受它的？当然，这里的“易地扶贫搬迁”的前提在于“扶贫”两字上，表明它是政府以“扶贫”为目标而施展力量的结果，而农民则可能是因“被扶贫”而参与其中，少有主观能动性和主体性。

在政府的扶贫设计与行政逻辑中，“易地扶贫搬迁”能成为一种脱贫致富的方式，首先是知识的话语支配力与传媒引起的贫困自觉。深山区的群众被发展的话语界定为“贫穷”，分解到物质和精神生活上是落后，通过传媒的宣传，让贫困群众内化和认同，使贫困成为其标签，等待政府等外界发展干预力量的帮扶，达到一种政府设定的国民标准化生活水平。其次，借助行政力量的推动，但凡需要部分或整体易地扶贫搬迁的村落，皆被认定为“这方水土养不活这方人”，故需整体易地扶贫搬迁。但是调研发现，部分被认定为整村搬迁的村子并非如此，而是拥有充足的物质生活资源，只是按照政府划定的生活标准被确定为贫困。加上政府逐级下派的搬迁指标逼迫一部分基层政府和干部为完成指标，简单化地将一些村落增列为整体易地搬迁的范围。一些被选定为整体易地搬迁的贫困村并非“这方水土养不起这方人”。以L县的一个村子为例，该村被选定为2016年底之前必须整体搬迁的自然村，全村146户628人，人均水田面积0.9亩，亩产800斤，人均土地面积0.6亩。该村森林覆盖率超过80%，山地资源丰富，当地村民长期种植茶叶、中草药、毛芋、杨梅等经济作物，养殖猪、牛、羊等，传统生计资源丰富，基本的生存和发展没有问题。只限于交通不便，农副产品运输成本高，经济效率低。所以，在交通条件改善的前提下，村民在世代生活的地方能实现脱贫致富，而强行将全村易地搬迁，且可持续生计难以获得保障，无疑将让村民陷入困境。再次，发展愿景的力量拉引，进行知识话语的灌输和行政命令的推动之后，借助提供产业保障、就业机会和社会福利等致富规划作为引诱力量，搬迁到城镇则是快速致富的方案，为贫困群众描绘一个可及且美好的发展愿景，但其实这些承诺皆缺乏充分的条件保障。

事实上，政府主导下的大规模搬迁行动，除了易地扶贫搬迁之外，更为人熟知的是水库移民搬迁。两者的结果皆是群众离开长期居住的自然空间，搬迁到新的生活和生产空间，并且规模都极大。但是两者却又有极大的不同。首先，水库移民是补偿形式的，即意味着搬出群众的房屋、土地和树木等财产都能按照一定标准得到补偿；其次，由于水库淹没土地所以必须以国家强制的方式执行，辅以科学合理的配套政策，如财政直补和产业扶持等政策；再次，群众搬迁到新地点之后能得到相对等价或者甚至更好的宅基地补偿。与之相对应，首先，易地扶贫搬迁是政府主导，群众自愿参与的行动，最大的差异就在于自愿原则，原则上愿意搬就搬，不能强拆房子；其次，搬迁费用是补助性质的，因为是自愿性行为，所以自然采取补助的形式，搬迁的非贫困户每人补助12000元，搬迁的贫困户每人补助20000元，同时给予每户拆房奖励15000元；再次，在住房方面，易地扶贫搬迁户的住房面积受到严格的控制，以贵州为例，在县城是人均20平方米，在乡镇和中心村的是人均25平方米，总面积被限制在120平方米范围之内。直观看来，虽然两者都是政府主导下的搬迁行动，但是基于目的和背景的差异，扶持的力度却是相差甚远的。或者可以借助官方扶贫话语对此加以解读，即“扶贫是一项艰巨的政治任务，而且是必须且一定要完成的任务”。

基于以上分析，我们看到扶贫或者易地扶贫搬迁背后其实更多是话语及知识的权力起着主导作用。在文化转型的背景下，权力的支配关系有了转变，即从一种权力的直接支配开始转换到间接地支配，表现为权力的运行越来越依赖于各种知识的创造，从武力的征伐转变到象征性的支配（赵旭东，2014）。而易地扶贫搬迁行动背后的权力支配机制受发展主义观念的影响较为明显，并支配权隐蔽于知识话语中（费孝通，2008）。这为“易地搬迁”何以成为一种脱贫致富的方式提供了解释依据。

三 “难愈的剧痛”：被离土又离乡的人们

费孝通先生说，从基层上看去，中国社会是乡土性的，“土”的基本意义是指泥土，乡下人离不了泥土，因为在乡下住，种地是最普通的谋生办法，而且我们的民族确是和泥土分不开，从土里长出过光荣的历史，自然也会受到土的束缚（叶敬忠、孙睿昕，2012）。或许可以说，“土”代表一种以农业耕种为生计来源的生活方式，而“乡”更多是指基于此农业耕作形成的一整套社会关系网络，而中国农民就是以此生计方式和社会关系网络生活和繁衍，受其滋养，也受其制约，在人与社会、自然之间形成循环的社会（赵旭东，2016b）。但是，进入20世纪90年代，在发展主义思潮和政府的推动下，以城市为主体的价值观开始影响农村，大规模农村劳动力的流动和转移改写了“乡土中国”的发展轨迹，同时也宣布“离土中国”时代的到来（孙庆忠，2009）。而当前开展的易地扶贫搬迁则是这一过程最为剧烈的表现形式和阶段，全国近1000万人在3年左右时间实现搬迁，在人口迁徙史上无疑是空前的，此规模是三峡工程移民的7.75倍，在时间上三峡移民安置用了近17年，而本次易地移民搬迁则计划5年内完成，仅贵州就将有7600多个50户以下的极贫村寨将从地图上“消失”（王清颖、周相吉，2016）。

这些“消失”的村寨意味着农户们主动或被动选择离土又离乡，进入城市，在生产和生活方式层面将面对转型和改变。同时，他们也面临来自生计和社会文化层面的转型和调适的张力，而这种张力则体现在贫困群众面临与传统生计和文化资源同时割裂的文化转型阵痛。我们调查发现，在自然资源充沛的西南地区，某些被选定为整体易地搬迁的村寨并非“这方水土养不起这方人”，在传统的生计方式和生活观念的指引下，他们仍可自足安逸。但搬迁后，这些农民被集中安置在集镇中心、县城、工业园区、风景区等，目的是解决就业问题，即将面临从农民向市民的转型，同时也意味着与传统生计方式的决裂。但是，这种市民化转型对于多数农民来说是高成本的，更让他们对移民搬迁心生怯意。世代居住深山的农民移居城镇之后，快速成为城镇居民，衣、食、住、行各方面的成本将极大增加，而这些对于生活在深山里的村民来说从来都不是需要用钱去购买的消费品。而且，按照县里当前的易地扶贫搬迁安置条件，承诺给每一个移民搬迁的贫困户一个就业岗位。但据了解，这些岗位多为保安、保洁等低收入的临时性工作，薪资大概每月1600元。这意味着每个搬迁入城的贫困家庭并无稳定的生计来源，只能靠国家相应的政策福利度日。特别是，贫困群体多为自身生计能力较弱，或者“等、靠、要”等惰性观念较重的人，当他们进入城市社区之后，面临新的生存环境难以适应，更加害怕自己将依然成为城市社区里的贫困人口，城市里的底层人。

另外，易地搬迁将面临“离乡”的现实，并由此带来传统村落共同体离散的结局，让部分农户对搬迁心存恐惧。以一部分整体搬迁或部分搬迁的苗族和侗族村落为例，这些村落已有几百年的世居历史，长期与自然和外族的互动，已形成了稳定的区域共同体，具有联防和互助的功能。我国西南地区也被涵盖在佐米亚（Zomia）高地区域①。在斯科特看来，居住在佐米亚高地的人更易基于自然条件和山地形成的地形阻隔，构建起区域性的社会小结

① 如斯科特所言，Zomia的概念的提出要归功于维利姆·范·申德尔，因为是他预见到这样一块地区的鲜明特色，应该成为一个有特定称谓的研究对象。佐米亚高地区域包括了从越南中部高地到印度东北部地区的所有海拔300米以上的地方，它横跨了东南亚的5个国家，以及中国的4个省（区）（云南、贵州、广西和四川部分地区）。

构，这种社会小结构内部具有高度的一致性，而在结构之间可以实现一定程度的互动联合，也是一种逃离国家统治的社会结构（斯科特，2016）。比如，苗族的议榔组织和侗族的侗款组织皆是具有区域性防御和互助的组织形式，尽管这种组织没有统一的核心权威，却能在紧急时刻实现临时联合，在此基础上形成区域性的地方习惯法和地方规约，家户、房族、村落及区域性组织之间有较高的依存性，而苗、侗族人就在类似的小社会结构中实现了生存和繁衍（赵旭东、周恩宇，2013a）。搬出寨子就意味着失去共同体的认同和帮助，脱离了共同体的护佑。过去，只有犯了款规或榔规的人才被驱除出村，而被驱除出村比死亡更可怕（邓敏文、吴浩，1995）。所以，尽管当前人们传统观念有所改变，人口流动频繁，但是根植于农民内心的乡土情结难以割舍，搬迁对于他们来说依然不是一件简单的事。

四　“路在何方”：转型诉求与应对滞后的现状

贫困农户在搬迁过程中及搬迁之后在经济、社会和文化层面将面临转型的诉求，急需政府有相应的回应和帮助。事实上，尽管物质条件的改善作为吸引贫困群众搬迁的最大动力，但在实际搬迁过程或政策执行过程中依然面临很多问题。而从文化层面看，尽管移民搬迁会使原本封闭村落和贫困农户面临文化的转型（刘华军，2016），但在搬迁过程中对贫困农户的文化诉求的回应更是难寻踪迹。

第一，“贫困户”身份意味着高额的搬迁补贴。由于易地扶贫搬迁的帮扶资金有限，补贴额度存在差异，而差异的标准则依照是否具有贫困户的身份。但是，对于一个贫富差异较小的村落来说，硬要划分出谁富谁穷是一件难事，更会挑起村民内部矛盾。以G省J县打老村为例，全村要在2016年底完成整体搬迁，全村共146户，其中78户被划定为贫困户，贫困户搬迁补贴每人20000元，而非贫困搬迁补贴12000元，相差达8000元。特别之处还在于，一是全村皆以务农为主要收入来源，经济收入差异不大，但被划定为贫困与非贫困之后，经济补偿差距较大；二是并非所有被划为非贫困户的农户都能获得搬迁补贴，在非贫困户中仅有20%的农户可以获得每人12000元的搬迁补贴。所以，即使有一部分非贫困户想搬迁，但差异较大的补贴金额，也会使其心怀不满，搬迁不了或不愿搬迁。

第二，“先拆后补”让部分贫困群众难以接受。基层政府在执行易地扶贫搬迁补贴政策时，将补贴分两次发放，并规定搬迁户将原来的住房拆掉之后，将宅基地退耕还林，才全额发放补贴款。但是，多数有意愿搬迁的农户既想获得补贴搬迁到城里，也想自家的老房子留着。因为多数农户还有两方面的考虑，一是万一搬迁去城里之后因不确定因素生存不下来时，老房子还留着，还可以回来，不至于到时候什么也没有。二是出于农业生产上的考虑想留着老房子，因为一部分有意愿搬迁的农户是想即使在城里生活，也想在农忙时节回到原来生产生活的地方把庄稼种上，每年仍有个收成。因此，扶贫搬迁政策要求农户将老房子拆掉之后才能享受补贴，更进一步打消了一部分有意愿搬迁的农户的念头。

第三，多数非贫困户的搬迁动因皆“撤点并校”。因城镇化发展的需要，教育被当作促进城镇化快速发展的引擎之一。以调研的L县为例，目前在实施“教育581工程”，即要求全县50%的小学生、80%的中学生和100%的高中生在县城城区就读。如此，一些村小、乡镇中小学被撤掉，甚至直接导致一些适龄儿童辍学，在调研组走访的多个边缘村落皆面临这样的境况。一个人口为628人的村子原本有一个办到三年级的小学，能解决全村孩子的读书需求，2010年村小被撤掉，村里的小孩不得不步行近2小时去镇里读书，一天来回两趟。在此背景下，一些留守孩子的家长不得不前往县城或镇里租房陪读，由于租金和生活费用高，家庭开销剧增。所以，很多贫困或非贫困户家庭只能租住在城镇里，被迫选择易地扶贫搬迁，但是由于搬迁补助的差异及“先拆后补”的搬迁政策，他们处于想搬而不能搬的两难困境。

第四，国家补助的建房补贴额度对贫困户搬迁的吸引力不足。贵州省贫困户与非贫困户分别给予每人20000元和12000元的搬迁建房补贴，我们调研的三个县目前的安置房购买价为1600元每平方米，若以五口之家的贫困户拥有120平方米住房来算，则购买住房的总额为192000元，其中政府仅补助100000元，余下的92000元和房屋装修费则由贫困户自行承担。多数贫困户是支付不起余下钱款的，这也让一些贫困群众直接打消搬迁的意愿。同时，就算能支付余款的非贫困户也对政府提供的安置房怨言较多，因为多数农户多为8人左右的扩大家庭，而政府最多只能提供120平方米的安置房，难以满足部分搬迁农户的需求。

第五，贫困县城区吸纳和服务移民群体的能力难以说服农户搬迁。我们此次调研的三个贫困县皆属于长江和珠江上游生态保护主体功能保护区，各县县域人口均在25万人左右，县城中心城区皆沿河布局，城市建设用地有限，中心城区人口不足2万人。产业发展上，限制性发展第二产业，第三产业发展活力不足。以2015年三县的财政总收入看，J县为5.2618亿元、H县为3.5511亿元、L县为3.17亿元，社会发展及行政机构运行多依靠中央财政转移支付，县域经济发展不够充分。所以，县中心城区和乡镇中心区难以短时间内吸纳2万人，尤其在就业、医疗、教育、养老等公共服务方面将面临巨大挑战。可以预见，2万人果真如期移入一部分乡镇和县城中心区，而县域经济在一定时期内又未能达到预期发展目标，诸多社会问题将凸显，社会维稳将成为新挑战。

五 “固定边界”：族群的边界重组及其治理困境

对民族地区而言，在长期的族群互动中，各少数民族之间，汉族与少数民族之间形成了动态且平衡的族群边界。以苗、侗族地区的调研情况看，易地扶贫搬迁则打破了这一长期形成的族群边界，也带来了一系列难以处理的治理问题。正如斯科特对佐米亚区域的地形阻隔特征的描述，基于地形特征和互动的受限，以及处于中原的王权进入该区域的困境等条件下，逐渐在深山环绕的区域空间结构中逐渐形成单个的社会小结构；同时，在此区域空间内，难以形成统一的核心权威，单个小结构之间在互动变化中保持着独立运行，偶有冲突，却能在共同面临威胁时实现临时的联合与防御，达至一种区域性的平衡，也形塑了目前多元的文化特征（斯科特，2016）。当然，最为重要的是，这种地形空间阻隔、社会小结构、逃避国家的作物等一起共同构建起逃避国家统治的空间区域及社会结构，或者说佐米亚区域居住的族群，尤其是居住在深山里的族群大多经历与国家的激烈战争，或是自愿远离统治而最终选择的躲避空间。

一些关于G省区域的研究丰富了我们的相关认识，移民族群不仅能够在国家强大的影响中选择动态的身份认同（卯丹，2016），亦与原住民族群展开各类争夺，自从中央王权开始进入苗、侗生活区域之后，就一直存在王权的军队或汉族移民与苗、侗等少数民族争夺生存空间的战争和互动（杨昌儒等，2010）。最终，苗、侗族群的生存空间不断被压缩，被迫离开生存环境较好，农业生产条件较充沛的谷地和山间丘陵地带，逐渐被驱赶上了山地和高坡，所以在该区域出现了“汉家住坝子、侗家住水头，苗家住山上”[①] 的生存空间特征。其中，位于G省腹地的黔滇驿道及其各支线在不同时期的修筑延伸，背后多是一种借助空间的权力特征实现对深居该区域族群的管控，在一定意义上也体现了中央王权想对该区域实现完全统治的意愿和努力，更表现出无奈（赵旭东、周恩宇，2013b）。当然，这些努力也维持了该区域的空间形态，所以才有苗家和侗家借助险峻的山地环境，在空间上形成与汉族群及政府的隔离地带，深居深山的各族群之间保持了动态的平衡，并逐渐形成和保留了当前的社会和文化体系。

但是，随着道路交通、文化传播等现代技术的发展和进步，助推了国家权力向边地区域延伸其权力触角的能力，尤其在国家发展主义行为的推动下，国家权力和资本融合成强大的发展干预力量进入原本封闭的区域成为必然，随之，区域内的族群生计与生活方式及空间开始呈现新的形态（周恩宇，2014）。其中，易地扶贫搬迁行动就是一项空前的举措，其影响自然也是深远而剧烈的。当前的易地扶贫搬迁的目标是要将长期居住深山中的苗族、侗族等族群整村搬迁到河谷和坝子上与汉族居住和生活。一定意义上，这达到了让族群边界清晰化而便于管理的目的，原本零散分布在深山里的族群被清晰地按照政府的规划安置到随时可以监控的城镇生活小区里，可以实现有效的管控。但是，便利了管理不等于有效的治理，这种让多个族群集中居住的方式势必在一定程度上打破过去长期形成的稳定的族群边界。可以设想，当此平衡被打破之后，需要面临族群生活空间边界的重组与文化转型之后带来的一系列治理问题。

或许，我们在L县的丰乐易地扶贫搬迁安置区的调查可以对以上相关论述有所佐证和反思。丰乐安置区是L县主要的安置区之一，位于县城附近，这里计划安置来自苗族、侗族、水族、瑶族等全县各族群的易地搬迁贫困户。这些族群多来自山麓深处，但目前要被搬迁到位于县城的谷地。由于搬迁安置点还处于建设过程中，一些贫困群众开始陆续入住。其中，摆纳、摆望两村获得优先入住的机会，并于2013年2月正式入住。这两个村都实施了整村搬迁，共搬迁497户，其中摆纳村230户，占全寨总人口的1/3以上；

---

① 该地区流传的俗语，对苗族、侗族和汉族三者的生存空间进行了形象的描述。

摆望村搬迁了 267 户。安置房按户籍分配，每户一间，每间仅为 48 平方米，格局为两室一厅一阳台一卫生间。这么小的面积对于长期从事农业生产的大家庭来说是极度不够的，更别说饲养牲口，或者种植蔬菜之类的。因此很多入住的贫困群众抱怨道："房子不够住，一家人都住不下，某某家真好，一对夫妻一个娃，住得宽敞。"

在贫困群众的具体居住楼层安置上，尽量将同村居民分在一栋楼或相邻的几栋楼。而摆纳苗寨共分得四栋楼，并以摆纳楼命名和编号。特别之处在于，由于摆纳楼二号没有住满苗族，于是该楼的一单元由水族居住，其余各楼都由苗族居住。事实上，摆纳苗寨的先人们为何选择当前的地址作为住地，流传着一个说法，即祖先们看到天上的一束金光从摆纳苗寨的方向传来，说明这是福地，于是祖先们就从河边的寨子寻找着金光走到现在摆纳大寨。与摆纳寨相对的寨子叫水寨，住的是水族，被摆纳寨的苗族人称为"屋外寨"，而水族人则被当地苗族人称为红族。两寨之间互动不多，表现在很少通婚，而且两寨之间在可以记得的历史里有过械斗。所以，两寨隔着一条河流对望，却少有来往，其间存在一种长久的平衡。但是这种平衡终因易地扶贫搬迁有了改变。目前，两个寨子里的苗族和水族，互动甚少却被安置在同一栋楼里，原本靠河流实现平衡，而目前则出门即可相遇。在此情景下，面和心不和，或者说是暗地里的攻坚开始了。其中，最为极端的方式也在此背景下出现了，那就是污名化的攻击。访谈中，一个 16 岁的小女孩告诉我们，她的妈妈告诉她，对面的红族人（即指水族）会放蛊。蛊会放在你的食物里，中蛊之后，人的喉咙会疼、肚子会疼，吃不下饭，难以得救。而且，小女孩还向笔者讲述了她们躲避蛊的一般方式，即当碰到一些年龄大的水族老妇人时，最好不要看她，或者当你看见她手上做出特别的手势时更要注意，等到她们走远了之后要迅速地朝着她远程吐口痰，这样可以预防被下蛊。而且，小女孩还告诉笔者，当女孩进入安置小区时一般不会将大拇指和食指贴在一起，因为这样做会让别人怀疑你在放蛊，惹上麻烦事。

在苗、侗等少数民族地区，有"蛊"的文化现象存在，并作为人们内心深处深谙而不宣的阴影。徐晓光等人在贵州苗、侗地区对"蛊"文化现象的研究表明，它作为一种特有的文化现象，是人们对某一群体或个人实施污名化攻击的一种方式，并且是最为恶毒的方式（徐晓光，2009）。一般被认定为会放蛊之人，则通常是被主流群体排斥的群体或个人，表现为不与通婚。

一些地方也存在与放蛊类似的污名化方式，如说某人“根”不好，或者某人家有“老虎鬼”等，若与这类人互通姻亲，就会被染上“根”不好的不洁之物，所以就出现了一个“根”不好的关系圈，在圈内互开姻亲，而被多数人排斥。从丰乐易地扶贫搬迁安置点的情况看更为特殊，因为从原本相对平衡的空间安排上，被强行安置到同一栋楼房之内，所以才出现了苗族将水族污名的现象，也可以想象水族也会以此方式污名苗族。结果是，虽然表面看，两个族群关系波澜不惊，其实内部却是暗流涌动。我们知道，来自观念和心灵层面的排斥是最可怕的，也是最为危险的。但是，易地扶贫搬迁却产生了这样的意外后果，而在实践中也少有顾及类似的文化转型层面问题的考虑和应对措施。

通过此案例的观察，我们发现原本生活在不同空间、不同历史、不同文化传统、不同信仰，或互为世仇的族群因易地扶贫搬迁被安置到一起，既有的族群边界被打破。我们认为这对被搬迁的少数民族贫困群众和政府来说都是一个极大的挑战。若斯科特的研究说的是事实，那么目前被搬迁的族群是经历了漫长的逃离史和族群互动才适应和选择当前的定居点生活繁衍。而对于政府而言，一直试图通过各种途径，如不断修筑和维护深入深山的道路畅通，实现土司制、流官制等，将这些逃离和隐藏于深山的族群切实地纳入国家治理的体系中，但限于过去国家实力和科技条件，效果并不佳（程昭鑫，1989）。直到近年来，随着现代交通科技和交通运输体系的发展和完善，足以支撑实现彻底治理的基础条件，同时伴随国家发展主义、政治愿景与资本的融合，过去不能实现的彻底治理，当前将成为现实。可是，亦如案例呈现的，不同族群被安排紧密居住在一起，本身就会产生很多来自族群的互动矛盾、公共服务滞后、生产生活、文化治理等领域的挑战亟须研究解决。

六　结束语

在科技的进步、文化传媒的发展及国家发展主义与资本的助推下，社会文化转型的速度越来越快，一个转型的时代已经到来。在社会文化转型的背景下，我们看到易地搬迁被建构成一种致富的方式，使一些地区的群众不得不面临离土又离乡带来的阵痛，并在政府应对现实需求滞后的情况下承受困难，甚至因为居住空间的改变而原本的族群边界正在重组，改变了贫困群众的既有生活形态，同时也为政府的治理工作带来种种挑战。我们期待这些转型阈限期内的问题能得到重视和关注，并在政府和贫困群众的努力下最终寻得一种平衡，以免发生难以挽回的损失。具体而言，在开展易地扶贫搬迁工作的过程中，我们倡导转变简单化地将易地扶贫搬迁看作单纯的经济问题加以设计，应重视从社会和文化的逻辑予以关注和应对。如此，易地扶贫搬迁或许就不会成为基层干部最头疼的事情、政府最难啃的骨头，多进行一些制度的反思和综合性考量，或许将迎来参与各方都能乐见的效果。

参考文献

程昭鑫，1989，《贵州土司制度与改土归流》，《贵州民族研究》第4期。

费孝通，2008，《乡土中国》，人民出版社。

费孝通，2009，《反思·对话·文化自觉》，载《费孝通全集》（第16卷），内蒙古人民出版社。

冯友兰，2008，《中国哲学简史》，赵复三译，天津社会科学院出版社。

吉登斯，安东尼，2001，《失控的世界——全球化如何重塑我们的生活》，周红云译，江西人民出版社。

吉登斯，安东尼，1998，《社会的构成——结构化理论大纲》，李康等译，生活·读书·新知三联书店。

李培林，1993，《处在社会转型时期的中国》，《国际社会科学杂志》（中文版）第3期。

刘华军，2016，《文化转型与少数民族脱贫——以贵州少数民族为例》，《西南民族大学学报》（人文社会科学版）第8期。

卯丹，2016，《从西北蒙古穆斯林到西南汉人——乌蒙高地卯氏家族历史与文化的个案分析》，《北方民族大学学报》（哲学社会科学版）第3期。

斯科特，詹姆斯·C.，2016，《逃避统治的艺术——东南亚高地的无政府主义历史》，王晓毅译，生活·读书·新知三联书店。

孙庆忠，2009，《离土中国与乡村文化的处境》，《江海学刊》第4期。

王清颖、周相吉，2016，《中国正发生1000万贫困人口大迁徙，足以改变历史!》，瞭望智库，10月19日，http://news.cctv.com/2016/10/19/ARTI5w6DtQD8BhWVFDDhGlhL161019.shtml。

邓敏文、吴浩，1995，《没有国王的王国——侗款研究》，中国社会科学出版社。

徐晓光，2009，《为“蛊女”鸣冤——黔东南苗族“蛊”现象的法人类学寻脉》，《甘肃政法学院学报》第2期。

杨昌儒、孙兆霞、金燕，2010，《贵州民族关系构建》，贵州人民出版社。

叶敬忠、孙睿昕，2012，《发展主义研究述评》，《中国农业大学学报》（社会科学版）第2期。

赵旭东，2013，《从社会转型到文化转型——当代中国社会的特征及其转化》，《中山大学学报》（社会科学版）第3期。

赵旭东，2014，《人类学与文化转型——对分离技术的逃避与“在一起”哲学的回归》，《广西民族大学学报》（哲学社会科学版）第2期。

赵旭东，2016a，《中国转型不走极端道路才是好的》，凤凰资讯·凤凰大学问，9月5日。

赵旭东，2016b，《循环的断裂与断裂的循环——基于一种乡土社会文化转型的考察》，《北方民族大学学报》（哲学社会科学版）第3期。

赵旭东、周恩宇，2013a，《国家作为“外人”——一个西南山地民族的认同边界及其纠纷调解过程中的国家角色》，《社会科学》第3期。

赵旭东、周恩宇，2013b，《道路、发展与族群关系的“一体多元”——黔滇驿道的社会、文化与族群关系的型塑》，《北方民族大学学报》第6期。

周恩宇，2014，《道路、发展与权力——中国西南的黔滇古驿道及其功能转变的人类学研究》，博士学位论文，中国农业大学。

Ortner, Sherry. 2006. *Anthropology and Social Theory: Culture, Power, and the Acting Subject*(Durham and London: Duke University Press).

2

遭遇搬迁：精准扶贫视角下扶贫移民搬迁政策执行逻辑的探讨*

——以陕南王村为例

李 博 左 停**

精准扶贫作为2014年中国扶贫系统提出的新的工作机制和工作目标，具体是指“通过对贫困户和贫困村精准识别、精准帮扶、精准管理和精准考核，引导各类扶贫资源优化配置，实现扶贫到村到户”（左停等，2015）。精准扶贫的提出为当下中国的扶贫开发指明了新的道路。作为精准扶贫的有效方式，扶贫移民搬迁近年来在中国部分省份逐步推广，并取得一定的减贫效果。自20世纪80年代初期开始实施以来，中国的扶贫移民政策经历了从针对个别问题、个别区域到在国家层面加以整体设计与全面推进的演变过程，其目标日益多元化（陆汉文、覃志敏，2015）。扶贫移民是基于减贫而进行的贫困人口从生态环境恶劣地区向自然条件较好地区的迁移以及与此联系的社会经济系统重建活动（郑瑞强等，2015）。中国最早的扶贫移民始于20世纪80年代的甘肃定西、河西地区和宁夏的西海固地区，被通称为“三西”移民。近年来扶贫移民已经拓展到了广东、广西、贵州、云南、江西、陕西等省份。2011年出台的《中国农村扶贫开发纲要（2011—2020年）》将异地扶贫搬迁作为专项扶贫的重要举措，提出“对生存条件恶劣地区扶贫对象实行易地扶贫搬迁。引导其他移民搬迁项目优先在符合条件的贫困地区实施，加强与易地扶贫搬迁项目的衔接，共同促进改善贫困群众的生产生活环境”（国务院，2011）。这一纲要的提出更加明确了今后扶贫移民搬迁的宗旨，为扶贫开发的实施奠定了相应的基础。但是从当前扶贫移民的效果来看，政策

---

* 原文刊发于《中国农业大学学报》（社会科学版）2016年第2期。

** 李博，中国农业大学人文与发展学院农村发展与管理专业博士研究生。左停，中国农业大学人文与发展学院教授。

实施层面出现的偏差已成为困扰精准扶贫的最大障碍，主要表现为移民搬迁过程中精准识别的错位，扶贫治理的缺失，国家、地方、贫困户因各自利益差异而形成的制度性逻辑困境等。这些政策的偏差导致部分地区的扶贫开发逐步走向内卷化[①]，甚至陷入越扶越贫的怪圈。

目前，学术界针对扶贫移民的研究主要集中在扶贫移民的政策演变、实施效果以及移民的权益保障、安置模式等方面。白南生和卢迈对中国农村扶贫开发移民的方法和经验进行了介绍，就移民开发政策的经济效果、扶贫效果、社会效果与生态效果进行了评估，并对扶贫移民规划与管理提出相关政策建议（白南生、卢迈，2000）。施国庆结合甘宁“三西”扶贫移民，粤北扶贫移民，广西及云南扶贫移民的实践，对扶贫移民的内涵、种类及其理论基础进行了总结，指出扶贫移民应该从法律体系建设，资金管理，移民决策制定，移民群众工作，移民开发的国际交流与合作等方面来推进（施国庆、郑瑞强，2010）。郑瑞强从扶贫移民的权益保障与政府责任层面对移民实施过程进行了分析，认为只有切实保障移民所享有的政治权益、经济权益、发展权益与和谐权益才能提高移民脱贫致富能力，其中政府对于扶贫移民保障负有服务提供、利益协调、整合资源与后续扶持等方面的责任（郑瑞强、施国庆，2011）。从不同学者的研究成果来看，大部分是从扶贫移民的经验、思路、方法等方面来探讨扶贫移民的地方适应性与可持续发展等问题，从研究方法来看很多研究缺乏一定的调研分析与案例支撑，说服力较弱，从研究视角来看缺乏从精准扶贫层面来考虑扶贫移民的实施效果。为了使研究有更进一步的提升，本文在前人探讨的基础上，从精准扶贫的视角来透视扶贫移民搬迁的实践逻辑，并且从微观层面出发，选择陕西南部秦巴山区的一个扶贫移民开发村为研究对象，通过扶贫移民搬迁四个阶段来映射精准扶贫中导致政策执行偏差的原因以及困扰精准扶贫的障碍。

一　王村扶贫移民搬迁的过程分析

王村[②]位于陕西省南部秦岭腹地的 H 县，距离县城 21 公里，现有 10 个

① 扶贫的内卷化是指单位投入的增加并没有带来同比例的减贫与脱贫效果，而使扶贫所惠及的目标群体偏离，目标范围减小。

② 依照学术惯例，文章中的王村、张村均为化名。

村民小组，共380户，人口1361人，村内山大沟深，属于典型的山地地貌类型，村民主要经济收入以传统农作物种植为主。另外，村内地势险要，生态脆弱，山洪、泥石流、滑坡等自然灾害频繁发生。为了改善农民的生产生活条件，陕西省于2011年做出决定，在陕南28个县计划用10年时间实施避灾扶贫移民搬迁工作。笔者所在团队分别于2014年8月，2015年4—8月分四次在王村开展了为期60天的驻村调研，主要就王村所实施的扶贫移民工程对村民进行了深入访谈。通过调研笔者发现，王村所实施的扶贫移民搬迁并没有带来地方政府所预期的效果，从政策执行过程、获益群体以及实施成效来看没有达到精准扶贫所期望的效果。为了对王村扶贫移民搬迁中政策执行偏差进行分析，笔者分别从搬迁前的搬迁户确认，搬迁中的政策执行逻辑，搬迁后的项目验收与生计选择四个方面对王村的扶贫搬迁过程进行了分析，从而探究导致政策执行偏差的原因。

（一）第一阶段：搬迁户的识别与动员

王村自2011年实行扶贫移民搬迁以来，截至2015年6月共计185户完成了向移民搬迁点的搬迁。在搬迁安置中政府分批次对搬迁户进行补贴，其中最高补贴标准为每户3万元，搬迁户必须为村里确认的贫困户，那么对于贫困户的识别就是关乎能否实现搬迁的决定性因素。在贫困户的识别工作中，村委会成立了贫困户识别工作小组，小组成员为村党支部书记、党支部副书记、村主任、村副主任、村监委会主任、妇女主任6名成员。贫困户评选标准为农户年人均纯收入低于2666元，并且附带家里有土坯房，或者供养孩子上大学，以及村里的五保户、低保户、受灾户等。按照这个标准，王村在2011年确立了220户贫困户，但在2011年第一批扶贫移民搬迁中只有20户进行了搬迁，这20户从地质条件差、交通、通信闭塞的高山搬到了王村村委会所在地的移民搬迁点。令人困惑的是20户中只有3户属于真正的贫困户，其他17户均为非贫困户，那么这17户非贫困户为什么也能实现搬迁呢？

通过访谈笔者得知，为了完成镇政府的搬迁任务，6名村干部挨家挨户去做贫困户的工作，经过一轮又一轮的动员，很多贫困户表示同意搬迁，但是难以承担搬迁的费用。按照搬迁的成本计算，除国家补贴的3万元之外，每个农户还要负担17万—18万元的搬迁费用，这笔费用对于贫困户来说根本无法承担。面对这种情况，村委会干部为了完成上面的任务只好动员村里经济状况较好且具有搬迁能力与搬迁意愿的非贫困户搬迁，最终确定了17户。另外确定搬迁的3户贫困户都是为了便于孩子在搬迁点附近的王村小学就近上学才做出搬迁决定，其搬迁费用主要来自亲戚朋友的赞助。到此，搬迁第一阶段搬迁户的识别和动员匆匆收场。

在第一阶段搬迁户也即贫困户的识别过程中，J镇镇政府、村干部与搬迁户三者陷入复杂的旋涡之中，J镇镇政府为了完成上面的搬迁指标而不断向村干部施压，而村干部以最大的努力想尽一切办法去动员贫困户搬迁，但是贫困户由于经济条件的限制而放弃搬迁，致使搬迁指标流向了村里的非贫困户，所以在这一阶段搬迁户的精准识别上，完全背离了精准扶贫的宗旨，扶贫移民搬迁政策的实施偏离了所要达到的目标，扶贫的优惠政策没有惠及绝大多数的贫困户。

（二）第二阶段：搬迁中羸弱的地方财政

在移民搬迁房屋建设过程中，村里向确定的20户移民搬迁户每户征收了4000元的管理费，令这20户搬迁户困惑的是，在搬迁之前村干部并没有说征收管理费，所以村民的意见非常大。通过对村干部的访谈笔者得知，移民搬迁过程中收取的管理费主要是用于房屋建设过程中的协调费用，例如镇土管所人员的招待费用，村干部为张罗移民搬迁而花费的交通费、通信费等开支，还有最后移民工程验收时的零碎开支。同样令村民困惑的是为什么这笔开支也要从搬迁的补贴里面扣取，村干部的回答是："上面只动员让搬迁，但搬迁过程中的一系列开支村委会根本无力承担，再加之村集体无收入，所以这笔钱只能由搬迁户来承担。"通过对J镇一名主管扶贫工作的副镇长，也即王村的包村干部访谈，笔者得知，王村所属的H县属于国家级贫困县，全县财政收入每年只有2亿多元，大部分基础设施与公共服务依靠国家财政转移支付，而且H县贫困面较广，贫困人口较多，薄弱的地方财政难以承担所有移民搬迁的配套资金。

在第二阶段的搬迁过程中，虽然国家给予了贫困户一定的搬迁补贴，但是忽略了搬迁过程的复杂性，王村所属的H县地方财政收入微薄，加之王村又无可观的村集体收入，羸弱的基层财政供血能力根本无法承担起搬迁过程中相关配套资金与运行成本的支出，所以倒逼村委会只能从搬迁户的补贴中来支取这笔费用，对于搬迁户中的17户非贫困户来说这笔费用的影响并不是很大，但是对于另外3户贫困户来说，这笔费用无疑使本来经济能力就较弱的贫困户雪上加霜，抬高了这些搬迁户的搬迁成本。在精准扶贫过程中地方财政的供血功能的不足以及村级组织经济能力的欠缺更进一步加大了扶贫开发的难度。从某种程度上来说羸弱的地方财政补贴能力无形中诱逼基层组织从国家财政中汲取营养，而汲取的这部分最终仍由搬迁户来承担。

（三）第三阶段：搬迁后工程验收中的治理缺失

在移民搬迁工程完毕之后，县扶贫办组织相关人员对移民搬迁工程进行了验收，在验收过程中，扶贫办认为王村搬迁点的新居布局散乱，规划参差不齐，有些还出现伪造乱改的现象，不符合新农村建设的要求。所以整个搬迁工程验收迟迟不得通过，影响了搬迁户的顺利搬迁。而据王村的村支书介绍，在移民工程建设过程中搬迁点的选址以及搬迁户的房屋构造、设计一直是由J镇的土管所负责实施，而工程竣工之后又由扶贫来组织验收，扶贫办表示不符合他们的设计思路，所以迟迟不能通过验收。最后，为了通过验收，村干部想尽一切办法，利用各种人情关系来疏通扶贫办。最终扶贫办迫于上级政府大力推进扶贫移民搬迁的行动以及村民的压力最终通过了王村的扶贫移民工程验收，王村第一批20户搬迁户终于搬进了新的住所。

从第三阶段可以看出，在王村的移民搬迁过程中，房屋的规划与设计由J镇的土管所来实施，而搬迁之后的各项验收又由县扶贫办来完成，扶贫办主要从上级对于移民搬迁点的具体要求出发来进行新居的验收，而J镇土管所主要是从王村的地质、地形构造以及避灾等方面来考虑新居的规划，所以导致在搬迁完成之后项目验收上的问题。在此过程中，J镇土管所与县扶贫办在整个王村扶贫移民搬迁中基本处于脱嵌状态，缺乏有效的互动与交流，导致整个扶贫治理的细碎化与条块化，影响了扶贫开发的进程。

（四）第四阶段：搬迁后的可持续生计

经过2011—2013年3年的扶贫移民搬迁之后，截至2015年6月王村380户中完成移民搬迁的已有185户，这185户中有135户集中在村里的移民搬迁安置点，50户移居到了镇政府所在地的张村移民搬迁点。因为张村位于J镇镇政府所在地，交通方便，医疗、教育等公共服务设施齐全，良好的区位条件成为周边很多偏远山区村民首选的移民搬迁点。但是，搬到张村的村民耕地与户口仍然保留在王村，只是农闲时期到张村的新居去居住，现在张村很多房屋属于无人居住的空房，有的房子虽然建设起来了，但很多是家徒四壁。村民表示，住在张村虽然交通便利、孩子上学方便，但是开支太大，再说没有稳定的收入来源，再加之还要种地，部分村民反映，搬到张村以来开支翻了几番，所以很多村民还是选择大部分时间住在王村。

搬迁后，由于户籍、耕地、就业等后续配套工作的不完善限制了搬迁后移民生计的可持续发展。许多搬迁点的房屋成为摆设，而且很多房屋成为地方政府助推小城镇建设与城镇化的面子工程。在许多地方出现了诸如张村这样的空村。所以从整个扶贫移民的可持续生计来看，移民搬迁并未从根本上对农民的生计给予扶持，反而很多农民由于种地奔波于搬迁点与原住所，提高了生活的成本。另外，从移民搬迁的实际效果来看，大量的投资并没有带来农民生计的同步改善，搬迁后农民生计的可持续性仍没有得到有效解决。

二　精准扶贫中扶贫移民搬迁的逻辑困境

（一）“背皮”搬迁：压力型体制下的精准识别

“背皮”搬迁是指在压力型行政体制与基层利益不合理的诉求下而发生的一种典型的政策执行偏差现象，所谓的“背皮”就是冒名顶替的意思（何得桂、党国英，2015）。作为精准扶贫的基础性工作，精准识别就是通过一定的方式将收入低于贫困线的家庭和人口识别出来，同时找准导致这些家庭或人口贫困的关键性因素（汪三贵、郭子豪，2015）。在王村的移民搬迁中，J镇镇政府为了顺利完成上级所下达的搬迁指标，迫于压力而安排村干部来动员村民搬迁，而村干部迫于镇政府的压力，为了完成指标动员了一批非贫困户来进行搬迁。识别瞄准的偏差一方面是由于J镇为省级示范镇，上级要求J镇必须在扶贫移民搬迁中发挥带头作用，所以镇政府为了能够保证自己的政绩把压力全转移到了王村。在压力型体制下，计划指标不仅仅存在信息不全、理性不及的问题，而且由于掺入领导干部谋求政绩的机会主义因素而更具危害性（唐海华，2006）。另一方面是由于移民搬迁的补贴太少，贫困户没有经济条件进行搬迁，致使搬迁的指标全部流入村里的非贫困户。

由此，我们可以看出在王村的精准扶贫识别层面，出现错位的主要原因：一是当前基层体制的问题，扶贫政策在落地时部分地区为了表政绩出现了一定的指标化治理模式，如层层加压下指标、设任务，出现了拔苗助长、一蹴而就的现象。这种“压力型”的体制仅考虑所谓的硬指标，不仅忽略了基层政权组织执行目标的实际能力，而且忽略了那些被基层政府或民众认为至关重要的目标，同时当压力型体制的目标设置和激励强度与基层政权组织的现实能力不相匹配时，就容易诱导基层政权组织以造假、“共谋”、“摆平”等非正式的权力技术来应对压力型体制中的高指标（欧阳静，2011）。在王村扶贫搬迁中为了完成任务，充指标，村一级与乡镇一级通过“共谋”完成了搬迁户的确定。二是国家在宏观政策制定方面还存在对地方实际情况了解不够的现象，王村所在的 H 县位于秦巴山区集中连片贫困带，属于国家级贫困县，地方财政收入贫乏，主要靠国家的转移支付来完成各项经济建设，在扶贫移民搬迁过程中国家给予的补贴对于农民来说只是杯水车薪，同时地方财政的乏力，资金配备有限。从整个扶贫政策制定方面来看，国家缺乏对地方经济水平与发展能力的充分考虑，在精准管理与精准预测方面仍然存在漏洞。

（二）制度与部门缺乏衔接：扶贫治理的碎片化

扶贫开发是一项系统性的任务，在精准扶贫过程中，各项制度的有效衔接、不同行政部门的密切配合是推进扶贫治理的重要举措。与改革开放初期相对单一的农村扶贫治理模式相比较，目前农村扶贫治理呈现治理手段多元化以及多部门主导的状态（李小云，2013）。在多部门所主导的扶贫治理中，制度的衔接与部门的配合是推动扶贫开发的有效办法。在精准扶贫的精准识别、精准帮扶、精准管理和精准考核过程中更需要制度的有效衔接与部门的密切配合。而从目前整个精准扶贫的实施过程来看，扶贫治理的碎片化已经成为困扰精准扶贫有效实施的最大障碍。“碎片化”指向的是部门内部各类业务间分割、一级政府各部门间分割以及各地方政府间分割的状况（唐兴盛，2014）。在王村的扶贫搬迁中，贫困户的识别仅靠几名村干部商议决定，而缺乏扶贫办、民政部门、社保部门以及乡镇有关职能部门的介入，所以在精准识别层面各个职能部门缺乏有效的配合、制度缺乏一定的衔接，导致在精准识别上缺乏科学性与村民的有效参与。另外，在移民搬迁的房屋修建过程中，移民搬迁点的选址与移民房屋的建设由当地的土管所来进行规划与设计，但是最后的验收又由扶贫办负责，职能部门在移民搬迁过程中制度设计层面缺乏有效的衔接，如若在整个移民搬迁过程中进行有效的配合，职能部门通过沟通与交流、共同进行搬迁的设计、规划与验收也不会导致后面扶贫移民搬迁验收中出现的问题。所以，以职能为中心、功能分割、“鸽笼式”的部门设置或许能够实现局部效率的提高，但对于组织的整体效率却是一种妨碍（谭海波、蔡立辉，2010）。

虽然国家在扶贫治理的整合层面也做了一定的努力，如农村最低生活保障制度和开发式扶贫政策制度相连接的“两项制度衔接”政策。但是从扶贫治理的过程来看，整个扶贫体系的制度与政策衔接还存在一定的漏洞。在精准扶贫中，地方政府部门普遍存在一种错误的认识，即认为扶贫就是扶贫办的事，与其他行政部门没有关系。这种认识存在严重的不足，在当前的扶贫治理过程中，需要构建大的综合性扶贫治理体系，并且有效摒弃扶贫过程中部门之间的条块化、分散化，从而实现扶贫治理的碎片化向扶贫的整体性治理过渡。整体性治理能够“排除相互破坏、腐蚀的各种政策情境，更好地共享稀缺性资源，促使某一公共政策领域中不同的利益主体间的团结协作，为公民提供无缝隙而非分离的公共服务”（曾凡军，2013）。扶贫不仅需要两项制度的衔接，更需要多项制度的融合与贯通，构建扶贫的整体性治理模式最重要的是不同行政部门的有效衔接。通过构建大的综合性扶贫治理体系来实施扶贫过程中各项政策的贯通、融合以及构建相关部门的联动扶贫机制。例如在王村的扶贫移民搬迁过程中涉及扶贫移民搬迁的扶贫办、乡镇政府、村级组织、国土部门、环保部门、人事与社会保障部门、发改部门、城建部门等部门在制定相关政策和实际操作中需要有力的配合与相互的沟通、在制度层面构建有效的联动机制，避免扶贫治理体系的细碎化与条块化。

（三）利益的博弈：精准扶贫中多重制度逻辑的围困

从整个国家制度设计层面来看，扶贫移民搬迁是一件惠及民生的工程。但是为什么扶贫移民搬迁的效果却不尽如人意，甚至导致一部分人陷于一定的贫困陷阱与贫困循环之中，出现二次贫困。在目前的扶贫开发过程中，国家从宏观战略层面出发，制定了相关的政策与文件，对扶贫的阶段性任务及目标有了详细的规划，但是从地方政府的扶贫工作来看很多地区由于财政、发展方式、地域性质的差异而在具体的扶贫工作中很难按照国家的制度设计实施。而且扶贫实践脱离了贫困户的现实需求，导致扶贫目标的脱靶。扶贫过程中的行动主体包括国家、地方政府部门与贫困户。正如周雪光、艾云所提出的“多种制度逻辑”，认为占据不同利益的个人和群体之间的相互作用可以推动和约束制度变迁，而不同群体和个人的行为受其所处场域的制度逻辑制约。所以制度变迁的轨迹和方向取决于参与其中的多重制度逻辑及其相互作用，因而不同行动主体的角色需要在多重制度逻辑的相互关系中获得认识，需要在行动者群体间互动中解读制度逻辑的作用，并关注制度变迁的内生性过程（周雪光、艾云，2010）。在扶贫搬迁中，国家、地方政府部门、贫困户三者陷入一定的制度性困境之中。国家所出台的扶贫规划纲要为扶贫开发制定了大的施政方略，意图通过扶贫移民搬迁来解决贫困问题。但是作为地方政府来说，尤其是类似于H县这样的集中连片特困地区和国家级贫困县，贫困面积大，贫困人口多，扶贫开发难度大，地方财政收入微薄，按照国家制度设计，移民搬迁资金除国家的补贴之外，还需要地方财政的有效匹配。但是作为贫困地区的地方政府来说，大部分投入用在了地方经济建设之中，补贴力度有限，国家所推行的扶贫开发的重任与地方注重发展经济的制度设计存在一定的矛盾，但是迫于压力型体制，地方政府只能逢以迎合。地方政府作为理性的行为主体，其个人效用目标是政绩最大化或者说政治晋升机会最大化，也就是说它的背后遵循的是稳定存在的科层制逻辑（汪玮、周育海，2013）。对于贫困户来说依靠现在几亩耕地还可以勉强维持生计，但是搬迁之后，耕种的不便、社会融入等都对贫困户的生计造成极大的威胁。而且很多贫困户属于低保户、五保户，生计脆弱性较强，搬迁面临一定的风险，所以农民的生计制度选择也为扶贫移民的开展带来了一定的困难。由此多元行动主体与多重制度逻辑交织下的利益博弈使扶贫开发陷入制度性困境之中。

（四）生计的式微：精准扶贫的可持续性困境

关怀国际（CARE）认为农户的生计系统包括三个要素：拥有的能力（如教育、技能、健康、生理条件等）、有形的和无形的资产的可及性以及经济活动（唐丽霞等，2012）。扶贫移民搬迁过程中最大的一个问题就是解决搬迁后村民的可持续生计问题，从王村调研情况来看，搬迁后的农户除30%

外出打工，其余70%的农户仍以务农为主。所以从生计的改善层面来看基本没有什么大的变化。移居到乡镇所在地的农户耕地仍然保留在原来的村子，而且原住房等也仍然保留着。很多农民虽然已经搬迁到了乡镇所在地，但是日常的种地、耕作等活动仍然在原来的村庄，对于靠种地为生的农民来说，要来回往返于两个住所，增加了生活成本。现实中，集中连片特困地区常常是脆弱性交织体：高山峡谷土地稀少贫瘠，伴之以自然灾害频发；少数民族相对聚居或散居伴之以公共产品供给严重不足、人们行动能力较弱；经济欠发达，伴之以资本、人力资源匮乏；产业发展脆弱伴之以市场风险巨大等（陈艾、李雪萍，2015；李雪萍、龙明阿真，2011）。在王村虽然很多村民实现了移民搬迁，却没有在职业的转型、产业的发展等方面有所改观，经济收入仍然以农业生产为主。很多农户表示移居到乡镇所在地以后，生活成本抬高，日常开支增多，对于没有技术和工作，靠务农为生的农民来说必然将增加生活的成本，从而使生计的脆弱性增强，造成生计的式微。所以，在精准扶贫中确保贫困户的可持续性生计仍面临较大的困难。

三　结论与建议

本文以陕南地区王村扶贫移民搬迁为例，论述了在精准扶贫过程中扶贫移民搬迁的行动逻辑，并且对扶贫移民政策出现偏差的原因从不同层面进行了诠释。通过分析可以看出，压力型体制的威逼与普世化政策的诱导消解了精准识别的目标定位，滋生了“背皮”搬迁的发生。同时在扶贫搬迁过程中地方行政部门各自为政，各行其是，以及制度衔接的缺失导致扶贫治理的条块化与细碎化，严重影响了扶贫开发的效率与进度，阻碍了大的综合型扶贫治理体系的构建与形成，严重背离了精准扶贫中精准帮扶与精准管理的要求。另外，在扶贫移民中，国家、地方政府、贫困户由于各自行动逻辑、制度选择与利益诉求的不同，而使扶贫移民陷入一定的制度性逻辑困境之中，国家定指标、注成效、推进度的制度设计背离了贫困地区薄弱的财政状况与发展路径，而逢以迎合和被笼罩在科层制与官僚化之下的地方政府在扶贫治理层面失去了一定的话语权，将追求政绩作为自己的制度选择。从扶贫移民搬迁户来看，国家与地方政府制度设计背离了他们的实际需求，在生计的制度选择层面并没有实现大的改观，甚至造成扶贫治理的内卷化。最后，从扶贫搬迁后村民生计的可持续性来看，后续就业、土地、社会保障的不完善导致了搬迁户的生计式微。

扶贫移民搬迁作为“十三五”时期国家实施精准扶贫的重要举措，面对政策偏差的困境应该从以下几个方面来加以纠正：首先，在政策制定方面，要充分考虑到各个集中连片特困地区的特殊情况，摈弃下指标、完任务的指标化治理，充分发挥地方在扶贫攻坚中的自主权；其次，继续加大对于贫困地区，尤其是贫困县区的财政转移支付与扶贫专项资金的拨付力度，在扶贫移民项目中提高国家匹配额度；再次，构建综合性扶贫治理体系，在扶贫开发过程中形成多部门参与的扶贫联动机制，完善多项制度之间的衔接，使扶贫治理由碎片化向整体性治理过渡；最后，不断强化扶贫搬迁后移民的可持续生计，如就业、社会保障等，进而实现“搬得出、稳得住、能致富”。

参考文献

白南生、卢迈，2000，《中国农村扶贫开发移民：方法和经验》，《管理世界》第 3 期。

陈艾、李雪萍，2015，《脆弱性—抗逆力：集中连片特困地区的可持续生计分析》，《社会主义研究》第 2 期。

国务院，2011，《中国农村扶贫开发纲要（2011—2020 年）》，12 月 1 日，http://www.gov.cn/jrzg/ 2011 - 12/01/content200846_2. htm。

何得桂、党国英，2015，《西部山区避灾移民搬迁政策执行偏差及其影响研究——以陕南为例》，《青海社会科学》第 4 期。

李小云，2013，《我国农村扶贫战略实施的治理问题》，《贵州社会科学》第 7 期。

李雪萍、龙明阿真，2011，《村庄公共产品供给：增强可行能力达致减贫——以四川省甘孜藏族自治州雅江县西俄洛乡杰珠村为例》，《社会主义研究》第 1 期。

陆汉文、覃志敏，2015，《我国扶贫移民政策的演变与发展趋势》，《贵州社会科学》第 5 期。

欧阳静，2011，《压力型体制与乡镇的策略主义逻辑》，《经济社会体制比较》第 3 期。

施国庆、郑瑞强，2010，《扶贫移民：一种扶贫工作新思路》，《甘肃行政学院学报》第 4 期。

谭海波、蔡立辉，2010，《论“碎片化”政府管理模式及其改革路径——“整体型政府”的分析视角》，《社会科学》第 8 期。

唐海华，2006，《“压力型体制”与中国的政治发展》，《中共宁波市委党校学报》第 1 期。

唐丽霞、李小云、左停，2012，《社会排斥、脆弱性和可持续性生计：贫困的三种分析框架及比较》，《贵州社会科学》第12期。

唐兴盛，2014，《政府“碎片化”：问题、根源与治理路径》，《北京行政学院学报》第5期。

汪三贵、郭子豪，2015，《论中国的精准扶贫》，《贵州社会科学》第5期。

汪玮、周育海，2013，《多重逻辑下的制度变迁：一个案例的探析》，《浙江社会科学》第9期。

曾凡军，2013，《政府组织功能碎片化与整体性治理》，《武汉理工大学学报》（社会科学版）第2期。

郑瑞强、施国庆，2011，《扶贫移民权益保障与政府责任》，《重庆大学学报》（社会科学版）第5期。

郑瑞强、王英、张春美，2015，《扶贫移民适应期生计风险、扶持资源承接与政策优化》，《华中农业大学学报》（社会科学版）第4期。

周雪光、艾云，2010，《多重逻辑下的制度变迁：一个分析框架》，《中国社会科学》第4期。

左停、杨雨鑫、钟玲，2015，《精准扶贫：技术靶向、理论解析和现实挑战》，《贵州社会学》第8期。

3

易地移民搬迁能实现“搬得出、稳得住、能致富”吗？*

——基于陕南S县的调查

刘金龙　金萌萌**

21世纪以来，易地移民搬迁由区域性、地方性探索转变为国家层面的系统工程，成为解决贫困与资源、环境问题的重要措施之一（陆汉文、黄承伟，2016）。易地扶贫搬迁是我国精准脱贫攻坚的重大工程，将陕南易地搬迁推向一个新的层次。根据《全国“十三五”易地扶贫搬迁规划》，“十三五”期间，对近1000万建档立卡贫困人口实施易地扶贫搬迁，着力解决居住在“一方水土养不起一方人”地区贫困人口的脱贫问题（国家发展和改革委员会，2017）。2011年陕西省启动了“陕南大移民计划”，启动了为期10年、投资逾千亿元、涵盖陕南三市240万人的陕南移民工程。“十三五”期间，陕南地区总搬迁规模35.35万户125.9万人，其中建档立卡的贫困人口20.48万户74.8万人，同步搬迁的农户14.87万户51.1万人。

中央政府一再强调，有序推进易地扶贫搬迁，让搬迁群众搬得出、稳得住、能致富（国家发展和改革委员会地区经济司，2017）。陕西省政府把“搬得出、稳得住、能致富”作为检验易地移民搬迁成功与否的重要标准。S县按照靠近工业园区、农业园区、旅游景区、城镇规划、中心村等“五靠近”和“先人后房、以户定建”原则，守住“建房面积、群众出资”政策红线，以“三精准”模式，即精准对象、精准搬迁、精准管理，确保搬迁一户、脱贫一户。“三精准”模式得到了上级部门的认可，并得以在陕南易地扶贫搬迁实践中推广。

---

* 原文刊发于《中国农业大学学报》（社会科学版）2020年第2期。

** 刘金龙，中国人民大学农业与农村发展学院教授。金萌萌，中国人民大学农业与农村发展学院博士研究生。

自愿移民一直是国内外学术界研究的热点课题。一方面，易地扶贫搬迁可以推动城镇化，促进地方经济发展（廖琪林，2017），基础设施和供给服务得到有效改善（覃明兴，2007），非农就业机会增加（田阡、李虎，2015），在实现生计转变过程中有效地降低农户对生态的依赖程度（李聪等，2017），达到生态保护与经济发展的双赢（蔡林，2014），解决“一方水土不能养活一方人”的问题。另一方面，国内的一些学者冷静地看到了自上而下政策推动下如此大规模易地扶贫搬迁存在的风险。与土地增减挂钩政策相衔接的易地扶贫搬迁，在实际操作中使搬迁贫困户陷入“被动市民化”的困境（邹英、向德平，2017）。农村贫困人群关系型社会资本存量较少、范围较窄，而大规模被动移民难以有效改善其生存境地（刘毅等，2014）。简单套用非自愿移民的安置方式，忽视扶贫移民的自愿性和流动性（王晓毅，2017）。仅强调经济层面集约效应的城镇搬迁，而不充分考虑本地发展条件和贫困人口实际（马流辉、曹锦清，2017），会导致移民生计困难，甚至出现次生贫困或灾难转移，生态移民精准扶贫难以逃出贫困的怪圈（王娜、杨文健，2016）。政府主导的移民安置方式、搬迁类型、搬迁农户所获得的扶贫项目数对搬迁农户生计适应情况没有显著的影响，搬迁农户没有随着搬迁时间的增加而提高其适应力（黎洁，2016）。

易地移民搬迁能否实现“搬得出、稳得住、能致富”的政策目标呢？在移民实践中，移民权力的保障、移民社区的重建、基层组织的重构需要得到学界的重视。本文以陕南 S 县为例，梳理了陕南易地搬迁的政策变迁历程，从目标、对象、手段和效果四个维度，从旧宅腾退、社区重建和市场培育等方面分别回答易地移民政策能否实现“搬得出、稳得住、能致富”的目标，由此提出一些反思和政策建议。

一　研究方法

（一）S 县概况和易地搬迁政策变迁

陕南 S 县是国家扶贫开发工作重点县、秦巴山区特困县、陕西省深度贫困县之一。全县总面积 2307 平方千米，总人口 24.6 万。S 县盛产茶叶、花生、核桃、板栗、食用菌、猕猴桃等秦岭特产。有野生牡丹、丹参、杜仲、天麻等中药材达1192种，被冠以“天然药库”之美称。截至2016年，S县森林覆盖率达到65.9%，气候温润、风景秀丽（商南县人民政府，2019）。2017年，S县国民生产总值63.4亿元，一、二、三产比重为19:49:32，地方财政收入3.58亿元，而支出达22亿元，城乡居民人均可支配收入分别达到27736.5元和9346.2元，分别为全国平均值的76.3%和69.6%。2017年底城镇化率达到48.5%，低于全国平均的58.52%。

S县是陕南大移民的重点县，在“十二五”期间，统规统建搬迁7707户25818人；统规自建2946户11390人；自主建房1747户5989人。“十三五”期间，易地扶贫搬迁4266户17016人，分别占建档立卡贫困户总数的30.01%和37.10%，非贫困户易地搬迁（同步搬迁）3646户11907人。2011—2020年，S县估测易地上楼农村人口和家庭总数分别为48974人13926户，占全县农村人口和家庭总数的23.96%、24.09%。

应国家和陕西移民政策不断调整，S县易地移民政策的变迁也发生了变化（见表1）。“十二五”期间，旨在消除自然灾害对陕南人民群众生命财产的威胁，补助资金到户，补助额度逐年提高，群众可自主选择集中安置和分散安置。“十三五”期间，易地搬迁划分为两类，建档立卡贫困户易地扶贫搬迁和同步搬迁。93%的搬迁户集中在16个安置小区。S县自有财力有限，落实易地移民政策依赖上级的政策供应，易地移民政策资金主要靠上级财政转移支付或发行政府债券。

（二）调研方法

2018年7月，研究小组查阅了S县历史档案和脱贫攻坚相关文献，听取了S县相关部门就地方经济发展、脱贫攻坚、移民搬迁等方面的介绍，共同探讨研究思路和方案，拟定调研问题提纲。研究小组进驻S县后，采用半结构访谈的方法，分别与S县住建、移民办、发改、环保、国土、旅发部门等部门开展了访谈。选择6个移民安置小区，邀请安置点物业、社区/街道、乡镇相关领导、工作人员一起召开研讨会。收集了上述部门与扶贫相关的档案资料和电子数据库资料。访问了移民搬迁户11户，讲述上楼前后的家庭生产生活、人际交往、社会活动等方面的变化，理解动迁对居民在生产、生活、精神、文化活动的影响。在调研期间，调研组多次组织了相关部门领导参加的焦点小组访谈，就易地搬迁政策目标、对象、手段和效果，政策实施

表 1 S 县易地搬迁政策变迁

<table>
<tr><th rowspan="2">年份</th><th rowspan="2">目标人群</th><th rowspan="2">政策目标</th><th colspan="2">政策手段</th></tr>
<tr><th>建房补助资金</th><th>基础公共服务设施配套</th></tr>
<tr><td>2011</td><td rowspan="5">移民搬迁对象分为以下几种：
1. 受地质灾害、洪灾害或其他自然灾害影响严重的村、户；
2. 距离行政村中心较远，基础设施、服务设施落后，发展条件较差，基础设施配套困难，无发展潜力的村、户；
3. 人口规模过小，经济收入来源少的村、户；
4. 距乡、村公路 5 公里以上的偏远山区，交通不便的村、户；
5. 位于自然保护区、风景名胜区、文物保护区和生态敏感区范围内，影响区内环境的村、户；
6. 已规划或即将建设的水库库区范围内的村、户</td><td rowspan="2">陕南移民搬迁</td><td>每户补助 3 万元</td><td>无</td></tr>
<tr><td>2012</td><td>分散安置、集中低层安置（一户一基）按每户 3 万元标准补助，集中上楼安置户（四层以上单元楼）按每户 3.5 万元标准补助</td><td>无</td></tr>
<tr><td>2013</td><td rowspan="3">从根本上消除自然灾害对陕南人民群众生命财产威胁。使贫困地区群众生存环境和生活条件得以改善</td><td rowspan="2">集中安置（一户一基）、分散安置均按照每户 3 万元材料补助。统规统建楼房化集中安置的建房面积 80 平方米以上（含 80 平方米）按每户补助 5 万元标准补助，80 万平方米以下的按每户 4 万元标准补助。60 平方米以下“交钥匙”工程（主要解决“特困户”“危困户”的住房）按每户 5.5 万元标准补助</td><td>无</td></tr>
<tr><td>2014</td><td rowspan="4">集中安置基础设施按每户 2 万元标准补助到安置项目，不足部分县政府自行解决；分散安置无此项补助资金。</td></tr>
<tr><td>2015</td><td>分散安置按照每户 3 万元标准补助；集中安置户采取户、人结合的办法，按照每户 3 万元 + 每人 0.5 万元的标准补助</td></tr>
<tr><td>2016—2018</td><td>易地扶贫搬迁对象；
建构立卡贫困户中需要易地搬迁的农村人口</td><td>易地扶贫搬迁实现住房安全有保障和搬迁脱贫目标</td><td>采取集中安置方式的，建房每人补助 2.5 万元、每人自筹不超越 2500 元且每户不超过 1 万元；采取分散安置的每人补助 1.5 万元。建房面积：人均建房面积不超过 25 平方米</td></tr>
<tr><td>2016—2018</td><td>1. 避灾搬迁：主要指生活在工程措施难以有效消除灾害隐患的地质隐患点、山洪灾害频发和采煤塌陷区农村人口。
2. 生态搬迁：主要指生活在省级以上自然保护区的核心区和缓冲区、生态环境脆弱区内。
3. 其他搬迁：主要指国家及省级公路、铁路、水利等重点工程建设涉及的搬迁群众，以及城镇化和镇村综合改革等涉及的需搬迁农村人口</td><td>同步搬迁
避险、生态、工程</td><td>集中安置每户 4.5 万元补助（其中四层及以上楼房化安置的每户再奖励 5000 元）不足部分由搬迁户自行承担，各市县可根据实际参考执行，我县按照集中安置 2 人以下户（含 2 人）的补助 3 万元，3 人以上户按照 0.5 万元 + 每人 1.2 万元的标准补助，不足部分搬迁户自行承担；分散安置按每户 3 万元补助，不足部分由搬迁户自行承担</td></tr>
</table>

后潜在问题、解决之策开展了头脑风暴式的辩论。本文主体部分除标注来源外，数据和判断均来自田野调查。

（三）理论依据

本文以国际扶贫领域常用的“可持续生计框架”（DFID，2000）作为逻辑依据来分析易地搬迁对农户的影响。在可持续生计框架中，生计资本涵盖了人力资本、物质资本、金融资本、自然资本和社会资本这五大类，其中人力资本包括健康、知识和技能、劳动能力、适应能力等；物质资本包括支持农户生计所需要的基础设施和生产手段；金融资本指人们用来实现其生计目标的资金资源，包括现金、存款、贷出金额和收入等；自然资本指农户拥有或可能拥有的自然资源储备；社会资本指人们可以用来实现生计目标的社会资源（王娟、吴海涛，2014）。可持续生计框架关注的是当这五种资本在受到不同政策或环境影响时，生计策略如何随之发生变化，进而影响生计的可持续性。

在易地搬迁的过程中，政府的介入包括直接供给和间接影响，对生计资本变化和生计策略的改变起着调控作用，其中有效的政策供给是决定搬迁工程成败的关键。政策可细分为政策目标与政策手段两个核心构成要素（Lasswell，1970：3—14）。本文基于政策文本资料来分析易地搬迁政策，从政策语句结构和政策实现方式两个方面来对政策文本进行剖析。为分析搬迁政策的有效性，本文考察政策实施前后，实际所达到的政策目标与预定的政策目标之间的差距，以及分析差距由何而来，政策手段在实现政策目标的过程中起到什么样的作用。

扎根理论指导着我们对收集数据的分析。田野调查每一个环节，调研组都精心准备希望理解的问题，带着假说走访社区、开展访谈。每次田野调研后，做好数据的整理，并在研究小组中分享与讨论，形成对已有假说的结论，产生新的疑惑和对这些疑惑新的假说，再次开始相关部门访谈和社区调查。如此循环往复，直到得到满意的答案为止。研究组将形成的假说和答案与S县相关部门分享，再次印证或修改之前的假说和答案，最终形成本文的结论。

二　易地搬迁政策分析

（一）政策落实策略

2011—2015 年，S 县布置了易地搬迁点 136 个，约 62% 的搬迁点安排在城镇。在农村，安置点布置在美丽乡村建设、新农村建设示范点上。地方政府希望推动乡村旅游业发展，为易地搬迁到他村的群众提供就业机会。大部分安居点选择在就医、上学、出行、就业更方便的地方，但不方便原籍土地、山林经营。这些易地搬迁点都难以提供充分的就业机会，全县建房规模远大于实际搬迁规模，形成了大批空置房和地方政府债务。

2016 年后启动的易地扶贫搬迁项目在一定程度上挽救了 S 县。S 县把易地扶贫搬迁作为“去库存”的重要政策抓手，优先消化“十二五”期间建设的存量房。“十三五”期间，移民搬迁点大幅度减少到 16 个，其中 14 个点为陕南大移民而批准建设的小区。移民向县城和建制镇集中。县城安排了 5 个扶贫移民搬迁点，新建的两个移民安置点均安排在县城，承担了超过 50% 的移民搬迁任务，其中东兴小区就承担了全县 37% 的移民搬迁任务。对照扶贫搬迁单户面积标准，同步移民规划建设小区单套房型面积大的居多。新增的两个移民搬迁小区建筑标准低、小区配套差、单套平均面积小。因此新建的两个小区单套面积低于 85 平方米的比重高达 100%。地方政府吸取了陕南大移民教训，以搬迁到县城上楼为主，选址靠近旅游景区、农业园区、工业园区、集镇周边。这些地方可以获得优质的教育、医疗、交通等方面的服务，信息、技术密度高，就业机会大大增加。

S 县在国土资源局下成立了正科级的独立机构——移民（脱贫）搬迁办公室。新建搬迁房被明确为最重要的民生工程，农村建设用地土地征收和使用等各项审批、环境评估、社会风险评估、城市规划修订、建设项目审批、预售审批等事项都可顺利落实。各乡镇人民政府成为易地搬迁项目的甲方。选址县城的 5 个项目中，其中两个项目用地已经由私人开发商通过招拍挂获得了国有土地的使用权，另三块土地镇政府征收了下属村组的集体土地使用权。乡镇政府成为责任主体，只要敢于负债，在政治正确的指引下，乡镇政府开始了大规模的造房运动。

陕南大移民因而演化为地方“政治”行动，试图将贫困人口向城镇集中，充分发挥城镇的带动效应，让他们能够获得更多的就业机会、更好的公共服务，最终走上脱贫致富之路。地方政府认识到，要让占全县近 1/4 的人口，且为贫困人口搬迁到城镇，必须大力推动工业化进程。S 县一直努力通过招商引资推动本县加工工业的发展。然而，S 县处于南水北调工程的水源涵养区，宏观的制度环境以及自身的资源条件都不允许其发展粗放型小加工工业。我国已经进入工业化中后期，劳动密集型产业面临的竞争残酷，S 县难以谋求资源优势、政策优惠条件在竞争中脱颖而出。“十三五”期间，S 县工业发展处于停滞的状态，核桃、板栗、食用菌、蔬菜、乡村旅游发展呈快速增长之势，人口布置与产业发展存在错配。

（二）目标人群

自愿移民主体通常家庭经济收入较高，接受教育年限长，人力资本优越的农户，易地扶贫搬迁往往搬迁出去的不是预期的贫困群体，而是社区中相对富裕的群体（唐丽霞，2003）。S 县严格遵循上级政府制定政策红线，只有建档立卡贫困户能够享受易地扶贫搬迁政策，而其他农户可以享受同步搬迁的政策，且不能重复享受。在“十二五”期间，已经享受了陕南移民政策的建档立卡贫困户不能享受易地扶贫搬迁政策。

在 S 县，愿意进城的农村家庭可分为以下四类：一是比较富足的家庭，家庭可获得稳定的较高收入，可以支付购房费用和在城市生活的费用；二是有在城镇读书孩子的家庭，十年来，S 县农村学校被裁撤，这就迫使适龄学童的家长期待在城里有一套住房；三是适婚男孩的家庭；农村适龄男女结婚首要条件是城里有房，适婚年龄的男孩家庭要进城买房；四是为跟风好面子的家庭，易地扶贫搬迁政策规定一个四口之家只需缴纳 1 万元就可获得一套城里的房使跟风人群大幅增加。

S 县搬迁进城（镇）上楼农户可分为四类。第一类为相对富裕的农户，他们不能享受易地扶贫搬迁政策，而通过自主购买商品房，或在“十二五”期间享受了陕南大移民政策，或在“十三五”期间享受同步移民政策进城。第二类为有孩子在城镇读书非富裕户。第三类为有适婚男孩的非富裕户。其余的为第四类，跟风的家庭。第二类和第三类部分家庭在“十二五”期间会享受陕南大移民政策而进城，“十三五”期间，建档立卡贫困户可享受易地扶贫搬迁的政策，非建档立卡农户则可享受同步移民补贴政策。第四类都为因易地扶贫政策吸引而跟风进城的（见图1）。

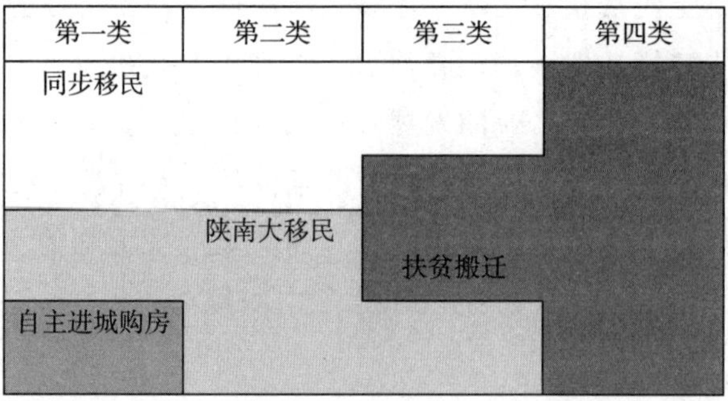

图1　S县不同类型农户的政策选择

S县建档立卡贫困户平均规模为3.23人，比该县农村户籍平均家庭规模少0.3人。贫困户中包括了五保户、单亲户、主要劳动力病残户等，因此建档立卡贫困户平均规模小。易地扶贫搬迁户的平均规模达到了3.99人，比建档立卡贫困户的平均规模多0.76人（见表2）。这说明在S县，建档立卡贫困户中比较优质的农户选择进城上楼了。

表2　S县不同类型移民户人口规模

单位：人，户

指标	人口	户数	平均规模
户籍农村人口	204369	57786	3.53
陕南大移民（“十二五”期间）	43197	12400	3.48
建档立卡贫困户	45862	14214	3.23
易地扶贫搬迁户	17016	4266	3.99
同步搬迁户	11907	3646	3.27
危房改造户（2018）	2269	1150	1.97

为确保建档立卡贫困户都有一所安全住房，不愿搬迁贫困户可享受危房改造政策。政策规定，鉴定为C级的危房，进行修缮加固，补助标准为户均1.5万元，鉴定为D级的危房，则在原址新建，补助标准为每户3万元（其中1人户2万元）。2018年，S县参与危房改造的总户数1150户，而户均人口只有1.97人，比易地扶贫搬迁户少了2.02人。从表3可见，危房改造户中，53.7%为孤寡老人和单身男性户。只有两口人的家庭占了危房改造户的

18.5%，他们主要是无子女的夫妇、丧偶的单亲家庭等。S县的一些村，成为“驻村扶贫工作队员、书记、村长和孤、寡、残、伤、病与智障人”留守村。

表3 2018年S县危房改造户人口规模结构

人口数	1	2	3	4	4+	合计
户数	618	213	161	88	70	1150

“十三五”期间易地搬迁政策指向普通农户和其中的贫困户，然而，从实施的效果看，农村社区中相对优质的家庭离开了，而留下老弱病残。在S县Q镇，除了镇政府附近的4个村外，其余村能搬的都搬了（见案例1）。少数社区已经从留守儿童、留守妇女和留守老人转变为社区“养老院”，或留守“等死院”。

案例1 Q镇共有建档立卡贫困户1027户，其中320户已经享受危房改造和陕南移民搬迁的政策，在Q镇附近的4个村，约280户已经有安全住房，不列入移民搬迁范围。其余三个村中，有30多户建成了2层民居，且处于交通方便、无地质风险的地方。Q镇建档立卡贫困户中，选择易地扶贫搬迁的有406户移民户，包括46户去了县城，试马镇6户，其余354全部安置在青云小区。还有67户，群众不愿意走，单人户，就纳入C和D级危房改造中。大凡群众愿意要的，不违背政策的，都分了住房。

（三）政策手段

陕南大移民和同步搬迁移民明确了补贴到户，农户在规定的范围内选择项目地点、户型、楼层。从搬迁户的角度，易地扶贫搬迁变成了“我家三口人，交7500元，分我一套60平方米的房子；我家四口人，交1万元，分我80平方米的房子；四口人以上，也是交1万元，分我每人20平方米的房子”。因此，表1中所列的易地扶贫搬迁政策手段没有直接作用于应受益群体，而是省政府对县政府的资金划拨安排。县移民搬迁工作办公室作为具体的落实单位，统筹使用上级部门下拨各项补贴资金。因此，县移民办不断迫使上级政府加大补助的基数，减少对资金使用的管制；充分发挥县、镇、村组织的优势，增加移民搬迁农户的数量。两者的乘积就是上级转移支付的资金，资金盘子大了，可增强机动性和应对问题的能力。

陕南大移民政策内涵是为农民进城购房提供补贴。然而，移民搬迁演化为给建档立卡贫困户发房子。乡镇政府作为业主方，把每一个小区作为项目来运行，确保每一个小区的财务平衡甚至略有盈余。由于移民项目大幅度提高了补助标准，推动了县政府直接代替乡镇作为业主主体。与普通房地产项目不同的，移民搬迁点建设重在各级政府部门自上而下的申请、自下而上的审批和资源的分配，无须办理“商品房预售许可证”。组建搬迁点项目办公室，开展项目施工设计、工程的招投标，项目管理、验收和房屋分配、居民入住等工作，直到项目被物业公司和政府组建的社区委员会接手为止。

作为工程项目，其效率原则无疑会优先。而同步移民和扶贫搬迁政策为小区建设规划提供了基础的资源。表 4 列举了 S 县两个小区出售的商业物业、居住物业、同步搬迁房、扶贫搬迁房、公共用房等结构情况。在一个搬迁点，需要配置小区商业用房和车库，这价位是最高的。可以配置部分商品房或同步移民用房，往往是位置、楼层和户型最好的，每一套的价格是由市场确定，买卖双方共商后成交的。除预留一些公共用房外，剩下的为扶贫移民用房，以抓阄等公平的方式分给建档立卡贫困户（见案例 2）。

表 4　典型搬迁点小区房屋一览

		东兴社区	青云小区
总建筑面积		25 万平方米	4.7 万平方米
公共设施		社区、幼儿园、小学、医院等	文化广场、停车位等
出售	商品房	3000—3200 元/平方米	无
	商铺	2 万平方米（4750 元/平方米）	2400 平方米
	车库	8—9 立方米，169 个，9.8 万元/车位	无
同步移民		61 户	105 户
扶贫移民		200 户	354 户
剩余		—	31 套 40 平方米，113 套 60—65 平方米，2400 平方米门面房

案例 2　青云小区因陕南大移民而建，成于 2015 年。作为项目主

> 体，Q镇以4.5万/亩的价格征收了村集体土地，腾退拆迁又花费约297万元，建设投资约7387万元。已经收到县移民办基础设施建设费用1300万元，扶贫移民补贴3300万元。收缴入住群众房款约800万元。考虑到未收到陕南移民补贴款，约600万元等各项补贴，因剩余了144套房和商业物业，亏空约1000万元。按建筑面积平方米计，一层和六层，售价1080元；二、四、五层，1280元；三层1380元。本小区除门面房外，剩余主要是楼层高、面积小的户型。从提供的水电费开支清单看，入住350户，实际常年居住户75户，绝大多数户签了协议没装修，或者装修了也不住。

同步移民是买房补贴，而扶贫移民则成为限面积分房。同步可以选择大户型，而扶贫移民限制在人均20—25平方米。项目主体为了节约开支，一般会以低限，即每人20平方米为贫困人口分房。在青云小区，一个四口之家，建档立卡贫困户只要缴纳1万元就可获得一套80平方米小产权的住房，市场价约10.24万元。而非建档立卡户可获得同步移民补贴5.3万元用来购房，假设该房在二层，那么家庭需要额外花费4.94万元方可购买这套住房，比建档立卡贫困户要多缴了3.94万元。然而，建档立卡户只能通过抽签分得住房，而同步移民户有优先选择位置、楼层和户型的权利。因此，在一个混合社区，对于选择，全款购买的优先，其次是同步搬迁的，最后才是建档立卡贫困户。开发商获得最大的商业利益，群众心理上可接受。

D镇部分群众选择到县城，以东兴社区为例，该小区是该县重点扶贫项目，项目位置好、配套好、小区建设好。能够获得房产证，市场均价在每平方米3300元，小产权市场价约3000元。同样是四口之家，80平方米的小产权房，估值24万元。建档立卡贫困户还只是缴纳1万元，而非贫困户则要缴纳18.7万元。考虑到对贫困农户在位置、户型选择上失去了权利，那么实际获益要少很多。从政策获益多寡来算，建档立卡贫困户都应当优选优质的东兴小区。为了体现分房的公平，有意愿进城的农户只有一部分可以获得东兴小区选房的权利，因县城还配置了另4个小区，位置各异，配套不齐。如抽签到这四个小区，小产权房的均价多降到了约每平方米2000元，那么房产的价值缩水到16万元，且可能是不方便的位置，如距离孩子读书的学校较远等。按照合同规定，享受政策补贴的房产在一定时期内（5年内）是不可以卖的。进县城后，生活成本会上升：物业、垃圾管理收费会上升，蔬菜等食品开支会大幅度增加。

（四）政策效果

易地扶贫搬迁的反贫困效果需要一定时间才能真实地显现。以五资本模型为分析框架，从资本组合和可能获益来推断减贫效果。移民不能改善贫困家庭的人力资本。贫困家庭账面的自然资产也没有变化。由于居住地与自然资源在地理上被分离，贫困家庭从自然资源中获益减少，包括采集收入减少，自给自足经济被破坏。作为政策方向，S 县在推动“资源变资产、资金变股金、农民变股民”的三变改革（以下简称“三变改革”）。这项改革旨在推动工商资本下乡，与集体经济组织对接，推动城乡要素自由流动，提高资源的效率。这项改革隔离了农户与自然资源的直接联系。居住地与自然资源的分离为这项改革的推进减小了阻力。

移民搬迁可显著提高家庭物质资本的总量，提高家庭资产的总量。无论是同步移民还是扶贫移民，每个家庭都增加了一套房产，总价在 10 万—30 万元。而家庭资产总量，以一个四口之家，同步移民可获得补贴 53000 元用于购买住房，而扶贫移民的物质资本增加了 8 万—16 万元。贫困人口在 S 县个人资产中的比重会大幅度上升，缩小了农户间财产总量的差距。

中央政府通过财政和允许地方金融创新输入大量的资金到深度贫困县，可起到改善地方资金供应、降低企业和农户资金使用的成本的作用。大规模的移民搬迁，地方政府消耗了资金资源用于房地产产业，农户需要投入资金用于购买房屋、装修、添置室内用品。这可快速地抬升 GDP 的增长，创造就业。然而，这恶化了当地的资金供需平衡，导致民间借贷利率的上升。2016 年以来，S 县民间借贷利率一直维持在高位，月利率约为 1.5%。S 县少数富商凭借人脉和资金的优势，相对容易获得本地银行的贷款，推高资金高杠杆。民间金融高利率，富商的高杠杆又压抑了小微企业的发展，不利于返乡青年的创新创业，不利于地方经济的可持续发展。资金面的紧张会加重金融排斥，贫困农户获得和使用资金的成本上升。

农民长期生活在同一个社会网络中，将传统的文化和习俗代代相传。农户通过婚、丧、嫁、娶、祭祀等活动，维护其社会网络。搬迁上楼后，这些贫困农户远离了原来熟悉的社会网络，他们的生活因此而被隔绝。社区缺乏适应农村活动的公共空间；红白喜事都要进饭店也是贫困农户所不能承受的。

传统地区的农户，资源或资本自然配置有其深刻的社会经济动因。小农决策是最优的，至少是次优的。移民搬迁政策改变了农户资本的配置，使他们把比较多的资本配置到房产中，而政策规定5年内，移民搬迁政策支持的农户房产不可以进入市场。对部分农户而言，这出现了资本错配。如果直接将搬迁可能的获益以补贴的方式发给农户，农户会将增加的资本合理分配到生产资料和生活资料的物质资本储备、自然资本改善、人力资本提高等上来。如果采纳陕南移民搬迁后期棚户区改造政策手段，直接将获益以购房补贴的方式发放，大幅减少政府对地产市场的影响，不仅有利于房地产市场健康发展，而且有利于增加农户选择，提高购房农户生活、学习、工作空间配置的效率。

三 易地移民政策效果分析

（一）宅基地腾退与“搬得出”

2018年3月，国务院办公厅颁布了《城乡建设用地增减挂钩节余指标跨省域调剂管理办法》。陕南深度贫困县可向江苏省调剂土地用地指标，江苏省为每亩建设用地指标支付50万元，调剂资金经财政部列入中央财政对地方财政一般性转移支付，全部用于巩固脱贫攻坚成果和支持实施乡村振兴战略，优先和重点保障产生节余指标深度贫困地区的安置补偿、拆旧复垦、基础设施和公共服务设施建设、生态修复、耕地保护、高标准农田建设、农业农村发展建设以及购买易地扶贫搬迁服务等。根据地方政府与易地扶贫搬迁户的协议，农户需要腾退旧宅基地，并给予奖励①。S县估算，按每宅0.5亩计，包括腾退、复垦等各项费用测算在10万元左右，一般性财政可结余15万元。此项政策为深度贫困区县级人民政府开展旧宅基地腾退工作提供了激励。

① S县旧宅基地腾退补助资金：土木结构房屋140元/平方米，砖木结构180元/平方米，砖混结构220元/平方米，厕所、猪圈、院落等设施一次性奖补5000元。

随着易地扶贫搬迁规模的增大，地方政府为“搬得出”想了很多办法。扩大可移民的人群基数，积极为迁入地降低生活成本，创造就业机会，改进社区服务，提高入住率。然而，一些入住农户，旧宅依然在使用，老人、小孩、妇女留守在农村，坚守以自给自足为主的生产方式。青云社区是一个相对成熟的小区，2016 年竣工验收入住。所在镇政府为社区配置了公益岗服务人员，物业费定为每平方米 0.2 元，小区总共 581 套房，签约 437 套，占 75.2%；已经装修 350 户，占总套数的 60.2%。然而，连续 6 个月及以上，每月都产生水、电消费的套数只有 71 套，实际入住率只有 12.3%。可见易地搬迁效果很不理想。

S 县政府意识到，“两头扯”① 不符合扶贫移民搬迁的出发点和初衷，农村留守老人、留守儿童居住在老宅中，没有实现挖穷根、除险根、促生产生活方式转变、促城乡一体化发展的目的。S 县政府为禁止“两头扯”，落实整户搬迁，采取宣传、规劝、执法等多重手段，以减少“两头扯”的现象。然而，对存在“两头扯”的搬迁户访问发现，老人不随子女入住的原因包括：老人习惯农村生活；城市生活成本高；农村可种点蔬菜。法律规定，农村居民可根据“一户一宅”的原则享有宅基地长期的土地使用权。上楼的农民，只要集体成员的身份不变，不能剥夺作为集体成员所享有的权利。从乡镇人民政府和易地扶贫搬迁户合同来看，对于拒不腾退旧宅基地的农户，唯一有效的措施是追回政府已经兑现的相关补贴。若农户拒不执行合同，追回相关补贴是不可能的。因此，若以整户搬迁为衡量“搬得出”的主要考量，S 县是难以做到“搬得出”。合适的目标是为农户提供了第二居所，有利于增加贫困户的选择和提高机动性。

（二）社区重建与“稳得住”

社区重建是 S 县大规模移民搬迁“稳得住”的关键。易地扶贫搬迁不只是居住空间的调整、生计模式的再造，更重要的人们日常生活精神家园的重建。这包括物理公共空间、社区正式和非正式组织和制度、社区文化和价值

① “两头扯”是陕南地区地方政府为了回避入住率低的问题造出一个名词；指的是一户中年轻人住在城里，而老人和小孩住在乡下。陕南年轻人在本地打工的比重不高，所谓“两头扯”，大多实质就是没人住，城中房屋闲置。

的培养等。只有形成了共同的归属感，“异乡人”方可转化为“故乡人”（刘金龙等，2018）。然而，各级相关部门没有意识到社区重建的重要性，社区重建没有体现在规划和各级党委和政府的议事日程中。

移民搬迁社区缺乏公共空间建设的规划，难以满足贫困人口寻求帮助、学习、维持乡土风俗的需求，没有考虑到养老、托儿、教育、健康、卫生、文化等事业的配套设施。搬迁上楼后，每一个家庭被安置在独立的单元中，楼上楼下、左邻右舍都不认识，单独面对市场和社会寻求各自的生计而忙碌。东兴社区总面积达 50 万平方米，而公共建筑只有 1780 平方米，只占 0.36%，主要满足供水、电、气等，及垃圾处理、社区物业管理等需要。小区公共用房规划远达不到总建筑面积 2% 的国家标准，因而大大压缩了居民交往、开展精神文化活动、社区托儿、养老、休闲、养生、娱乐等活动的空间。作为借鉴，可参考贵州黔西南州变“搬出人”为“搬文化、搬心、搬神”，把搬迁群众千百年来在大山里传承的文化遗存、民族风俗、传统工艺等，原原本本、原汁原味地搬到城镇，留住“故土情”，体会“乡愁味”，增强“获得感”（李宇军、张继焦，2017）。

在乡村，传统的家族、宗族影响了每一个家庭的经济和社会生活，嵌入村庄政治活动中。农村社区正式和非正式的制度安排传承了乡土文化和礼治格局，延续和发展着村落共同体（费孝通，1998）。村党支部、村委会是落实党和政府各项涉农政策的末端，在一定程度上扮演了乡村群众庇护者的角色。搬入新居后，新成员需要共同努力建立起正式和非正式的社区制度，需要建立业主委员会管理小区的公共物业，需要创建社区自治制度，需要建立社区居民互帮互助，开展自愿服务等。由于客居他乡，土地、山林管理需要与村委会的协助，医疗、健康、教育、养老等各项社保和民政服务需要回到户口所在地政府办理。这都需要建设新的社区制度，共同维护社区人的权力，改善政府管理。

社区制度和文化建设需要一个漫长的过程，是立足于“稳得住”的长期考量，而如何提高上楼人群的适应能力，尽快融入城市生活则是“稳得住”的当务之急。搬上楼的贫困人口，普遍存在城市生活适应能力不足，S 县政府没有将之置于议事日程中，为上楼居民提供适应城市生活的学习平台，包括构建人际交往、社区互助等新的知识体系。还应当引入社会组织，为搬上楼的居民提供心理疏导、就业服务、法律咨询等服务。培育农民改变旧惯习，接触城市思维和生活方式，融入城市社区生活，自觉爱护社区公共空间。

“稳得住”将会是对基层治理体系重构和地方政府治理能力的考验。地方政府需要认识到，维护和发扬地域乡村文化特色有利于唤醒搬迁户对传统生活的记忆和体验，让社区留下乡愁。培育和发展社区组织，引进社会组织、社会企业服务于社区，形成政府与各类民间组织之间分工、协作的治理模式，增强移民搬迁社区的组织性，整合多元化利益和协调社会矛盾。创造更多移民搬迁群众利益表达的公共空间，实现多渠道、多方式的民情沟通和民意表达。21 世纪以来，物化主义的发展逻辑压倒了人本主义的发展导向，政府自上而下地推动的农民上楼运动，引发的社会、文化冲突，成为我国社会治理问题最为集中的区域（黄小慧、刘金龙，2014）。S 县大规模集中贫困人口于狭小的楼宇中，发生社会风险概率大增。地方治理体系如何有效应对和防范当会是一个难题。

（三）市场培育与“能致富”

S 县把就业和创业作为搬迁户“能致富”的重点。组建投融资平台，积极招商引资，兴建“脱贫车间”“社区工厂”，增加由财政出资的公益性岗位，为入区群众创造就业岗位。促进电商发展，发展“特色门店”，改善创业环境，促创新创业。短期内，S 县还是为贫困人口创造了一些新的生计渠道和方式。

市场才是“能致富”的治本之策。贫困地区市场机制发育不良既是贫困的原因，也是贫困的结果。贫困地区优势的产业依赖当地自然资源。与其他深度贫困县一样，S 县政府推动削减贫困人口对自然资源的权力，而将管理权让渡给企业家和“能人”提高资源利用效率，附着在自然资源管理和开发上的各项优惠政策，包括金融扶持，转移给资源实际控制者。S 县，扶贫贴息贷款资金集中到“能人”手中，2017 年，通过中央财政贴息、地方财政增信，S 县商业银行给“能人”或公司以建档立卡贫困户小额信贷名义，按贫困户入股资金计入，贷出了约 6 亿元资金，约定 2018—2020 年入股资金按年股金 8% 分红，2020 年按 12% 分红，2021—2022 年按 10% 分红。S 扶贫实践满足了资本和“能人”对资源（包括扶贫贷款资源）控制的欲望，同时基层政府背负着精准脱贫的政治责任，迫使强势群体给贫困人让渡利益，协助政府按时脱帽，打赢决战脱贫攻坚的任务。S县扶贫创新在很大程度上是政—商合谋的产物，难以保障这一制度安排的可持续性。S县的扶贫实践，涉足扶贫的农业、轻工、房地产等行业，私人企业靠补贴盈利，这显然不正常。

营造新型政商关系，还市场于市场应当是S县市场培育的基础工作。从以经济建设为中心时期训练出的大批干部，积累了丰富的亲商知识，推动地方经济发展，带动人民脱贫致富。然而，S县不再强调以经济建设为中心，而把“脱贫攻坚”和“生态保护”作为最重要的工作。而这两项工作要求地方政府官员深刻认识到并适应迅速变化了的国家发展战略的调整，以及这种调整对地方社会经济发展的规定。地方政府要从亲商转向亲民，从促进地方经济发展，转向到民生改善、社区管理和社会和谐建设中。这需要时间让地方政府学习，需要新的知识体系的支持，很难在短期内发生较大的突破。

需要准确把握区域经济的特色，找到区域经济的比较优势。S县应当高举“生态文明”“绿色发展”“宜居生活”的大旗，把生态农业、绿色食品、小批量、高质量、小批量作为发展农业的主导方向。山区细碎化的土地不适应发展现代农业，难以与土地平坦、靠近消费市场地区的现代农村相抗衡。坚持发展劳动密集型轻工业品生产，以循环经济突破口。寻求全域生态旅游、乡村旅游发展措施、小规模农产品物流和销售支持系统。

四 结论与讨论

从S县扶贫实践来看，如从宅基地腾退、社区重建和市场培育角度看，易地搬迁是不能实现“搬得出、稳得住、能致富”的。易地搬迁增加了这些人群的家庭财产的总额，缩小了贫困地区家庭财产的差距。然而这些资产成为部分贫困户的“死”资产，演变成贫困户的负担。易地搬迁可能会强化贫困农户金融排斥，不利于贫困农户管理社区自然资源，维持自给自足的经济形态。将建档立卡贫困户中人力资本相对优质的农户搬迁到城镇。需要从健康、卫生和教育入手，大幅度改进贫困户人力资本，方有可能阻断贫困的代际传承。

S县易地搬迁早期，尚能考虑到多点布局、分散安置，逐渐演化为单一的城镇集中模式。这折射出受限于资金与土地的双重约束，以及城乡二元思维的支配，地方政府将城镇化视为拉动经济增长、实现贫困人口致富的主要手段，易地搬迁的城镇集中模式表现出鲜明的经济增长和现代化理论熏陶下我国发展的逻辑（马流辉、曹锦清，2017）。政商学界深受经济增长理论和现代化发展观的熏陶，指引着我国人民发生期待中脱贫的线性转变。从S县易地扶贫搬迁实践中，这样的线性转变是难以发生的。

易地搬迁需要统筹安全的住所、合适的工作、齐备的设施，更需要社区的重建、治理体系的重构，考验地方政府顺应国家发展战略调整的能力和治理能力。我们建议：（1）保障贫困户的权利，维护法律底线，寻求具体的措施落实迁入户的房屋产权，改强制腾退旧宅为自愿腾退；（2）地方党委和政府积极介入移民社区，加强基层党组织建设，以党建为龙头，带动楼宇和社区自治组织的发展，开展居民间互帮互助活动，成立红白理事会、社区冲突调解委员会，开展社区精神文化活动等；（3）积极制定建设规划，充分利用小区的建筑，大幅度增加物理性公共空间的面积，提供老人餐桌、幼托、卫生健康教育等服务，提供开展麻将、棋类、书画等文娱文化活动的场所。积极拓展就业渠道，鼓励多元化就业措施，尤其返乡青年的创业、新业态（比如绿色和地方特色农产品）；（4）净化市场环境，让市场成为资源配置的主导力量，重建政商关系，把本地人创业提到与招商引资同等重要的高度上来。

参考文献

蔡林，2014，《中国生态移民工程的问题及规范性研究》，《环境保护》第23期。

费孝通，1998，《乡土中国　生育制度》，北京大学出版社。

国家发展和改革委员会，2017，《全国“十三五”易地扶贫搬迁规划》，4月28日，http://www.sdpc.gov.cn/zcfb/zcfbtz/2016107W020161031494556658763.pdf。

国家发展和改革委员会地区经济司，2017，《易地搬迁，脱贫发展天地宽》，2月27日，http://dqs.ndrc.gov.cn/fpkf/201702/t20170227_839236.html。

黄小慧、刘金龙，2014，《城与乡的关系史：新型城镇化思考》，《湖南城市学院学报》第3期。

黎洁，2016，《陕西安康移民搬迁农户的生计适应策略与适应力感知》，《中国人口·资源与环境》第9期。

李聪、康博纬、李萍、高梦，2017，《易地移民搬迁对农户生态系统服务依赖度的影响——来自陕南的证据》，《中国人口·资源与环境》第11期。

李宇军、张继焦，2017，《易地扶贫搬迁必须发挥受扶主体的能动性——基于贵州黔西南州的调查及思考》，《中南民族大学学报》（人文社会科学版）第5期。

廖琪林，2017，《广西新型城镇化建设中易地扶贫搬迁问题及对策研究》，硕士学位论文，广西师范学院。

刘金龙、翟福生、张明慧，2018，《城郊型社区治理过程逻辑——以北京市J社区为例》，《山西农业大学学报》（社会科学版）第7期。

刘毅、田小芳、孙岩，2014，《关系型社会资本对农村被动移民迁移意愿的影响研究》，《大连理工大学学报》（社会科学版）第2期。

陆汉文、黄承伟，2016，《中国精准扶贫发展报告2016》，社会科学文献出版社。

马流辉、曹锦清，2017，《易地扶贫搬迁的城镇集中模式：政策逻辑与实践限度——基于黔中G县的调查》，《毛泽东邓小平理论研究》第10期。

覃明兴，2007，《扶贫自愿性移民的迁移决策及主体选择性研究》，《南方人口》第4期。

商南县人民政府，2019，《县情概况》，6月4日，http://www.shangnan.gov.cn/info/egovinfo/1001/xxgk/xxgk_content/zfb-30/2019-0604003.htm。

唐丽霞，2003，《谁迁移了？——我国西部地区有组织的自愿移民研究》，硕士学位论文，中国农业大学。

田阡、李虎，2015，《人往低处迁：武陵山区土家族自愿搬迁移民的理性选择——基于重庆石柱县汪龙村的调查》，《思想战线》第5期。

王娟、吴海涛，2014，《贫困山区农户生计转型研究综述》，《农村经济与科技》第7期。

王娜、杨文健，2016，《生态移民精准扶贫：现实困境、内在悖论与对策》，《开发研究》第4期。

王晓毅，2017，《易地搬迁与精准扶贫：宁夏生态移民再考察》，《新视野》第2期。

邹英、向德平，2017，《易地扶贫搬迁贫困户市民化困境及其路径选择》，《江苏行政学院学报》第2期。

DFID, 2000, *Sustainable Livelihoods Guidance Sheets* (London: Department for International Development).

Lasswell, H. D. 1970. "The Emerging Conception of the Policy Sciences." *Policy Sciences* 1: 3-14.

4 移民的流动性与贫困治理*

——宁夏生态移民的再认识

王晓毅**

从20世纪80年代开始，宁夏进行了大规模的以扶贫和保护生态环境为目的的移民，在这个过程中，大量南部山区的人口被政府有计划地安置在黄河沿线从事灌溉农业。移民对于改变南部山区的生态环境、改善贫困人口的生存条件都发挥了重要作用（李培林、王晓毅，2013）。移民不仅促进南部山区的脱贫和生态环境保护，也推动了宁夏北部和中部地区的发展。

与政府政策安置并存的是大量自发移民的存在，自发移民主要表现为政策安置移民的二次流动和非政策移民的迁移。本文认为自发移民是移民流动性的体现，体现了移民高度的自我适应能力，移民从原籍管理转变为属地管理以后，原有乡村的治理结构被复制到移民区，社会治理建立在户籍和居住的基础上，这种社会治理机制很难适应移民的流动性，特别是在精准扶贫的背景下，由于缺少对流动人口反贫困的制度安排，一些贫困户很难从精准扶贫中受益。移民为农村人口流动提供了机会，促进了人口流动，社会治理需要充分考虑到移民的流动性。

一　移民的流动性

从20世纪80年代开始，宁夏进行大规模的移民，通过在黄河沿岸提水灌溉，安置从南部山区和中部干旱带转移出来的农村人口，并在移民区建立相应的乡村组织，对移民进行属地管理。与政府组织的政策移民同时存在的是自发人口流动，这种流动包括从移民区向外的流动，也包括向移民区内的

---

* 原文刊发于《中国农业大学学报》（社会科学版）2017年第5期。

** 王晓毅，中国社会科学院社会学研究所农村环境与社会研究中心研究员。

人口流动。移民向外流动主要包括两种类型，第一种是回迁，一些移民不能适应移民区的生活，重新回到迁出地。第二种是外迁，在进入移民村以后，移民以移民村为跳板，进入城镇或其他地区生存。向移民区的自发流动也包括了两种类型，第一种是南部山区农民自发购买移民的房屋和土地，在移民村定居；第二种是农民进入移民区自发开垦土地，形成自发的移民区。

与一般的人口流动不同，自发移民这种现象的产生与政策移民有着密切的关系。陈通明等人指出，"自发移民是指不依靠政府组织，没有享受政府的任何补贴，纯属个人自主决定而搬迁的移民。在特定的自然和社会背景下，宁夏中南部地区的贫困农民采取了自主迁徙的方式来改变生存环境。这类移民绝大多数是在政策性移民的带动下，通过投亲靠友，在迁入地擅自购买土地和房屋，并长期居住生活"（陈通明等，2013）。范建荣等人也指出自发移民是政策移民的伴生性产物（范建荣等，2011）。政策移民对自发移民发挥了三重作用。

首先是示范，在政府大规模组织移民之前，南部山区的农民几乎没有移民的意愿，也没有移民的机会。政府组织的移民为他们提供了一种新的生存可能，一些没有被政府纳入移民规划的村民看到政策移民的流动过程，也希望通过移民改善生存状态。

其次，政策移民也为自发移民提供了空间。政策移民项目主要是在干旱的中部和北部地区修建灌溉设施，从而使原有的荒地具备开发条件，这为移民开发创造了基本条件。只要具备了基本灌溉条件，移民就可以进行土地开发，从事农业生产。事实上，不仅自愿移民会开垦土地，政策移民在政府统一分配的土地之外也会扩大耕地面积，特别是早期移民由于可供开垦土地的空间比较大。通过移民项目所提供的灌溉设施扩大耕地面积是许多自发移民的生存途径。

再次，政策移民的迁徙为自发移民提供了移动的机会。决策者试图通过政策安置，将移民稳定在移民区，但是移民的策略不尽相同，一部分移民会选择在移民村定居，将移民村作为自己的家，以此为基础发展；另外一部分可能会迟迟不进入移民村，有些在迁移以后可能会重新回到家乡；还有一部分人可能会在进入移民村以后，举家外迁，进行第二次迁移。一些重返家乡或二次迁移的移民选择将房屋与土地私下出售给自发移民，这为自发移民提供了机会。

据宁夏回族自治区公安厅的调查，2015 年全区有自发移民 24 万人（杨永芳、徐东海，2016），这大体上占到宁夏政策移民的 25% 左右。孔炜莉等人通过多种数据的估算，认为到 2012 年的时候自发移民应该有 18 万—19

万，大体上相当于当时80万移民的25%（孔炜莉、陈之曦，2012）。在不同的村庄，自发移民所占比例不同，比如杨永芳等人研究的涝洼村，有户籍的农户只有380多户，而无户籍的农户667户，自发移民占全村总户数的2/3，但是这380户有户籍的移民中，也只有140户是严格意义上的政策移民，其他的都是陆续通过各种办法搬迁并获得当地户籍的，从比较宽泛的意义上说，这些移民也是自发移民（杨永芳、陈之曦，2017）。

在30多年的移民过程中，许多自发移民已经获得当地户籍，在统计中已经不是自发移民，但是如果追溯最初的移民状态，他们也是自发迁移的。如果将这部分人口算入自发移民，那么自发移民的规模会扩大很多。比如海陶北村是最早的移民村，据村干部回忆，20世纪80年代搬迁到新地方的时候，基础设施不完善，生态环境很差，许多人吃不了苦回迁了。现在全村120户人家，只有20—30户是最早的移民，其他的是陆陆续续搬来的。在这些早期移民的村庄，由于耕地和庭院面积都比较大，适合发展农业和畜牧业，自发移民在定居并经过多年的发展，生活状况明显改善，形成移民村的稳定居民。但是在一些较晚的移民区，由于耕地和庭院面积有限，灌溉水源不充足，农业生产条件相对较差，移民的流动性更强。比如红寺堡的大河村是1999年建立的移民村，到目前为止，没有户籍的自发移民400多户，占全村户数的50%。按照村干部的说法，从建立移民村开始，村里的人口已经换了几拨了，现在没有户籍的人口是在2005年严格户籍管理以后出现的，以前的一些自发移民也有许多在当地落户。与大河村相邻的红崖村也有差不多50%的村民没有户口。最初的政策移民是471户，现在只有130多户是最初的政策移民，除此之外的340多户政策移民并没有留在村内，有一部分进入移民村以后将房屋和土地流转以后进行了二次搬迁；有一部分规划的移民可能没有搬迁到村庄来，而是直接将土地和房屋流转给其他自发移民。

以上一些典型案例说明，高流动性是移民社会的重要特征，这既包括自发移民的流入，也包括政策移民的迁出。2016年，中国社会科学院社会学研究所与北方民族大学在宁夏10个移民村庄对804户移民进行问卷调查，结果显示有385户是自发移民，占总数的48%[①]。宁夏回族自治区在移民的投

① 这项调查共抽取了10个移民村庄，回收问卷804份。调查由北方民族大学学生在随机抽样的基础上进入农户访问填写问卷。调查时间为2016年6月。

入方面不断增加，移民区的基础设施、公共服务都在不断完善，但是这并没有减小移民的流动性，比如红寺堡的马渠移民安置区是“十二五”期间建设的移民安置区，计划安置 3365 户，实际安置 2842 户，但是实际定居只有 823 户。据介绍，那些未定居的移民，有一部分属于还在原籍尚未移民，也有的移民以后举家外出打工了[①]。随着自发移民的逐渐增加，“从发展趋势上，自发移民的规模已由个体行为演化为小规模集体行为，其栖息地已由零散的插花式居住在政策移民社区内演变为集中居住在政策移民社区周边，有的已经形成了自己独特的社区”（范建荣等，2011）。

二　政策移民与自发移民

我们看到，在政府大规模推动异地搬迁的过程中，南部山区的农民不管是否被纳入政策移民的范围，都表现出高度的流动性。在改革开放以后，农民获得迁徙的权利，外出从事非农就业成为农民流动的最重要推动力。除了全国普遍的外出务工以外，宁夏的移民还有一些特殊的原因：宁夏中南部与北部地区的自然环境和经济发展水平差异是人口移动的直接诱因，南部地区主要是山区，生态环境脆弱，干旱少雨，生存条件恶劣，而北部地区是黄河灌区，经济发展水平较高；在近 40 年的扶贫中，宁夏组织了超过 100 万人口的大规模移民，政策移民人口数量达到总人口的 20%，这种大规模的政策移民也推动了自发移民，并形成了人口的流动性。

过去有关移民流动性的研究主要集中在自发移民的管理和保护自发移民的权益方面，包括讨论自发移民中存在的一系列问题，如滥垦问题、边缘化问题、发展资金问题，以及自发移民对社会管理的冲击，并呼吁要给自发移民以政策移民同等的待遇，解决他们的户籍问题（陈通明等，2013；范建荣等，2011；杨永芳、陈之曦，2017）。这些政策建议对于决策产生了重要影响，并使大量自发移民被纳入属地管理，部分自发移民的户籍得到相应解决，实现了与政策移民同等的待遇，但是对于移民的流动性及其与流动性相伴随的适应性，关注不足。

移民包含了两个方面的含义，一方面是异地安置，也就是地理空间的改

① 资料来源于当地政府的“马渠移民安置区的工作汇报”。

变，从一个地方平移到另外一个地方，其生产方式和居住格局不变；另一方面则是流动的过程，他们在流动的过程中选择了适合生存的地方，并短期或长期地居住下来。前者更像是定居下来的政策移民，而后者更像是自发移民。从移民的过程来看，自发移民要支付远比政策移民更多的迁移成本，比如自发移民不能像政策移民那样获得耕地和房屋，大多数自发移民都是通过购买政策移民的房屋和土地而在移民区生存下来①。许多自发移民没有移民区的户籍，很难享受政策移民所带来的各种政策优惠②。由于缺乏居住稳定性和户籍，自发移民集中的地区也是社会管理难度较大的地区（陈通明等，2013），存在许多社会管理的难题，比如他们所面临的资金困难以及边缘化的问题（范建荣等，2011），但是自发移民也表现除了更强的适应性，如移民比较集中的涝洼村，与传统村庄相比较，表现出更强的开放性和重新建构社会网络的能力（杨永芳、陈之曦，2017）。

如果从移动性来看，移民包括三个部分，即重新回到原籍的移民、居住在移民村的移民和迁移到城镇或其他地区的移民。我们的调查只是覆盖了移民区居住的移民，也就是移民区的政策移民和自发移民，调查显示，尽管二者在政策支持的力度上有很大不同，但是他们都表现了大体相似的适应性，自发移民的适应性好于政策移民。

从总体上来说，留在移民村的居民都已经适应了移民村的生存，绝大多数移民表示已经适应或很适应移民村的生活，自发移民表示不适应或很不适应的很少，而表示适应或很适应的略高于政策移民（见表1）。

表1　移民对移民村总的适应情况

单位：人，%

		不适应和很不适应	一般	适应和很适应	合计
自发移民	人数	5	34	346	385
	占比	1	9	90	100
政策移民	人数	39	73	305	417
	占比	9	18	73	100

① 2016年我们在红寺堡调查，一套移民住房和配套的耕地可以卖14万元左右。

② 政策移民可以享受房屋、土地、设施农业、扶贫、低保等多种政策支持，而没有取得当地户籍的自发移民完全不能享受这些政策。

尽管移民大体上已经适应了移民村的社会经济生活，但是如果具体分析，就发现自发移民与政策移民在适应的不同方面有很大差异。比如在公共事务方面，自发移民和政策移民的满意程度大体一致，而涉及家庭问题，如房屋和收入，他们的满意度就表现出很大差异。

在基础设施方面，不管是自发移民或政策移民都表达了高度的满意。比如询问进入移民村以后，交通是否更加便利，超过90%的移民认为移民区的交通更加便利，而且自发移民和政策移民的反应基本相同（见表2）。

表2 移民区交通条件的改善

单位：人，%

		更加便利	一般	没改善或说不清	合计
自发移民	人数	353	17	15	385
	占比	92	4	4	100
政策移民	人数	397	7	8	412
	占比	96	2	2	100

对教育，移民也表达了类似的满意程度。在调查中，超过70%的被访者表示现在的转产培训和教育是令人满意的，只有10%左右的表示不满意，自发移民和政策移民的看法大体上相近。在移民过程中，教育条件的改善是其中最明显的，由于人口集中和政府的高度重视，移民区的学校条件得到改善，学生上学的距离缩短。近70%的被调查对象认为移民区的教育条件要明显优于原有原居住区（见表3）。

表3 移民对培训和教育满意度

单位：人，%

		不满意和很不满意	一般	满意和很满意	合计
自发移民	人数	34	70	281	385
	占比	10	18	72	100
政策移民	人数	58	63	298	419
	占比	14	15	71	100

无论是交通或教育，都是公共产品，也是政府投入的主要内容。移民从南部山区进入平原地区以后，首先感受到的是交通的便利和教育条件的改

善。但是涉及移民家庭的状况，情况就不同了。

移民村最大的工程是住房的建设和土地的开发，在早期移民时期，政府基本上不提供住房，但是随着移民投入的增加和对移民工作要求的提高①，移民住房的水平也在不断提高，一些地方有“拎包入住”的做法，也就是不仅为移民修建房屋，而且提供配套的家具等生活用品。宁夏移民尽管没有达到“拎包入住”的水平，但是房屋建设的投入也在不断增加，以宁夏月牙湖的生态移民安置点为例，每户 54 平方米住房，政府投资标准是 3.78 万元，而实际建房成本高达 8.4 万元，每户政策移民仅需要支付 1.28 万元（李培林等，2016）。与政策移民不同，自发移民完全不能享受住房政策，他们需要按照市场价格从搬离的移民手中购买住房。然而在对住房的满意程度上，自发移民和政策移民却表现出明显的差异。在调查中，70% 的自发移民对住房是满意或很满意，但是政策移民只有 46% 对住房表示满意。政策移民对住房的不满意或很不满意的程度达到 36%，而自发移民仅有 14%（见表 4）。

表 4　移民对住房满意程度

单位：人，%

		不满意和很不满意	一般	满意和很满意	合计
自发移民	人数	53	63	269	385
	占比	14	16	70	100
政策移民	人数	150	76	193	419
	占比	36	18	46	100

事实上，我们在实地考察中也发现政策移民对住房的不满意比较普遍，首先，标准化的房屋建设很难满足移民的复杂需求。政策移民的住房完全采取了分配的方式，为了防止一些人为了增加住房而采取分家或增加户籍人口，早在移民之前就冻结了移民的户籍。在移民以后就出现了人口少的家庭与人口多的家庭的住房面积完全相同的情况，多人口或多代际的家庭感觉住房困难。其次，随着移民村用地紧张，移民住宅的院落也越来越小，早期移民的院落较大，可以像传统农村地区一样从事庭院的种植和

① 移民的要求往往围绕着“搬得出”“稳得住”“能致富”三个要求。

养殖，晚期移民的院落面积狭小，完全无法从事种植和养殖，因而对住房不满的较多。

自发移民对住房的满意程度并非来自他们有更好的住房，在我们访问的一些移民，大多数自发移民的住房条件与政策移民相同，有些因为支付了较高的迁移成本，室内家具设备甚至较政策移民更差。在问卷调查中，有66%的被访者认为在移民以后，住房条件变化很大，其中63%的自发移民认为住房条件变化很大，67%的政策移民认为住房条件变化很大。我们推测，自发移民对住房较高的满意率是因为他们的迁移是自发的，购买住房的行为是他们自我选择的结果，在迁移过程中，他们没有任何政策支持，因而有了更多的自我选择性。

移民对移民以后收入的满意程度是比较低的。移民进入新的地区以后，土地面积变小，不再有可以利用的山地和林地，农业收入的多样性降低，调查显示，多数移民因为土地面积减少，灌溉用水紧张和缺少技术资金从事经济作物种植，农业收入在减少。非农就业也面临日工资降低和就业机会减少的问题（王晓毅，2017）。因此出现了普遍的对收入不满意。在调查中，超过50%的移民对收入表示不满意，但是政策移民表示不满意的人数要更多一些，比自发移民高出12个百分点。

对收入不满并不意味着收入减少，调查中发现，移民的收入普遍增加了，而且政策移民和自发移民表示收入增加的人数比例大体一致，2/3以上的被访问者表示收入增加，只有1/3左右的被访者认为自己收入减少了，或者没有变化。在收入普遍增加的背景下，政策移民表达了比自发移民更多的不满，这意味着对收入不满的原因可能不是实际收入的增加或减少，而是来自移民对移民后生活的不同预期（见表5、表6）。

表5 移民对收入满意度

单位：人，%

		不满意和很不满意	一般	满意和很满意	合计
自发移民	人数	185	93	107	385
	占比	48	24	28	100
政策移民	人数	253	72	94	419
	占比	60	17	22	100

表 6　移民收入变化情况

单位：人，%

		增加了	减少了	没有变化	合计
自发移民	人数	237	140	8	385
	占比	62	36	2	100
政策移民	人数	255	79	85	419
	占比	61	19	20	100

在移民过程中，为了鼓励移民的搬迁，许多地区进行了大量的宣传工作，在宣传过程中，给移民较多的承诺和保障，无形中提高了移民的期待，但是在进入新的移民区以后，移民的安置存在许多困难，因此出现了一些现实与预期的落差；自发移民都是自己选择的结果，没有任何政府的承诺，因此他们的期待也会比较低，落差会比较小，抱怨不符合期待的比例也就比低。

宁夏南部山区的移民经历了五个阶段，分别是吊庄移民、扶贫扬黄灌溉工程移民、异地搬迁扶贫移民和“十一五”“十二五”两个生态移民项目。在移民过程中强调优先搬迁生存条件恶劣、生活条件艰苦的最贫困人口，但不限于贫困人口。从我们调查的情况看，在搬出以前，自发移民与政策移民的生活状况自我评价不存在明显的差别。比如不管是自发移民或政策移民，大多数认为自己的家庭在搬迁之前处于低收入或中等收入水平，只有很少的移民觉得自己的家庭在搬迁之前是高收入家庭。在被访者对家庭搬迁之前收入状况的自评价中，政策移民略好于自发移民（见表 7）。

表 7　移民的期待与移民的状况

单位：人，%

		不符合或不太符合	一般	比较符合或很符合	合计
自发移民	人数	71	104	210	385
	占比	18	27	55	100
政策移民	人数	161	102	156	419
	占比	38	24	38	100

尽管自发移民对搬迁前的家庭收入评价略低，但是对于搬迁以后的评价却略高于政策移民，比如在搬迁前自我评价为下等户的自发移民占 48%，但是在搬迁以后只有 32% 的自发移民自我评价是下等收入农户。自我评价为中等农户的则从 48% 增加到 62%。与自发移民不同，政策移民自我评价为下等户

的从搬迁前的39%增加到49%，中等农户从54%下降为47%（见表8、表9）。

表8　移民对搬迁前家庭收入状况的自评价

单位：人，%

		下等	中等	上等	说不清	合计
自发移民	人数	183	185	8	9	385
	占比	48	48	2	2	100
政策移民	人数	165	226	20	8	419
	占比	39	54	5	2	100

表9　移民对搬迁后家庭收入状况的自评价

单位：人，%

		下等	中等	上等	说不清	合计
自发移民	人数	123	239	18	5	385
	占比	32	62	5	1	100
政策移民	人数	205	197	8	9	419
	占比	49	47	2	2	100

从流动性角度看，我们所调查的对象是移民中流动性相对较弱的群体，而政策移民的流动性又比自发移民更弱，流动性更强的移民已经不在移民村中定居，是我们这次调查没有覆盖到的。即使调查对象是流动性较弱的群体，但是我们仍然发现，自发移民比政策移民具有更好的适应性。尽管因为没有政府的规划和支持，自发移民面临更多的困难，但是他们的态度更积极、适应性更强，也有更高的满意度。我们调查发现，自发移民对移民村有更深的认同，而政策移民对老家表达了更深的认同。自发移民与政策移民之间的区别在很大程度上与他们的选择性和流动性密切相关（见表10）。

表10　对老家或居住地的感情更深

单位：人，%

		老家	居住地	说不清	合计
自发移民	人数	143	172	69	384
	占比	37	45	18	100
政策移民	人数	239	112	70	419
	占比	57	26	17	100

三　流动性与选择性

习近平总书记在深度贫困地区脱贫攻坚座谈会指出，要加大内生动力培育力度。要坚持扶贫同扶智、扶志相结合，注重激发贫困地区和贫困群众脱贫致富的内在活力，注重提高贫困地区和贫困群众的自我发展能力。移民的流动性和选择性是其内生动力的重要表现。

自发移民的选择性可以帮助他们寻找更适合的生存环境。作为移民的后来者，自发移民往往会选择有亲属网络的地区定居。如海陶北村是吊庄时期的移民村，村民是从海原搬迁来的，由于条件艰苦，一些政策移民了，但是现任支部书记丁生岐等人留了来，并通过种草固沙、沙下铺膜等方式①，寻找到了适合当地条件的农业生产方式，粮食产量大幅度提高，在这之后，他的一些亲戚、同乡陆陆续续从海原搬迁到移民村。这些后来的自发移民在进入移民区的同时也进入业已存在的社会网络中，这大大提高了他们在移民区的适应能力。投亲靠友是自发移民的一种主要流动方式，先来的移民为后来的自发移民提供了在新的移民区生存和发展的基础。

与政策移民不同，自发移民的搬迁是自我选择的结果，因此自发移民比政策移民的稳定性更高。从我们问卷调查来看，在移民村居住 10 年以上的自发移民占自发移民总数的 64%，而居住 10 年以上的政策移民只占政策移民的 41%，赋予移民更多的选择权可以保障他们更清楚地了解移民带来的利益和后果并承担更多的责任。恰恰是这种责任感和发展的自主性，使自发移民在相对更困难的背景下，更好地适应了新的移民区生活。

自发移民发挥了市场在配置资源中的作用。大量移民是通过购置政策移民的住房和土地进入移民村的，如果将购买房屋和土地的资金看作他们迁移成本的话，这些成本是基于自发移民对土地和房屋的价值，以及他们的支付能力的评估才决定的，如果钱多，或者家庭人口多，他们可能会购置较大面积的土地和房屋。通过市场配置资源可以有效地避免许多社会矛盾，自发移民在支付了较高的迁移成本以后仍然有较高的满意度，与市场配置资源有直

① 海陶北村靠近毛乌素是沙地，主要土壤是沙质土壤，无法保水保肥，当地移民发明了在沙下铺垫薄膜，防止水肥流失，从而大幅度提高了粮食产量。

接的关系。

宁夏大规模的生态移民，以及与之相伴生的自发移民，为异地搬迁扶贫提供了重要的借鉴，重视移民的流动性和选择性会有助于提高移民的适应能力，帮助他们尽快摆脱贫困。但是大量自发移民的存在与目前移民的社会治理机制产生了矛盾。

宁夏移民最早的方式是吊庄，也就是将移民区看作原有村庄的飞地，村民可以在移民村与原籍之间自由流动，移民村也归属原籍管理。但是这种远距离的管理方式很快就出现了问题，移民区疏于管理，而且随着来自不同地区移民的混合居住，原籍村庄对移民村很难管理，因而需要建立新的管理体制。

随后移民的管理交由属地管理，在移民区建立新的村庄管理机制，并要求移民将户籍迁入移民区。在这个过程中，大量自发移民也通过不同的方式获得了移民区的户籍。从 2005 年开始，自发移民的户籍管理制度收紧，之后的大量自发移民在移民区很难获得正式的户口，因而自发移民的社会管理出现了较多问题。移民村庄的社会治理是建立在户籍制度之上的，政府为移民投入大量的资源，但是没有户口的自发移民不能从中受益。比如在红寺堡，没有户籍的自发移民不能享受低保，也不能参与精准扶贫的建档立卡；甚至他们在村庄的公共事务中也缺少正式的参与渠道，比如他们不能作为村庄的正式成员参与村干部的选举，这造成了他们在村庄公共事务中的边缘化。

近年来，地方政府积极推动自发移民的属地管理，大量的自发移民获得了居住地的户籍，一些自发移民集中区域也转交给所在地进行管理，在获得户籍以后，自发移民获得了与政策移民同样的社会地位，享有同样权利，这解决了自发移民所面临的社会管理问题，比如“西马银”有 10000 多名自发移民，2016 年整体交给银川西夏区管理，所有的自发移民获得了银川的户籍（高菲，2016）。但是，基于户籍的移民管理制度在面对移民社区的时候仍然无法应对移民的流动性。

首先，每一次大规模解决自发移民户籍问题以后都还有大量自发移民不能获得户籍，他们或者来自周边省份，并非宁夏回族自治区的居民；或者不愿意放弃原有户籍，宁愿在山区保留原有户籍，且自发移民随时都会产生，在解决了旧的自发移民户籍问题之后，还会有新的自发移民产生。其次，在人口流动过程中，户籍与人口的分离越来越成为一种常态，不仅自发移民存在户籍和人口的分离，而且二次搬迁的政策移民也大量存在户籍与人口的分离。

农村户籍制度改革正在进行，户籍制度改革的核心是减少由于户籍所带来的社会不平等，并推动农村人口流动。但是以扶贫和生态保护为目标的政策移民，为了保障规划目标的实现，赋予了移民大量的社会福利和权利，而这些福利和权利与户籍密切联系，只有有户籍的移民才能享受，没有户籍就完全无法享受所有这些福利和权利，比如红寺堡区有自发移民3.5万人，占该区总人口的15%。他们大部分长期定居，从事农牧业生产，都希望在红寺堡安居乐业，但因户籍政策限制，享受不到义务教育、医疗、养老、低保等政策，在营业证照办理、银行贷款方面也受限制。在脱贫攻坚中，这部分人也成为盲区和难点（杨之汀，2016）。

通过属地化管理和赋予自发移民以居住地的户籍，可以使部分自发移民享有政策移民同样的权利，但是这并不能弱化自发移民与政策移民的差异，也不能有效促进移民的流动。应该充分认识到，流动性和选择性是移民适应社会环境的重要因素，移民政策应该支持移民的选择和流动，并根据移民的需要，建立动态的移民社会管理机制①。

中国的扶贫已经进入攻坚阶段，在这个阶段，异地搬迁承载了两个任务，第一个任务是解决深度贫困问题；第二个任务是实现可持续的脱贫。宁夏生态移民的经验表明，提供必要的条件推动贫困人口的移动是解决深度贫困的重要手段，同时提供制度保障，重视移民的自主性，保持移民的移动性对于可持续地脱贫具有重要意义。

参考文献

陈通明、孔炜莉、思治明，2013，《宁夏政策性移民和自发移民户籍管理制度改革研究报告》，中国生态移民与区域发展学术研讨会论文集。

范建荣、郑艳、姜羽，2011，《政策移民与自发移民之比较研究》，《宁夏社会科学》第5期。

高菲，2016，《“西马银”移交西夏区管理》，《宁夏日报》2月21日。

---

① 农村信用社在红寺堡进行了有益的尝试，打破户口的界限，而是根据居住时间和财产状况向移民提供贷款支持。参见杨之汀（2016）。

孔炜莉、陈之曦，2012，《宁夏自发移民户籍管理问题研究》，《宁夏社会科学》第3期。

李培林等，2016，《中国扶贫开发报告2016》，社会科学文献出版社。

李培林、王晓毅，2013，《移民、扶贫与生态文明建设——宁夏生态移民调研报告》，《宁夏社会科学》第3期。

王晓毅，2017，《易地搬迁与精准扶贫：宁夏生态移民再考察》，《新视野》第2期。

杨永芳、徐东海，2016，《西部民族地区自发移民社会治理的困境及对策》，《社会治理》第4期。

杨永芳、陈之曦，2017，《民族地区自发移民聚居区的社会治理结构——以宁夏银川兴泾镇涝池村为例》，《宁夏社会科学》第2期。

杨之汀，2016，《红寺堡提升3.5万自发移民获得感》，《宁夏日报》6月10日。

5

关系贫困：移民社会关系网络的断裂与重建*

——以丹江口水库移民S村为例

卢义桦　陈绍军　李晓明**

一　问题的提出

基于大量的非自愿移民安置研究，迈克尔·塞尼（Michael Cernea）指出，非自愿移民过程会带来失去土地、失业、失去家园、边缘化、不断增长的发病率和死亡率、食物没有保障、失去享有公共的权益、社会组织解体等八大贫困风险（塞尼，1998：1—28）。作为非自愿移民的一种类型，水库移民不可避免地面临贫困风险，其扶贫工作引起国家的高度重视，并取得显著成效，移民村的公共基础设施和公共服务不断完善，移民收入水平逐年提高。但是，由于历史和现实等诸多原因，目前还有相当一部分水库移民尚未脱贫，已脱贫解困的水库移民与小康还有一段距离。以河南省为例，2016年全省有6.2万余名水库贫困移民，涉及105个县（市、区）、691个乡镇、3270个村。水库贫困移民的基数较大，作为精准扶贫中的重要一环，水库移民的脱贫工作任务艰巨繁重。根据河南省出台的《关于切实做好水库贫困移民脱贫攻坚工作的实施意见》，河南省的目标是在2018年实现全省6.2万水库贫困移民全部脱贫，全省203万水库移民人均收入达到或超过当地农民平均收入水平；2019年，稳定实现水库贫困移民不愁吃、不愁穿，义务教育、基本医疗、收入和住房安全有保障。水库贫困移民的全面脱贫是水库移民在精准扶贫战略下实现可持续发展的应有之义，是确保我国2020年全面建成

---

* 原文刊发于《中国农业大学学报》（社会科学版）2018年第2期。

** 卢义桦，河海大学公共管理学院博士研究生。陈绍军，河海大学公共管理学院教授。李晓明，河海大学公共管理学院博士研究生。

小康社会目标的重要保障。

水库移民的贫困问题引起学界的广泛关注，学者们从不同的学科视角出发，基于不同的研究视角和研究侧重点对水库移民的贫困问题进行了全面而深入的分析，并取得较为丰硕的研究成果，极大地推进了水库贫困移民的扶贫工作。当前，水库移民的贫困研究主要集中于贫困的成因（孙良顺，2016；盛济川、施国庆，2008）、贫困的特征（胡静，2010）、贫困的类型（杨云彦等，2008）、贫困的维度（石智雷、邹蔚然，2013）、贫困的风险认知（杜云素、钟涨宝，2012）、反贫困策略（杨涛，2005；孙中良、余芳梅，2009）等诸多方面，以及近几年来兴起的以水库移民"精准扶贫"为议题的相关研究（唐传利，2015；杨丹丹，2016）。显然，水库移民的贫困问题是一个复杂的多面体，通过不同的研究取向可以观察到不同的面向。爬梳既有研究文献发现，当前的研究依然存在以下不足：首先，从研究视角来看，对于水库贫困移民的研究多采取自上而下的视角，以作为生活者的水库贫困移民自身视角为出发点的研究较少；其次，规范研究多而经验研究少，尤其缺少社会学"解剖麻雀式"的微观个案研究的解释和支撑；最后，大多数的研究以水库贫困移民的正式支持为研究的逻辑起点，对于非正式支持尤其是社会关系网络对于水库贫困移民的脱贫作用研究较少，这也是在水库移民扶贫实践中常常会被忽略的地方。社会关系网络是指由社会成员与他人互动所形成的相对稳定的社会关系总和（张青松，2000），它是水库贫困移民赖以生存的重要支柱，是满足其物质和精神需求的重要社会资源。从社会关系网络视角研究水库移民的贫困问题将为水库移民的反贫困提供新的视角，可以帮助我们全面地了解水库贫困移民的生活状况，为水库移民的"精准扶贫"提供决策依据。基于上述研究的局限性，本文以个案研究的方法对水库贫困移民的社会支持网络变迁进行考察，主要研究内容包括：首先，考察水库贫困移民社会关系网络的实践样态，发现其存在与迁出地的"半脱嵌"关系和与迁入地的"半嵌入"关系；其次，从空间、身份和自我三个维度阐释水库贫困移民社会关系网络样态的生成逻辑；最后，基于上述考察认为水库贫困移民社会关系网络处于"关系贫困"的状态。

本研究以丹江口水库工程移民村S村为研究个案，经验资料来源于对S村水库贫困移民的田野调查。2010年6月，S村从河南省N市X县丹江口水库库区整村搬迁至300多公里外的P市B县境内。S村的安置房按照"统一规划、统一设计、统一施工、统一配套、统一分配”的原则，户型为砖混结构的二层院落式楼房，建筑面积为185平方米，在实际分配房屋时采取抓阄原则。搬迁前S村绝大多数村民以农业种植为主要收入来源，搬迁后人均分到1.19亩土地，大多数村民以每年600元/亩的价格将自己分配到的承包田流转出去。S村共有288户1200多人，劳动力500多人，其中200多人长期在外务工，300多人在本地企业就业打工，人均收入约2万元/年。2017年，S村在精准扶贫绩效考核后仍有26户建档立卡的贫困移民，贫困移民的主要生计来源是农业种植、国家补助以及零散打工。

二　“半脱嵌”与“半嵌入”：水库贫困移民社会关系网络的实践样态

水库移民打破了搬迁人口原有的社会系统，需要在安置区重建社会系统（施国庆等，2015），而社会系统的重建是一个从“脱嵌”（disembedding）到“嵌入”（embeddedness）的漫长实践过程（陈绍军、田鹏，2016）。作为移民社会系统的重要组成部分，社会关系网络是移民个体能够借此获得各种社会帮助和支持的关系结构，是正式制度的补充形式，对维系个人日常生活起到重要作用。相较于非贫困水库移民，水库贫困移民的社会关系网络更加脆弱和易于受到冲击，在社会环境急剧变迁的过程中，不可避免地面临困境。从地域视角来看，水库贫困移民的社会关系网络呈现“两地特征”，即水库贫困移民的社会关系网络未能完全从迁出地“脱嵌”，亦未能实现在迁出地的完全“嵌入”，呈现“半脱嵌”（semi-disembedding）于迁出地和“半嵌入”（semi-embeddedness）迁入地的实践样态。

（一）“半脱嵌”：未能全部随迁的社会关系网络

在搬迁之前，水库贫困移民在迁出地有着相对完整的社会关系网络，包括地缘关系、血缘关系和亲缘关系等，他们能从中获得所需要的劳务支持、物质支持、精神支持、经济支持等诸多方面的支持。虽然水库贫困移民的社会关系网络规模较小，社会支持力度有限，但是他们仍能从既有的社会关系网络中稳定地获取自己所需要的信息以及所需要的帮助。迁出地是他们“生于斯、长于斯”的地方，他们有着深厚的情感，对亲戚朋友有着较强的依赖心理，在稳定的社会关系网络中能够有归属感和安全感。然而，水库建设打破了水库贫困移民原有的社会关系网络结构，迫使他们从原来的社会关联中脱离出来，致使其社会关系网络部分“断裂”，呈现一种“半脱嵌”样态。

一方面，S 村水库贫困移民搬迁至 B 县后，他们在迁出地的社会关系网络并未完全“断裂”，他们仍然与部分关系紧密的亲朋好友保持联系。

> 虽然搬到新地方了，但是之前老家的亲戚朋友关系还在啊，该联系的还得联系，不可能一下子就断了关系。但是一些关系一般的朋友，基本上就断了联系了，因为大家不住在一起了，本来关系就淡，现在距离这么远，没必要联系了。(S－03－SD)

从 SD 的话语中可知，他仍然与原居住地的关系紧密的亲友保持联系，并未因搬迁而主动放弃之前的“强关系”，但是选择性地放弃了原本就交往比较少的“弱关系”。搬迁至新居住地后，水库贫困移民在原居住地的社会关系网络发生了显著的变化，呈现“弱关系”发生“断裂”而“强关系”在“断裂中延续”的特征。虽然水库贫困移民与迁出地的部分社会关系得以保持，但由于迁出地与迁入地空间距离的阻碍，其所保持的社会关系并未能随迁至迁入地（陈阿江、朱启彬，2016）。

另一方面，由于 S 村采取后靠安置的方式，以整村搬迁的形式从 X 县迁移至 B 县境内，所以水库贫困移民在本村的社会关系网络得以延续。但由于 S 村居住空间格局的变化，水库移民在本村的地缘关系也历经打破并重建的过程。换言之，水库移民贫困群体在本村的社会关系网络结构因居住空间重组发生了变迁，并未能完全“移植”搬迁前的地缘关系网络。

> 我们是抓阄分房的，谁抓到就是谁的，所以之前的邻居都变了，我和现在的邻居不太熟悉，之前虽然一个村的脸熟，但是不怎么熟悉。刚搬过来时不太适应，现在好多了。虽然村里的关系还在，但是毕竟不是房前屋后的关系了，与之前邻居联系也少了。(S－02－SYS)

正如 SYS 所言，她搬迁至新居后，居住空间格局的变化使其邻里关系发生了变化，地缘关系网络结构发生变动，在社会交往层面表现为“与之前邻居联系也少了”。概言之，S 村水库贫困移民以居住地为基点的村级地缘关系网络因搬迁而重组，与搬迁前相比呈现“半脱嵌”特征。

（二）“半嵌入”：未能完全重建的社会关系网络

水库移民的特殊性和社会系统的复杂性，使其在搬迁安置过程中面临更多的社会风险（陈绍军等，2014）。水库移民的搬迁安置往往是一个“突变”过程，在这一过程中水库移民的居住地自然环境和社会环境发生了深刻变化，他们在迁入地“生活世界”重构必然历经社会适应和社会融合，而这个过程需要经历相当长的时间，需要在大量、连续不断的生活事件和生活经历中逐渐完成（风笑天，2004）。水库移民与迁入地本地居民的社会交往有助于他们的社会适应和社会融合，而水库移民通过社会交往而实现社会关系网络重构是一项对其社会适应有着巨大影响的重要内容。不同类型的水库移民群体呈现不同的社会适应状态，拥有较高社会资本的水库移民社会适应性较强，他们通过开拓生计空间、扩展职业网络等多种方式基本实现了社会关系网络的重构，展现出良好的社会适应状态，实现了较高程度的社会融合。

然而，对于水库贫困移民而言，他们的社会资本存量较低，社会交往能力较弱，与迁入地周边居民交往较少。相较于非贫困水库移民，他们更难以获得社会支持和社会资源，难以完全“嵌入”当地的社会关系网络，呈现一种“半嵌入”状态，无法融入杜赞奇所言的“权力的文化网络”（杜赞奇，2010：53—56）。正如 ZFM 所言：

> 平时也和其他村的村民没什么来往，我们穷人一般不大喜欢和其他人来往，来到这里社会交往比老家那边少了不少，外村的人也认得几个，但肯定不如之前啊，也不如本村的熟悉啊，慢慢地来吧，需要时间。（S－09－ZFM）

ZFM 虽然与其他村村民有交往，但毕竟作为“外来户”的他与本地居民的社会交往较少，彼此缺乏信任感，虽然搬迁来几年时间了，但仍处于适应期，暂时还未能实现社会关系网络完整意义上的重构。在移民扶贫工作中，由于对水库贫困移民的社会支持与社会资本工作重视不够，其在迁入地面临社会资本薄弱和社会支持缺乏的困境，这样的情况容易导致“次生贫困”（邢成举，2016）。可以说，对于水库贫困移民而言，其社会关系网络的规模和质量都难以达到一般水平，缺乏社会支持所带来的资源和资本，不利于其生计空间再造和社会生活的健康发展。

三 水库贫困移民社会关系网络样态的生成逻辑

水库贫困移民的搬迁与安置过程亦是其社会关系网络解构与重构的过程，有其内在的生成逻辑。首先，居住空间的强制迁移导致了水库贫困移民原有社会关系网络在物理空间层面的“有机切割”，其社会交往呈现“两地化”特征；其次，因作为“外来者”的水库贫困移民的身份特质以及迁入地当地居民的接纳问题，他们难以在短时间内通过社会交往形成社会信任，社会关系网络难以完全重构；最后，水库贫困移民的社会关系网络相对封闭，他们对与自己情况相似的“自我群体”认同度高，而与异质性较强的“他者群体”交往较少，这在一定程度上影响了其社会关系网络的重构。

（一）空间隔离：社会交往的“两地化”

从空间社会学视角来看，水库移民安置活动是一场国家视角下的空间生产过程，物理空间的强制性迁移带来的是移民居住空间重构，引发了移民社会关系网络结构的深刻变化。换言之，居住空间生产的过程在一定程度上可以视为社会关系生产的过程。水库贫困移民原本相对稳定的居住空间和社会关系网络被打破，不可避免地面临空间重组和社会关系的再造。从地域视角来看，水库贫困移民从迁出地搬迁至迁入地后，其原有的在迁出地的社会关系部分延续，呈现“两地化”特征，水库贫困移民的社会交往需要往返于迁出地和迁入地之间。质言之，居住空间的重组使水库贫困移民的社会关系网络出现二元割裂的特征，原来的社会关系网络被分割为迁出地和迁入地两个社会关系网络。

> 现在一年回去两次吧，回去看看亲戚朋友，人情往来还是要有的，该还的还是要还，人不能忘了“根”，红白喜事人得到，距离远了也得回去。虽然平时不见面，但是感情还在，聊聊天、解解闷也挺好的。（S-11-WXS）

从 WXS 话语中可知，虽然移民导致他远离家乡，但是每年还是要回到老家两次，特别是遇到重要场合时必须“身体在场”，要还人情，而“‘不可欠人情’几乎是中国最重要的社会格言或教训”（金耀基，1993：27）。中国是一个讲人情面子的社会，关系是一种资源，“情义”是无价的（翟学伟，2004）。对水库贫困移民来说，一方面，他们需要维持迁出地的社会关系网络以保留其原有的社会资本和资源；另一方面，他们需要从原有的社会关系网络中获得情感慰藉和心理安全感。虽然现居住地距离迁出地较远，水库贫困移民与迁出地亲朋好友社会交往的频次减少，但是迁出地的社会关系仍在他们的生活世界中有着极其重要的作用。迁出地的社会关系网络是水库贫困移民社会记忆和浓浓乡愁的情感载体，是水库贫困移民生活世界中不可或缺的存在。

但是，社会关系网络的“两地化”增加了水库贫困移民社会交往成本，主要表现为人情往来费用的急剧增加，这在一定程度上增大了贫困风险。

> 以前红白喜事都是 100 元，现在要分情况，双重标准，老家那边的红白喜事至少是 500 元，在这边还是 100 元。主要是因为老家里的人看到我们住洋房了，国家还发钱，认为我们有钱了，比他们过得好，所以礼金多了。但是在这边我们大家彼此还是 100 元。（S－12－SQZ）

从 SQZ 的话语中可以看出她的社会交往成本在提高，而这也是绝大多数水库贫困移民的现态。对于 S 村的贫困移民而言，他们人情往来支出有所增加，因为他们在迁出地村民的眼中是依靠国家政策而致富的“富裕者”，从而出现了迁入地和迁出地的双重标准。对于水库贫困移民而言，与迁出地社会关系网络的“半脱嵌”不利于他们拓展在迁入地社会关系网络，因为贫困移民用于社会交往的资本原本就较为紧张，与迁出地维持社会交往需要花费较多的资本，这导致他们没有更多的精力和金钱投入新的社会交往中。

（二）社会隔离：社会交往的“标签化”

水库移民安置地区政府和居民对移民的接纳程度，是影响移民社会适应状况的最重要因素（风笑天，2006）。对于迁出地本地居民和水库移民而言，他们是彼此的“陌生人”，即齐尔格特·鲍曼（2002）所言的“我们生活在陌生人之中，而我们也是陌生人”。作为从其他地方迁移至此的水库移民，移民身份带有一种先赋性特征，这种身份特质对水库贫困移民与迁入地居民的日常社会交往产生了重要影响，成为制约其社会关系网络重构的重要因素。

> 周边村的村民不太欢迎我们，特别是对我们贫困户，在他们看来我们抢占了他们的资源，而且国家给我们盖的安置房比他们的住房好很多，他们有种嫉妒心理吧，不愿意和我们交往，本地的小商贩卖给我们的东西也贵，因为听口音我们不是本地人。我们外地人与本地人确实存在隔阂。而且小偷也盯上我们了，经常丢东西。（S-16-SBQ）

SBQ从本地人的视角来看“镜中我”，认为水库移民侵占了迁入地本地居民的公共资源，而且作为“陌生人”进入本地居民的日常生活领域容易受到诸如交易价格偏高等方面的不公正待遇，水库移民的社会交往面临困境。

与非贫困水库移民相比，水库贫困移民因社会资本的弱势而不具有社会交往的优势，在日常生活中更容易遭到迁入地居民的“集体排斥”，处于一种社会隔离的状态。水库贫困移民往往被贴上“贫穷、自私、没文化、没能力”的标签，使他们在与迁入地居民交往时处于“弱势境遇”，难以与当地人建立良好的社会关系，不利于他们与当地人重新构建社会关系网络并获取信息资源。一言以蔽之，迁入地本地居民对水库贫困移民社会事实上的排斥，在某种程度上加大了水库贫困移民构建社会关系网络的难度，形成了一种“社会性孤立”，水库贫困移民难以真正“嵌入”本地的“大”社会关系网络，“半嵌入”的社会关系网络由此而产生。而且，移民常常被当地人“污名化”，使移民文化难以与本土文化平等而频繁地交流，导致了迁入地居民与移民交往的主动性不强，也造成了移民心理上的焦虑、隔离感和被剥夺感，迟滞了移民融入当地社会的步伐（刘有安，2009）。

（三）自我隔离：社会交往的“内卷化”

水库贫困移民的社会关系网络相对封闭，社会交往的范围比较固定，交往的人群具有较高的同质性。在一个相对固定的社会环境中生活，使他们拥有归属感和安全感。当因居住空间转移而引起社会关系网络“断裂”时，水库贫困移民本能地选择抗拒迎接新变化，他们不愿意做出改变。一方面，水库贫困移民自我身份认同为贫困群体，社会地位较低，被标签为一种弱势性存在，甚至还出现身份“污名化”，这导致其社会交往预期下降，社会交往范围自动收缩，他们更加倾向于与社会地位和社会资本相对一致的人群进行交往，出现了社会交往“自我隔离”的情形。正如SDJ所言：

> 像我们穷人，不大愿意与其他人交往，他们都势利眼，瞧不起我们，还是和自己的人打交道舒服。大家都差不多，交流起来有话聊，多自在。(S-17-SDJ)

水库贫困移民在社会交往中的“自我隔离”导致其社会关系网络的流动性较差。搬迁后，他们对原有的社会关系网络充满怀念，并尽力维持着已经部分“断裂”的社会关系网络，并且不愿意主动构建新的社会关系网络，这也在一定程度上导致了他们社会关系网络的“半脱嵌”和“半嵌入”状态。

另一方面，无论是维持之前的社会关系网络还是构建新的社会关系网络都需要投入精力和财力，而水库贫困移民投入社会交往的资本有限，往往“心有余而力不足”，这引发了其社会交往的紧张。在实地调研中发现，水库贫困移民维持与迁出地的社会关系需要花费比搬迁前更多的费用，如红白喜事的彩礼钱由100元上涨到500元，每年的人情往来费用对水库贫困移民来说是一笔不菲的开支，由此增加的费用不仅加大了他们的生活压力，也造成了他们的精神焦虑。而此长彼消的是他们在现居地住构建社会关系网络的投入费用并不是很多，从而阻碍了他们社会关系网络的拓展，造成了他们在新居住地获取信息和资源能力的下降。质言之，虽然水库贫困移民投入社会交往的成本不断提高，但其社会关系网络并没有得到与之相应的延展，呈现社会交往“内卷化”趋势，即投入社会交往成本的边际效益递减。

四　“关系贫困”：一种社会关系网络视角的解释

社会是由每个具体的个人所组成，而个人总是生活在一定的社会关系之中。正如马克思所言：“人的本质并不是单个人所固有的抽象物，在其现实性上，它是一切社会关系的总和”［《马克思恩格斯选集》（第2卷），1995：56］。与西方“团体社会”“契约社会”不同，中国是一个“关系社会”“熟人社会”，“差序格局”是传统社会中社会关系的特点（费孝通，2013：23—29）。社会关系是理解社会现象的重要基础，经济行动是“嵌入”社会关系网络之中的（格兰诺维特，2015：1—31）。中国传统文化对社会关系及血缘、亲缘的强调使社会关系网络对于人们的生存和发展显得尤为重要。社会关系网络是一种对社会中的稀缺资源进行配置的模式或格局（孙立平，1996）。社会关系网络本质上是一种社会资本，是个体拥有的社会关系网络以及通过这种网络动员和获取社会资源的能力，通过它人们可以减少达成目的的成本（李正彪，2004）。行动者和社会交往是社会关系网络的两个基本构成要素，一方面，行动主体具有主观能动性，能够通过社会交往重新构建新的社会关系网络；另一方面，处于社会关系网络之中的行动者的社会交往又会受到网络的制约（李伯华等，2011）。同时，作为一种非正式资本，社会关系网络是制度性资本的“拾漏补缺”，而不是替代（司睿，2005）。社会关系网络的范围越广，异质性越强，人们越有可能获取所需的社会资源，从而使社会关系网络行动主体获得更多的利益回报，减少由于“结构洞”（structural hole）所带来的资源劣势。换言之，社会关系网络成员之间的交流可以减少因信息不完全而带来的风险和不确定性，利用个体的社会关系及其信任可以替代契约，减少其获取资源所需的成本，使他们获得某种程度的保障，有利于提高经济绩效，实现自身的发展。

对于水库移民而言，搬迁安置活动对其社会关系网络产生的影响，主要表现为在新居住地邻里关系发生的新变化，以及安置社区的整体环境条件对水库移民社会交往产生的影响，进而影响到其社会关系网络资源的规模和质量。从社会交换理论来看，个人所拥有的资源越多，其社会交往的机会就越多，在社会交换中就能够获得更多的支持和回报。然而，水库贫困移民是弱势群体，自身缺乏用于社会交换或者承担风险的资源，在社会交往中处于不利位置，必然会导致其社会关系网络的同质性较高，范围较为狭窄，质量较低。水库贫困移民的社会关系网络相对非贫困水库移民比较脆弱，并因强制性的居住空间位移而发生变迁，水库贫困移民的社会交往出现“两地化”“标签化”以及“内卷化”趋向，从而产生了社会关系网络“半脱嵌”于迁出地和“半嵌入”于迁入地的实践样态，这也进一步降低了其在迁入地通过社会关系网络获取社会资源的能力，不利于水库贫困移民家庭资源禀赋存量的提升，在一定程度上维持甚至加剧了水库贫困移民的贫困状态，使其贫困脆弱性趋势愈发明显。在这一不可逆转的社会变迁过程中，水库贫困移民的社会关系网络并没有得到维持和提高，反而因之出现关系资本下降的趋势，他们无法像以前一样通过私人关系网络获得社会支持，社会资本呈现弱化趋势，阻碍了他们的向上流动。同时，水库移民社会关系网络结构的变化进一步分化了社区资源，扩大了贫富差距，加速了网格结构的异化，加剧了水库贫困移民因社会关系网络的“弱质”而引发的贫困脆弱性。一言以蔽之，从社会关系网络视角来看，水库贫困移民社会关系网络的“弱质”特征诱发了水库贫困移民的“次生贫困”，是其贫困脆弱性的深层次因由。

基于以上论述，笔者认为水库贫困移民处于一种“关系贫困”状态，影响了其自身的生存和发展。所谓“关系贫困”，是指由于社会环境变迁而引起的贫困群体社会关系网络处于一种低层次水平，关系资本的存量较低，贫困群体无法从中获得足够的社会支持，致使其自身缺乏改变贫困的社会行动能力的一种状态，它是一种结构性的存在。一方面，每个人都处于自己与他人由于社会交往而构建的社会关系网络之中，网络规模的大小、质量高低以及关联的强弱决定了他所能获得生存和发展的机会。显然，贫困群体均处于劣势状态，他们的社会关系网络同质性较高、交往对象的层次较低，流动性较差，处于一种相对脆弱的状态，易于受到外部的冲击而破裂，这也使他们缺乏足够的“外在”社会支持来改变贫困的状态。另一方面，从贫困群体自身来看，他们所拥有的资源禀赋严重不足，缺乏改变贫困的社会行动能力。当社会环境发生变化时，贫困群体的社会适应性较差，因其“内在”自身行动能力的欠缺，更容易加剧贫困脆弱性。而作为社会关系网络中的一个“节点”，贫困群体拥有的较低资源禀赋使其在社会交换中处于相对劣势的地位，更加限制了其社会行动能力。质言之，正是“外在”的社会支持不够和“内在”的社会行动能力不足的双重制约导致了“关系贫困”产生。“关系贫困”使贫困群体失去了反贫困的能力，无法获取足够的发展资源，社会资源禀赋无法得到提高，进而无法彻底脱离贫困。也正是“关系贫困”在一定程度导致了阿马蒂亚·森所提出的贫困群体基本可行能力的被剥夺（森，2002：85—100）。对于水库贫困移民而言，因强制性空间位移而造成的社会关系网络结构性变迁，呈现一种“关系贫困”的样态。

一方面，从社会关系网络的实践样态来看，因水库建设而发生的居住空间重组打破了水库贫困移民原有的社会关系网络，新的社会关系网络尚未完全形成，旧的社会关系网络尚未完全断裂。在该种社会关系网络样态下，水库贫困移民无法获取足够的社会支持，影响了水库贫困移民的生存和发展。水库贫困移民与尚未完全断裂的迁出地社会关系网络的维系需要更多的社会交往投入，但是该网络为水库贫困移民所能提供的社会支持却更加有限，出现了社会交往的“内卷化”困境。同时，水库贫困移民在迁入地初步建立的社会关系网络并非十分牢固，社会信任尚在形成之中，他们也无法从中获取足够的社会支持。而且，社会关系网络不是固定不变的东西，它需要不断地投入、维护才能得以继续、加强和创造（罗忆源，2003）。显然，水库贫困移民缺少足够的投入来维护并拓展在迁入地的社会关系网络，无法通过社会关系网络增强社会行动能力。质言之，水库贫困移民对社会交往的“投入—产出”未能实现帕累托最优，社会关系网络亦未能达到最优化配置，处于一种“关系贫困”状态。

另一方面，水库移民社会关系网络的变迁实质上是社会关系网络重建和资源的重新整合与分化的过程，对所有的水库移民来说，这既是机遇也是挑战。相较于非贫困水库移民，水库贫困移民因其自身资源禀赋较低以及社会行动能力较弱，社会适应性较差，面临更大的风险冲击。不同社会阶层的水库移民在从迁出地到迁入地这一社会变迁过程中所能获取的资源不尽相同，而这导致了原本就有限的资源变得更加脆弱，出现一定程度的“马太效应”（mattheweffect），水库移民群体内部的贫富差距进一步扩大。社会关系网络的变迁进一步分化了社会资源，在一定程度上加速了社会关系网络结构的异化，使资源向经济收入较高、社会行动能力较强的水库移民集中，他们与经济水平相当、社会地位相同、职业特点相似的本地居民更容易形成一个新的高水平层次的社会关系网络，拥有了更多可以使用的资源。而水库贫困移民由于经济收入较低、社会行动能力较弱以及社会交往的范围较窄，缺少社会资本和接触机会来重新构建社会关系网络，使他们与优质社会关系网络渐行渐远，改变贫困现状的难度越来越大。一言以蔽之，社会关系网络变迁而引起的资源再分配的不均衡，使水库贫困移民社会关系网络愈发贫弱，能够利用的资源愈发匮乏，徘徊于一种低水平状态。

五　结论与讨论

虽然我国在水库移民的反贫困工作方面取得巨大的成就，政府和社会组织为水库贫困移民提供了较多的资源，但水库贫困移民的脆弱性依然突出，需要给予特别的关注。本文从社会关系网络变迁视角重新审视水库移民的贫困问题，通过对水库贫困移民社会关系网络的实践样态及生成逻辑的考察，发现水库贫困移民处于“关系贫困”的状态。水库贫困移民社会关系网络的变迁表现为既未能完全从迁出地随迁亦未能完全在迁入地重建，呈现“半脱嵌”与“半嵌入”的实践样态，由居住空间强制位移导致的社会交往的“两地化”、与迁入地的本地居民社会隔离导致的社会交往的“标签化”以及水库移民自我角色的封闭导致的社会交往的“内卷化”是其生成逻辑。从社会关系网络视角来看，水库贫困移民处于一种“关系贫困”的状态，其社会关系网络处于一种低层次水平，关系资本的存量较低，他们无法从中获得足够的社会支持，欠缺改变贫困的社会行动能力。而社会关系网络在反贫困中发挥作用的主要机制，就是社会关系网络成员间可以互相交换或转借所拥有的社会资源，可以互相影响、互相支持，提高群体决策水平和抵御风险能力。

显然，水库贫困移民当前的社会关系网络并不能够全然地发挥应有的作用，亟待重建新型社会关系网络。因之，从某种程度上来说，社会关系网络重建的成功与否是决定水库移民特别是贫困移民在迁入地是否“稳得住、能发展、可致富”的关键条件之一，优质的社会关系网络是水库贫困移民实现自身发展的重要保障。而且，在我国全面脱贫进而建成小康社会后，“后扶贫时代”即将到来，政府从乡村“扶贫场域”中逐步退场，彼时社会关系网络对于水库贫困移民经济和能力的可持续发展起到尤为关键的作用。因之，在水库移民“精准扶贫”的工作中，应当特别关注于水库贫困移民的社会关系网络的培育，运用社会关系网络资源应成为补充制度性水库移民反贫困措施中的重要构成要素之一，通过政府引导、社会组织参与以及提升贫困群体能力等多种方式让水库贫困移民建立不同层次的社会关系网络，以“柔性扶贫”的理念和工作方法促进水库贫困移民的“关系脱贫”（朱启臻，2017），提升其资源禀赋及社会行动能力，实现自身的可持续发展。

参考文献

鲍曼，齐尔格特，2002，《通过社会学去思考》，高华等译，社会科学出版社。

陈阿江、朱启彬，2016，《未能随迁的乡土关系——锦镇搬迁对商贸活动影响的分析》，《中国农业大学学报》（社会科学版）第3期。

陈绍军、程军、史明宇，2014，《水库移民社会风险研究现状及前沿问题》，《河海大学学报》（哲学社会科学版）第2期。

陈绍军、田鹏，2016，《“嵌入”：移民社会系统重建的新视角——以江西省W水利枢纽工程为例》，《南京农业大学学报》（社会科学版）第1期。

杜云素、钟涨宝，2012，《水库移民的贫困风险认知及应对策略研究——基于湖北江陵丹江口水库移民的调查》，《中国农村水利水电》第3期。

杜赞奇，2010，《文化、权力与国家——1900—1942年的华北农村》，王福明译，江苏人民出版社。

费孝通，2013，《乡土中国》，上海人民出版社。

风笑天，2004，《“落地生根”？——三峡农村移民的社会适应》，《社会学研究》第5期。

风笑天，2006，《生活的移植——跨省外迁三峡移民的社会适应》，《江苏社会科学》第3期。

格兰诺维特，马克，2015，《镶嵌——社会网与经济行动》，罗家德等译，社会科学文献出版社。

胡静，2010，《大型工程非自愿移民的贫困特征分析——基于能力视角的研究》，《江汉论坛》第2期。

金耀基，1993，《中国社会与文化》，牛津大学出版社。

李伯华、窦银娣、杨振、田亚军，2011，《社会关系网络变迁对农户贫困脆弱性的影响——以湖北省长岗村为例的实证研究》，《农村经济》第3期。

李正彪，2004，《一个综述：国外社会关系网络理论研究及其在国内企业研究中的运用》，《经济问题探索》第11期。

刘有安，2009，《移民文化适应过程中的“污名化”现象研究》，《华南农业大学学报》（社会科学版）第2期。

罗忆源，2003，《农民工流动对其社会关系网络的影响》，《青年研究》第11期。

《马克思恩格斯选集》第2卷，1995，人民出版社。

塞尼，迈克尔·M.，1998，《移民·重建·发展》二，水库移民经济研究中心编译，河海大学出版社。

森，阿马蒂亚，2002，《以自由看待发展》，任赜、于真译，中国人民大学出版社。
盛济川、施国庆，2008，《水库移民贫困原因的经济分析》，《农业经济问题》第12期。
施国庆、严登才、孙中良，2015，《水利水电工程建设对移民社会系统的影响与重建》，《河海大学学报》（哲学社会科学版）第1期。
石智雷、邹蔚然，2013，《库区农户的多维贫困及致贫机理分析》，《农业经济问题》第6期。
司睿，2005，《农民工流动的社会关系网络研究》，《社科纵横》第5期。
孙立平，1996，《“关系”、社会关系与社会结构》，《社会学研究》第5期。
孙良顺，2016，《水库移民贫困成因与反贫困策略：基于文献的讨论》，《河海大学学报》（哲学社会科学版）第4期。
孙中良、余芳梅，2009，《贫困理论视角下水库移民反贫困路径的转变》，《贵州社会科学》第2期。
唐传利，2015，《创新水库移民工作　精准实施水利扶贫》，《中国水利》第24期。
邢成举，2016，《搬迁扶贫与移民生计重塑：陕省证据》，《改革》第11期。
杨丹丹，2016，《农村水库移民精准扶贫工作的实践探究——以浙江省T市为例》，《辽宁农业科学》第5期。
杨涛，2005，《中国水库移民反贫困的思考》，《前沿》第8期。
杨云彦、徐映梅、胡静、黄瑞芹，2008，《社会变迁、介入型贫困与能力再造——基于南水北调库区移民的研究》，《管理世界》第11期。
翟学伟，2004，《人情、面子与权力的再生产——情理社会中的社会交换方式》，《社会学研究》第5期。
张青松，2000，《三峡移民的社会支持网》，《社会》第1期。
朱启臻，2017，《“柔性扶贫”理念的精准扶贫》，《中国农业大学学报》（社会科学版）第1期。

第六部分

生态补偿脱贫

1

绿色发展下生态扶贫*

雷　明**

绿色发展是十八届五中全会提出五大发展理念之一，是未来中国实现美丽中国梦的重要保证。如何在绿色发展的框架下确保 2020 年扶贫攻坚全面实现小康的宏伟目标，是摆在全社会的一项艰巨任务，而要保质保量完成这一任务，“五个一批”中的生态扶贫就是一条有效的路径。

一　理论基础

全面实现小康，两个短板就是脱贫和环保。生态扶贫恰好把国家这两项重点工作有效结合起来。要真正理解生态扶贫的内涵，就要抓住两个关键，一是生态，二是扶贫。生态是什么？生态就是我们身边的大气、水、土地各种资源和由其组合而成的人类生存环境；从物理学上讲，就是自然界，是我们的栖息之地；从经济学的意义上讲，是我们所拥有的自然资源和资产，是我们发展之承载平台。而扶贫则是对贫困群体的帮助，使他们能够提高收入，改变生活状态，摆脱贫困，过上有尊严的生活。生态扶贫的内涵既不是生态和扶贫两个概念的简单叠加，更不是割裂的两个部分，它应该是二者的有机组合，两位一体的有机统一体。

生态扶贫不同于早先我们所说的单纯保护生态环境下的扶贫，也不同于单纯的资源开发式扶贫，它是将生态保护和资源利用，生态保护和开发扶贫，生态保护和发展经济有机统一在一起，是将自然资源资产—资本—财富有机统一在一起，通过有效转换实现资源资产变资本，资本变财富，最终实现扶贫目的，它是通过资源资产到资本再到财富的价值确认—实现—保值升

---

* 原文刊发于《中国农业大学学报》（社会科学版）2017 年第 5 期。

** 雷明，北京大学贫困地区发展研究院教授。

值进而实现减贫目标（雷明等，2008），它有别于传统单纯开发式扶贫中基于增量收益扶贫的做法，更加强调资产性收益，是一种强调增量收益与存量收益并重的扶贫方式。

生态扶贫的思想基础源自可持续减贫，绿色发展，科学发展的思想基础，更来自“绿水青山就是金山银山”的“两山思想”。生态扶贫强调了“两山思想”中的既要绿水青山又要金山银山中的“既要又要”，更强调了两山思想中“绿水青山就是金山银山”中的“就是”理念。它将生态保护和开发利用，生态保护与扶贫减贫，生态保护与缩小收入差距这些在实践中常常被误认为的矛盾体，有机地统一在了一起，它既强调生态保护，更强调生态开发利用，扶贫减贫，既强调生态开发利用，扶贫减贫，更强调生态保护，它将生态保护中所强调的代际公平与扶贫减贫中所强调的代内公平有机地统一在了一起。

实现生态扶贫，关键要把“绿色化”作为减贫发展新动力和发展新出路，让良好生态环境成为富民强国的增长点。通过科学布局生产空间、生活空间、生态空间，扎实推进绿色生态，以更大的智慧和勇气推进资源向资产向财富转化，加快使生态扶贫政策措施及相关项目落地，借助“互联网 +”“生态 +”的翅膀，通过不断发展生态扶贫模式，保持住“绿水青山”不变色，更创造出无限的“绿色金山银山”。

二　模式选择

实施生态扶贫相结合策略，关键是要找准生态扶贫发展的着力点，找到市场对广大贫困地区生态文明建设的有效需求，找到贫困地区、贫困群众和产业发展之间的着力点。一般来说，生态扶贫模式可以有原地生态扶贫和易地生态扶贫两类。

（一）原地生态扶贫模式

原地生态扶贫是针对位于农牧业生产条件较好或区位条件较好（如地区经济中心郊区）地区的贫困人口和少数民族地区因文化、教育等差异难以移出的贫困人口实施的扶贫开发模式。对于原地生态扶贫来说，无论是精准扶贫“造血功能”的建设，还是生态建设的可持续发展，都离不开市场经济的认可和实现。因此，贫困地区立足生态文明建设，开展原地扶贫，就是要立足生态资源优势，找准扶贫攻坚突破口，以市场为导向，以产业为根本，以制度为保障，实现生态效益、经济效益与社会效益共赢的局面。原地生态扶贫，目前主要有三类模式。

特色生态产业扶贫模式。这种模式的特点，一是针对当地的特点，发展生态高效农业、中医药产业等特色产业；二是利用贫困地区自然景观保存完整，民族文化和人文文化资源丰富的优势，打造特色旅游产业，进而提升生态农业生产效益，促进农民增收。例如贵州、云南和广西等省区先后提出生态扶贫的思路——特色生态产业扶贫，即把“生态保护+产业发展”作为扶贫的新模式和新方向。发展循环经济、特色产业，促进生态保护与扶贫开发的良性互动，开发与保护并重（杨璐，2016）。以贵州毕节市为例，面对既要解决温饱又要发展生态的时代使命，毕节着重念好“山”字经，唱好农业戏，探索出“山上植树造林戴帽子、山腰搞坡改梯拴带子、坡地种植绿肥铺毯子、山下发展庭院经济抓票子、基本农田集约经营收谷子”“五子登科”的立体农业开发模式（陈昌旭，2015）。贵州黔西南州晴隆县按照绿色循环、可持续发展的理念，立足工业欠发达、环境污染小、气候环境适宜种草养畜的比较优势，以草地生态畜牧业产业化扶贫为特色的“晴隆模式”（李泽春等，2010）。

乡村生态旅游扶贫模式。在旅游资源有潜力的区域，将旅游开发与反贫困有机结合起来不失为一种有效的扶贫途径，目前这种模式主要有四类：一是景区辐射型扶贫，把景区周边村落作为承接景区休闲、观光和民俗文化体验的重要载体，充分发挥“溢出效应”。二是交通依托型扶贫，依托精品旅游线路和交通干线，发展餐饮、住宿型农家乐，生态、休闲型农庄。三是城郊休闲型扶贫，培育发展以“吃农家菜、住农家屋、学农家活、享农家乐”为主题的休闲农业、观光农业。四是新兴业态型扶贫，大力培育旅游新产品、新业态。如生态养生旅游、中医药健康旅游等，打造农民增收致富的新渠道。如贵州省黔东南州依托丰富的原生态民族文化资源，把旅游扶贫作为旅游业发展的重中之重，把发展旅游业摆在第一位，尤其是大力发展乡村文化旅游，100 多个民族村寨开展了以原生态民族文化为载体的民族村寨游，形成了深度文化体验型乡村旅游（朱江、岳振，2016）。

生态建设扶贫模式。这种模式的特点是结合退耕还林、退牧还草、公益林补偿、天然林资源保护、三北防护林体系建设及生态综合治理等重点生态工程，挖掘生态建设与保护就业岗位，让有劳动能力的贫困人口就地转成护林员等生态保护人员，为生态保护区的农牧民特别是贫困户提供就业机会，引导贫困农牧民，向生态工人转变，提高贫困户收入水平。如宁夏彭阳县草庙乡结合退耕还林工程，积极为贫困户提供护林员就业岗位，解决贫困家庭困难。

（二）易地生态扶贫模式

“易地”，是指从一个地方移到另一个地方，即“异地”。我国目前农村最小的行政单位是村委会，“异地”应当是指本村委会所管辖范围以外的地方。“易地扶贫搬迁”是将居住在不宜居住地方的贫困户，搬迁安置在本村以外自然和基础设施条件较好的地方，为他们脱贫致富创造条件。

易地生态扶贫模式是主要以水源涵养林区、省级以上自然保护区、风沙及荒漠化威胁严重、生态环境脆弱、重要生态功能地域等区域为重点，通过推进生态移民范围和补助力度，以及对处于地质灾害频发地区的贫困劳动力人口，积极探索实施和支持劳务移民，促进就业地落户安家的一种生态扶贫模式（王永平等，2008）。例如贵州省在易地扶贫搬迁中，根据资源条件和环境承载能力，以城区、产业园区、旅游服务区等“三区”为主要安置点，以集中安置为主要安置方式，将坚持以岗定搬、以产促迁，逐点逐户建立搬迁户就业脱贫台账，使“三区”安置户确保每户有一人以上就业，中心村安置户确保每户有脱贫产业扶持（叶青、苏海，2016）。易地生态扶贫的模式比较多。

山上搬山下模式。这种模式是在以工代赈项目的支持下，通过在山下选择居住条件较好的地方建设移民安置点，在不调整原有土地的情况下，对由于历史原因长年居住在山上、水资源严重短缺、人居环境十分恶劣、基础设施建设滞后的贫困农户进行搬迁安置。如甘肃天祝县东坪乡近年来推进的“下山入川”生态移民工程，东坪乡移居川区的贫困群众生产生活条件得到根本性改善。同时，移民迁出区生态环境得到改善，产生了明显的生态效益（董岭山、刘亨忠，2017）。

依托退耕还林模式。这种模式主要是针对退耕还林后无耕地或耕地很少，但享受退耕还林补贴的贫困农户。其主要做法是，以退耕还林规划区贫困户为搬迁对象，农户搬迁后，不安排土地或安排少量土地作菜地，通过继续享受退耕还林补助解决吃饭问题，并根据迁入地的产业发展思路从事畜牧业开发、劳务输出、林副产品开发等第二、第三产业，逐渐摆脱对土地的依赖，从而达到扶贫开发与巩固生态治理成果的双重目的。

土地和房屋置换模式。这是一种梯级搬迁安置模式，按“等值交换”置换出搬迁户房屋、田产，就地安置生存条件很差的极贫户，既有利于减轻环境负荷，又极大地改善了极贫户的生产、生活条件，达到扶贫开发的联动效果。这种模式是在贫困乡村中选择有一技之长，或具有一定经济实力并愿意迁出的农户搬迁到城镇等地安置，再将自然环境恶劣等原因需搬迁的极贫户，或者文化水平低、无谋生手段的极贫户，迁入置换户挪出的居所，并去耕种他们让出的耕地，从而达到使贫困户在短时间内脱贫的目的。如贵州省赫章县威奢乡用梯级搬迁的办法，达到“搬一松二”的目的。贵州铜仁市江口县凯德街道通过原有土地拿租金、扶贫资金（精扶贷）入股拿股金、园区或基地务工拿薪金，原有森林、土地等资源变资产、资金变股金、农民变股民，切实增强贫困户发展内生动力，开启了易地扶贫搬迁新路子（田燕、李年鑫，2017）。

开垦耕地模式。这种模式的对象，主要是严重缺乏生存条件的极贫户，其主要有两种形式：一是根据耕地占用情况，国土部门有计划地在条件适宜区开垦一部分宜农荒地实施耕地占补平衡，各地再利用开垦的这部分耕地集中安置部分搬迁农户；二是根据各地土地资源状况，由乡村划拨宜农荒地，移民项目适当补助给搬迁户开垦耕地安置部分搬迁农户。

依托龙头企业模式。这种模式易地移民扶贫资金在工矿企业、龙头企业等附近建立移民新村，搬迁户通过到工矿企业、龙头企业工作或从事第二、第三产业以获得生活来源，达到安置移民的目的。移民搬迁户迁入新村后，居住条件、居住环境得到根本改善，并通过到周边企业从事第二、第三产业或为企业提供服务，收入成倍增加，生活水平大幅度提高；同时，还方便了看病就医、子女入学，享受到城镇的文化生活。

依托旅游景区模式。这种模式是贫困户脱贫致富的有效途径之一。其主要做法是：在旅游开发过程中，通过在旅游景区内或景区附近建移民安置点，利用以移民扶贫资金新建移民住房，完善水电路等配套基础设施，改善就医、入学等条件，选择比较有经营头脑、思想灵活的农户进行搬迁。农户迁入后，通过开设农家饭店和旅游服务摊点、开展民族风情旅游活动、开发旅游服务产品等逐步走上脱贫致富之路。

依托小城镇模式。依托小城镇模式是通过易地搬迁项目在小城镇或乡镇建设市场，选择有经济头脑的贫困户迁入小城镇或乡镇所在地，转移到第二、第三产业。市场建设主要采取资本置换的办法，乡政府把乡镇规划的土地，特别是集贸市场周围的土地统一征用后，用以工代赈用于基础设施建设的资金启动道路和市场建设，市场建好后，由乡政府管理，壮大乡级财政收入。将移民户迁移至市场的周围，除利用市场的辐射功能发展绿色第二、第三产业外，有的还可以通过对邻近村组“剩余”土地的调整从事生态农业生产。如贵州省黔东南州整合中央、省针对城镇居民的廉租房政策和针对搬迁后仍未脱贫的移民村的农村危房改造，以及扶贫生态移民工程政策统筹部分，探索采用生态移民补助资金直接购买城镇廉租房的方式扶贫（向章培，2014）。

依托产业结构调整模式。这种模式主要做法是将易地扶贫搬迁安置工作与推动农业产业结构调整、拓宽农民增收渠道有机结合起来，利用有利的自然资源条件如草地资源开发等，大力发展种草养畜，对移民进行安置。移民户搬迁安置后，采用荒山种草、林下种草等模式饲养畜禽，以达到扶贫开发的目的。如贵州黔南州独山县，通过县、乡（镇）协调，划出县国营林场林间草地租给移民户饲养奶牛，获得较好的经济效益和扶贫开发效果。而贵州黔西南州紧紧围绕“搬得出、稳得住、能致富、生活好”的目标，坚持以稳促搬、以产带迁、先产后迁原则，大力培育发展食用菌产业、薏仁米产业、农村劳务输出等十大劳动密集型产业，落实以产业促进就业，并建立易地扶贫搬迁文化遗产收集保护区，通过文化传承助推旅游产业促进就业，让搬迁群众“能致富”（王玉玲，2016）。

依托国有（集体）农场模式。这种模式主要做法是用移民资金解决搬迁户住房和其他附属用房费用问题，并配套建设水、电、路和沼气池等设施。农户迁入后，通过与场部签订相关协议，承包国有或集体拥有的茶园、果园、林场等，既解决了场部经营的劳动力短缺问题，又通过项目实施帮助农场解决生产生活中的部分配套设施，带动农场生产经营规模的扩大，实现了搬迁农户与农场的双赢。

自助式移民模式。自助式移民模式是对自然地质灾害等原因造成的、需易地移民搬迁的贫困户，如果其亲戚朋友居住地的生存条件好并愿意接纳，则用以工代赈资金补助其建房等，进行分散插花式安置一种有效方式。

三 现实路径

（一）原地生态扶贫

发挥好现有土地政策对生态脱贫具有极大的引领和推动作用。在充分发挥贫困地区耕地后备资源优势上下功夫，将其作为生态脱贫致富的有效途径，既可以为生态扶贫工作提供资金保障，同时也为占补平衡提供保障，收到一举多得、互利共赢的效果。通过打造贫困地区土地开发平台，坚持土地所有权、承包权、经营权三权分离，试点资源变资产、资产变股权、股权变收益的“三变”模式，通过土地流转，探索集体荒山荒坡土地集约化经营。

推动以绿色生态为重点的产业开发。要在发展传统产业的同时，大力发展特色优势产业，加快贫困村名特优产业培育。将贫困地区的资源禀赋与市场需求有机结合，重点开发市场前景广、比较优势显、产品附加值高、带动农民增收能力强的生态特色产业，逐步构建绿色生态产业体系。

因地制宜突出发展设施农业，着力打造特色种植业。通过引进先进实用性技术，形成规模养殖，促进农民增收，发展林下种植养殖业，促进群众增收致富。注意集约利用和生态保护，严格执行土地利用规划，实现农业生产的可持续发展。

成立专业合作社。分别成立特色产业合作社，把分散的农户组织起来实行产业化经营，彻底解决小生产与大市场的连接问题，带动贫困户发展产业、增加收入。

加大以生态环保为核心的科技兴农力度。把生态产业开发转移到依靠科技进步和提高劳动者素质上来。开展成人教育、职业教育，多层次提升村民文化水平和劳动技能。加强对贫困农民扶贫技能培训，根据实际需求，聘请经济林木和农产品方面的专家到村开展农业科技、实用技术等方面的咨询、培训，提高贫困户的劳动技能，提高农林作物的产出水平。

调动贫困农民利用生态建设增收的积极性，努力转变农民种养观念，推广生态农业科技，实行生态种养，以科技服务促进贫困农民增产增收。

在旅游扶贫中真正体现出旅游业促进弱势群体福利改善的使命。首先，政府必须进一步发挥在乡村旅游扶贫中的主导作用，强化旅游扶贫理念，改变宿命论思想，增强商品市场意识。其次，给予贫困地区一系列优惠政策，在财政补贴、建设资金、银行信贷等方面都给予适当优惠，适当放宽抵押和担保条件。再次，旅游扶贫实质又是一种“素质扶贫”，是一种指方向、教方法体现“干中学”的造血式扶贫方式，因此，要加强贫困地区基础教育，加强对农村人口文化知识、科学技术及劳动技能的教育和培训（雷明，2016）。

加强教育，全面提升贫困地区未来劳动力素质，推动生产方式转变。贫先治愚，扶贫先扶智，教育经费要继续向贫困地区倾斜、向基础教育倾斜、向职业教育倾斜。要抓住要害，突出重点，加强对村民的专业技术培训，达到扶志（志气）、扶知（知识）、扶智（智慧）的有机统一，为实现生态扶贫积累必要的人力资本基础。如甘肃省扶贫办自 2007 年开始，在全国首先启动了贫困家庭“两后生”（初中后和高中后不能升学的毕业生）劳动技能培训工程（包新发，2013）。

改善和完善信贷扶贫体质。一是将各种类型的小额信贷机构推入农村，开放农村绿色金融市场，并使其获得合法地位。放宽对公益性、准公益性的绿色小额贷款机构的金融准入，先允许它们成立小额贷款公司，用自己的资金贷款，待机构发展成熟后，可以有政策性银行或商业银行给予贷款，政府在税收政策上给予支持。大力开展村镇银行、资金互助社、小额贷款公司的试点，开辟民间资金对农村绿色金融的准入途径。二是建立政策性生态农业保险保障体系，按照“政府引导、农民参保、财政补贴、防保统筹、建立台账、理赔透明、农民受益”的投保模式，为农作物购买政策性农业保险，降低农民因自然灾害致贫的概率。

拓展整村推进工程，促进农村生活环境与自然环境融合。整村推进是原地扶贫的重要方式，我国在“十一五”期间整村推进工作取得良好的效果，在国家新十年《中国农村扶贫开发纲要（2011—2020 年）》中，整村推进仍然作为国家专项扶贫的重要内容之一。

贫困地区生态扶贫，应坚持以保护促发展、以立法促规范的现代新农村发展理念，以大力发展区域经济为己任，将贫困地区的可持续发展落到实处。同时，生态扶贫任务是新农村建设的重要任务。因此，贫困地区新农村建设必须与生态扶贫开发有机结合，通过推行综合性扶贫，采取多样化扶贫措施，将贫困地区农村建设成为环境优美、经济繁荣、和谐文明的社会主义新农村。

（二）易地生态扶贫

拓宽生态移民范围，加大跨省移民力度。继续扩大生态移民搬迁范围，探讨有计划的跨区域多种安置模式，尤其加大人口的跨省外迁。例如甘肃河西地区向新疆建设兵团的移民安置，一方面减轻了河西地区的生态压力，另一方面移民的生活生存条件得到改善，收入增加。

坚持把开展农村土地整治建设高标准农田作为助推生态扶贫、现代农业产业发展的倍增器，紧密衔接新村建设规划，围绕聚居点扎实开展农村土地整治项目，全方位、多渠道为贫困群众提供稳定增收的机会。坚持把土地整治项目与优先培育、引进和发展特色生态产业相结合，将整理成片的耕地流转给龙头企业，在不改变农用地用途的前提下，引导和支持聚居点群众大力发展特色生态种养业、特色林业、生态休闲观光农业和乡村旅游，提升持续发展的能力。

拓宽贫困人口进城增收渠道，促进贫困地区劳动力就近转移。积极发挥各贫困县自身优势，千方百计拓宽贫困地区群众向当地小城镇和工业园区转移。加强工业园区建设、小城镇建设和移民搬迁相结合，依托产业园区建设和第二、第三产业发展，选择县城、重点乡镇政府所在地和有条件的乡村旅游开发区，对生态移民进行集中安置。

健全政府主导和社会参与相结合的劳务培训体系，整合培训资源和培训资金，推进培训方式改革创新。不断提高劳务输出的组织化程度，借助政府力量创建劳务合作平台，拓宽劳务输出渠道，开展订单培训，扩大劳务经纪人队伍规模。

四　机制创新

健全的制度是稳步推进生态扶贫的保障。这就需要我们从坚持生态扶贫精细管理，把创新机制作为生态扶贫的根本举措，建立健全生态扶贫机制。通过政策、机制、体制的改革创新来激活各类扶贫资源要素，解放和发展生产力，不断提高生态扶贫质量和效益（雷明，2016）。具体来说，创新生态扶贫机制，就是要按照“准、精、实、效”原则，确保生态扶贫、生态脱贫可持续。

（一）原地生态扶贫机制创新

持续探索生态产业扶贫长效机制。对有发展条件的项目要进行鼓励和支持，要拿出专项扶贫资金，培育主导产品，提高特色产业开发效益。以农为本，大力发展特色生态效益农业；以山水资源为背景、以人文历史为内涵，大力发展乡村旅游扶贫产业；以农村专业合作社为依托，大力发展农村电子商务。将生态扶贫作为一项长期性工作来抓，形成生态扶贫工作的长效机制，不断解决新的贫困问题，在助农增收上做文章，持续探索生态产业扶贫长效机制，确保脱贫户不再因病、因残、因环境破坏、因自然灾害再度返贫。

构建生态产业扶贫稳定利益共享机制。进一步推进农村产权制度改革，激活资产要素。通过盘活承包农地林地、宅基地、房产以及集体资产股份等提高农村贫困家庭和个体财产性收入。抓好农村宅基地、承包经营权确权颁证工作，建立和完善土地流转制度。赋予农民对集体资产股份占有、收益、有偿退出及抵押、担保、继承等权利，探索经营权入股发展产业化经营，鼓励承包经营权流转。盘活贫困家庭和个体手中的资产，拓宽其财产性收入渠道。帮助贫困户融资创业，增加资产收益。建立生态扶贫项目贫困户共享机制，安排给贫困户的生态产业扶贫、基础设施建设等项目资金，投入相关生态产业项目，作为贫困户的股份，项目产生的效益由贫困户共享。

构建生态产业扶贫风险共担机制。在一些地方，生态产业扶贫中存在一种趋势——旅游、农家乐、中草药种植，啥火就上啥项目，贫困户完全依靠企业分成，然而，扶贫项目一旦不对症，产品便陷入滞销。调查显示，多地生态扶贫产业规划存在同质化的现状。而这可能使贫困户和企业面临很大的市场风险。如何有效防控风险，让脱贫更加精准高效？需要在贫困户、企业、农场等各主体间，建立起一套稳定持久的风险共担机制。

建立健全生态扶贫的有效投入机制。加大金融资金对生态扶贫倾斜，以政府为引导，积极整合农业、林业、交通、水利、教育、卫生以及文广等部门的涉农资金，集中投入实施水、电、路、宽带、环境改善等工程，改善贫困群众的生产生活条件。深入推进生态科技扶贫。设立专项生态科技扶贫资金，引导科研单位、高等院校的高科技人才到农村扎根，用他们的技能为农村和农业服务。

建立生态扶贫资金有效使用机制。生态扶贫扶持经费要专款专用、直接透明。政府要加强捐款经费的监管，不仅要向捐款人列明款项使用情况，而且要对捐款使用情况定期进行公示，接收群众的监督。实施生态扶贫，要求扶贫资金的支持重点从传统单纯的扶贫和环保向扶贫和环保并重转变。从这个意义上说，除了要有效整合部门扶贫资金、对口援助资金、信贷资金和社会资金之外，更为重要的是必须建立既能够满足生态保护，又能够满足贫困农户差异化个人需求的生态扶贫资金使用机制。这就必须把贫困农户或由贫困农户组建的合作社纳入生态扶贫资金支持重点，构建生态扶贫项目与之直接对接的新的机制，真正实现扶贫资金从“漫灌”向“滴灌”的根本转变。

完善绿色金融扶贫机制，积极发展绿色普惠金融。将绿色金融服务和职业培训拓展到贫困地区和社会低收入人群，引导更多金融资源流向农村和贫困地区，不断提高贫困人口对绿色金融服务的可获得性。创新绿色金融扶贫模式，设立生态扶贫绿色金融服务信贷专项担保基金，与金融机构合作，放大信贷额度支持生态扶贫发展，发挥财政资金的撬动、贴息、增信的作用，同时精准定位金融扶贫的对象、主体和方式，坚持市场化和政策扶持相结合的原则，以市场化为导向，以政策扶持为支撑，引导金融资源向有生产能力的贫困户倾斜，很好地解决金融扶贫“扶持谁”“谁来扶”“怎么扶”的三大问题，既让贫困地区实现脱贫目标，又让绿色金融业实现发展。

（二）易地生态扶贫机制创新

创新生态移民扶贫机制。要确保“搬得出、稳得住、能就业、有保障”，精准确定搬迁对象。坚持成片推进、整村实施、精准到人的推进机制，做到群众搬迁到哪里，基础设施就建设到哪里，公共服务就布点到哪里，现代产业就发展到哪里，确保搬迁群众“稳得住、能发展、能致富”。实施整村搬迁的要求为贫困村中贫困人口比例高、生存条件恶劣的自然寨和村民小组；插花搬迁的必须为建档立卡的贫困户（潘栎，2015）。

建立生态移民资金筹措机制。目前，扶贫生态移民工程资金构成主要是以政府投资为主，投资偏低。首先应从省级层面加强项目资金整合，制定资金整合指导目录，出台具体办法，强化资金整合的制度保障，形成“多个渠道进水，一个池子蓄水、一个龙头放水”的资金筹集和管理机制。其次引入“停建令”制度，对列入扶贫生态移民工程规划搬迁对象的村（组），不再安排通村公路、农村饮水、农村电网改造、农村沼气、以工代赈、一事一议等农村基础设施建设项目工程，而是将这些项目资金集中转用于扶贫生态移民安置区建设，既避免重复建设，又解决工程资金问题和提高资金使用效率。建立扶贫生态移民工程专项扶持基金，用于征地补偿、基础设施配套等方面的工作。对于采取市场化和社会资本建设的扶贫生态移民小区，在土地出让金、土地征用税等地县提留部分全部用于住房和基础设施补助，降低农民群众购房成本。另外，用政府的有限资金来撬动社会资金和引导广大移民群众出资参与，适度引入市场机制，用活市场力量，将增减挂钩项目立项申报和新村建设规划布局紧密结合，同步规划、同步建设，同时凝聚各方力量共同解决资金问题，探索运用土地政策吸引社会资金参与新村建设，以解决“钱从哪里来”和贫困群众如何“建得起”“住得进”的问题。

建立有效的生态移民协调机制。尊重群众意愿，对生态移民搬迁群众要加强后期扶持。在加大政策宣传和积极引导力度的基础上，尊重群众的搬迁意愿，不要让确实不愿意进城的农民“被进城”。搬迁进城的贫困群众，其发展能力相对较弱，适应性不强，进城后有一个适应的“阵痛期”。地方政府要当好“保姆”，帮助进城农民度过适应期，在“搬进城”的同时，把他们“扶上路”。鼓励移民安置点周边企业优先吸纳扶贫生态移民群众就业，给予一定的税费减免政策。同时由人力资源、扶贫、农业等部门切实加强对移民的使用技术、就业技能的培训，加强移民群众移风易俗等宣传教育，开展适应城市生活、农民变市民的主体活动，使移民群众尽快适应生活方式、生活环境的转变，尽快融入当地社会。另外，对企业或其他社会机构组织移民群众进行业务技能培训的给予适当经费补助。再者，对移民群众自主创业的，建议免收移民的营业所得税、免收同移民相关的项目在建设期间的税费、免费落户、提供相应的免费培训与帮助。

（三）其他保障性机制创新

探索生态扶贫分类长效实施的保障机制。扎实推进生态教育扶贫，优先支持贫困村生态扶贫教育发展事业，加大贫困生资助力度，开展贫困生生态扶贫职业学历教育。在持续优化教育资源布局，完善教育设施设备的同时，加大教育资助力度，完善因学致贫救助长效机制；深入开展医疗卫生扶贫，持续改善医疗卫生条件，完善医疗救助长效机制；精准开展助残扶贫，完善因残致贫救助长效机制；对因灾致死致贫的建卡贫困户，持续开展减灾救灾扶贫，完善因灾致贫救助长效机制。

建立有效的生态扶贫社会力量参与机制。开展村企结对共建活动，拓宽社会扶贫筹资渠道。继续探索干部帮扶长效机制，坚持“联乡帮村包户”四项制度，即区级领导联系贫困村制度、区级扶贫集团定点帮扶制度、派驻贫困村驻村工作队制度、干部结对帮扶贫困户制度。

建立部门信息交换共享机制和公开发布机制。对生态扶贫中贫困人口生产生活改善、参与增收项目、务工创业、得到扶持帮扶等信息建立台账，适时更新，动态管理，进一步完善生态扶贫信息管理系统，实现卫生计生、人力社保、民政、扶贫、检察院、法院等部门信息交换共享。坚持公开公示制度，对生态扶贫对象、扶贫项目、扶贫政策进行全程公示，接受社会监督。

完善生态扶贫退出机制和返贫预防机制，杜绝“争戴穷帽”等现象。对于贫困区县、贫困村、贫困户脱贫摘帽，需要完善生态贫困退出机制，严格考核评估的指标和程序，科学界定贫困区县、贫困村的退出标准，科学设置贫困户的评价指标，既要反映精准扶贫的成效，又要使基层部门尽量减少漏评、错评、漏退、错退等情况的发生，也要谨防出现虚假脱贫、数字脱贫。同时利用各种保险工具帮助贫困家庭和个体规避返贫风险，综合利用公共保障体系、社会互助、市场保险产品等工具，探索建立返贫的预防机制。

参考文献

包新发，2013，《提高中职教育对“两后生”技能培训管理措施的探索——对甘肃省岷县职业中专“两后生”技能教育的分析》，《工业和信息化教育》第 1 期。

陈昌旭，2015，《贵州毕节：“五子登科”建设立体生态》，《中国经贸导刊》第 25 期。

董岭山、刘亨忠，2017，《天祝县南阳山片下山入川生态移民安置点饮水安全工程管理探析》，《农业科技与信息》第 10 期。

雷明，2016，《扶贫战略新定位与扶贫重点》，《改革》第 8 期。

雷明等，2008，《科学发展 构建和谐——贵州省毕节地区的开发扶贫与生态建设》，经济科学出版社。

李泽春、彭奇伟、尹辉，2010，《“黔西南模式”：赋予试验新内涵》，《当代贵州》第

24 期。

潘栎，2015，《生态移民搬迁及社会保障——以贵州省黔西南州册亨县为例》，《天津社会保险》第 5 期。

田燕、李年鑫，2017，《“四定”精准施策 推进扶贫搬迁——江口县凯德街道办事处走出脱贫攻坚新路子》，《当代贵州》第 22 期。

王永平、袁家榆、曾凡勤、陈妮，2008，《贵州易地扶贫搬迁安置模式的探索与实践》，《生态经济》（学术版）第 1 期。

王玉玲，2016，《大石山区易地扶贫搬迁精准脱贫的实践与思考——以黔西南州为例》，《产业与科技论坛》第 22 期。

向章培，2014，《黔东南扶贫生态移民整村搬迁：效益、问题与对策——以榕江县摆王、摆拉搬迁为例》，《凯里学院学报》第 6 期。

杨璐，2016，《贵州精准扶贫开发模式的实践与创新》，《理论与当代》第 4 期。

叶青、苏海，2016，《政策实践与资本重置：贵州易地扶贫搬迁的经验表达》，《中国农业大学学报》（社会科学版）第 5 期。

朱江、岳振，2016，《“旅游 +”的思路与方向——黔东南州推动旅游业与其他产业融合发展的成就与点评》，《当代贵州》第 28 期。

2

生态补偿扶贫背景下农户生计资本影响因素研究*

吴　乐　靳乐山**

伴随着我国经济社会发展以及生态环境问题的涌现，生态文明建设受到高度重视。作为生态文明建设的重要制度保障，生态补偿机制是一种具有经济激励功能的政策工具，通过协调生态环境保护和建设各相关方之间的利益关系，可以提高生态环境的承载力，有效遏制人类活动对自然环境的破坏，使原本脆弱并已失衡的生态系统逐步得以恢复与重建，其已成为我国协调区域利益、保障重点生态功能区可持续发展的重要手段。

在我国，大部分贫困人口生活在生态脆弱的生态功能区，由于自身发展的资源不足，又要承担保护生态环境的公共责任，其承担了巨大的直接成本和机会成本，从而陷入贫困的境地。因此，对于处在生态脆弱区域内的贫困人口要根据其做出的生态贡献进行相应的补偿，弥补其因参与生态环境保护和建设而丧失的发展机会。通过现金直接补偿、生态公益岗位间接补偿等方式使贫困人口获得更多可用于发展的资源，这在一定程度上有助于提高区域贫困人口的生活水平和可持续发展能力，达到扶贫解困的效果。生态补偿把生态保护和缓解贫困两个目标相结合进行统筹考虑，将有助于解决我国西部地区的生态贫困问题，对于当前扶贫攻坚战的顺利推进具有重要意义。

生态补偿政策的实施在一定程度上会使农户改变原本的农业生产活动，因此生态补偿对农户产生的影响主要集中在农户的生计决策上。在基于生计思想的 DFID 可持续生计分析框架中（Chambers and Conway，1992），生计资

---

* 原文刊发于《华中农业大学学报》（社会科学版）2018 年第 6 期。

** 吴乐，中国农业大学人文与发展学院/中国生态补偿政策研究中心博士研究生。靳乐山，中国农业大学人文与发展学院/中国生态补偿政策研究中心教授。

本是影响农户生计决策的关键因素，生计资本存量及其组合状态不但决定了农户生计活动的选择范围，还影响着农户自我保护的生计能力强弱，生计资本减少会使农户的生计脆弱性增大，进而陷入贫困状态（何仁伟，2014；Glavovic and Boonzaier，2007：1－23；宁泽逵，2017）。有学者指出，贫困地区农户的生计资本配置和转换上的约束是长期影响农户脱贫的主要原因（李聪等，2014）。要考察生态补偿与缓解贫困之间的关系，有必要从农户生计资本的角度出发，研究贫困农户的生计资本现状及其影响因素，考察现有生态补偿政策对农户生计资本产生的影响。

关于生态补偿实施对农户生计资本产生的影响。张丽等利用可持续生计框架对甘南黄河水源补给区退牧还草工程实施前后农户的生计资本水平进行测算，发现生态补偿后农户生计总资本显著增加，除自然资本下降外，其余各类生计资本均增加，生态补偿对农户生计资本结构、生计资本关系的影响存在区域差异性（张丽等，2012）；张佰林等发现西南喀斯特山区退耕区域内，从纯农户、农业主导户、非农主导户到弃农农户，生计资本水平依次提高，特别是人力资产、金融资产和社会资产（张佰林等，2013）；王成超等利用可持续分析框架对福建省长汀县2000年以来各种生态补偿措施对农户生计产生的影响进行分析，结果表明现金补偿部分缓解了因封山育林等措施给农户生计带来的负面影响，实物补偿提高了参与政策农户的物质资本水平（王成超、杨玉盛，2013）；杨皓等通过比较保定市涞水县退耕还林前后农户生计资本的变化，发现退耕还林的实施会对农户的自然资本、物质资本和金融资本产生影响，对其人力资本和社会资本影响不明显（杨皓等，2015）。已有研究多是通过描述性统计或计量经济学模型对参与政策前后农户的生计资本进行比较，缺乏对不同补偿方式与各种生计资本之间关系的分析，无法解释政策对各种生计资本的具体影响。

因此，本文基于英国国际发展部提出的可持续生计框架，使用2016年7月在贵州省实地调研所获取的农户生计相关数据，对调研农户的生计资本进行评估，通过似不相关法研究影响农户生计资本变动的主要因素，重点关注生态补偿中现金直接补偿和岗位型间接补偿两种方式分别对农户生计资本产生的影响。

一 数据来源和研究方法

（一）数据来源

本文数据来源于项目课题组于2016年7月在贵州省黄平县、威宁县、大方县的12个镇、24个村进行的实地调查。贵州是全国脱贫攻坚主战场，其目前仍是全国贫困人口最多、贫困面最广、贫困程度较深的省份，全省贫困发生率高于全国平均水平，整体扶贫攻坚难度较大。另外，作为全国唯一没有平原支撑的省份，贵州的发展面临土地贫瘠、石漠化等众多难题。贫困问题和生态问题相互交织，亟待同时满足生态保护和扶贫解困的生态扶贫方法，达到"一石二鸟"的效果。

本次调查所选三县均为国家级贫困县，同时三县位于国家重点生态功能区内，区域性贫困程度较高，生态环境脆弱，农户的生计脆弱性较大，能较好地反映当前生态补偿政策的实际扶贫效果。调查主要通过三个层面进行：一是与涉及制定、执行生态补偿政策的政府部门进行座谈，调研组先后进行省级座谈1次，州级座谈1次，县级座谈3次，了解当地生态补偿政策实施的相关情况，以及当地农业生产、农民生活的基本状况。二是与每个调研村的村干部进行村级访谈，了解该村的基本情况；三是户层面的入户调查，通过调研员与农户座谈的方式发放问卷获取农户生计资本评估数据，并选择一些农户（如村干部、种植养殖大户等）作为典型户进行深入访谈。调查采取分层随机抽样方式，首先在每个县随机选取样本乡（镇），然后在每个样本乡（镇）选取样本村，最后在每个选中的样本村中随机选取30户左右农户展开调查。调查最终获得有效问卷432份。

调研地主要实施直接补偿到农户的现金型直接补偿为退耕还林项目和公益林补偿，退耕还林的补偿标准为第一轮退耕还林每亩每年补偿119.5元，新一轮退耕还林（2015年开始实施）每亩每年补偿240元。公益林补偿标准：① 国家级公益林补偿每亩每年15元。② 地方级公益林补偿每亩每年8元。岗位型间接补偿主要为参与生态保护项目担任相关生态保护岗位获得的工资，如担任退耕还林、公益林、天保工程项目的护林员等，岗位工资每月在600—800元，有防火季节的临时性岗位和常年固定性岗位两种，临时性岗位每年工作 3 个月左右，固定性岗位每年工作 12 个月。

（二）指标构建

1. 生计资本的指标选取和量化

英国国际发展部（DFID）提出的可持续生计分析框架中，农户的生计资本包括五方面的内容，分别是自然资本、人力资本、物质资本、金融资本和社会资本。本文根据已有文献的研究成果（赵雪雁等，2013；赵文娟等，2016；李慧玲等，2017；张军以等，2018；吴乐、靳乐山，2018）并结合调研地的实际情况，对五类资本进行指标选取和量化。

（1）自然资本指标。自然资本指农户生产过程中拥有的自然资源，主要包括耕地、林地、草场等，由于调研地为南方农区，农户拥有的土地资源主要为耕地和林地，而农户拥有的耕地资源又分为旱地和水田两种，因此自然资本的测量指标定义为人均水田面积、人均旱地面积和人均林地面积 3 个指标。

（2）人力资本指标。人力资本指农户拥有的劳动力、知识水平和劳动技能等，其数量和质量会直接影响农户对其他资产的运用以及生计策略的选择，人力资本的缺乏是导致农户陷入贫困的主要原因之一。本文把人力资本细化为家庭整体劳动力、劳动力受教育程度、劳动力手艺情况以及劳动力参加培训情况 4 个指标。家庭整体劳动力的赋值根据年龄和参加劳动的实际情况确定；劳动力受教育程度依据专科、高中、初中、小学进行衡量。

（3）物质资本指标。物质资本指农户用于生产生活的基础设施和物质工具，本文将农户家庭拥有的畜禽数量、家庭固定资本、家庭住房作为衡量物质资本的指标。

（4）金融资本指标。金融资本指农户在生产和生活中可支配和可筹措的资金，主要包括：农户进行生产活动获得的现金收入，从金融机构和其他个人处获得的贷款、无偿援助。本文将农户家庭人均现金纯收入、获得信贷的机会（包括金融机构和其他个人）和获得无偿现金援助的机会作为衡量金融资本的 3 个指标。

（5）社会资本指标。社会资本指农户为了进行生计活动而可以利用的社会资源和关系网络。在农村社区，家庭中是否有成员担任村干部体现了其在村集体中的社会地位，农户是否参与社区组织体现了农户的社会活动能力，农户在村里的亲友情况反映了农户在村里的关系网络强弱程度。基于此，本文针对农户社会资本的衡量主要包括3个指标，分别是领导能力、参与社区组织（包括合作社、文艺队等）、本村的亲戚圈。具体指标评价体系见表1。

表1　农户生计资本指标、权重和指标说明

类型	测量指标	符号	权重	指标说明
自然资本	水田	I_1	0.107	人均水田面积/公顷
	旱地	I_2	0.047	人均旱地面积/公顷
	林地	I_3	0.057	人均林地面积/公顷
人力资本	劳动力	I_4	0.008	全劳动力赋值为1；半劳动力赋值为0.5；非劳动力赋值为0
	受教育程度	I_5	0.009	文盲赋值为0；小学赋值为0.25；初中赋值为0.5；高中赋值为0.75；专科以上赋值为1
	手艺情况	I_6	0.079	家庭劳动力有特殊谋生手艺赋值为1；没有赋值为0
	技术培训	I_7	0.095	家庭劳动力接受技术培训赋值为1；没有赋值为0
物质资本	畜禽数量	I_8	0.086	牛赋值为1；猪赋值为0.5；鸡/鸭赋值为0.25
	家庭固定资本	I_9	0.006	家庭所拥有的固定资本项数占问卷中列举的17种资产选项的比例
	家庭住房	I_{10}	0.007	根据住房类型和住房面积进行计算。在住房类型中，混凝土房赋值为1；砖瓦/砖木房赋值为0.75；土木房赋值为0.5；茅草房赋值为0.25。在住房面积中，五间房及以上赋值为1；4间房赋值为0.75；3间房赋值为0.50；2间房赋值为0.25；1间房赋值为0。两者各占50%权重
金融资本	现金收入	I_{11}	0.059	2015年家庭人均现金纯收入/元
	借贷情况	I_{12}	0.032	由民间借贷和金融机构借贷组成，家庭有民间借款赋值1；没有赋值0。有金融机构借款赋值为1；没有赋值为0。两者各占50%权重
	无偿现金援助	I_{13}	0.167	2015年获得政府无偿现金援助的情况，获得赋值1；没有赋值为0
社会资本	领导能力	I_{14}	0.092	家庭里有村干部赋值为1；没有赋值为0
	社区组织	I_{15}	0.114	参加社区组织赋值为1；不参加赋值为0
	亲戚圈	I_{16}	0.036	本村里有血缘关系的亲戚数量

在构建指标评价体系以后，本文采用熵值法确定各指标对应的权重值，熵值法是一种客观赋权法，其可以有效避免人为评价带来的主观影响。熵值法的具体核算步骤参见文献（曹淑英等，2017），得出的各项指标权重值见表1。因为各测量指标数据的类型、量纲和数量级存在差异，所以在加权求和前需要进行标准化处理，本研究采用极差标准化法对指标数据进行标准化处理，处理方法如下：

$$Z_{ij} = \frac{X_{ij} - X_{jmin}}{X_{jmax} - X_{jmin}} \tag{1}$$

式（1）中，Z_{ij}为标准化处理后的值，X_{ij}为第i个农户第j项指标的实际值，X_{jmax}为第j项指标中的最大值，X_{jmin}为第j项指标中的最小值。最后农户各种生计资本的评价值由各测量指标的标准化值及其对应的指标权重加权求出。

2. 变量选择

结合调研地的实际情况，本文将对农户生计资本产生影响的各种潜在因素分为家庭因素、社区因素和政策因素三类，具体变量的设置和取值见表2。家庭因素包括了家庭成员平均年龄、受教育程度、家庭规模、外出务工情况、劳动力情况、家庭健康状况、负担比，以及家庭的地理位置。其中家庭成员平均年龄、受教育程度、家庭规模、外出务工情况、劳动力情况、健康状况、负担比可以反映整个家庭获取生计资本的能力大小，家庭的地理位置反映了其特定的生存条件和自然资源禀赋情况。

社区因素包括农户所在村的人均年收入的对数和所在村到镇上的距离两个指标。农户所在村的人均年收入水平反映了当地农户整体的生活水平以及该村的经济发展状况；而农户所在村到镇上的距离反映了农户到公共设施完善、商品交易活跃的乡镇中心进行农林产品出售、从事二、三产业经营以及购买家庭生活用品的便利程度，其会对农户的生计资本获得和转换产生重要影响。

政策因素包括农户是否参与生态补偿政策以及参与政策的类型和参与程度。为了分别考察现金型直接补偿和岗位型间接补偿对农户生计资本产生的影响，本文设置三个指标表示农户参与退耕还林、公益林补偿和生态公益岗位的情况，分别为农户家庭拥有林地中涉及退耕还林政策户、公益林政策户以及生态公益岗位户是否在从事生态公益岗位。

表 2 自变量设置及相关特征

变量名称	定义	均值	标准差
家庭因素			
年龄	家庭平均年龄	50.04	12.36
受教育程度	家庭所有成员平均受教育程度	6.23	3.93
家庭规模	家庭人口总数	4.58	1.90
外出务工情况	家庭成员中外出务工人数	0.71	0.87
家庭劳动力情况	家庭劳动力人数	2.40	1.22
家庭健康状况	家庭所有成员整体健康状况	0.94	1.36
负担比	家庭中非劳动力数量占家庭总人数的比例	0.44	0.27
县控制变量	—	2.27	0.81
镇控制变量	—	7.09	3.62
村控制变量	—	13.65	7.30
社区因素			
到镇上距离	家庭所在村到镇上的距离/公里	7.78	4.23
人均年收入	家庭所在村的人均年收入对数	8.63	0.40
政策因素			
退耕还林政策户	家庭参与退耕还林政策的面积	4.16	5.95
公益林政策户	家庭参与公益林生态效益补偿政策的面积	8.83	26.16
生态公益岗位户	农户是否参加生态保护公益性岗位项目	0.10	0.30

说明：家庭劳动力指家庭中参加农业生产或非农经营活动的家庭成员；在家庭健康状况的赋值中，0 表示家庭成员全部健康；若不是全部健康，则家庭总体健康情况计算方法为有轻微病症人数 ×1 + 丧失劳动能力人数 ×2。

（三）研究方法

在建立指标评价体系量化农户的生计资本以后，本文使用调研获取的农户样本数据构建生计资本影响因素模型进行回归分析，并重点关注生态补偿政策对农户各生计资本的影响。由于被解释变量是五种生计资本，需要建立五个方程来考察不同生计资本变动的影响因素，考虑到各生计资本之间可能存在相互影响，导致各方程之间扰动项存在相关性，如果使用经典 OLS 回归将不能很好地解决这个问题。为了系统地减少方程间误差项扰动带来的估计偏误，提高估计效率，研究中采用似不相关回归模型（seemingly unrelated regression estimation model，SURE）将各生计资本的影响因素方程进行联合估计，具体回归的实现，通过 Stata14 软件进行。

二　结果与分析

（一）生计资本的量化结果

根据构建的生计资本指标框架和量化标准，得到调研样本中参与政策农户和未参与政策农户的家庭生计资本量化结果，表 3 为政策户和无政策户生计资本的比较情况。

表 3　政策户与无政策户各类型生计资本比较

生计资本类型	生计资本值			t 检验
	样本总体	参与政策农户	未参与政策农户	
自然资本	0.0082	0.0090	0.0056	6.05***
人力资本	0.0470	0.0447	0.0542	-2.39**
物质资本	0.0076	0.0071	0.0089	-1.54
金融资本	0.0222	0.0226	0.0210	2.39**
社会资本	0.0410	0.0410	0.0410	1.83**

说明：***、**、* 分别表示在 1%、5%、10% 的水平上显著，t 检验用于检验均值。

如表 3 所示，从样本总体来看，调研区域内农户的人力资本和社会资本水平较高，而自然资本和物质资本相对匮乏。通过政策户和无政策户的对比发现：参与政策农户的生计资本水平比未参与政策农户低，其中，政策户的自然资本水平显著高于无政策户，这主要是因为农户参与政策后拥有了更多的林地资源，而林地资源在农户自然资本评价指标中的权重最大，所以其自然资本水平也更高；政策户的人力资本水平低于无政策户，表明之前以现金补偿为主的生态补偿政策没能很好地帮助农户进行人力资本建设，农户放弃原有的农业生产活动后，缺乏相应的非农技术培训，人力资本水平增长缓慢；政策户的金融资本水平高于无政策户，这可能是因为政策户获得补偿资金，家庭收入提高，以至于金融资本水平较高；参与政策农户的社会资本水平和未参与政策农户一样，说明生态补偿政策的实施对农户的社会资本水平没有产生明显影响；政策户的物质资本均值低于无政策户，但是没有通过 t 检验。

（二）生计资本的影响因素分析

本文通过建立农户生计资本模型来分析不同因素对农户各生计资本的影响程度，并着重考察不同类型的生态补偿政策对农户各生计资本的影响。把农户的五种生计资本量化值作为因变量，以表 2 中家庭因素、社区因素和政策因素包括的各项指标作为自变量进行似不相关回归，具体回归结果见表 4。

如表 4 所示，生态补偿政策主要对农户的自然资本、人力资本、金融资本和社会资本产生显著的影响，但对物质资本的影响不明显。具体而言，现金型直接补偿中的退耕还林政策主要对农户的自然资本和金融资本有正向影响，其对人力资本和社会资本影响不明显；公益林补偿政策主要对农户的自然资本水平产生正向影响，对其他资本的影响不显著。生态公益岗位型补偿主要对农户的人力资本和社会资本产生明显的正向影响，其对自然资本和金融资本的影响不明显。综合来看，不同类型的补偿方式对农户生计资本的影响差异明显，现金型直接补偿侧重于增加农户用于发展的物质条件、改善农户生产生活的脆弱性背景，而公益岗位型间接补偿则有利于提升农户的内生发展能力，两者从不同方面促进农户的生计资本建设，具有一定的互补性。

在家庭因素中，家庭平均年龄对农户的人力资本、金融资本有显著的负向影响，对其他资本影响不明显，这是因为家庭成员平均年龄主要与家庭整体劳动生产能力有关，家庭的劳动生产能力随着家庭平均年龄的增加而降低，而家庭收入与家庭劳动能力直接相关，随之同向变化；家庭成员平均受教育程度对农户的物质资本、社会资本有显著的正向影响，而且其对社会资本的影响更大，说明教育不仅可以提高农户的人力资本水平，其对农户用于生产生活的物质资源积累和可利用的社会网络构建也有较大的促进作用，其原因可能是家庭成员平均受教育程度越高，学习获得的知识和技能可以支持其进行更多样化的生计活动，收入渠道较多，所以家庭物质生产生活条件更丰富。同时，学历更高的人和生产技术熟练者往往更有机会在村内担任干部或作为社区组织的管理者，所以社会资源较为丰富；家庭规模对农户的金融资本有显著的正向影响，对自然资本有负向影响，说明规模越大的家庭，其收入渠道也更多，所以家庭整体收入水平相对较高，而家庭人均土（林）地资源则较少；家庭外出务工情况对物质资本有显著的负向影响，这主要是因为家庭成员如果选择外出务工，那么主要的生计策略选择即为以非农劳动为主，其生活和工作的地点主要位于乡镇以上经济较为发达的地区，则对于农村老家的基础设施和物质生产工具就会减少投入，家庭物质资本水平因此下降；家庭负担比对自然资本有负向影响，可能原因是家庭非劳动力越多，则家庭对外流转土地的可能性也越高，自然资本因此减少；家庭劳动力情况、家庭健康状况对所有生计资本的影响都不明显。在地理因素中，县、镇、村三个控制变量对农户的自然资本、物质资本和金融资本产生了一定影响，这表明不同区域的地理特征（如交通便利程度、特定的农业生产条件等）也是影响农户生计资本变化的一个重要因素。在社区因素中，农户家庭到镇上的

表 4　生计资本影响因素回归结果

自变量	模型 1 自然资本（*N*）	模型 2 人力资本（*H*）	模型 3 物质资本（*P*）	模型 4 金融资本（*F*）	模型 5 社会资本（*S*）
家庭因素					
年龄	0.0001	-0.0011***	-2.84e-06	-0.0003*	-0.0002
受教育程度	0.0001	—	0.0002**	-0.0006	0.0051***
家庭规模	-0.0012*	0.0005	0.0002	0.0035*	0.0046
外出务工情况	-0.0002	-0.0047	-0.0008**	-0.0001	-0.0065
家庭劳动力情况	-0.0012	0.0078	0.0006	-0.0041	-0.0017
家庭健康状况	0.0004	-0.0028	-0.0002	0.0004	-0.0023
负担比	-0.0107**	0.0095	0.0003	-0.0042	-0.0101
县控制变量	-0.0110***	-0.0039	-0.0019*	-0.0167**	-0.0059
镇控制变量	-0.0048*	0.0115	0.0017	0.0163**	0.0055
村控制变量	0.0025**	-0.0050	-0.0006	-0.0068*	-0.0032
社区因素					
到镇上距离	-0.0002	-0.0022***	4.67e-06	-0.0004	0.0001
人均年收入	-0.0043**	0.0165**	0.0008	0.0032	0.0138*
政策因素					
参与退耕还林面积	0.0006***	-0.0003	-0.0001	0.0011*	0.0006
参与生态公益林面积	0.0017***	-0.0004	-0.0001	0.0005	0.0006
生态公益岗位	0.0001	0.0024**	0.0001	0.0001	0.0033***
R^2	0.3599***	0.1541***	0.0836***	0.0637**	0.2037***

说明：***、**、* 分别表示在 1%、5%、10% 水平上显著；由于人力资本指标包括了受教育程度，在人力资本影响因素模型中没有包括以上指标。

距离对人力资本有显著的负向作用，表明距离区域内发达中心的远近程度是影响农户人力资本的重要因素，两者存在负相关关系；社区人均年收入水平对人力资本和社会资本有显著的正向作用，这说明经济较为发达的地区，人们对于医疗和教育的投入更多，同时对于区域内社会网络的构建也较为重视，从而提高了人力资本和社会资本水平，而经济发达地区较为普遍的土地流转行为可能是其对自然资本存在负向作用的原因。

三　结论与讨论

本文采用似不相关回归分析了调研区域内农户的生计资本的影响因素，得出以下结论。第一，参与生态补偿政策农户的整体生计资本水平低于未参与政策农户，其中参与政策农户的自然资本高于未参与政策农户，而人力资本、物质资本和社会资本低于未参与政策农户。第二，不同类型的补偿方式对农户生计资本的影响差异明显，现金型直接补偿项目主要对农户的自然资本和金融资本有显著的正向影响，而生态公益岗位型补偿主要对农户的人力资本和社会资本产生明显的正向影响，两者在促进农户的生计资本建设上具有一定的互补性。

多年来，我国政府一直在进行生态补偿探索，并且已经取得较大进展，生态环境得到有效的改善。但是由于原有的政策设计中更多的关注相应的生态系统保护状况，对减贫的考虑不足，许多政策主要以农户拥有的自然资源禀赋情况作为补偿依据，导致拥有自然资源较少或不拥有自然资源的许多贫困农户被限制在政策门槛之外，难以从参与政策中获益，造成了生态补偿扶贫的现实困境。

自2014年起，我国在全国范围内开展了大规模的贫困人口精准识别活动，基本摸清了我国贫困人口分布、致贫原因以及脱贫需求，弄清楚了到底“扶持谁”的问题，这也为生态补偿扶贫困境的破解提供了新的解决思路。基于识别出的贫困人口，优先让其担任生态公益性岗位的岗位型补偿是突破自然资源禀赋限制的有效手段，可以更好地实现政策对贫困人口的瞄准。而且根据本文的研究结果，现金型直接补偿侧重于增加农户用于发展的物质条件、改善农户生产生活的脆弱性背景，而公益岗位型间接补偿则有利于提升农户的内生发展能力，两者在促进农户的生计资本建设上具有一定的互补性。所以在进一步加大对贫困地区生态补偿资金投入的基础上，各类生态保护区应进一步增加完善生态保护公益岗位的设置，鼓励国有林场、国家森林公园、自然保护区等单位，优先聘用周边贫困农民从事生态保护岗位，将促使更多的贫困人口真正从生态保护中获益。但是，值得注意的是，生态公益岗位要求农户具备相应的工作能力，而贫困人口的致贫原因多样，不一定适合生态保护岗位，如因病致贫的贫困人口就不一定能进行巡山、防火等工作。因此，基于贫困人口不同的致贫原因，探索建立包括资金补偿、担任生态保护岗位、就业技能培训、产业补偿等多种方式在内的综合补偿方式，将是生态补偿扶贫需要进一步考虑的方向。

参考文献

曹淑英、徐秀英、吴伟光，2017，《农户分化背景下浙江山区不同类型农户生计状况比较分析》，《浙江农林大学学报》第 1 期。

何仁伟，2014，《山区聚落农户可持续生计发展水平及空间差异分析——以四川省凉山州为例》，《中国科学院大学学报》第 2 期。

李聪、柳玮、黄谦，2014，《陕南移民搬迁背景下农户生计资本的现状与影响因素分析》，《当代经济科学》第 6 期。

李慧玲、马海霞、杨睿，2017，《棉花主产区棉农生计资本对生计策略的影响分析——基于新疆玛纳斯县和阿瓦提县的调查数据》，《干旱区资源与环境》第 5 期。

宁泽逵，2017，《农户可持续生计资本与精准扶贫》，《华南农业大学学报》（社会科学版）第 1 期。

王成超、杨玉盛，2013，《生态补偿方式对农户可持续生计影响分析》，《亚热带资源与环境学报》第 4 期。

吴乐、靳乐山，2018，《贫困地区生态补偿对农户生计的影响研究——基于贵州省三县的实证分析》，《干旱区资源与环境》第 8 期。

杨皓、王伟、朱永明、石嵩云、张贵军，2015，《退耕还林对农户可持续生计的影响——河北省以保定市涞水县为例》，《水土保持通报》第 4 期。

张佰林、杨庆媛、苏康传、王兆林、冯应斌，2013，《基于生计视角的异质性农户转户退耕决策研究》，《地理科学进展》第 2 期。

张军以、苏维词、王腊春，2018，《中国生态修复建设对农户生计影响研究综述》，《生态经济》第 1 期。

张丽、赵雪雁、侯成成、江进德，2012，《生态补偿对农户生计资本的影响——以甘南黄河水源补给区为例》，《冰川冻土》第 1 期。

赵文娟、杨世龙、王潇，2016，《基于 Logistic 回归模型的生计资本与生计策略研究——以云南新平县干热河谷傣族地区为例》，《资源科学》第 1 期。

赵雪雁、张丽、江进德、侯成成，2013，《生态补偿对农户生计的影响——以甘南黄河水源补给区为例》，《地理研究》第 3 期。

Chambers, R. , and G. Conway. 1992. *Sustainable Rural Livelihoods: Practical Concepts for the 21st Century*. London: Institute of Development Studies.

Glavovic, B. C. , and S. Boonzaier. 2007. *Confronting Coastal Poverty: Building Sustainable Coastal Livelihoods in South Africa*. Ocean & Coastal Management.

第七部分

发展教育脱贫

1

扶贫政策可以改变教育的惯习吗？*

——基于跨阶层社会关系网络的质性研究

张雯闻　方　征　陈厚余**

贫困是制约世界各国、地区以及民众发展的主要原因。因此，如何通过干预解决贫困问题，促进社会发展就成为各国公共政策关注的焦点议题（Brady，2019）。教育，作为当代社会向上流动的中介和人力资本培养的主要场所（Erikson and Goldthorpe，1993），则天然成为此类政策实施的重点领域。最初的教育扶贫政策多以资源或机会再分配的方式进行，这些政策能够在短期内快递提升贫困人口的认知水平和教育成就（Xue and Zhou，2018），但却难以帮助贫困人口摆脱"贫困的教育陷阱"——贫困人口对教育投入难持续、他们也难以通过教育获得内生发展进而摆脱贫困（Banerjee and Duflo，2011）。

社会学的理性选择理论和行为经济学研究的发展为理解这一现象，更好地制定公共政策提供了可能（Breen and Goldthorpe，1997；Herbaut and Geven，2019）。这些研究认为，信息和认知才是促进贫困家庭投资教育，获得发展能力的关键（Abbiati et al.，2017；Abbiati and Barone，2017；Lavecchia et al.，2016）。因此，打通信息通路，消除认知偏误，贫困家庭才能更好地投资教育从而取得成就。在此类理论的影响下，近年来教育扶贫政策逐步从资源的再分配转移至对贫困人口接受教育过程的帮扶，如提供新的教育信息技术和升学决策咨询等（Banerjee et al.，2007；Duflo et al.，2015；Jensen，2010）。

这些研究取得许多成果，其缺点也是显而易见的。此类研究关注政策干

---

* 原文刊发于《中国农业大学学报》（社会科学版）2020 年第 6 期。

** 张雯闻，华南农业大学公共管理学院副教授。方征，华南师范大学教育科学学院教授。陈厚余，华南师范大学教育科学学院硕士研究生。

预与贫穷家庭教育间的关系，在随机田野实验方法的宰制下，这种关系的呈现为实证主义范式所主宰，是一种从客观（政策干预）到客观（如升学决策、学业成就）的影响，缺乏对主观感受、体验等更为现象学意义上的解析，同时失去了理解政策是如何影响贫困家庭教育过程的可能。麦克奈特和摩根批评，这是一种父权制霸权，这些研究“消除了具体研究对象所处的背景（context），缺乏叙事性（narrative）的证据”（McKnight and Morgan，2019）。

这就需要我们在分析教育扶贫政策作用时提供更多叙事性的、体现具体研究对象所处的背景、关注个体的意义和感受的证据。而后者恰恰是布尔迪厄理论传统所擅长的。以惯习概念为核心，布尔迪厄实现了主观与客观的统一（Reay，2004）。在他看来，惯习是教育分层结构代际传递的关键因素，作为指导个体实践的“脚本”，它是贫困人口在教育场域中的身心倾向，起源于家庭，并有在时间、场域和环境的变化中不断改变的特性。这种开放性就为贫困人口打破教育再生产的代际传递提供了可能。

尽管布尔迪厄本人指出惯习的开放性可能，但他本人却较少讨论这种可能从何而来，又通过什么路径实现。近年来，对精英高校中非传统型大学生的研究为惯习开放性的讨论提供了新证据，这些研究表明脱离原生家庭环境身处精英大学中的低下阶层子代仍然可以通过同伴交往、文化资本的积累，逐步习得中产阶层惯习，以此指导自己未来的行动（Reay，2009；Reay et al.，2010；廖青，2016）。

社会网络理论同样能为我们理解惯习的开放性提供依据。该理论重视社会关系在生产活动中的重要作用，后者嵌入前者，如舟行于流水之上（林南等，2018）。而跨阶层的社会网络可以为个体赋能，使其在社会结构桎梏之下获得更多发展的可能。网络的影响在教育中同样可见（Coleman，1988；Sewell et al.，1957），结合精英高校中非传统型大学生适应研究中跨阶层同伴关系在其惯习转换中的作用（Xie and Reay，2020）。让人有理由相信，社会网络，尤其是跨阶层的社会网络可能对低下阶层在教育场域中的惯习有影响，是给后者赋能的源泉。

结合布尔迪厄及社会关系网络理论，本文关注精准扶贫政策对贫困家庭子代教育，尤其是教育惯习的影响，讨论精准扶贫政策实施过程中建立的跨阶层社会关系网络是如何影响贫困家庭惯习转换的，研究问题包括：跨阶层社会关系网络是如何建立的；在日常生活中运作的跨阶层社会关系网络是如何影响贫困家庭教育惯习的。以此为基础，本文进一步总结经验证据对理论的回应，讨论本文的理论发现在实践中的价值，并为更好地实施精准扶贫政策提供建议。

一 理论基础与研究框架

（一）理论基础

1. 布尔迪厄理论视域下教育再生产

布尔迪厄是当代社会学理论大家，纵观其学术生涯，教育，尤其是教育再生产过程始终是其研究的核心关切（Bourdieu，1986；Bourdieu，1990b）。通过资本（capital）、场域（field）和惯习（habitus）等概念，他调和了主观与客观之间的矛盾，架构了独树一帜的建构结构主义理论（廖青，2016）。

布尔迪厄强调，教育是社会结构再生产的中间场所，它依赖文化资本等因素在教育场域中隐秘的实现。经验研究揭示了不同阶层子代在客观化（如书籍）、制度化（如文凭）以及内嵌式（如品位，父母参与子女教育的策略）文化资本方面的差异（DiMaggio and Ostrower，1990；Lareau，2015；Lareau and Weininger，2003），认为这是贫困家庭与中产阶层子代产生学业成就差异的根源。但这一论断却将布尔迪厄的理论置于决定论的窠臼中，如果教育场域的功能是再生产，那为什么会有跨阶层的旅行者，比如精英大学中的工人或农民子弟？（Reay，2004）

在布尔迪厄这里，教育不仅是命定的再生产过程。其建构结构主义理论的关键在于用旧日印记指导当下，又不断重塑旧日印记（廖青，2016）。命运并不是单一的、决定性的，它有走向改变和开放的可能。惯习是实现前述过程的关键，它代表个体在其所处环境中的身心倾向，是一种指导行动者行为的元策略，它形塑于个体过去的实践经历，指导当下的实践，却又在实践中不断被重塑。

诚如布尔迪厄所言，“惯习并不是命运，也不是人们强加于我的‘天数’，而是一种不断受经验控制和改造的、开放的意向系统”（布尔迪厄、夏蒂埃，2012）。因此，也有学者从惯习的开放性着手分析教育场域低下阶层子代的惯习转换过程。关注精英大学中工人阶层大学生的研究显示，进入精英文化主宰的场域，低下阶层子代往往能够通过刻苦的学习适应大学生活（Reay，2009；Reay et al.，2010；Xie and Reay，2020；廖青，2016），带动其惯习转变，并最终融入精英阶层（Xie and Reay，2020）。

这些研究凸显了低下阶层子代带着原生家庭中形塑的惯习在新场域中调适、转换过程，隐现着跨阶层社会网络的作用。在精英大学场域中，通过与精英阶层同伴群体的交往，低下阶层的子代更为深刻地理解着教育再生产过程，不断据此改变自身的行动策略，或曰惯习，借此融入新的场域，并实现真正意义上的社会流动（廖青，2016；谢爱磊等，2018）。

2. 政策干预与贫困人口的教育

精英大学中呈现跨阶层社会关系网络对贫困家庭大学生的影响，是作为行动者的贫困家庭子代能动行为之下，惯习与场域关系变化带动实践变化的过程。那么，值得追问的是：如果行动者自身没有能动性，惯习与场域的关系是否仍会变化？换而言之，可以追问，如果并非行动者主动追求更高的教育成就，并为此改变自己，推动其教育发展的意图来源于个体之外，或曰公共政策，改变是否会再现？

以直接的资源或机会供给类政策与间接的改变认知、提供信息或改变居住环境类的政策为上述问题提供了不同的证据。直接的机会提升类政策显示，以肯定性行动计划为代表的公共政策卓有成效地提升了美国贫困少数族裔群体的教育机会（Bowen and Bok，1999），却难以从根本上提升贫困人口的教育成就动机，使其持续发展（Kao and Tienda，1998；Ogbu，1991）。反而容易污名化受惠群体（Crosby et al.，2006），影响他们自尊心和成就动机（Deshpande，2019），也不能从根本意义上帮助他们跳出教育的“贫困陷阱”。而另一些直接资源供给型政策，如教育卷制度也因为效果成疑，甚至引发更多公平问题而逐步式微（陈一鸣，2013）。

以班纳吉等为代表的发展经济学家认为，就贫困人口的教育而言，重要的不是直接的资源或机会的分配，而是改变认知，学会使用资源，并更好地结合自己所处的环境做出决策（Banerjee and Duflo，2011）。因此，他们在欠发达地区展开大量实验研究，通过为贫困人口提供学习辅导提升学业成就（Banerjee et al.，2007），或通过升学咨询服务提升他们教育决策的效率（Abbiati et al.，2017）。这些实验成效显著，较之资源投入型政策，能更有效率促进教育均等化发展，并切实帮助贫困人口迈出教育的“贫困陷阱”。

尽管发展经济学家未曾言明，但其实验设计却有通过精英阶层设计、精英阶层带动的典型特征。试想，如果未有学者们深入田野并结合当地情况的实验设计，那么改变也难以发生。因此，其背后凸显的，是跨阶层社会关系网络通过建立新的信息流通渠道，形成新的社会资本增长点现实。

这一观点在邻里互换实验中获得更为稳健的证据。这是20世纪90年代美国住房与城市发展部发起的一项改善贫困人口居住环境的随机选择实验，旨在随机挑选一些居住在贫困社区的家庭搬入贫困程度较低的社区，并搜集数据评估该政策的效果。研究揭示政策在贫困人口身心健康主观幸福感等维度的影响，同时也证实了该政策对青少年时期即获得搬迁机会的贫困人口在增加收入、实现向上社会流动方面的作用（Katz et al.，2001；Kling et al.，2007；Susan and Dougla，2008）。教育方面，以切蒂等人为代表的研究表明该计划显著增加了来自贫困家庭青少年的大学入学机会，在增加他们的收入同时也降低了他们所处的家庭成为单亲家庭的概率（Chetty et al.，2016）。

3. 社会关系网络与教育

布尔迪厄的理论和公共政策干预贫困人口的实验只是暗示了跨阶层社会关系网络在教育场域中发挥作用的可能。二者均有不足，有一些待解决的问题：以雷伊为代表的研究仅关注自身有着能动性的个体是如何通过场域改变、同伴关系的重构实现惯习转换；而行为经济学的研究又侧重于对政策效果的评估，这些研究不能回答什么情况下建构了什么样的跨阶层社会关系网络等问题。因此，更好地理解政策驱动下跨阶层社会关系网络与贫困家庭教育间的关系就需要结合社会关系网络理论，解答前述网络是如何构建并在教育中发挥作用的。

伯特和格兰诺维特等学者的研究，为解答上述问题提供了可能的思路。对商业或劳动力市场的研究显示，一旦个体能够通过网络架构弥补结构间隙，他就可以凭借更多异质的信息，占据竞争的先机或者获得更多的工作机会（Burt，1995；Granovetter，1973）。但关系网络的建立需要一些先决条件，情感就是其中之一，这在中国社会中尤为重要（Qi，2013；边燕杰、郝明松，2013）。一旦链接建立，关系则通过更频繁的交往和情感的连接而深入，对个体的行为决策产生影响（Barbalet，2018；翟学伟，2004）。

与格兰诺维特等人的研究强调跨阶层、嵌入式的社会关系网络在经济生活中的重要作用不同。科尔曼则关注社会关系网络在教育场域中的作用，即代际间、同阶层自然结成的社群间紧密闭合的代际关系网络的影响，他的研究认为代际间或者同阶层的社群间形成闭合的关系网络能够增加关系网络内部的社会资本如责任和期望（obligation and expectation）、信息通路（information channels）以及社会规范（social norms），进而通过前者增加网络中个体教育成就（Coleman，1988）。

但科尔曼的研究关注同质性社会关系网络的影响，侧重通过社会关系网络解释教育不平等的结构是如何再制的，不曾涉入如何通过社会关系网络打破教育不平等命题。以周敏为代表的学者则填补了空缺。她们针对美国华裔社群的研究显示了跨阶层社会关系网络的作用，即使处于贫困之后，华裔社群仍然能够通过共同的族群身份建立跨阶层的社会关系网络，该网络为贫困家庭的子代提供了学习榜样，在他们缺乏资源和机会时伸出援手（Zhou，2005：131－159；Zhou and Kim，2008）。此类命题在更为广泛的场景中，如英国的巴基斯坦社群等都得到验证，密切的跨阶层社交关系网络有助于贫困家庭子代获得更多的社会、文化资本，甚至影响着他们对教育功能的认识和判断，提升他们的教育成就动机，并最终促进少数族裔子代实现向上的社会流动（Shah et al.，2010）。

（二）研究假设与分析框架

综上所述，笔者认为如果公共政策有构建跨阶层社会关系网络的可能，那么这一网络则可能驱动贫困人口惯习转变，提升其教育成就。自2016年以来，在中国贫困地区广泛实施的精准扶贫政策为检验该命题提供了可能的政策场景。该政策是在总结中国过往扶贫经验的基础上，发挥中国特色社会主义制度的优势，动员基层干部深入农村贫困家庭，驻村帮扶、结对帮扶。这也意味着，对贫困家庭而言，无论他自身是否有能动力，均可获得一个由政策安排的跨阶层“关系”。同时，政策对干部如何帮扶群众做出基本的要求，通过一些指标（如群众满意度）与干部的绩效考核挂钩（李晓梅、白浩然，2019）。这使干部必须与贫困家庭有所来往，有所接触，使其脱贫，以此提升自己的绩效考核指标。按政策设计，教育是干部帮扶群众的重要内容，政策要求“发展教育脱贫一批”，也就使提升贫困家庭，尤其是其子代的教育成就成为帮扶干部关注的重要内容。一方面是政策本身的要求，另一方面是中国人对教育的普遍关注和对子女的较高期望，因此，本研究假设，与教育相关议题是扶贫干部和贫困家庭日常交往关注的焦点，也就是跨阶层社会关系网络所影响的领域。

图 1 显示了本文的基本框架，主要有三：第一部分是对政策实施前贫困家庭在教育场域中惯习的分析；第二部分是对政策过程中也就是帮扶关系的分配和建立过程的分析，包括帮扶关系网络的分配过程的分析，分配后帮扶关系网络在情感和资本影响下的强弱变化状况的分析，本文认为情感和资本投入等因素会对关系网络的强弱有影响，这也就决定了关系网络作用力的大小；第三个部分是分析政策实施后跨阶层社会关系网络对贫困家庭在教育场域惯习的影响，这种影响取决于前一阶段建立的跨阶层社会关系网络的强弱。

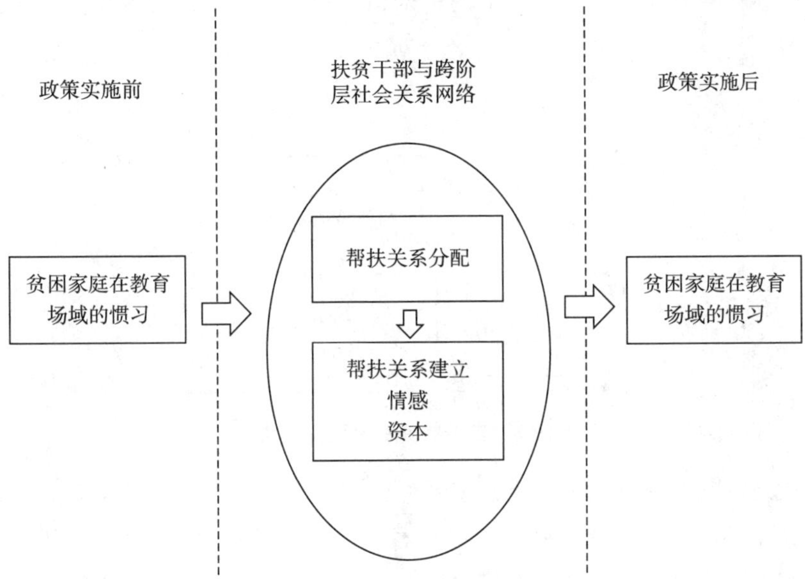

图 1　研究框架

二　研究方法

（一）样本选择与数据整理

以方便取样为原则，本文选取 H 村作为抽样的目标村落。该村是武陵山区的一个典型贫困村落。2014 年精准扶贫政策实施之初，本村有近 40% 的家庭生活在贫困之中。近年来，随着政策的实施和拓展，大部分家庭脱贫。

以 H 村为田野所在地，本文进一步确定了样本，步骤有三：第一，确定符合抽样的样本总量，排除不在本地生活的有子女的贫困户样本。最后进入样本框的家庭为 54 户。第二，由于本文尤为关注人际交往的可能作用，因此本研究进一步请本地村委会和扶贫干部对贫困户和干部之间的交往关系进行评价，以期通过这一分类的抽样有目的性的选择可能受政策影响的贫困家庭。第三，以张翠娥和王杰（2017）对贫困家庭的分类为依据，结合前述帮扶干部评价的状况，最终确定了长期以来与干部交往关系良好的蓉家庭，精准扶贫政策实施过程中与干部交往关系有所转变艳家庭以及与干部交往情况较差的懿家庭作为研究的对象，三个抽样家庭的类别如图 2 所示，类别不同，贫困生活史不同，因此它们的贫困程度和家庭内部的贫困再生产机制也有差异。

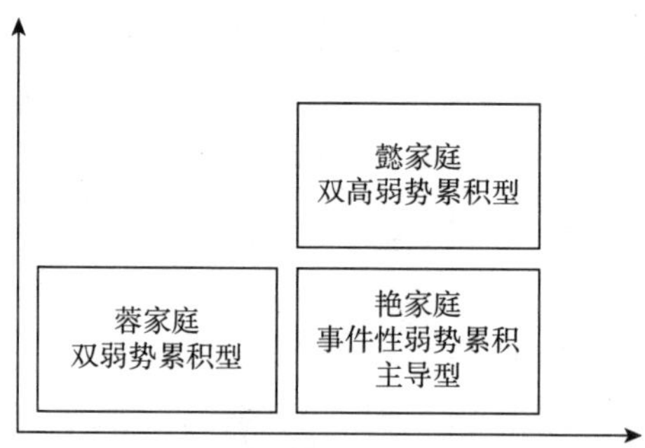

图 2　三个家庭的贫困史分析

围绕着三个家庭，笔者展开了系列的访谈，访谈对象包括家庭成员，结对帮扶干部、驻村干部、村干部以及村民等人，共计 15 人次。此外，笔者在田野调查的过程中，随机选择与村民闲聊，进一步了解三个家庭的人际关系状况与本地教育风俗习惯，并及时整理成访谈纪要。此外，在资料整理过程中，研究者利用不同采访对象之间的关系对其观点进行质性研究材料的三角验证，避免信息失真。

（二）案例简介

1. H 村简介

本研究中的案例均来自 H 村，这是一个位于中西部接壤地区的典型贫困贫困村。全村有4个生产队，包括302户1086人，有纳入精准扶贫项目的贫困户[①]126户417人，贫困家庭占全村家庭总数的42%，贫困人口占全村总人口的38%。现有数据显示，本村中享受教育帮扶政策的儿童共有82人，分布在70多个不同家庭。

H村位于海拔800米左右的高山上，该村离最近的乡一级行政中心约10公里，驱车约10分钟，离县一级行政中心约80公里，驱车约90分钟。全村沿主公路（省道）修建，交通较为便利。村民的主要收入来源有二，一是种植农作物；二是外出务工。村中在20世纪90年代初期办有两个企业，均在千禧年前后因环保、产能等多种原因关闭，同时也留下许多历史遗留问题[②]，使本村成为远近闻名的上访村，并由此形成了相对专业的上访团队。

W单位的扶贫队从2017年底接受H村的精准扶贫工作，有两名工作人员长期驻扎在该村，协助该村组建村一级政府，帮助村级政府展开日常管理工作。W单位的全体公务员均与该村的贫困户结成对子，平均每位干部帮扶4—5户贫困家庭不等。

H村所在自治州政府要求参与扶贫工作的本地各级各类政府机构领导干部挂帅，基层干部参与组成扎根农村的“尖刀班”，尖刀班干部必须“吃住在村、岗位在村、工作在村”，尖刀班干部每周必须在村工作五天四夜或每月驻村时间不少于20天，每周集中碰头、学习2次。地方政府同时建立了相应的督查机制，在自治州范围内成立了8个暗访督导组，常态化暗访督导和不定期抽查相结合，用以监督尖刀班干部的履责情况（付瑞勇、万锐，2019）。

2. 案例家庭基本情况

表1显示了政策干预前三个家庭的基本状况，包括家庭结构、家庭年收入和父母受教育情况等。蓉家庭是相对条件状况相对较好的家庭，该家庭共有常住人口4人，其中蓉父生于1973年，蓉母生于1971年，现有大女儿蓉，

---

① 本文中贫困户数的统计以享受过精准扶贫待遇为标准。其中部分贫困户已陆续脱贫，不再是帮扶对象，但他们或多或少都享受政策提供的物资或人力帮扶。本研究中涉及的村一级人口数据均由笔者根据本村状况整理而成。

② 村一级煤矿的开设使本村中很多20世纪90年代正值青壮年的劳动力患上尘肺病，有较重的医疗负担。同时，煤矿的破坏性挖掘造成的后果由村民承担，一些靠近煤矿修建的民房成为危房，多年来未获得相应的修理和补偿。此外，村一级煤矿和水泥厂的筹建使大量村民涉入两企业开办的村一级债务借贷中，后两企业倒闭加之村一级债务管理不规范，随之产生的历史遗留问题使本村诞生大量上访户，较为典型的是其中的“四剑客一宝贝”。

生于2002年，于2019年6月升高中，小女儿蓉妹生于2009年，于本地乡镇小学就读。该家庭结构完整，有2名劳动力，2014年家庭年收入为9507.59元，收入较高且负担较小。

艳家庭同样有4人，包括父亲与3名子女，艳的父亲生于1971年，现年48岁，大女儿艳生于2003年，现年17岁，在本地重点高中高二就读；艳弟2006年生，现年13岁，就读于本镇初中；艳妹出生于2007年，现年12岁，就读于本镇小学六年级。艳家庭只有父亲一名劳动力需要减负3名子女全部的生活，2014年家庭年收入仅为6153.39元，是样本家庭中收入最少、负担最重的家庭。

懿家庭是一个三代同堂的组合家庭，这个家庭的第一代父亲懿祖父与懿祖母并非初婚，而是各自家庭破裂后结合的结果，因此在本家庭中同住的第二代女儿懿母女并非懿祖父的亲生子女（生于1983年），她有两个同母异父已经出嫁的妹妹，她的配偶懿父（生于1982年）亦是遵照传统风俗入赘至该家庭为子的“上门女婿”。该家庭6人同住，只有2名劳动力，家庭年收入为16471.13元，需要支付2名正在小学和幼儿园就读的儿子懿（生于2007年，就读于本镇小学）、懿弟（生于2014年，就读于本镇小学）的教育生活费用，还需要承担赡养两位体弱多病老人的费用。

表1　三个家庭的基本状况

单位：人，元

家庭状况	蓉家庭	艳家庭	懿家庭
常住人口	4	4	6
劳动力人口	2	1	2
在读学生数	2	3	2
家庭结构	核心家庭	单亲家庭	组合家庭
2014年家庭年收入*	9507.59	6153.39	16471.13
主要支出	子女教育	子女教育	子女教育和赡养老人
父亲受教育水平	高中	小学	初中辍学
母亲受教育水平	小学辍学	不详	初中辍学

说明：*2014年是精准扶贫政策实施的第一年。此前上述家庭虽然被登记记录为贫困户，但并没享受太多的物质补贴，直至2014年精准扶贫政策开始实施。此处的收入通过查阅《扶贫手册》的记录而得，包括政府补贴和家庭自己通过发展农业、养殖所获得的收入。其中，部分补贴是政府发放的教育补助，需用来缴纳学生的学费或为子女提供生活补贴。

三 研究结果

(一)政策之前:贫困史与贫困家庭的教育再生产惯习

布尔迪厄认为惯习是一种“完型结构与建构中的结构”(Bourdieu, 1990c),也是一个时间性的概念,深受过去所发生事件的影响,并不断指导着当下实践,又通过当下的实践而调整、改变(Reay, 2004)。它有赖于过去的经验形成的结构性性情(disposition)系统,由此去感知、鉴别并指导实践(Bourdieu, 1990a)。因此,要分析精准扶贫政策影响之下贫困家庭的教育惯习,必须要了解贫困家庭的过去,并呈现他们在原生环境中形成的惯习,或曰其在教育场域中的身心倾向。

蓉家庭是双弱势累积型家庭,该家庭在先赋和事件性弱势积累两方面都比较低。蓉父母皆出自本村中主要姓氏家族,家庭陷入贫困的主因是蓉年幼时,其父被家中硬木击中受重伤入院,缺乏劳动力和教育负担较重。整体而言,蓉家庭处于绝对贫困状态的时间较短、其贫困的程度也比较轻,属于贫困家庭中能动性较强,贫困的再生产机制较易发生改变的家庭(张翠娥、王杰,2017)。

这种生命历程为蓉家庭的惯习提供了基本的“完型结构”,或曰一种表达身心倾向的性情(disposition)系统,表现为较为乐观地看待生活与未来,对生活的前景较为有信心。具体到蓉家庭的教育上,这就使蓉的父母对两个女儿有着较高的期望,她希望女儿们更多地接受教育,至少要“读个大学”,最好能“吃公家饭”,并表示女儿能够读到哪里,她就算砸锅卖铁也一定要供到哪里。但对于女儿如何能够考上大学,取得更好的学业成就,她却并不清楚,蓉母坦言自己在教育子女的过程中“也管不了太多,最多就是少看点电视,但有时候去坡上喂猪,种地……就是她自己管自己……我们这种家庭,读书就是靠自己”。

艳家庭则是先赋低但事件性弱势积累高的家庭,该家庭的贫困主因是一系列的负向事件。这个家庭甚至一度是村中富裕家庭的代表,但在一系列债务纠纷、房屋破损及家庭破裂事件影响下,艳家庭不断衰落,并成为本村中典型的贫困家庭。精准扶贫政策实施前,艳家庭只有1名劳动力,家庭年收入只有6000多元，人均年收入不足1500元，家庭生活十分艰难。同时，艳父亲的生活围绕着“过去”展开，他致力于上访讨回公道，不事生产，存一点钱就买票去北京，无论如何都要回村委会的欠债并要求政府赔偿其房屋因煤炭挖掘而形成的损失，在接受访谈时，他如是形容自己当时的行为理念：“就是要告，乡里告不了就去县里告，县里告不了就去省里告，省里不离就去北京告。”

这一生命历程形塑艳家庭在实践中的基本身心倾向，表现为对政府不满，对自己当下的处境浑然不觉，不关心未来而深陷于过往，家庭的能动性较低，贫困再生产机制较强。这一身心倾向决定了艳家庭在教育场域的惯习，尽管艳父认为“读书应该越多越好”，但对于家庭乃至子女的未来，他却没有太多信心，因为他既无法给子女提供教育资源，也没有参与子女教育的时间，也就无法像子女传输如何读书才能读的更好这样一些教育过程中更为精巧的行为策略，因此他也不认为子女真的有机会取得更高的教育成就并实现向上的社会流动。

懿家庭则是先赋和事件性弱势积累都比较高的家庭，这是一个三世同堂的组合家庭。懿祖父幼时是孤儿，成年后，又因为刑事案件入狱。出狱后，懿祖父与村中寡居有一女的懿祖母组合成新家庭，并诞下另外两女①。懿家庭在起点处就是弱势，并在随后的历程中不断经历负向事件，比如懿祖父在煤矿中受伤染病，懿祖父生病，投资失败等，使他们始终处于贫困中。久居贫困、不断遇到负面事件，懿家庭成员常常流露出负面情绪，认为自己命不好，做什么事情都会失败，永远没有好运气，对生活和未来没有信心。同时，他们对精准扶贫政策、村政府和帮扶干部也颇有微词，懿祖父和懿母认为政策措施在村子里的分配是不公平、不公正的，村书记有私心，他只给和他有关系的人提供资源。

可将懿家庭在实践中的惯习总结如下，他们对生活不满，感叹命运不公，无论怎样努力也无法挣脱自己悲苦的命运，同时他们也无法信任政府，对基层干部充满敌意，家庭的能动力也比较低，贫困再生产机制较强。具体到教育中，这种惯习决定了他们教育子女的基本策略，懿母认可教育在贫困家庭子代在向上社会流动过程中的作用，却不认为她自己的儿子有实现这一

① 两女已出嫁，不在家中居住。

目标的可能，她谈道：“娃娃读书根本就不行，在家里就是看电视，我又不会管，身体也不好，我自己学习也不行，从小就读不进去书。”同时她也谈及家庭内部矛盾“你知道我们家就是组合家庭嘛，我爸爸就是……不是亲爸爸嘛，所以待在家里，也不是很舒服。”笔者在懿家采访时，懿正在家里和弟弟一起看电视，现年 12 岁的懿最喜欢的抗日题材电视剧，因为“打来打去特别好看，很刺激”，同时家中长辈对他和弟弟所看电视的类型和时间都没有约束，因为大人们不会总是有时间叮嘱他，看多久电视和看什么电视，也就成为他自主决定的结果。

布尔迪厄认为：[（习性）（资本）] +场域 = 实践。可将前述三家庭在精准扶贫前教育场域的实践逻辑总结如图 3。如图 3 所示，从资本和惯习两个维度分析三个家庭在教育场域所处的位置，分析其教育再生产的倾向，则艳家庭 > 懿家庭 > 蓉家庭。如图 3 所示，在精准扶贫政策实施前，蓉家庭是三个家庭中对子女教育最乐观、最有信心的家庭，但他们缺乏投入子女教育的资本，尤其是参与子女教育的文化资本，不知道如何指导子女提升学业成绩，也不知道如何帮助子女做出教育决策。对于子女在教育场域如何行动，他们一无所知，只知道对子女强调要凭借自己的努力读书，改变命运。艳家庭对教育身心倾向则显得悲观，缺乏在教育场域中取得成就所需的惯习，艳父对自己的生活没有信心，缺乏各类投入子女教育的资本，他觉得读书重要，但却并不认为子女有可能实现这一切，其惯习有着强烈的教育再生产特征。与艳家庭相较，懿家庭的物质情况要略好，但懿家庭仍然缺乏教育所需的文化资本，比如懿父母没有时间参与子女教育，他们对于如何在教育场域的竞争中取得优势地位一无所知（比如如何参与子女教育，讨论作业、购买书籍、做出教育决策等)，在其家庭生活中围绕着教育展开的身心倾向都与这一场域的竞争优势背离，也不具有“教育”子女的能动力。

（二）政策初立：跨阶层社会关系网络的分配机制

按照政策结对帮扶的要求，三个贫困家庭都有挂钩的帮扶干部为其提供帮助。三位干部的人口背景、行政与教育背景如表 2 所示。蓉家庭的帮扶干部华学历、行政级别最高，同时她也最为年轻，是三个家庭中唯一的女性帮扶干部。艳家庭的帮扶干部发是年龄居中，虽然副科级领导干部，却并未驻村，因此在政策实施过程中承担的责任也比较少。干部安是三位帮扶干部中

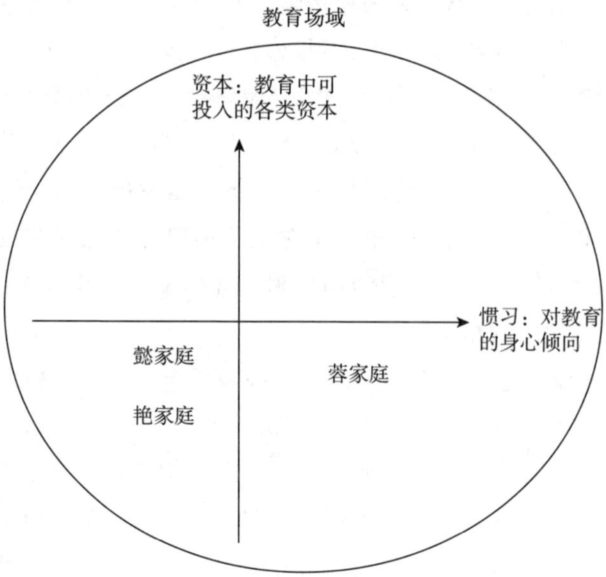

图3　精准扶贫政策实施前三个家庭在教育场域的位置

说明：图中横坐标指教育场域中的惯习，箭头所指方向表示家庭的惯习越适应教育场域的竞争；纵坐标指可投入在教育场域中的各类资本，包括物质、文化和社会等不同类型，箭头所指方向表示家庭所拥有的资本量越多。

年龄最长者，本科学历，是该驻村帮扶单位的副科级领导，同时也是驻村工作队的队长。

表2　帮扶干部背景

单位：岁

	性别	年龄	最高学历	行政级别	是否驻村
干部华	女	45	研究生	副处	否
干部发	男	54	本科	副科	否
干部安	男	58	本科	副科	是

布尔迪厄认为在社会结构中处于不同位置的个体，其在教育中所能调动资源和能动力也不同（Bourdieu，1990b：85－98）。一般而言，占据更高社会结构中的个体往往围绕着他的社会关系网络能调动更多的资源，并占据更为有利的信息通路，有着获取信息的便利（Lin，2002）。以此为三位帮扶干部的在社会结构中能调动的资源和能力排序，则应该是干部华 > 干部安 > 干

部发。至此可以勾画出三个案例家庭的帮扶网络，资源最多的干部华是双弱势型家庭，即贫困程度最为轻微的蓉家庭帮扶人，资源相对少的干部发是事件主导型弱势积累艳家庭的帮扶人；而资源状况居中，但长期驻村的干部安则是贫困时间最长、贫困代际传递机制最强的双弱势型懿家庭的帮扶人。

帮扶关系网络的建立却并非总是随机。村书记P如是论述了干部华和蓉家庭结对帮扶的过程：

> 最开始，我们知道，干部华要来我们这里定点帮扶嘛，她是县里领导，所以我们就想，要给她找个帮扶对象的话，还是要找个说得过去的，那我就觉得蓉家庭就比较好，这个家里的妈妈，她就比较有自尊心嘛，要强，虽然家里一直条件不怎样，但一直就是收拾得干干净净，她又勤快，愿意干活，从来不闲着。

村书记P的说法在蓉母处得到证实，她另外补充：

> P书记嘛，他就是跟我们家也比较亲嘛，是我老公的他们屋的，所以分配这个帮扶干部的时候，他就跟我说，给我分一个好一点的，级别高的。谁来我都无所谓，不过他可能也是觉得，我为人还可以嘛，把干部华分到我们家，好来往。

干部华和蓉家庭的帮扶关系建立是这个逻辑，但干部安与懿家庭的帮扶关系建立又是另一个原因。干部安提到，之所以让他与懿家庭建立帮扶关系，是因为懿祖父是村中出了名的“扯皮户”，在为各个贫困家庭分配帮扶干部时，成为众人逃避的对象，干部安谈道：“我是驻村的单位领导嘛，懿家庭事又比较多，单位考虑到我比较有基层工作经验，这种硬骨头，就让我来啃。”①

三个家庭中，只有干部发与艳家庭的帮扶关系是“并非刻意”，但其不刻意之中，也有“刻意”。艳父一直是村中最为边缘的村民，常年上访，不

① 在进入W单位工作之前，干部安曾在H村所属乡镇中担任数十年乡委副书记，因此尤其了解本地情况，也擅长基层工作。

事生产，在其妻离家后，也不愿专心照顾子女，反而执着于向政府讨公道。村民 Z[①] 如是评价艳父："他那个样子，哪个（谁）看得起他嘛。有手有脚，年纪也不大，天天上访，越搞越差，你看我们那个亲戚愿意跟他来往"，他同时谈道："这都什么年代了，你看他姑娘，学习那么很（好），没得钱坐车，从小都是走着去学校，现在我们村里有那个娃是走着去上学的？造孽。我有时候遇到了，就带一下姑娘，但我从来不跟他来往，我看不起他。"

这也意味着，尽管和懿家庭一样同是上访专业户，但艳家庭因其父的过往为村落中的老百姓看不起，是最为边缘、最不为人在乎的村民，甚至他穷得都没有钱上访，其上访的意图也不能对基层政府、驻村扶贫的干部造成太大影响。因而即使在帮扶干部的分配过程中，他也成为被忽视的边缘人，艳家庭与干部发之间的帮扶关系也成为三个家庭帮扶关系建立过程中唯一的随机结果。

（三）政策深入：跨阶层社会关系网络的形成机制

社会学的理论认为，在亲缘关系之外，人与人的交往关系的建立为同质性原则所主宰，这意味着个体只会与他在社会结构中处于同一位置的他人交往，因而形成同质性的社会团体（McPherson et al.，2001；Merton，1954）。这也使亲缘关系之外，跨阶层的社会关系网络难以在日常生活中广泛建立，也就更谈不上惯习的变化。因此，分析精准扶贫政策中跨阶层社会关系网络对贫困家庭惯习的影响，就必须侧重分析政策分配的跨阶层社会关系网络是如何发展成为日常生活中切实运作，可以调动各类资源的"关系"。

访谈的资料显示，政策为跨阶层的交往关系提供了最初的可能，低下阶层往往是交往中的被动者，他们对干部持怀疑态度，甚至会因自身条件不好，不敢接近干部。蓉家庭的母亲坦言："他们那么大的干部，我们这样的家庭，怎么好意思去找人家。"而干部往往才是这一交往关系中更具主动性的行动者，蓉家庭的帮扶干部华敏锐地感受到蓉家庭的心态，她谈道："蓉家其实跟很多农村贫困家庭的态度都差不多，一开始，她们都没想跟我走得那么近……但人是有感情的，我去得多了，聊得多了，我的真心实意她们都可以感受到。"但并非涉入其中的中产阶层都如干部华一样主动，艳家庭的

① 该村民是艳家庭三代以内的表亲。

帮扶人干部发则未如此积极主动，在他看来，这只是一项工作任务，完成政策基本要求即可，因此也并不需要在要求之外更多地采取行动。

三个家庭中蓉家庭与干部华建立了最为密切的交往关系。建立情感链接是这一关系得以成立的关键。“以情动人”试图建立社会关系网络的行动者们的惯常策略，这一行动策略尤为中国人重视（阎云翔，2000；翟学伟，2004），华如是形容她和蓉家庭的关系：“我们就是，多认了一门亲戚……有任何困难都可以来找我”。懿家庭的帮扶人，驻村干部安也有相似观点，他认为驻村扶贫的关键是以情动人，他强调人与人之间都有感情，“你对我的好，时间久了总会感受到”。

建立情感链接，“认个亲戚”影响着干部与扶贫家庭的交往关系。但同时，政策为贫困家庭投入资源数量也对干群间的交往关系有影响。图 4 显示了精准扶贫政策实施以来各个家庭所获得的资金帮扶情况，艳家庭最多，懿家庭次之，蓉家庭最少。大量的资金帮扶转变了艳家庭，尤其是艳父对干部的态度，使他觉得对方可以信任。尽管未能与指定的帮扶干部发频繁交往，但他却与驻村干部也就是干部安建立了频繁的交往关系。他肯定干部安等人在村落中的工作，认为他们公平公正，比以前的村政府好得多。驻村干部尤其强调政策提供的物质帮扶在此过程中的作用，认为享受待遇是改变的关键，“他享受了多少政策，护林员一年就有 2 万元，又给他修了房子，所以政策实施以来，他的转变特别大”。

但懿家庭未能与扶贫干部建立起频繁的交往关系。一方面，懿家庭成员认为帮扶资金分配不公，像他们家庭政府应该给予更多的帮助①，但他们家连危房改造的机会都没有，懿祖父认为：“村书记他们只给和自己关系好的人弄资源，我们和他关系不好，我又不愿意给他买点烟抽，那我们肯定就什么都没有”。他们肯定帮扶干部的工作，却又不认为他们可以天长日久地交往下去，懿祖父谈道：“安（干部）在我们这里还是做了很多工作，态度也可以，但一些实际的问题还是没解决，你看我这个危房……再说政策就是这么一段时间的，谁知道以后还是不是这样。”

① 但村落中的其他人认为懿家庭却有“哭穷”的嫌疑。干部安认为，一些政策不落实是因为他们不符合政策要求，而非他们刻意刁难。村书记认为，懿家庭在自家人之外，利用别人的名字做生意，因此根本不像他自己形容的那么贫困。

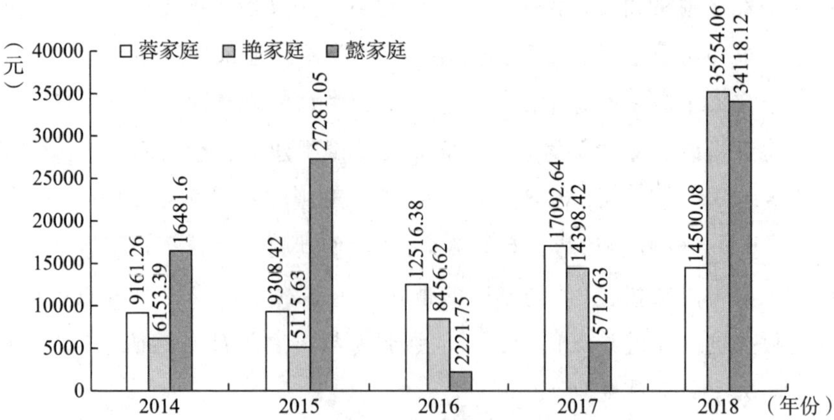

图 4　2014—2018 年政策帮扶下的家庭年收入

说明：该收入包括了教育补贴、政策提供的直接帮扶以及政策影响下家庭增收的收入。需要注意的是除了 B 家庭的家庭增收主要依靠政府提供的护林员职位所得外，其他家庭的增收主要都来自种植、畜牧或者外出务工而非政府提供岗位补助所获得。由于懿家庭的帮扶手册中 2016 年和 2017 年并未统计到家庭增收的收入且教育补贴为零，所以懿家庭这两年收入合计仅包含医疗养老补贴和直补。

对跨阶层社会关系网络形成机制的分析表明，政策为这一关系网络搭建了最初的框架，但这一网络是否能够成为在日常生活中运作的关系更多地依靠帮扶干部的能动性，但干部是否主动作为又与其职业身份相关，处在上升期，对政策执行结果负有责任的干部往往更主动，反之则不然。情感和资源投入是形成关系的两个重要策略，认个亲戚、投入更多资源都能增强贫困家庭对干部的信任，进而随之为惯习的改变提供可能。

（四）政策之后：跨阶层社会关系与贫困家庭的惯习转换机制

田野调查的结果显示，三个家庭与扶贫干部之间形成了强弱不一的跨阶层社会关系网络。蓉家庭与干部华在日常生活中建立了情感的链接，并有频繁的交往，是一对强社会关系；艳家庭与干部发虽未能建立如蓉家庭一般的强社会关系，但艳父也一改之前对政府不信任的态度，重燃了对生活的信心，虽然未曾与家庭指定的帮扶干部发频繁交往，但与驻村干部建立了良好的关系，能够向干部安祖露心声，表达诉求；而懿家庭和干部安，乃至驻村工作队之间的交往却并未如此顺利，他们仍然对干部安及政府的帮扶持怀疑态度，不信任帮扶干部，使帮扶关系流于形式，并未在懿家庭的日常生活中发挥作用，是一对弱社会关系。

不同强度的跨阶层社会关系网络对贫困家庭在教育场域中惯习的影响也不相同。强关系能极大地推动贫困家庭子代教育的资本，乃至惯习的改变，增大其在教育实践中的能动性，反之则不然。图5显示了精准扶贫政策实施后三个家庭在教育场域中所处位置的变化。图中实线框表示政策干预后贫困家庭在教育场域中所处的位置，箭头则代表着助推家庭转变的跨阶层社会关系网络的强弱状况，箭头越粗则贫困家庭与帮扶干部的关系越强。

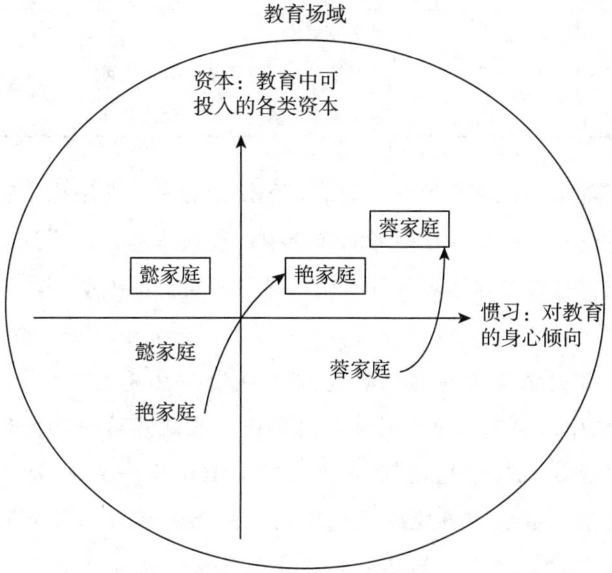

图5　精准扶贫政策实施后三个家庭在教育场域的位置

蓉家庭与干部华交往密切，因此蓉家庭通过这一网络获得更多的资本，而其惯性获得了开放和转换的可能。资本方面，除了政策提供的物质帮扶，与干部华的交往也重构了蓉家庭的文化资本，他们更有针对性的为子女购买书籍，一些为精英阶层所熟知的书目频频出现在蓉家庭中。同时，蓉开始频繁的主动发起与干部华的交谈，表3总结了蓉家庭中的长女与干部华在社交网络中的聊天频率和内容，在2018年4月至2019年3月双方的24次对话中，由蓉女主动发起的对话高达19次，与学习相关的内容出现了9次。在此过程中干部华不断向蓉传达着精英阶层面对世界的情感、态度和价值观念，甚至要求蓉用英文与她闲聊，以此提升自己的英文水平，不断推动蓉的惯习改变（见图5、表3）。

蓉开始越来越多的学会精英阶层的思考方式，会更为淡定地面对自己和朋友之间的关系，更有针对性的审视自己在教育场域的竞争中所处的位置，并有针对性的做出决策。更重要的是，在这一段交往关系中，蓉由一开始的拘谨变主动，甚至主动通过这一关系来获得改变的可能，而这一行动策略恰恰是中产阶层的典型特征。

表 3　干部华与蓉的聊天维度、频次与关键词

聊天维度	频次	关键词
问候	4	日常问候
学习	13	学习策略、同伴交往、教育决策
生活	7	亲子关系、旅行见闻、见面预约

蓉常以干部华为参照反思，更为清晰的认识到自己在结构中的位置，并调整其参与教育竞争的策略。在高考的选择中，蓉在华的建议下放弃了高考转而参加本地的农村教育专项培养计划，她如是分析自己的处境，对华谈道：

> 这次 3 月调考没有达到我想要的成绩，总分 429.5 分，全班第十，全年级第 72，和我上次并列第一的那个女生还是第一，我和她的差距主要在数学上，她数学超我 50 分，人家考 100 多，我 60 分……我就是不知道该怎么选择，以我现在的成绩还不能上一个好大学，再者那个考老师的有编制，很稳定，如果以后我读大学也还是会选择英语或者汉语言文学，到时候终归又会走上当老师这条路，而且到时候还没有编制，也不好找工作。①

与干部的交往同样也影响着艳家庭在教育场域位置，并作为一股外来的力量推动其家庭的惯习转变。一方面，通过与干部的交往，艳家庭更多的获得了教育中所需的物质投入，比如艳可以享受教育的补贴、艳父亲获得了更多的收入，这使他们在投资教育时不再捉襟见肘，政策分配的集中搬迁安置房地处乡镇中心街道，也使艳家庭的子女不再需要沿着山路跋涉。最重要的改变在于，艳父开始重拾信心，不再敌视政府，愿意相信干部。一个重新开

① 摘引自二人的社交网络聊天记录。

始劳动，恢复与村庄中亲朋好友正常交往的艳父却逐渐树立了更为正面的形象，也使家庭的生活向正常轨道靠拢。在谈到子女的学业时，他坦言："现在国家有这么好的政策，我要好好把娃娃抚养成人。"

而未能与干部建立交往关系的懿家庭则不同。因为未能形成强社会关系，懿家庭的帮扶人，干部安未能推动懿家庭惯习转变。他甚至认为懿家庭有"骨头里面挑刺"的习惯，认为他们"沾了政策的光，还认为干部不公平不公正，不认可村书记的工作，但凡有领导干部来访就要哭诉一番"。干部安认为自己的心意和热情没有被懿家庭认可，更加心灰意冷。因此，政策建构的跨阶层关系网络并未对懿家庭产生影响，他们仍然保持原状，对干部不满，对生活抱怨，认为未来没有希望，也就更谈不上对子女的教育。

前述分析表明，精准扶贫政策中所提供的教育帮扶能够改善贫困家庭的教育投入状况，同时政策驱动下形成的跨阶层社会关系网络也能有效提升贫困家庭在教育场域所需的资本，并作为一种"扶智"的途径为贫困家庭教育惯习转变提供可能。但"扶智"，或曰惯习转变的可能与跨阶层社会关系网络的强弱相关。与干部交往最为密切的蓉家庭的惯习转变最为明显，与干部华交往，他们逐步习得中上阶层的教育方式，学会了主动生成取得教育成就所需的筹码，甚至会主动利用网络来获得教育资源。而主要依靠资本投入与干部形成交往关系的艳家庭则没有如此强烈的转变，尽管他们重拾对生活和教育的信心，却并没有通过跨阶层社会关系网络补上"怎么教"的短板。而对干部的情感和资本投入均有怀疑的懿家庭则完全难言改变。在情感上，他们不信任帮扶干部，同时也认为扶贫资源的分配不公平，进而也不愿意与干部建立联系，更谈不上反思和改变。在他们看来，精准扶贫和随之而来的现代化和市场化并不都指向机遇，更多的可能是一种不适感、无力感、被剥夺感，甚至面临更大，更深层的生存发展风险（国务院扶贫办政策法规司、国务院扶贫办全国扶贫宣传教育中心，2018）。

四　结论与讨论

（一）结论

本文以布尔迪厄的惯习概念作为核心关切，结合社会关系网络的理论分析了精准扶贫过程中身处教育场域中贫困家庭的惯习变化机制。主要研究结论如下。

第一，精准扶贫政策中建立的跨阶层社会关系网络有助于改变贫困家庭的教育惯习。这种改变与干群交往双方建立的关系强弱相关，干群交往密切的关系网络能够更好地引导贫困家庭的惯习开放性发展，反之则不然。而走向开放性的惯习又可以进而生产更多教育场域所需资源，因此提升贫困家庭子代的教育成就。

第二，跨阶层社会关系网络的形成与干部的主动性、交往双方的特质相关。在政策建立关系之初，干部积极采取行动才能将贫困家庭纳入网络之中，而资本投入之外，建立情感链接是关系网络得以成立的重要前提。贫困程度不深、时间不长的家庭往往有着更为开放的心态，更容易为中产阶层带动和改变。此外，干部在官僚体制中所处的位置等因素也对交往关系有影响，一些对政策负有更大责任同时也能调动更多资源的干部往往更愿意为贫困家庭建立情感的纽带和资源的帮扶。

因此，可将这一作用机制总结如下，贫困家庭带着其原生环境中形成的教育惯习与帮扶干部建立联系，受交往双方特征的影响，建立或强或弱的跨阶层社会关系网络，进而在这一关系网络的作用下，贫困家庭的教育惯习获得开放性发展的可能。贫困家庭和帮扶干部自身的特征都与关系网络的建立有关，最为贫困的家庭反而最不易与干部建立关系，而那些在官僚组织中较为边缘，且缺乏晋升可能和较少受政策绩效考核约束的干部则更缺乏与贫困家庭建立关系的能动性。

（二）讨论

本文以我国典型贫困村落 H 中的三个家庭为例分析精准扶贫中跨阶层社会关系网络形成机制与其对贫困家庭教育惯习的影响。以此回应布尔迪厄理论中对惯习开放性的讨论。跨阶层的社会关系网络同样是引起行动者惯习变化的因素。在教育场域不变的情况下，政策驱动下的跨阶层关系网络仍然有带动贫困家庭的惯习转变。相较于单纯以资源投入，这种基于惯习的转变可使贫困家庭获得一种更为深层的能动性——他们的教育成就动机增强，信念感增强，甚至他们能够逐步习得精英阶层的方式，主动通过政策建构的跨阶层关系网络获得资源，增强自己在教育场域中的竞争力。

但并非所有政策分配的跨阶层社会关系网络都有作用。贫困家庭的惯习改变只在帮扶干部成为该家庭的重要他人，在这一帮扶关系由弱变强的情况下才可以发生。而关系强弱与情感投入息息相关，如果干部能够积极地与贫困家庭建立感情，以“类亲属”的身份深入贫困户的家庭生活中，主动投入、主动关心、主动帮助才能与贫困家庭建立良好的交往关系，并带动他们转变。如果帮扶干部与贫困家庭的交往仍然停留在政策的规定层面，只有象征性的互动，那么贫困家庭与干部之间难以建立强关系，同时他们的惯习也难开放，也就更谈不上转变。

此外，H村三家庭的案例也表明，当前我国精准扶贫实施过程中仍然存在问题，最具资源和帮扶能力的高级别干部往往会被安排结对帮扶能动性较强的贫困家庭，而深陷贫困，再生产倾向强烈的家庭往往被视作刺头，因而也难以分配到更有帮扶能力的干部。因此，未来要进一步提升跨阶层社会关系网络在扶贫过程中的作用，则应该让更具能力的官员带动最为贫困的家庭，增强政策的实效性。同时现有的帮扶考核制度并不能激励帮扶干部更多的与贫困家庭交往，怎么帮、互动是否频繁等都依赖的是帮扶干部的个人责任心，未来仍应通过绩效考核设计激发干部帮扶积极性，使其与贫困家庭的交往落到实处。

尽管本研究为理论的发展提供了一定的证据，但同样存在不足，主要包括：第一，样本与结论的适用性的问题。本文仅在武陵山区的典型村落中有目的地选择样本展开研究，样本有局限，适用范围有限。本文并不能完全代表精准扶贫中的所有干群交往关系，也不意味着所有的贫困家庭都有受此影响的可能。第二，研究领域的局限性。本文仅研究跨阶层社会关系网络如何带动贫困家庭惯习的改变，因而将其分析的场域固定在教育中。在教育之外，更为广泛的基层治理场景中，“嵌入式”的关系网络是否仍然能够发挥作用仍需进一步讨论。第三，本文亦未对中国场景的特殊性做出充分的讨论。正如翟学伟、边燕杰等人所强调的，中国是一个典型的“情理社会”，因此才会有干部帮扶群众，是“认了个亲戚”，建立情感链接是中国式关系得以建立的关键，也成为跨阶层社会关系网络可以带动贫困家庭惯习改变的关键，那么跳出中国的场景，这一思路是否仍然成立？仍需进一步研究。

参考文献

边燕杰、郝明松，2013，《二重社会网络及其分布的中英比较》，《社会学研究》第2期。

布尔迪厄，皮埃尔、罗杰·夏蒂埃，2012，《社会学家与历史学家——布尔迪厄与夏蒂埃对话录》，马胜利译，北京大学出版社。

陈一鸣，2013，《美国教育券20多年争议未断》，《人民日报》8月11日。

付瑞勇、万锐，2019，《"尖刀班"驻村创新扶贫模式的恩施实践》，《恩施日报》9月17日，http://www.enshi.cn/2019/0917/895313.shtml。

国务院扶贫办政策法规司、国务院扶贫办全国扶贫宣传教育中心，2018，《脱贫攻坚前沿问题研究》，研究出版社。

李晓梅、白浩然，2019，《双重政府权力运作：农村脱贫场景的治理逻辑——基于国家级贫困县村庄减贫实践的调研》，《公共管理学报》第4期。

廖青，2016，《精英大学中农村学生的学习经历——对再生产理论的省思》，《高等教育研究》第11期。

林南、孙准模、高柏、安真真，2018，《嵌入在社会网络中的经济——以网络社会网与经济为例》，《社会学评论》第2期。

谢爱磊、洪岩璧、匡欢、白杰瑞，2018，《"寒门贵子"：文化资本匮乏与精英场域适应——基于"985"高校农村籍大学生的追踪研究》，《北京大学教育评论》第4期。

阎云翔，2000，《礼物的流动——一个中国村庄中的互惠原则与社会网络》，李放春、刘瑜译，上海人民出版社。

翟学伟，2004，《人情、面子与权力的再生产——情理社会中的社会交换方式》，《社会学研究》第5期。

张翠娥、王杰，2017，《弱势的累积：生命历程视角下农村贫困家庭的生成机制》，《华中农业大学学报》(社会科学版) 第2期。

Abbiati, G., and C. Barone. 2017. "Is University Education Worth the Investment? The Expectations of Upper Secondary School Seniors and the Role of Family Background." *Rationality and Society*: 113 - 159.

Abbiati, G., G. Argentin, C., Barone, and A. Schizzerotto. 2017. "Information Barriers and Social Stratification in Higher Education: Evidence from a Field Experiment." *British Journal of Sociology*: 1248 - 1270.

Banerjee, A. V., and E. Duflo. 2011. *Poor Economics: A Radical Rethinking of the Way to Fight Global Poverty* (New York: Public Affairs).

Banerjee, A. V., S., Cole, E., Duflo, and L. Linden. 2007. "Remedying Education: Evidence from

Two Randomized Experiments in India." *The Quarterly Journal of Economics*: 1235 - 1264.

Barbalet, J. 2018. "Guanxi as Social Exchange: Emotions, Power and Corruption." *Sociology*: 934 - 949.

Bourdieu, P. 1986. *Distinction: A Social Critique of the Judgement of Taste* (New York: Routledge).

Bourdieu, P. 1990a. *The Logic of Practice* (R. Nice, Trans.) (Cambridge: Polity Press).

Bourdieu, P. 1990b. *Reproduction in Education, Society and Culture* (London: SAGE Publications Ltd).

Bourdieu, P. 1990c. *In Other Words: Essays Towards a Reflexive Sociology* (Stanford University Press).

Bowen, W., and D. Bok. 1999. *The Shape of the River: Long-term Consequences of Considering Race in College and Univerisity Admissions* (Princeton, NJ: Princeton University Press).

Brady, D. 2019. "Theories of the Causes of Poverty." *Annual Review of Sociology*: 155 - 175.

Breen, R., and J. H. Goldthorpe. 1997. "Explaining Educational Differentials: Towards a Formal Rational Action Theory." *Rationality and Society*: 275 - 305.

Burt, R. S. 1995. *Structural Holes: The Social Structure of Competition* (Harvard: Harvard University Press).

Chetty, R., N. Hendren, & L. Katz. 2016. "The Effects of Exposure to Better Neighborhoods on Children: New Evidence from the Moving to Opportunity Project." *American Economic Review*: 855 - 902.

Coleman, J. 1988. "Social Capital in the Creation of Human Capital." *American Journal of Sociology*: 95 - 120.

Crosby, F. J., A., Iyer, and S. Sincharoen. 2006. "Understanding Affirmative Action." *Annual Review of Psychology*: 585 - 611.

Deshpande, A. 2019. "Double Jeopardy? Stigma of Identity of Affirmative Action." *The Review of Black Political Economy*: 38 - 64.

DiMaggio, P., and F. Ostrower. 1990. "Participation in the Arts by Black and White Americans." *Social Forces*: 753 - 778.

Duflo, E., P. Dupas, and M. Kremer. 2015. "School Governance, Teacher Incentives, and Pupil-Teacher Ratios: Experimental Evidence from Kenyan Primary Schools." *Journal of Public Economics*: 92 - 110.

Erikson, R., and J. H. Goldthorpe. 1993. *The Constant Flux: A Study of Class Mobility in Industrial Societies* (New York: Oxford University Press).

Granovetter, M. S. 1973. "The Strength of Weak Ties." *American Journal of Sociology*: 1360 - 1380.

Herbaut, E., and K. Geven. 2019. *What Works to Reduce Inequalities in Higher Education? A Systematic Review of the (Quasi-) Experimental Literature on Outreach and Financial Aid.* The

World Bank.

Jensen, R. 2010. "The (Perceived) Returns to Education and the Demand for Schooling." *Quarterly Journal of Economics*: 515 - 548.

Kao, G., and M. Tienda. 1998. "Educational Aspirations of Minority Youth." *American Journal of Education*: 349 - 384.

Katz, L. F., J. R. Kling, and J. B. Liebman. 2001. "Moving to Opportunity in Boston: Early Results of a Randomized Mobility Experiment." *The Quarterly Journal of Economics*: 607 - 654.

Kling, J. R., J. B. Liebman, and L. F. Katz. 2007. "Experimental Analysis of Neighborhood Effects." *Econometrica*: 83 - 119.

Lareau, A., and E. B. Weininger. 2003. "Cultural Capital in Educational Research: A Critical Assessment." *Theory and Society*: 567 - 606.

Lareau, A. 2015. "Cultural Knowledge and Social Inequality." *American Sociological Review*: 1 - 27.

Lavecchia, A. M., H. Liu, and P. Oreopoulos. 2016. "Behavioral Economics of Education: Progress and Possibilities." in *Handbook of the Economics of Education*, edited by Hanushek, E. A., S. Machin, and L. Woessmann, Elsevier.

Lin, N. 2002. *A Theory of Social Structure and Action* (Cambridge: Cambridge University Press).

McKnight, L., and A. Morgan. 2019. "A Broken Paradigm? What Education Needs to Learn from Evidence-based Medicine." *Journal of Education Policy*: 1 - 17.

McPherson, M., L. Smith-Lovin, and J. M. V. Cook. 2001. "Birds of a Feather: Homophily in Social Networks." *Annual Review of Sociology*: 415 - 444.

Merton, R. 1954. "Friendship as Social Process: A Substantive and Methodological Analysis." in *Freedom and Contral in Modern Society*, edited by Morroe Berger, Theodore Abel and Charles H. Page (New York: D. Van Nostrand).

Ogbu, J. 1991. "Minority Coping Responses and School Experience." *The Journal of Psychohistory*: 433 - 456.

Qi, X. 2013. "Guanxi, Social Capital Theory and Beyond: Toward a Globalized Social Science." *The British Journal of Sociology*: 308 - 324.

Reay, D., G., Crozier, and J. Clayton. 2010. "'Fitting in' or 'Standing out': Working-class Students in UK Higher Education." *British Educational Research Journal*: 107 - 124.

Reay, D. 2004. "'It's All Becoming a Habitus': Beyond the Habitual Use of Habitus in Educational Research." *British Journal of Sociology of Education*: 431 - 444.

Reay, D. 2009. "Strangers in Paradise? Working-class Students in Elite Universities." *Sociology*: 1103 - 1121.

Sewell, William H., Archie O. Haller, and Murray A. Straus. 1957. "Social Status and Educational and Occupational Aspiration." *American Sociological Review*: 67 – 81.

Shah, B., C. Dwyer, and T. Modood. 2010. "Explaining Educational Achievement and Career Aspirations among Young British Pakistanis: Mobilizing 'Ethnic Capital'." *Sociology*: 1109 – 1127.

Susan, Clampet-Lundquist, and S. Massey. Dougla. 2008. "Neighborhood Effects on Economic Self-Sufficiency: A Reconsideration of the Moving to Opportunity Experiment." *American Journal of Sociology*: 107 – 143.

Xie, A., and D. Reay. 2020. "Successful Rural Students in China's Elite Universities: Habitus Transformation and Inevitable Hidden Injuries?" *Higher Education*: 21 – 36.

Xue, E., and X. Zhou. 2018. "Education and Anti-poverty: Policy Theory and Strategy of Poverty Alleviation Through Education in China." *Educational Philosophy & Theory*: 1 – 12.

Zhou, M., and S. Kim. 2008. "Community Forces, Social Capital, and Educational Achievement: The Case of Supplementary Education in the Chinese and Korean Immigrant Communities." *Harvard Educational Review*: 1 – 29.

Zhou, M. 2005. "Ethnicity as Social Capital: Community-based Institutions and Embedded Networks of Social Relations." in *Ethnicity, Social Mobility and Public Policy, Comparing the US and UK*, edited by G. C. Loury, T. Modood, and S. M. Teles (Cambridge: Cambridge Univerisity Press).

2

教育与减贫的现实障碍、基本保障与发展促进*

——相对贫困治理目标下教育扶贫战略的思考

左 停 刘文婧**

在减贫与发展的目标和内容中，教育是其中一个重要组成部分，同时教育也被视为实现减贫与发展的重要路径。贫困通常被定义为贫困家庭经济生活水平较低和物质资源较为匮乏，随着对贫困的认识从单一的物质维度向能力、权利匮乏的多维贫困视角转变，社会开始认识到贫困背后的深层表现是贫困人口人力资本存量不足、自身发展能力欠缺，这与受教育水平低有直接的关系。教育逐步成反贫困战略和指标中的一个重要方面。

与此同时，教育也开始被视为反贫困的一个重要路径，教育的反贫困功能实现主要基于教育提升人力资本以及增加人力资本投资回报的理论构建。对人力资本的研究最早起源于古典经济学家亚当·斯密，他把“社会上一切人民学到的有用才能”归为固定资本，并提出学习的时候所花的费用，可以得到偿还，赚取利润（斯密，2017：269），初步阐述了人力资本投资的基本内涵。20 世纪 60 年代，美国经济学家西奥多·舒尔茨在美国经济学年会上正式提出“人力资本”，把教育和培训看作是增加人力资本的长久而有效的途径，并认为人力资本投资是经济增长的主要源泉，也是效益最佳的投资（姚益龙，2004）。美国经济学家加里·贝克尔通过建构人力资本微观经济学分析模型，分别对在职教育培训、学校正规教育、其他知识的收入效应进行论证，深入分析了人力资本的分配和收益，证实了人力资本尤其是教育对经济的重要作用（贝克尔，2016：9）。20 世纪 80 年代，随着新经济增长理论

* 原文刊发于《中国农业大学学报》（社会科学版）2020 年第 6 期。

** 左停，中国农业大学人文与发展学院教授。刘文婧，中国农业大学人文与发展学院博士研究生。

的兴起，美国经济学家保罗·罗默和罗伯特·卢卡斯将特殊的知识和专业化的人力资本作为经济增长的主要因素，它们不仅能形成递增的收益，而且能使资本和劳动等要素投入也产生递增收益，从而使整个经济的规模收益递增（曾嘉等，2016）。从个体的发展和权利的角度，20世纪90年代阿马蒂亚·森提出能力贫困理论，其核心观点认为贫困是基本可行能力的绝对剥夺（森，2002：85），如知识技能不足会导致生产力水平低下、卫生习惯落后会滋生传染性疾病、环保意识淡薄会引发自然生态破坏等问题，提出要重视个人发展的权利和能力的培养，而教育则是个人发展权利和能力获取的重要途径。近年来中国不少学者也积极研究教育发展对减贫的重要作用，认同教育的反贫困的经济功能，认为教育的经济功能和人的培养功能是教育的反贫困功能产生的内在依据（《中国人文社会科学博士硕士文库》续编·教育学卷（上），2005：140）。2000年联合国千年发展目标（MDGs）把“实现普及初等教育”[①] 作为重要的发展目标之一。2015年联合国在可持续发展目标（SDGs）中提出，“确保包容和公平的优质教育，让全民终身享有学习机会”[②]。

教育被视为人力资本生产和积累的重要途径，对实现贫困地区经济社会的可持续发展具有重要意义，但现实中的教育与经济之间并不必然是正向线性的或正相关的关系。现实中的教育兼具基本权利、社会福利和经济投资等多重性质。从时间维度看，教育也是一个复杂的系统性、过程性问题，从教育作用于受益主体，到受益主体能力的塑造和培养，再到教育收益（经济和社会和收益）有效产出，这个冗长的过程中存在复杂的限制性条件，如教育的供给障碍、成本障碍、效益障碍、动力和观念障碍等。从管理和政策角度，现实的教育活动能解决问题，但也能产生问题。脱贫攻坚期间在一些贫困地区曾发生多起因适龄学生辍学而引发的“官告民”事件，背后的原因涉及教育成本、教学质量、校园环境、绩效等错综复杂的因素：或者因家庭眼前的经济问题而选择提早中断学业外出打工，或者因长期以来学习成绩较差对学习丧失兴趣和信心，或者因成绩差在校园生活中被边缘化，等等。因此，实现教育的反贫困功能、解决贫困与教育之间存在的问题，必须要深刻理解贫困与教育的现实关系，本文在从现实和实证的角度来理

① 联合国官方网站，千年发展目标，https://www.un.org/zh/millenniumgoals/。

② 联合国官方网站，可持续发展目标，https://www.un.org/sustainabledevelopment/zh/。

解贫困与教育的关系的基础上，反思脱贫攻坚中教育领域减贫的阶段性成就，并探讨下一步相对贫困治理战略中以教育促减贫、促发展的政策方向和对策措施。

一　贫困与教育的现实关系解构

贫困和教育之间存在双向的相互作用关系。随着对贫困内涵认识的不断深入，对贫困的测量已经从单一的收入贫困向多维贫困视角转变，贫困不仅表现为经济发展水平低下，贫困地区的教育落后、贫困人口的受教育水平低既是贫困的主要表现也是贫困的重要原因。

在贫困对教育的影响中，一方面，经济发展落后、生活水平低下、生计资本不足的生活状态有利于激发贫困家庭的教育需求和教育投资动力；另一方面，处于贫困状态所面临的风险和脆弱性也会制约贫困地区和家庭对教育的支付能力和投资意愿，很容易出现一些贫困学生提前终止学业或辍学的情况。在教育对贫困的影响中，一方面，教育通过提升个人的知识、能力、技能为贫困地区增加人力资本积累，也有利于改善贫困地区的总体发展环境；另一方面，教育无疑会增加贫困家庭眼前的经济负担和机会成本。有学者把这种现象定义为“教育消费型贫困”，指的是20世纪初我国义务教育的收费日渐增长、高中和大学费用较高均让普通农民难以承受（王成新、王格芳，2003），随着资助体系的完善，其内涵转变为高中及以上的教育阶段（文宏、谭学兰，2015）和高等教育阶段（曹海娟，2010）的家庭教育支出负担过重，并产生了“因教致贫”的概念。随后有学者把因教致贫的讨论转向教育收益问题，强调教育收益的不可控性在高等教育走向大众化后表现较为明显（鲁子箫，2017）。

与其他类型的投资相比，教育长期投资的不稳定因素较多，所消耗的时间成本和机会成本较大，也会出现教育收益与投入之间失衡的情况。现实的教育包括多个阶段，如学前教育、初等教育、中等教育、职业技术教育和高等教育，甚至包括学校教育之后的继续教育，它们实际功能假定是不一样的。接受教育首先有利于增强人民对教育权利意识的觉醒，这是受教育权利得到保证的基本前提，也是基本能力获取的直接途径，职业能力的培养也为个人实现社会各种功能性活动奠定基础。在相当程度上教育也具有社会福利性，当教育成为人们既定选项的时候，政府的成本分担就是公民家庭的一项社会福利，在很多地方教育还成为社会福利的传递工具，用以解决儿童贫困进而家庭贫困的问题。

综上，就贫困和教育的内在逻辑关系来看，教育与贫困不仅仅表现为教育致贫和教育扶贫，教育反贫困功能的实现取决于二者的相互作用方向和程度（见图1），这与其中包含的需要克服的四个方面的障碍要素：教育的可获得性、可承受性、与个人职业生涯发展相关性和长期回报，以下即从这四个方面对教育与贫困关系进行进一步分析。这四个障碍，前两者是解决绝对贫困义务教育保障的核心问题，后两者是解决相对贫困过程中需要面对的长期问题。

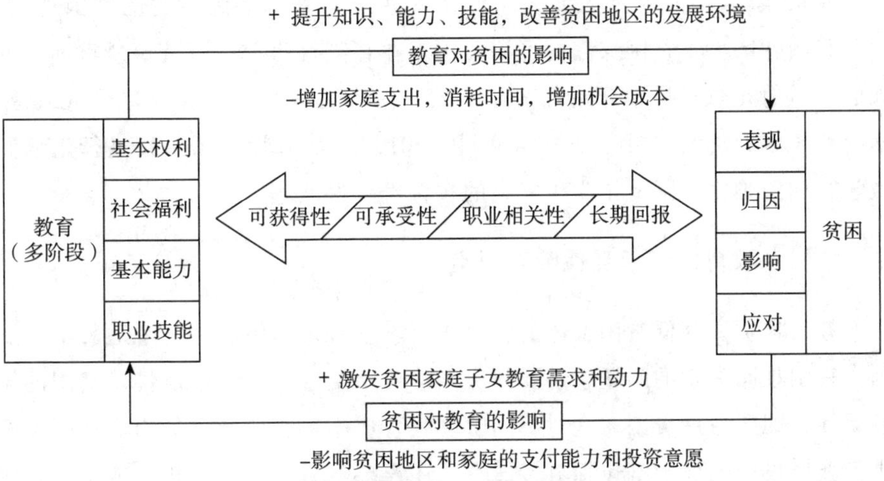

图1　贫困与教育的现实关系

（一）教育的可获得性障碍因素

教育的可获得性主要包括两个方面，一是教育的可获得性的水平，即学龄人口的参与程度；二是教育的可获得性是否完整，主要是指学龄人口完成教育的质量。获得全面而完整的教育是实现教育投资预期收益的基本前提。总体来看，目前世界范围内不同地区和群体的受教育权利和机会还存在较大差异。21 世纪初，世界上半数以上的国家实行 9 年及 9 年以上的义务教育，义务教育年限在 10 年以上（包括 10 年）的国家和地区占比为 40.5%，实行 12 年及以上义务教育的国家比重较低，只占 6.5%，主要以美国、英国和德国等发达国家为主（张力、国家教育发展研究中心，2006：52）。当前发展中国家的初等教育入学率已达到91%，但仍有5700万名适龄儿童失学[①]，受教育的权利和机会遭到剥夺。中国在1986年提出并开始实行9年制义务教育（全国人民代表大会常务委员会，1986：2），但实现的水平在不同地区之间还存在一定差距。中国一些欠发达地区对教育经费投入、改善办学条件的倾斜支持不够，总体的教育服务供给不足、教育服务的可及性低，偏远地区的贫困人口难以获得便捷有效的教育资源，如一些贫困地区的农村幼儿园规模和质量远不能满足人口的实际需求。中国西部欠发达地区的人口居住较为分散，伴随着近年来地方政府对学生生源极少的农村学校进行大规模撤销或合并，幼儿园和小学的教学点主要集中在行政村或乡镇，意味着偏远自然村组的儿童/学生不能就近入园入学，在一些公共基础设施薄弱的贫困地区，这无疑额外增大了贫困家庭的经济负担。在普惠性学前教育资源严重不足的地区，学前儿童早早地开始寄宿在学校，使家庭教育、社会教育严重缺位，学校教育压力加大（叶敬忠、孟祥丹，2010），额外增大了学校进行生活和教学管理的难度、降低了学生家庭的教育可获得性。

（二）教育的可承受性障碍因素

教育扶贫要降低贫困群体的教育相对剥夺程度、解决每一个适龄学生不因家庭困难而失学的问题，还要解决经济可承受性问题。经济性是贫困的第一属性，即要考虑贫困家庭对不同阶段教育成本的投资承受能力。贫困家庭进行教育投资的成本既包括直接成本，还需要认真考虑的是机会成本。直接成本主要指为子女完成整个教育阶段的实际货币支出，主要包括学费、书本资料费、辅导班、住宿费、交通费、餐费、服装费、生活费等日常开支。按照教育阶段划分来看，6—15岁儿童属于接受初等和中等教育的学龄儿童，还不符合能够进入劳动力市场的基本条件，但一些困难家庭儿童实际上会承担很多家庭生产劳动（如放牧、家务），所以该阶段的教育的机会成本并不真的是零。由于这一阶段儿童心智尚未发育成熟，尤其是普惠性学前教育资源不足的地区，家庭成员需要投入较长的陪读时间而产生的间接机会成本则大大减少了家庭劳动力的工作时间和收入，额外增加了这些家庭的经济负担

① 联合国官方网站，https://www.un.org/sustainabledevelopment/zh/education/。

和其他成员的机会成本。16—24 岁适龄学生处于普通高中、职业教育、大学及以上教育阶段，已符合法定的劳动年龄，需要在直接成本的基础上承担机会成本，即因上学而放弃进入劳动力市场获取的收益，机会成本与年龄的增长呈正相关关系。对于非学龄阶段人员选择继续教育或职业培训同样存在货币形式的直接成本和机会成本，这一群体的机会成本主要是指工作时间以外所消耗的时间和精力。

通常情况下，只有当教育投资的预期收益大于现期投资成本时，投资者才会决定投资做出这项现期支出，同时贫困家庭也会根据家庭各类支出项目的优先次序进行选择。因教育支出过大而产生的新增贫困和返贫也是之前脱贫攻坚中关注的主要问题，如高等教育阶段的学生面临的直接成本和机会成本远超过许多贫困家庭自身的承受力，对于现实生活负担较重的家庭，不得不迫于减轻生活压力而选择提前中断学业（辍学、失学）进入劳动力市场。

（三）与个人职业生涯发展的相关性障碍因素

就业与产业是贫困家庭摆脱贫困的一个重要路径。接受的教育能否有效地促进贫困家庭的劳动力就业和发展产业，是贫困家庭家计决策中的一个重要因素。就业是教育联系社会经济发展的重要桥梁，然而很多地区并没有形成适合当地自身发展特点和人才培养需要的教育，虽然越来越多的人满足了上学的需要，但并未充分掌握相应的知识和技能。本课题组曾对国家级贫困县 Y 县建档立卡数据（2015—2018 年）中劳动力进行教育收益率分析，结果发现收入水平相关性按照职业高中教育、初中、高中、小学和文盲或半文盲的顺序依次递减，其中职业高中教育的收益最高，初中和高中学历的收益差距不大。

在中国当前的教育结构中，职业教育的吸引力和制度支持相对不足，现有劳动力供给难以满足技术和资本密集型产业的需要。受"唯学历论"的人才观和社会用人观的传统观念影响，贫困地区长期以来所形成的固有观念认为通过应试教育的升学路径来脱离长期生活的贫困地区才能得到更好的发展，对职业教育的观念认识存在误区。现有招生体制和教育政策是普通高中优先招生，间接诱导农户将职业教育归为"二流教育"，从而出现中高职学校存在所招收的优质生源少、转化率低，学生并没有学到应有的技能和本领。那些未能直接升入大学等高等教育的人进入劳动力市场或返回家乡缺少职业发展优势，出现了“种田不如老子，挑担不如妹子”的就业创业困难的尴尬局面（叶敬忠、孟祥丹，2010）。

（四）教育投资的长期回报障碍因素

教育回报率低也是影响教育投资的重要因素，也是我国社会结构发展中的阶段性问题。社会结构在一定程度上影响和制约着教育投资的人力资本结构，社会分层带来教育机会和教育收益的差异，进而影响个人的社会地位和职业发展，父母的家庭背景不仅严重影响了人们教育的获得，还影响了人们初次就业职业的阶层地位和现就业职业的阶层地位（王飞跃、樊黔江等，2011：257）。对不少家庭来说，教育在很大程度上已经高度世俗化，其目的具有显著的功利取向，而非单纯的人的和谐发展（叶敬忠，2017）。

作为发展中国家，中国的当前的社会经济结构也没有对教育投资的回报做出及时、公平的回应。教育回报率与当地的产业结构关系密切。贫困地区产业结构单一，主要是传统的种植养殖行业，从事简单的劳动生产活动。即使有劳动密集型行业的地区，也主要涉及农业、林业、纺织、服装、皮革等传统制造业以及饮食、旅店、理发、运输等传统服务业，大量的人口只能从事技术含量较低的初级加工和提供服务。总体来看，当前我国农村地区的经济结构较为单一、对农业的依赖程度较高，产业结构处于低层次的发展水平。即使是外出务工，相关的就业岗位也以一般的制造业和基础服务业为主，现有的产业结构基础并没有真正形成人力资本的知识红利。

教育投资的低效或无效则诱使贫困学生在初中或高中阶段较早辍学、进入劳动力市场，对这部分贫困家庭来说，中断教育投资其实是一种迫于现实的无奈选择。这些贫困家庭囿于自身生计系统、视野狭小和局促，在工具理性驱动下功利性地追求教育投资的生产力和收益率，但迫于现实较长的时间机会成本和投资收益率的不确定性，进行长期的教育投入的意愿和动力明显不足，也难以真正打破贫困恶性循环。

二　中国脱贫攻坚中教育领域精准扶贫的政策实践

贫困地区人口也具有二重性，他们既是帮扶的客体对象也应是反贫困主体，贫困人口能否有效成为反贫困主体，取决于瞄准贫困人口的人力资本建设情况。在中国教育则是促进贫困地区人力资本增值的重要途径，因而一直也被视为解决贫困特别是长期贫困、代际贫困的重要议题。本课题组通过中国知网（CNKI）使用“篇关摘”检索“贫困”或“脱贫”或“扶贫”或“减贫”或“反贫困”相关的CSSCI期刊论文（1995年使用核心期刊论文），并剔除会议综述、前言、通信等，分别在1990—1999年、2000—2010年、2011—2020年三个时间段各自选取了两个年份作为代表年份，我们发现，教育扶贫作为关键词出现的相对频度（%）①分别为9.82%、22.51%、9.8%，无论是在哪一个阶段，教育扶贫一直排名领先的核心关键词之一，也是反贫困中的一个热点话题（见图2）。

1995年、1999年　　2005年、2009年　　2015年、2019年

图2　中国学术界关于扶贫研究文献中的关键词三阶段相对频度分布

党的十八大以来，以习近平同志为核心的党中央提出精准扶贫新战略的同时，将“发展教育脱贫一批”作为精准减贫脱贫的重要途径，更加强调“治贫先治愚，扶贫先扶智”。2013年，教育部等7部门出台的《关于实施教育扶贫工程的意见》搭建了教育扶贫的系统性的政策体系框架。2016年的《教育脱贫攻坚“十三五”规划》作为首个教育脱贫的五年规划，明确将“精准”教育扶贫政策瞄准到贫困群体，规划围绕夯实教育脱贫根基、提升教育脱贫能力、拓宽教育脱贫通道、拓展教育脱贫制定了具体的政策安排。2018年教育部与国扶办联合出台的《深度贫困地区教育脱贫攻坚实施方案（2018—2020年）》要求对深度贫困地区加大教育资源倾斜和教育政策优惠力度。脱贫攻坚以来中国教育领域精准扶贫的实践探索体现在以下

① 相对频度（%）=关键词所在文章数/文章总数×100%。1995年核心期刊、1999年CSSCI期刊论文共825篇，其中教育扶贫81篇；2005年、2009年检索到CSSCI期刊相关论文共1177篇，其中教育扶贫265篇；2015年、2019年CSSCI期刊论文共2205篇，其中教育扶贫216篇。

四个方面。

（一）针对基础设施薄弱环节，改善贫困地区办学条件

为实现教育资源的合理配置，推动城乡义务教育的均衡发展，2013年出台了《关于全面改善贫困地区义务教育薄弱学校基本办学条件的意见》，该意见主要围绕改善集中连片特困地区办学条件和学生的生活设施明确了工作重点。2014—2017年，中央财政投入针对革命老区、民族地区、边疆地区、贫困地区等义务教育薄弱地区，国家持续加大转移支付力度，实现连续四年增长，累计投入专项资金1336亿元，带动地方投入2500多亿元（教育部，2017）。投资的重点一方面着力优化农村义务教学点的布局，重点解决偏远地区儿童上学距离遥远、教育成本较高的问题。从教育文化设施的便利性来看，2018年农村贫困人口所在自然村上幼儿园、上小学便利的农户比例分别为87.1%和89.8%，义务教育阶段的儿童中有九成多儿童上学花费时间在半小时以内，其中，62.6%在15分钟以内，29.2%在15—30分钟，8.1%在半小时以上（国家统计局住户调查办公室，2019：33）。投资的另一方面通过因地制宜地新建、扩建、改造农村校舍改善贫困地区薄弱的办学条件，完善学校住宿、食堂、饮水、洗浴等设施来改善农村寄宿学生的生活条件。为缩短贫困地区与其他地区教育资源的差距，教育部门还加大了对学校宽带、多媒体及教学平台的投入力度，促进农村地区教育信息化基础设施建设，实现地区之间的优质教育资源共享。

（二）扩大资助覆盖面，构建全学段、全类型教育扶贫资助体系

教育扶贫政策的实施范围以11个集中连片特困地区和三区三州地区的县和村为主战场，以及这些地区之外的贫困地区、民族地区、边疆地区、革命老区等。中国的教育扶贫资助体系坚持精准性和普惠性相统一的原则，目的是防止贫困家庭的孩子出现因家庭困难而失学的现象。在瞄准对象上，既有整村推进的统一规划，从学前教育开始，包括义务教育、普通高中、职业教育、高等教育阶段符合条件的学生应助尽助，实现了各教育阶段贫困学生资助体系的全覆盖，也注重对特殊地区和特殊群体的专门性帮扶，将教育资助的范围由贫困家庭学生拓展到教育扶贫的对象，即拓展到农村低保、特困供养学生、孤残学生、留守儿童等特殊群体，保障适龄学生资助的入学机会

和教育公平。2012—2018 年全国共资助学生 6.19 亿人次，资助总金额累计突破 1 万亿元，达到 10907 亿元，成为一项重大、重要的民生支出，2018 年学生资助资金中，财政投入共计 1290.08 亿元（不含义务教育免费教科书和营养膳食补助），占当年资助资金比例为 63.15%（人民网，2019）。同时为进一步减轻贫困地区的家庭负担，在提高贫困地区少年儿童健康水平方面实施营养改善计划，各贫困地区开展义务教育阶段营养改善试点，有条件的地区已扩展到学前教育阶段，逐渐实现全面覆盖。为了进一步开发贫困地区的人力资源，保证学生接受更高程度的教育，国家对深度贫困和三区三州地区的学生加大倾斜力度，实施定向招生计划，基本形成了以贫困个体教育生命周期全过程的教育扶贫资助闭环。

（三）着力提高贫困地区的教学质量

在个体的受教育历程中，教育质量的高低是影响学生可持续学习能力和学业程度的关键因素，其中贫困地区教师储备知识的深度和广度则是影响当地教育质量的重要因素。为解决当前贫困地区人力资源中的人力资本“价值”不高的问题，《乡村教师支持计划（2015—2020）》围绕提高农村贫困地区教师的数量和质量，引进和留住优秀人才到乡村任教做了具体的安排部署，不断加强教师队伍建设如教师待遇、教师管理和教师培训。通过扩大农村义务教育特岗教师的规模、鼓励免费师范生到偏远地区从教、鼓励退休的高级、优秀教师到贫困地区讲学的方式来弥补教师数量的不足，截至 2018 年底，全国共有乡村教师 290 多万人，其中中小学近 250 万人，幼儿园 42 万多人，40 岁以下的青年教师占 58.3%（新华网，2019），2018 年出台的《银龄讲学计划实施方案》就是通过选拔退休教师、校长到乡村学校来重点解决深度贫困地区师资力量不足的问题；通过艰苦地区实施教师周转房、提高教师生活补助及社会保险费、职称评定倾斜及奖励措施来保障教师基本生活、稳定教师队伍；通过城镇与农村教师流动交流轮岗，对教师进行思想政治、师德和教学技能培训来提高教学质量。

（四）加大对职业教育的支持力度

2015 年《中共中央、国务院关于打赢脱贫攻坚战的决定》中指出，“鼓励职业院校和技工学校招收贫困家庭子女，确保贫困家庭劳动力至少掌握一门致富技能，实现靠技能脱贫”（新华网，2015）。职业教育精准扶贫是一种典型的“造血式”开发扶贫模式，其目的是开发贫困地区的技能型人力资源，提升贫困人口的就业和创业能力，进而保障贫困地区的人群实现“真脱贫、脱真贫”。为鼓励深度贫困地区发展好服务于当地经济社会发展的职业教育，2019 年教育部办公厅出台的《关于办好深度贫困地区职业教育助力脱贫攻坚的指导意见》从普职教育融合、中等职业学校能力建设、面向社会人员的技能培训等方面做出具体的安排，并将贫困地区乡土资源与职业学校的专业相结合，鼓励创新职业教育扶贫和产业发展的结合形式，如通过搭建校企合作平台来提高技能培训质量，为贫困地区的经济发展提供技能型人才支持。同时面向贫困地区学龄后人口广泛开展公益性培训，通过开展“雨露计划”、“阳光工程”和“春风行动”等各类技能型培训项目促进贫困地区的劳动力转移就业。此外，为充分发挥职业教育作用，实现职业教育供给和贫困人口需求之间的平衡，职业教育东西协作行动在技能培训、劳务协作、校企合作等方面，充分整合东部发达地区教育、产业和就业资源，进一步提高西部地区职业教育和人力资本的发展水平。

综上，脱贫攻坚战中教育扶贫紧扣绝对贫困的“义务教育有保障”问题，在解决可获得性和可承受性方面取得突出和有效的进展。在破除教育可获得性障碍中，聚焦教育的公平发展和质量提升来提高贫困地区教育资源的可及性，保障贫困人口享受教育扶贫的红利；在解决贫困家庭可承受性的问题中，针对贫困地区学生的基本需求采用普惠性和针对性的双重帮扶措施。针对发展性教育障碍问题，脱贫攻坚中有些教育扶贫政策（如职业教育）在这方面也进行了积极拓展，但这可能应该是解决绝对贫困之后的相对贫困治理的一个重点方向。

三　脱贫攻坚中教育领域精准扶贫实践中面临的挑战

脱贫攻坚中，各级政府非常重视与减贫有关的教育目标的实现。教育领域精准扶贫根据“两不愁三保障”的目标，围绕在义务教育可获得性和可承受性这两个方面的着力构建基本保障。但从整个人力资本成长周期和教育投资周期角度，贫困地区教育的供给、成本、效益和动力等方面还存在不足，与人力资本绩效整体提升、经济社会发展有效对接以及为贫困地区提供持续发展动力等方面还存在很大的提升空间。从解决相对贫困、实现人类发展的长远目标角度，我国的贫困地区的教育事业发展还存在几个薄弱环节。

（一）贫困地区的教育资源仍存在系统性的差距，贫困地区发展不充分和不平衡问题仍然突出

2012 年，国家教育财政经费占 GDP 4.3%，以后几年一直围绕 4.1% 波动，当前虽然我国已成功迈入中等偏高收入国家[①]行列，但与高收入国家的教育投资力度还存在一定的差距，如在 2010—2014 年高收入国家该比值一直处于 4.5% 以上，峰值为 2010 年的 5.41%（陈纯槿、郅庭瑾，2017），同时也低于世界平均水平［2012—2016 年处于 4.6%—4.9%（王美艳，2019）］。我国的教育经费来源主要由国家财政性教育经费、捐赠收入和事业收入等几个部分组成，其中国家财政性教育经费占比最高，2012—2018 年的比重都保持在 80% 以上。各地区在教育经费的投入中也存在差距，尤其是西部欠发达地区，财政性教育经费是当地教育经费的主要来源，社会办学和捐赠投入比重较低。

当前教育领域精准扶贫的工作重点是保障每个学生拥有受教育的机会，距离发展公平而有质量的教育还有一定的差距。由于地区之间的教育资源分配仍不平衡，在一些贫困地区各教育阶段的资源不足、经费短缺等问题依然存在，区域性教育财政投入差异带来的寄宿学校办学条件落后、教育基础设施薄弱，偏远地区的教师待遇较低、教师队伍流动性较大，有些贫困地区的教师结构以当地年龄较大的退休老教师为主，音、体、美、信息技术等学科教师短缺等突出问题严重影响了贫困地区的教育发展。此外，学前教育（0—6 岁）作为个人教育和成长的根基，也面临发展不平衡和不充分的问题。2019 年全国共有幼儿园 28.12 万所，其中民办幼儿园 17.32 万所，占比为 62%（教育部，2020），学前教育以普惠性民办园为主，公办园的占比并不高。在深度贫困地区，普惠性学前教育资源的覆盖率和公共教育服务水平较低，是当前我国教育现代化发展进程中的薄弱的环节。

---

① 依据世界银行的界定标准：人均 GDP 为 4126—12735 美元为中等偏上收入国家，高于 12736 美元为高收入国家。

（二）教育成本分担机制不合理，难以完全解决贫困代际传递的问题

当前贫困家庭适龄子女义务教育有保障的目标已基本实现，但总体来看，在更高阶段的教育投入的保障水平还不高，现有的费用资助力度尚不能从根本上解决贫困家庭的教育负担问题，贫困的代际传递问题难以根本解决。以本课题组调查获得的中西部某贫困县的建档立卡贫困家庭的教育成本分担情况为例（见表1），教育直接成本主要涉及保育管理费、交通费、伙食费、保险费和教辅用具、住宿费和学费等，当地的教育扶贫政策对小学和初中阶段的住宿费和学费减免，其中义务教育阶段中小学的自付费用最低，占当年该地农村可支配收入（12620元）约为7.9%，初中占比为25.25%，反映了义务教育阶段教育资助的力度和成效，家庭负担较重的主要是处于高中和大学阶段的学生家庭，高中阶段和大学阶段的贫困家庭自费费用分别约为当年该地农村可支配收入的64.98%和79.23%。由此来看，教育的直接成本随着教育阶段的增加而增加，逐步成为家庭基本支出的重要组成部分。

表1　农村建档立卡贫困家庭教育成本分担情况

单位：元

教育阶段	学前教育	小学	初中	高中	大学
保育管理费/学费	2000				5000
伙食费	800	1600	3200	6000	9000
保险费	400	400	400	400	
交通费	1200	800—1200	1500—2000	1500—2000	2000
教辅用具	300	400	800	2000	1000
住宿费				500	1000
政策补贴	贫困幼儿保教费50%减免	建档立卡生享受2700元伙食补助，免住宿费	建档立卡生享受2700元伙食补助，免住宿费	建档立卡生享受2700元伙食补助，免学费	国家助学贷款8000元
家庭分担部分	1000	寄宿生：500—1000	寄宿生：3200—3700	寄宿生：7700—8200	10000以上

资料来源：课题组对2019年中西部省份某县（2020年摘帽）各教育阶段贫困家庭的教育成本分担情况的统计整理，其中学前教育到高中的教育成本按照当地教育扶贫政策，大学的教育成本参照当地教育部门的统计情况，均小于等于当地平均支出水平。

除了以上的几项直接成本之外，偏远地区的幼儿园、小学和初中生存在因陪读产生的额外费用，义务教育和高中阶段学生还会产生兴趣提升班、补习班费用的开支。现阶段我国教育扶贫政策的重点是保障贫困家庭孩子接受九年义务教育，确保每一个困难学生不因家庭经济困难而失学，然而高等教育的投资成本给贫困家庭带来的负担较重，特别是有两名及以上大学生的贫困家庭，其教育刚性支出大于家庭财力的承受范围时容易造成支出型贫困，那些暂时性脱贫家庭易会陷入已脱贫又返贫的窘境，此刻，如果将教育支出作为家庭所有支出项目的优先项，则会延缓家庭刚性支出的其他项目如看病、建房、农业生产的支出计划，并对家庭的可持续生计造成一定的影响。总体来看，完成基础教育到高等教育这一完整的教育历程，需要投入学费、书本资料费、培训费、兴趣班、衣食住行费用等直接成本，到劳动力年龄阶段时用于投资教育的时间和金钱替代了打工的时间和收入也会产生机会成本，在校大学生每年付出的间接成本相当于全国职工平均收入水平的72%，且近年来间接成本的增速高于直接成本（李桂荣、谷晓霞，2012）。在既定的收入条件下，一些贫困家庭容易出现因眼前的教育支出负担过大陷入暂时性、支出型或长时间贫困的状态，从而限制了贫困人口的受教育机会和人力资源的开发。

（三）教育回报的长期性和低效率抑制了贫困家庭和地区的投资动力

教育投资的收益期具有长期性的特征，教育投资的过程是连续、不可中断的，如果提前中断学业就会导致教育投资的沉没成本付之东流，对贫困家庭而言，特别是进入初中阶段产生的直接成本和机会成本越来越大，这些家庭承担着较大的教育投资风险和不确定性。教育投资产生的各种投资成本及投资效益是影响贫困家庭投资意愿的重要因素。一方面，相比于长远的教育投资收益，一些贫困地区家庭迫于眼前现实的困难会选择即期收益大于即期支出的发展方式，从而出现教育投资的“短视行为”。另一方面，贫困地区的教学质量和升学机会也与其他地区存在一定差距。2018 年中国贫困地区 17 岁以下的儿童中途辍学的比例为 0.5%，主要原因是孩子不愿意读书的占 77.9%，辍学儿童中初中阶段比重最多高达 69.6%，高中阶段占比为 16%（国家统计局住户调查办公室，2019：33），不同于因贫辍学，因厌学而主动辍学与当地的教育收益有关。很多县城学校还频繁以招收实验班的手段，把乡镇中学的尖子生选拔到城里的学校（叶敬忠、孟祥丹，2010：171），促使贫困地区的优秀人才的向上流动，导致人力资源流失严重，从一定程度上加剧了这些地区的教育资源和教育质量不平衡。职业教育在培养本地人才中发挥着重要作用，但因农村贫困劳动力整体年龄结构偏大、思想观念落后，接受能力和学习能力欠缺，短期内职业技能和素质的提升有限，教育收益的低效或无效与教育投资期望形成鲜明的落差，地方政府更倾向于把有限的资源投入能带来眼前收益的经济发展项目。

四　相对贫困治理目标下农村教育发展的思考

2020 年后，中国将进入消除绝对贫困后的相对贫困治理阶段，收入差距和不平等成为需要重点解决的社会问题。教育的外溢效益不仅有助于当地的经济产出和个人收入的提高，还可以通过提升人力资本质量对社会和经济的发展产生积极作用。人力资本结构与个体职业发展和地区产业结构之间有密切的联系，人力资本的投资和积累通过影响供给变化推动产业结构的可持续调整（杨建国，2013：52）。人力资本结构的调整重点要依靠优化当前的教育结构来实现，通过教育来整体提升人力资本存量和质量的结构。从巩固农村教育领域精准扶贫的工作成效来看，中国的教育扶贫政策也应逐步从应对绝对贫困的基本保障型的政策体系向应对相对贫困的发展促进型的政策体系转变，注重将贫困地区的教育发展同贫困人口的长远发展结合起来，真正实现从解决基本需求贫困到解决能力贫困的转变。

真正实现以教育促减贫、促发展的路径和目标是一个较长的过程，需要建立长远发展的人力资本投资回报机制，将义务教育阶段的保障性投资政策向学前教育和高中教育阶段延伸，特别要重视补齐学前教育短板，提高职业教育地位，积极发展普通高中教育，提升贫困地区人力资本的整体质量和水平。

（一）教育是应对相对贫困重要的、基础性的政策工具

绝对贫困与基本需求相联系，相对贫困则与发展差距关系密切。当前中国即将解决现行标准下的绝对贫困问题，但我们应该清醒地认识到，我们解决教育基本需求的标准还不高，特别是农村教育的短板仍然存在。教育发展

兼有社会性和经济性。作为社会主义大国，教育首先应该是一项社会福利和社会发展政策，应该始终成为国家投资政策的重点。教育基本需求保障水平的提升可以直接改善社会相对贫困群体的生计状况，特别是对解决儿童贫困具有直接功效。脱贫攻坚我们还发现，通过学校学生影响贫困家庭，教育还是扶贫资源的有效传递手段。

长远来看，教育还要体现发展促进，这样才能真正解决相对贫困和贫困的代际传递。中国在解决绝对贫困过程中，重点是以就地的生产资源开发为主；解决相对贫困必须以人力资本开发为中心。教育是应对相对贫困的基础性的政策工具，主要是着眼于教育的人力资本提升功能，教育要围绕人力资本提升进行发展和创新，增强可及性、公平性和有效性。作为发展中的人口大国，要围绕就业切实发展好学校内的职业教育和学校外的培训和终身学习。

（二）坚持以人民为中心的发展理念，强化教育投资中的政府的首要责任

教育的人力资本建设反贫困功能的实现不是一蹴而就的，而应该成为国家现代化发展的长期战略，要强化政府在教育投资中的首要责任。教育回报兼具经济收益和非经济收益。教育的非经济收益包括通过更新思想观念、增长知识技能来全面提升个人的综合能力，改变贫困家庭落后的生活方式、不良嗜好和生活习惯等，同时教育投资也具有一定的外部性，有利于国家安全稳定和社会文明进步。与经济建设的投资相比，教育作为一种长期投资其收益具有一定的延迟性和间接性，而优质的教育资源具有准公共服务产品的特征，具有一定的排他性和竞争性。治理相对贫困，更需要践行以人民为中心的教育发展理念，加大以政府为主导的教育投资力度来优化贫困地区教育资源配置、合理分担家庭教育成本缓解家庭教育投资不足的困难。对深度贫困地区的教师队伍建设、教学资源不足问题仍要实行一系列超常规的政策举措。

（三）继续加强欠发达地区教育事业，促进教育均衡发展

当前我国不同地区、城乡之间的教育资源还不平衡。各地在贯彻落实国家出台的教育扶贫政策过程中，要根据当地城乡义务教育的发展情况，将更

多的教育资金投放到贫困地区，继续加大在公共教育服务方面的财政支出和扶持力度，确保办学经费足以推进农村义务教育健康发展，通过改善农村地区薄弱的办学条件、提高教育信息化水平来为学生提供良好的校园环境和学习条件。目前仍有一些地区的家庭经济条件和生计结构不利于学生学习，其自身学习习惯、学习态度的培养和学习成绩的提高在很大程度上要依托学校提供的教育公共服务。要重点关注贫困地区基础教育的全面提升，如在学校课程开发、教学改革、课堂资源和教师队伍建设等方面，满足贫困地区学生“上好学”的需求。例如，在完善学校基础设施的基础上积极推进信息化校园建设和数字化管理平台，实现地区之间的教育资源共享，通过贫困学生的升学和就业提供信息咨询和服务来提高贫困地区的教育质量、解决贫困地区信息传递不畅、资源不均的问题。

（四）把儿童早期发展和学前教育纳入国家基本社会福利体系和教育体系

针对目前贫困地区普惠性学前教育相对不足的问题，要进一步增扩普惠性幼儿园，公办幼儿园在提供普惠、优质、公平的学前教育公共服务中发挥着重要作用。加大对贫困地区公办园的建设投资力度，进一步完善对普惠性民办园的认定标准、补助标准及优惠政策，有效解决偏远农村幼儿入园距离远、成本高的问题，缓解贫困地区儿童接受保育保教的就学压力，保障适龄儿童的入园机会和权利。儿童早期发展也需要获得有关部门的关注，重视儿童早期成长在个人成长历程的重要意义，并将学前教育服务对象拓展至0—3岁幼儿（王蕾等，2019）。完善学前教育资助和成本分担制度，加大对贫困地区学前教育儿童的支持力度，推进家庭经济困难儿童、孤儿、残疾儿童等困境儿童接受普惠性学前教育。在提供公平而有质量的学前教育方面，通过严格规范办园标准，健全农村幼儿园教师补充长效机制来不断提高保教水平。

（五）重视贫困地区职业教育的发展，提升贫困劳动力市场参与能力

从时间维度来看，基础教育扶贫的效果呈现具有一定滞后性，需要经过稳定持续的时间才会发挥显著作用，而职业教育的扶贫效果则体现在短时间内（张琦、史志乐，2017），在中短期内体现出性价比较高的“投入—产

出”优势，对贫困地区人力资本的开发和培养有着极其重要的影响。中国作为一个人口大国，应该重视对技能人才的培养，通过政策引导塑造平等的人才观和良性的人才培养激励机制，营造弘扬工匠精神、尊重劳动的社会氛围，提升职业教育社会影响力。

农村人口的稳定就业是相对贫困治理的重要保障措施，脱贫攻坚中也存在劳动力就业不稳定、收入不可持续、市场参与不够的问题。职业教育重点围绕当地产业发展和市场需求，有针对性地进行就业创业技能培训，努力扩大技能扶贫培训规模，职业教育只有与地方经济协调发展、形成良性互动，才能发挥高等职业教育对人力资本形成的重要作用。要创新职业教育发展模式，如探索“本土化定向”培养，聚焦贫困地区学生，支持学生毕业后返乡就业或创业（许锋华、盘彦镞，2017）。

（六）创新学校教育之后和之外的农民能力建设政策和机制

当前虽然我国各阶段教育体系不断完善，但随着现代社会不断发展，知识更新换代周期大大缩短，存在教育培训与职业发展衔接脱节的问题，个人的发展面临前所未有的挑战和风险，而且一些劳动人口已经没有学校教育的条件或可能，终身教育则是帮助个人适应社会变迁、防范和化解风险的有力途径。贫困地区劳动力文化程度普遍低于全国劳动力的平均水平，需要通过学校以外和学校以后的终身学习和能力建设项目持续提高他们在劳动力市场的竞争性和适应性，提升他们的劳动报酬，解决“工作中贫困”（working poor）问题。创新学校外和学校后终身教育和能力建设模式即围绕“以人为本”的发展理念对可行能力的内涵和外延进行拓展，把满足人的全面发展作为出发点，建设有效的适应性强的培训体系，过去一些地方组织的农民田间学校、雨露工程岗位培训等都很有意义。要在知识和技能的培育同时，重视农民个体可持续的学习能力的培养，将对贫困人口个体所习得的知识性能力逐渐延伸到自身发展的能力包括社会融入能力、人际交往能力、获取资源和信息能力、自我管理能力、市场参与能力和创新能力等综合能力的培育和提升。

参考文献

贝克尔，加里，2016，《人力资本》，陈耿宣等译，机械工业出版社。

曹海娟，2010，《“教育致贫”问题探析》，《教育发展研究》第11期。

陈纯槿、郅庭瑾，2017，《世界主要国家教育经费投入规模与配置结构》，《中国高教研究》第11期。

国家统计局住户调查办公室，2019，《2019中国农村贫困监测报告》，中国统计出版社。

教育部，2020，《2019年全国教育事业发展统计公报》，5月20日，http://www.moe.gov.cn/jyb_sjzl/sjzl_fztjgb/202005/t20200520_456751.html。

教育部，2017，《教育部财政部强调六个“进一步”扎实推进全面改薄工作》，7月6日，http://www.moe.gov.cn/jyb_xwfb/gzdt_gzdt/s5987/201707/t20170706_308789.html。

李桂荣、谷晓霞，2012，《农村籍学生接受高等教育的个人成本与收益分析——基于山西省怀仁县海北头乡的调查研究》，《教育研究》第7期。

鲁子箫，2017，《农村教育扶贫的“因教致贫”困境及观念转向》，《教育理论与实践》第2期。

全国人民代表大会常务委员会，1986，《中华人民共和国义务教育法》，法律出版社。

人民网，2019，《2018年中国学生资助发展报告》，3月11日，http://society.people.com.cn/n1/2019/0311/c1008-30968103.html。

森，阿马蒂亚，2002，《以自由看待发展》，任赜、于真译，中国人民大学出版社。

斯密，亚当，2017，《国民财富的性质和原因的研究》上，郭大力、王亚南译，商务印书馆。

王成新、王格芳，2003，《我国农村新的致贫因素与根治对策》，《农业现代化研究》第5期。

王飞跃、樊黔江等，2011，《职业教育保障与反贫困研究》，经济科学出版社。

王蕾、贤悦、张偲琪等，2019，《中国农村儿童早期发展：政府投资的效益—成本分析》，《华东师范大学学报》（教育科学版）第3期。

王美艳，2019，《中国的教育发展：成就、挑战与对策》，《内蒙古社会科学》（汉文版）第2期。

文宏、谭学兰，2015，《农村家庭“因教致贫”现象解读与政策建议——基于脆弱性理论视角》，《西北农林科技大学学报》（社会科学版）第2期。

新华网，2015，《中共中央、国务院关于打赢脱贫攻坚战的决定》，11月29日，http://www.moe.gov.cn/jyb_xwfb/moe_2082/zl_2019n/2019_zl43/201910/t20191017_404093.html。

新华网，2019，《全国共有乡村教师290余万人》，2月26日，http://www.xinhuanet.com/2019-02/26/c_1210068385.htm。

许锋华、盘彦镞，2017，《反贫困视域下集中连片特困地区职业教育定向培养模式的建构》，《中南民族大学学报》（人文社会科学版）第1期。

杨建国，2013，《新经济理论视阈下区域创新体系构建实证分析》，浙江工商大学出版社。
姚益龙，2004，《有关教育与经济增长理论的文献综述》，《学术研究》第3期。
叶敬忠，2017，《作为治理术的中国农村教育》，《开放时代》第3期。
叶敬忠、孟祥丹，2010，《对农村教育的反思——基于农村中小学布局调整影响的分析》，《农村经济》第10期。
曾嘉、黄荣晓、黄英女，2016，《教育经济与管理》，光明日报出版社。
张力、国家教育发展研究中心，2006，《2006年中国教育绿皮书——中国教育政策年度分析报告》，教育科学出版社。
张琦、史志乐，2017，《我国教育扶贫政策创新及实践研究》，《贵州社会科学》第4期。
《中国人文社会科学博士硕士文库》续编·教育学卷（上），2005，浙江教育出版社。

第八部分

社会保障兜底

1

脱贫攻坚战略中低保兜底保障问题研究*

左　停　贺　莉　赵梦媛**

农村最低生活保障制度（简称“低保”）在我国扶贫攻坚战略中发挥重要的作用。习近平总书记把“通过社会保障兜底一批”作为精准扶贫方略中措施到户精准的“五个一批”的重要内容之一，社保兜底特别是低保兜底成为新阶段精准扶贫和精准脱贫的重要路径之一。低保兜底保障问题也成了学术界尤为关注的热点问题。

以低保制度为核心的社会救助制度是我国反贫困体系和社会保障体系的重要组成部分。现有的研究充分肯定了反贫困中低保所发挥的兜底作用。基于森的能力贫困理论，方黎明等认为机会的缺失、疾病、糟糕的教育水平、社会保障系统的软弱无力等是造成人们收入能力丧失并陷入贫困的不可忽视的因素（方黎明、张秀兰，2007）。单一开发式扶贫政策难以有效惠及绝大多数剩下的贫困人口，需要寻求更加有效的减贫策略。宫蒲光认为由于农村低保的制度定位和长期以来在扶贫工作中发挥的重要作用，决定赋予其“兜底脱贫”的重要功能（宫蒲光，2016）。低保制度和特困人员救助供养制度是最重要的兜底保障制度（左停，2016a）。朱玲认为具有劳动能力的绝对贫困人口难以获得扶贫计划中的项目投资，但得到的低保救助机会逐渐增加（朱玲，2011）。陈文佼认为农村低保制度是对农村贫困人口的一项兜底性制度安排，通过救助维持其基本生存权，实现对贫困人口的“输血”功能（陈文佼、李志伟，2012）。王延中等认为对于那些确实丧失劳动能力和生产生活需要帮助的个人或家庭，必须发挥好低保兜底保障功能（王延中、王俊霞，2015）。

目前，低保兜底也存在一些问题。学者们认为我国低保标准偏低（关信

---

* 原文刊发于《南京农业大学学报》（社会科学版）2017 年第 4 期。

** 左停，中国农业大学人文与发展学院教授。贺莉，中国农业大学人文与发展学院博士研究生。赵梦媛，中国农业大学人文与发展学院博士研究生。

平，2016），农村低保覆盖率低、瞄准偏误高，以及救助水平不足严重限制了农村低保的减贫效果（韩华为、徐月宾，2014）；农村低保政策实施过程中，存在目标人群的“瞄准偏差”和“瞄准遗漏”（李小云等，2006），也会造成社会福利国家中常见的社会问题——福利依赖（肖云等，2009）。“低保对象”成为一个“社会身份”，获得这种身份就可以获得超出其他群体的利益和优惠，反之则无，故而形成所谓救助资源分配中的“悬崖效用”（刘小珉，2015）。谢冬梅认为低保制度设计更有助于解决长期贫困，救助资源较高程度地集中朝向低收入家庭，暂时陷入贫困的家庭较难得到低保制度的有效支持（谢东梅，2016）。陈文琼等认为农村低保政策性救助逐渐扩大，体现为兜底对象扩大化和救助力度增强化（陈文琼、刘建平，2017）。但救助扩大并没有带来政策满意度的提高，而是弱化，表现为基层群众和政策执行者均对农村低保政策产生不满。徐丽敏认为我国低保制度提供的多是物质救助和现金救助，这在很大程度上体现了一种消极救助的政策理念（徐丽敏，2014）。

学者关信平认为要适当提升我国低保标准的实际水平，协调农村低保标准与扶贫线之间的关系，使其在反贫困行动中发挥更大的实际效果（关信平，2016）。要建立农村低保制度与扶贫开发政策有效衔接机制，真正做到“应扶尽扶、应保尽保”（宫蒲光，2016）。左停认为要坚持低保制度的最低需求保障性质，实施发展型社会救助项目（左停，2016b）。“工作福利”是对抗“福利依赖”的重要措施（徐丽敏，2014）。黄承伟认为社保兜底具体包括统筹协调扶贫标准和低保标准，加大社会救助力度，加强医疗保险和医疗救助，实行新农合和大病保险政策对贫困人口倾斜等（黄承伟，2016：243）。徐月宾等认为中国农村反贫困政策要从社会救助转向社会保护，提出由普遍性的医疗保障制度、普惠型社会福利、选择性社会救助以及新型开发式扶贫政策组成“四驾马车”，共同发挥作用（王延中、王俊霞，2015）。

基于现有的研究，本文研究了低保兜底保障的不同的理解认知、贫困线和低保标准制定的差异、贫困和低保对象及其识别、兜底保障政策的实施主体以及低保资金充分性等兜底问题，本文还分析与低保挂钩的其他救助制度的兜底作用。最后，针对脱贫攻坚中低保兜底保障中出现的一些问题展开讨论，并提出几点建议。

一 低保直接“兜底保障”功能的实现与影响因素

社会保险、社会救助、社会福利等部分在社会保障体系中的地位和功能是不同的。社会救助只提供给有需要的“穷人”，因而是社会保障体系中的底部。扶贫脱贫过程中，不管是讲社会政策“兜底”，还是社会保障“兜底”，抑或是社会救助“兜底”，归根结底都是在强调低保救助在脱贫攻坚中发挥“兜底”作用。笔者从“兜底”认知、“兜底”标准、“兜底”对象、识别技术、“兜底”主体、“兜体”资金六个层面对脱贫攻坚中低保兜底保障问题进行分析。

（一）关于“低保兜底保障”的认知

“兜底”一词，汉语中，有“最终、最后全部承受”的意思。研究中，笔者发现各地对“兜底”一词的理解也不尽相同，归纳起来包括三个方面的认知，即发展干预顺序上的底、贫困群体分类中的底和“家庭—集体—国家”主体顺序上的底等内容。理解不同会影响政策的设计与执行。

1. 发展干预顺序上的底

《关于打赢扶贫攻坚战的决定》提出一批扶贫政策措施，即产业脱贫、劳务输出脱贫、易地搬迁脱贫、生态保护脱贫、教育发展脱贫以及低保兜底脱贫。如果前述措施还不能帮助贫困人口脱贫的话，就要通过低保兜底的办法来解决。“十三五”规划中指出：“根据致贫原因和脱贫需求，对贫困人口实行分类精准扶持。通过特色产业脱贫3000多万人，转移就业脱贫1000多万人，易地搬迁脱贫1000多万人，其余完全或部分丧失劳动能力的贫困人口通过实行社保政策兜底脱贫。”①

据扶贫部门相关负责人预测，通过开发式扶贫，如果到2020年所有中部县贫困发生率降到2%以下，西部降到3%以下，全国仍将剩下800万左右贫困人口，那么这部分人口需要通过低保、医保、农村五保和养老保险等措施“兜底”，确保他们到2020年收入都达到国家扶贫标准以上，实现“两

① 《中华人民共和国国民经济和社会发展第十三个五年规划纲要》，http://www.gov.cn/xinwen/2016-03/17/content_5054992.htm。

不愁三保障”的生活水平①。实地调研中，中部地区某乡镇基层扶贫干部谈到，“低保‘兜底’对象就是那些扶不起的人，漏下来的贫困人口”。为了实现2020年全面建成小康社会的目标，那些通过产业和就业帮扶、易地搬迁、生态补偿和教育等措施帮扶无效的贫困人口，最终也要依靠低保“兜底”来解决。

2. 贫困群体分类中的底

全国相当多的地方把兜底的“底”主要理解为没有劳动能力的群体，认为，“扶贫管有发展能力的群体，低保管没有能力的群体”。这样的“二分法”的理解从微观细节上看可能过于简单化。分类做得比较仔细的地区把农村地区的扶贫建档立卡对象分为一般贫困户、低保贫困户、低保户以及五保户四类，农村低保对象分为长期保障户、重点保障户和一般保障户。两者对应的关系：扶贫建档立卡中的五保户对应农村低保中的长期保障户，农村五保即农村鳏、寡、孤、独等对象。扶贫建档立卡中的低保户对应于农村低保中的重点保障户，即指因残疾、重病等因素丧失劳动能力，家庭生活困难的农村贫困群体。扶贫建档立卡中的低保贫困户对应于农村低保中的一般保障户，即因自然条件差、生存环境恶劣，缺少生产生活资料及因病因灾、懒惰等原因造成生活困难的，具有劳动能力的农村贫困家庭。建档立卡中的一般贫困户主要是具有一定的劳动力、土地，但缺乏资金、脱贫思路等农村贫困家庭。

3. “家庭—集体—国家”帮扶主体顺序上的底

从对困难群体的帮助主体来讲，我们国家的基本制度设计应是“家庭—集体—国家”，即在家庭、集体经济等都无力帮助时，由国家的低保政策予以救助，这也体现在低保救助的家庭收入测算过程中。实际操作中，一些地方基层出现一些问题，即认为“反正国家要兜底”，忽略家庭责任。在低保识别中把老人通过分户的办法推给国家，这样做把低保制度从社会救助变为一项社会福利。子女履行赡养父母的责任，既是传统伦理的要求，也是法律规定的。《老年人权益保障法》中规定：“老年人养老以居家为基础，家庭成员应当尊重、关心和照料老年人。”“赡养人应当履行对老

① 《国新办就〈关于建立贫困退出机制的意见〉有关情况举行发布会（实录）》，http://country.cnr.cn/gundong/20160510/t20160510_522108700.shtml，2016-05-10。

年人经济上供养、生活上照料和精神上慰藉的义务，照顾老年人的特殊需要。”

（二）关于“低保兜底保障”的标准

低保兜底是对家庭人均收入低于当地最低生活保障标准的贫困家庭给予差额现金救助，使其收入能高于贫困线，从而实现低保“兜底”脱贫的目标。低保兜底通常要参考一个贫困标准（贫困线），在我国官方贫困线有两条，一个是国家统计局发布的国家扶贫线，根据每年3月公布上一年农民人均收入之后测算的，其测量方法可归纳为客观绝对贫困线、客观相对贫困线、主观贫困线法等。我国农村扶贫人口（建档立卡贫困人口）原则上的标准是按照国家统计局确定的国家贫困线确定的，并通过一定的“推算”办法得出各地的贫困人口，这是一个自上而下的过程。而低保标准的制定是地方政府的事权，上级政府只是进行统计汇总（加权）。地方人民政府制定最低生活保障标准，由省市级政府按照能够维持当地农村居民全年基本生活所必需的吃饭、穿衣、用水、用电等费用确定。实际制定时可能既考虑农民最低生活需要、物价上涨指数等因素，也考虑财政承受能力。

我国国家扶贫开发工作重点县的低保标准大部分低于国家扶贫线。课题组根据民政部门公布的数据测算，2015年全国31个省（区、市）中有16个省（区、市）的农村低保平均标准是低于国家贫困线2855元，且主要分布在中西部地区。592个国家扶贫开发工作重点县农村低保标准高于国家贫困线之上县级区域有93个，其占到总数的15.71%；592个国家扶贫开发工作重点县农村低保平均标准（2409.3元）低于国家扶贫线，其分别占到国家贫困线的84.4%和全国农村低保平均标准的75.8%。若按照2000元、2300元、2600元和2855元4个档次将592个国家扶贫开发工作重点县分成5部分，并对低保人口和分布区域进行统计分析，可以看出兜底两线合一的差距。592个国家扶贫开发工作重点县的低保标准主要集中在2000—2600元，并且同一省（区、市）不同地域农村低保标准的差异也较大（见表1）。

表1　592个国家扶贫开发工作重点县农村低保标准及人口基本情况统计

农村低保标准	县（区、市）		农村低保人口	
	个数（个）	占比（%）	人数（万人）	占比（%）
低于2000元	96	16.22	372	18.40
2000—2300元	137	23.14	515	25.60
2300—2600元	215	36.32	728	36.10
2600—2855元	51	8.61	135	6.70
高于2855元	93	15.71	266	13.20

洪大用认为在实际操作中，许多地方低保标准的制定是参照当地生活水平和财政负担能力制定的，即“以钱定人”，从而导致农村低保标准明显偏低（洪大用，2004：298）。但如果低保标准绝对水平太低或相对水平（城乡）相差太大，则可能不能达到保障农村低保对象最起码的生活水平，从而稳定社会的政策目标（张时飞、唐钧，2007）。2015年，我国的扶贫线为2855元，约相当于每天8元。为确保到2020年绝对贫困人口实现脱贫，各地政府要及时调整农村低保标准，使农村低保标准不低于按年度动态调整后的国家扶贫标准，才能发挥低保的“兜底”作用。

（三）关于“低保兜底保障”的对象

对于一些受先天条件所限，完全或部分丧失劳动能力的扶贫对象，依靠自身努力很难如期脱贫，只有通过农村低保实现兜底保障，帮助他们脱贫，才能实现2020年全面脱贫的战略目标。据《中国扶贫开发年鉴2015》显示，2014年592个国家扶贫开发工作重点县有3649万贫困人口，其占到建档立卡贫困人口的52%，贫困发生率达17.5%。其中，中部地区217个贫困县1486万人，西部地区375个贫困县2163万人（国务院扶贫开发领导小组办公室，2015：742）。

按照相关政策精神，我国8000多万建档立卡贫困人口中，到2020年有2000万贫困人口需要通过低保兜底来实现脱贫。但目前建档立卡的贫困人口与农村低保人口的吻合程度不高，原因很多。根据课题组从官方网站和部门咨询获得的数据来看，截至2015年底，中西部22个国家重点扶贫省份共有农村低保对象2340万户4171.4万人，其中低保兜底对象665.4万户1786万人。中西部22个国家重点扶贫省份农村低保人口、户数占到全国低保总人口、户数的85.1%、84.4%，农村低保老人、未成年人和残疾人分别占到其低保总人数的40.2%、10.8%和8.3%。可以看出，我国贫困地区农村低保人口中老年人群体所占的比例很高，低保对象识别群体特困特征化现象显著，低保没有充分覆盖贫困群体。①

2015年，592个国家扶贫开发工作重点县共有农村低保人口2016.4万人1077万户，其低保人口占到全国农村低保总人数的43%。其中，低保人口中老年人有727万人，占到总人数的36.1%；低保人口中残疾人有140.8万人，占到总人数的7%。按照民政部关于贯彻落实《中共中央、国务院关于打赢脱贫攻坚战的决定》通知的相关精神，低保兜底可以优先考虑老年人，重度残疾人等特殊群体，采取多种措施提高救助水平，确保其基本生活。但同时，对于“五个一批”中前四个脱贫措施实施后，仍无法脱贫的人口和返贫的人口，也应通过政策性保障兜底来脱贫。可以说，国家扶贫开发工作重点县建档立卡贫困对象中需要发挥低保兜底的数量还会继续增加。据民政部发布的最新数据显示，截至2016年11月，全国农村低保对象4562.6万人，其中，1914.5万人为建档立卡贫困人口，比2015年增加了132.4万人②。

（四）关于“低保兜底保障”对象的识别技术

从贫困程度来看，低保对象应该全部涵盖在扶贫标准之内，但微观的结果不是这样。低保救助侧重“输血”，民政部门作用于对家庭人均收入低于当地最低生活保障标准的贫困人口；扶贫强调“造血”，主要对那些具有劳动能力和脱贫愿望的贫困户进行帮扶，其中既包括符合这个条件的低保对象，也包括低保标准之上扶贫标准之下的其他贫困家庭。

从扶贫对象和低保对象的吻合度来看，建档立卡中低保兜底对象是两部门共同作用的群体，至于非建档立卡贫困人口和低保人口并不在其考虑的核心范畴内。究其缘由，低保对象和建档立卡户在家庭经济状况核查中，面对两个系统在“收入口径”上是不一致的。在低保部门认定的转移性收入中，

---

① 文中提到的低保数据均来自中华人民共和国民政部官方网站。

② 《民政部：低保兜底脱贫成效政策逐步显现》，http://news.163.com/17/0124/04/CBH4MFFG00018AOQ.html。

抚恤金、低保金、计划生育奖励扶持金、临时救助金、教育和见义勇为奖励金等转移性收入不纳入家庭收入核查范围，而扶贫部门认定的是转移后收入，贫困对象所获取的转移性收入一般要纳入家计调查范畴。

实践中，坚持测度农村居民家庭收入的地方较少，其对应的策略是使用实物性（如房、车等财产）的和生理性（如健康状况）的指标评估和社区民主评议。山西省某贫困县 2014 年底在农民人均纯收入 2800 元（相当于 2010 年 2300 元不变价）的国家农村扶贫标准之外，又制定了“八不进”[①] 的贫困识别排除条件。李小云等认为低保人口认定之所以要实行民主评议的土办法，是因为农村居民家庭收入难以界定，农村社区是一个熟人社会，左邻右舍基本上最清楚彼此家庭的实际情况，因此，民主投票选举在基层看来是“合理”且简便易行的办法（李小云等，2006）。但社区评议容易出现漏报的问题。为了维护村庄的秩序，减少因“错保”而承担的责任，基层部门对有争议的群体通常会采取“漏保”策略，使其被排除在救助体系之外。这一部分群体被称为“低保边缘群体”。“村民评议”也可能不会选出“谁是穷人”，而是“谁是遵守村规民约的人”或“谁善于处理人际关系”。

影响识别结果的另外一个重要因素是“盘子”，盘子可能是人数、比例或资金量。以山西省某国家扶贫开发工作重点县为例，中央财政对中部地区低保资金补助占该县低保总资金的 60%，其余低保资金由省、市、县级三级财政配套资金比例为 4∶3∶3。为了减小地方财政的压力，考虑到当地居民消费指数和家庭人均纯收入等因素，低保“兜底”实行分类救助。目前，该县农村居民低保标准分为三个档，第一档群体占农村低保总人数的 10%；第二档群体占农村低保总人数的 20%；第三档群体占农村低保总人数的 70%。从扶贫对象与低保对象的衔接来看，民政部门识别出的“第一档”、“第二档”和部分“第三档”低保对象被纳入建档立卡贫困人口。

---

① “八不进”指的是存在以下情形之一的农户原则上不予识别为贫困户（简称“八不进”）：（1）配偶、子女在机关、事业单位、国有企业有固定工作且收入稳定的；（2）个体工商户或经营公司的；（3）在城镇购买商品房的；（4）家庭中有齐备的高档电器，有机动车辆（残疾人代步车、农用手扶车、农用三轮车除外）、工程机械或大型农机具的；（5）家庭成员中有就读私立高收费学校或自费出国留学的；（6）长期（两年以上）不在本村居住且务工经营有稳定收入和居住条件的，或与本村以外子女、亲属共同生活有保障的；（7）从事农业生产规模经营的能人、大户；（8）有稳定财产性收入的。

（五）关于低保政策执行主体的兜底能力

低保制度作为农村贫困家庭的最后一道安全网，其目标是减少贫困和促进社会公平。毫无疑问，低保制度能为贫困家庭发挥最低保障的作用，但这种作用的发挥要依靠基层和社区的机构，需要靠它们去“兜”底。低保的实施，从面上讲涉及千家万户，涉及社会每一个角落，涉及每个季度、每个月的动态调整，此外，还提出临时救助对象要采取“主动发现受理”的方式，这些都对社会救助的工作人员数量和质量提出更高的要求。

我国扶贫部门和民政部门属于两个系统，自上而下开展各项工作。尽管农村扶贫开发政策和社会救助制度共同致力于反贫困，服务同一群体，但在脱贫攻坚中，基层扶贫工作人员包括各乡镇领导、驻村干部、驻村扶贫工作队、“第一书记”等。“五个一批”脱贫战略工程由扶贫部门牵头，财政、民政、教育、人社、住建、电力等部门协同开展。目前，农村扶贫主要以项目为导向，而负责执行的乡镇基层扶贫、民政、人社等部门的工作人员基本是兼任的，在脱贫攻坚这个大格局下，不同部门之间人员的调动频繁。基层民政部门硬件设施不足，工作经费有限，乡镇一级没有编制，致使民政专职工作人员少，低保家庭经济状况核查开展工作难。除了人员之外，基层运作经费和设备与“兜底”也还存在差距。因此，必须加强基层机构的能力建设，以提高低保“兜底”的可靠性。

（六）关于低保“兜底”的资金保障

从制度设计上看，低保是一种补差型现金救助制度，是政府为无法通过自身努力维持基本生活的困难群众提供物质帮助。因此，“兜底”对象的数量、标准的制定与财政资金供给是息息相关的。2015 年，全国城市低保人数不到农村低保人数的一半，但其低保月平均补助水平是农村地区的 2 倍，城市低保资金支出已占到全国低保资金总和的 43.6%。近年来，中央对地方补助主要面向财力相对薄弱的中西部地区，西部地区和中部地区有西部大开发政策的 243 个县（市、区）由中央补助 80%；其他中部地区享受中央补助 60%，东部地区除直辖市外，按照财力状况分省确定，最高补助比例为 50%[①]。以西

① 《中央对地方补助主要面向财力相对薄弱中西部地区》，http://www.gov.cn/gzdt/2008-03/04/content_9。

部地区贵州省某州为例，低保资金量是省民政厅根据上一年的资金支出略微提高或减少财政预算的，这一部分占低保总资金的80%；州一级根据上一年的财政支出，制定下一年的财政预算，这部分资金占低保总资金的4%；各县的资金支出占低保总资金的16%。

截至2015年底，中西部22个省份农村低保资金总支出为723.9亿元，农村低保对象4171.4万人，低保人均补助标准1735元/年；592个国家扶贫开发工作重点县低保资金总支出为332.8亿元，农村低保人口2016.4万人，其低保人均标准1650元/年。粗略预测，按照“五个一批”战略和补差的做法，低保兜底对象将不少于2000万人。按照低保总资金 = 低保人数 ×（低保标准 - 家庭人均收入）这一计算公式。假如我们以2010年国家贫困线2300元作为2020年低收入人群的家庭人均收入，那么2020年低保兜底所需资金等于“无力可扶”的800万“零收入”贫困人口和无力脱贫或返贫的1200万贫困人口的兜底资金之和。如果考虑到城乡一体化等因素，低保资金的需求会有更大增加。

此外，城乡低保标准与当地居民最低生活需要、人均纯收入、当地物价水平指数有关。从理论上讲，农村低保对象搬迁至城镇，理应享受城市的低保标准。况且，我国城市低保标准高于农村地区。近年来，我国城乡居民恩格尔系数之间的差距在不断缩小，农村居民的基本消费水平逐渐向城镇地区靠拢，城乡二元结构被打破，城乡的恩格尔系数在靠近。事实上，如果我国全面实现城乡低保一体化，低保资金的缺口也将随之增大。以贵州省黔西南州为例，2016年全州23万易地扶贫搬迁人口中纳入农村低保的对象在未搬迁前，农村低保标准为3060元/（人 · 年）；若参照迁入地城市低保标准，低保对象可享受495元/（人 · 月）［5940元/（人 · 年）］。因易地搬迁政策的实施，全州农村居民低保标准将增加2880元/（人 · 年），低保资金总支出也将大幅度增加。但若城乡低保真要达到一体化，做到应保尽保，那么流动后的贫困人口就需要重新进行核定。

二　与低保挂钩的其他救助政策的兜底保障作用

在相当程度上，低保兜底保障作用也是由与低保挂钩的其他社会救助政策实现的。由于采用了现金支付和家庭经济状况核查、社区评议等手段，低保具有社会救助的基本制度的特征。换句话说，在实施其他社会救助政策时，充分利用从低保制度处获得的贫困人员的家庭情况、经济收入水平等信息，来判断申请人所述情况是否属实，有利于让救助更为精准，同时有利于节省识别成本。脱贫攻坚战中，应以低保这一基本制度为基础，其他社会救助政策、社会保障制度相配合，以共同减少贫困现象的发生。根据《社会救助暂行办法》，社会救助体系包含的制度包括最低生活保障、特困人员供养、受灾人员救助、医疗救助、教育救助、住房救助、就业救助以及临时救助8项，同时鼓励社会力量参与，形成社会救助的“8+1”体系。在8项社会救助制度中，医疗、教育、住房和就业4项救助制度明确规定，救助对象应当包括最低生活保障家庭成员。换句话说，低保制度和特困供养制度包含的救助对象确定了这4项制度救助对象的“起始线”，低保制度对这4项制度起到基础支撑作用。

从需求保障来看，最低生活保障制度为受保对象提供的仅为满足基本生存需求的帮助和保障，而不能满足诸如教育和健康等发展需求。换句话说，在《中国农村扶贫开发纲要（2011—2020年）》中提出的农村扶贫“两不愁三保障”的目标中，低保制度旨在帮助解决“两不愁”问题，“三保障”问题则需要通过其他救助保障途径来实现。从社会环境的支持度来看，低保制度的目标是“保障生存”和“减少贫困”，如果保障水平过高，则可能会出现制度的逆向激励，使那些通过低保制度获得脱贫能力的群体，以及靠近但位于最低保障线以上的边缘群体，因希望得到低保的补贴而放弃通过自身努力增加收入，反而停留或“跌落”至“最低收入人口”的群体中，从而违背了制度设计的初衷。事实上，由于现实中各地政府为降低政策实施成本、提高便利性，“低保户”这一身份正越来越作为一种获得大量社会福利的“准入证”而存在，也产生了一些负面的效果，偏离低保制度的预期目标。

在对低保人口的医疗救助方面，各地方政府实施医疗救助的主要表现形式包括按比例报销住院费用，代缴参合（新农合）、参保（居民基本医疗保险）费用，以及对个人缴费部分的二次医疗救助补贴等。在对建档立卡的贫困人口的救助方面，民政部要求对建档立卡贫困人口参加基本医疗保险的个人缴费部分由财政给予补贴；将符合条件的建档立卡贫困人口纳入重特大疾病医疗救助范围，对其经基本医疗保险、城乡居民大病保险等报销后个人负担的合规医疗费用予以救助，以避免低保对象和低保临界对象因病致贫、因病返贫。

社会救助体系中的“教育救助”与精准扶贫中的“教育扶贫”，在帮助贫困家庭中的适学人口通过接受教育摆脱贫困问题上有着异曲同工的作用。但相比于教育扶贫措施，教育救助仅着眼于低保家庭与低保边缘家庭，救助的形式通常也仅表现为学杂费减免和发放补助等。教育救助也因此具有目标更为明确、资金更为充足等优点，相比于体系庞大的教育扶贫措施，教育救助对于低保人群及低保边缘人群的救助更为专注。过去就业救助与农村人口关联不大，为更好地满足农村贫困人口的就业需求，解决就业救助正激励效果不显著的问题，2016 年人社部提出要求实施多项脱贫措施，包括“使每个有参加职业培训意愿的贫困劳动力每年都能接受至少 1 次免费就业培训”“建立和完善输出地与输入地劳务对接机制”“对跨省务工的贫困劳动力给予交通补贴”等，以期在多个方面增加就业对于贫困人口的吸引力，降低外出打工成本，提高打工收益（人力资源和社会保障部，2016）。

除医疗、养老、住房与教育遵循低保的基本参照作用之外，各地还实施了一些以低保对象为主，兼顾低保边缘群体的其他方面的专项救助，具体形式主要为费用补贴和实物发放等。在费用补贴方面，低保户通常能够享受水费、电费、燃气费或采暖费等费用的减免。在实物发放方面，地方政府会根据本地区低保群众的实际情况来发放有针对性的实物。在无集中供暖的地区，当地政府会在冬天为低保家庭发放棉衣棉被等；另一些地区在粮食短缺高发的季节，为低保户发放粮食等。由于低保救助工作与地方实际情况紧密相连，这些地方特色的救助政策满足了当地贫困人员对于社会救助工作的需求，同时对于其他地区开展多种形式的低保对象救助工作也具有一定的启发性。

通过以上对低保制度和其他救助制度之间关系的分析，我们可以看到在理想状态下，社会救助体系各项目之间应该充分衔接互嵌，以低保为托底，发挥反贫困的协同作用。但在实际操作中，理性的制度设计也可能受到“人”的因素的扭曲，从而发生目标与效果的偏离。这种偏离反映在最低生活保障制度之中，就表现为低保的“身份化”、福利依赖以及社会救助中的“悬崖效应”等。

三　小结与讨论

随着贫困人口逐渐减少，贫困的结构和特征也逐渐发生变化。2020 年之后，绝对贫困人口在统计数据上的消失，意味着长期困扰中国农村的原发性的绝对贫困将基本终结，农村贫困将进入一个以次生贫困为特点的新阶段（李小云，2017）。

（一）引导社会和贫困人口正确理解“兜底”的含义

“兜底”包括贫困群体分类意义上的兜底理解，“底”即指穷人中没有能力的最困难的群体（老弱病残）（这样的理解与之前的两项制度衔接的试点有关，也与当时资金相对不足有关）；但“兜底”更重要的是指发展干预顺序上的兜底，即开发式扶贫最终解决不了的贫困问题，最后由低保来解决，首先还是要促进贫困人口的发展；“兜底”还包括保障主体的兜底，即低保作为一项国家干预是在家庭、集体、市场主体等无法有效解决贫困问题之后的制度安排等，不能用低保代替“家庭保障”的作用。“兜底”作用包括两个方面，既要解决低保线过低的问题，使建档立卡中的低保人口补差后的收入达到贫困线，同时也要把未纳入建档立卡的长期低保户纳入扶贫开发范畴，使其逐步具备自我发展能力。

（二）调整农村低保标准和国家扶贫线的关系

为确保贫困地区低保标准能够在 2020 年达到贫困线的水平。各省根据自己财力的制定不低于上述底线之上的帮扶标准和低保标准，但应维持低保的最低需求保障性质，至多不能高于基本需求保障，低保的标准高低主要取决于救助对象的最低需求（甚至不是基本需求）。所谓最低需求，就是《中国农村扶贫开发纲要（2011—2020 年）》里提出的“不愁吃、不愁穿”。

根据致贫原因和脱贫需求，对贫困人口实行分类精准扶持，实施“五个一批”工程。可以看出，依靠产业、就业等其他帮扶措施脱贫的对象和低保兜底对象的致贫原因不同，低保兜底对象的贫困程度更深。即便低保兜底对象的人均纯收入高于国家扶贫线，但由为缺乏可持续性，生计系统很脆弱，需要国家有相应的帮扶措施继续关注这个群体，防止他们滑入贫困（左停，

2017）。

（三）改进当前的人口识别方法，提升两类人群的吻合度

基于两条扶贫线，两部门所能识别出的人群并不完全一致，贫困治理出现碎片化的格局。因此，要坚持贫困地区扶贫线与低保线“两线合一”或“两库合一”，贫困人口的识别要以收入为基础，综合考虑财产核查、民主评议等因素。以家庭贫穷为基本特征来识别贫困对象，不简单地按“人”或“户”划分，要么是“扶贫户”，要么是“低保户”。应该把长期低保户和重点低保户纳入建档贫困户范围，而部分低保户可以纳入临时救助机制的范围。

（四）重构作为基础身份制度的低保制度与其他救助制度之间的关联挂钩关系

低保制度除通过自身的转移支付来支持外，还为其他社会救助和保障提供了参考名单，主要包括医疗保险和医疗救助、教育救助。针对建档立卡的贫困户（大多数情况下包括低保户），现在也有住房、就业方面、养老的救助政策支持。一些地区还有一些针对低保和建档立卡贫困户的地方性的补贴或价格优惠政策，如电费、燃气燃煤费等。这种挂钩有聚焦贫困人口的一面，但也产生“悬崖效应”的问题。

为避免低保制度产生的“悬崖效应”，根据致贫原因，将教育、就业和医疗救助等专项救助措施作用的对象与低保兜底对象区分开来，实现低保兜底与其他救助政策的“脱钩”与“协作”，真正做到按需施救。通过降低“低保”身份的“含金量”，还原低保作为“保最低需求”的制度设计的本来面貌，如此可以有效鼓励有劳动能力的救助对象积极就业。

（五）做好扶贫开发与低保两项政策的制度衔接，为全面实施精准补差施救奠定基础

目前的脱贫被称为“攻坚战”，即使在脱贫攻坚战完成时，我们仍应该认识到“脱贫人口”中的相当部分（1200 万人左右）只是靠低保使这部分人口的收入达到贫困线的水平，他们本身仍然是社会经济状况相对贫困的群体。从这个角度来说，帮助穷人的低保工作会是一场“持久战”，应该在标

准制定、人群识别、家庭经济核对和精准施保等方面进行长期的制度建设，以提高精准扶贫和施救的绩效。

参考文献

陈文佼、李志伟，2012，《贵州扶贫开发进程中农村低保制度的完善》，《理论与当代》第9期。

陈文琼、刘建平，2017，《论农村低保救助扩大化及其执行困境》，《中国行政管理》第2期。

方黎明、张秀兰，2007，《中国农村扶贫的政策效应分析——基于能力贫困理论的考察》，《财经研究》第12期。

宫蒲光，2016，《充分发挥农村低保的兜底作用》，《行政管理改革》第4期。

关信平，2016，《我国低保标准的意义及当前低保标准存在的问题分析》，《江苏社会科学》第3期。

国务院扶贫开发领导小组办公室，2015，《中国扶贫开发年鉴　2015》，团结出版社。

韩华为、徐月宾，2014，《中国农村低保制度的反贫困效应研究——来自中西部五省的经验证据》，《经济评论》第6期。

洪大用，2004，《转型时期中国社会救助》，辽宁教育出版社。

黄承伟，2016，《脱贫攻坚省级样本》，社会科学文献出版社。

李小云，2017，《2020年之后会是一个没有"贫困"的时代?》，http://nanduguancha.blog.caixin.com/archives/160190。

李小云、董强、刘启明、王妍蕾、韩璐，2006，《农村最低生活保障政策实施过程及瞄准分析》，《农业经济问题》第11期。

刘小珉，2015，《青海省农村贫困及反贫困——基于农村低保反贫困的视角》，《青海民族研究》第4期。

人力资源和社会保障部，2016，《关于在打赢脱贫攻坚战中做好人力资源社会保障扶贫工作的意见》，8月4日，http://www.mohrss.gov.cn/nmggzs/NMGGZSzhengcewenjian/201608/t20160810_245212.html。

王延中、王俊霞，2015，《更好发挥社会救助制度反贫困兜底作用》，《国家行政学院学报》第6期。

肖云、吴国举、刘慧，2009，《农村最低生活保障退出机制构建研究》，《西北人口》第4期。

谢东梅，2016，《农村低保制度瞄准执行与动态贫困减少的有效性检验——基于福建省14个县（市、区）28个村庄的调研》，《东南学术》第6期。

徐丽敏，2014，《反福利依赖视角下的低保制度审视——兼析〈社会救助暂行办法〉》，《华东理工大学学报》（社会科学版）第6期。
张时飞、唐钧，2007，《辽宁、河北两省农村低保制度研究报告》，《东岳论丛》第1期。
朱玲，2011，《应对极端贫困和边缘化：来自中国农村的经验》，《经济学动态》第7期。
左停，2016a，《要把特困人员救助供养工作作为脱贫攻坚的重要支点》，《中国民政》第5期。
左停，2016b，《反贫困的政策重点与发展型社会救助》，《改革》第8期。
左停，2017，《防止农村低收入群体滑入贫困》，《中国党政干部论坛》第1期。

2

扶贫开发与农村低保衔接的政策执行偏差及其矫正*

——基于复杂政策执行的“模糊—冲突”分析框架

王　蒙**

一　问题的提出

我国大规模农村扶贫开发（以下简称“扶贫开发”）始于1986年，政府通过开发式扶贫政策的制定及执行推动贫困区域及农村贫困人口的脱贫。由于完全或部分丧失劳动能力的贫困人口受到扶贫开发的隐性排斥，为缓解该类贫困群体的贫困状况，农村最低生活保障制度（以下简称“农村低保”）于2007年在我国全面推行。自此，我国贫困治理进入“两轮驱动”时代。为了形成贫困治理合力，党的十七届三中全会提出“实现农村最低生活保障制度和扶贫开发政策有效衔接”。2009年，国务院扶贫办联合民政部、财政部等多部门下发《关于做好农村最低生活保障制度和扶贫开发政策有效衔接试点工作的指导意见》，在全国11个省（区、市）所辖20个县的5955个行政村开展扶贫开发与农村低保衔接（简称“两项制度衔接”）试点工作，并于2010年在中西部贫困地区扩大试点范围。已有试点对两项制度衔接进行了探索，虽然推动了贫困群体的分类治理，在程序、识别、政策、管理的有效衔接方面却遭遇困境（杜毅、肖云，2012）。对此，学者们认为可以通过制定负所得税方案（李庆梅、聂佃忠，2010）、实施复合型衔接模式（王三秀，2010）推动政策顶层设计的更新，强调应当强化实践中的程序

* 原文刊发于《中国农业大学学报》（社会科学版）2018年第5期。

** 王蒙，西北农林科技大学人文社会发展学院讲师，陕西省乡村治理与社会建设协同创新研究中心研究人员。

衔接（李凤荣，2012）。

2013 年 11 月，习近平总书记在湖南考察时首次提出精准扶贫，精准扶贫随后被提升至治国理政的战略高度，促进我国减贫治理体系现代化水平的提升（吕方，2017）。在脱贫攻坚推进过程中，两项制度衔接被纳入贫困治理政策体系。2015 年 10 月，习近平总书记在减贫与发展高层论坛上提出“五个一批”减贫举措，将“社会保障兜底一批”作为其中一项重要减贫措施。2016 年 9 月，民政部、国务院扶贫办等部门联合下发《关于做好农村最低生活保障制度与扶贫开发政策有效衔接的指导意见》，推动两项制度衔接在全国范围的推行。当前，学术界对脱贫攻坚阶段的两项制度衔接给予了一定关注。刘宝臣、韩克庆在对两项制度进行政策梳理的基础上，认为推进两项制度有效衔接既依赖于反贫困政策框架的整体设计，也需要建构可操作的衔接机制（刘宝臣、韩克庆，2016）。左停、贺莉从宏观层面对两项制度进行制度比较，认为推进两项制度衔接需要进行多主体的协同治理（左停、贺莉，2017）。王蔚从反贫困立法角度探讨优化两项制度衔接的路径（王蔚，2017）。总体来看，阐述脱贫攻坚期两项制度衔接的相关成果并不丰富。同时，已有研究主要聚焦从制度规范的角度探讨两项制度的有效衔接，对两项制度衔接的地方实践关注较少，并未揭示两项制度衔接在地方实践中是否达致有效衔接。那么，当前阶段，两项制度衔接的地方实践状况如何？是否达致有效衔接？本文以深度贫困地区 C 县两项制度衔接的地方实践为例，引入复杂政策视角对上述问题进行回应。C 县位于深度贫困地区，行政隶属于西部贫困大省 A 省 B 藏族自治州，2012 年被列入国家扶贫开发工作重点县。根据 2015 年贫困统计数据，G 县农村贫困发生率为 21%，农村低保覆盖率为 17%。脱贫攻坚之前，G 县并未被纳入两项制度衔接的全国试点。脱贫攻坚进程中，C 县两项制度衔接在 2016 年 9 月之前处于虚假衔接状态，此后逐步迈入实质衔接。

二 分析框架：“模糊—冲突”模型下的复杂政策及其执行

公共政策是服务型政府进行社会治理的重要工具。随着社会治理复杂性的激增，复杂政策在社会治理中扮演日益重要的角色。依据复杂性视角，复杂政策指政策目标综合、技术手段复杂、对环境差异敏感的公共政策（吕方、梅琳，2017）。复杂政策的复杂性表现为：首先，复杂政策致力解决的社会问题复杂，需要满足不同政策对象群体多元化的服务需求，政策目标具有综合性（尚云杰、殷杰，2014）。其次，复杂政策的政策结构复杂，呈现为由不同子政策所构成的政策群。子政策可能是复杂性低的简单子政策，也可能是复杂子政策。再次，复杂政策的政策过程复杂。政策制定中，中央政府因复杂政策对地方情境敏感常出台纲领性文件，地方政府拥有较高的“转译”自由裁量权。同时，复杂政策的政策制定对跨部门协同有较高要求。政策执行中，复杂政策既涉及“条条”内部的互动，也牵涉条块之间、条条之间的协作。

对于复杂政策而言，由于在我国“政策制定往往只是博弈的开始，执行才是真正的难点所在”（陈家建等，2013）。由此，我们可以借鉴聚焦政策执行的梅兰特“模糊—冲突”模型对复杂政策进行分析。具言之，梅兰特认为模糊性与冲突性是公共政策的两大属性，模糊性指政策目标或政策手段的模糊，冲突性指政策执行的利益相关者在政策目标认同或政策执行手段方面存在冲突。依据上述两种政策属性，梅兰特建构了“模糊—冲突”模型，将政策执行区分为四种理想类型：行政性执行（低模糊性—高冲突性）、政策性执行（低模糊性—高冲突性）、试验性执行（高模糊性—低冲突性）和象征性执行（高模糊性—低冲突性），政策执行中的支配性要素分别为资源、权力、情境、联盟力量（Matland，1995）。由于梅兰特“模糊—冲突”模型聚焦单一性政策并且侧重于静态性分析，对复杂政策进行分析时需要对该模型进行修正。依据复杂性特征，复杂政策的模糊性涵盖单项子政策的层级模糊性与子政策之间的协同模糊性，冲突性则包含单项子政策的层级冲突性与子政策之间的协同冲突性。对于单项子政策而言，梅兰特“模糊—冲突”模型具有较高的适用性，子政策的政策执行依据层级模糊性与层级冲突性两个维度可以区分为行政性、政治性、试验性及象征性四种基本类型（见表 1）。在子政策的协同层面，依据协同模糊性与协同冲突性可以将子政策协同划分为：行政协商式协同（低协同模糊性—低协同冲突性），支配性因素为部门之间能否有效地进行资源衔接；高位驱动式协同（低协同模糊性—高协同冲突性），支配性因素是能否建构具有强制性的等级性权威；政策试验式协同（高协同模糊性—低协同模糊性），支配性因素是部门之间能够建构清晰的协同路径；部门主导式非协同，支配性因素为部门之间能否形成利益联盟（见

表2）。

在复杂政策实践中，单项子政策的政策执行与子政策的协同紧密相关。一方面，单项子政策的执行情况是子政策进行协同的前提。当单项子政策中出现象征性执行，会对子政策的协同造成较大阻碍。另一方面，子政策的协同也会对单项子政策执行造成影响。随着复杂政策体系化程度提升，子政策协同会受到更多重视，这可能会进一步改变协同层面的政策属性，从而作用于单项子政策的执行。

表1　单项子政策的政策执行类型

		层级冲突性	
		低	高
层级模糊性	低	行政性执行	政治性执行
		支配性因素：资源	支配性因素：权力
	高	试验性执行	象征性执行
		支配性因素：情境	支配性因素：联盟力量

表2　子政策的协同类型

		协同冲突性	
		低	高
层级模糊性	低	行政协商式协同	高位驱动式协同
		支配性因素：资源衔接	支配性因素：等级性权威
	高	政策试验式协同	部门主导式非协同
		支配性因素：协同路径	支配性因素：利益联盟

三　虚假衔接：农村低保与扶贫开发的衔接异化

贫困不仅是由收入不足而引发的物质匮乏，其在本质上是由可行能力缺乏导致的“健康和影响不良、受教育水平和技能低、生计手段缺乏、居住条件恶劣、社会排斥以及社会参与缺乏等”多重福利剥夺的状态（United Nations Development Program，2010）。由于致贫因素的多维性与交织性，贫困治理面对的治理情境复杂，只有实施综合性的复杂政策才能达致有效减贫。由此，贫困治理政策呈现为典型的复杂政策（吕方，2017）。在贫困治理复杂政策中，扶贫开发政策与农村低保制度为两项基础性的复杂子政策，在脱贫攻坚实施之前呈现为部门主导。脱贫攻坚的推进对两项制度衔接在全国范围的实践提出要求。虽如此，较长一段时间，两项制度在地方实践中处于虚假衔接状态。

（一）“高层级模糊性—高层级冲突性”：两项制度的象征性执行

在我国“条块分割”的政府体制中，扶贫开发与农村低保分别归口于扶贫部门与民政部门。在C县，扶贫移民局是扶贫开发政策的实施主体，农村低保则属于该县民政局的地方事权。两个部门虽然在推进C县贫困治理中多有合作，但是这种合作在两项制度衔接之前主要集中在项目领域。例如，C县2009—2011年实施的整村推进整合了扶贫、教育、卫生、民政、交通等部门的行业资金，民政部门被整合的资源包括民政减灾安居工程资金、五保户建房资金和麻风户建房资金，并未涵盖以非项目制形式运作的农村低保。两项制度衔接之前，扶贫开发与农村低保在地方实践中都面临较强的层级模糊性与层级冲突性。

层级模糊性维度，在明确的减贫目标下，两项制度在政策手段选择方面均存在高模糊性。扶贫开发领域，由于贫困的生成与治理对地方情境敏感，中央政府主要出台纲领性的扶贫开发纲要、指导意见等。地方政府中的省、市政府在“转译”政策文件时虽然削减了政策模糊性，但是仍为基层政府留有较大的模糊性空间。以整村推进为例，《中国农村扶贫开发纲要（2001—2010年）》中提出整村推进的基本思路，要求以贫困村为基本单元实施综合性扶贫开发。此后，A省和B州都出台了相关的整村推进政策。不过，贫困村遴选、实施方案制定等政策手段的层级模糊性并未得到有效削减，C县扶贫办在指标分配与准入条件设置方面拥有较大权限。精准扶贫实施之后，扶贫开发的政策瞄准对象下沉至贫困户，层级模糊性主要体现为难以采取精准的瞄准机制对政策对象进行识别，农村低保所面对的层级模糊性亦是如此。以农村低保为例，国务院颁布的《关于在全国建立农村最低生活保障制度的通知》对农村低保的实施提出总体要求，政策执行被归为地方政府的事权。A省与B州颁布的实施办法细化了农村低保对象的范围与识别条件。虽如此，农村家计调查中收入核算的模糊性使政策对象在技术层面难以被精准瞄准，同时也难以被社区排位识别法所矫正（李棉管，2017）。

层级冲突性层面，扶贫开发与农村低保在各自政策领域的层级模糊性赋予基层政府较高的自主权，同时也为政策执行利益相关者之间的利益博弈预留了空间，较高的层级冲突性在利益相关者的利益博弈中形成，这进一步诱致了两项制度在各自政策领域中的象征性执行。精准扶贫实施之前，扶贫开发政策的执行异化主要呈现为扶贫资源分配的精英俘获及大众俘获。同样以C县整村推进为例，由于整村推进对村庄产业基础、村干部组织动员能力等村庄禀赋有较高要求，部分非贫困村优先被列入整村推进而被打造成“样板村”。同时，整村推进在资源分配上存在大众俘获。E村2009年被纳入C县整村推进，共获得约400万元资金。其中，63%的资金投入土地整治、水利建设、农业示范基地建设等公共项目，37%的资金投入住房建设。由于住房建设被视为村容村貌的重要内容，该村全部农户均被动员参与了“六改”[①]并获得2.55万—4.6万元不等的扶持资金。贫困户除了享受更高的住房改造扶持资金，并未获得其他区别性的政策支持。同一阶段，由于农村低保对象识别的技术模糊性，村庄层面存在不同利益群体激烈争低保资源，农村低保资源分配呈现为大众俘获。

> 农村低保刚开始给的时候，上面文件要求是给最穷的，整户整户地给。我们乡书记和乡长就要求按照文件规定来操作，但是我们也不敢打包票说谁家比谁家更穷，很多家看起来差不多。村干部虽然帮助甄别，但是他们也不晓得农户包包里头到底有多少钱。既然村子里大家都差不多，好多乡就开始平分……我们乡的矛盾激化了，那些没有分到的老百姓就跑到乡上闹，要求平分。F村有个村民，她就经常跑到乡上来闹，后来还跑到县上去告。闹起来之后，县上就发现了这个问题，就要求所有乡镇重新按户给。但是县上政策也怪得很，最穷的整户给一类低保，名额很少。其余的给二类，名额又不够。为了减少矛盾，又悄悄在平分，给老人、病人还有读书的娃娃多一些倾斜，县上对此也是默认了。再后来，几乎家家户户都有人在吃，低保成了继承制……低保最开始没有录系统，很多时候上级监管不到，不好追究责任。（20160804—D乡

① “六改”指改顶、改厨、改厕、改圈、改墙、改梯。国家没有单独的“六改”政策，该政策为C县整合部门行业资金后出台的地方性政策。

副乡长）

由于C县农村基层社会分化不明显，农村低保资源的平均分配在一定程度上缓解了不同利益群体在政策利益争夺时的冲突。在“稳定压倒一切”以及农村层级模糊性高的治理情境中，农村低保资源的平均分配成为地方性共识并形成相对固化的惠民政策利益分配格局。当精准扶贫初期贫困户精准识别标准较为模糊时，C县贫困户指标亦出现平均分配的情况。

> 精准扶贫在老百姓的眼中，他们认为和民政救济一样。民政是你家穷，政府会通过低保或者其他途径给你钱或者东西。精准扶贫也是我家穷，国家要把我扶持起来，那就是要给我钱或者东西。所以说，前面评低保户时平分，现在评这个建档立卡贫困户那也得平分。（20160804—D乡副乡长）
>
> 我们在2014年最开始建档立卡的时候，不管是穷也好富也好，大家都想成为贫困户，但是贫困户有指标限制，就出现许多平分的情况，你家里面报三个人，他家里面报两个人。（20170729—C县扶贫移民局副局长）

（二）“高协同模糊性—高协同冲突性”：两项制度的衔接异化

2015年10月，“低保政策兜底一批”的提出意味着两项制度在全国范围内的衔接被纳入“顶层设计”。虽如此，在最初阶段，由于扶贫开发与农村低保在协同层面的高模糊性与高冲突性，两项制度衔接呈现为部门主导式非协同。在C县，两项制度在2016年9月之前一直处于虚假衔接状态。同时，由于层级模糊性与层级冲突性并未得到有效削减，C县扶贫开发与农村低保仍呈现为象征性执行，这进一步阻碍了两项制度的有效衔接。具体而言，协同模糊性维度，中共中央、国务院于2015年11月颁布的《中共中央、国务院关于打赢脱贫攻坚战的决定》明确提出实施低保兜底脱贫。

> 完善农村最低保障制度，对无法依靠产业扶持和就业帮助脱贫的家庭实行政策性保障兜底……尽快制定农村最低生活保障制度和扶贫开发政策有效衔接的实施方案……进一步加强农村低保申请家庭经济状况核

查工作，将所有符合条件的贫困家庭纳入低保范围，做到应保尽保，抓紧建立农村低保和扶贫开发的数据互通、资源共享信息平台、实现动态监测管理、工作机制有效衔接。（中发〔2015〕34号）

上述纲领性文件虽然指出两项制度协同的基本路径，但是并未清晰阐释如何建构清晰化的两项制度协同路径，特别是如何建构扶贫部门与民政部门之间的协同机制。在此之前，A省于2015年10月出台的《A省社会保障扶贫专项方案》中同样提出低保兜底脱贫，但也存在协同模糊性高的问题。与之类似，协同模糊性在B州这一层面也未得到有效削减。

协同冲突性层面，两项制度虽然都致力于减贫，但是扶贫开发聚焦“造血”而农村低保侧重于“输血”。在差异化的政策目标下，两项制度在政策执行手段方面存在较强的技术或程序冲突性。一方面，扶贫标准与低保标准在地方实践中长期处于“两线分离”状态。以C县2014年和2015年的两线标准为例，两年的贫困线分别为家庭年人均纯收入低于2736元和2855元，而同期农村低保标准分别为2267元和2376元。同时，两项制度对“收入口径”的界定也不一致。在核算农户家庭经济情况时，C县民政部门不会将抚恤金、助学金、临时救助金等转移性收入纳入核算范畴，而扶贫部门会将这部分转移性收入作为家庭收入核算的构成部分。另一方面，两项制度在识别程序方面存在较大差异。贫困户识别需要经过农户申请、村民代表大会民主评议、村委会与驻村工作队核实并公示、乡镇审核与公示、县扶贫办复审并发布公告等程序。低保户识别则需要经过农户申请、村委会审核、村民代表大会民主评议并公示、乡镇审核并公示、县民政部门审查与审批等环节，每一环节都有执行时限。此外，贫困户识别形成了制度化的退出机制，而低保户识别则缺乏制度化的动态调整机制。

四　实质衔接：扶贫开发与农村低保衔接异化的纠正

精准扶贫被提升至治国理政的国家战略高度，有效推进了我国贫困治理体系的理性化进程，贫困治理作为复杂政策的体系化程度有所增强。一方面，贫困治理建构了分类治理机制并通过强化不同机制的协同性来增强贫困治理的综合性。另一方面，建构了“中央统筹、省负总责、市县抓落实”的脱贫攻坚责任制以及扶贫攻坚成效考核机制，通过“高位驱动”推动脱贫攻坚“顶层设计”自上而下得到层层落实。在上述贫困治理变迁过程中，两项制度衔接在脱贫攻坚中的作用受到更多重视，两项制度的有效衔接成为硬性规定。C县两项制度的虚假衔接在自上而下多样化纠偏举措的推动下，逐步迈入实质衔接。

（一）“顶层设计”的规则输入：协同模糊性与层级模糊性的削减

“合法性的正式规则构成了科层组织的‘宪法’，它一方面设定了科层组织中行动者之间的权力关系和职责范围，另一方面确定了行动者执行业务的常规程序和操作规则”（张云昊，2011）。《中共中央、国务院关于打赢脱贫攻坚战的决定》颁布之后，中央政府自上而下进行密集化的政策体系建构，两项制度衔接的协同模糊性以及两项制度在各自政策领域的层级模糊性在正式规则输入的过程中得到一定程度的削减。协同模糊性维度，民政部部长在2015年12月召开的全国民政工作会议上高度强调要充分发挥两项制度衔接在脱贫攻坚中的重大作用。同期，国务院扶贫办主任在2015年全国扶贫开发工作会议上也强调应加强民政部门与扶贫部门的协同以推进两项制度衔接。2016年4月，民政部颁布《关于贯彻落实〈中共中央、国务院关于打赢脱贫攻坚战的决定〉的通知》，对两项制度的衔接工作进行了细化。同年9月，民政部等部门联合印发《关于做好农村最低生活保障制度与扶贫开发有效衔接指导意见的通知》，强调在建立部门间有效沟通机制的基础上重点加强政策衔接、对象衔接、标准衔接、管理衔接，要求地方民政部门会同扶贫等相关职能部门制定地方性的实施方案。

层级模糊性维度，国务院扶贫办与民政部均采用多样化的举措减少各自政策领域中的政策模糊性。扶贫开发领域，国务院扶贫办自2015年9月起开展数次纠正建档立卡贫困户识别偏差的“回头看”行动，在运动式纠错的过程中输入更加清晰的贫困户识别规则。同时，国务院扶贫办逐步建立国家扶贫大数据平台并制定标准化的数据录入规则，旨在从统计技术层面解决好“扶持谁”的问题。民政领域，民政部同样强调提高低保户识别的精准性，要求认真贯彻执行《关于进一步加强农村最低生活保障申请家庭经济状况核查工作的意见》，以有效遏制骗保、错保、关系保、人情保等违规现象。

（二）层级性权威建构：协同冲突性与层级冲突性的弱化

顶层设计的清晰化虽然削减了两项制度的协同模糊性与层级模糊性，但并不意味着两项制度的有效协同在地方实践中能够自动达成。在顶层设计的协同模糊性与层级模糊性削减的前提下，两项制度的有效衔接需要建构能够削减协同冲突性与层级冲突性的运行机制。由于地方扶贫部门与民政部门同时接受双重领导，具有相同的行政权威。在这种权威分散的情况下，即使单个政策具有理性和效率，聚合性影响却可能呈现混沌状态（史普原，2015）。基于此，层级性权威的强化能够成为消除协同冲突性与层级冲突性的重要路径，即通过自上而下“高位驱动”的强制力在各利益部门之上寻找超越这些部门的权力主体来建构协同机制（汪锦军，2012）。贫困治理作为复杂政策不仅覆盖两项制度及其衔接，同时也涉及其他子政策的执行或协同，权威在多部门的分散性不利于复杂政策执行。由此，强化“块块”地方政府在贫困治理的层级性权威，有助于削减复杂政策的协同冲突性与层级冲突性。

党的十八大以来，习近平总书记多次在重要场合强调“消除贫困、改善民生、逐步实现共同富裕是社会主义的本质要求，是我们党的重要使命”。作为脱贫攻坚推进情况较好的排头兵，A省省委、省政府敏锐地感应到贫困治理在中央战略体系中的重要地位。2015年，A省率先以高规格的省委全会形式部署扶贫攻坚，审核并通过《A省关于集中力量打赢扶贫开发攻坚战确保同步全面建成小康社会的决定》，明确指出，“市（州）、县（市、区）、乡镇党政主要负责同志是扶贫开发第一责任人，要与上级党委、政府签订脱贫责任书，每年向上级专题报告扶贫开发攻坚工作进展情况”。同时，该决定强调向县级政府适度下放资金使用的权限，提出“以县为主体，加大资金整合使用力度”。由此，A省省委、省政府推动精准扶贫第一责任主体的条块转换，由“条条”扶贫部门转变为“块块”地方政府，县级政府的贫困治理职责进一步凸显，县级政府对县级相关职能部门的统合能力也有所增强。此外，该决定同时关注了两项制度衔接在政策手段方面的冲突性，强调要“研究贫困地区扶贫线和低保线‘两线合一’实施办法，逐步把低保线提高到扶贫线标准，率先对残疾人扶贫对象实行生活费补贴，核定其年收入与国定贫困线标准差额，据实发放差额补助，使其年收入达到国定贫困线标准”。此后，A省省委办公厅于2015年9月印发《贫困县党政领导班子和领导干部经济社会发展实绩考核办法（试行）》，将脱贫攻坚绩效作为绝对重点的考核内容，推动扶贫开发主体责任在县级层面的落实。2015 年 11 月，中西部 22 省区市党政主要负责人向中央政府签署脱贫攻坚军令状并承诺落实“中央统筹、省负总责、市县抓落实”的脱贫攻坚责任制，地方政府作为脱贫攻坚第一责任主体的地位得到进一步明确。

除了直接施令于下级地方政府，A 省省委、省政府也施压于“条条”职能部门。A 省扶贫办于 2015 年 10 月起在全省开展建档立卡“回头看”行动，要求地方政府及扶贫部门严格按照建档立卡要求进行贫困户再识别。2016 年 1 月，A 省民政厅印发《关于在全省开展城乡低保对象普查和精确识别工作的通知》，要求“着重解决群众反应强烈的‘人情保’、‘关系保’和错保漏保等问题，纠正‘轮流吃低保’、分配低保指标、‘一户一保’不按家庭成员保障、不以家庭为单位、不入户调查、不公示和不按收入补差发放低保金等突出问题”。2016 年 2 月，A 省民政厅召开全省民政工作会议，再次强调要重点规划、落实好脱贫攻坚相关各项工作。同年 3 月，B 州对社会保障扶贫专项工作进行部署。在提高农村低保标准的同时，B 州要求对全州农村低保对象进行全面普查与复核。

> 要严格按照现行保障政策要求开展“兜底”工作……坚决杜绝富裕户、关系户、争议户，坚决防止“富人戴帽、穷人落榜”和“平均数掩盖大多数”的问题，决不允许出现贫困对象之外还有更贫困群众的现象。这次脱贫攻坚也给我们一个机遇，就是对低保兜底对象进行全面清理，以前纳入低保，现在条件好了的，该退出来的就要退出来，做到应退尽退，确实在低保线以下，该兜底的就要兜住，做到尽保尽保。各县（市）党委、政府必须牵头抓好这项工作，民政等社会救助管理部门要认真履职尽责，确保低保对象精准识别。（20160323 – B 州委常委在州民政工作会议上的发言稿）

（三）基层政府政策执行偏差的矫正

在“高位驱动”之下，C 县委、县政府迅速行动起来。2015 年 10 月，C 县召开县委全体会议审议并发布该县《集中力量打赢扶贫开发攻坚战的决定》，强调通过强化条块双重动员机制来推进脱贫攻坚。一方面，C 县成立以县委书记、县长为领导核心的扶贫攻坚指挥部，将每年脱贫攻坚任务分解到乡镇并要求乡镇党政一把手签署脱贫攻坚军令状。在此过程中，C 县强化了县级领导对乡镇的定点联系，以此加强对乡镇脱贫的过程监管。另一方面，C 县扶贫攻坚指挥部细化了“五个一批”的年度实施目标与内容，成立了基础扶贫、产业扶贫、社会保障等 10 个由县委领导“挂帅”的专项工作组，由专项工作组的县委领导对“条条”部门的扶贫任务进行协调与落实。在条块双重施压下，C 县对两项制度衔接进行调整。2015 年 10 月，针对建档立卡贫困户识别不精准问题，C 县根据 2014 年制定的《C 县扶贫开发建档立卡工作实施方案》，开展了第一轮建档立卡数据清洗行动。

> 扶贫移民局要求大家按照实施方案再次核对原有数据，如异地搬迁户、扶贫手册填写信息要准确无误，姓名和照片要对应，重点要对贫困户整户纳入、贫困属性、致贫原因、帮扶措施对精准扶贫户再核实一次。大家一定要重视本次调整工作，县长已经通报了我县扶贫工作中存在的几个问题，特别是非整户纳入问题。县组织部部长在第一书记工作会议上也强调要查明在扶贫工作中存在的问题，明确指出如果不重视这次工作，要对相关干部追责。（20151117 - D 乡乡长会议讲话记录）

由于 C 县两项制度衔接不仅涉及建档立卡贫困户的“微调”，亦涉及低保户大范围的调整。在制定 2016 年脱贫攻坚实施计划时，C 县要求乡镇政府配合民政局开展低保再识别工作。2016 年 4 月，C 县脱贫攻坚指挥部颁布《C 县关于农村低保对象普查和精准识别工作方案》，要求各乡镇在 2016 年 8—9 月集中开展农村低保普查工作，以推动两项制度衔接。依据该文件，此次低保普查工作将农村低保全部收回，再由县民政局按原指标分配给乡镇并严格按照识别标准与程序来操作。在此过程中，明确要求杜绝出现以下情况：

> 杜绝出现“不按户施保、一户一保”现象，务必实现整户纳入；杜绝“轮流吃低保”“平均分享低保补助金”“人情保”“关系保”，已死亡，空户继续享受的。坚决纠正一些地方把低保作为福利手段的“搭车

保”；一户中不得同时出现 A、B 两种类别；乡镇或村（社区）干部统管低保卡以及办理低保过程中杜绝出现不申请、不调查、不评议、不公示、不严格审核审批程序等社会反响强烈和群众意见较大的问题，必须减少和遏制“骗保”、“错保”和“漏保”等现象的发生，确保低保制度规范运行。

在低保普查工作中，C 县脱贫攻坚指挥部要求民政局对乡镇政府上报的扶贫攻坚兜底对象进行摸底调查，将符合政策条件的建档立卡户全部列为低保兜底对象。与此同时，C 县民政局被要求与扶贫部门进行对接，协助扶贫部门将符合建档立卡的低保户纳入扶贫开发范畴。为了降低大量失保人员产生所造成的基层治理风险，C 县民政局同时也被要求对因病返贫的非低保人员和建卡贫困户给予适当的医疗救助。此后，C 县 22 个乡镇开始推进低保普查工作。由于时间紧、任务重并且牵涉利益群体范围较大，乡镇政府面对很大政策执行阻力。虽如此，在州、县低保普查督查组频繁进行督察以及脱贫攻坚第三方评估的迎检压力下，乡镇政府迅速对村干部进行了动员。

这边老百姓对低保认识不到位，觉得低保就是他们收入的一部分，非常看重。你要调整低保，有些村子的矛盾肯定会激化。刚开始我们给村支书和村长开了几次会，告诉他们现在调低保是按国家政策来的，以前那种平均分的做法肯定不行，现在得整户整户地给村子上最穷的那些……我们问他们自己能摆得平不，摆得平的话肯定最好，摆不平低保名额我们要收回来一部分，退给国家。他们就说应该摆得平，不想浪费低保名额，实在摆不平再退名额。各村村支书给乡上是签了责任书的，乡上给了他们两个星期的时间去给老百姓做思想工作。（20170804 - C 县 G 乡社保专干）

我们反正就是条件好一点的除开，没有吃过低保的、条件差一点的整上来。刚开始就是给村民做思想工作，确实很难，经常吵架。我们告诉大家这个是按照国家政策来的。开村民大会的时候，乡长、第一书记、包村干部全部都来了，来了三次，专门做思想。最后开评选会时，他们也来了，会开了整整一天。村民提出异议，我们就马上去核对，把异议说开来。据说后面还有暗访、回访，我们也不敢像以前那样平分，乡上领导也不允许。低保重新评完后，后面也接着评哪些低保可以纳入建档立卡贫困户，这个也是开村民大会评的。其他有些村有评不满意上访的，我们村子上没有……低保明年要不要动态调整，这个我们也不晓得，现在还没有接到通知，今年到现在没有调整过。（20170720 - C 县 D 乡 F 村村委会主任）

在贫困户与低保户精准识别的基础上，以“应保尽保、应扶尽扶”为基本原则，C 县两项制度迈入实质的衔接阶段，将符合条件的贫困户纳入农村低保，同时也将有一定发展能力的低保户纳入精准扶贫。此后，在 C 县脱贫攻坚指挥部的部署下，通过定期召开联席会议、强化数据比对、联合开展数据清洗等行动，扶贫部门与民政部门在脱贫攻坚中的协同作用得到进一步强化。

五　结论与讨论

扶贫开发与农村低保作为贫困治理复杂政策中的两项子政策，两者之间的衔接对于脱贫攻坚具有重大意义。本文在建构复杂政策执行“模糊—冲突”分析框架的基础上，以国家扶贫开发工作重点县 C 县两项制度衔接由虚假衔接转向实质衔接的实践过程为例，认为地方实践中两项制度在脱贫攻坚实施前期的虚假衔接主要是源于两个方面。其一，扶贫开发与农村低保在各自政策领域具有高层级模糊性与高层级冲突性，这促使两项制度在各自的地方实践中均处于象征性执行。其二，在扶贫开发与农村低保象征性执行的基础上，两项制度的衔接具有高协同模糊性与高协同冲突性，这导致两项制度的衔接处于部门主导的非协同状态。由此，两项制度衔接在此阶段处于虚假衔接。此后，随着贫困治理体系的理性化程度提升，贫困治理作为复杂政策的体系化程度有所增强，对两项制度的实质衔接提出明确要求。一方面，中央政府通过密集性地出台政策来降低两项制度协同的模糊性以及两项制度在各自政策领域的层级模糊性。另一方面，中央政府通过建构“中央统筹、省负总责、市县抓落实”的脱贫攻坚责任制，通过“高位驱动”强化地方政府作为脱贫攻坚的第一责任主体。在层级性权威建构的基础上，地方实践中的协同冲突性与层级冲突性都得到了一定程度的缓解。由此，两项制度在地方实践中由虚假衔接迈入实质衔接。

总体来看，地方层级性权威的强化在推动两项制度在短期内由虚假衔接迈向实质衔接中扮演关键角色，这种推动作用主要通过以行政政治化的运动式治理削减协同冲突性及层级冲突性来获得实现。在此过程中，两项制度在协同层面的协同模糊性以及各自政策领域层级模糊性的削减相对滞后，这使两项制度在地方实践中虽然迈入实质衔接，但是这种实质衔接更多停留在标准衔接、对象衔接这一层面。由于两项制度政策对象识别的模糊性不能完全消解，同时建构机制衔接、路径衔接、管理衔接等深层次衔接的协同模糊性仍然较高，两项制度衔接并未达致深层次的实质衔接。此外，倘若不能建构合理的政策对象识别与动态调整机制，扶贫资源与低保资源向部分贫困群体的聚集可能会形成新固化的政策资源分配利益格局，导致形成撕裂村庄社会团结的治理风险。由此，两项制度在地方实践中的实质衔接仍需继续深化。

参考文献

陈家建、边慧敏、邓湘树，2013，《科层结构与政策执行》，《社会学研究》第 6 期。

杜毅、肖云，2012，《扶贫开发政策与农村最低生活保障制度运行衔接研究》，《西北人口》第 5 期。

李凤荣，2012，《青海省泽库县藏区农牧区扶贫开发与农村最低生活保障有效衔接的调查》，《社会保障研究》第 2 期。

李棉管，2017，《技术难题、政治过程与文化结果——“瞄准偏差”的三种研究视角及对中国“精准扶贫”的启示》，《社会学研究》第 1 期。

李庆梅、聂佃忠，2010，《负所得税是实现扶贫开发与农村低保有效衔接的现实选择》，《中共中央党校学报》第 5 期。

刘宝臣、韩克庆，2016，《中国反贫困政策的分裂与整合：对社会救助与扶贫开发的思考》，《广东社会科学》第 6 期。

吕方，2017，《精准扶贫与国家减贫治理体系现代化》《中国农业大学学报》（社会科学版）第 5 期。

吕方、梅琳，2017，《“复杂政策”与国家治理——基于国家连片开发扶贫项目的讨论》，《社会学研究》第 3 期。

尚云杰、殷杰，2014，《复杂性理论与公共政策研究》，《科学技术哲学研究》第 6 期。

史普原，2015，《科层为体、项目为用：一个中央项目运作的组织探讨》，《社会》第 5 期。

汪锦军，2012，《构建公共服务的协同机制：一个界定性框架》，《中国行政管理》第1期。

王三秀，2010，《可持续生计视角下我国农村低保与扶贫开发的有机衔接》，《宁夏社会科学》第4期。

王蔚，2017，《反贫困立法视野下扶贫开发与农村最低生活保障制度耦合研究》，《黑河学刊》第4期。

张云昊，2011，《规则、权力与行动：韦伯经典科层制模型的三大假设及其内在张力》，《上海行政学院学报》第2期。

左停、贺莉，2017，《制度衔接与整合：农村最低生活保障与扶贫开发两项制度比较研究》，《公共行政评论》第3期。

Matland, R. E. 1995. "Synthesizing the Implementation Literature: The Ambiguity-Conflict Model of Policy Implementation." *Journal of Public Administration Research and Theory* 5: 145 – 174.

United Nations Development Program. 2010. *Human Development Report 2010: The Real Wealth of Pathways to Human Development* (New York: Plagrave Macmillan).

第九部分

中国减贫的后2020展望

1

2020年后反贫困战略：话语切换、顶层谋划与学界探讨*

施海波　吕开宇**

贫困是伴随人类社会发展的一个长期现象，反贫困也必将是一个永恒的课题（魏后凯，2019）。1949 年以来，中国从救济式扶贫到开发式扶贫再到精准扶贫，出台实施了一系列中长期扶贫规划，探索出一条符合国情的特色扶贫开发道路。尤其是党的十八大以来，以习近平同志为核心的党中央明确要求确保打赢精准脱贫攻坚战，并将其作为对 2020 年如期全面建成小康社会、实现第一个百年奋斗目标具有决定性意义的攻坚战，举全国之力大攻坚，创造了人类减贫史的奇迹。中国成为世界上减贫人口最多的国家，是第一个完成联合国千年发展目标中减贫目标的发展中国家，对全球减贫贡献率超过 70%①。但是，“现行标准下农村贫困人口全部脱贫，贫困县全部摘帽，解决区域性整体贫困”目标的实现，只是历史性、阶段性地解决了绝对贫困现象，并不意味着没有绝对贫困，也不意味着贫困问题的消失和消除，更不意味着中国与贫困做斗争的事业终结（黄承伟，2019）。理论和国际发展实践均表明，在任何社会形态的国家，贫困问题都是长期存在的。中国也不例外，将会始终走在反贫困的道路上。2020 年后，中国贫困地区的致贫因素和贫困形态都将出现新变化，管理的碎片化、资源的部门化与工作要求的整体性推进等之间的矛盾将日益突出，反贫困战略思路、工作体系与制度体系也将做出新的调整，中国反贫困事业将进入一个崭新的历史阶段（高强等，

---

* 原文刊发于《中国农业大学学报》（社会科学版）2020 年第 3 期。

** 施海波，中国农业科学院农业经济与发展研究所博士后。吕开宇，中国农业科学院农业经济与发展研究所研究员。

① 数据来源于《为人民谋幸福：新中国人权事业发展 70 年》白皮书。按照 2010 年贫困标准，中国农村贫困人口由 1978 年的 7.7 亿人减少至 2018 年的 1660 万人，农村贫困发生率由 1978 年的 97.5%下降至 2018 年的 1.7%，2012—2018 年中国每年有 1000 多万人稳定脱贫。

2019），整体贫困语境也将有所变化。由于贫困话语与语境直接相关，因而贫困话语亟须因势而变。

纵观全球，贫困问题始终是一个世界性难题，反贫困始终是人类共同面临的一项历史任务。每当世界各国站在重要的时代关口、关键的历史节点，反贫困战略的演进方向都备受社会各界的高度关注。当前，中国正处在全面建成小康社会目标实现之年、脱贫攻坚收官之年。这一时期也是脱贫攻坚和乡村振兴“两大战略”统筹衔接的政策叠加期，更是实现“两个一百年”奋斗目标的历史交汇期。2020 年后反贫困战略走向也必然会引起社会各界的高度关注和讨论，成为社会各界探讨和争论的焦点议题。在新的贫困语境下，顶层设计者、学界研究者两类主体是主要的“发声者”，也是战略走向关键的“晴雨表”。2020 年后反贫困战略引起这两类主体高度关注的主要原因有两个方面。第一，顶层设计者需要继续肩负反贫困的历史使命。中国是世界上人口最多的发展中国家，人民日益增长的美好生活需要和不平衡不充分的发展之间的矛盾仍然是社会的主要矛盾，反贫困是一项长期的历史任务，也是体现党的宗旨和社会主义制度优越性的重要标志，更是解决社会主要矛盾的重要措施（黄承伟，2019a）。从实现第二个百年目标出发，中国将持续关心贫困问题，采取强有力措施来逐步缩小差距，最终实现共同富裕，以此为实现中华民族的伟大复兴和全面建成社会主义现代化强国奠定坚实的基础，继续引领全球反贫困事业，为全人类做出更大贡献。第二，学界研究者需要继续夯实反贫困的理论基础。研究贫困的重要意义不是在于贫困理论本身，而是为实践提供坚实的理论基础，或直接设计一套可供选择或参考的政策方案。当前中国处于一系列重大战略、重要政策的历史交汇期和政策叠加期，不失为研究贫困的重要阶段，学界可以在理论研究的基础上开展 2020 年后反贫困政策设计与试验。同时，全国各地生动的扶贫实践为研究提供了丰富的案例素材，学界可以全面总结这些经验，向世界介绍中国智慧，让国际社会了解中国的制度优势。

综上所述，在新语境下，贫困话语将切换，2020 年后反贫困战略必然会引起社会各界广泛的“热论”，不同的主体将被赋予不一样的“战略构想”，需要聆听各界的“声音”。其中，顶层谋划是政策方向，学界探讨是理论基础，两者缺一不可。各个主体都在不断强化自身在“热论”中的焦点价值，究竟这两类不同主体在对 2020 年后的反贫困战略谋划什么、探讨什么？亟须对不同主体的“声音”进行全面系统的梳理、廓清和归并，以期为进一步讨论 2020 年后的反贫困战略提供理论基础。

一　话语切换：扶贫、减贫与反贫困

（一）话语呈现

在研究顶层设计者、学界研究者“热论”前，有必要在新语境下，进一步讨论几个相关话语，即几个重要概念。这既是对本文题目中为何使用“反贫困”的解释，也是对社会各界关注的“2020 年后还叫扶贫吗?”等类似问题给予的一个尝试性的回答。世界范围内关于“摆脱贫困”的概念主要是扶贫、减贫与反贫困。它们主要有三个关注点，即过程、程度和结果。其中扶贫、反贫困更多关注过程，而减贫既关注过程也关注结果。长期以来，国内政策文件、学术期刊、基层实践等很多正式和非正式场合都会提及这三个概念，但大多数时候并没有充分厘清概念间的差异，而是将这三个概念混用、误用甚至乱用，尤其国内很多关于 2020 年后贫困问题的研究中涉及的概念五花八门，亟待考察辨析。

国内的重要政策文件主要使用“扶贫”一词，但也出现过“减贫”和“反贫困”的概念。改革开放初期，《中共中央关于加快农业发展若干问题的决定》《中共中央、国务院关于帮助贫困地区尽快改变面貌的通知》等涉及贫困的重要政策文件并未提及这三个概念，而是使用“摆脱贫困”一词。1986 年后开始使用“扶贫”的概念，至今相关重要政策文件也是更多地使用“扶贫”一词，如《关于加强贫困地区经济开发工作的通知》《国家八七扶贫攻坚计划（1994—2000 年)》《中国农村扶贫开发纲要（2001—2010 年)》等。但是，2010 年后的相关重要政策文件在使用“扶贫”概念的同时，也开始使用“减贫”的概念，如《中国农村扶贫开发纲要（2011—2020 年)》《中共中央、国务院关于打赢脱贫攻坚战的决定》《“十三五”脱贫攻坚规划》《中共中央、国务院关于打赢脱贫攻坚战三年行动的指导意见》等重要文件。其中“减贫”主要有两种用意：第一，表示结果，如减贫数量、减贫任务、减贫指标等；第二，对外宣传和交流合作，如讲好减贫的中国故事、开展国际减贫合作等。同时，也出现了少数“反贫困”的概念，如中国“谱写了人类反贫困史上的辉煌篇章”等。在学术界研究中，这三个词使用的频率大致相同，而在基层实践中常常使用“扶贫”一词。

（二）概念考辨

究竟中国2020年后使用哪种“话语”更为准确或得当，还需要详细考察三个概念的基本内涵。扶贫（poverty alleviation）是“中国式”表述，是面向贫困群体的行动概念。通常狭义的扶贫是指政府、社会各界和个人通过某些措施，如帮助贫困群体提高发展能力，增加贫困群体的就业机会，提高贫困群体的劳动生产率，来增加贫困群体的可支配收入，以达到减缓贫困的目的。广义的扶贫则是指使用生产性和分配性的措施，直接或间接增加所有贫困群体的收入。它包括狭义的扶贫和通过各种社会福利政策或制度增加贫困群体的可支配收入两个主要方面（吴国宝，1996）。减贫（poverty reduction）是指贫困人口的减少或者贫困程度的减缓，既有扶贫之意，也有贫困减少的结果之意，其动力来源不只是扶贫，也包括经济增长等其他各类措施。反贫困（anti poverty）概念最早由瑞典学者冈纳·缪尔达尔提出，之后学者对此概念的认识不断深入，认为反贫困是指通过个人和社会的共同努力，在政治、经济、社会、文化等多方面消除致贫因素的过程：首先需要满足人们最基本的物质生活需求；其次在环境建设和能力建设过程中提升人们自立于社会的能力；最后需要在兼顾公平与效率的过程中注重公平，缩小差距，实现共同富裕。同时，反贫困政策是指旨在缓解贫困程度，解决贫困问题，包括绝对贫困和相对贫困问题，实现“反贫困”目的的政策总和（赵定东、方琼，2019）。目前，理解“反贫困”概念具有较强的层次性，逐一递进，即减少贫困、减缓贫困、扶持贫困和消除贫困，其中，“减少贫困”“减缓贫困”均可简称“减贫”，但前者强调减少贫困人口的数量、贫困的发生因素，后者强调减缓贫困的程度及减轻、缓和贫困的手段；“扶持贫困”简称“扶贫”，主要是从政策实践的角度研究和落实反贫困计划与项目。中国目前在反贫困过程中，主要从“扶贫”的层面来理解反贫困，更加重视通过制定政策、计划等具体行为过程来反贫困（闫坤、于树一，2013）。

由此可见，中国的“扶贫”是表示“减贫”的具体行为过程，是从政府和相关组织的角度出发提出的减贫概念，是政府对政策实施或反贫困实践的总结，已被广泛认可，严格地说它是减贫的一种具体方法或路径（王海，

2013）。“扶贫”和“减贫”均有帮扶的含义，更适用于绝对贫困，而“反贫困”是绝对贫困、相对贫困都可以适用，且是一个更为宏观的概念。鉴于 2020 年后贫困大多为相对贫困，致贫原因又具有多样性（在下文会做详细论述），因此传统意义上的“扶贫”一词应由“反贫困”一词替代更为妥帖（雷明，2016）。在新语境下，需要适时将“扶贫”切换成“反贫困”新话语①。

二　顶层谋划：政策导向与制度设计

关于 2020 年的反贫困战略，顶层设计者主要包括党和国家领导人、相关部门负责人，他们的“声音”具有鲜明的政策导向，并对 2020 年后反贫困战略的机制设计做了一定的阐释。顶层设计者的具体政策导向与机制设计内容如下。

（一）政策导向

1. 高度重视2020年后反贫困战略思路系统的研究谋划

2018 年 9 月 21 日，习近平总书记在十九届中共中央政治局第八次集体学习时明确指出，2020 年全面建成小康社会之后的贫困问题，要及早谋划、早做打算；2020 年 3 月 6 日，习近平总书记在决战决胜脱贫攻坚座谈会上指出，脱贫摘帽不是终点，而是新生活、新奋斗的起点（习近平，2019a）。其实，早在 2014 年开始打脱贫攻坚战时，顶层设计者就已经高度重视 2020 年后的反贫困战略，提出要把握好攻坚战与持久战的关系，2020 年以前要实现全面建成小康社会目标，必须攻坚，但这一目标实现后并不意味着没有扶贫开发任务了，要有 2020 年以后打持久战的思想准备（人民网，2014）。顶层设计者认为到 2020 年现行标准下农村贫困人口全部脱贫，只是解决了中国千百年来没有解决的绝对贫困问题，只是完成了最基本的扶贫任务，并不意味着我们解决了贫困问题，扶贫将贯穿整个社会主义初级阶段，是一项长期

① 需要说明的是，两类群体关于 2020 年后反贫困战略的热议内容中，顶层设计者更多表述成“减贫”，学界研究者的表述中仍然三个概念都有。下文对热议的内容会基本保持原貌，其他属于笔者研究的内容均使用“反贫困”概念。

任务（顾仲阳，2015）。同时，要认真总结脱贫攻坚经验，研究谋划2020年后减贫战略，持续推进中国特色减贫开发事业（刘永富，2018）。近年来，中共中央、国务院印发的《关于打赢脱贫攻坚战三年行动的指导意见》《关于坚持农业农村优先发展做好“三农”工作的若干意见》《关于抓好“三农”领域重点工作确保如期实现全面小康的意见》等一系列扶贫的重要文件，也均提出要及早谋划脱贫攻坚目标任务2020年完成后的战略思路。

2. 高度聚焦乡村振兴与脱贫攻坚战略的统筹衔接

顶层设计者认为到2020年全面建成小康社会的目标实现后，中国的反贫困事业将进入一个新的发展阶段。为了巩固脱贫攻坚的成果、接续推动经济相对落后地区经济社会的发展和人民生活水平的改善，要做好脱贫攻坚和乡村振兴的衔接工作，应确保脱贫攻坚和乡村振兴战略的规划衔接、政策衔接、投入衔接，现有的脱贫攻坚的巨量资金应当继续投入乡村振兴中，保证投入政策不退坡，更不能退出，投入力度不能减弱（韩俊，2019）。应加快建立健全脱贫攻坚与乡村振兴相衔接的机制办法（韩长赋，2019）。中共中央、国务院印发的《乡村振兴战略规划（2018—2022年）》《关于实施乡村振兴战略的意见》《关于打赢脱贫攻坚战三年行动的指导意见》《关于坚持农业农村优先发展做好“三农”工作的若干意见》《关于抓好“三农”领域重点工作确保如期实现全面小康的意见》等文件，均提出要做好实施乡村振兴战略与打好精准脱贫攻坚战的有机衔接，推动两大战略有机结合、相互促进。李克强总理在《2019年政府工作报告》中也明确指出，要加强脱贫攻坚与乡村振兴统筹衔接。农业农村部、水利部等一些部门也从各自领域出发，对脱贫攻坚与乡村振兴衔接问题进行了具体部署。

3. 高度关注返贫和相对贫困、多维贫困、城乡贫困

习近平总书记在2017年参加十二届全国人大五次会议四川代表团审议时特别指出，扶贫需要下一番“绣花”功夫，防止返贫和继续攻坚同样重要（《人民日报》，2017）。同时，习近平总书记强调脱贫和高标准的小康是两码事，我们不是一劳永逸，毕其功于一役，相对贫困、相对落后、相对差距将长期存在（霍小光等，2016）。在全面建成小康社会之后，我们虽然消除了绝对贫困，但相对贫困仍将长期存在，到那时，针对绝对贫困的脱贫攻坚举措要逐步调整为针对相对贫困的日常性帮扶措施，并纳入乡村振兴战略架构下统筹安排（习近平，2019）。消除绝对贫困解决的主要是生存问题，减

少相对贫困解决的主要是发展、共享的问题（曲天军，2016）。在 2020 年实现脱贫攻坚目标之后，需要用更多的精力研究返贫和相对贫困问题（陈锡文，2019）。未来中国减贫战略将实现三个新的转变，即由主要消除绝对贫困向减缓相对贫困转变，从主要解决收入贫困向解决多维贫困转变，由主要解决农村贫困向统筹解决城乡贫困转变（定军，2018）。中共中央、国务院印发的《乡村振兴战略规划（2018—2022 年）》和《关于实施乡村振兴战略的意见》远景谋划到 2035 年中国相对贫困将得到进一步缓解。

（二）制度设计

1. 巩固脱贫攻坚成果

顶层设计者认为保证脱贫的真实性是巩固脱贫攻坚成果的基本前提，但 2020 年全面脱贫后返贫的风险依然会存在。因此，要以长期稳定政策为起点，加快建立促进群众稳定脱贫、防范返贫的长效机制。习近平总书记在 2019 年解决“两不愁三保障”突出问题座谈会上指出，对于这些需要长期逐步解决的问题，要有总体安排，创造条件分阶段逐步解决。同时，顶层设计者一直认为，对已经摘帽的贫困县、退出的贫困村和脱贫的贫困人口，要继续巩固，保持相关扶贫政策稳定，减少和防止贫困人口返贫，研究解决收入水平略高于建档立卡贫困户的群众缺乏政策支持等新问题，对摘帽后的贫困县要通过实施乡村振兴战略巩固发展成果，接续推动经济社会发展和群众生活改善①。同时，要从长远着手，发展产业，增加就业，增加收入，让脱贫有可持续的能力，将返贫的和新发生的贫困人口及时纳入进行帮扶②。

2. 谋划调整贫困标准

顶层设计者认为中国当前的贫困标准已高于世界银行最新贫困标准，未来需要根据经济社会发展水平，完善贫困标准动态调整机制③。同时，科学设定与调整各类社会救助标准，就收入性相对贫困而言，进一步研究最低生活保障标准的设定与调整机制；就支出性相对贫困而言，进一步健全健康、教育、住房、就业等专项社会救助政策，制定各类专项救助标准，明确相应

---

① 《关于坚持农业农村优先发展做好“三农”工作的若干意见》。

② 参见新华网（2019）。其中，中国返贫的人数已经从 2016 年的 60 万人左右降到 2019 年的 10 万人以内，新发生的贫困人口从 100 多万人减到 10 万人以内。

③ 《国家人口发展规划（2016—2030 年）》。

救助对象范围，从台阶式的救助转向稳定的梯度救助和退出转变（王姝，2019）。中国也正在由统一制定国家扶贫标准，向尊重区域发展的梯度差异梯次制定区域扶贫标准转型。实际上，部分发达省份早已开始探索相对贫困的标准划定。例如，浙江省于 2015 年在全国率先消除家庭人均纯收入 4600 元以下的贫困现象，目前正在实施高水平全面小康计划，到 2022 年低收入农户最低收入水平达到年人均 9000 元以上①。2015 年，江苏省 411 万农村低收入人口整体实现 4000 元脱贫目标。该省明确到 2020 年使 277 万建档立卡农村低收入人口人均年收入超过 6000 元②。2018 年，广东省 176.5 万相对贫困人口整体实现 4000 元脱贫目标。该省明确到 2020 年有劳动能力的相对贫困人口年人均可支配收入达到当年全省农民人均可支配收入的 45%，相对贫困村年人均可支配收入达到当年全省农民人均可支配收入的 60%③。

3. 规划具体实施路径

虽然当前已经建立一套比较好的体制机制，且有可持续性，但 2020 年后仍需要在此基础上创新完善相关制度。中共中央、国务院印发的《乡村振兴战略规划（2018—2022 年）》明确提出，要加快建立健全缓解相对贫困的政策体系和工作机制，持续改善欠发达地区和其他地区相对贫困人口的发展条件，完善公共服务体系，增强脱贫地区“造血”功能，探索统筹解决城乡贫困的政策措施。党的十九届四中全会也明确提出，要巩固脱贫攻坚成果，建立解决相对贫困的长效机制④。胡春华副总理在 2019 年全国扶贫开发工作会议上指出，要围绕接续推进减贫工作，研究建立解决农村相对贫困的长效机制，开展工作衔接试点（《人民日报》，2019）。他在 2019 年中央农村工作会议上再次强调，要保持脱贫攻坚政策总体稳定，抓紧研究接续推进减贫工作（赵超、董峻，2019）。目前相关部门正在研究开展国家脱贫攻坚普查，以及 2020 年后反贫困战略的目标、思路、路径设计，系统勾画建成现代化国家进程中反贫困战略路线图。由此看来，从机制设计上来看，顶层已经有

① 《浙江省乡村振兴战略规划（2018—2022 年）》。

② 《江苏省“十三五”农村扶贫开发规划》。

③ 《广东省国民经济和社会发展第十三个五年规划纲要》《中共广东省委办公厅 广东省人民政府办公厅印发〈关于打赢脱贫攻坚战三年行动方案（2018—2020 年）〉》。

④ 党的十九届四中全会审议通过的《中共中央关于坚持和完善中国特色社会主义制度、推进国家治理体系和治理能力现代化若干重大问题的决定》。

一个较为具体清晰的框架思路。

综上所述，顶层设计者早已经高度重视 2020 年后反贫困战略思路系统的研究谋划，聚焦乡村振兴与脱贫攻坚战略的统筹衔接，关注返贫和相对贫困、多维贫困、城乡贫困。受专业背景和机构限制，顶层设计者对如何巩固脱贫攻坚成果、调整现行贫困标准、规划具体实施路径等方面的关注仍然相对不足。但是，顶层设计者在强化 2020 年后反贫困战略的焦点价值以及学术方向引领方面依然发挥着极为重要的作用。

三　学界探讨：关注焦点与争论核心

近几年，随着脱贫攻坚战不断向纵深推进，中国学术界研究者逐渐开始关注 2020 年后国内的反贫困问题，主要聚焦反贫困总体形势变化与反贫困战略体系建构两大问题上，同时对贫困空间形态是否发生变化、贫困线划定与否和具体方法、反贫困政策是否需要过渡期等三个核心问题存在一定争论。学界研究者关注焦点与争论核心的具体内容如下。

（一）关注焦点

1. 反贫困总体形势变化

总体来看，学术界认为 2020 年后中国反贫困的总体形势将发生四个重大转变，即贫困形态由绝对贫困向相对贫困转变、治理地域由农村向城乡转变、审视维度由单一贫困向多维贫困转变、重点人群由一般群体向特殊群体转变。当然，这几个转变之间不可避免地存在相互叠加或可以转化。

（1）贫困形态由绝对贫困向相对贫困转变。2020 年后，中国将经历贫困结构转化的过程（张琦、冯丹萌，2016）。随着长期困扰中国农村原发性绝对贫困的消失，贫困的相对性、次生性会凸显，农村贫困将进入一个以转型性的次生贫困和相对贫困为特点的阶段（李小云、许汉泽，2018）。相对贫困是贫困现实更为真实的表现形式（孙久文、夏添，2019）。相对贫困具有地域差异性、城乡差异性、主观性与客观性等，同时在新的时代背景下会呈现多种类型（邢成举、李小云，2019）。解决相对贫困问题将成为推动乡村振兴战略、城乡一体化发展和社会主义现代化建设中的重大议题（黄承伟，2019b），也是中国进入高质量脱贫阶段的重要体现，更是“后脱贫时代”的主要攻坚方向（王磊，2019）。未来，在中国贫困人口构成中，相对贫困人口将成为主体部分（雷明，2016）。相对贫困人口可划分为三类：第一类包括仍需“低保兜底”的贫困人口、遭遇风险冲击的返贫人口和易地移民扶贫搬迁安置的贫困人口；第二类是由于东西部区域发展不平衡而产生的相对贫困人口；第三类是“十三五”期间在城市化进程推动下实现了市民化而融入城市的低收入人口（凌经球，2019）。

（2）治理地域由农村向城乡转变。长期以来，中国扶贫开发政策以解决农村贫困问题为首要目标，2020 年脱贫目标也是以农村贫困人口脱贫为标准来衡量，而对城市人口的贫困问题始终关注不够（罗玉辉、侯亚景，2019）。未来虽然农村贫困仍不容忽视，但与农村贫困相比，2020 年后中国城市贫困问题将日趋严重、更加棘手，且城市贫困具有成因较为复杂、内容涵盖较多、标准难以统一等特点，城市贫困和农村贫困并重将是全面建成小康社会后中国贫困问题的长期趋势（白永秀、刘盼，2019；冯丹萌、陈洁，2019）。随着城镇化的加速推进，大量农村人口涌向城市，贫困问题从农村向城市转移的趋势明显，农民工成为城市新的贫困群体，他们不仅面临收入贫困，还面临消费贫困；此外，在经济结构转型升级过程中，下岗失业、待业等群体的贫困问题也逐渐显现（黄征学等，2019）。同时，从农村转移到城市的新市民群体以及城镇“三无”（无生活来源、无劳动能力又无法定赡养人、扶养人或者抚养人）家庭的贫困问题尤其值得关注（谷树忠，2016）。

（3）审视维度由单一贫困向多维贫困转变。伴随经济水平的不断提升和社会发展的不断加速，2020 年后中国贫困问题不再是单纯的经济现象，而是集经济、社会、文化、自然等因素于一体的复合现象，即由以经济贫困为主转变为经济贫困、资产贫困、社会贫困、文化贫困和生态贫困等并存的状态，需要从经济发展、社会发展、自然生境等多个维度来重新审视贫困问题（谷树忠，2016）。未来由于致贫原因多元化、复杂化，多维贫困已然成为农村贫困的主要表现（张永丽、徐腊梅，2019）。贫困不仅意味着收入水平低，更意味着贫困者缺乏可发展的资源、能力与机会（崔红志，2018）。换句话说，判断贫困与否要从多个维度进行考量。然而，现阶段中国的贫困治理主要通过收入水平来判断个体贫困与否，这种评价标准会忽视很多其他类型的贫困问题，也不利于及早发现、预防潜在的贫困问题（向德平、华汛子，2019）。同时，为实现这一战略转换，贫困的识别和认定也更具有综合性，也会引发衡量指标从收入向包括收入和基础设施、公共服务等在内的多维指标拓展（雷明，2016；姜长云，2019）。

（4）重点人群由一般群体向特殊群体转变。在消除绝对贫困阶段，中国采取的精准扶贫措施使有劳动能力的贫困户通过产业发展和就业扶持等途径基本实现了稳定脱贫，而老少病残等特殊群体需要靠社保兜底，2020 年后有劳动能力人群的收入将随经济发展而逐步提高，尽管老少病残等特殊群体的生活水平也将随着国家社保政策支持力度的加大而逐步得到改善，但大部分人仍难以跳出低收入群体（叶兴庆、殷浩栋，2019）。具体来看，老年人贫困形势将更加严峻，独居和空巢老人贫困现象将更为突出，农村光棍危机与懒汉问题将产生叠加，精神障碍患者将是极为困难的社会弱势群体。对于贫困残疾人来说，教育、康复服务、家庭无障碍设施建设等方面的发展严重滞后，妇女、儿童比其他人群更易陷入贫困状态（汪三贵、曾小溪，2018）。这些特殊群体属于持久性贫困群体，在脱贫过程中难以享受产业扶贫政策和就业扶持政策，存在救助政策定位困难、实施难以到位、返贫风险大等特征（姜会明等，2019）。

2. 反贫困战略体系建构

（1）调整战略总体取向。从战略方向上，2020 年后需要改变原有的城乡扶贫二元战略框架和以农村开发式扶贫为主导的路径，新的农村扶贫战略应考虑两个“一体化”，即城乡一体化和开发与社会公共服务一体化（魏后凯，2018；李小云、许汉泽，2018）。从战略思路上，设计出差异化的减贫路径，构建共建共享减贫大格局（王超、刘俊霞，2018）。继续巩固消除全部绝对贫困人口的成就，重点从数量型的消除绝对贫困人口的目标转向高质量扶贫，从解决贫困群体的“两不愁三保障”等基本问题转向满足贫困群体更高层次的美好生活需要上，从政府主导帮扶向提高贫困人口可持续生计能力转变，从“扶贫”向“防贫”转变（周绍杰等，2019；白增博，2019）。应聚焦贫困的产生机制，克服一边生产穷人一边扶持穷人的局面（李小云，2019）。未来，主要面临的将是“扶持谁”“怎么扶持”两大问题，同时必须解决“扶持如何实现”；要解决好“扶持谁”的问题，必须找准贫困的类型及其原因；要解决好“怎么扶持”的问题，必须在减贫“造血”机制上下功夫；要解决好“扶持如何实现”的问题，必须寻找可持续增收渠道的突破口（杨璐璐，2016）。在国家治理现代化的整体框架内，要综合运用市场性益贫、社会性防贫、制度性减贫等手段，探寻更有效阻断致贫路径的新策略，实现从“精准扶贫”逐步向“综合减贫”转型（欧阳煌，2017）。要以内生式扶贫为抓手来推动扶贫工作发展，以政府行为转型来促进扶贫工作提质增效，实现农村发展和脱贫成果的长期性和持续性（王俊程，2018）。

（2）促进战略有机衔接。脱贫攻坚与乡村振兴是实现中国农业与农村现代化、农民生活富裕必须完成的两大重要战略任务（汪三贵、冯紫曦，2019）。其中摆脱贫困是乡村振兴的基本前提，打赢精准脱贫攻坚战是实施乡村振兴战略的重要内容和优先任务，作为不同发展阶段的战略任务并不是相互孤立的，而是紧密相连、各有侧重（高强，2019）。两大战略在县级这一行政单位和县域这一区域范围内具有明显的连续性和继起性（朱启铭，2019）。只有两大战略相互支撑、协调推进，“两个一百年”的奋斗目标才能最终实现（庄天慧等，2018）。乡村振兴可以借鉴脱贫攻坚的有效经验实现稳健推进，而脱贫攻坚能够利用乡村振兴机遇谋求纵深发展（豆书龙、叶敬忠，2019）。具体来看，未来需要长短结合、标本兼治，建立脱贫攻坚与乡村振兴的统筹衔接机制，关键要实现观念的衔接、规划的衔接、产业的衔接、体制的衔接和政策的衔接（魏后凯，2019），要根据不同地区社会经济发展的现实情况，既抓好梯度跟进，又抓好优化升级（左停等，2019）。

（3）完善战略政策框架。2020 年后扶贫制度设计将从政治任务式扶贫转向精细保障式救助，扶贫开发政策将从集中叠加式兜底转向专项长效性扶持（莫光辉、杨敏，2019），需要建立城乡减贫联动、扶贫社保融合、减贫良性互动三项机制（欧阳煌，2017），避免减贫对象和其他低收入群体在政策上的“悬崖效应”和“福利陷阱”（黄征学等，2019）。构建并完善城乡一体化综合性的社会安全保障网络，以及为相对贫困人口提供制度化的福利供给成为未来扶贫工作的关键所在（许汉泽，2019）。由于反贫困形势的变化，2020 年后的政策重点也将有重大的变化，应在完善现有政策框架基础上，继续加大对重点扶贫地区的产业扶持和交通、通信等基础设施建设力度（肖宜滨等，2019）。制度化建设以基本权利公平为基础的社会保障体系，持续扩大社会保障覆盖面，提高医疗、教育、养老等社会保障水平，完善专项救助制度，制定针对特殊人群的救助政策，扶贫财政体系改革和金融机制创新也是扶贫战略可持续的重要支撑（陈志钢等，2019）。要持续关注非贫低收入户和返贫户，设立防贫返贫保险基金（白增博，2019）。此外，2020 年后仍然要贯彻精准原则，借助大数据和互联网建立相对贫困人口的监测机制和帮扶机制，构建扶贫第三方评估长效机制（莫光辉、张菁，2018；程承坪、邹迪，2019）。

（4）优化战略治理体系。新的贫困格局和战略需要培育一个综合的贫困治理机制，并开展扶贫制度的供给侧改革（李小云、许汉泽，2018），要从经济、政治、文化、社会、生态、党的建设、法治建设等方面多维度推进国家贫困治理能力现代化建设。2020 年后中国减贫治理体系的职能将常规化，扶贫工作会嵌入政府常规性的职责中，减贫职能也会由分散型向集中型转化。应集中整合扶贫资源和部门力量，建立一种新型的、在整合分散性资源基础上的减贫机制（张琦，2016）。未来的反贫困治理方案需要从前提上克服二元化视角的认识倾向。建立城乡统筹的贫困治理体系是扶贫战略实施的组织基础。应重塑经济与文化、技术理性与文化价值以及权力知识与传统文化之间的关系，重视对贫困群体生活世界的关怀，倡导多元、平等的对话，共建反贫困共同体（费雪莱，2019；陈志钢等，2019）。政府职责的再界定及农民自主性的激发，是后脱贫时代贫困治理场域政府主体性及农民主体性建构的核心问题，需要加快构建均衡性的贫困治理体系，实现政府政治主体性与行政主体性及农民权利与责任的对称性均衡（刘建，2019）。

（二）争论核心

1. 贫困空间形态是否发生变化

（1）贫困分布由集中连片向面广分散转变。部分学者认为在消除绝对贫困阶段，中国贫困人口区域集中度相对较高，但经过区域性扶贫和精准扶贫，国家对集中连片特困地区的扶持力度不断加大，通过制定一系列更有针对性的政策措施，已经使绝大多数地区摆脱绝对贫困。按照现行标准，到 2020 年中国在 2011 年划定的 14 个集中连片特困地区整体脱贫、592 个国家扶贫开发工作重点县集体脱帽，集中连片的区域性贫困问题得到较大缓解，到 2020 年后集中连片特困地区将基本消失，过去长期存在的地域性、连片化、块状型的贫困将总体不复存在。虽然贫困现象在一些地区可能依然相对集中，但就全国而言，贫困将呈现一种弥漫状、散点型、插花式的图景（欧阳煌，2017；孙久文等，2019；叶兴庆、殷浩栋，2019）。

（2）老少边穷地区仍然需要长期持续关注。部分学者认为 2020 年后革命老区、民族地区、边疆地区、集中连片特困地区（老少边穷）仍然是反贫困的重点区域，其中以“三区三州”为主的深度贫困地区仍然是“贫中之贫，困中之困”（黄征学等，2019），仍需要帮扶的县主要分布在青藏高原高寒区、三级阶梯的过渡地带、西南喀斯特地区等生态脆弱区和少数民族集聚区（周扬等，2018）。未来这些地区发展不足、发展不充分的基本态势没有改变，其自身发展条件和发展潜力非常有限，仍旧呈现区域性的整体欠发达状态，如果贫困标准上调，其依然是新标准下的贫困地区，贫困治理任务依然非常艰巨（郑长德，2018；张永丽、徐腊梅，2019；孙久文、李星，2019）。与其他地区相比，这些地区仍然存在生态脆弱、地理条件差、基础设施不完善、社会保障机制不健全等问题，加上这些地区历史上就是自然灾害频发、地方病和传染病多发地区，且面临的自然风险、健康风险和市场风险仍然较大，各致贫因素的交互系数高、交互形式多元，因此脱贫人口重新返贫或处于贫困线边缘的低收入者陷入贫困的可能性较大（谷树忠，2016；唐梅玲、曹晅，2018），因此需要继续促进这些地区的经济发展，缩小这些地区与其他地区发展的差距（程承坪、邹迪，2019）。

2. 贫困线划定与否和具体方法

（1）是否需要划定贫困标准。对于是否需要划定贫困标准，学者存在一定争议。有学者认为中国可以考虑取消国家贫困线标准，转向不同地区依据本地区生活成本而设定低保标准，同时逐步缩小城乡低保标准的差异，形成从统一性标准向多样性标准过渡，与此同时，各个地区的低保标准设定动态化，与地区的经济发展水平相适应（杨骅骝等，2018）。但也有学者认为贫困标准的划定是了解贫困人口规模、特征和分布的前提，有利于确定具体的工作方向（陈志钢等，2019）。消除绝对贫困需要有一个贫困标准，以利于识别扶持对象、衡量减贫效果。转向对相对贫困群体提供日常性帮扶后，同样需要划定一个贫困标准，但在理念和方法上应与以前制定绝对贫困标准有所不同（叶兴庆、殷浩栋，2019）。

（2）贫困线划定的具体方法。目前学者对 2020 年后贫困线划定的具体方法存在较大争议，主要包括五种。第一，按照收入的绝对水平予以确定。与现行贫困线的全国性统一标准不同，相对贫困标准依据地区发展水平设定，中国的减贫应向高贫困线看齐（魏后凯，2018）。第二，对全体家庭收入进行排序，取收入中位数或众数的固定比值，在此基础上再考虑全民收入分布特征和家庭结构，划定不同类型家庭的收入阈值，采取一家一线的方案。如 2021—2025 年可以按照前一年全国居民人均可支配收入中位数的 40% 划定次年贫困线，其间贫困线绝对值仅随价格指数调整（孙久文、夏添，2019；程蹊、陈全功，2019；叶兴庆、殷浩栋，2019）。第三，与低保线挂钩进行确定。农村贫困线的划定与当地城市低保标准线挂钩为宜，而不应全国农村统一，改变目前城乡分别计算贫困线的做法，改成只计算城市贫困线，农村贫困线根据城市贫困线来划定，考虑到现实生活差距和操作条件，农村贫困线是城市贫困线的 90%（何秀荣，2018）。第四，参照国际标准进行确定。联合国、世界银行和其他发达国家均有相应的贫困指导线或救助标准，在综合我国国情实际和对比分析的基础上确定相对贫困线。如在“十四五”时期将世界银行 3.2 美元的中低收入国家贫困线标准作为国家贫困线，“十五五”时期按照世界银行 5.5 美元的中高收入国家贫困线标准，到 2025 年和 2030 年全部消除按照以上相应标准的贫困人口（周绍杰等，2019）。第五，将多维贫困识别和测度作为制定多维减贫政策的标准，逐步把“两不愁三保障”的物化标准量化，构建包括教育、医疗卫生、住房等在内的多维度指标体系，客观、全面衡量全社会的贫困程度，制定省际差异化的标准体系（黄征学等，2019）。

3. 反贫困政策是否需要过渡期

（1）由运动式向制度化转变。部分学者认为为了打赢脱贫攻坚战，从中央到地方都实施了一系列政策举措，这种运动式扶贫脱贫的成就是巨大的，但成本也是巨大的，2020 年以后不能简单复制、延续所有的短期政策，而应挖掘体制性、机制性的因素，依靠制度建设实现可持续脱贫，要建设一个稳定、内嵌式的新型扶贫机制，由集中性减贫转向常规性减贫治理战略（何秀荣，2018；高强等，2019）。运动式、大规模的扶贫开发在 2020 年后将转向制度化与社会保障兜底（张亚玲等，2019）。这种转变不仅具有客观必然性，也是国家治理体系和治理能力现代化的必然要求（凌经球，2019）。即使在 2020 年全面建成小康社会之后，各贫困县也都是摘帽不脱政策，也会有相关政策的持续支持，但扶贫工作应该加快从运动式治理向制度化治理转型，探索精准扶贫长效化、制度化的实践机制（许汉泽、李小云，2018）。也有学者认为，除中西部少数经济特别落后的地区，尤其是仍然需要采取易地搬迁方式扶贫的地区外，沿海及其他绝大多数地区应由全民总动员的大规模运动式扶贫，转变为常规化、制度化减贫（肖宜滨等，2019）。

（2）防止政策断崖式的退出。另一部分学者认为2020年后应当给脱贫攻坚政策设立过渡期，防止“断崖式”退出（郑秉文，2019）。脱贫工作应该一以贯之，在脱贫攻坚结束后，应给予贫困地区和贫困人口一个政策稳定期和过渡期，以巩固脱贫成果（张琦、孔梅，2019）。就贫困县而言，2020年摘帽之后，原有财政支持、项目援助等摘帽不摘政策的“扶上马、送一程”机制短期内仍将延续，以巩固贫困县经济社会发展和减贫成果；就贫困人口而言，按照现行标准脱贫的群体并不代表其贫困脆弱性得到彻底解决，依靠教育扶持、就业促进、社保兜底等综合举措的减贫路径仍需一段时间的缓冲期，以阻断返贫之路（张琦，2016；姜长云，2019）。2020年需要继续执行以中央、省级政府为主，以市、县级政府为辅的减贫经费投入机制，对已摘帽的贫困县再延续三年专项扶贫与行业扶贫相结合的过渡期支持政策，实现脱贫攻坚和减贫政策的无缝对接（黄征学等，2019）。

四　结论与讨论

本文探讨了2020年后中国贫困语境变化，即是使用扶贫、减贫还是使用反贫困话语，并梳理、廓清和归并了顶层设计者和学界研究者关于2020年后反贫困战略的“声音”。总体来看，中国贫困语境将有所变化，需要适时将“扶贫”切换成“反贫困”新话语。从两类主体的现实“声音”来看，顶层设计者高度重视2020年后反贫困战略思路系统的研究谋划，聚焦乡村振兴与脱贫攻坚战略的统筹衔接，关注返贫和相对贫困、多维贫困、城乡贫困；在机制设计上，正在持续巩固脱贫攻坚成果，谋划调整贫困标准，规划具体实施路径。学界研究者关注的焦点是2020年后反贫困形势变化与战略调整。其中，有学者认为反贫困形势将发生四个重大转变，即贫困形态由绝对贫困向相对贫困转变，治理地域由农村向城乡转变，审视维度由单一贫困向多维贫困转变，重点人群由一般群体向特殊群体转变；未来需要调整战略总体取向，促进战略有机衔接，完善战略政策框架，优化战略治理体系。同时，学界在贫困空间形态是否发生变化、贫困线划定与否及具体方法、反贫困政策是否需要过渡期等三个方面存在争论。由此可见，顶层谋划是政策方向，学界探讨是理论基础，两者“声音”相互呼应、支撑与依赖，但也各有侧重，存在差异与矛盾之处。

值得关注的是，在压力型体制下，基层扶贫干部长时间、高强度投身第一线，运动式治理往往会使地方政府在运动初期表现出高涨的工作热情，但是随着运动的持续和深入，这种工作热情将慢慢淡化（邢成举，2016）。2020 年以后到底怎么办？这几乎是所有基层参与扶贫攻坚战干部和群众关心的问题。笔者在基层调研时发现，当前基层总体舆论导向有上面怎么安排怎么干、扶贫政策还会再延续、松口气歇歇脚再上路等，这些导向均带有迷惑与猜测。很多干部群众非常期待这个阶段国家顶层能尽快出台扶贫后续政策或明确政策导向。同时，基层干群也存在很多担忧，如非贫困县比贫困县、非贫困户比贫困户还差，这样一直持续下去怎么办？2020 年以前的扶贫主要依靠的是密集的政策支持、密集的资金投入、密集的人才进入，随着经济下行的压力不断加大，高度依赖财政转移支付比较困难，而县级财政收入很少，很多县已经难以支付公务员的工资，怎么解决？扶贫工作队撤回来后，村上的干部能不能干好？以上这些基层期盼与现实担忧并没有一个稳定畅通的渠道得到有效的反馈，导致长期以来基层干群对 2020 年反贫困战略始终是“集体失语”。

基于此，笔者认为 2020 年后中国反贫困战略需要着重考虑以下三个方面内容。第一，构建现代多维反贫困治理体系。推动“扶贫”向“防贫”和“助贫”转变，探索解决相对贫困的长效机制，加快构建市场化手段为主、行政手段为辅、城乡全面统筹的现代多维反贫困治理体系。第二，提升反贫困治理效能。要对当前脱贫攻坚政策体系进行系统梳理，将实用的部分纳入乡村振兴这一框架统筹安排。需要从提高治理效能、促进国家治理现代化的视角，来进一步明确 2020 年之后哪些政策不宜继续坚持，哪些政策需要修改以后继续坚持，哪些政策亟待改革创新。第三，关注不同主体的“声音”。这一点也是重中之重，国家顶层在制定 2020 年后各类反贫困政策时，要注意倾听学术界研究者、基层干部群众等社会各界有益的“声音”，畅通信息反馈渠道，让全社会真正有效地参与到 2020 年后的反贫困事业中。

参考文献

白永秀、刘盼，2019，《全面建成小康社会后我国城乡反贫困的特点、难点与重点》，《改革》第 5 期。

白增博，2019，《新中国 70 年扶贫开发基本历程、经验启示与取向选择》，《改革》第 12 期。

陈锡文，2019，《上级部门检查脱贫攻坚一定要实事求是，不能高高在上》，3 月 6 日，http://www.yidianzixun.com/article/0LR3ozac。

陈志钢、毕洁颖、吴国宝、何晓军、王子妹一，2019，《中国扶贫现状与演进以及 2020 年后的扶贫愿景和战略重点》，《中国农村经济》第 1 期。

程承坪、邹迪，2019，《新中国 70 年扶贫历程、特色、意义与挑战》，《当代经济管理》第 9 期。

程蹊、陈全功，2019，《较高标准贫困线的确定：世界银行和美英澳的实践及启示》，《贵州社会科学》第 6 期。

崔红志，2018，《乡村振兴与精准脱贫的进展、问题与实施路径——“乡村振兴战略与精准脱贫研讨会暨第十四届全国社科农经协作网络大会”会议综述》，《中国农村经济》第 9 期。

定军，2018，《扶贫攻坚下一步：从消除绝对贫困转向缓解相对贫困》，《21 世纪经济报道》5 月 24 日，第 006 版。

豆书龙、叶敬忠，2019，《乡村振兴与脱贫攻坚的有机衔接及其机制构建》，《改革》第 1 期。

费雪莱，2019，《2020 年后乡村反贫困治理转型探析》，《青海社会科学》第 6 期。

冯丹萌、陈洁，2019，《2020 年后我国城市贫困与治理的相关问题》，《城市发展研究》第 11 期。

高强，2019，《脱贫攻坚与乡村振兴有机衔接的逻辑关系及政策安排》，《南京农业大学学报》（社会科学版）第 5 期。

高强、刘同山、沈贵银，2019，《2020 年后中国的减贫战略思路与政策转型》，《中州学刊》第 5 期。

谷树忠，2016，《贫困形势研判与减贫策略调整》，《改革》第 8 期。

顾仲阳，2015，《中国 5 年脱贫 7000 万，有难度能实现》，《人民日报》10 月 18 日，第 002 版。

韩长赋，2019，《坚持农业农村优先发展 大力实施乡村振兴战略》，《农业工程技术》第 8 期。

韩俊，2019，《2020 年后扶贫资金应继续投入到乡村振兴中》，《农民日报》3 月 24 日。

何秀荣，2018，《改革 40 年的农村反贫困认识与后脱贫战略前瞻》，《农村经济》第 11 期。

黄承伟，2019a，《论中国新时代扶贫理论实践研究》，《华中农业大学学报》（社会科学版）第 1 期。

黄承伟，2019b，《新中国扶贫 70 年：战略演变、伟大成就与基本经验》，《南京农业大学学报》（社会科学版）第 6 期。

黄承伟，2019c，《我国新时代脱贫攻坚阶段性成果及其前景展望》，《江西财经大学学报》第 1 期。

黄征学、高国力、滕飞、潘彪、宋建军、李爱民，2019，《中国长期减贫，路在何方？——2020 年脱贫攻坚完成后的减贫战略前瞻》，《中国农村经济》第 9 期。

霍小光、张旭东、罗宇凡，2016，《打好全面建成小康社会决胜之战——习近平总书记同出席全国两会人大代表、政协委员共商国是纪实》，《中国青年报》3 月 16 日，第 006 版。

姜长云，2019，《关于实施乡村振兴战略的若干重大战略问题探讨》，《经济纵横》第 1 期。

姜会明、张钰欣、吉宇琴、顾莉丽，2019，《2020 年后扶贫开发政策转型研究》，《税务与经济》第 6 期。

雷明，2016，《扶贫战略新定位与扶贫重点》，《改革》第 8 期。

李小云，2019，《2020 后农村减贫需要由“扶贫”向“防贫”转变》，2 月 20 日，http://share.gmw.cn/guancha/2019-02/20/content_33435174.htm。

李小云、许汉泽，2018，《2020 年后扶贫工作的若干思考》，《国家行政学院学报》第 1 期。

凌经球，2019，《乡村振兴战略背景下中国贫困治理战略转型探析》，《中央民族大学学报》（哲学社会科学版）第 3 期。

刘建，2019，《主体性视角下后脱贫时代的贫困治理》，《华南农业大学学报》（社会科学版）第 5 期。

刘永富，2018，《国务院扶贫开发领导小组办公室关于第十三届全国人民代表大会第一次会议代表建议、批评和意见办理情况的报告》，12 月 25 日，http://www.npc.gov.cn/npc/c12435/201812/590d04c0d84f4a35a6b18c03055d0244.shtml。

罗玉辉、侯亚景，2019，《中国扶贫改革 40 年：过去、现在和未来》，《宁夏社会科学》第 5 期。

莫光辉、杨敏，2019，《2020 年后中国减贫前瞻：精准扶贫实践与研究转向》，《河南社会科学》第 6 期。

莫光辉、张菁，2018，《精准扶贫第三方评估长效机制建构策略——2020 年后中国减贫与发展前瞻探索系列研究之一》，《苏州大学学报》（哲学社会科学版）第 6 期。

欧阳煌，2017，《精准扶贫战略落实与综合减贫体系构建思考》，《财政研究》第 7 期。

曲天军，2016，《脱贫攻坚需要全社会共同参与》，《民生周刊》第 20 期。

《人民日报》，2017，《习近平李克强张德江俞正声刘云山王岐山张高丽分别参加全国人大会议一些代表团审议》，3 月 9 日，第 001 版。
《人民日报》，2019，《坚决如期全面打赢脱贫攻坚战》，12 月 21 日，第 004 版。
人民网，2014，《国务院扶贫办主任刘永富解读“继续向贫困宣战”》，3 月 24 日，http://theory.people.com.cn/n/2014/0324/c40531-24722003.html。
孙久文、李星，2019，《攻坚深度贫困与 2020 年后扶贫战略研究》，《中州学刊》第 9 期。
孙久文、夏添，2019，《中国扶贫战略与 2020 年后相对贫困线划定——基于理论、政策和数据的分析》，《中国农村经济》第 10 期。
孙久文、张静、李承璋、卢怡贤，2019，《我国集中连片特困地区的战略判断与发展建议》，《管理世界》第 10 期。
唐梅玲、曹晅，2018，《我国贫困治理政策的回顾与展望》，《学习与实践》第 3 期。
汪三贵、冯紫曦，2019，《脱贫攻坚与乡村振兴有机衔接：逻辑关系、内涵与重点内容》，《南京农业大学学报》（社会科学版）第 5 期。
汪三贵、曾小溪，2018，《后 2020 贫困问题初探》，《河海大学学报》（哲学社会科学版）第 2 期。
王超、刘俊霞，2018，《中国反贫困工作 40 年历史演进——基于 1979 ~ 2018 中国反贫困政策的量化分析》，《中国农村经济》第 12 期。
王海，2013，《财政支出减贫：机理分析与政策启示》，《河南师范大学学报》（哲学社会科学版）第 3 期。
王俊程，2018，《中国农村扶贫实践逻辑与未来发展：1978—2017》，《青海社会科学》第 5 期。
王磊，2019，《建立解决相对贫困的长效机制》，《中国社会科学报》12 月 25 日，第 004 版。
王姝，2019，《常委会委员：后扶贫时代 相对贫困的标准值得研究》，《新京报》12 月 28 日，第 002 版。
魏后凯，2018，《2020 年后中国减贫的新战略》，《中州学刊》第 9 期。
魏后凯，2019，《当前“三农”研究的十大前沿课题》，《中国农村经济》第 4 期。
吴国宝，1996，《对中国扶贫战略的简评》，《中国农村经济》第 8 期。
习近平，2019a，《把乡村振兴战略作为新时代“三农”工作总抓手》，《求是》第 11 期。
习近平，2019b，《在解决“两不愁三保障”突出问题座谈会上的讲话》，《求是》第 16 期。
向德平、华汛子，2019，《改革开放四十年中国贫困治理的历程、经验与前瞻》，《新疆师范大学学报》（哲学社会科学版）第 2 期。
肖宜滨、张立冬、包宗顺，2019，《江苏脱贫攻坚历程、举措、绩效与展望》，《南京农业大学学报》（社会科学版）第 6 期。

新华网，2019，《庆祝新中国成立70周年活动新闻中心发布会：全面建成小康社会，扎实推进脱贫攻坚和乡村振兴》，9月27日，http://www.gov.cn/xinwen/2019-09/27/content_5433996.htm。

邢成举，2016，《压力型体制下的“扶贫军令状”与贫困治理中的政府失灵》，《南京农业大学学报》（社会科学版）第5期。

邢成举、李小云，2019，《相对贫困与新时代贫困治理机制的构建》，《改革》第12期。

许汉泽，2019，《新中国成立70年来反贫困的历史、经验与启示》，《中国农业大学学报》（社会科学版）第5期。

许汉泽、李小云，2018，《精准扶贫：理论基础、实践困境与路径选择——基于云南两大贫困县的调研》，《探索与争鸣》第2期。

闫坤、于树一，2013，《中国模式反贫困的理论框架与核心要素》，《华中师范大学学报》（人文社会科学版）第6期。

杨骅骝、周绍杰、胡鞍钢，2018，《中国式扶贫：实践、成就、经验与展望》，《国家行政学院学报》第6期。

杨璐璐，2016，《减贫“造血”能力提升与农村土地股份合作》，《改革》第8期。

叶兴庆、殷浩栋，2019，《从消除绝对贫困到缓解相对贫困：中国减贫历程与2020年后的减贫战略》，《改革》第12期。

张琦，2016，《减贫战略方向与新型扶贫治理体系建构》，《改革》第8期。

张琦、冯丹萌，2016，《我国减贫实践探索及其理论创新：1978～2016年》，《改革》第4期。

张琦、孔梅，2019，《“十四五”时期我国的减贫目标及战略重点》，《改革》第11期。

张亚玲、李雪蕾、郭忠兴，2019，《统筹推进后扶贫时代脱贫攻坚与乡村振兴的有机衔接——“脱贫攻坚与乡村振兴”学术研讨会综述》，《南京农业大学学报》（社会科学版）第6期。

张永丽、徐腊梅，2019，《中国农村贫困性质的转变及2020年后反贫困政策方向》，《西北师大学报》（社会科学版）第5期。

赵超、董峻，2019，《中央农村工作会议在京召开——习近平对做好“三农”工作作出重要指示》，《人民日报》12月22日，第001版。

赵定东、方琼，2019，《新中国成立以来农村反贫困政策的层次结构与历史变迁》，《华中农业大学学报》（社会科学版）第3期。

郑秉文，2019，《“后2020”时期建立稳定脱贫长效机制的思考》，《宏观经济管理》第9期。

郑长德，2018，《2020年后民族地区贫困治理的思路与路径研究》，《民族学刊》第6期。

周绍杰、杨骅骝、张君忆，2019，《中国 2020 年后扶贫新战略——扶贫成就、主要目标、总体思路与政策建议》，《中国行政管理》第 11 期。

周扬、郭远智、刘彦随，2018，《中国县域贫困综合测度及 2020 年后减贫瞄准》，《地理学报》第 8 期。

朱启铭，2019，《脱贫攻坚与乡村振兴：连续性、继起性的县域实践》，《江西财经大学学报》第 3 期。

庄天慧、孙锦杨、杨浩，2018，《精准脱贫与乡村振兴的内在逻辑及有机衔接路径研究》，《西南民族大学学报》（人文社科版）第 12 期。

左停、刘文婧、李博，2019，《梯度推进与优化升级：脱贫攻坚与乡村振兴有效衔接研究》，《华中农业大学学报》（社会科学版）第 5 期。

2

从集中作战到常态推进：2020年后扶贫机制的长效化*

曾庆捷**

2013 年，中国领导人首次提出“精准扶贫”的概念。2014 年之后，中国政府出台了一系列相关政策，力图在 2020 年实现中国现行标准下农村人口的全部脱贫。精准扶贫是一项宏大的系统工程，对中国各级政府的治理能力提出新的、更高的要求。政策实施至今，已经取得举世瞩目的成就，平均每年减贫人数在 1300 万以上。目前来看，中国要在 2020 年完成脱贫攻坚任务、实现全面建成小康社会，虽然任务依然艰巨，但已经是大势所趋、胜利在望。同时也要注意到，精准扶贫的推进落实过程主要依靠集中动员的治理模式，不少扶贫的措施和机制带有一定的临时性和权宜性。2020 年中央一号文件指出，脱贫攻坚任务完成后，“扶贫工作方式由集中作战调整为常态推进。要研究建立解决相对贫困的长效机制，推动减贫战略和工作体系平稳转型”（新华网，2020）。因此，如何在 2020 年后将行之有效的扶贫措施制度化，建立解决乡村贫困问题的长效机制，将是扶贫成果能否巩固的关键。

学者常用“运动式治理”来概括集中作战的政策推进模式，其主要特点是在一段时间内将某项政策目标设定为政治任务，运用强化的激励考核制度，动员相当数量的官员为完成任务而积极工作。采用运动方式的主要目的是克服常规官僚机制固有的一些弊病，如上级与基层政府的信息不对称、部门利益阻碍集体行动、执行官员消极敷衍等。集中动员的优点在于整合有限的资源，完成紧迫的治理目标，提振官员的积极性，但如果运用不当，也会造成治理绩效不可持续和政策执行无章可循、无法可依的不良结果。精准扶贫政策实施以来，在宣传动员、人员调派、目标制定、激励考核等方面都带

* 原文刊发于《中国农业大学学报》（社会科学版）2020 年第 3 期。

** 曾庆捷，复旦大学国际关系与公共事务学院副教授。

有一定运动式治理的特征。但精准扶贫又不同于传统的政治运动，而是将政治动员和常规官僚机制结合起来的一个治理过程。那么，集中动员和常规治理相融合的治理模式对精准扶贫的绩效有何影响？一旦运动的阶段性目标达成，所取得的脱贫成果是否可持续？在运动期间采用的一些措施和机制，如何演化为长效化的扶贫制度？这些是本文试图探讨的问题。

研究从集中作战向常态化扶贫的机制转化，不仅有助于理解中国官僚体制的运作模式，而且具有较强的现实意义。扶贫攻坚期间推行的政策“具有较强的时效性、可变性和融通性，主要依赖于政府主观机动的调适，能够在较短的时间范围内发挥作用”；而常态化制度“着力于长远的、具备行动可预知性的范畴”（张巍，2008）。随着扶贫攻坚进入决战决胜乃至最终收尾阶段，政策的发挥空间正在逐步缩小。一些政策因时效性限制，将逐步退出扶贫的实践场域。此前按照政策规定所采取的扶贫举措能否持续发挥效用，尚缺少切实的保障，这一真空需要用常态化的制度来填补。本文的第二部分将首先对精准扶贫的动员模式进行考察，指出它不同于传统的政治运动，而是将政治动员和常规官僚机制结合起来的一个治理过程。从长远时段扶贫的绩效看，这种动员模式存在一定的局限性。第三部分针对这些局限性，从乡村内外资源对接、政策普惠性、产业发展、文化融合等角度，探讨如何在下一步的工作中形成制度化、长效化的扶贫攻坚机制。

一　精准扶贫：嵌入常规官僚制的集中动员

运动式治理在中国的国家治理体系中有着深刻的历史根源。当代中国的社会治理依然呈现一些运动式的特征（周雪光，2012；冯仕政，2011；Perry，2013）。概括起来，这些基本特征包括三点。第一，在一定时期内将某项治理目标作为官僚组织的中心任务，通过开会、下发文件、舆论宣传等方式制造“集中力量办大事”的社会氛围，对于与中心任务不直接相关的事项先减少投入或暂缓处理。第二，将中心任务分解到各级部门，明确责任，运用巡视检查、干部考核、加大激励力度等办法督促官员定时定量完成治理目标。第三，组建临时指挥机构，由重要人物“挂帅”主持，打破科层体系的条块界限，协调动员各部门的力量执行任务。近年来，在惩治腐败、防控传染病和经济建设等政策领域，运动式治理在完成国家目标上起到关键的作用。

改革开放以后的运动式治理，不是对常规官僚机制的摈弃，而是将战斗动员嵌入组织严密的官僚体系中的一种目标达成模式（欧阳静，2014；倪星、原超，2014）。一些学者用“受管制的运动”（managed campaign）或“制度化的动员”（institutionalized mobilization）来形容动员逻辑与技术官僚逻辑之间的兼容。为了更好地理解这种融合，我们不妨借用马克斯·韦伯分析现代官僚制的框架。根据韦伯的理论抽象，现代官僚制遵循以下运作原则：一是官员的权限由法律法规明确规定；二是官僚制是一个严格的等级体系，指挥链里的下级受到上级的明确监督；三是业务管理以成文文件和档案制度为基础；四是官僚体系内的任命和升迁依据培训、专业知识和行政能力等客观标准；五是对官僚系统的管理遵循普遍性的规则，这些规则是稳定的、详尽的且可以通过学习被掌握（Weber，1978）。如果将精准扶贫作为典型案例与这五点原则相对照，可以看出当代运动式治理与原则二、三是相符的，与原则一、四和五则存在明显的张力。

首先，运动式治理需要将行政任务层层分解传导到基层，明确各级政府担负的责任，并以此为考核和奖惩的依据。这显然与原则二相契合。在精准扶贫开展的初期，中央政府根据国家贫困线标准和抽样统计，推算出2013年底全国贫困人口为8249万。在此基础上，中央根据一定标准将贫困人口配额分配到每一个省（区、市），而各省（区、市）又将配额分派到省（区、市）内各地市，以此类推。在笔者调研过程中，中部某镇镇长表示：

> 2013年建档立卡贫困户是通过自上而下而非自下而上的方式确定的。习近平总书记曾在一次国际会议上说中国有8000万贫困人口，然后国务院扶贫办对8000万人口自上而下按比例划分：每个省占多大比例、省内的每个市占多大比例……像我们县，上级规定县北23%人口为贫困户、县南13%人口为贫困户。

这位镇长对于全国贫困人口指标如何形成的认识并不准确，该指标当然不会是最高领导人在一次会议上即兴提出的。然而，基层干部会产生这样的印象，恰恰反映出扶贫指标的制定是科层制任务分解的结果。虽然各个村的贫困户是通过自下而上的方式评定的，但评出的贫困户数量大体上必须向上级指标看齐。为了落实扶贫责任，不同层级政府之间签订了“军令状”，明确规定了完成脱贫目标的时间点（邢成举，2016）。在笔者所调研的基层政府，负责统筹协调扶贫工作的专门办公室一般都被命名为“扶贫攻坚指挥部”或“作战室”，办公室的墙壁上经常悬挂着“扶贫作战图”。

为了督促各级政府按时完成扶贫任务，党和国家出台了一套干部考核方法，将扶贫目标的按时完成与干部的升迁和奖励挂钩。2016 年 2 月，中共中央办公厅、国务院办公厅印发了《省级党委和政府扶贫开发工作成效考核办法》。根据该办法，国务院扶贫办和中组部将牵头每年一次对省级领导班子的考核，对于完成年度减贫任务绩效显著的，给予一定奖励；对于未完成任务或出现其他违规问题的，对省级主要负责人进行约谈，甚至进行责任追究。中央出台的考核办法很快被下级政府效仿和具体化，比如江西省上饶市广信区规定，干部的选拔任用必须先过精准扶贫关。对于在扶贫工作中表现突出的，优先提拔重用；没有如期完成脱贫攻坚工作任务的乡镇，党政主要领导原则上不调整（凌晔等，2016）。

其次，当前的运动式治理非常强调“痕迹管理”，通过政策执行过程中的处处留痕，为日后的追溯和问责提供依据。这一点与韦伯式官僚制所要求的以成文文件和档案为基础的管理是完全相符的。在精准扶贫过程中，基层干部被严格要求遵循政策文件中规定的工作程序，并为执行过程的每一个步骤留存记录。比如在湖北某地评定贫困户的过程中，首先要由农民提出申请，然后村干部会到农户家中核实申请表中的内容是否属实。接下来，由村民代表开会讨论哪些申请人符合贫困户的标准，名单确定之后向全村公示。公示期过后，名单交由乡镇和县政府批准。在整个流程中，基层干部会认真地保存表格、签名和照片等资料。我们在调研时看到，村委会办公室的书柜里摆满了各式各样与扶贫有关的档案材料。

另外，运动式治理与韦伯式官僚制的其他要求存在明显的张力。第一，韦伯式官僚制要求官员有明确的法律权限，有限的权力对应有限的责任。然而在政治任务的压力下，无论上级交付的任务是否超出执行者的能力，基层官员都必须为任务的完成承担责任。其结果是，权力随着责任的放大而放大，只要下级政府保证任务完成，即使权力的使用超出正式法规划定的范围，一般也不会被上级追究。这样一来，地方“一把手”掌握了更多的资源调配、人事任免的权力，为保证任务的完成，往往会过度运用行政权力来督促下属。动员模式因此强化了地方行政中的“个人化”色彩，这和韦伯官僚制所主张的“去人格化”是背道而驰的（杨雪冬，2012；周雪光，2008）。

第二，现代官僚体系在功能上是差异化的，在分科设岗之后，由受过专业培训的官员负责各部门的运作。然而，政治动员的逻辑无法兼容专业化和差异化，在行政资源有限的情况下，地方人力必须被充分动员，打破原有部门间的界限，才有可能完成任务。在精准扶贫推行过程中，各级政府都建立了“扶贫攻坚指挥部”，并借调各个部门的人手到指挥部临时任职。在很多贫困县，由于扶贫压力巨大，体制内所有干部都被动员参与到扶贫任务中来。在我们调研的某县级指挥部，52 名工作人员中至少有 30 人是从与扶贫无直接关系的部门借调来的。“驻村工作队”的组建也很好地说明了不分部门边界的全体动员：为了更好地执行扶贫政策，各地都从省、市、县和乡镇干部队伍中抽调人手，进驻到被帮扶的乡村。常见的做法是，县一级的所有局委单位各自帮助一个村庄，单位的每个人各自包一个贫困户，每名干部负责将自己包的户带离贫困（张丽杰，2016）。在笔者调研的中部某县，扶贫办副主任向我们介绍道：

> 全县共有近 1000 名驻村干部，这还不包括已有的村委会成员。一个村有两到三名驻村干部，他们要在至少一年的时间内每周五天四夜驻扎在村里。全县行政编制有 1000 多名干部，事业编制 7000 余人，驻村干部大约占了在职干部的十分之一到八分之一。非驻村干部的工作也很艰苦，周末多得不到休息。这种情况下只能强调党员干部的奉献精神。

第三，现代官僚的行为受普遍性的、稳定的规则约束，韦伯式的官僚在行事时排除了自己的感情因素，无论对象是谁，都能给予平等的对待。在运动式治理中，由于任务的紧迫性和艰巨性，成文的规则条例往往不足以确保按时完成指标。而且，动员时上级指定的规则本身就是频繁调整的，官员找不到相对稳定的规则作为行为的依归。有学者在考察乡镇招商引资的工作后，认为乡镇政权运作中存在“策略主义”逻辑，即完成上级目标的强大压力使基层官员无法将客观的、稳定的、抽象主义的官僚规则作为其日常运作的基础，而是必须灵活变通地采取各种权宜之计，追求短期的目标（欧阳静，2011）。在乡村社会中，基层官员尤其依赖面子、人情、常理等日常生活原则来完成治理目标，形成了“正式权力的非正式运用”（孙立平、郭于华，2000）。如果权宜之计和人脉网络还不足以完成目标，基层人员则有可能采取花样繁多的组合策略来规避责任，甚至通过虚报数字、做表面文章来欺瞒上级（倪星、王锐，2018；谷志军、陈科霖，2019）。

精准扶贫识别贫困户的过程很好地说明了普遍性规则的局限性。在农村，村民群体的收入差距相对较小，而且很多村民有不为干部所知的收入来源，因此要用客观的标准来划定贫困线是极其困难的。在实际操作中，村集体常常使用村民会议的方式来评定贫困户，而这一过程中难免出现干部优亲厚友、假公济私的不公平现象。此外，由于上级官员的检查在很大程度上决定了扶贫人员的奖惩情况，基层干部会尽量提高接待规格，以争取好的考评结果。《人民日报》报道了个别贫困乡镇为了取悦检查人员，违规提高接待标准的情况，“在开展评估的 4 天里，每次晚餐都是四五桌的‘好酒好菜’，粗略估计单桌的费用就超过千元，折合人均百元以上”（朱隽，2018）。还有媒体报道干部花费大量时间在填报表格资料上，有贫困村一年花在打印上的钱就超过 2 万元，一个乡为了迎接检查团，打印花费了 10 万多元。这些行为显然都是与精准扶贫的政策精神背道而驰的，但在动员逻辑下出现却不足为奇。

必须强调，这里将韦伯所列举的现代官僚准则与运动式治理进行对照，并非要把韦伯式官僚制视为保证善治的金科玉律，而是借此说明改革开放以来重大政策落地过程结合了常规官僚机制与动员机制的特点。不容置疑的是，运动式治理为中国的减贫行动做出重大的贡献。在贫困人口庞大、基层扶贫资源有限的情况下，如果不以官僚动员的方式集中人力、物力，很难在短时间内消灭绝对贫困。长期以来，地方政府将追求经济发展视为主要目标，扶贫并非地方工作的核心，扶贫部门在基层政府中也处于边缘地位。而在精准扶贫开展以后，各种项目资源开始源源不断地输入贫困地区，官僚系统中没有扶贫功能的单位部门也纷纷加入扶贫工作中，为脱贫攻坚成效的取得提供了强有力的物质和人力保障。与此同时，运动式治理所带有的高压性和临时性也为扶贫绩效的可持续性带来了一定隐患。从巩固扶贫成效的角度看，必须明确这些隐患存在的根源，并建立长效的制度将其克服。

完成目标的压力容易造成官员行为的功利性和短期性，这是运动式治理常为人诟病的一点。在问责压力下，基层干部首先考虑的是如何保质保量地完成指标，其治理活动成为一种被动式的反应行为，而未必从当地民众的长远利益出发考虑问题。我们在调研中遇到的一位村支书，原本计划利用山地特点种植油茶，但在上级政府要求下只好改为发展苗木基地。这位村支书还表示，精准扶贫本应该长远规划，至少发展3年，但上级要求2年之内必须脱贫出列，显得操之过急。基层扶贫干部在规划产业发展时，倾向于选择规模化、影响大、能够迅速见效的短期项目，因为这样的项目在考核时引人注目，能够得到上级的肯定。至于这些项目能否产生长期效益，能否深层次地解决贫困问题，往往得不到足够关注。在严重缺水的某县，当地政府为了解决农业用水问题，实施了节水灌溉等扶贫项目，当地农户依靠节水灌溉发展起了大棚蔬菜。然而近年来，由于农户缺乏大棚蔬菜的管理技术，后期的技术帮扶和资金投入也不足，农户赔钱的事司空见惯，大棚蔬菜项目陷入困境（李博，2016）。这样的例子在扶贫实践中具有一定的典型性，成为脱贫长效化的最大障碍。

运动式治理的初衷是以雷霆万钧的动员声势，对部分消极懒政、因循守旧的地方官员产生震慑和激励效应。然而实践之中，对扶贫干部的一些管理方式存在简单粗放的问题，其主要手段依然是指标化的目标责任制和频繁的督察巡视。在这种激励机制下，一些基层干部选择"忙而不动"的形式主义，表面上忙得热火朝天，对任务尽心尽责，实际的工作进展却不明显。据报道，许多干部花费大量时间在填报表格资料上，在这些干部看来，"首先是表格数据，而不是实际工作本身会成为体现基层工作业绩的主要依据"（吴毅，2007）。我们的问卷调查[①]显示，农村干部平均花费18.9%的工作时间迎接检查，24.1%的工作时间用于填报表格，两项活动占用时间比例为43%，超过了干部走访贫困户的时间（37.9%）。还有一部分干部则认为，自上而下的考评结果并不能真实反映他们的工作成效。我们在调研中了解到，检查组常常拿着复杂的调查问卷入户面访，群众对很多问题不理解，表达的意思不能反映真实情况，让被考核的干部十分着急。还有一些工作失误可能是超负荷运转下的干部主观上所不能控制的，为此干部要面临书面检查、诫勉谈话等问责手段，这对他们的工作积极性无疑是一种打击。如果不改变扶贫干部管理的粗放特征，扶贫的长效机制也就无从谈起。

---

① 本文的调查数据来自研究团队2019年在全国9个省份的51个村开展的问卷调研，样本包括273名村干部和1300多名村民。

一些地方对基层干部的要求过高，脱离实际，也剥夺了干部的基本权利，这也是经常伴随运动式治理的副产品。比如，广西针对驻村干部制定了“八九不离十”制度和夜访制度。“八九不离十”制度指的是驻村第一书记每年要开80场群众会，与群众进行深入的交流；要做到村里90%的群众认识驻村第一书记，100%的贫困户要走访完成。而夜访制度指的是驻村第一书记要每晚走访贫困户，了解相关的问题，倾听贫困户的需求。在实际的运作过程中，很多第一书记指出这是一种不现实的制度，因为很多贫困户外出打工了，根本无法走访。此外，许多贫困户忙于农活，没有时间一年参加80场群众座谈会，而且座谈会对他们而言没有多大吸引力，他们的参与热情不高。此外，还有一些地方将周六设为“集中会诊日”，该做法后来被取消。一位第一书记表示，他们的双休日被剥夺了，这是违反国家规定的。

运动式治理的另一隐患是以短期内大量的人力、财力投入，取代了基层内生的发展动力。一旦动员模式告一段落，地方资源不足和官员因循懈怠的问题又会重新浮现。精准扶贫期间，政府投入的巨大财力让一些地方对扶贫资金产生了依赖性。在2020年实现全面脱贫之后，国家在财政资金的分配重点上可能会有调整，如果产业扶贫对政策扶持的依赖性太强，那么可能在新一轮的调整过程中无法存活。例如，调研过程中发现某村20多万元的年度集体收入完全依赖国家光伏产业发电政策补贴。当问及除此之外有无其他收入来源时，村干部的回答是“暂时没有”。村庄若不能形成较强的自身造血能力，而是仅依靠“贴息贷款”“政策奖补”等输血渠道，扶贫效果显然难以为继。具体到贫困户身上，他们在精准扶贫期间享受了种种政策红利，但扶贫如果没有让穷人产生致富的主观愿望，改善他们的生存状态和社会交往空间，那么存在未来返贫的风险。正如某县扶贫干部反映的那样：“有些贫困户不积极参与（生产），没办法，上面做（思想）工作也不去，他穷无所谓，也饿不死……等、靠、要，要不断输血。”

二　从运动式扶贫走向常态化扶贫

随着2020年之后扶贫工作方式由集中作战调整为常态推进，如何克服运动式治理固有的局限性，建立脱贫致富的长效机制，将是扶贫成果能否巩固的关键。在精准扶贫向常态化和制度化发展的过程中，对以下几方面问题的关注是必不可少的。

首先是建立一套可持续的制度安排，实现村庄外的干部资源与贫困村和贫困户的对接。在精准扶贫的过程中，这种干部资源的对接主要通过驻村、结对帮扶、对口帮扶等方式展开。驻村指的是由上级政府安排驻村第一书记和工作队员长期驻扎在村内，配合村两委干部完成脱贫攻坚等工作。结对帮扶指的是政府各部门干部、企事业工作者与贫困户"结对子"，他们不会长期在村里吃住，但会定期前往对象家中了解情况，解决贫困户的困难。对口帮扶是指各级政府和企事业单位与贫困地区对接，进行有针对性的帮扶，为其提供项目、资金和政策上的支持。干部资源与贫困村庄的对接，极大地增加了村庄获取项目和资金的途径，对村两委干部的工作起到显著的带动作用。根据我们的问卷调查，95%的干部认为推进精准扶贫设置驻村第一书记是必要的；84%的干部认为精准扶贫目标完成后，第一书记制度应该保留；82%的村两委干部认为，第一书记来到村子后，工作更好开展了；53%的村两委干部认为，如果现在取消第一书记制度，工作将更不好开展；在第一书记发挥的最主要作用这一问题上，46%的干部认为是"带动村干部工作"，39%认为是"拉资源"。由此可见，保留和完善驻村等干部资源对接制度，对于贫困的常态化治理是至关重要的。

对于2020年后各种干部资源对接的做法是否保留、以何种形式保留，目前尚无政策法规予以明确。不过在脱贫攻坚期间，许多地方针对已经摘帽的贫困村，提出"保持驻村工作队伍不撤、帮扶关系不变、帮扶力量不减"的工作方案。如江西省广昌县提出，要"着力培育一批懂扶贫、会帮扶、作风硬的扶贫干部队伍，打造'永不撤退'的工作队"（汤琦，2019）。2019年4月，习近平总书记在重庆考察时也指出，"扶贫工作队不能撤，做到摘帽不摘帮扶"（中央纪委国家监委网站，2020）。未来干部资源对接的机制若要实现制度化，应当重点考虑以下几个方面。第一，从顶层设计的角度，以法规条文的形式明确对口帮扶单位和驻村干部应如何选择，如何考评，任期长短，加强干部对接机制的稳定性和规范性。应当尽量避免对干部的临时性动员，避免所在单位的正常工作秩序遭到冲击，以致降低各机关单位的行政效率。第二，实现对驻村干部和结对帮扶干部的标准化培训，培训内容包括目标村的基本情况、农村发展的一般经验、农村产业发展的基本常识等。第三，改善对接干部的待遇和条件，让驻村干部轻装上阵，无后顾之忧。在我们调查的驻村干部中，多数对目前的工资待遇较为满意，但也有近20%的干部表示对目前的待遇“比较不满意”或“非常不满意”，且长时间的驻村工作导致他们和家人相处的时间减少，容易产生家庭矛盾，这些都需要在后勤保障工作上加以改进。扶贫干部一旦被选派之后，就应当被委以充分的信任。对干部的监督问责活动应尽量精简，缩短他们应对检查、参加会议和准备文字材料的时间，保证他们有足够的时间用于实质性工作。

其次，除了干部资源与贫困村对接之外，发达地区与欠发达地区的对口帮扶在扶贫过程中也取得显著成效。为了巩固脱贫的成果，实现常态化扶贫，这一跨区域的资源对接应该深入推进，成为一种制度化的合作模式。例如，广西融安县与广东遂溪县进行了有效的对接。2017—2019年，广东遂溪县投入帮扶资金9786万元，在广西融安县共实施40个扶贫项目，涵盖危房改造、贫困村基础设施建设、饮水工程、扶贫微车间、产业园区、异地扶贫搬迁点配套学校等，受益贫困人口超过6万人。在这一东西协作的模式下，2019年，融安县新增转移广东就业2984人，新增县内就业7802人，并成功引进了5个广东企业（中国共产党融安县委员会宣传部，2020）。又如，贵州黔西南州与宁波市加强联系与协作，两地在产业合作、园区共建、人才交流、劳务合作、旅游互动、教育医疗帮扶以及农产品销售等诸多方面展开了全方位、多形式的合作帮扶（周舟，2020）。发达地区与欠发达地区在扶贫领域的合作，能够将发达地区的资金、技术、人才等资源以及先进的思想理念注入贫困县、贫困村中，最终惠及广大贫困人口。

精准扶贫识别出贫困户，并有的放矢地给予他们政策帮扶，这种对贫困人口和非贫困人口差别对待的做法，有利于避免政策在中间环节被截留损耗，可以让最贫穷的一部分人口享受到切实好处。然而在绝对贫困被消除后，常态化的相对贫困治理应该更加强调普惠性而非差异性。如前文所分析，农村中居民收入水平相对接近，如果一定要区分贫困户和非贫困户，那么再完善的评定程序都可能在部分村民中引发嫉妒和不满。“大家都一样穷，为什么他评上了，我没评上”是调研中经常听到的群众意见。问卷调查显示，贫困户和非贫困户对个人收入的感知及对扶贫政策的评价都有明显差别。当被问及“与前三年相比，您和您的家人在收入状况方面有什么变化”时，48.6%的贫困户认为上升了，只有11.3%认为下降了。相比之下，43.6%的非贫困户认为上升了，认为下降的则占17%。更让人深思的是，当被问及“您所在的村目前存在扶贫帮扶不公平问题吗”时，只有 17% 左右的贫困户认为“非常严重”或“比较严重”，而非贫困户中这一比例是 25%。这说明贫困户的确获得更多物质实惠，对政策有着更高的评价，但也反映出精准扶贫在村民中制造出意见的分野，可能导致一些非贫困户因相对不受益而出现心理不平衡。在扶贫政策走向制度化的过程中，应当尽量消弭这种心理认知上的裂痕，尤其在教育、医疗等民生问题上，着力推进公共服务均等化，追求一视同仁和皆大欢喜的处理方法，为长远实现乡村振兴奠定良好、均衡的社会发展基础。

在构建扶贫长效机制时，对贫困状态建立动态监测和预警机制是十分必要的。在脱贫攻坚期内，动态调整机制有效提升了贫困人口识别与退出的精准度。2020 年之后，为了防止已经脱贫的贫困户返贫，必须建立动态的监测和预警机制，切实开展“回头看”“回头帮”工作，巩固脱贫成效。在近几年的扶贫实践中，多地已在此方面开展工作。例如，河南省于 2019 年出台的《贫困村驻村第一书记帮扶任务清单》明确指出，切实加强重点人口动态监管，一旦出现返贫，及时采取针对性措施（《新京报》，2020）。广西崇左市建立了返贫预警机制，根据贫困户脱贫状况，进行分类跟踪，并组建县、乡、村三级脱贫户返贫预警分析专业队伍，对已脱贫户实施跟踪和动态监测，鉴别出稳定脱贫户、巩固脱贫户和临界脱贫户，并根据不同类别采取不同干预措施（《广西日报》，2020）。在未来，应持续对贫困人口和易返贫人口进行常态化的追踪、监测并及时采取帮扶措施。这也是新的历史起点上解决相对贫困问题、实现长效化扶贫的应有之义。

在产业发展上，运动式扶贫导致一些地方的帮扶多采用托管托养、入股分红等方式，贫困户对产业的参与程度低、扶贫效果的可持续性很弱。扶植产业的政策经常遭遇“精英捕获”现象，能人大户获益的同时没有真正带动贫困户。产业扶贫的可持续性依赖于人的素质的提高，只有贫困户在精神面貌、文化水平和身体素质等方面满足一定标准，才能真正参与到产业致富的过程中。正如一位村干部说的那样，“他们（贫困户）真不缺生活物资，缺的是素质、文化和教育”。贫困户很可能将自己的教育文化缺陷传递给下一代，进而造成贫困状态的“代际传递”。因此，产业发展是一个长期性的系统工程，它与农村教育文化和医疗保健水平的提升是密不可分的。只有加大对贫困家庭子女的教育扶持力度，提升子女的文化水平，才能阻断贫困代际传递的路径（范和生、武政宇，2020）。当前，诸如“雨露计划”等行之有效的政策，以及对贫困户进行的产业技能培训，在未来的一段时间内，理应持续推行，以惠及更多农村群众。总之，“造血式”扶贫远比“输血式”扶贫的影响深远，激发贫困户的内生动力远比单纯依赖国家政策补贴的脱贫效果持久。

针对一些地方追求短期内见效快的增收项目，导致产业发展低端化、同质化的倾向，应当强调立足当前、着眼长远，将立竿见影的扶贫项目与长期稳定脱贫的产业结合起来，引导特色农产品走品牌化、高端化的发展道路。

参考全国人大常委会副委员长武维华 2019 年 2 月 26 日在第十三届全国人大常委会第九次会议上做的《全国人民代表大会常务委员会专题调研组关于脱贫攻坚工作情况的调研报告》，产业扶贫政策应当凸显“因地制宜”的原则，充分考虑当地的实际情况，发挥各地的资源优势，打造具有地域特色的产业和农产品，形成“一村一业”的格局。与此同时，稳定产业发展成果的思路应当从单维度向多维度转化。此前产业扶贫重视产品的产出产量甚于重视产品的流通和交易，重视政策支持力度甚于关注市场调节能力。为了让政策“放手”后的扶贫产业能够“脱敏”于政策，独立应对市场带来的挑战，政府需将产业进一步做深做实，加强政府与社会、企业的合作，引导和鼓励农产品企业与贫困村对接，在贫困地区投资建厂，将贫困户与市场主体有机衔接，切实强化产业合作社的建设，使其能够真正运转起来。

最后，还应注意到，贫困地区的发展必须以当地本土文化模式的发展为前提和基础（戴庆中，2001）。市场化的扶贫手段只有融入社会化的乡村网络，才能实现扶贫产业的健康可持续发展。也就是说，实现了市场公平、政策公平，不意味着同时实现了社会公平。乡村有自己的一套判定社会公平的伦理和道德准则，“帮穷”的政策话语与基层“帮能”“帮亲”“帮弱”“帮需”的社群伦理存在差异，有时甚至发生冲突和矛盾，难以完全构成令村民心服口服的标准（王雨磊，2017）。短时间内扶贫政策的迅速进入，欠缺政策与基层社群伦理相互融合的考虑，在初期引发了“精英捕获”“扶贫就是扶懒”“关系式扶贫”“扶贫就是社会治理手段”等消极观感。这体现出精准扶贫的施政思路与乡村基层伦理还有较大的磨合空间，这种磨合应当是持续而长久的、一以贯之的。即使精准扶贫已取得根本性胜利，仍应注意在扶贫与乡村文化契合的方面进行严格把关。对于扶贫的制度化应当进行长期的观照和思考，找到后续巩固脱贫成果的制度举措与乡村社会伦理的契合点。

三　结论

2020 年是中国脱贫攻坚的收官之年。随着精准扶贫工作的扎实推进，人们的目光开始更多转向构建长效化的乡村脱贫机制。精准扶贫政策依托常规官僚制的运转，结合集中动员的治理模式，在较短时间内取得举世瞩目的成效，但动员模式所固有的时效性和局限性也逐渐显现，比较突出的有官员行为的短期功利性、监督考核方式的简单粗放、依赖外部资源注入导致内生动力不足等。因此，精准扶贫向常态化和制度化发展的过程中应当做到：第一，建立一套可持续的制度安排，实现优质干部资源与贫困村和贫困户的对接、发达地区与落后地区的资源对接；第二，强调各项惠民政策的普遍化而非差异化，实现公共服务均等化；第三，建立对贫困状态的动态监测和预警机制，防止已经脱贫的农户返贫；第四，提升农民的教育文化水平和劳动素质，发展因地制宜、与市场主体有机衔接的特色产业；第五，充分照顾乡村社会的伦理和道德准则，做到扶贫政策干预与乡村文化的高度契合。可以预见，随着精准扶贫中一些行之有效的做法演变成制度化、可持续的长效机制，中国乡村不但能够告别绝对贫困，而且能有效缓解相对贫困所带来的社会问题，实现农村人口的全面发展。

参考文献

戴庆中，2001，《文化视野中的贫困与发展：贫困地区发展的非经济因素研究》，贵州人民出版社。

范和生、武政宇，2020，《相对贫困治理长效机制构建研究》，《社会科学文摘》第 4 期。

冯仕政，2011，《中国国家运动的形成与变异：基于政体的整体性解释》，《开放时代》第 1 期。

谷志军、陈科霖，2019，《责任政治中的问责与避责互动逻辑研究》，《中国行政管理》第 6 期。

《广西日报》，2020，《崇左“四不摘”持续巩固脱贫成效》，3 月 13 日，http://www. gxzf. gov. cn/mlgx/gxjj/zyjgmlq/20200313 - 800729. shtml。

李博，2016，《项目制扶贫的运作逻辑与地方性实践——以精准扶贫视角看 A 县竞争性扶贫项目》，《北京社会科学》第3期。
凌晔、刘裕勇、水木、邵猷芬、于龙广，2016，《干部选拔精准考核助力精准扶贫》，《老区建设》第9期。
倪星、王锐，2018，《权责分立与基层避责：一种理论解释》，《中国社会科学》第5期。
倪星、原超，2014，《地方政府的运动式治理是如何走向“常规化”的？——基于S市市监局“清无”专项行动的分析》，《公共行政评论》第2期。
欧阳静，2011，《压力型体制与乡镇的策略主义逻辑》，《经济社会体制比较》第3期。
欧阳静，2014，《论基层运动型治理——兼与周雪光等商榷》，《开放时代》第6期。
孙立平、郭于华，2000，《“软硬兼施”：正式权力非正式运作的过程分析》，载清华大学社会学系编《清华社会学评论》第1辑，鹭江出版社。
汤琦，2019，《坚决落实“四不摘”要求 持续巩固提升脱贫成效》，《老区建设》第17期。
王雨磊，2017，《技术何以失准？——国家精准扶贫与基层施政伦理》，《政治学研究》第5期。
吴毅，2007，《小镇喧嚣：一个乡镇政治运作的演绎与阐释》，三联书店。
新华网，2020，《中共中央、国务院关于抓好“三农”领域重点工作 确保如期实现全面小康的意见》，2月5日，http://www.xinhuanet.com/politics/zywj/2020-02/05/c_1125535347.htm。
《新京报》，2020，《贫困村脱贫后，河南省驻村第一书记怎么做?》，1月20日，http://www.bjnews.com.cn/feature/2020/01/20/677101.html。
邢成举，2016，《压力型体制下的“扶贫军令状”与贫困治理中的政府失灵》，《南京农业大学学报》（社会科学版）第5期。
杨雪冬，2012，《压力型体制：一个概念的简明史》，《社会科学》第11期。
张丽杰，2016，《县级政府精准扶贫政策执行问题研究》，硕士学位论文，郑州大学。
张巍，2008，《中国农村反贫困制度变迁研究》，中国政法大学出版社。
中国共产党融安县委员会宣传部，2020，《看这些年，融安为脱贫都做了哪些工作》，5月9日，https://3g.163.com/news/article/FC7LDC950514D4OE.html? from=history-back-list。
中央纪委国家监委网站，2020，《学报告抓落实丨加强对脱贫摘帽后“四不摘”情况的监督检查》，3月2日，http://www.ccdi.gov.cn/toutiao/202003/t20200302_212629.html。
周雪光，2012，《运动型治理机制：中国国家治理的制度逻辑再思考》，《开放时代》第9期。
周雪光，2008，《基层政府间的“共谋现象”——一个政府行为的制度逻辑》，《社会学研究》第6期。
周舟，2020，《打赢脱贫攻坚战后扶贫帮困长效机制研究》，《延边党校学报》第2期。
朱隽，2018，《多下真功夫 别动歪脑筋（话说新农村）》，2月4日，http://society.peo-

ple. com. cn/n1/2018/0204/c1008 – 29804329. html。

Perry, E. J. 2013. "From Mass Campaigns to Managed Campaigns: Constructing a New Socialist-countryside. " in Heilmann, S. and E. J. Perry, eds. *Mao's Invisible Hand: The Political Foundations of Adaptive Governance in China*(Cambridge, MA: Harvard University Press).

Weber, Max. 1978. *Economy and Society: An Outline of Interpretive Sociology* (California: University of California Press).

3

从二维并行到一体互嵌：2020年后开发式扶贫与保障性扶贫的统筹发展*

左　停　徐卫周**

以2015年出台的《中共中央、国务院关于打赢脱贫攻坚战的决定》（以下简称《决定》）为标志，中国开展了以精准为特色的脱贫攻坚战，中央和各级政府不断创新多种制度和政策供给，动员全体社会力量共同致力于消除现行标准下的绝对贫困问题，取得了举世瞩目的成绩。国家统计局数据显示，截至2019年末，全国农村贫困人口仅剩551万人。党的十八大以后的7年里，中国农村累计减少贫困人口9348万人，年均减少1300多万人，创造了中国减贫史上的奇迹。从世界范围来看，过去40年，中国对全球减贫贡献率超过70%，成为首个实现联合国减贫目标的发展中国家（国家统计局，2019），谱写了人类反贫困历史新篇章，为全球减贫事业贡献了中国经验和中国方案。

在脱贫攻坚中，为了帮助贫困地区和贫困人口摆脱贫困，中国政府创新并形成了很多行之有效的做法和丰富经验，尤其是在紧扣“两不愁三保障”突出问题上，始终坚持把开发式扶贫作为脱贫的基本途径，同时不断完善和创新包括社会保障、资产性收益扶贫、公益岗位、商业保险等在内的各类综合保障性扶贫措施。近年来，中国政府又不断深化开发式扶贫和保障性扶贫两项制度的有机衔接和统筹推进，形成了符合中国国情、符合贫困地区和贫困人口实际需要的反贫困治理路径，为中国高质量打赢脱贫攻坚战提供了制度保障。

然而，2020年“历史性地消除绝对贫困”这一既定目标任务的完成，

---

* 原文刊发于《华中科技大学学报》（社会科学版）2020年第2期。

** 左停，中国农业大学人文与发展学院教授。徐卫周，中国农业大学人文与发展学院博士研究生。

并不意味着农村贫困的消失，也不意味着扶贫工作的结束（新华网，2019）。2020 年后，在新的经济社会发展条件下，贫困仍会以各种样态的相对贫困、特殊困难群体等形式呈现。此外，巩固拓展脱贫攻坚成果仍是 2020 年后一定时期内最主要和最迫切的任务（张琦、孔梅，2019）。在脱贫攻坚中摆脱现行标准下绝对贫困的人群，一方面，其经济社会发展水平在整体社会结构中仍处于中下层次，经济收入仍处于不稳定状态，发展能力和发展环境依然存在诸多制约，他们谋求进一步发展和各种保障性需求的状况没有改变，甚至在新的标准下会产生更高的发展期望和更高层次的需求；另一方面，在日益发展的全球化市场经济下，他们所面临的风险性、不确定性和复杂性也在与日俱增。有效应对和解决 2020 年之后的贫困，不仅是社会主义的本质要求，也是全面建设社会主义现代化国家、实现治理体系和治理能力现代化不可回避的重要社会问题，还是中国政府面临的新课题。因此，针对 2020 年后中国贫困可能存在的形态，国家扶贫战略需要承继现有的经验，同时进一步创新、升级和拓展开发式扶贫和保障性扶贫的具体制度安排，并赋予其在新的发展阶段下新的内涵，强化二者之间的融合互嵌，使二维并行走向一体互嵌发展。这既是未来一段时间巩固拓展脱贫攻坚成果的内在要求，也是有效预防未来贫困发生、增强社会脆弱群体社会参与度以及提高其风险保障水平和福利状况的必然选择。

一　中国开发式扶贫与保障性扶贫两个路径的形成过程：一个简单概述

中华人民共和国成立 70 年来，党和国家始终把解决贫困问题放在重要位置，并根据不同阶段经济社会发展状况和贫困形势，实施了一系列中长期扶贫规划和政策，形成了一条符合中国国情的农村扶贫开发道路。

改革开放之初，中国农村生产力水平低下，广大农民处于普遍贫困状况。1986 年，国务院成立了国务院贫困地区经济开发领导小组（后更名为国务院扶贫开发领导小组）。自此，中国广大农村地区在专门化的扶贫工作机构领导下，开始实施有计划、有组织、大规模的以经济发展为主要目标的开发式扶贫。尤其是在 20 世纪“八七”扶贫攻坚阶段（1994—2000 年），国家着眼于建构有利于农村产业发展的基础条件（黄承伟，2018），创造有利于改善穷人境遇的外部发展环境，提高有劳动能力的贫困人口的生产能力，增加农业产出和非农收入（左停、贺莉，2017），集中解决贫困人口的温饱问题。但开发式扶贫较少关注贫困的预防、弱劳动能力和无劳动能力贫困人口的帮扶以及社会的公平正义性（杨宜勇、吴香雪，2016），也较少从风险保障的角度来考虑发展农村产业和劳动力转移就业等扶贫方式，更缺少对贫困人口教育、健康、医疗等人力资本开发和贫困人口生计系统脆弱性方面的关切和投入。

进入21世纪，国家根据贫困人口规模、分布状况、贫困程度等因素，出台了《中国农村扶贫开发纲要（2001—2010年）》这一新的纲领性文件，提出了“一体两翼”的开发式扶贫新模式（即以整村推进为主体，以产业化扶贫和劳动力转移培训为“两翼”）。2007年农村最低生活保障制度的确立，标志着中国农村扶贫工作逐步进入开发式扶贫和农村最低生活保障两大制度并行的农村扶贫新格局（左停、贺莉，2017；范小建，2011；左停，2016；贺雪峰，2018）。在“低保”全面实施之后，中央就提出了“实现农村最低生活保障制度和扶贫开发政策有效衔接”的要求。2008年，党的十七届三中全会提出要“实现农村最低生活保障制度和扶贫开发政策有效衔接”。2010年，国务院扶贫办等5部门联合发布了《关于做好农村最低生活保障制度和扶贫开发政策有效衔接扩大试点工作的意见》，强调通过探索两项制度的有效衔接，发挥农村低保制度和扶贫开发政策的反贫困作用。然而，这次试点基本是以两个政策“二分并行”为导向的，成效不大，且该意见后来被废止。同时，随着中国经济社会发展水平的不断进步，农村“五保”供养制度、新型农村合作医疗制度、新型农村养老保险制度等农村社会保障制度体系逐步完善和建立起来，在相当程度上减少了农民的支出、增加了对农民的保护和福利保障，在客观上成为农村扶贫开发事业的有力支持。然而，这些制度只是孤立的、并行的、处于初级阶段初级水平的制度设置，并没有形成一个联动的政策有机体，也没有受到与扶贫开发制度同等的重视，仅作为中国扶贫开发的一个补充。

《中国农村扶贫开发纲要（2011—2020年）》提出的“两不愁三保障”的目标明确了社会保障在扶贫中的作用，指出“实行扶贫开发和农村最低生活保障制度有效衔接。把扶贫开发作为脱贫致富的主要途径，……把社会保障作为解决温饱问题的基本手段，逐步完善社会保障体系”。党的十八大以来，以习近平同志为核心的党中央把扶贫工作摆在更加突出的位置，提出精准扶贫、精准脱贫战略，以“六个精准”（扶贫对象精准、项目安排精准、资金使用精准、措施到户精准、因村派人精准、脱贫成效精准）、“五个一批”（发展生产脱贫一批、易地扶贫搬迁脱贫一批、生态补偿脱贫一批、发展教育脱贫一批、社会保障兜底一批）为基本要求与实现途径，进一步拓宽了农村扶贫工作的维度和旨向。中国的扶贫工作进入脱贫攻坚新阶段，社会保障和生产开发一样成为扶贫脱贫的重要路径。2014 年，中共中央办公厅、国务院办公厅印发《关于创新机制扎实推进农村扶贫开发工作的意见》，指出要“建立精准扶贫工作机制”，“坚持扶贫开发和农村最低生活保障制度有效衔接”。2014 年和 2015 年，各地民政和扶贫部门开展了两项制度衔接的信息比对等基础性工作，积累了两项制度衔接的实际工作经验。2016 年，民政部、国务院扶贫办等六部门出台了《关于做好农村最低生活保障制度与扶贫开发政策有效衔接的指导意见》，要求实现农村低保制度与扶贫开发政策的有效衔接，做到“应保尽保”“应扶尽扶”，形成政策合力。2017 年，人力资源和社会保障部会同有关部门出台了《关于切实做好社会保险扶贫工作的意见》，将社会保险正式纳入扶贫政策体系，进一步拓展和强化了社会保障减贫的内涵。2017 年底的全国扶贫开发工作会议做出了脱贫攻坚工作“由开发式扶贫为主向开发式扶贫与保障式扶贫并重转变”的新论述（国务院扶贫办政策法规司，2017）。2018 年，中共中央、国务院发布的《关于打赢脱贫攻坚战三年行动的指导意见》（以下简称《三年行动的指导意见》）系统地提出“坚持开发式扶贫和保障性扶贫相统筹。把开发式扶贫作为脱贫基本途径，针对致贫原因和贫困人口结构，加强和完善保障性扶贫措施，造血输血协同，发挥两种方式的综合脱贫效应”“强化综合保障性扶贫”“统筹各类保障措施，建立以社会保险、社会救助、社会福利制度为主体，以社会帮扶、社工助力为辅助的综合保障体系”等新的扶贫政策原则。党的十九届四中全会明确提出“坚决打赢脱贫攻坚战，巩固脱贫攻坚成果，建立解决相对贫困的长效机制”的新要求。

综上所述，改革开放 40 多年来，中国特色减贫道路不断拓展创新：从改革开放后单一的开发式扶贫举措，到 21 世纪前十年农村社会保障制度，及其各种项目的不断设立；从农村低保制度与扶贫开发政策的衔接试点，到脱贫攻坚战中社会保障作为“五个一批”之一、社会保险扶贫的整体纳入，以及最后攻坚阶段更大范围的保障性扶贫与开发式扶贫并重和相统筹。由此可见，实现开发式扶贫与保障性扶贫一体互嵌、融合发展是中国扶贫实践不断向前推进的客观要求，是国家扶贫理论和政策不断完善的必然结果，也是国家经济社会发展的必然趋势、补齐薄弱短板的努力方向，更是对贫困地区贫困人民切实需要的回应。2018 年《三年行动的指导意见》使用的“坚持开发式扶贫和保障性扶贫相统筹”的新政策话语表述，相较于 2016 年出台的《关于做好农村最低生活保障制度与扶贫开发政策有效衔接的指导意见》和 2017 年全国扶贫开发工作会议上做出的脱贫攻坚工作“由开发式扶贫为主向开发式扶贫与保障式扶贫并重转变”均更进一步。开发式扶贫和保障性扶贫两者之间不但要互补短板，而且要真正实现充分有效衔接、内在互嵌与融合发展，在更大范围和更深层次产生“一加一大于二”的综合脱贫效应。2020 年之后，贫困仍然是中国的一个重要的社会经济问题。进一步拓展开发式扶贫和保障性扶贫新内涵、新形式，并实现由二维并行向一体互嵌转化，对于未来中国的贫困治理至关重要。

二　2020 年后开发式扶贫与保障性扶贫相统筹：一个衔接互嵌的政策框架

开发式扶贫与保障性扶贫相统筹是中国贫困治理的一个基本经验总结。2020 年后的贫困治理，依然需要坚持扶贫两个方面的基本制度框架，但也应认识到，农村贫困的社会经济和时代背景在不断发生改变，要在坚持的同时不断有所创新。2020 年后，首先需要在理念上对开发式扶贫和保障性扶贫进行拓展，再在此基础上找准二者的契合点，由二维并行转向一体互嵌，促进二者在新阶段下实现融合发展，这是 2020 年后在贫困治理上所要坚持的基本逻辑和方法论。

（一）2020年后开发式扶贫与保障性扶贫仍然是解决农村贫困问题的基本方法

2020 年后，绝对贫困将得到历史性消除，但这些刚摆脱贫困的贫困户的收入水平并未高出贫困线很多，且其收入来源的可持续性并不强，加之还有众多贫困边缘户存在，所以这部分群体的收入状况和社会竞争力仍然处于十分脆弱的状态。应对 2020 年后的贫困问题，一方面，作为相对贫困群体，他们仍然有许多发展性的需求，包括农牧业及相关产业发展的生产系统的开发需求，也包括作为个体人的能力建设和人力资本的开发需求；另一方面，老弱病残等特殊困难群体将长期存在，其数量甚至会进一步加大，他们的综合保障性需求还会增加；还有一方面，在市场经济下，普通的社会群体对应对风险的保障性需求也会逐步凸显出来。

以 2013—2018 年中国农村居民人均可支配收入五等份分组的低收入组（收入最低的 20% 人口）的收入状况与同期的国家扶贫标准对比为例，除 2014 年农村低收入组人均可支配收入低于国家扶贫标准外，其他年份均仅略高于国家扶贫标准，分别高出 141.9 元、230.6 元、54.5 元、357.1 元、714.2 元（见表 1）。一旦发生风险波动，这部分群体极易陷入暂时性贫困（估计至少 15%）。此外，作为扶贫首位措施的产业扶贫，近年来在带动贫困人口就业增收方面起了很大作用，但实际上其本身的发展基础、发展模式也很薄弱，在资金和市场方面仍有很多短板，在市场销售方面也比较多地依靠政府推动的电商扶贫和消费扶贫。因此，面对大量的中低收入群体，从反贫困的实际需要来看，2020 年后开发式扶贫仍然需要坚持，仍有进一步深化拓展的空间，需要在巩固脱贫攻坚成果的同时降低其脆弱性。

表 1　2013—2018 年中国农村居民人均可支配收入、国家扶贫标准一览

单位：元

年份	低收入组（20%）	国家扶贫标准（以 2010 年为基准）
2013	2877.9	2736
2014	2768.1	2800
2015	3085.6	2855
2016	3006.5	2952
2017	3309.1	2952
2018	3666.2	2995

资料来源：笔者根据《中国统计摘要 2019》整理得到。

特殊贫困群体主要是指老弱病残人群，他们除了具有较高的生理脆弱性外，还极易受自然条件变化、社会转型、市场经济波动等因素影响。该群体通常表现为“贫”“困”“弱”三种特点，也可能仅表现为“困”和“弱”，“困”为其本质特征。“贫”主要表现为经济上收入不足或支出过大，难以满足基本生活开支，“困”和“弱”则侧重于更深层的服务不足、人力资本薄弱和抗逆力低等问题。2017年全国贫困人口建档立卡数据显示，当年未脱贫的3046万建档立卡贫困人口中老病残群体占据多数，其中持证残疾人和65岁以上的老年人超过1000万人（中国人权研究会，2018），因病、因残致贫比例分别超过40%、14%，65岁以上的老年人占比超过16%（常钦，2018）。此外，以笔者团队在安徽省岳西县的实地调研为例，2014年精准扶贫开始的时候，岳西县60岁及以上人口占建档立卡贫困人口的18.54%，残疾人口占8.51%；2018年，该县未脱贫的贫困人口中60岁及以上人口占23.59%，残疾人口占14.87%。2020年后，农村社会的老弱病残等生理上特殊困难群体依然会长期存在，他们的脱贫和收入增加主要依靠社会性政策的转移支付，但他们作为社会脆弱群体的性质没有改变。随着城镇化的持续推进、农村老龄化的日趋加重等，老弱病残特殊困难群体问题甚至可能会进一步加剧，我们需要更为具体地瞄准该类群体的服务需要，补齐短板，为其织密扎牢民生保障“安全网”。

开发式扶贫与保障性扶贫仍然是未来农村扶贫的基本方法，但它们所包含的主要内容应随着时代的发展不断更新和创新。开发式扶贫要超越过去的生产性开发，把更多的注意力放在贫困人口的人力资本开发和贫困人口的发展平台开发方面；保障性扶贫也要超越几个具体的保障项目，为贫困人口创造更多的社会资产（包括社会服务），提供更多可预期的社会保护，激发贫困人口的社会参与；同时开发本身也需要保护，需要拓展对农村产业和劳动者的保护覆盖范围。

（二）开发式扶贫需要升级，从生产资源开发转向人力资本开发和发展平台开发

开发式扶贫作为一项基础性的贫困治理手段，一直贯穿于中国扶贫开发事业的始终。中国广大农村地区自1986年开始实施大规模的以自然资源开发为基础的开发式扶贫。但总体来看，中国农村人多地少，现有自然资源开发的边际效益日益减少。在这种情况下，以往的以农村自然资源、农业开发

为主的开发式扶贫越来越受到农村资源禀赋不足、人口大量外流、治理能力不足等的影响，需要对开发式扶贫进行改革和创新，赋予其在新形势下新的内涵和外延，以满足贫困地区和贫困人口的实际需要。实际上，随着外出务工逐渐成为农民主要的就业形式和收入来源，农业开发也只能解决农民家庭的一部分收入，且这部分收入占比在逐年下降。《中国农村扶贫开发纲要（2001—2010 年）》确立的以整村推进为主体、以产业化扶贫和劳动力转移培训为"两翼"的"一体两翼"扶贫新战略，显示了面向市场的扶贫战略创新的趋势。

统计数据显示，自 2015 年起农村居民的工资性收入成为农民家庭的第一大收入来源（见表 2）。这些新的微观层次的家庭内部收入结构的变化，在客观上要求开发式扶贫做出一定的调整和创新。当前需要将开发式扶贫的重点转向以人力资本为主的开发，以适应农民外出就业、本地创业的需求，以及提升农民内生发展动力和发展潜能的要求。在脱贫攻坚中，国家投入大量财政资源用于产业扶贫，但农村产业发展缓慢和产业发展持续性不高仍是影响脱贫质量的现实问题，核心还是在于贫困人口的人力资本问题，此外，农民实际参与培训的积极性不高等问题也没有取得突破。因此，2020 年后，在巩固脱贫攻坚工作时，要把贫困人口的人力资本开发作为重心，把开发式扶贫的重点从自然资源开发转向人力资本开发。贫困人口的人力资本开发，在"攻坚战"之后需要回归到一般性的、常规的人力资本开发的轨道上来，通过教育、医疗卫生条件等的改善和更多的政策供给为农村贫困人口增权赋能，提升他们的整体素质和综合能力（黄承伟，2019a），同时激发贫困人口的内生发展动力，阻断贫困的代际传递。这样也可在一定程度上强化和提升其内在的保障性，比如可以大力发展职业教育，助力精准扶贫。调查显示，很大一部分中职学校学生来自农村困难家庭，且 91% 的高等职业院校毕业生是其家庭的第一代大学生，职业教育对象与中国精准扶贫对象高度契合（余克泉，2018）。尽管作为人力资本开发的职业教育是一项长期性工作且现阶段并没有体现出直接的减贫贡献，但从长远来看，其对于弱势劳动者及其家庭具有重要的经济社会功能，是一个能很好体现开发式扶贫与保障性扶贫衔接融合的重要途径，既是教育保障又着眼于人力资本的开发，需要持续拓展加强。

表2　2013—2018年农村居民人均可支配收入及其结构

单位：元，%

年份	农村居民人均可支配收入	工资性收入		经营性收入		财产性收入		转移性收入	
		数值	占比	数值	占比	数值	占比	数值	占比
2013	9429.5	3652.5	38.73	3934.8	41.73	194.7	2.06	1647.5	17.47
2014	10488.9	4152.2	39.59	4237.4	40.40	222.1	2.12	1877.2	17.90
2015	11421.7	4600.3	40.28	4503.6	39.43	251.5	2.20	2066.3	18.09
2016	12363.4	5021.8	40.62	4741.3	38.35	272.1	2.20	2328.2	18.83
2017	13432.4	5498.4	40.93	5027.8	37.43	303.0	2.26	2603.2	19.38
2018	14617.1	5996.1	41.02	5358.4	36.66	342.1	2.34	2920.5	19.98

资料来源：笔者根据《中国统计摘要2019》整理得到。

（三）保障性扶贫需要拓展创新，体现预防、保护和发展促进等多样化的减贫功能

完备、多元化、多层次的保障性扶贫举措不但可为开发式扶贫保驾护航，巩固其防贫效果，而且能够为贫困地区的经济社会发展和贫困人口发展生产、谋求脱贫增收创造有益的外部环境和解除后顾之忧。当有劳动能力的贫困人口积极作为、谋求发展时，其承受的经济社会风险必然随之增加。此时，保障性扶贫措施就会对其做出“不论何时都能保证基本生活需求”的承诺，以缓解其发展的后顾之忧。此外，保障性扶贫不仅仅是一种兜底保障的脱贫工具。保障性扶贫制度本身既具有稳定社会环境、维护社会公平的积极作用，还可以激励贫困人口的经济和社会参与。因此，保障性扶贫不仅要帮助贫困人口实现脱贫，还要促进社会与地区稳定，为经济发展提供良好的宏观环境（左停，2019）。

相较于开发式扶贫，保障性扶贫作为一种新的政策工具，层次还比较低、水平还比较差，尚未在理论、政策、实践上形成一致共识和较好的制度规范，但其作用日趋重要。传统上，中国就有以工代赈类型的积极的社会保障项目；脱贫攻坚战期间，中国政府创新了诸如公益岗位等发展性保障项目，一些地方实施了类似于有条件转移支付的“扶贫慈善超市”项目。但微观上讲，目前各地的保障性扶贫还囿于“一兜了之”等简单消极的保障措施，积极的、预防性质的、社会投资性质的政策举措显得不足；宏观上讲，

社会保障的收入再分配功能没有得到充分体现。

对于保障性扶贫最为核心的农村社会保障制度而言，尽管目前中国已建成世界上规模最大、覆盖人口最多的社会保障体系（中华人民共和国国务院新闻办公室，2018），但其保障程度、保障范围和保障水平仍有进一步提升的空间。老弱病残等特殊困难群体将长期存在且未来该群体人数还会有所增加，他们在收入以外的其他方面的人道主义需求也会持续增加。在脱贫攻坚中，中国设定的脱贫目标和标准已经包含医疗、教育等方面的基本保障要求，但在养老保障方面没有直接瞄准和刚性考核指标要求。农民工社会保障问题也是另外一个短板。《2017年度人力资源和社会保障事业发展统计公报》显示，2017年中国28652万农民工中，参加城镇职工养老保险、医疗保险、失业保险、工伤保险人数分别为6202万人、6225万人、4897万人、7807万人，占比分别为21.65%、21.73%、17.09%、27.25%（见表3），其覆盖面还相当有限，保障力度和内容还很不足。这仍然是农民就业面临的一大难题，相关部门需要予以高度重视，加大对农民工权益保障的政策执行力度，防止出现返贫和未来困难群体（左停、徐卫周，2019a）。

表3　2017年农民工参加社会保障的情况

单位：万人，%

险种	参保人数	占比
养老保险	6202	21.65
医疗保险	6225	21.73
失业保险	4897	17.09
工伤保险	7807	27.25

资料来源：《2017年度人力资源和社会保障事业发展统计公报》。

应突破当前对“保障性扶贫”的浅层认知和理解，在更大范围出台保障性益贫举措。在实现减贫的同时，还应当进一步强化其预防性功能，降低弱势农户的脆弱性风险，增强其韧性和福利转换能力，以避免弱势农户因重大开支或重大自然灾害、意外事件等而（再次）深陷贫困。应积极鼓励创新各类保险扶贫险种并使之常态化，进一步完善农业支持保护政策、农村生态环境政策、农民意外风险保障等，同时也需要实现制度的整合和合理化福利获取的前置条件设置，以最大限度地达到政策的预期效果。

三　强化开发式扶贫与保障性扶贫的衔接互嵌和融合发展

在现阶段的反贫困进程中，开发式扶贫与保障性扶贫仍然被当作两个制度分开设置、分别运行，今后更重要的是让两者形成有效衔接互嵌。近些年的精准扶贫实践积累了不少相关的经验，需要在观念上、制度上将之主流化、制度化。在面向未来贫困治理不断创新优化开发式扶贫与保障性扶贫的同时，要进一步强化两者的衔接互嵌，从二维并行转向一体互嵌、整合发展。

（一）树立和坚持开发式扶贫与保障性扶贫协同推进和互嵌融合理念

“理念优于制度，制度优于技术”（郑功成，2015）的治理逻辑，对于中国贫困治理和扶贫举措安排至关重要。各级扶贫部门在制定出台扶贫举措和具体执行中，需要树立综合性、整体性、系统性的思维理念，统筹推进开发式扶贫与保障性扶贫由二维并行转向一体互嵌，使二者互促互融，实现造血和输血并举、双向嵌入建构，使开发式扶贫和保障性扶贫不断地向对方靠拢、借鉴融合，真正地为困难群众扎牢织密一个有效的安全保障网，充分发挥综合减贫效应。

同时，也需要正视区域间的差异性。不同地区的贫困人口、不同的致贫原因（见表4）、不同的生计方式，对开发式扶贫和保障性扶贫的需要内容和需要程度是有差别的，有的地方需要更多的保障，有些地方则需要进一步开发。即使在同一个家庭内部，不同成员之间因知识水平、身体素质、劳动力状况、分工、年龄阶段等的不同，对开发式扶贫和保障性扶贫的需要也是不一样的。再则，即使是保障性扶贫本身，也是有差别的，比如东部地区对养老服务、医疗护理的需求较大，而西部地区对幼儿教育、生态保护的需求，中部地区对农业支持保护的需求更多等。所以，这些差异反过来也印证了二者的互嵌融合必须着眼于贫困地区、贫困人口的实际情况，必须建立在具体的实际需要的基础之上，要把统筹互嵌、融合发展作为一个原则内化在反贫困工作中（左停、徐卫周，2019b），应具体问题具体分析，而不要把它变作一个教条式的、任务式的指标死搬硬套。

表 4 2014 年东中西部地区建档立卡贫困人口的致贫原因占比

单位：%

地区	自然生产条件			经济社会发展条件					人力资本因素		
	灾害	缺土地	缺水	交通条件落后	缺技术	缺资金	教育	自身发展力不足	缺劳力	疾病	贫困
东部	3.60	1.50	0.30	0.80	15.30	23.20	4.80	2.00	21.90	58.10	9.40
中部	5.20	4.00	1.20	2.60	17.60	28.90	6.70	4.90	13.90	51.60	6.80
西部	6.80	6.90	2.30	7.60	28.90	44.90	12.40	7.40	18.90	28.90	4.00
全国	5.80	5.10	1.60	4.70	22.40	35.40	9.00	5.80	16.80	42.20	5.80

资料来源：左停等（2018）。

（二）对脱贫攻坚中形成的好的经验加以提炼，使之制度化、长效化

数据显示，2016—2018 年中国摘帽贫困县共 436 个，占中国 832 个贫困县的 52.4%，预计 2019 年将有 340 个左右贫困县脱贫摘帽（国务院扶贫办，2019）。因此，需要在已脱贫的贫困地区总结有关开发式扶贫与保障性扶贫一体推进的好经验、好做法，并予以提升、创新、推广，使之制度化、长效化，为 2020 年后巩固拓展脱贫攻坚成果和创新未来贫困治理机制提供经验和借鉴（黄承伟，2019b）。

作为全国扶贫改革试验区的山东省淄博市临淄区，2016 年承接了国家“扶贫开发政策与农村最低生活保障制度衔接与融合”重大课题试验示范任务，在全国首创了“双制融合”模式（孙春晓、韩小丽，2019），重塑了扶贫低保体系，针对扶贫开发和低保两项制度重叠运行、政出多门、政策“高地洼地”并存、享受对象高度重合等问题，实行农村扶贫济困工作的一体化，建立了“七统一”的扶贫低保新体系。同时，将乡镇民政办公室和扶贫办公室合二为一，组成民政扶贫办，既提高了工作效能、服务效率和群众满意度，也节约了行政成本。该项制度创新得到国务院扶贫办和山东省委、省政府的高度认可，并获得 2019 年全国脱贫攻坚奖组织创新奖，对 2020 年后的反贫困治理具有重要的借鉴意义。

在脱贫攻坚中，一些地方政府探索出的“模块组合”型保险模式，通过政府与商业性保险公司合作，帮助参保对象多角度应对生产生活中的风险，防止返贫以及边缘人口落入贫困。该综合性保险具有灵活性强、方便贫困户

理解保险内容、防贫目的明确等多种优点，体现了开发式扶贫与保障性扶贫的衔接互嵌。作为贫困人口较多的省份，贵州省为省内深度贫困地区开发了“1+2+N”模式的综合性保险方案。具体来说，“1”为普惠金融，注重探索保险资金的融资新模式；“2”为农业保险与扶贫救助险，建立农户生产生活的风险防范体系；“N”为各地因地制宜地选择其他涉农保险，全面增强农户的抗风险能力。河南省兰考县政府与保险机构合作，为贫困户投保了6个生活风险保障类项目和10个生产风险保障项目（人民网，2016），并探索打造“协办农险带脱贫”的“农险+就业”扶贫模式（中国政府网，2017）。2018年，河北省张北县扶贫办与商业保险公司签署协议，为非贫低收入户、非高标准脱贫户两类“易贫人群”购买了“防贫保险”，按照每人每年150元（合计435万元）的标准筹资建立“防贫保险基金”，对于上述两类目标人群中凡有疾病、残疾、教育、灾害四种原因所导致的返贫或重大支出情况，由防贫保险基金按比例予以报销。该县以防贫保险基金为核心建立的“防贫圈”，也为建档立卡贫困人口和靠近贫困线的低收入人群提供了包容性、综合性的保障方案。

（三）促进多部门、多领域间各项扶贫和保障资源的优化整合，实现一体融合发展

开发式扶贫与保障性扶贫从二维并行走向一体互嵌的融合发展，涉及多部门、多领域，需促进它们之间的有效衔接和资源的优化整合。从总体上来讲，开发式扶贫与保障性扶贫的一体互嵌发展需要充分地整合纳入扶贫、统计、社会保障、社会服务、教育、农业农村、健康、残疾人保障、保险监理等部门，确保与贫困治理相关的基础性信息的充分共享及其准确性、有效性，避免出台的相关政策出现叠加、冲突或者遗漏等问题，并建立联席会议制度定期交换意见和切实磋商，保障制度、政策供给的一致性和畅通性，形成部门合力。在具体层面，就保障性扶贫内部而言，需要协调好制度与项目之间的关系，在新的形势下进一步厘清保险、福利、救助之间的运行边界和服务对象，做到精细化管理和精准施策，以实现对未来贫困的有效预防；在开发方面，如在农业及相关产业发展方面要紧密联系保险和气象等部门，增强其发展的可持续性和风险保障性，在人力资本开发方面要做好与就业、社会保障等部门的联系，确保人力资本的高质量开发和保护；在基层，要在加

强经办队伍建设的同时，尽量做到民生领域的一体办公、一门受理。此外，随着城镇化的持续推进、农民的城乡流动以及农民市民化的加快，应当做好城乡相关部门之间的协调和相关政策的一致性、衔接性，以应对农民流动群体的脆弱性风险，更好地发挥开发式扶贫与保障性扶贫的一体互嵌式反贫困效果。2020 年后的贫困治理或许会更加难以识别和应对，也可能不会再有类似当前脱贫攻坚战的强力干预举措，因此需要通过制度来促进反贫困相关部门、相关制度项目间的有效衔接和资源的优化整合，使未来贫困问题能够有一个高效的行政管理回应体系和常态化的制度框架。

（四）以就业为重要载体，促进贫困人口开发式扶贫和保障性扶贫的互嵌融合

由于农村自然资源禀赋的相对不足，就业成为农村贫困人口摆脱贫困的重点和突破点。促进就业需要在人力资本的开发和保护两个维度上下功夫。未来人力资源开发的扶贫政策依然要把农村劳动力就业放在突出位置，把就业促进作为提升发展能力和发展动力的主要路径和检验指标。在推进乡村振兴和城乡基本公共服务均等化的背景下，要注重完善城乡一体化的就业和社会保障体系，逐步推进城乡一体化的就业、教育、医疗、住房、生活保障等政策；消除农民工在城市就业中所遇到的不合理限制和歧视性问题，维护农村劳动力应有的权益；同时要重点解决留守儿童、留守妇女和留守老人的社会保障问题，提高留守人员的生活质量，为外出务工人员解决后顾之忧，促进城乡社会的和谐健康发展。实现经济益贫式增长的关键是要有益贫性产业，这既有利于贫困地区的经济发展，又能为贫困地区的劳动力提供稳定的就业机会，为他们创造人生出彩的机会。因此，适度发展劳动密集型产业、服务业对促进就业、拉动需求有积极的作用。贫困人口大多数年龄偏大、技能水平低，在技术要求不高、门槛较低的劳动密集型企业就业是最佳选择（中共中央组织部干部教育局等，2017）。当前，中国职业教育发展基础较为薄弱。2020 年后，发展职业教育政策应该是一项长期的事关农村减贫的经济政策和社会政策，应强化贫困地区职业教育和技能培训工作。

纵观中国的扶贫历程，从区域性扶贫开发到“到村到户”的精准扶贫、精准脱贫，从开发式扶贫到开发式扶贫与保障性扶贫相统筹，走出了一条具有中国特色的减贫道路。随着精准扶贫战略进入最后的攻坚期和绝对贫困的

历史性消除，2020 年后相对贫困与不平等、老弱病残等生理脆弱性和各种风险成为新的反贫困战略的瞄准对象，因此需要深化、拓展、优化现有开发式扶贫和保障性扶贫的制度供给；同时，要加快开发式扶贫与保障性扶贫统筹、有效衔接和融合互嵌的相关制度机制建设，真正做到内在的统一性和互嵌互融，发挥二者的综合反贫效应，在巩固提升已取得脱贫攻坚成果的基础上进一步预防贫困的发生和完善 2020 年后的贫困治理，为世界减贫贡献中国智慧、中国方案和中国经验。

参考文献

常钦，2018，《未来 3 年 打赢脱贫攻坚战》，《人民日报》8 月 21 日，第 2 版。

范小建，2011，《消除贫困、实现共同富裕的领路人》，《求是》第 14 期。

国家统计局，2019，《沧桑巨变七十载 民族复兴铸辉煌——新中国成立 70 周年经济社会发展成就系列报告之一》，7 月 1 日，http://www. stats. gov. cn/tjsj/zxfb/201907/t20190701_1673407. html。

国务院扶贫办，2019，《全国扶贫开发工作会议在京召开强调一鼓作气乘势而上夺取脱贫攻坚全面胜利》，12 月 20 日，http://www. cpad. gov. cn/art/2019/12/20/art_ 624_108743. html。

国务院扶贫办政策法规司，2017，《全国扶贫开发工作会议强调牢记初心坚定信心 全面打好精准脱贫攻坚战》，12 月 29 日，http://www. cpad. gov. cn/art/2017/12/29/art_624_75961. html? from = timeline。

贺雪峰，2018，《中国农村反贫困战略中的扶贫政策与社会保障政策》，《武汉大学学报》（哲学社会科学版）第 3 期。

黄承伟，2018，《中国特色扶贫开发道路不断拓展》，《人民日报》8 月 26 日，第 5 版。

黄承伟，2019a，《我国新时代脱贫攻坚阶段性成果及其前景展望》，《江西财经大学学报》第 1 期。

黄承伟，2019b，《决胜脱贫攻坚的若干前沿问题》，《甘肃社会科学》第 6 期。

人民网，2016，《脱贫路上零风险 河南兰考整县扶贫上“保险”》，3 月 25 日，http://henan. people. com. cn/n2/2016/0325/c356896 - 28009094. htm。

孙春晓、韩小丽，2019，《王安东：扶贫改革“试验田”的探路先锋》，11 月 8 日，http://zibo. sdchi - na. com/show/4462440. html。

新华网，2019，《习近平在重庆考察并主持召开解决“两不愁三保障”突出问题座谈会》，4 月 17 日，http://www. xinhuanet. com/politics/leaders/2019 - 04/17/c_ 112 4379968. htm。

杨宜勇、吴香雪，2016，《农村反贫困：开发式扶贫与社会保护的协同推进》，《西北人口》第 3 期。

余克泉，2018，《精准扶贫，职业教育大有可为》，《光明日报》11 月 22 日，第 14 版。

张琦、孔梅，2019，《"十四五"时期我国的减贫目标及战略重点》，《改革》第 11 期。

郑功成，2015，《共享：国家发展理念的突破与升华》，《人民论坛》第 S2 期。

中共中央组织部干部教育局等，2017，《新发展理念案例选・脱贫攻坚》，党建读物出版社。

中国人权研究会，2018，《中国人权事业发展报告》，社会科学文献出版社。

中国政府网，2017，《河南推出"农险 + 就业"扶贫项目》，7 月 14 日，http://www.gov.cn/xinwen/2017-07/14/content_5210479.htm。

中华人民共和国国务院新闻办公室，2018，《改革开放 40 年中国人权事业的发展进步》，人民出版社。

左停，2016，《开发式扶贫与低保之衔接互嵌》，《中国经济报告》第 10 期。

左停，2019，《综合保障性扶贫：株洲的实践和启示》，《人民论坛》第 4 期。

左停等，2018，《社会保障与减贫发展》，湖南人民出版社。

左停、贺莉，2017，《制度衔接与整合：农村最低生活保障与扶贫开发两项制度比较研究》，《公共行政评论》第 3 期。

左停、贺莉、刘文婧，2019，《相对贫困治理理论与中国地方实践经验》，《河海大学学报》（哲学社会科学版）第 6 期。

左停、徐卫周，2019a，《综合保障性扶贫：中国脱贫攻坚的新旨向与新探索》，《内蒙古社会科学》（汉文版）第 3 期。

左停、徐卫周，2019b，《改革开放四十年中国反贫困的经验与启示》，《新疆师范大学学报》（哲学社会科学版）第 3 期。

4

塑造农民主体性[*]：2020后走出扶贫“内卷化”困境的路径选择

苏志豪　徐卫周[**]

2020年作为打赢脱贫攻坚战的最后期限，预示着中国即将消除绝对贫困并进入治理相对贫困的阶段，工作重心也将从“扶贫”向“防贫”倾斜（李小云等，2020）。与此同时，随着工业化、城镇化、现代化和全球化的深入推进，中国逐渐演变成自然风险、科学与技术风险、制度风险、信任与道德风险等频发的高风险社会（薛澜，2019）。处于劣势地位的农村和脆弱性极强的农民更易遭受上述综合叠加风险的波及，农民的生活面临严峻的挑战和诸多不确定性。这些宏观背景共同构成了2020年之后的脱贫时代的社会底色，对增强农民自主抵抗风险的能力以及避免返贫提出了更高的工作要求。

一　扶贫“内卷化”困境的表征与机理

中国在20世纪末集中解决了农民普遍性贫困和温饱问题。进入21世纪，中国连续出台两个《中国农村扶贫开发纲要》，扶贫政策日益多元，农村贫困人口大幅减少。党的十八大以来，以习近平同志为核心的党中央提出精准扶贫战略，在全国范围打响脱贫攻坚战，使贫困人口从2012年末的9899万人减少至2019年末的551万人，贫困发生率由10.2%降至0.6%。截至2020年2月底，全国只剩52个贫困县未摘帽，仅占全国832个贫困县总数的6.25%。按照这一态势，全面消除区域性整体贫困和绝对贫困的既定

* 原文刊发于《现代经济探讨》2020年第8期。

** 苏志豪，中国农业大学人文与发展学院博士研究生。徐卫周，中国农业大学人文与发展学院博士研究生。

目标将能如期完成。

然而，在取得丰硕成绩的同时，中国却逐渐陷入扶贫“内卷化”困境之中。格尔茨（Geertz，1963）最早运用“内卷化”概念来解释农业经济过程，他提出在资本、土地和技术等要素制约下，爪哇岛唯有将更多的劳动力持续吸纳到农业并形成复杂的内部分工。黄宗智（1986）以微观经济学理论拓展了格尔茨的农业内卷化意涵，指出中国家庭式农场随着劳动集约化程度的加深而面临边际报酬递减的后果。杜赞奇（2003）则认为格尔茨的内卷化实质是某一社会或文化模式发展到一定形态后，便停滞不前或难以转化为更高级的发展阶段。综合上述讨论，可发现内卷化概念实际彰显着投入与产出、发展数量与质量这两组关系之间的张力。而扶贫“内卷化”是指在由这两组关系构建的权衡矩阵中，随着扶贫资源投入的日益扩大，脱贫数量虽在不断增加，但乡村行动者的脱贫意识、能力组合和产业结构等要素并没有产生质的跃升，难以充分发挥内外部资源在减贫和防贫方面的潜能，使扶贫事业的成效陷入“无发展的增长”（陈成文、于瑞淼，2017）状态。

学者们高度关注扶贫“内卷化”现象，并对它的具体表现做了厘清。其一，扶贫“内卷化”常见于资源错配。农民分化、精英俘获和贫困户识别困难（詹国辉、张新文，2017）等因素导致扶贫资源与扶贫目标发生偏离（邢成举，2015），无法流向迫切需要帮扶的弱势群体。其二，扶贫“内卷化”意味着资源转化低效。科层式的纵向传递机制存在失范和失灵，使资源损耗严重（郭劲光等，2019）。此外，一些扶贫项目偏向形式主义，没有切入贫困户的“痛点”，且缺少后续的资源配置安排，因此返贫率较高。其三，扶贫“内卷化”还显现为外部资源与内部资源难以协同。一方面，侧重于以外部资源的堆积来实现脱贫，而忽视了对农民生活惯习和能力结构的优化，进而形成农民的路径依赖和越扶越贫的吊诡现象；另一方面，刚性的扶贫策略与乡村和农民的资源禀赋不相适应，乡土社会基础对扶贫项目产生反噬，阻碍了内外部资源的有机联合。

造成扶贫“内卷化”困境的关键机理，在于过往的扶贫行动没有深入地激发贫困地区和低收入群体的内生动力，相对忽略强化他们内在能力的必要性，导致乡村和农民的核心地位无法得到充足彰显，尤其是在调动他们参与扶贫资源的设计、管理、分配和监督等环节上存在欠缺，由此形塑了参与冷漠、行动能力弱以及扶贫实践出现偏差的后果。显然，扶贫“内卷化”困境在不断侵蚀着农民自主应对风险的能力，进而极易导致返贫。在2020后脱贫时代，若沿用当前主流的扶贫模式持续向农村投入资源，扶贫“内卷化”困境将依然存在，且会限制后续扶贫目标的实现，因此亟待寻求解决之道。本文认为塑造农民主体性可作为走出扶贫“内卷化”困境的有效路径，应切实提升贫困人口的“内功”，发挥他们在扶贫工作中的主体性作用。这样做既能回应高风险社会的“防贫”命题，也是中国脱贫事业从“量变”迈向“质变”的有力象征。在此基础上，本文进一步构建了以培养农民主体性为重心的新时代扶贫策略体系，以让贫困人口更充分地共享国家发展成果。

二　发扬农民主体性：中国走出扶贫“内卷化”困境的重要思路

（一）中国贫困治理的工作取向演进

1. 政策依据

从改革开放至今，依据治理策略，中国的扶贫工作可划分为四个阶段（见表1），即1978—1985年的制度变迁型扶贫、1986—2000年以解决温饱为主题的开发式扶贫、2001—2012年的双轮驱动型减贫以及2013—2020年的精准扶贫。进一步按照乡村贫困人口的参与地位，中国的扶贫工作可分为三大阶段，即1978—1985年制度变迁下的减贫直接受益阶段、1986—2012年益贫性政策下的部分补充参与阶段，以及2013—2020年行政强力扶贫干预下被吸纳的重要内生力量阶段。

1978年肇始于农村的改革开放，给中国带来了多项制度变革，在传统的计划经济转向社会主义市场经济体制的过程中释放了人民的巨大活力。尤其是农村家庭联产承包责任制的确立，大大地激活了中国农村的创造力，显著提升了农业生产积极性。1978—1985年，农民完全受益于制度变迁所带来的红利与效用，农村的普遍贫困状态从客观上得到极大的缓解。

表 1 中国贫困治理范式的阶段变迁

时间阶段	治理策略	介入目标	农民的参与地位
1978—1985 年	改革开放下农村土地制度和市场制度等制度转型减贫	缓解普遍贫困	制度变迁下的减贫直接受益者
1986—2000 年	有计划、有组织、大规模的开发式扶贫	解决温饱问题	益贫性政策下的部分补充参与力量
2001—2012 年	各种惠农型保障性政策供给，形成了扶贫开发与农村社会保障“双轮驱动”型减贫格局	巩固温饱，实现益贫式经济增长	
2013—2020 年	精准扶贫战略：瞄准到户到人	消除绝对贫困，全面建成小康社会	行政强力扶贫干预下被吸纳的重要内生力量
2021 年—	发扬农民主体性：核心行动者	应对相对贫困和救助特殊困难群体；实现乡村振兴、共同富裕和人民的美好生活	农民主导，并与政府、社会、市场等形成减贫的良性互补关系

随着 1986 年中央成立专门化的扶贫机构，以及 20 世纪末实施《国家八七扶贫攻坚计划（1994—2000 年）》，中国在有计划、有组织、大规模的开发式扶贫下解决了农村的温饱问题。进入 21 世纪，政府相继制定了两个《中国农村扶贫开发纲要》，配合农村社会保障制度的不断完备、各项惠农政策的陆续推出等，形成了农村扶贫开发与各类保障性政策协调推进的“双轮驱动”型减贫态势（左停、徐卫周，2019），加之农民的非农收入不断增加，贫困人口大幅减少。这一时期，贫困人口在受益于外部开发式扶贫和其他农村政策红利的同时，也开始部分地以参与政府组织的各类就业培训、劳动力转移和发展产业等自力更生的方式实现脱贫。

2013 年精准扶贫战略提出后，中国的扶贫开发事业改变了以往的贫困瞄准机制，通过建档立卡贫困户使扶贫资源和帮扶举措精准到户到人，以家庭人均年收入达标和不愁吃、不愁穿，义务教育、基本医疗和住房安全有保障为脱贫标准，“确保到 2020 年中国现行标准下农村贫困人口实现脱贫，贫困县全部摘帽，解决区域性整体贫困”。精准扶贫战略以其行政力量的强势干预为特色，以“五个一批”“六个精准”为具体行动方案，动员全党全社会力量和各类资源共同参与脱贫攻坚战，同时开始强调扶贫同扶志、扶智相结合，尝试激发贫困农民的内生动力，推进落后地区贫困人口的内源式发展，使“要我脱贫”转变为“我要脱贫”。可见这一阶段的反贫困策略既注重外部强干预又不断激发贫困人口脱贫的能动性，内外共同发力以消除绝对贫困。

综上，中国贫困治理范式从制度、政策往行政方向转型的过程中取得了举世瞩目的减贫成就，农民的参与地位也在不断提升。但中国脱贫工作依然面临扶贫“内卷化”的挑战，扶贫资源效用发挥并不充分，对作为脱贫主角的贫困人口的主动性、积极性和创造性的调动仍存在较大的进步空间，有关主体性的话语在目前政策文件中主要以碎片化的形式呈现。迈入2020后脱贫时代，随着政府强干预的逐步淡出、减贫工作的常态化转型以及乡村振兴战略的实施，强调和发挥农民主体性将很可能成为一个标志性的减贫策略，这也是“以人民为中心”的发展理念和“满足人民美好生活需要”的目标所决定的。习近平（2020）总书记在决战决胜脱贫攻坚座谈会上指出，要“推动减贫战略和工作体系平稳转型，统筹纳入乡村振兴战略”，构建“有利于激发欠发达地区和农村低收入人口发展内生动力”的政策体系。因此，有必要出台以塑造农民主体性为内核的减贫政策体系框架，并建立一套详细的工作方案，从当前由政府单方面的“激发”向农民的自觉自信自为转变，使农民成为核心行动者，在减贫工作中与政府、社会和市场等主体形成良性互补关系，探索出一条符合新形势的贫困治理之道。

2. 理论支撑

主体性是马克思主义哲学的核心概念，它的有效彰显是人类获得解放的重要象征。人的主体性不是抽象的理念和精神（中央编译局，1957），而是与实践相勾连，表现出自主性、自为性、选择性和创造性等特质（李为善、刘奔，2002）。舒茨（2012）突破了马克思主义哲学隐讳的主客体二元论，认为行动者共享一个“社会世界”，因此需从“互为主体”层面理解社会行动。森（2002）则把主体性议题引入贫困治理论域，提出发展实质是人们的真实自由得以扩展的过程，而深层贫困主要体现为贫困主体的“可行能力”遭到剥夺。

中国学者也在呼吁，塑造农民主体性可成为提升扶贫成效的良方，并且从多个角度展开探索。农民主体性与扶贫工作的结合，意味着“以人为本”的自觉和“以农民为本”的发展（黄巨臣，2018）。当前参与扶贫实践的主体涉及政府、企业、农民等，但总体呈现“强政府、弱社会”或“强政府、弱农民”的格局，未来亟须把政府主体性放置于某一限度内，并有效发挥农民主体性，达成主体性均衡（刘建，2019）。此外，农民主体性常被区分为心理和行为两方面（杜熙，2017），或从领域层次角度分为决策主体性、经营主体性和文化主体性（沈红，2002），或者依据单位层次划分为个体主体性和组织主体性（陆汉文、杨永伟，2017）。学界普遍认为，培养农民的主体性是从扶贫形式合理性转换为实质合理性的重要手段（孙良顺，2017），其具体措施是以“精神扶贫”的形式改善贫困人群的道德水平、思维方式和文化样态（景星维，2019），以及努力提高贫困农户的劳动、经营管理以及沟通等自我发展能力（张永亮，2018）。上述研究加深了人们对农民主体性的认识，也为农民主体性主导下的扶贫实践指明了方向。

（二）重视农民主体性与应对扶贫“内卷化”困境之间的契合面

以关注和激发农民的主体性来实现贫困治理范式的转变，至少可在力量传递逻辑、切入要素、基础理念和根本宗旨方面为应对扶贫“内卷化”困境产生积极影响。

1. 以个体影响整体为力量传递逻辑

回顾中国扶贫政策的发展历程，其着力对象存在从区域到县、村最终落实到户到人的变迁，潜藏着通过营造整体从而影响贫困个体的行动逻辑。受这一思维指导的扶贫实践不得不面临因资源流动路径过长和中介群体的行为异化而造成的资源流失、瞄准失灵，以及服务设计与个体需求不匹配等“内卷化”问题。当然，这一政策体系是受限于当时的社会经济条件而制定的折中方案，为中国减贫事业做出巨大贡献。迈入后脱贫时代后，随着扶贫资源日益丰富、扶贫对象愈加明确，中国完全有条件搭建以农民主体性为主导的、通过强化个体进而培育整体的力量传递路径。这既能使资源相对精准地流向个体，提高资源利用率，还能有效发挥个体的参与积极性，实现从“运动式”扶贫向“精细化”扶贫转变。

2. 以人力资源为切入要素

以往的扶贫工作重视建设客观要素，例如完善基础设施、协助发展产业、引入高新技术等，而相对地忽略了对人力资源的开发，这也是造成扶贫“内卷化”困境的重要成因之一。唯有投入的客观要素对贫困群体产生实质功效，使人力资源要素获得提升才是真脱贫、脱真贫的关键，而对农民主体性的强调实际是把切入点重新放在人力资源上。换言之，扶贫工作应坚持“以人为本”，摆脱“物的现代化”桎梏，转向追求“人的现代化”。此外，要以人力资源为载体统筹和运用各种外部资源，发挥资源的集聚效应。

3. 以优势视角为基础理念

先入为主的“问题视角”和“家长式”思维常见于扶贫“内卷化”案例之中，即总是看到农民的弱势与乡村的问题，进而由官僚化的扶贫体系采取权威干预和直接指导的方式帮扶农民，使农民处于被动状态，最终极可能导致治标不治本的结果。相对而言，尊重农民的主体性与“优势视角”相匹配，主张发现和弘扬“三农”的优势，通过增强农民的权能来使他们自主地应对生活挑战。一方面，扶贫方案结合村规民约、道义原则、差序格局、特色技能等乡土智慧和农民禀赋进行本土化调整，有利于工作的推行；另一方面，注重引导农民参与扶贫行动，以“活跃的实践者”打破“被帮扶对象”的刻板形象，让他们在参与的过程中收获良好的体验和能力成长，不失为一种有益的“治疗”方法。

4. 以高质量发展为根本宗旨

作为一项发展干预，扶贫实践背后承载着一定的任务目标。扶贫“内卷化”所呈现的价值追求是短期的数量变化，往往容易忽视扶贫质量的提升。注重激发农民主体性的扶贫模式则以高质量发展为根本宗旨，在脱贫数量和质量之间取得动态平衡和可持续发展，特别是通过改善贫困群体的志气、智力和实践能力来获得持久的脱贫效果，跨越扶贫“内卷化”困境，最终防止贫困的再生产。

（三）农民主体性在扶贫场域的现实内涵

那么，农民主体性在扶贫场域中究竟指的是什么？在什么情况下，我们才认为农民具备了主体性呢？对这些问题的思考，是提出农民主体性塑造策略的必要前提。

1. 主体性是“去依附”

无论是在主客体二元论还是在互为主体论中，主体性均是一个相对性概念。农民主体性意味着农民对外部主体的“去依附”。这是对剥削与被剥削、中心与外围层级关系的反叛，农民重新担任扶贫工作的中心角色。作为独立存在的主体，农民需与外部主体明确权力边界，尤其应具备自主决策权和意见表达权，且不因他人意志而转移。农民是自我生活的主宰，当然这并不是指工作者完全盲从农民的选择。鉴于农民有可能因自身局限性而陷入发展困境，工作者应在专业知识指导下为农民创造更多的发展机会和空间，再让农民自行决定，由此便能改变扶贫行动缺少农民声音的现状。须知只有农民才最懂乡村，尊重农民诉求在一定程度上等同于尊重乡村发展规律。

2. 主体性是“知我”

对农民主体性的弘扬要求农民开展深度的内省，进入“知我”的境界。当前许多农民不愿意承认自己的农民身份，却做着农民的事情，陷入无尽的迷茫和痛苦之中。“知我”的第一层面便是理解自我的角色定位和优势，即解决“我是谁”的问题。贫困人口需认识农业和农村对社会发展的重要性，以及农民属于社会不可或缺的职业之一，从而收获文化和组织的自豪感，达成自我和解。此外，应以现有优势为根本，来吸引外部的势能。“知我”的第二层面是农民明晰使命，以主人翁角色掌握发展的命运，即回应“我渴望怎么样”的问题。这指示着农民要活出主位感，具备规划未来的想法和方向，做出总体性的布局，特别是在发展产业时，应坚持供给侧改革，从跟随政府和市场的需求，转变为创造和引导需求。

3. 主体性是“守原则”

农民属于贫困治理的重要实践主体，在享受各种政策优惠和独立发展权力的同时，还需建立和遵守一系列优秀传统和现代要素相结合的基本原则。这套原则作为农民行动抉择的重要标准，可形塑农民的品质和行为，实现权责的有机统一。具体而言，“守原则”分为践行积极性规则和坚守行为底线。前者指农民承担反贫困的义务和责任，遵循自然规律，养成健康的生活惯习，弘扬吃苦耐劳、勤俭节约和尊老爱幼等价值理念，从生命伦理汲取力量。后者指农民抑制不良行为，遵守国家的扶贫制度安排，避免骗取福利、资源截留和无序抗争等情况的发生，并积极承担逾越底线的后果（王三秀，2012）。

4. 主体性是“和谐共处”

从关联向度剖析，农民主体性并非指农民的自我封闭，而是要与其他主体形成生存上的“去依附”、发展上的“和谐共处”关系。农民贫困作为一种社会结构性问题，在很大程度上是内外部条件的组合失衡导致的产物。所以在强化贫困个体内在能力的基础上，应进一步优化其与外部主体的关联状态。这既要求农民具有社会责任感和包容之心，力所能及地帮助他人，又鼓励多元主体参与农民脱贫事业，建立常态的沟通与合作机制，以外发力量调动内生力量，使内生力量反哺外发力量，最终实现互利共荣发展。

三 2020后脱贫时代以塑造农民主体性为内核的扶贫策略的构建

综合农民主体性与贫困治理转型的契合性，及其在扶贫场域的现实内涵，在2020后脱贫时代，可从意识觉醒、要素叠加、组织培养、内外联动的维度构建以塑造农民主体性为内核的扶贫策略体系（见图1），从而增强农民应对贫困陷阱的韧性。

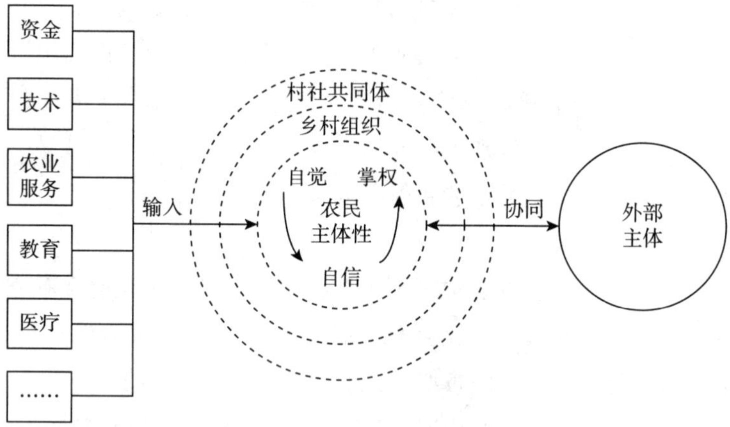

图1 以塑造农民主体性为内核的扶贫策略体系

（一）引导农民重识“三农”价值，实现主体性意识的觉醒

当前的市场可赋予贫困人口资本和地位，却难以提供“意义”。长久以来，“三农”的重要价值被刻意地遮蔽，成为城乡二元结构下的弱势方。因此，提升农民主体性地位的首要措施便是让他们重新认识农村、农业以及农民的价值，推动自信和自救意识的觉醒。

经受乡土文明的孕育后，农村形成了诸多令人赞叹的历史沉淀。例如优美的自然风光、蕴藏古韵的建筑、绚烂的民俗、流传的村规、缓慢的生活节奏等，构成了农村稳定发展的社会基础，也契合都市人的新型需求。而农业作为立国之本，具有极为重要的战略地位，不仅能维护粮食安全和提供工业原料，还能发挥教育功能，透过农事体验向外传导农耕文化。过往农民痛苦的参与经历以及由社会强加的刻板印象，限制了他们参与脱贫事务的积极性。但实质上，任何贫困人口均具备一定的能力和擅长的事物，需引导他们认识自身的潜能、理解农村和农业的多元功效，激发他们的主观能动性。对“三农”价值的探寻，需要农民的敏锐观察和深刻感受。第一，推进农民自觉，组织村民开展口述史活动，绘制社区资源地图，引导检视个体身上的优点，发现和梳理地方性知识和优势资源，使其成为脱贫的工具库。第二，运用“以文化人”的方式，协助农民建立自信。例如鼓励农民运用诗歌的形式抒发情感，塑造敢于表达心声的参与惯习，举办乡村文化节，在与外界的交流和互动中培养他们对本土文化的自豪感。此外，可将乡村的先进脱贫事迹改编为戏剧，由农民自导自演，以进一步提升志气。第三，重点搭建以农民为主导的乡村空间资源市场，让他们掌握定价权，推进资源价值化，避免遭受外部剥夺。由此农民可完成从自觉到自信并最终实现掌权的转变，具备强烈的主人翁意识和反贫困的动力，其脱贫能力也能获得一定程度的解放。

（二）增强农民的现代要素储备，实现以主体性为基石的致富能力的提升

生计问题是乡村贫困人口关注的核心议题。在引导农民继承传统资源和发挥自身优势后，需继续向其输入与现代社会相适应的各类要素，发挥多元资源在农民主体上的叠加效应，提升他们的综合致富能力。

具体而言，可从资金、技术、农业服务、教育、医疗等维度推进农民的资源累积。其一，拓宽资金来源渠道，协助农民链接政府扶持资金和公益组织的创投项目，引导社会资本下乡进行联合开发，尤其要撬动村庄闲置资金搭建“内置金融”池，为缺少抵押资产的贫困人口提供低息贷款。其二，教会农民掌握核心生产技术。为了回应生态文明时代消费者对产品的健康和高质需求，可重点向农民传授遵循自然、土壤改良、生物防治、适度规模、种养结合等有机农业和生态农业技术，实现技术赋能。其三，建立以农民为中心、以多样化形式为导向、以农业高质量发展为目标的社会化服务体系。例如为农民研发与生态理念相适应的农业机械和加工设备，提供加工产品的资格认证、包装设计、产权保障等服务，搭建城乡互助销售平台，让农民运用

互联网和物联网等技术消除信息不对称和进行产销对接。其四，创新教育和医疗资源的投放形式，促进下沉乡村，满足贫困人口在这类事关人力资本提升的关键要素方面的可及性和可负担性。将其他资本转化为经济资本，实现多元要素的互构耦合，是农民自主增收的关键。一方面，应立足本土的区位优势和农业传统，结合消费者的需求转型，打造具有地方文化内涵的特色产品，以产品的精细化提升市场竞争力。另一方面，大力发展第二、第三产业，丰富乡村产业结构，吸纳贫困人口就业，发挥产业优势互补和产品整合增值作用，使乡村集饮食、教育、休闲等多种功能于一体，凭借产品广度应对市场风险，有效降低农民返贫的可能性。

（三）提升农民的组织化程度，实现主体性从个体向集体层次的蜕变

改革开放以来，市场化力量将农民裹挟进个人主义的漩涡中，原有的组织体系逐渐瓦解，衍生出许多无公德的个体，他们的进步脱嵌于乡村的发展，甚至是以牺牲集体利益为代价。在扶贫工作中培养农民主体性，不仅需要改善贫困个体的能力结构，更要提高农民的组织化程度，使主体性层次完成从个体、乡村组织到村社共同体的蜕变，生成更宏大的村社理性，运用乡村内部机制有效地处理外部风险，让个体脱贫与乡村发展相辅相成。

首先，对于在乡村贫困治理过程中涌现的脱贫先锋和致富带头人，应引导他们超越个人得失的评判标准，培养他们形成以互助精神和社区共荣为内涵的公共意识，从关注个人和家庭利益转向兼顾社会利益。其次，纵向压力型体制的松绑和公共空间再造行动为农民自下而上的社会参与创造了可能性，可以某些爱好为抓手把农民重新凝聚为兴趣团体，再促使他们成为承担社会责任和公共事务的组织，或者继承中国合作化运动的宝贵经验，借助扶贫款入股成立合作社，以社会企业理念进行运营，引导将部分盈利用于承担公共开支，在培育组织的过程中塑造和平友好、尊老爱幼、互惠共享等价值认同。最后，拓宽农民的参与渠道，构建强力的村社共同体，形成规范有序的集体行动，特别是要在村两委的领导下发展集体经济。由此，运用组织力量，为面临相似困境的贫困农民提供非正式支持，也让脱贫先进个人发挥带动作用。各种乡村组织可作为项目决策、资源分配、福利监督和提供公共服务的重要主体，形成集体层次的抗逆力，在保障贫困人口权益的同时促进乡村可持续发展。

（四）创新农民与外界合作的形式，实现主体性与外部力量的有效协同

农民主体性也是一种包容性概念。在坚持农民主导的前提下，促进农民与外部主体的良性互动是强化农民主体性的必由之路。需运用现代思维创新农民与外界合作的形式，吸纳政府、市场和社会等力量参与乡村脱贫事业，促成扶贫资源在乡村内部的小循环和城乡之间的大循环格局。

一是寻找脱贫攻坚与社会建设的共同点，衔接乡村振兴等政策资源，掌握“先进型”经济与“锦标赛”政治相契合的规律，将农民主体性的觉醒和已有的脱贫成果作为促进政府资源聚集投放的动力。二是鼓励形成多样化的益贫产业，积极引导农民尤其是具有劳动意愿、能力和特殊技能的贫困人口，以多种形式参与产业发展的全过程和相关企业，催生益贫式经济增长。三是以购米包地、认购果树和信件传情等手段推动城市居民参与脱贫工作，使其成为一种带有公益色彩的社会潮流。四是运用展现乡村活力、免费提供闲置宅基地使用权、协助土地流转等策略，吸引心系乡村的新乡贤和返乡青年等群体回流，将个人发展与乡村减贫捆绑。五是促进产研学相结合，积极引入高校等科研单位和社会工作者等专业人才力量，剖析贫困原理，提出更接地气的解决方案。通过上述举措为农民搭建强大的社会支持网络，实现内外部力量在脱贫事业上的协商共治，这对乡村贫困人口的长效稳固可持续脱贫意义深远，也可使外部主体在这一过程中获得某些需求满足。

四 结论与讨论

2020 后脱贫时代是一个挑战与机遇并存的时代。通过透视中国贫困治理的历史经验，可发现贫困人数虽然明显下降，但质量维度的减贫成效并不如预期理想，陷入扶贫“内卷化”困境之中。缺少对内生动力的深层次激发和培养，是遭遇此困境的潜在逻辑。在以“防贫”为使命和社会风险日益显著的时空下，重构农民主体性将是破除扶贫“内卷化”危机的有效路径。政策依据、理论支撑和契合性等因素，为扶贫策略体系向以农民主体性为核心的转型提供了可能。基于农民主体性具有“去依附”“知我”“守原则”“和谐共处”等内涵，本文提出意识觉醒、要素叠加、组织培养和内外联动的具体培育对策。对农民主体性的塑造有助于促进扶贫工作往高效高质转化，从满

足贫困人口的生存型需求转向满足其发展型需求，深度提升农民应对生活挑战的能力，避免返贫和贫穷代际传递现象的发生。

值得注意的是，对农民主体性的重视并不意味着要抛弃党政力量，相反应坚持党和政府的领导，在由其让渡的参与空间中充分且有序地发挥内生力量的作用，形成政府引导、农民主体和社会参与的良性局面。此外，从实践经验来看，对农民主体性的塑造是一个持久且易反复的过程。农村贫困人口很可能中途走上弯路，出现心理倦怠和行为倒退，这就要求工作者提供持续的情感支持和形成多元化的激励机制，特别是以同吃、同住、同劳动的形式耐心地陪伴农民成长。

最后，本文认为塑造农民主体性是2020后脱贫时代化解扶贫“内卷化”难题的重要路径选择，可为后续扶贫实践提供借鉴和参考。其他研究者可进一步探索相关问题，如农民主体性与深度贫困的互构机理是什么，可通过哪些指标对扶贫场域的农民主体性进行评判，激发农民主体性在解决扶贫“内卷化”困境方面的量化成效怎么样，从而丰富农民主体性与新时代减贫行动的关联性研究。

参考文献

陈成文、于瑞淼，2017，《扶贫资源配置的“内卷化”问题研究：回顾、评价与展望》，《社会建设》第6期。

杜熙，2017，《论民族地区精准扶贫工作中的主体性构建》，《学术界》第8期。

杜赞奇，2003，《文化、权力与国家——1900—1942年的华北农村》，王福明译，江苏人民出版社。

郭劲光、俎邵静、邓韬，2019，《扶贫资源配置低效问题研究：生成机制与治理路径》，《农业经济问题》第7期。

黄巨臣，2018，《农村教育扶贫“项目制”：运作逻辑、执行困境及应对策略》，《宁夏社会科学》第2期。

黄宗智，1986，《华北的小农经济与社会变迁》，中华书局。

景星维，2019，《论扶志的科学内涵、基本矛盾与实践创新》，《社会科学研究》第5期。

李为善、刘奔，2002，《主体性和哲学基本问题》，中央文献出版社。

李小云、苑军军、于乐荣，2020，《论2020后农村减贫战略与政策：从“扶贫”向“防贫”的转变》，《农业经济问题》第2期。

刘建，2019，《主体性视角下后脱贫时代的贫困治理》，《华南农业大学学报》（社会科学版）第5期。

陆汉文、杨永伟，2017，《发展视角下的个体主体性和组织主体性：精准脱贫的重要议题》，《学习与探索》第3期。

森，阿马蒂亚，2002，《以自由看待发展》，任赜、于真译，中国人民大学出版社。

沈红，2002，《穷人主体建构与社区性制度创新》，《社会学研究》第1期。

舒茨，2012，《社会世界的意义构成》，游淙祺译，商务印书馆。

孙良顺，2017，《水库移民社区发展中的精准扶贫：从形式合理性到实质合理性》，《河海大学学报》（哲学社会科学版）第3期。

王三秀，2012，《农村贫困治理模式创新与贫困农民主体性构造》，《毛泽东邓小平理论研究》第8期。

习近平，2020，《在决战决胜脱贫攻坚座谈会上的讲话》，《人民日报》3月7日，第2版。

邢成举，2015，《村庄视角的扶贫项目目标偏离与“内卷化”分析》，《江汉学术》第5期。

薛澜，2019，《学习四中全会〈决定〉精神，推进国家应急管理体系和能力现代化》，《公共管理评论》第3期。

詹国辉、张新文，2017，《“救困”抑或“帮富”：扶贫对象的精准识别与适应性治理——基于苏北R县X村扶贫案例的田野考察》，《现代经济探讨》第6期。

张永亮，2018，《论贫困农户自我发展能力提升》，《湖南社会科学》第1期。

中央编译局，1957，《马克思恩格斯全集》第2卷，人民出版社。

左停、徐卫周，2019，《改革开放四十年中国反贫困的经验与启示》，《新疆师范大学学报》（哲学社会科学版）第3期。

Geertz, Clifford. 1963. *Agricultural Involution: The Process of Ecological Change in Indonesia* (Berkeley, CA: University of California Press).

图书在版编目(CIP)数据

人类减贫的中国理路：上、下册 / 叶敬忠，黄承伟，陈世栋主编. -- 北京：社会科学文献出版社，2021.3

ISBN 978-7-5201-8039-9

Ⅰ.①人… Ⅱ.①叶… ②黄… ③陈… Ⅲ.①扶贫-研究-中国 Ⅳ.①F126

中国版本图书馆 CIP 数据核字（2021）第 038543 号

人类减贫的中国理路(上、下册)

主　　编 / 叶敬忠　黄承伟　陈世栋

出 版 人 / 王利民
组稿编辑 / 宋月华
责任编辑 / 韩莹莹　范　迎

出　　版 / 社会科学文献出版社 · 人文分社（010）59367215
地址：北京市北三环中路甲 29 号院华龙大厦　邮编：100029
网址：www.ssap.com.cn
发　　行 / 市场营销中心（010）59367081　59367083
印　　装 / 三河市尚艺印装有限公司

规　　格 / 开 本：787mm × 1092mm　1/16
印 张：39　字 数：650 千字
版　　次 / 2021 年 3 月第 1 版　2021 年 3 月第 1 次印刷
书　　号 / ISBN 978-7-5201-8039-9
定　　价 / 268.00 元（上、下册）

本书如有印装质量问题，请与读者服务中心（010-59367028）联系

版权所有 翻印必究